NomosPraxis

Dr. Tobias Mahlstedt
Rechtsanwalt und Fachanwalt für Miet- und Wohnungseigentumsrecht, Wirtschaftsmediator

Modernisierung der Mietwohnung

2. Auflage

Nomos

Zitiervorschlag: *Mahlstedt*, Modernisierung der Mietwohnung

Die Deutsche Nationalbibliothek verzeichnet diese Publikation in der Deutschen Nationalbibliografie; detaillierte bibliografische Daten sind im Internet über http://dnb.d-nb.de abrufbar.

ISBN 978-3-8487-3142-8

2. Auflage 2019

Vorwort zur 2. Auflage

Das Modernisierungsrecht bleibt dynamisch: Nur rund fünfeinhalb Jahre, nachdem der Gesetzgeber mit dem MietRÄndG 2013 das Recht der Modernisierung von Mietwohnungen wesentlich umgestaltet hat, sind mit dem MietAnpG 2019 erneut Änderungen in Kraft getreten.

Während es dem Gesetzgeber 2013 vor allem darum ging, Vermietern die Modernisierung von Bestandswohnungen im Interesse des Klimaschutzes zu erleichtern, stand nun die Neuregelung der Modernisierungsmieterhöhung mit Absenkung des Umlagesatzes und Einführung einer Kappungsgrenze im Vordergrund. Denn „immer häufiger können sich Mieter die Miete für ihre Wohnung nach einer umfangreichen Modernisierung nicht mehr leisten und müssen ihr gewohntes Umfeld verlassen“ (BT-Drs. 19/4672, 1).

Auch sind Vorschriften geschaffen worden, die Mieter nach Vorstellung des MietAnpG besser vor dem sogenannten Herausmodernisieren schützen sollen, also vor der Ankündigung und Durchführung von baulichen Veränderungen in missbräuchlicher Absicht und Weise.

Weil die Modernisierung des Wohnungsbestandes weiterhin im gesamtgesellschaftlichen Interesse liegt und deshalb gefördert werden soll, wurde schließlich das vereinfachte Verfahren für Modernisierungsmaßnahmen im Umfang von bis zu 10.000 EUR pro Wohnung eingeführt. Insbesondere privaten Vermietern soll damit die Scheu vor der Durchführung von Modernisierungsmaßnahmen genommen werden.

Das vorliegende Buch erläutert seinen Leserinnen und Lesern nun schon in der 2. Auflage umfassend, systematisch und praxisnah die rechtlichen Vorgaben zur Modernisierung von Mietwohnungen. Wiederholungen und Verweise erleichtern einen schnellen und geschlossenen Zugriff auf die jeweils gerade benötigten Informationen. Eine umfangreiche Rechtsprechungsübersicht über alle Modernisierungsmaßnahmen und mehrere Muster geben dem Leser praktische Hilfe. Alle relevanten Gerichtsentscheidungen und Literaturstimmen, die das Modernisierungsrecht in den letzten Jahren konturiert haben, sind bis Ende Mai 2019 berücksichtigt.

Herrn Nikolai Schmellenmeier danke ich erneut sehr herzlich für seine engagierte Unterstützung beim Redigieren auch der 2. Auflage. Außerdem danke ich schon jetzt allen Leserinnen und Lesern für ihre Hinweise, Anregungen und konstruktive Kritik zur beständigen Verbesserung dieses Werkes.

Berlin, im Juni 2019 Tobias Mahlstedt

Inhaltsverzeichnis

Abkürzungsverzeichnis

II. BV	Zweite Berechnungsverordnung (Verordnung über wohnungswirtschaftliche Berechnungen nach dem Zweiten Wohnungsbaugesetz)
aA	anderer Ansicht
abl.	ablehnend
Abs.	Absatz
abw.	abweichend
abzgl.	abzüglich
aE	am Ende
aF	alte Fassung
AG	Amtsgericht/Aktiengesellschaft
AGB	Allgemeine Geschäftsbedingungen
ähnl.	ähnlich
allg.	allgemein
allgM	allgemeine Meinung
Alt.	Alternative
ÄndG	Änderungsgesetz
Anh.	Anhang
Anm.	Anmerkung
Art.	Artikel
AT	Allgemeiner Teil
Aufl.	Auflage
ausf.	Ausführlich
Ausn.	Ausnahme
BauGB	Baugesetzbuch
BaukZuschG	Baukostenzuschüsse-Rückerstattungsgesetz
BayObLG	Bayerisches Oberstes Landesgericht
Bd.	Band
Begr.	Begründung
Bek.	Bekanntmachung
Bem.	Bemerkung
Beschl.	Beschluss
bestr.	bestritten
betr.	betreffend
BetrKV	Betriebskostenverordnung (Verordnung über die Aufstellung von Betriebskosten)
BGB	Bürgerliches Gesetzbuch
BGBl.	Bundesgesetzblatt (Band, Seite)
BGG	Behindertengleichstellungsgesetz (Gesetz zur Gleichstellung behinderter Menschen)
BGH	Bundesgerichtshof
Bl.	Blatt
BR	Bundesrat
Bsp.	Beispiel

BT-Drs.	Bundestags-Drucksache
BVerfG	Bundesverfassungsgericht
BVerwG	Bundesverwaltungsgericht
bzgl.	bezüglich
bzw.	beziehungsweise
ca.	circa
CO_2	Kohlenstoffdioxid (Kohlendioxid)
dementspr.	dementsprechend
ders.	derselbe
dh	das heißt
DIN	Deutsches Institut für Normung
DRiG	Deutsches Richtergesetz
E	Entscheidung
EA	einstweilige Anordnung
EG	Einführungsgesetz
EGBGB	Einführungsgesetz zum Bürgerlichen Gesetzbuch
EGZPO	Gesetz, betreffend die Einführung der Zivilprozessordnung
Einf.	Einführung
Einl.	Einleitung
EnEG	Energieeinsparungsgesetz (Gesetz zur Einsparung von Energie in Gebäuden)
EnEV	Energieeinsparverordnung (Verordnung über energiesparenden Wärmeschutz und energiesparende Anlagentechnik bei Gebäuden)
entspr.	entsprechend, Entsprechende, Entsprechendes
Erg	Ergänzung
Erl.	Erlass
etc	et cetera
EU	Europäische Union
EuGH	Europäischer Gerichtshof
eV	eingetragener Verein
evtl.	eventuell
f.	und folgende Seite/folgender Paragraph
ff.	und folgende Seiten/Paragraphen
FG	Finanzgericht/Freiwillige Gerichtsbarkeit
Fn.	Fußnote
frz.	französisch
FS	Festschrift
GbR	Gesellschaft bürgerlichen Rechts
GE	Das Grundeigentum (Zeitschrift)
geänd.	geändert
gem.	gemäß
GG	Grundgesetz

ggf.	gegebenenfalls
ggü.	gegenüber
GKG	Gerichtskostengesetz
grdlg.	grundlegend
grds.	grundsätzlich
GVG	Gerichtsverfassungsgesetz
H	Heft
hA	herrschende Ansicht
HBauO	Hamburgische Bauordnung
Hs.	Halbsatz
HeizKV	Verordnung über Heizkostenabrechnung (Verordnung über die verbrauchsabhängige Abrechnung der Heiz- und Warmwasserkosten)
HGB	Handelsgesetzbuch
hins.	hinsichtlich
hL	herrschende Lehre
hM	herrschende Meinung
Hrsg., hrsg.	Herausgeber, herausgegeben von
idF	in der Fassung
idR	in der Regel
ids	in diesem Sinne
ie	im einzelnen
iErg	im Ergebnis
ieS	im engeren Sinne
iHv	in Höhe von
inkl.	inklusive
insbes.	insbesondere
InsO	Insolvenzordnung
IPR	Internationales Privatrecht
iR	im Rahmen
iS	im Sinne
iSd	im Sinne der/des
iSv	im Sinne von
iU	im Unterschied
iÜ	im Übrigen
iVm	in Verbindung mit
iW	im Wesentlichen
iwS	im weiteren Sinne
iZw	im Zweifel
JNG	Jahresnutzungsgrad
JR	Juristische Rundschau (Jahr, Seite)
JuS	Juristische Schulung (Jahr, Seite)
JW	Juristische Wochenschrift (Jahr, Seite)
JZ	Juristenzeitung (Jahr, Seite)

Kap.	Kapitel
KfW	Kreditanstalt für Wiederaufbau
KG	Kammergericht, Kommanditgesellschaft
KO	Konkursordnung
krit.	kritisch
Lg.	Lieferung
LG	Landgericht
LM	Lindenmaier-Möhring, Nachschlagewerk des BGH (Paragraph, Artikel, Nummer)
Ls.	Leitsatz
MDR	Monatsschrift für Deutsches Recht (Jahr, Seite)
MietAnpG	Mietrechtsanpassungsgesetz
MietRÄndG	Mietrechtsänderungsgesetz
mind.	mindestens
Mio.	Million(en)
ModEnG	Modernisierungs- und Energieeinspargesetz
mwN	mit weiteren Nachweisen
MwSt.	Mehrwertsteuer
Nachw.	Nachweis/e
nF	neue Fassung
NJ	Neue Justiz (Jahr, Seite)
NJW	Neue Juristische Wochenschrift (Jahr, Seite)
NJW-RR	NJW Rechtsprechungsreport Zivilrecht (Jahr, Seite)
NMV	Neubaumietenverordnung (Verordnung über die Ermittlung der zulässigen Miete für preisgebundene Wohnungen)
Nr.	Nummer
NZM	Neue Zeitschrift für Miet- und Wohnungsrecht (Jahr, Seite)
oa	oben angegeben(en)
oä	oder ähnliches
OLG	Oberlandesgericht; auch: die Rechtsprechung der Oberlandesgerichte (Band, Seite)
OVG	Oberverwaltungsgericht
OWiG	Gesetz über Ordnungswidrigkeiten
RAK	Rechtsanwaltskammer
RegE	Regierungsentwurf
RG	Reichsgericht
RL	Richtlinie der Europäischen Gesellschaft
Rn.	Randnummer
rs	Recht und Schaden (Jahr, Seite)
Rspr.	Rechtsprechung
RVO	Reichsversicherungsordnung

S.	Seite/Satz
s.	siehe
SG	Sozialgericht
SGB IX	Sozialgesetzbuch 9 (Sozialgesetzbuch (SGB) Neuntes Buch (IX) – Rehabilitation und Teilhabe behinderter Menschen)
s. o.	siehe oben
sog	sogenannt
str.	streitig
stRspr	ständige Rechtsprechung
s. u.	siehe unten
ua	unter anderem
ÜG	Überweisungsgesetz
Urt.	Urteil
Ust	Umsatzsteuer
usw	und so weiter
uU	unter Umständen
v.	von/vom
va	vor allem
VG	Verwaltungsgericht
VGH	Verwaltungsgerichtshof
vgl.	vergleiche
VO	Verordnung
Vor	Vorbemerkung
vorl.	vorläufig
WärmeLV	Wärmelieferverordnung (Verordnung über die Umstellung auf gewerbliche Wärmelieferung für Mietwohnraum)
WDVS	Wärmedämmverbundsystem
WEG	Wohnungseigentumsgesetz (Gesetz über das Wohnungseigentum und das Dauerwohnrecht)
WiStrG	Wirtschaftsstrafgesetz
WoBindG	Wohnungsbindungsgesetz (Gesetz zur Sicherung der Zweckbestimmung von Sozialwohnungen)
WoFG	Wohnraumförderungsgesetz (Gesetz über die soziale Wohnraumförderung)
WuM	Wohnungswirtschaft und Mietrecht (Zeitschrift)
zB	zum Beispiel
ZfIR	Zeitschrift für Immobilienrecht
ZMR	Zeitschrift für Miet- und Raumrecht (Jahr, Seite)
ZPO	Zivilprozessordnung
zT	zum Teil
zust.	zustimmend
ZVG	Gesetz über die Zwangsversteigerung und die Zwangsverwaltung
zZ	zurzeit
ZWE	Zeitschrift für Wohnungseigentumsrecht (Jahr, Seite)

Literaturverzeichnis

Beck'scher Online-Kommentar BGB, Bamberger/Roth/Hau/Poseck, Verlag C.H. Beck München, 49. Edition 2019 (zitiert: BeckOK BGB/*Bearbeiter*, § ... Rn. ...)

Beck'scher Online-Kommentar Mietrecht, Schach/Schultz/Schüller, Verlag C.H. Beck München, 15. Edition 2019 (zitiert: BeckOK MietR/*Bearbeiter*, § ... Rn. ...)

Beck'sches Formularbuch Mietrecht (Hrsg. Nies/Gies), Verlag C.H. Beck München, 5. Aufl. 2016 (zitiert: BeckFormB MietR/*Bearbeiter*)

Blank/Börstinghaus, Miete, Verlag C.H. Beck München, 5. Aufl. 2017

Börstinghaus, Miethöhe-Handbuch, Verlag C.H. Beck München, 2. Aufl. 2016

Bub/Treier, Handbuch der Geschäfts- und Wohnraummiete, Verlag C.H. Beck München, 5. Aufl. 2019 (zitiert: Bub/Treier/*Bearbeiter*, § ... Rn. ...)

Gramlich, Mietrecht, Verlag C.H. Beck München, 14. Aufl. 2018

Hannemann/Horst, Das neue Mietrecht, Verlag C.H. Beck München 2013

Hannemann/Wiegner, Münchener Anwaltshandbuch Mietrecht, Verlag C.H. Beck München, 4. Aufl. 2014 (zitiert: MAH MietR/*Bearbeiter* § ... Rn. ...).

Hannemann/Wiek/Emmert, Handbuch des Mietrechts, Deubner-Verlag Köln, 7. Aufl. 2019 (zitiert: HdM/*Bearbeiter*, § ... Rn. ...)

Harz/Riecke/Schmid, Handbuch des Fachanwalts Miet- und Wohnungseigentumsrecht, Verlag Luchterhand München, 6. Aufl. 2018 (zitiert: FA-MietRWEG/*Bearbeiter*, Kap. ... Rn. ...)

Herrlein/Kandelhard, Mietrecht, Verlag ZAP Münster, 4. Aufl. 2010 (zitiert: H/K/*Bearbeiter*, § ... Rn. ...)

Kinne/Schach/Bieber, Miet- und Mietprozessrecht, Haufe-Verlag Freiburg, 7. Aufl. 2013 (zitiert: *Bearbeiter*, Miet- und Mietprozessrecht, § ... Rn. ...)

Kossmann/Meyer-Abich, Handbuch der Wohnraummiete, Verlag Franz Vahlen München, 7. Aufl. 2014 (zitiert: *Kossmann/Meyer-Abig*, § ... Rn. ...)

Langenberg/Zehelein, Betriebskosten- und Heizkostenrecht, Verlag C.H. Beck München, 9. Aufl. 2019

Lindner-Figura/Oprée/Stellmann, Geschäftsraummiete, Verlag C.H. Beck München, 4. Aufl. 2017

Lützenkirchen, Mietrecht, Verlag Dr. Otto Schmidt Köln, 2. Aufl. 2015 (zitiert: *Bearbeiter*, Lützenkirchen/Mietrecht)

Münchener Kommentar zum Bürgerlichen Gesetzbuch, Verlag C.H. Beck München, 7. Aufl. 2016 (zitiert: MüKo/*Bearbeiter*, § ... Rn. ...)

Palandt, Bürgerliches Gesetzbuch, Verlag C.H. Beck München, 78. Aufl. 2019 (zitiert: Palandt/*Bearbeiter*, § ... Rn. ...)

Prütting/Wegen/Weinreich, Kommentar zum BGB, Verlag Luchterhand München, 13. Aufl. 2018 (zitiert: PWW/*Bearbeiter*, § ... BGB Rn. ...)

Schach/Riecke, Mietrecht, Verlag Nomos Baden-Baden, 4. Aufl. 2019 (zitiert: *Bearbeiter*, Schach/Riecke, Mietrecht, § ... Rn. ...)

Schmid, Handbuch der Mietnebenkosten, Verlag Luchterhand München, 15. Aufl. 2016

Schmidt-Futterer, Kommentar zum Mietrecht, Verlag C.H. Beck München, 13. Aufl. 2017 (zitiert: *Bearbeiter* in Schmidt-Futterer, § ... Rn. ...)

Spielbauer/Schneider, Mietrecht, Erich-Schmidt-Verlag (ESV) Berlin, 2. Aufl. 2018 (zitiert: Spielbauer/Schneider/*Bearbeiter*, § ... Rn. ...)

Staudinger, BGB, Verlag Sellier de Gruyter München, Buch 2 2017 (zitiert: Staudinger/*Bearbeiter*, § ... Rn. ...)

§ 1 Modernisierungsmaßnahmen

Modernisierungsmaßnahmen dienen, grob gesagt, der dauerhaften Verbesserung des Mietobjekts sowie den Interessen der Allgemeinheit. Eine Modernisierungsmaßnahme zeichnet sich dadurch aus, dass sie einerseits über die Erhaltung des bisherigen Zustandes der Mietsache hinausgeht und einen bestimmten Modernisierungserfolg herbeiführt, andererseits die Mietsache in ihrem Charakter aber nicht grundlegend verändert. Im Regelfall muss der Mieter Modernisierungsmaßnahmen dulden – verlangen kann er sie nicht. Nicht in jedem Fall führt der Vermieter Modernisierungsmaßnahmen aus freiem Entschluss durch. Das böswillige „Herausmodernisieren“ von Mietern aus ihren Wohnungen ist eine Ordnungswidrigkeit und kann als Pflichtverletzung Schadensersatzansprüche gegen den Vermieter begründen.

A. Einleitung

I. Die Modernisierungsvarianten im Überblick

Das Bürgerliche Gesetzbuch (BGB) gibt in § 555 b **sieben Modernisierungstatbestände** vor. 1
Danach sind Modernisierungsmaßnahmen bauliche Veränderungen,

1. durch die in Bezug auf die Mieträume Endenergie nachhaltig eingespart wird (energetische Modernisierung, § 555 b Nr. 1 BGB),
2. durch die nicht erneuerbare Primärenergie nachhaltig eingespart oder das Klima nachhaltig geschützt wird, sofern nicht bereits eine energetische Modernisierung nach Nummer 1 vorliegt (§ 555 b Nr. 2 BGB),
3. durch die der Wasserverbrauch nachhaltig reduziert wird (§ 555 b Nr. 3 BGB),
4. durch die der Gebrauchswert der Mieträume nachhaltig erhöht wird (§ 555 b Nr. 4 BGB),
5. durch die die allgemeinen Wohnverhältnisse auf Dauer verbessert werden (§ 555 b Nr. 5 BGB),
6. die aufgrund von Umständen durchgeführt werden, die der Vermieter nicht zu vertreten hat, und die keine Erhaltungsmaßnahmen nach § 555 a BGB sind (§ 555 b Nr. 6 BGB) oder
7. durch die neuer Wohnraum geschaffen wird (§ 555 b Nr. 7 BGB).

Dieser gesetzliche Katalog ist abschließend; andere Baumaßnahmen können nicht als Modernisierungsmaßnahme iSv § 555 b BGB qualifiziert werden. Aufgrund der Modernisierungsmaßnahmen der Nummern 1, 3–6 ist eine Mieterhöhung gemäß § 559 Abs. 1 BGB zulässig.

II. Letzte Gesetzesänderungen (Überblick)

Mit dem **Mietanpassungsgesetz (MietAnpG)**[1] ist seit 2019 die Höhe der jährlichen Miet- 2
erhöhung nach erfolgter Modernisierung von 11 auf 8 Prozent abgesenkt und eine Kappungsgrenze für höchstzulässige Modernisierungen eingeführt worden. Das böswillige „Herausmodernisieren“ von Mietern wird seither als Ordnungswidrigkeit geahndet (§ 6 WiStrG) und kann für den Mieter nun erleichtert Schadensersatzansprüche gegen den Vermieter begründen (§ 559 d BGB). Unter bestimmten Voraussetzungen kann der Vermieter die Mieterhöhung jetzt in einem vereinfachten Verfahren berechnen (§ 559 c BGB).

---

1 Gesetz zur Ergänzung der Regelungen über die zulässige Miethöhe bei Mietbeginn und zur Anpassung der Regelungen über die Modernisierung der Mietsache (MietAnpG) v. 18.12.2018 (BGBl. I 2648); Gesetzentwurf BT-Drs. 19/4672.

3 Mit dem **Mietrechtsänderungsgesetz (MietRÄndG)**[2] war zuvor 2013 die Modernisierung von Mietwohnungen im BGB umfassend neu geregelt und der für die Praxis besonders wichtige Tatbestand der energetischen Modernisierung (§ 555 b Nr. 1 BGB) mit einem korrespondierenden Minderungsausschluss (§ 536 Abs. 1 a BGB) sowie die Duldungspflicht des Mieters für vom Vermieter nicht zu vertretende Modernisierungsmaßnahmen (§ 555 b Nr. 6 BGB) geschaffen worden.

III. Generelle Voraussetzungen einer Modernisierung

4 Allen Modernisierungstatbeständen ist gemeinsam, dass es sich um eine **bauliche Veränderung** handelt, die nicht der Instandsetzung oder Instandhaltung des Gebäudes dient (§ 555 b BGB). Der Begriff der baulichen Veränderung ist nach dem Willen des Gesetzgebers weit auszulegen. Demnach ist nicht erforderlich, dass in die **Bausubstanz** des Gebäudes eingegriffen wird; vielmehr kann eine Änderung der Anlagentechnik ausreichend sein.[3] Wohl aber ist zu verlangen, dass die Maßnahme einen neuen Zustand schafft bzw. einen vorhandenen Zustand dauerhaft verändert. Einrichtungen und Ausstattungen, die frei beweglich bleiben, sind folglich *keine* baulichen Veränderungen.[4]

Beispiel: Werden im Treppenhaus alte Glühlampen durch **Energiesparlampen** ersetzt, so liegt hierin keine bauliche Veränderung, weshalb diese Maßnahme nicht als Modernisierung angesehen werden kann – trotz hiermit verbundener Energieeinsparung.[5]

5 Alle Modernisierungsvarianten haben verschiedene und abschließende Voraussetzungen, die gegeben sein müssen, damit die bauliche Veränderung als Modernisierung qualifiziert werden kann. Die einzelnen Voraussetzungen dienen dem Zweck, einen **Modernisierungserfolg** zu gewährleisten. Dieser Erfolg besteht im Wesentlichen in einer (Nutz-)Wertsteigerung des Mietobjekts bzw. in der Einsparung von Energie oder Wasser. Erforderlich ist, dass dieser Erfolg eintritt; nicht ausreichend ist, dass er bloß möglich oder wahrscheinlich ist.

6 Zudem ist allen Modernisierungsvarianten gemeinsam, dass der Modernisierungserfolg *nicht zwingend* in einer **Kostensenkung** besteht.[6] Auch **Bagatellmodernisierungen** gemäß § 555 c Abs. 4 BGB, die allenfalls eine sehr geringe Energieersparnis oder Gebrauchswerterhöhung bedingen, sind als Modernisierung vom Mieter zu dulden.

7 Wird der Modernisierungserfolg erreicht, so kann der Modernisierung ihre rechtliche Qualität nicht deshalb abgesprochen werden, weil sie zugleich eine **Verschlechterung** an anderer Stelle bewirkt.[7] Wegen des modernisierungsbedingten Nachteils kann der Mieter im Einzelfall aber eine **Härte wegen der baulichen Folgen** einwenden.[8]

Beispiel: Der nachträgliche Einbau eines Fahrstuhls ist als Gebrauchswertverbesserung eine Modernisierung iSv § 555 b Nr. 4 BGB – selbst wenn sie dazu führt, dass das Treppenhaus an Großzügigkeit verliert. Führt die Modernisierungsmaßnahme aber zu einer Grundrissänderung und damit zu einer erheblichen Beeinträchtigung des Mietgebrauchs, so kann dies eine nicht zu rechtfertigende Härte für den Mieter begründen.

8 Der **Modernisierungserfolg** ist zu ermitteln durch einen **Abgleich** der baulichen Gegebenheiten vor der Modernisierung und nach deren Abschluss.

---

2 Gesetz über die energetische Modernisierung von vermietetem Wohnraum und über die vereinfachte Durchsetzung von Räumungstitel (MietRÄndG) v. 11.3.2013 (BGBl. I 434); Gesetzesentwurf BT-Drs. 17/10485).
3 BT-Drs. 17/10485, 18.
4 Bub/Treier/*Schultz*, Kap. III Rn. 1531.
5 Staudinger/*Emmerich*, § 555 b BGB Rn. 6.
6 BT-Drs. 17/10485, *BGH* 24.9.2008 – VIII ZR 275/07, NJW 2008, 3630.
7 *LG Berlin* 25.2.2016 – 67 S 145/15; *Eisenschmid* in Schmidt-Futterer, § 555 b BGB Rn. 9; aA *LG Berlin* 3.2.2016 – 67 S 217/15 (keine Modernisierungsmaßnahme wegen der durch sie bewirkten nachteiligen Veränderung der Mietsache).
8 Siehe hierzu unter → § 4 Rn. 46 ff.

Beispiel: Wird auf einer bisher nicht gedämmten Hausfassade ein Wärmedämmverbundsystem (WDVS) angebracht, so muss der Vergleich der Energiedurchgangskoeffizienten eine Einsparung an Endenergie ergeben, damit diese bauliche Veränderung als energetische Modernisierung gewertet werden kann.

Bei der Beurteilung des gegenwärtigen – zu modernisierenden – Zustandes ist auf den 9
Zeitpunkt abzustellen, zu dem der Vermieter die Maßnahmen durchführen möchte. Insofern sind hierbei auch **Einbauten des Mieters** zu berücksichtigen, wenn der Einbau im Einvernehmen mit dem Vermieter und auf Kosten des Mieters erfolgt ist.[9]

Beispiel: Hat der Mieter in seiner bisher nur mit Öfen ausgestatteten Wohnung selbst und auf eigene Kosten eine Gasetagenheizung installiert, so braucht er später den Anschluss seiner Wohnung an eine zentrale Gaszentralheizung nicht zu dulden. Denn der erforderliche Modernisierungserfolg der Gebrauchswerterhöhung bzw. Endenergieeinsparung ergibt sich nur bei Gegenüberstellung von **Ofenheizung zu Gaszentralheizung** und nicht bei der Gegenüberstellung von Gasetagenheizung zu Gaszentralheizung.

IV. Rechtsfolgen der Modernisierung im Überblick

Der Mieter hat eine Modernisierungsmaßnahme zu dulden, obschon sich hierdurch das 10
Mietobjekt verändert (§ 555 d Abs. 1 BGB). Dies gilt sowohl für den Mieter von **Wohnräumen** als auch für den Mieter von **Gewerberäumen** (§ 578 Abs. 2 BGB).

Voraussetzung der grundsätzlichen **Duldungspflicht** des Mieters ist eine ordnungsgemäße 11
Ankündigung der Modernisierung gemäß § 555 c Abs. 1 BGB. Auch wenn diese Voraussetzung erfüllt ist, kann die Duldungspflicht des Mieters ausnahmsweise entfallen: Stellt die Modernisierung für den Mieter bzw. für einen seiner Familien- oder Haushaltsangehörigen eine Härte dar, die auch unter Würdigung der berechtigten Interessen sowohl des Vermieters als auch anderer Mieter in dem Gebäude sowie von Belangen der Energieeinsparung und des Klimaschutzes nicht zu rechtfertigen ist, braucht der Mieter sie nicht zu dulden (§ 555 d Abs. 2 S. 1 BGB).

Schon seit 2013 kann eine die Duldungspflicht ausschließende Härte nicht mehr darin lie- 12
gen, dass die zu erwartende **Mieterhöhung** sowie die voraussichtlichen **künftigen Betriebskosten** dem Mieter wirtschaftlich unzumutbar sind. Dieser **Härteeinwand** kann nur im Rahmen des Mieterhöhungsverlangens Berücksichtigung finden (§ 555 d Abs. 2 S. 2 BGB).

Der Vermieter ist grundsätzlich berechtigt, die Kosten einer Modernisierungsmaßnahme 13
als **Mieterhöhung** nach Maßgabe der §§ 559 ff. BGB auf den Mieter umzulegen. Für zwei Modernisierungsvarianten gilt dies jedoch nicht:

Keinen Modernisierungszuschlag fordern darf der Vermieter zum einen für Modernisie- 14
rungen, durch die nicht erneuerbare Primärenergie nachhaltig eingespart oder das Klima nachhaltig geschützt wird, wenn es sich bei dieser Maßnahme nicht um eine energetische Modernisierung handelt (§ 555 b Nr. 2 BGB). Zum anderen ist das Recht auf Mieterhöhung für Modernisierungen ausgeschlossen, durch die neuer Wohnraum geschaffen wird (§ 555 b Nr. 7 BGB).

Eine besondere Bedeutung erlangt dadurch die Unterscheidung von Modernisierungen 15
zum Zwecke der Einsparung von **Endenergie** (energetische Sanierung gemäß § 555 b Nr. 1 BGB) und solchen zum Zwecke der Einsparung von **Primärenergie** bzw. des sonstigen Klimaschutzes (§ 555 b Nr. 2 BGB). Nur bei einer energetischen Modernisierung gilt der maximal dreimonatige **Minderungsausschluss**, und der Vermieter darf hierauf gestützt die Miete erhöhen.

---

9 *BGH* 20.6.2012 – VIII ZR 110/11, NZM 2012, 679. Folgerichtig ist der gegenwärtige Ausstattungsstand ebenfalls maßgeblich für die Frage, ob eine Härte gegen die Mieterhöhung wegen einer Modernisierung auf nur allgemein üblichen Zustand gemäß § 559 Abs. 4 Nr. 1 BGB ausgeschlossen ist, vgl. *BGH* 10.10.2012 – VIII ZR 25/12, NZM 2013, 141.

B. Die einzelnen Modernisierungsvarianten

I. Energetische Modernisierung

16 Als energetische Modernisierung gilt eine bauliche Maßnahme, durch die in Bezug auf die Mietsache nachhaltig Endenergie eingespart wird (§ 555 b Nr. 1 BGB). Entscheidend hierfür ist die Energiebilanz bzw. der Umstand, dass infolge der Modernisierung weniger Endenergie aufgewendet werden muss. Ein **Mindestmaß an Energieeinsparung** ist *nicht* erforderlich; auch muss die Einsparung von Endenergie **keine Verbesserung des Wohnwertes** bewirken.[10]

17 Es ist nicht notwendig, dass die Baumaßnahme zu einer Senkung der Energiekosten führt, etwa für Heizung und Warmwasser. Mit anderen Worten: Eine **Kostenersparnis** ist keine Bedingung einer energetischen Modernisierung.[11] Sie dient nach dem Willen des Gesetzgebers allein **ökologischen Zwecken,**[12] obschon die betreffenden Mieter bei den laufenden Energiekosten zumeist mittelbar entlastet werden (wobei diese Ersparnis bei den Betriebskosten wegen der modernisierungsbedingten Mieterhöhung „unter dem Strich" häufig zunichte gemacht wird).

18 Nur bei einer energetischen Modernisierung gilt zulasten des Mieters ein maximal dreimonatiger **Minderungsausschluss** (§ 536 Abs. 1 a BGB), und es darf im Anschluss die Miete erhöht werden (§ 559 Abs. 1 BGB). Diese beiden Rechtsfolgen treten nicht ein, wenn statt Endenergie gemäß § 555 b Nr. 1 BGB nicht erneuerbare Primärenergie gemäß § 555 b Nr. 2 BGB eingespart wird.

1. Einsparung von Endenergie

19 Erste Voraussetzung einer energetischen Modernisierung ist, dass Endenergie eingespart wird. **Endenergie** bezeichnet den Teil der Energiemenge, die innerhalb eines Gebäudes (Schnittstelle ist die Gebäudehülle) zur Deckung des Energiebedarfs des Verbrauchers – also auch des Mieters – benötigt wird. Für eine Einsparung an Endenergie kommt es also darauf an, dass der Energieverbrauch der Mietsache durch die bauliche Veränderung insgesamt sinkt.[13] Dies ist möglich sowohl durch Einsparung von Energie als auch durch Steigerung der Energieeffizienz.

Beispiel: Infolge der Baumaßnahme wird Energie eingespart, die innerhalb des Gebäudes für die Funktion elektrischer Geräte benötigt wird (Strom) sowie für die Erzeugung von Warmwasser und Heizwärme; zugleich wird die Energieeffizienz durch den Einbau eines neuen Heizkessels oder den Einbau von Isolierglasfenstern gesteigert.

20 Die benötigte Energie wird auch als **Nutzenergie** bezeichnet. Über diese Nutzenergie hinaus sind in der Endenergie aber noch zusätzlich die Verluste an Energie enthalten, die bei der Erzeugung und Bereitstellung der nutzbaren Energie entstehen.[14]

Beispiel: Bei der Verbrennung im Heizkessel, bei der Übergabe der Energie zur Erzeugung von Warmwasser, bei der Speicherung der Energie in verbrauchsarmen Zeiten sowie bei der Verteilung der Wärme im Gebäude entstehen Energieverluste. Oder: Der vorhandene Strom wird zur Beleuchtung genutzt, wobei ein Teil der eingesetzten Energie als Abwärme des Leuchtköpers verloren geht.

21 Endenergie und Nutzenergie können (nahezu) identisch sein, wenn kein Umwandlungsschritt mehr erfolgt, beispielsweise wenn die **Fernwärme** durch Rohre direkt in das Haus

10 BT-Drs. 17/10475, 24; *BGH* 12.3.2003 – VIII ZR 156/03, NJW-RR 2004, 658.
11 *BGH* 24.9.2008 – VIII ZR 275/07, NJW 2008, 3630; *LG Berlin* 10.11.2017 – 65 S 151/17.
12 BT-Drs. 17/10475, 29.
13 BT-Drs. 17/10485, 19.
14 BT-Drs. 17/10485, 19.

geliefert wird, so dass allenfalls **geringe Wärmeverluste** auftreten. Damit lässt sich Endenergie bestimmen durch die Gleichung:

Endenergie = Nutzenergie + technisch bedingtem Energieverlust.

Für eine energetische Modernisierung ist entscheidend, dass sie eine Einsparung von Endenergie herbeiführt. Eine **ausgeglichene Energiebilanz** erfüllt diese Bedingung nicht, selbst wenn die Energie durch die Modernisierung „umweltgerechter" sein mag. 22

Beispiel: Statt einer Ölheizung wird eine Gasheizung eingebaut. Zwar wird ein Energieträger (Heizöl) eingespart, jedoch wird an seiner Stelle Gas verbraucht. Der bloße Wechsel des Energieträgers einer Heizung führt jedoch nicht dazu, dass in Bezug auf die Mietsache Endenergie eingespart wird.

Nach Auffassung des Gesetzgebers ist insbesondere in drei Fällen eine Einsparung von Endenergie gegeben:[15] 23

1. Fall: Infolge der Modernisierungsmaßnahme wird weniger Nutzenergie als zuvor benötigt, um in der Mietsache dieselbe Energiedienstleistung (Beheizung, Warmwasser etc) zu erbringen. 24

Beispiele: Wesentliche Verbesserungen der Wärmedämmung von Außenwänden, Dächern, Kellerdecken, Fenstern, Außentüren und obersten Geschossdecken; Installation von Wärmeschutzfenstern oder isolierenden Rollläden; Einsatz von Solartechnik für die Warmwasserbereitung.

2. Fall: Nach der Modernisierungsmaßnahme wird Nutzenergie mit größerer Effizienz als zuvor in der Mietsache zur Verfügung gestellt. 25

Beispiele: Erneuerung des Heizkessels; Verringerung der Wärmeverluste zwischen Heizkessel und Heizkörpern – etwa durch hydraulischen Abgleich und Wärmedämmung frei liegender Rohrleitungen; Einbau von Thermostatventilen; Installation von Lüftungsanlagen mit Wärmerückgewinnung; Installation von LED-Leuchtkörpern (wobei im Einzelfall fraglich sein kann, ob eine „bauliche Veränderung" iSv § 555 b BGB vorliegt).

3. Fall: Das Gebäude wird mit Anlagen zur Nutzung von Sonnen- oder Windenergie ausgerüstet, wobei die gewonnene Energie zur Deckung des Energiebedarfs des Gebäudes selbst eingesetzt wird. 26

Beispiel: Auf dem Dach des Gebäudes werden Solarkollektoren installiert. Das so erzeugte Warmwasser verringert das Maß an Heizenergie, das zur Deckung des Bedarfs an Warmwasser sonst benötigt wird. Für den gleichbleibenden Energiebedarf wird durch den Energieertrag der Solarkollektoren der Verbrauch fossiler Energie reduziert, mithin Endenergie eingespart.

2. Einsparung in Bezug auf die Mietsache

Erforderlich ist, dass die Einsparung von Endenergie „in Bezug auf die Mietsache" eintritt. 27
Mietsache meint mehr als die Mietwohnung und erfasst auch die Außenanlagen des Gebäudes, in dem sich die Mietwohnung befindet, sowie dessen **Gemeinschaftsanlagen** und -räume. Der Mieter muss also nicht innerhalb seiner Wohnung von der Energieeinsparung profitieren können; ausreichend ist, dass die Energieeinsparung in Bezug auf die Mietsache erfolgt.

Beispiel: Der Einbau von Isolierglasfenstern nur im Treppenhaus des Mietgebäudes und die Installation von Schaltuhren und Energiesparlampen auf dem Gemeinschaftsparkplatz des Mietgebäudes können als energetische Modernisierungen zu qualifizieren sein, bei denen in Bezug auf die Mietsache Endenergie eingespart wird.

Stets erforderlich ist, dass die Mietwohnung oder das Mietgebäude energetisch ertüchtigt 28
wird.[16] Eingespart werden muss also Endenergie, für die der Nutzer Geld zu zahlen hat.[17]

15 Vgl. BT-Drs. 17/10485, 27 f.
16 *Eisenschmid* in Schmidt-Futterer, § 555 b BGB Rn. 27.
17 BT-Drs. 17/10485, 19; *Derleder*, NZM 2013, 441 (443).

Ob tatsächlich Geld eingespart wird, ist unerheblich.[18] Sofern infolge der Maßnahme aber Geld eingespart wird, kann diese Einsparung auch dem Vermieter zugutekommen, etwa dann, wenn er mit dem Mieter eine **Betriebskostenpauschale** oder eine (Teil-)Inklusivmiete vereinbart hat.

29 Dass sich die Energieeinsparung wirtschaftlich **potenziell zugunsten des Mieters** auswirken muss, erklärt sich daraus, dass von ihm für eine energetische Modernisierung eine Mieterhöhung gefordert werden kann. Das Kriterium der Energieeinsparung „in Bezug auf die Mietsache" dient damit der Abgrenzung zu den Maßnahmen der Einsparung von Primärenergie und des sonstigen Klimaschutzes gemäß § 555 b Nr. 2 BGB. Jene Maßnahmen sind dadurch gekennzeichnet, dass sie nicht potenziell den betreffenden Mietern, sondern nur der Allgemeinheit zugutekommen, weshalb Mieter hierfür keinen Modernisierungszuschlag zur Miete zu zahlen haben.

3. Nachhaltige Einsparung von Endenergie

30 Als energetische Modernisierung kann die Einsparung von Endenergie *nur* gewertet werden, wenn sie nachhaltig ist. Nachhaltig ist die Einsparung, wenn sie **von Dauer und objektiv messbar** ist. Zwar ist nicht erforderlich, dass die Energieeinsparung ein Mindestmaß bzw. einen bestimmten Prozentsatz erreicht.[19] Damit eine Energieeinsparung als nachhaltig angesehen werden kann, darf sie gleichwohl **nicht völlig unerheblich** sein.

Beispiel: Als unerheblich und damit als nicht „nachhaltig" anzusehen ist die Einsparung von Heizöl in einem Umfang von höchstens 3 Prozent für die Dauer von längstens 3 Jahren.[20]

31 Erforderlich und ausreichend ist demnach, dass eine dauerhafte, nicht völlig unerhebliche Energieeinsparung erzielt wird.[21] Dabei steht der Nachhaltigkeit nicht entgegen, dass die Baumaßnahme nicht das volle Potenzial einer möglichen Energieeinsparung ausschöpft.

4. Anwendungsfall: Fensteraustausch

32 Werden Fenster ausgetauscht, so liegt eine energetische Modernisierung vor, wenn hierdurch nachhaltig Endenergie eingespart wird. Dies beurteilt sich durch einen Vergleich der **Wärmedurchgangskoeffizienten** von altem und neuem Fenster, welche dem Mieter deshalb im Rahmen der Modernisierungsankündigung mitzuteilen sind (§ 555 c Abs. 1 BGB).[22] Die Vorlage einer **Wärmebedarfsberechnung** gleich welcher Art ist aber nicht notwendig.[23]

33 Daneben kann der Fensteraustausch als Modernisierung auch dann zu werten sein, wenn durch ihn der **Gebrauchswert der Mietsache** nachhaltig erhöht wird (§ 555 b Nr. 4 BGB). Dies ist insbesondere dann der Fall, wenn mit den neuen Fenstern der **Schallschutz** der Mietwohnung erheblich verbessert wird. Woraus sich die Gebrauchswertverbesserung für den Mieter im Falle des Fensteraustauschs ergibt, ist ihm konkret und plausibel mitzuteilen.[24]

---

18 *BGH* 24.9.2008 – VIII ZR 275/07, NJW 2008, 3630; *LG Berlin* 10.11.2017 – 65 S 151/17.

19 BT-Drs. 17/10475, 24; *BGH* 12.3.2003 – VIII ZR 156/03, NJW-RR 2004, 658.

20 *OVG Berlin* 11.9.1981 – 2 B 79/80; für eine Fortgeltung dieses Maßstabs: *Eisenschmid* in Schmidt-Futterer, § 555 b BGB Rn. 40.

21 *BGH* 10.4.2002 – VIII ARZ 3/01, NZM 2002, 159; *AG Kehl* 23.9.2011 – 3 C 20/10; *Dickersbach*, Lützenkirchen/Mietrecht, § 555 b BGB Rn. 23; Staudinger/*Emmerich*, § 555 b BGB Rn. 15 a.

22 *BGH* 25.1.2006 – VIII ZR 47/05, NZM 2006, 221; *LG Berlin* 11.7.2013 – 67 S 317/12.

23 *BGH* 12.6.2018 – VIII ZR 121/17, NZM 2018, 948; *BGH* 7.1.2004 – VIII ZR 156/03, NJW-RR 2004, 658.

24 *BGH* 7.1.2004 – VIII ZR 156/03, NJW-RR 2004, 658.

Übersicht: Fensteraustausch als Modernisierungsmaßnahme[25] 34

Baumaßnahme	Modernisierung		Entscheidung
Es werden ...	Ja	Nein	
einfachverglaste Fenster gegen Isolierglasfenster in der Wohnung ausgetauscht	✓		BGH 7.1.2004 – VIII ZR 156/03 (Energieeinsparung)
einfachverglaste Fenster gegen Isolierglasfenster im Wintergarten ausgetauscht	✓		VG Berlin 5.12.1983 – VG 14 A 133.83 (Gebrauchswertverbesserung)
einfachverglaste Fenster gegen Kunststofffenster mit Wärmedämmverglasung in Küche, Toilette und Kammer ausgetauscht	✓		LG Berlin 6.5.2011 – 63 S 439/10 (Gebrauchswertverbesserung)
einfachverglaste Fenster zur Straßenseite durch Schallschutzfenster in der Wohnung ausgetauscht	✓		AG Köln 7.1.1986 – 217 C 538/85 (Gebrauchswertverbesserung)
Verbundfenster gegen Isolierglasfenster in der Wohnung ausgetauscht	✓		LG Berlin 16.7.2001 – 67 S 527/00 (Gebrauchswertverbesserung)
Verbundfenster gegen Isolierglasfenster in der Wohnung ausgetauscht		✓	LG Berlin 10.9.2007 – 67 S 90/07 (keine Energieeinsparung)
Kastendoppelfenster durch Verbundfenster in der Wohnung ausgetauscht		✓	OVG Berlin 15.3.1984 – 4 B 43.83
Kastendoppelfenster durch isolierverglaste Kunststofffenster ausgetauscht		✓	LG Berlin 29.7.2015 – 65 S 144/15 (Energieeinsparung)
einfachverglaste Fenster gegen Kunststofffenster mit Wärmedämmverglasung im Keller ausgetauscht		✓	AG Köln 22.2.2011 – 224 C 327/10
einfachverglaste Fenster gegen Isolierglas in der Wohnung ausgetauscht, wobei die Fensterfläche gleichzeitig verkleinert und der Lichteinfall damit verringert wird		✓	LG Berlin 8.4.2010 – 67 S 312/01
zweifach isolierverglaste Fenster gegen dreifach isolierverglaste Fenster ausgetauscht	✓		AG München 30.12.2016 – 453 C 22061/15
Holzfenster gegen Kunststofffenster ausgetauscht	✓		LG Itzehoe 19.1.2016 – 11 S 61/14 (Gebrauchswertverbesserung)
einfachverglaste Doppelkastenfenster gegen einfachverglaste Isolierglasfenster ausgetauscht	✓		LG Berlin 14.1.2015 – 65 S 67/14 (Gebrauchswertverbesserung)

25 Siehe hierzu im Weiteren die Rechtsprechungsübersicht im Anhang 1.

35 **Hinweis:** Der erstmalige Einbau isolierverglaster Fenster hat häufig zur Folge, dass sich in den Wohnungen Schimmelpilz bildet.[26] Feuchtigkeitsschäden kann in diesen Fällen durch ein verändertes **Heiz- und Lüftungsverhalten** vorgebeugt werden. Nach der Rechtsprechung hat der Vermieter den Mieter auf diese Notwendigkeit hinzuweisen; ohne diesen Hinweis kann der Vermieter den Mieter im Schadensfall nicht haftbar machen, wohl aber selbst gegenüber dem Mieter schadensersatzpflichtig sein.[27]

5. Anwendungsfall: Heizungsmodernisierung

36 Durch eine Heizungserneuerung wird Endenergie eingespart, wenn die Energieverluste bei einem – unterstellt – gleichbleibenden Energieverbrauch abnehmen. In diesem Fall vergrößert sich durch höhere Energieeffizienz der Anteil der Nutzenergie an der Endenergie.

37 Die Endenergie ermittelt sich danach, was an Gesamtenergie in die Heizungsanlage eingegeben werden muss, um die angestrebte Wärme zu erreichen. Je kleiner in einer Heizungsanlage die Verluste bei der Wärmeerzeugung sind, desto größer ist ihr **Wirkungsgrad.** Je höher der Wirkungsgrad – die Energieeffizienz – einer Heizung ist, desto geringer ist der Anteil der Nutzenergie an der Endenergie.

38 Gradmesser für den Endenergieverbrauch ist der **Jahresnutzungsgrad** (JNG) der Anlage. Wird der Jahresnutzungsgrad gesteigert, liegt eine energetische Modernisierung vor.

Beispiel: Die bestehende Heizungsanlage hat einen JNG von 70 Prozent und wird durch eine moderne Anlage mit einem JNG von 90 Prozent ersetzt:

Jahresnutzungsgrad alt:	70 Prozent[28]
Jahresnutzungsgrad neu:	90 Prozent
Steigerung:	circa 28,57 Prozent[29] (aber: 20 Prozentpunkte)
Energieersparnis:	um circa 22,22 Prozent auf circa 77,77 Prozent
Gegenprobe:	alt: 100 × 0,7 = 70; neu: 77,77 × 0,9 = 70.

Das heißt: Dieselbe Nutzenergie, die zuvor zB mit 100 Litern Erdöl erzeugt werden konnte, kann nunmehr aus nur noch 77,77 Litern Erdöl gewonnen werden.

Beispiel: Die bestehende Heizungsanlage hat einen JNG von 65 Prozent, die neue einen solchen von 85 Prozent.

Jahresnutzungsgrad alt:	65 Prozent
Jahresnutzungsgrad neu:	85 Prozent
Steigerung:	circa 30,77 Prozent (aber: 20 Prozentpunkte)
Energieersparnis:	um circa 23,53 Prozent auf circa 76,47 Prozent
Gegenprobe:	alt: 100 × 0,65 = 65; neu: 76,47 × 0,85 = 65.

Das heißt: Dieselbe Nutzenergie, die zuvor zB mit 5.000 Litern Erdöl erzeugt werden konnte, kann nunmehr aus nur noch 3.823,5 Litern Erdöl gewonnen werden.

39 Die Energieverluste werden auch mit der sog **Anlagen-Aufwandszahl** ausgedrückt. Sie beschreibt, wieviel mehr an Energie man dem Heizsystem zuführen muss, um die benötigte Heizwärme zu erzeugen. Berücksichtigt wird die gesamte Kette von der Gewinnung und Förderung der Energie, Veredelung, Transport, Energiewandlung, Wärmeverteilung, Anlagenregelung usw. Ist die Energie-Aufwandszahl hoch, so ist das betreffende Heizungssys-

26 Hierzu näher und instruktiv: *Selk*, NJW 2013, 2629 ff.

27 *LG Bonn* 13.9.2012 – 6 S 69/12; *LG München I* 8.3.2007 – 31 S 14459/06.

28 Die Prozentangaben des JNG beziehen sich auf das Verhältnis zwischen eingesetzter Energie (zB Erdöl) und gewonnener Nutzenergie.

29 Diese Prozentangabe hingegen bezieht sich auf das Verhältnis von 90 zu 70.

tem ineffizient. Wird mit der Baumaßnahme die Anlagen-Aufwandszahl verringert, so ist sie als energetische Modernisierung zu qualifizieren.

Beispiel: Eine Anlagen-Aufwandszahl von E = 2,0 bedeutet, dass das Doppelte an Energie verbraucht wird, die man als Nutzenergie erhält; bei E = 1,5 wäre der Energieaufwand noch eineinhalb Mal so hoch wie die daraus erzeugte Nutzenergie.

Unter der Voraussetzung, dass der Jahresnutzungsgrad erhöht bzw. die Anlagen-Aufwandszahl verringert wird, ist bei einem **Wechsel der Heizungsart** von einer energetischen Modernisierung insbesondere auszugehen, wenn 40

- eine Einzelheizung durch eine zentral gesteuerte Heizungsanlage ersetzt wird,
- das Gebäude künftig von außerhalb, also durch Fernwärme, versorgt wird.[30]

Übersicht: Einsparung von Endenergie durch einen Wechsel der Heizungsart[31] 41

Umstellung		Gerichtsentscheidung
von	auf	
Gasetagenheizung	das aus Kraft-Wärme-Kopplung gespeiste Fernwärmenetz	BGH 24.9.2008 – VIII ZR 275/07
Kokszentralheizung	städtische Fernwärme	LG Berlin 9.8.2000 – 11 O 624/99
Nachtstromheizung	Gasetagenheizung	AG Siegburg 8.12.1993 – 10 C 282/93
Gasetagenheizung	den Anschluss an das Fernwärmenetz	LG Hamburg 29.9.2005 – 334 S 48/04
Elektro-Nachtspeicheröfen	den Anschluss an das Fernwärmenetz	LG Berlin 17.3.2000 – 65 S 352/99
Einzelheizung	Zentralheizung	LG Berlin 2.12.2003 – 64 S 196/03
Ölzentralheizung	Erdgaszentralheizung	OLG Celle 22.11.1992 – 4 W 47/92
Gasaußenwandeinzelöfen	Gasetagenheizung	AG Lichtenberg 23.5.1996 – 3 C 350/95
Kohleofen	Gasheizung	LG Berlin v. 29.7.2015 – 65 S 144/15

Hinweis: Vermieter – insbesondere solche, die in ein bestehendes Mietverhältnis kraft Gesetzes eingetreten sind (§ 566 Abs. 1 BGB: **„Kauf bricht nicht Miete“**) – sollten sich vor der Modernisierung über die Ausstattung der Mietsache vergewissern. Denn nach maßgeblicher Auffassung des Bundesgerichtshofs beurteilt sich der Ist-Zustand (linke Spalte) nach dem Zustand, der unmittelbar vor der Heizungserneuerung besteht. Hat der Mieter mit Zustimmung des Vermieters die Heizung selbst und auf eigene Kosten ausgetauscht, so ist dieser Zustand maßgeblich für die Frage, ob durch weitere Maßnahmen Endenergie eingespart wird.[32] 42

30 *BGH* 12.3.2014 – VIII ZR 147/13, NJW-RR 2014, 650; *BGH* 24.9.2008 – VIII ZR 275/07, NJW 2008, 3630.

31 Siehe hierzu im Weiteren die Rechtsprechungsübersicht im Anhang 1.

32 *BGH* 20.6.2012 – VIII ZR 110/11, NZM 2012, 679.

43 Eine gesetzliche Verpflichtung, funktionstüchtige Heizungsanlagen zu modernisieren, trifft den Vermieter nicht, obgleich er als Eigentümer hierzu gemäß § 10 Abs. 1 der **Energieeinsparverordnung 2016** (EnEV) verpflichtet sein kann.[33] Gegebenenfalls kann der Mieter die Einhaltung dieser öffentlich-rechtlichen Pflicht aber *nicht* einfordern.[34]

6. Anwendungsfall: Wärmedämmung

44 Durch Wärmedämmung am Gebäude der Mietwohnung wird Endenergie eingespart, gleich ob die **Dämmung** an Wänden, Dächern, Fenstern, Außenjalousien, Decken, Außentüren oder Warmwasser- bzw. Heizrohren vorgenommen wird.[35] Die Energieeinsparung beurteilt sich durch einen **Vergleich der Dämmwerte** des zu modernisierenden Bauteils vor und nach der Baumaßnahme.

45 Diese Dämmwerte werden als **Wärmedurchgangskoeffizienten** bezeichnet und sind dem Mieter in der Modernisierungsankündigung mitzuteilen.[36] Dabei kann der Vermieter hinsichtlich der energetischen Qualität von Bauteilen auf allgemein anerkannte Pauschalwerte Bezug nehmen (§ 555 c Abs. 3 BGB). Eine **Wärmebedarfsberechnung** hingegen muss der Vermieter nicht erstellen (lassen) und auch nicht dem Mieter mitteilen.[37]

46 Im Falle der Sanierung energetisch bedeutsamer Bauteile (insbesondere Dach, Fenster, Türen, Außenwände) müssen die **energetischen Standards der Energieeinsparung** erreicht werden. Dies gilt nach der Energieeinsparverordnung 2016 insbesondere, wenn mindestens 10 Prozent des betroffenen Gebäudeteils saniert werden (§ 9 Abs. 3 EnEV), bisher nicht gedämmte, zugängliche Wärmeverteilungs- und Warmwasserleitungen sowie nicht in beheizten Räumen befindliche Armaturen (§ 10 Abs. 2 EnEV) oder bisher nicht gedämmte, zugängliche Decken beheizter Räume zum unbeheizten Dachraum (oberste Geschossdecken) nunmehr gedämmt werden (§ 10 Abs. 3 EnEV).

II. Einsparung nicht erneuerbarer Primärenergie und Klimaschutz

47 Um eine Modernisierung handelt es sich ferner bei baulichen Veränderungen, durch die nicht erneuerbare Primärenergie nachhaltig eingespart oder das Klima nachhaltig geschützt wird, sofern nicht bereits eine energetische Modernisierung vorliegt (§ 555 b Nr. 2 BGB).

48 Anders als bei der energetischen Modernisierung gilt für diese Modernisierungsvariante der maximal dreimonatige **Minderungsausschluss** zulasten des Mieters *nicht* (§ 536 Abs. 1 a BGB). Auch ist der Vermieter *nicht* zur **Mieterhöhung** berechtigt (§ 559 Abs. 1 BGB).

49 Insgesamt kann diese Modernisierungsvariante in drei Fällen gegeben sein, die im Folgenden dargestellt werden. Alle drei Fälle haben zur Voraussetzung, dass die Maßnahme „nachhaltig" wirkt, sie also von Dauer und objektiv messbar bzw. berechenbar ist.

1. Einsparung ohne Bezug zur Mietsache

50 Die erste Alternative besteht darin, dass durch die Baumaßnahme nicht erneuerbare Primärenergie *ohne* Bezug zur Mietsache eingespart wird. Primärenergie bezeichnet die in der Natur vorkommenden Energieformen und Energiequellen: Energie aus Kohle, Erdgas, Uran, Wind, Sonne, Wasserkraft, Rohöl, Biomasse, Geothermie und Holz. Innerhalb der Primärenergie ist zu unterscheiden zwischen derjenigen aus **erneuerbaren Energiequellen**

33 *LG Berlin* 18.12.2017 – 64 S 73/17.
34 Siehe hierzu unter → § 1 Rn. 129 ff.
35 *Eisenschmid* in Schmidt-Futterer, § 555 b BGB Rn. 53; Palandt/*Weidenkaff*, § 555 b BGB Rn. 3.
36 *AG Bremen* 20.2.2018 – 2 C 520/16; *AG München* 30.12.2016 – 453 C 22061/15.
37 BT-Drs. 17/10485, 20; *BGH* 12.3.2003 – VIII ZR 175/02, IBRRS 2003, 1148.

(Wind, Wasserkraft, Geothermie, Biomasse, Sonne und Holz) und derjenigen aus nicht erneuerbaren Energiequellen (Kohle, Erdgas, Rohöl, Uran).

Unter dem Gesichtspunkt der Erhöhung der Energieeffizienz und der Schonung der Ressourcen sind allein solche Baumaßnahmen als Modernisierungsmaßnahmen anzusehen, mit denen nicht erneuerbare Primärenergie eingespart wird.[38] Diese Energiequellen sind in der Natur begrenzt und können nach dem gegenwärtigen Stand der Technik nicht reproduziert werden. Damit werden diese **Energie-Ressourcen** durch Verbrauch immer knapper.[39] 51

Beispiel: Auf dem Dach des Mietgebäudes wird eine **Photovoltaik-Anlage** zur Stromgewinnung installiert. Hierdurch wird (langfristig) erreicht, dass weniger Kohle, Öl usw. zur Stromerzeugung in Kraftwerken verbraucht wird.

Entscheidend ist, dass die Energieeinsparung *nicht* „in Bezug auf die Mietsache" eintritt. 52 Anderenfalls handelt es sich bereits um eine **energetische Modernisierung** gemäß § 555 b Nr. 1 BGB.

Beispiel: Der auf dem Dach erzeugte Strom wird vollständig in das öffentliche Stromnetz eingespeist. Die im Gebäude verbrauchte – und weiterhin „von außen" zu beziehende – Energie und der Energiebedarf bleiben unverändert. Gegeben ist lediglich eine Einsparung von Primärenergie iSv § 555 b Nr. 2 BGB.

Zwar ist die Einsparung nicht erneuerbarer Primärenergie nicht zwangsläufig mit einer 53 Einsparung von Endenergie verbunden.[40] Ist dies aber – wie zumeist – der Fall und wird mit der Maßnahme zur Einsparung nicht erneuerbarer Primärenergie zugleich Endenergie in Bezug auf die Mietsache eingespart, so liegt eine energetische Modernisierung vor.

Dies ergibt sich schon daraus, dass umgekehrt fast jede Maßnahme zur Einsparung von 54 Endenergie in Bezug auf die Mietsache eine Einsparung von Primärenergie zur Folge hat, und zwar zumeist solcher aus nicht erneuerbaren Ressourcen.[41] Wann immer infolge der Baumaßnahme weniger fossile Primärenergie zur Deckung des Endenergiebedarfs eingesetzt werden muss, wird Endenergie eingespart.

Beispiel: Wird durch Isolierung und Einbau neuer Fenster in immer mehr Häusern der Wärmeverbrauch reduziert (weniger Endenergie-Verbrauch), so werden mittelfristig auch weniger Wärmekraftwerke benötigt (weniger Primärenergie-Verbrauch).

Werden zugleich nicht erneuerbare Primärenergie und Endenergie in Bezug auf die Mietsa- 55 che eingespart, so liegt einheitlich eine energetische Modernisierung vor.[42] Das bedeutet, dass aufgrund dieser Energiesparmaßnahme die Miete erhöht werden kann (§ 559 BGB) und der maximal dreimonatige Minderungsausschluss (§ 536 Abs. 1 a BGB) zum Tragen kommt.

2. Einsparung ohne Auswirkung auf die Energiebilanz

Der zweite Anwendungsfall dieser Modernisierungsvariante ist die Einsparung nicht er- 56 neuerbarer Primärenergie ohne Auswirkung auf die Energiebilanz des Hauses. Dies betrifft Fälle, in denen erneuerbare Primärenergie eingespart wird, nicht jedoch Endenergie.

Beispiel: Die Heizungsanlage wird von Erdgas auf zertifiziertes Biogas umgestellt. Der Endenergie-Verbrauch bleibt dabei unverändert, aber es werden weniger erschöpfliche Ressourcen (Erdgas) zur Energiegewinnung verbraucht.

38 BT-Drs. 17/10485, 19.
39 BT-Drs. 17/10485, 28.
40 BT-Drs. 17/10485, 20.
41 BT-Drs. 17/10485, 19.
42 Bub/Treier/*Schüller*, Kap. III Rn. 2663; *Dickersbach*, Lützenkirchen/Mietrecht § 555 b BGB Rn. 47; *Eisenschmid* in Schmidt-Futterer, § 555 b BGB Rn. 65.

Beispiel: Der Einbau einer Holzpelletsheizung verringert zwar nicht den Energiebedarf des Hauses. Mit ihrer Nutzung verringert sich aber der Anteil der zur Deckung dieses Bedarfs benötigten nicht erneuerbaren Primärenergie (Gas, Heizöl).

57 Daraus folgt zugleich, dass im Umkehrschluss *keine* Maßnahme zur Einsparung nicht erneuerbarer Primärenergie vorliegt, wenn eine **regenerative Energiequelle** durch eine andere regenerative Energiequelle ausgetauscht wird.

Beispiel: Eine Biomasseheizung wird ersetzt durch eine Holzpelletsheizung, ohne dass hierdurch nicht erneuerbare Primärenergie ersetzt und dadurch eingespart wird. Diese bauliche Veränderung stellt folglich keine vom Mieter zu duldende Modernisierung dar.

58 Da es ausreichend ist, wenn nur ein erneuerbarer Energieträger eingespart wird, ist diese Modernisierungsalternative schließlich auch dann gegeben, wenn eine Heizungsanlage von fossiler auf erneuerbare Energieträger umgestellt wird.[43]

Beispiel: Die Ölheizung wird ersetzt durch eine Heizung, die mit Biogas oder Holzpellets betrieben wird. Trotz gleicher Energiebilanz wird zugunsten erneuerbarer Energiequellen (Biogas, Holzpellets) nicht erneuerbare Primärenergie (Heizöl) eingespart.

3. Sonstige das Klima schützende bauliche Veränderungen

59 Schließlich liegt eine duldungspflichtige Modernisierung vor, wenn das Klima auf sonstige Weise nachhaltig geschützt wird. Dieser Tatbestand ist so offen gefasst, dass auch künftige Techniken darunter fallen, wenn und soweit sie dem Klimaschutz dienen.[44] Damit werden vor allem Maßnahmen zur Reduzierung des **Treibhausgases** CO_2 erfasst sein, das für die Erderwärmung verantwortlich gemacht wird.[45] Denn der Bezug zur Energieeinsparung ist für diese Alternative nicht zwingend. Im Gegenteil sind Maßnahmen denkbar, die zwar dem Klimaschutz dienen, zugleich aber einen Energiemehrbedarf zur Folge haben.

Beispiel: Durch neuartige Filtersysteme kann der CO_2-Ausstoß von Heizungsanlagen verringert werden, wobei der damit verbundene Klimaschutz „erkauft" wird durch einen geringfügig erhöhten Energiebedarf bei der Heizungsleistung.

III. Reduzierung des Wasserverbrauchs

60 Zu den vom Mieter zu duldenden und den Vermieter zur Mieterhöhung berechtigenden Modernisierungsmaßnahmen gehören bauliche Veränderungen, durch die der Wasserverbrauch nachhaltig reduziert wird (§ 555 b Nr. 3 BGB). Hierunter fallen alle Maßnahmen, die entweder objektiv eine **Einsparung von Wasser** bewirken oder aber (mittelbar) ein hierauf gerichtetes **geändertes Nutzerverhalten** erwarten lassen.

Beispiele: Einbau von Spareinrichtungen bei der Toilettenspülung; Durchlaufbegrenzungseinrichtungen für Duschen und Waschbecken; Installation von Regenwassergewinnungsanlagen; Einrichtungen zum Gebrauch von Brauchwasser.

Wie auch bei der Energieeinsparung ist allein entscheidend, dass der Gesamtverbrauch an Wasser verringert wird. Keine Voraussetzung ist, dass sich durch diese Maßnahme der Gebrauchswert der Wohnung für den Mieter erhöht oder sich dessen **Wasserkosten** verringern.[46] Wohl aber ist erforderlich, dass die Wassereinsparung *nachhaltig* ist. Das ist zu be-

43 *LG Berlin* 9.8.2008 – 11 O 624/99 (Umstellung von Koksheizung auf Fernwärme); *Dickersbach*, Lützenkirchen/Mietrecht, § 555 b BGB Rn. 51; dagegen ordnet Hannemann/*Horst*, Das neue Mietrecht, § 2 Rn. 29, diese Maßnahme dem sonstigen Klimaschutz zu, was aber zu dem gleichen Ergebnis führt, nämlich dem Ausschluss einer Mieterhöhung.

44 BT-Drs. 17/10485, 29.

45 *Eisenschmid* in Schmidt-Futterer, § 555 b BGB Rn. 66; Palandt/*Weidenkaff*, § 555 b BGB Rn. 5.

46 *LG Berlin* 11.11.2017 – 65 S 151/17; *Dickersbach*, Lützenkirchen/Mietrecht, § 555 b BGB Rn. 54; *Eisenschmid* in Schmidt-Futterer, § 555 b BGB Rn. 68; *Kinne*, Miet- und Mietprozessrecht, § 555 b BGB Rn. 19 f.

jahen, wenn die Wassereinsparung auf Dauer angelegt ist und sich nicht völlig unerheblich auswirkt.

Nach Auffassung des BGH fällt der nachträgliche **Einbau von Wasseruhren** unter diese Modernisierungsvariante.[47] Zwar erlaubt eine Wasseruhr nur Feststellungen zum Wasserverbrauch, doch führt die Kenntnis davon regelmäßig zu einer Änderung des Verbrauchsverhaltens hin zu einer Wassereinsparung. 61

Ob diese Annahme auch zutreffend ist, wenn das Wasser gegenüber dem Mieter nicht verbrauchsabhängig abgerechnet wird, erscheint zweifelhaft. Denn Vermieter sind zur verbrauchsabhängigen Abrechnung nur verpflichtet, wenn ausnahmslos alle Wohnungen eines Gebäudes mit Wasseruhren ausgerüstet sind.[48] Auch ist die **Nachhaltigkeit** der Wassereinsparung *in concreto* fraglich, weil der Wasserverbrauch nur vom individuellen Nutzerverhalten abhängig ist.[49] 62

Ist die Installation von Kaltwasserzählern **gesetzlich vorgeschrieben,** handelt es sich um eine Modernisierung, die aus vom Vermieter nicht zu vertretenden Umständen zu erfolgen hat (§ 555 b Nr. 6 BGB).[50] Eine solche Verpflichtung sehen die **Landesbauordnungen** mittlerweile flächendeckend vor, in Schleswig-Holstein bis 31.12.2020, meist mit der Einschränkung, dass die Installation nicht mit einem unverhältnismäßigen Mehraufwand verbunden sein darf. Zum Teil wird die Installation von Kaltwasserzählern überdies als Wohnwertverbesserung angesehen (hierzu im Folgenden). 63

IV. Nachhaltige Erhöhung des Gebrauchswerts der Mietsache

Eine Modernisierung ist gegeben durch bauliche Maßnahmen, die den Gebrauchswert der Mietsache nachhaltig erhöhen (§ 555 b Nr. 4 BGB). Gesprochen wird in diesem Zusammenhang auch von einer **Verbesserung der Mietsache** oder von einer **Wohnwertverbesserung.** 64

Die Erstreckung des Gebrauchswerts auf die Mietsache stellt klar, dass nicht nur Maßnahmen innerhalb der Mietwohnung erfasst sind. Einbezogen sind vielmehr **alle Verbesserungsmaßnahmen,** die in Bezug auf das Mietgebäude und seine innen wie außen liegenden Gemeinschaftsflächen und -räume zum Tragen kommen. 65

1. Anwendungsbereich

Die Modernisierungsvariante gemäß § 555 b Nr. 4 BGB ist gegeben, wenn 66

- der Gebrauchs- oder Substanzwert der gemieteten Räume oder des Gebäudes erhöht oder
- eine bessere Benutzung ermöglicht wird.[51]

Das Wohnen muss also **bequemer, sicherer, gesünder, günstiger, angenehmer oder weniger arbeitsaufwendig** werden.[52] Diese Verbesserungen müssen jedenfalls auch dem Mieter zugutekommen, der hierfür eine Mieterhöhung hinnehmen muss. Ist nur der Vermieter Nutznießer, liegt somit keine Gebrauchswertverbesserung vor.[53] Ob die Schaffung bloß neuer Gebrauchsmöglichkeiten eine nachhaltige Erhöhung des Gebrauchswerts bedingt, 67

47 *BGH* 30.3.2011 – VIII ZR 173/10, NZM 2011, 358.
48 *BGH* 12.3.2008 – VIII ZR 188/07, NJW 2008, 1876.
49 *Eisenschmid* in Schmidt-Futterer, § 555 b BGB Rn. 69; Staudinger/*Emmerich*, § 555 b BGB Rn. 17.
50 *BGH* 17.12.2008 – VIII ZR 41/08, NZM 2009, 150.
51 *BGH* 20.6.2012 – VIII ZR 110/11, NZM 2012, 679; *Eisenschmid* in Schmidt-Futterer, § 555 b BGB Rn. 71.
52 *AG Münster* 1.8.2012 – 48 C 4169/10; so auch schon die Gesetzesbegründung von 1982 zu § 541 b BGB aF, vgl. BT-Drs. 9/2079, 11 f.
53 Spielbauer/*Schneider*, Mietrecht, § 559 BGB Rn. 56.

kann nur für den Einzelfall beurteilt werden[54], ist aber rechtsgrundsätzlich *auszuschließen* bei einem **„Totalumbau" des Mietobjekts.**[55]

68 Auch für diesen Modernisierungstatbestand ist erforderlich, dass der Modernisierungserfolg – die Gebrauchswerterhöhung – **nachhaltig** ist. Hiervon ist auszugehen, wenn der Zweck der Baumaßnahme auf Dauer angelegt ist und sie sich mehr als nur unerheblich auswirkt.

69 Eine Gebrauchswerterhöhung beurteilt sich nach **objektivem Maßstab**; ob die Mietvertragsparteien eine Maßnahme als Wohnwertverbesserung empfinden oder beurteilen, ist unerheblich.[56]

Beispiel: Der Einbau einer Gasetagenheizung anstelle von Kohleöfen in Bad und Küche, womit in diesen Räumen erstmals eine Heizmöglichkeit geschaffen wird, ist auch dann als Gebrauchswerterhöhung anzusehen, wenn der Mieter Kohleöfen behaglich findet und Kamin- bzw. Kachelöfen nach wie vor häufig verkauft werden.[57]

Die Objektivierung des Modernisierungsbegriffs stellt sicher, dass der betreffende Mieter keine Veränderungen seines Mietgebrauchs zu dulden und hierfür eine erhöhte Miete zu zahlen hat, die nur nach der Vorstellung oder dem Empfinden des Vermieters oder anderer Mieter eine Verbesserung darstellen.

70 Entscheidend ist allein, ob nach der **Verkehrsauffassung** eine Wohnwertverbesserung vorliegt. Diese zeigt sich daran, dass die Wohnung von künftigen Mietinteressenten eher angemietet würde als eine vergleichbare Wohnung, bei der die betreffende Modernisierungsmaßnahme nicht durchgeführt wurde.[58]

Beispiel: Eine besser gesicherte **Wohnungseingangstür** leistet objektiv einen verbesserten Einbruchsschutz; dass der Mieter dies anders beurteilt, ihm der Einbruchsschutz „das Geld nicht wert" ist oder er daran schlicht kein Interesse hat, ist unerheblich.

71 Daraus folgt, dass eine Wohnwertverbesserung gegeben sein kann, obschon der einzelne Mieter von den betreffenden Baumaßnahmen nicht profitiert bzw. profitieren kann.

Beispiel: Wer seine Wohnung im Erdgeschoss eines Gebäudes hat, muss gleichwohl die Installation eines **Fahrstuhls** dulden, da dieser nach objektiven Maßstäben als Gebrauchswertverbesserung anerkannt ist.[59]

Beispiel: Die Installation eines rückkanalfähigen **Breitbandkabelanschlusses** ist nach der Verkehrsanschauung wegen der damit erweiterten Nutzungs- und Empfangsmöglichkeiten eine Wohnwertverbesserung, selbst wenn der betroffene Mieter hieran kein persönliches Interesse hat.[60]

Beispiel: Die Umstellung der Wärmeversorgung der Mietwohnung vom Ofenheizungsbetrieb auf den Anschluss an das **Fernwärmenetz** ist eine dauerhafte Wohnkomfortverbesserung.[61]

Beispiel: Die Ausstattung einer Wohnung mit **Rauchmeldern** führt regelmäßig zu einer Verbesserung der Sicherheit und damit auch zu einer nachhaltigen Erhöhung des Gebrauchswerts der Mietsache sowie zu einer dauerhaften Verbesserung der allgemeinen Wohnverhältnisse.[62] Hat der Mieter von ihm ausgewählte Rauchmelder schon selbst eingebaut hat, gilt dies jedenfalls auch dann, wenn ein Mehrfamilienhaus mit solchen Geräten einheitlich ausgestattet wird.

---

54 Ablehnend *AG Hamburg-Altona* 7.8.2007 – 316 C 425/06 für den Umbau einer Loggia zu einem Wintergarten, aA aber *LG Berlin* 13.12.2016 – 63 S 195/16.
55 *BGH* 21.11.2017 – VIII ZR 28/17, NJW 2018, 1008.
56 *BGH* 28.9.2011 – VIII ZR 326/10, NJW 2011, 3514; Staudinger/*Emmerich*, § 555 b BGB Rn. 20.
57 *LG Berlin* 29.7.2015 – 65 S 144/15.
58 *BGH* 20.7.2005 – VIII ZR 253/04, NZM 2005, 697.
59 *BGH* 19.9.2007 – VIII ZR 6/07, BeckRS 2007, 17161.
60 *BGH* 20.7.2005 – VIII ZR 253/04, NZM 2005, 697; *AG Frankfurt/Main* 19.1.2018 – 33 C 2941/17.
61 *BGH* 12.3.2014 – VIII ZR 147/13, NJW-RR 2014, 650.
62 *BGH* 17.6.2015 – VIII ZR 216/14, NZM 2015, 588; *AG Neustadt/Rübenberge* 27.2.2017 – 44 C 1243/16.

Denn dadurch, dass der Einbau und die spätere Wartung von Rauchmeldern für das **gesamte Gebäude** in einer Hand sind, wird ein hohes Maß an Sicherheit gewährleistet.[63]

Mit der Umstellung einer bereits vorhandenen Gasetagenheizung auf eine **Zentralheizung** verbindet sich hingegen objektiv *keine* Wohnwertverbesserung.[64]

Beispiel: Die Ersetzung vorhandener **Kaltwasserzähler** durch ein funkbasiertes Ablesesystem stellt wegen der damit objektiv verbundenen Erleichterungen bei der Verbrauchserfassung eine Wohnwertverbesserung dar.[65]

An bestimmte Ausstattungsstandards sind Vermieter nicht gebunden. Vielmehr sind sie berechtigt, auch eine weit **überdurchschnittliche Ausstattung** zu schaffen, um die Attraktivität der Mietsache zu erhöhen und dadurch eine möglichst hohe Miete zu erzielen.[66] Das gilt selbst dann, wenn die Nachfrage hiernach zum Zeitpunkt der Modernisierung noch verhältnismäßig gering sein mag.[67] Denn die laufende Verbesserung des Wohnungsbestandes ist gesellschaftspolitisch gewollt und geradezu der Zweck des Modernisierungsrechts. Deshalb steht auch eine bereits in der Vergangenheit erfolgte Gebrauchswertverbesserung einer erneuten Verbesserung nicht entgegen.[68] 72

Ausgeschlossen sind jedoch sog **Luxusmodernisierungen.**[69] Hierunter versteht man die Schaffung eines Ausstattungsstandards, der so exorbitant hochwertig ist und deshalb zu derart hohen Mieten führt, dass er regelmäßig nur von sehr wenigen sehr vermögenden Mietern nachgefragt wird.[70] Dieser neue Ausstattungsstandard muss sich von dem bisher vorhandenen in einer Weise abheben, dass er als Fremdkörper wahrgenommen wird. Die Modernisierung einer Luxuswohnung ist freilich möglich, also die Anpassung einzelner Ausstattungsmerkmale an den Charakter der schon vorhandenen Ausstattung. 73

Beispiel: Die Installation eines **Whirlpools** oder einer **Sauna** in einer ansonsten eher einfach gehaltenen Wohnung dürfte als unzulässige Luxusmodernisierung zu werten sein.

In Anlehnung an den zwar schon 1987 aufgehobenen – aber insoweit gleichwohl immer noch beachtlichen[71] – § 4 Abs. 1 ModEnG fallen hierunter insbesondere Baumaßnahmen zur Verbesserung der Belüftung der Wohnung, der sanitären Einrichtungen, des Schallschutzes, der Sicherheit vor Diebstahl und Gewalt, des Wohnungszuschnitts, der Funktionsabläufe in der Wohnung, ihrer Erreichbarkeit, der Kochmöglichkeiten und der Wasserversorgung und Entwässerung. 74

63 *BGH* 17.6.2015 – VIII ZR 216/14, NZM 2015, 588.

64 *BGH* 10.10.2012 – VIII ZR 25/12, NZM 2013, 141. Allerdings kann die Maßnahme als energetische Modernisierung (§ 555 b Nr. 1 BGB) zu qualifizieren sein; möglich ist auch, dass der Vermieter hierzu aus von ihm nicht zu vertretenden Umständen verpflichtet ist, namentlich gemäß den Vorgaben der Energieeinsparverordnung (§ 555 b Nr. 6 BGB).

65 *BGH* 28.9.2011 – VIII ZR 326/10, NJW 2011, 3514.

66 *BGH* 14.9.2011 – VIII ZR 10/11, NJW-RR 2012, 262; *LG Berlin* 10.1.2012 – 63 S 203/11.

67 *BGH* 20.7.2005 – VIII ZR 253/04, NZM 2005, 697.

68 *LG Berlin* 10.9.2007 – 67 S 90/07.

69 *BGH* 20.7.2005 – VIII ZR 253/04, NZM 2005, 697.

70 *Eisenschmid* in Schmidt-Futterer, § 555 b BGB Rn. 79.

71 Vgl. *BGH* 24.9.2008 – VIII ZR 275/07, NJW 2008, 3630; Bub/Treier/*Schultz*, Kap. III Rn. 1537.

2. Übersicht: Einschlägige Baumaßnahmen[72]

75

Kategorie	Beispiele
Verbesserung des Lichteinfalls und der Belüftung	■ Einbau eines Fensters in einem bislang fensterlosen Raum
	■ Einbau von Isolierglasfenstern mit Lüftung
Verbesserung der sanitären Einrichtungen	■ erstmaliger Einbau eines Badezimmers
	■ Vergrößerung der Badezimmerfläche und Einrichtung zweier separater Räume für Bad und WC
	■ Austausch einer frei stehenden Badewanne durch eine Einbauwanne
	■ Installation von Einarmmischbatterien
	■ Ersetzen eines Heizkörpers durch einen Handtuchheizkörper
Verbesserung des Schallschutzes	■ Abhängen der Decke
	■ Anbringen eines zusätzlichen Trittschallschutzes
	■ Einbau spezieller Schallschutzfenster
Verbesserung der Sicherheit vor Einbruch und Gewalt	■ nachträglicher Einbau von einbruchssicheren Eingangstüren
	■ Installation von Türspionen
	■ Installation von Rollläden für Erdgeschosswohnungen
	■ Einbau von Sicherheitsschlössern und Kellervergitterungen
	■ Installation von Klingel-, (TV-)Gegensprech- und Türöffnungsanlagen
	■ Einbau einer Alarmanlage
	■ Installation einer Gegensprechanlage
	■ Installation von Rauchmeldern
Verbesserung des Wohnungszuschnitts	■ Vergrößerung der Küche durch Einbeziehung der benachbarten Abstellkammer
	■ Anbau eines Balkons
	■ Maßnahmen, um die Wohnung behindertengerecht zu machen
Verbesserung der Funktionsabläufe	■ Umstellung von Antenne auf rückkanalfähigen Breitbandkabelanschluss
	■ Installation einer Satellitenempfangsanlage
	■ Anpassung der Trittschalldämmung auf baulichtechnisch aktuellen (Rechts-)Stand
Verbesserung der Erreichbarkeit	■ Einbau eines Fahrstuhls
	■ Verbesserung des Zugangs zur Mietwohnung

Kategorie	Beispiele
Verbesserung der Stromversorgung	■ Erneuerung oder Verstärkung der Stromleitungen zur Kapazitätssteigerung, etwa zur Schaffung eines Starkstromanschlusses für einen Elektroherd in der Küche
Verbesserung der Wasserversorgung und Abwasserentsorgung	■ Verstärkung der Steigleitungen und Erneuerung der Abwasserleitungen auf aktuellen technisch-baulichen Stand, dadurch Beseitigung von Abflussproblemen ■ Einbau von Durchlauferhitzern zur Warmwasserversorgung

V. Dauerhafte Verbesserung der allgemeinen Wohnverhältnisse

Um Modernisierungsmaßnahmen handelt es sich bei baulichen Veränderungen, durch welche die allgemeinen Wohnverhältnisse auf Dauer verbessert werden (§ 555 b Nr. 5 BGB). Diese Modernisierungsvariante weist große Überschneidungen zur Gebrauchswertverbesserung der Mietsache auf (§ 555 b Nr. 4 BGB), weshalb sie eine eher *geringe* praktische Bedeutung hat. 76

1. Anwendungsbereich

Eine Abgrenzung beider Modernisierungsvarianten im Sinne einer Faustformel lässt sich anhand der **Reichweite der Maßnahmen** vornehmen. Gebrauchswerterhöhungen betreffen häufig – aber nicht zwingend – die einzelne Wohnung, während sich Verbesserungen der Wohnverhältnisse auf die Außenanlagen beziehen. Die Abgrenzung hat allerdings keine praktischen Folgen, solange nur feststeht, dass zumindest eine der beiden Varianten zutrifft. 77

Ebenfalls in Anlehnung an den schon 1987 aufgehobenen – aber gleichwohl immer noch beachtlichen[73] – § 4 Abs. 2 ModEnG fallen unter eine dauerhafte Verbesserung der allgemeinen Wohnverhältnisse alle Maßnahmen, die den Außenbereich betreffen und allen Wohnungen zugutekommen. 78

Beispiele: Schaffung und Ausbau von Grünanlagen; Anlegen eines Kinderspielplatzes; Befestigung des Hofs; Einrichtung eines Fahrradkellers/Fahrradunterstellplatzes; Einbau einer Waschküche; Errichtung von Müllboxen; Schaffung und Ausbau von Pkw-Stellplätzen und anderen Verkehrsanlagen; Hausumzäunung; Schaffung einer Feuerwehrzufahrt.

Damit eine Verbesserung der Wohnverhältnisse als Modernisierungsmaßnahme qualifiziert werden kann, muss sie „auf Dauer" angelegt sein. Dies meint das Gleiche wie Nachhaltigkeit, denn die Begriffe „nachhaltig" und „auf Dauer" sind *synonym*.[74] 79

2. Neubauten, Rückbauten, Substanzverbesserungen

Nicht um eine Modernisierungsmaßnahme handelt es sich bei der **Aufstockung des Gebäudes** und seiner sonstigen Vergrößerung, wenn diese Baumaßnahmen *nicht* der **Schaffung neuen Wohnraums** dienen. Wird neuer Wohnraum geschaffen, handelt es sich um eine Modernisierungsmaßnahme gemäß § 555 b Nr. 7 BGB. 80

Ist dies nicht der Fall, hat der Mieter derartige Baumaßnahmen nur ausnahmsweise aufgrund umfassender Interessenabwägung nach den Maßstäben von **Treu und Glauben** 81

72 Siehe hierzu im Weiteren die Rechtsprechungsübersicht im Anhang 1.
73 *BGH* 24.9.2008 – VIII ZR 275/07, NJW 2008, 3630.
74 *Eisenschmid* in Schmidt-Futterer, § 555 b Rn. 78; MüKo/*Artz*, § 559 BGB Rn. 16.

(§ 242 BGB) nach vorheriger Ankündigung des Vermieters zu dulden.[75] Im Rahmen der Abwägung ist sowohl dem wirtschaftlichen Interesse des Vermieters Rechnung zu tragen als auch dem Interesse des Mieters an einem weitgehend beeinträchtigungsfreien Mietgebrauch.

82 Das Gleiche gilt für den **Rückbau** und (teilweisen) **Abriss von Gebäuden,** insbesondere von **Plattenbauten.** Denn das Modernisierungsrecht erfasst nur Fälle, in denen instandgesetzte Objekte an die fortgeschrittenen Anforderungen des Wohnungsmarktes und den technischen Fortschritt angepasst werden sollen, und dient nicht der Korrektur früherer bauplanerischer und wohnungspolitischer Fehlentscheidungen.[76] Auch hier kann lediglich im Einzelfall eine Duldungspflicht des Mieters nach § 242 BGB in Betracht kommen, welche eine Mieterhöhung aber freilich *ausschließt.*

83 Ob eine Verbesserung der allgemeinen Wohnverhältnisse gegeben ist, beurteilt sich durch einen Vergleich des gegenwärtigen Zustands mit dem zu erreichenden Zustand. Dabei ist ebenso wie bei der Frage einer Gebrauchswerterhöhung ein **objektiver Maßstab** anzulegen. Entscheidend für die Beurteilung ist nur die Verkehrsauffassung und nicht die persönliche Einschätzung des Mieters oder Vermieters.

84 Für Baumaßnahmen zu reinen **Substanzverbesserungen** sieht das Gesetz keine Duldungspflicht des Mieters vor. Da es sich hierbei weder um Erhaltungsmaßnahmen noch um Modernisierungsmaßnahmen handelt, ergibt sich die Duldungspflicht des Mieters weder aus § 555 a Abs. 1 BGB noch aus § 555 d Abs. 1 BGB. Der Mieter kann jedoch im Einzelfall auf Grundlage einer umfassenden Interessenabwägung nach Treu und Glauben (§ 242 BGB) ausnahmsweise verpflichtet sein, derartige Baumaßnahmen zu dulden.[77]

Beispiele: Verschönerung der Fassade (ohne Reparaturbedarf und nicht zum Zwecke der Wärmedämmung); leitungsverdeckendes Abhängen der Zimmerdecken; Schaffung der baulichen Gegebenheiten für eine Abgeschlossenheitsbescheinigung; sonstige Maßnahmen, die nicht dem Mieter, sondern ausschließlich Dritten zugutekommen.

85 Auch diese Maßnahmen müssen dem Mieter mit angemessenem Vorlauf angekündigt werden.[78] Im Rahmen **umfassender Abwägung** ist zu ermitteln, ob das Interesse des Vermieters an der Durchführung der Baumaßnahme gegenüber dem Interesse des Mieters überwiegt, von den hiermit verbundenen Beeinträchtigungen verschont zu bleiben.

VI. Vom Vermieter nicht zu vertretende Maßnahmen

86 Um Modernisierungsmaßnahmen handelt es sich bei baulichen Veränderungen, die aufgrund von Umständen durchgeführt werden, die der **Vermieter nicht zu vertreten hat** (§§ 276, 278 BGB) und die **keine Erhaltungsmaßnahmen** sind (§ 555 b Nr. 6 BGB).

87 Diese Modernisierungsvariante war bis 2013 nicht Bestandteil des gesetzlichen Modernisierungskatalogs. Bis dahin war die Pflicht des Mieters zur Duldung derartiger Baumaßnahmen aus Treu und Glauben gemäß § 242 BGB gefolgert worden, wenn und soweit sie ihm zumutbar war.[79]

88 Die Aufnahme der vom Vermieter nicht zu vertretenden Baumaßnahmen in den Modernisierungskatalog des § 555 b BGB hat zur Folge, dass der Mieter gleichfalls eine **Härte** einwenden kann. Damit kann der Mieter den Vermieter in die Zwangslage bringen, sich nicht rechtskonform verhalten zu können, wenn und soweit dies für den Mieter unzumutbar ist. Vor diesem Hintergrund ist es gerechtfertigt, den Interessen des Vermieters im Rahmen der

75 *BGH* 23.2.1972 – VIII ZR 91/70, NJW 1972, 723.

76 *Dickersbach*, Lützenkirchen/Mietrecht, § 555 b BGB Rn. 71; *Eisenschmid* in Schmidt-Futterer, § 555 b BGB Rn. 81.

77 *Dickersbach*, § 555 b BGB Rn. 69; *Eisenschmid* in Schmidt-Futterer, § 555 b BGB Rn. 75.

78 *BGH* 4.3.2009 – VIII ZR 110/08, NJW 2009, 1736.

79 *BGH* 4.3.2009 – VIII ZR 110/08, NJW 2009, 1736.

Abwägung widerstreitender Interessen (§ 555 d Abs. 2 S. 1 BGB) ein besonderes Gewicht einzuräumen.[80]

Ohnedies ist der Mieter hinsichtlich seines Härteeinwandes beschränkt. Denn dieser Modernisierungstatbestand ist der einzige, bei dem der Mieter mit dem Einwand **wirtschaftlicher Härte** ausgeschlossen ist. Der sonst prinzipiell mögliche Einwand des Mieters, die Mieterhöhung oder die künftigen Betriebskosten seien ihm unzumutbar, ist in diesem Fall nach dem Gesetz unbeachtlich (§ 559 Abs. 4 S. 2 Nr. 2 BGB). 89

1. Anwendungsbereich

Modernisierungsmaßnahmen sind vom Vermieter nicht zu vertreten (§ 276 BGB), wenn 90 sie für einen Durchschnittsvermieter objektiv weder vorhersehbar noch vermeidbar waren. Dies ist bei allen Maßnahmen der Fall, die **nicht in den Risikobereich** des Vermieters fallen und auch bei ordnungsgemäßer Bewirtschaftung angefallen wären.[81] Im Wesentlichen handelt es sich um Baumaßnahmen, die vorgeschrieben sind, also dem Vermieter durch **Gesetz, Verordnung** oder **gemeindliche Satzung** auferlegt werden.[82] Ein **vertrags- oder ordnungswidriger Zustand** der Mietsache ist dagegen vom Vermieter immer zu vertreten (§ 276 Abs. 2 BGB).[83]

Hat schon der Mieter der gesetzlichen Verpflichtung entsprochen, soll der Vermieter zur 91 Durchführung der Baumaßnahmen nicht mehr selbst berechtigt sein. Namentlich ist ein Mieter nicht verpflichtet, die Nachrüstung der Mietwohnung mit einem landesrechtlich vorgeschriebenen **Rauchmelder** durch den Vermieter zu dulden, wenn er bereits selbst solche Rauchmelder installiert hat.[84]

Allerdings führt die Ausstattung einer Wohnung mit Rauchmeldern regelmäßig zu einer Verbesserung der Sicherheit und damit zu einer *nachhaltigen* **Erhöhung des Gebrauchswerts** der Mietsache sowie zu einer *dauerhaften* **Verbesserung der allgemeinen Wohnverhältnisse** (§ 555 b Nr. 4 und 5 BGB).[85] Dies gilt auch, wenn der Mieter schon selbst Rauchmelder eingebaut hat, aber ein Mehrfamilienhaus mit solchen Geräten einheitlich ausgestattet wird. Denn dadurch, dass der Einbau und die spätere Wartung von Rauchmeldern für das gesamte Gebäude in einer Hand sind, wird ein hohes Maß an Sicherheit gewährleistet.[86]

Die vom Vermieter nicht zu vertretende Modernisierungsmaßnahme darf **keine Erhal-** 92 **tungsmaßnahme** sein; Maßnahmen, zu denen der Vermieter nach § 535 Abs. 1 BGB verpflichtet ist, sind ausgenommen. Ist dies nicht der Fall, muss die Modernisierungsmaßnahme aber *nicht* den Gebrauchswert der Mietsache erhöhen, die allgemeinen Wohnverhältnisse verbessern oder zur nachhaltigen Einsparung von Energie führen. Ist ein solcher **Modernisierungserfolg** gegeben, sind die insoweit *spezielleren* Modernisierungstatbestände des § 555 b BGB einschlägig.[87]

Voraussetzung auch dieser Modernisierungsvariante ist, dass der Vermieter die Maßnah- 93 men selbst vorgenommen oder beauftragt hat. Der Vermieter muss selbst **Bauherr** sein.[88] Es ist also nicht ausreichend, dass die baulichen Veränderungen von Dritten auf Kosten des Vermieters vorgenommen werden. Denn in diesem Fall handelt es sich nicht um eine Modernisierung durch den Vermieter. Folglich ist ein Vermieter nicht berechtigt, Beiträge, zu denen er aufgrund öffentlich-rechtlicher Vorschriften herangezogen wird, im Rahmen

80 BT-Drs. 17/10485, 19; Staudinger/*Emmerich*, § 555 b BGB Rn. 35.
81 *Dickersbach*, Lützenkirchen/Mietrecht, § 555 b BGB Rn. 74.
82 *Eisenschmid* in Schmidt-Futterer, § 555 b BGB Rn. 151.
83 Staudinger/*Emmerich*, § 555 b BGB Rn. 37.
84 *AG Hamburg* 29.11.2011 – 814 C 125/11.
85 *BGH* 17.6.2015 – VIII ZR 216/14, NZM 2015, 588.
86 *BGH* 17.6.2015 – VIII ZR 216/14, NZM 2015, 588.
87 *Dickersbach*, Lützenkirchen/Mietrecht, § 555 b BGB Rn. 74.
88 *Dickersbach*, Lützenkirchen/Mietrecht, § 555 b BGB Rn. 74; *Horst*, DWW 2013, 204 (210).

einer Mieterhöhung auf seine Mieter umzulegen. Dies gilt beispielsweise für **Erschließungs- und Straßenbaubeiträge.**[89]

2. Beispiele nicht zu vertretender Modernisierungen

94 Zu den vom Vermieter nicht zu vertretenden Modernisierungsmaßnahmen gehören solche, die ihm als Eigentümer aus Rechtsgründen vorgeschrieben sind. Als einschränkende Voraussetzung ist zu verlangen, dass diese Maßnahmen nicht zugleich der Instandsetzung und Instandhaltung am Modernisierungsobjekt dienen. Sollte dies der Fall sein, so kann die Maßnahme aber als **modernisierende Instandsetzung** zu qualifizieren sein.

Beispiele:

- Einbau von Verbrauchserfassungsgeräten für Heizung und Warmwasser gemäß Heizkostenverordnung (§ 4 Abs. 2 S. 1, wobei diese Regelung *lex specialis* ist)[90]
- Einbau von Kaltwasserzählern gemäß den Landesbauordnungen
- Die Herstellung eines Bauanschlusskanals bis zur öffentlichen Kanalisation
- Baumaßnahmen zur Umstellung von Stadt- auf Erdgas
- Erneuerung von Elektro- und Gasleitungen
- Einbau von Rauchmeldern nach den Landesbauordnungen
- Nachträglicher Einbau von Sicherungstüren in Fahrstühlen
- Baumaßnahmen zum Zwecke des Denkmalschutzes
- Einbau rechtlich vorgeschriebener Öltanksicherungen
- Änderung von Freileitungen in Erdleitungen
- Neueinstellung und technische Umrüstung zur Anpassung an geänderte Immissionswerte
- Ersetzung von Bleirohren durch andersartige Rohrleitungen (etwa aus Kupfer) wegen abgesenkter Maximalwerte für Blei im Trinkwasser
- Nachträgliche Dämmung bisher nicht gedämmter, zugänglicher Wärmeverteilungs- und Warmwasserleitungen sowie Armaturen, die sich in nicht beheizten Räumen befinden (§ 10 Abs. 2 EnEV 2016)
- Nachträgliche Dämmung bisher ungedämmter, zugänglicher Decken beheizter Räume zum unbeheizten Dachraum (oberste Geschossdecken) auf bestimmte Wärmedurchgangskoeffizienten bis 31.12.2015 (§ 10 Abs. 3 EnEV 2016)
- Notwendiger Austausch noch funktionsfähiger, bestimmter Heizkessel, die mit flüssigen oder gasförmigen Brennstoffen betrieben werden und vor dem 1.10.1978 installiert worden sind; seit 2015 müssen derartige Heizkessel ausgetauscht worden sein, die vor dem 1.1.1985 installiert worden sind (§ 10 Abs. 1 EnEV 2016)

95 Die Modernisierungsmaßnahmen nach diesem Tatbestand haben die Gemeinsamkeit, dass sie dem Vermieter vorgeschrieben sind, er sich zu ihrer Durchführung also nicht freiwillig entschlossen hat. Hiervon ist auch in den praktisch bedeutsamen Fällen auszugehen, in denen der Vermieter bestimmte bauliche Veränderungen zwar freiwillig vornehmen möchte, er daraufhin jedoch zu weitergehenden Maßnahmen verpflichtet wird. In diesem Fall liegt eine sog **bedingte Modernisierung** vor, die vom Vermieter nicht zu vertreten ist.[91]

---

89 *LG Hamburg* 8.5.1990 – 316 S 25/90; *LG Frankfurt* 6.12.1981 – 2/24 S 156/82.

90 Hiernach hat der Mieter es auch zu dulden, dass vorhandene funktionstüchtige Erfassungsgeräte für Heizwärme und Warmwasser gegen ein zur Funkablesung geeignetes System ausgetauscht werden, vgl. *BGH* 28.9.2011 – VIII ZR 326/10, NJW 2011, 3514.

91 *BVerwG* 18.6.2013 – 5 B 28.13, IMR 2014, 82 (explizit zu § 9 Abs. 1, 3 EnEV).

Beispiel: Bedürfen mehr als 10 Prozent der Gebäudefassade der Instandsetzung, so müssen bezogen auf die gesamte Fassade bestimmte Wärmedurchgangskoeffizienten eingehalten werden, was in der Regel die Anbringung eines Wärmedämmverbundsystems erfordert (vgl. § 9 Abs. 1, 3, § 11 Abs. 1 S. 1 EnEV 2016). Dieses gesetzliche Erfordernis ist vom Vermieter nicht zu vertreten; ihm zu entsprechen, folgt nicht seinem freien Willen. Die gesamte Maßnahme inklusive der Anbringung der vorgeschriebenen Wärmedämmung ist daher vom Vermieter als Modernisierung ordnungsgemäß anzukündigen (§ 555 c BGB) und vom Mieter zu dulden (§ 555 d Abs. 1 BGB).[92] Nach Abschluss der Arbeiten ist der Vermieter zur Mieterhöhung berechtigt (wobei die Kosten für ersparte Instandsetzung unberücksichtigt bleiben müssen, vgl. § 559 Abs. 2 BGB).

VII. Schaffung von neuem Wohnraum

Baumaßnahmen, durch die der Vermieter neuen Wohnraum schafft, zählen zu den Modernisierungsmaßnahmen (§ 555 b Nr. 7 BGB) und sind vom Mieter folglich zu dulden (§ 555 d Abs. 1 BGB). Dieser Tatbestand zeigt, dass das Modernisierungsrecht nicht allein der Erhöhung des Wohnwerts sowie ökologischen Interessen dient. Es trägt auch dem Interesse des Vermieters Rechnung, den wirtschaftlichen Wert seiner Immobilie auszuschöpfen – allerdings nur insoweit, als ein **gesellschaftliches Interesse** an genügendem Wohnraumbestand besteht. 96

Wie bei den Maßnahmen zur Einsparung nicht erneuerbarer Primärenergie und zum sonstigen Klimaschutz (§ 555 b Nr. 2 BGB) ist der Vermieter bei diesem Modernisierungstatbestand mit einer **Mieterhöhung ausgeschlossen** (§ 559 Abs. 1 BGB). Dieser Ausschluss gilt aber nur für die eigentliche Maßnahme zur Schaffung neuen Wohnraums. Unbenommen bleibt dem Vermieter das Recht auf Mieterhöhung für zugleich oder im Zusammenhang durchgeführte weitere Modernisierungsmaßnahmen, etwa zur Energieeinsparung oder Gebrauchswerterhöhung. 97

Der neu geschaffene Wohnraum muss nicht zur Vermietung bestimmt sein. Somit ist auch möglich, dass der Vermieter die neuen Räume selbst beziehen möchte.[93] Dem Wortlaut der Vorschrift zufolge müssen die geschaffenen Räumlichkeiten aber Wohnzwecken dienen. Die Schaffung von Räumen für andere Nutzungszwecke – etwa **Gewerberäume** – stellt keine vom Mieter zu duldende Modernisierung dar; hier kann sich eine entsprechende Pflicht des Mieter lediglich nach umfassender Interessenabwägung nach Treu und Glauben gemäß § 242 BGB ergeben.[94] 98

Geschaffen wird neuer Wohnraum zumeist durch **Aus- und Umbaumaßnahmen,** wobei der Ausbau des Dachgeschosses gewissermaßen der klassische Anwendungsfall dieses Modernisierungstatbestandes ist. Erfasst sind darüber hinaus auch Aufstockungs- und Anbaumaßnahmen sowie der Ausbau von Nebenräumen im bestehenden (Miet-)Gebäude.[95] 99

Hinweis: Wird das Dachgeschoss zur Schaffung neuen Wohnraums ausgebaut, kann der Mieter der darunterliegenden Wohnung erwarten, dass **Lärmschutzmaßnahmen** ergriffen werden, die den Anforderungen der zur Zeit des Umbaus geltenden DIN-Normen genügen. Geschieht dies nicht und ist der Mieter daraufhin durch Trittschall beeinträchtigt, liegt ein Mangel der Mietsache vor (§ 536 Abs. 1 BGB).[96] 100

Ob der **Neubau von Gebäuden** – etwa zum Schließen vorhandener **Baulücken** – unter diese Modernisierungsvariante gefasst werden kann, ist umstritten.[97] Da sich verneinenden- 101

---

92 *LG Berlin* 14.1.2015 – 65 S 267/14; *Dickersbach,* Lützenkirchen/Mietrecht, § 555 b BGB Rn. 77 ff.; *Eisenschmid* in Schmidt-Futterer, § 555 a BGB Rn. 12.

93 *Dickersbach,* Lützenkirchen/Mietrecht, § 555 b BGB Rn. 83.

94 *Eisenschmid* in Schmidt-Futterer, § 555 b BGB Rn. 157; Staudinger/*Emmerich,* § 555 b BGB Rn. 41.

95 Bub/Treier/*Schüller,* Kap. III Rn. 2672; *Eisenschmid* in Schmidt-Futterer, § 555 b BGB Rn. 153; Spielbauer/Schneider/*Ettl,* Mietrecht, § 555 b BGB Rn. 21; aA *AG Köln* 4.10.2012 – 222 C 153/12.

96 *BGH* 6.10.2004 – VIII ZR 355/03, NJW 2005, 218.

97 Dafür: *Dickersbach,* Lützenkirchen/Mietrecht, § 555 b BGB Rn. 83; dagegen: *Eisenschmid* in Schmidt-Futterer, § 555 b BGB Rn. 154; Staudinger/*Emmerich,* § 555 b BGB Rn. 41.

falls die Duldungspflicht des Mieters aber aus § 242 BGB ergeben kann, hierbei die schutzwürdigen Belange des Mieters ebenso wie nach erfolgtem Härteeinwand zu würdigen sind und in beiden Fällen eine Mieterhöhung ausscheidet, sind die Auswirkungen der insoweit nicht eindeutigen Zuordnung dieser Fälle gering.

102 Tatbestandlich nicht erfasst sind Fallgestaltungen, in denen vorhandener Wohnraum neu aufgeteilt wird, beispielsweise indem der **Grundriss** bestehender Wohnungen verändert, mehrere Wohnungen zusammengelegt oder aus einer Wohnung zwei Wohnungen gemacht werden sollen.[98] Dies gilt jedenfalls dann, wenn sich hiermit nicht zugleich eine Verbesserung des Gebrauchswerts der Mieträume ergibt.

103 Die **Abgrenzung zur Gebrauchswerterhöhung** kann im Einzelfall schwierig sein. Sie ist aber im Falle der Gebrauchswerterhöhung von herausragender Bedeutung, weil daraufhin eine Mieterhöhung möglich ist, wegen der Schaffung neuen Wohnraums aber ausgeschlossen ist.

104 Im Grundsatz stellt jede Vergrößerung der Wohnfläche für sich eine Maßnahme zur Schaffung von Wohnraum dar. Denn das Gesetz schreibt **kein Mindestmaß an neuer Wohnfläche** vor und verlangt auch nicht, dass eine oder gar mehrere vollständig neue Wohnungen geschaffen werden.[99]

105 Wenn sich die Vergrößerung der Wohnfläche aber nur als **unselbstständige Folge** zur eigentlich erstrebten Gebrauchswerterhöhung ergibt, ist sie nachrangig und berechtigt den Vermieter zur Mieterhöhung.

Beispiel: Das Badezimmer der Mietwohnung wird durch Hinzunahme einer Abstellkammer zu dem Zweck vergrößert, erstmals eine Badewanne und einen Handtuchheizkörper zu installieren und dem Bad ein Fenster geben zu können.

C. Neue Betriebskosten

I. Voraussetzungen der Umlagefähigkeit

106 Durch bestimmte Modernisierungsmaßnahmen ändert sich nicht nur häufig die Höhe der Betriebskosten, sondern es entstehen mitunter Betriebskosten neu. Dies betrifft vor allem die **Wartungskosten** für neu eingebaute **Rauchmelder** und **Aufzüge** sowie die Kosten für den Betrieb eines neu gelegten **Breitbandkabelanschlusses**. Ob neue Betriebskosten als Folge einer Modernisierung auf den Mieter umgelegt werden können, ist gesetzlich nicht ausdrücklich geregelt.

107 § 559 Abs. 1 BGB erlaubt dem Vermieter die Mieterhöhung nach erfolgter Modernisierung, nicht aber die Neufestsetzung von Betriebskosten, obschon der BGH die Betriebskosten zur Miete zählt.[100] Für die Umlagefähigkeit neuer Betriebskosten kann aber sprechen, dass dem Mieter in der **Modernisierungsankündigung** die voraussichtlichen *künftigen* Betriebskosten mitzuteilen sind (§ 555 c Abs. 1 S. 2 Nr. 3 BGB).[101]

108 Unproblematisch ist es, wenn der Mietvertrag eine **Mehrbelastungsklausel**[102] enthält und die Umlagefähigkeit der betreffenden Kostenposition im Mietvertrag vereinbart ist.[103] Letzteres ist mittlerweile der Regelfall, weil zulässigerweise sämtliche Betriebskosten durch

98 *Dickersbach*, Lützenkirchen/Mietrecht, § 555 b BGB Rn. 84.

99 *LG Duisburg* 10.5.2000 – 23 S 74/00; *AG Pankow-Weißensee* 30.1.2008 – 7 C 366/07; *Dickersbach*, Lützenkirchen/Mietrecht, § 555 b BGB Rn. 85; *Eisenschmid* in Schmidt-Futterer, § 555 b BGB Rn. 156; aA *AG Berlin-Charlottenburg* 23.1.2018 – 232 C 177/17.

100 *BGH* 19.11.2003 – VIII ZR 160/03, NJW 2004, 1380.

101 *Eisenschmid* in Schmidt-Futterer, § 555 c BGB Rn. 46; aA *Abramenko*, Das neue Mietrecht in der anwaltlichen Praxis, § 2 Rn. 40.

102 Etwa: „Werden öffentliche Abgaben neu eingeführt oder entstehen Betriebskosten neu, so können diese vom Vermieter im Rahmen der gesetzlichen Vorschriften umgelegt und angemessene Vorauszahlungen festgesetzt werden."

103 *BGH* 27.9.2006 – VIII ZR 80/06, NJW 2006, 3558; *OLG Brandenburg* 21.1.2014 – 6 U 116/12.

bloßen Verweis auf die gesetzliche Rechtsquelle (BetrKV, II. BV) einbezogen werden können[104] und in Formularmietverträgen von dieser Möglichkeit durchgängig Gebrauch gemacht wird. Umlagefähig sind dann nicht nur diejenigen Betriebskosten, die bereits bei Mietbeginn anfielen, sondern auch solche, die im Laufe des Mietverhältnisses hinzukommen.

Auch für Mietverträge ohne Mehrbelastungsklausel hat der BGH im Wege der **ergänzenden Auslegung des Mietvertrages** (§§ 133, 157 BGB) die Umlagefähigkeit neuer Betriebskosten bejaht, wenn sie als Folge einer Modernisierungsmaßnahme entstehen. Unter dieser Voraussetzung ist es nicht erforderlich, dass die Umlagefähigkeit der betreffenden Betriebskostenart vereinbart ist.[105] 109

In dem Urteilsfall bestand die Modernisierung im Anschluss mehrerer Mietwohnungen an das rückkanalfähige **Breitbandkabelnetz.**[106] Zwar hat die Verteilung neuer Betriebskosten infolge einer Modernisierung grundsätzlich nach dem Anteil der *Wohnfläche* zu erfolgen, also nach dem gesetzlichen **Umlageschlüssel** (§ 556 a Abs. 1 BGB). Im Einzelfall kann die ergänzende Vertragsauslegung aber ergeben, dass redliche Parteien einen anderen Umlageschlüssel gewählt hätten, wenn sie den von ihnen nicht geregelten Fall bedacht hätten. So hält der BGH die Umlage der Kosten für das Breitbandkabelnetz nach der *Anzahl* der Mietobjekte für sachgerecht, weil der potenzielle Nutzen für jede Wohnung unabhängig von der Fläche gleich ist. Ob der Mieter den Anschluss nutzen möchte oder er überhaupt ein Fernsehgerät besitzt, ist für die Umlage ohne Belang.[107] 110

Ob der BGH in gleicher Weise für den erstmaligen Einbau einer **Heizung** oder eines **Aufzugs** entscheiden wird, ist ungewiss. Im Falle einer **Teilinklusivmiete** hält er es aber jedenfalls für zulässig, die nach dem Einbau eines Aufzugs neu entstehenden Betriebskosten auf den betreffenden Mieter umzulegen.[108] Diese Kosten sind von der Teilinklusivmietenabrede nicht erfasst und mit Akzeptierung der Modernisierungskosten als Grundlage der Mieterhöhung konkludent vereinbart.[109] 111

Nichts prinzipiell anderes kann dann aber bei **vereinbarten Nettomieten** gelten, so dass der Mieter die aus einer Modernisierung erwachsenden Betriebskosten generell zu tragen hat.[110] Dies gilt auch dann, wenn der Mieter die entsprechende Modernisierungsmaßnahme nicht hätte dulden müssen, da er nach deren Abschluss das verbesserte Mietobjekt nutzt bzw. nutzen kann.[111] Auch hier wird nach Vertragsbeginn der Vertragsgegenstand einseitig vom Vermieter geändert und etwas Neues geschaffen, das die neuen Betriebskosten auslöst. Wären die aus einer Modernisierung erwachsenen Betriebskosten – im Unterschied zu den Kosten für die Modernisierung selbst – vom Vermieter zu tragen, wäre dieses Ergebnis systemfremd und würde dem gesetzgeberischen Zweck zuwiderlaufen, Vermietern einen finanziellen Anreiz zur Modernisierung zu geben.[112] 112

Nach dem Leitgedanken der BGH-Entscheidung zur Umlagefähigkeit der Kabelkosten sind insbesondere auch die Betriebskosten für **Rauchmelder** als umlagefähig anzusehen. Grundsätzlich sind Wartungskosten – also Kosten für die regelmäßige Prüfung der Funkti- 113

104 *BGH* 27.6.2007 – VIII ZR 202/06, NZM 2007, 769.

105 *BGH* 27.6.2007 – VIII ZR 202/06, NZM 2007, 769; ebenso *OLG Brandenburg* 21.1.2014 – 6 U 116/12.

106 Der Anschluss an das Breitbandkabelnetz stellt eine Gebrauchswertverbesserung dar, vgl. *BGH* 20.7.2005 – VIII ZR 253/04, NZM 2005, 697, *AG Frankfurt/Main* 19.1.2018 – 33 C 2941/17.

107 *BGH* 27.6.2007 – VIII ZR 202/06, NZM 2007, 769.

108 *BGH* 21.1.2004 – VIII ZR 99/03, NJW-RR 2004, 586.

109 *BGH* 21.1.2004 – VIII ZR 99/03, NJW-RR 2004, 586.

110 Bub/Treier/*Schultz*, Kap. III Rn. 1582; *Langenberg/Zehelein*, Betriebskosten- und Heizkostenrecht, Kap. C Rn. 68 f.; *Schmid*, Handbuch der Mietnebenkosten, III. Teil Rn. 3035 c; vgl. auch *Eisenschmid* in Schmidt-Futterer, § 555 c BGB Rn. 46 ff.

111 *AG Frankfurt/Main* 19.1.2018 – 33 C 2941/17; *Dickersbach*, WuM 2013, 57 f.; *Langenberg/Zehelein*, Betriebskosten- und Heizkostenrecht, Kap. C Rn. 68 f.

112 Bub/Treier/*Schultz*, Kap. III Rn. 1582.

onsfähigkeit und Sicherheit von Anlagen – umlagefähig.[113] Hat der Vermieter Rauchmelder installiert, um damit einer gesetzlichen Pflicht zu entsprechen, liegt eine Modernisierungsmaßnahme iSv § 555 b Nr. 6 BGB vor. Insofern ist es unschädlich, dass die Kosten für die Wartung von Rauchmeldern im Mietvertrag nicht ausdrücklich als „Sonstige Betriebskosten" iSv § 2 Abs. 2 Nr. 17 BetrKV ausgewiesen sind, obschon dies sonst Voraussetzung für die Umlage der betreffenden Kostenposition ist.[114]

114 Ob darüber hinaus auch die **Kosten** für die Anmietung von Rauchmeldern gegebenenfalls als Betriebskosten umgelegt werden können, wird unterschiedlich beurteilt. Zum Teil wird die Umlagefähigkeit unter Hinweis darauf verneint, dass die BetrKV dies nur in den aufgeführten Fällen zulasse, also für Kaltwasserzähler (§ 2 Nr. 2 BetrKV), für Geräte zur Wärmeerfassung (Nr. 4 a) und für Warmwasserzähler (Nr. 5 a iVm Nr. 2).[115] Die Gegenmeinung hält diese Aufzählung nicht für abschließend, was sich durch § 2 Nr. 17 der BetrKV („sonstige Betriebskosten") zeige.[116]

115 Entstehen infolge der Modernisierung Betriebskosten neu oder erhöhen sich, darf der Vermieter in der erwarteten künftigen Höhe eine **Anpassung in der Mieterhöhungserklärung** vornehmen.[117] Dieses Recht korrespondiert mit der Pflicht, den Mieter in der Modernisierungsankündigung über die voraussichtlichen künftigen Betriebskosten zu informieren (§ 555 c Abs. 1 S. 2 Nr. 3 BGB).

II. Umstellung auf Wärmelieferung

116 Die Umstellung der Eigenenergieversorgung auf eine solche durch gewerbliche Wärmelieferung ist in § 556 c BGB sowie in der konkretisierenden **Wärmelieferungsverordnung** (WärmeLV)[118] geregelt. Auf dieser Grundlage kann der Vermieter laufende Mietverträge, bei denen die Wärmeversorgung durch ihn erfolgt und die Kosten auf den Mieter umgelegt werden, auf Wärmelieferung umstellen und den Mieter mit den hierfür anfallenden Betriebskosten belasten.[119] Diese Möglichkeit hat genauso der Vermieter, der mit seinem Mieter eine **Indexmiete** vereinbart hat.[120]

117 Möchte der Vermieter von dieser Möglichkeit Gebrauch machen, muss er gemäß § 11 Abs. 2 WärmeLV spätestens drei Monate vor der Umstellung eine **Umstellungsankündigung** in Textform an den Mieter richten. Darin ist dem Mieter mitzuteilen, welche Art von Wärmelieferung der Vermieter in Anspruch nehmen möchte, in welchem Umfang eine Effizienzsteigerung hierdurch voraussichtlich eintreten wird, ferner das Ergebnis des Kostenvergleichs nach §§ 8 ff. WärmeLV und der voraussichtliche Zeitpunkt der Umstellung. Schließlich sind dem Mieter die mit dem Wärmelieferanten vertraglich vereinbarten Preise und – sofern vorhanden – das Bestehen von Preisänderungsklauseln mitzuteilen.[121] Ein Verstoß gegen diese Ankündigungspflichten steht der Umstellung aber selbst nicht entgegen, sondern führt dazu, dass die **Einwendungsfrist** des Mieters nach § 556 Abs. 3 S. 5 BGB frühestens mit Erhalt einer ordnungsgemäßen Ankündigung zu laufen beginnt (§ 11 Abs. 3 WärmeLV).

---

113 Zum Wartungsbegriff vgl. *BGH* 14.2.2007 – VIII ZR 123/06, NZM 2007, 282.
114 *BGH* 7.4.2004 – VIII ZR 167/03, NJW-RR 2004, 875.
115 *AG Schönebeck* 4.5.2011 – 4 C 148/11.
116 *LG Magdeburg* 27.9.2011 – 1 S 171/11.
117 *LG Berlin* 29.7.2004 – 62 S 111/04; Bub/Treier/*Schultz*, Kap. III Rn. 1519.
118 Verordnung über die Umstellung auf gewerbliche Wärmelieferung für Mietwohnraum vom 7.6.2013 (BGBl. 2013, Teil I Nr. 28, 1509 ff.).
119 *Langenberg/Zehelein*, Betriebskosten- und Heizkostenrecht, Kap. K Rn. 105.
120 *BGH* 12.3.2014 – VIII ZR 147/13, NJW-RR 2014, 650.
121 *Langenberg/Zehelein*, Betriebskosten- und Heizkostenrecht, Kap. K Rn. 109.

D. Modernisierungspflichten

I. Keine Modernisierungspflicht des Vermieters

118 Vermieter haben das *Recht*, ihre Mietwohnung und das Mietgebäude mit Grundstück zu modernisieren (§§ 555 b, 555 d Abs. 1 BGB); eine *Pflicht* zur Modernisierung haben sie nicht.[122] Über Art, Umfang und Zeitpunkt seiner Investition entscheidet allein der Vermieter.[123] Seine Entscheidung, die Wohnung während der Dauer eines Mietverhältnisses im bisherigen – vertragsgemäßen – Zustand zu belassen, ist rechtlich nicht zu beanstanden.[124]

119 Ohne eine anderslautende Vereinbarung kann ein Mieter nur erwarten, dass die von ihm angemieteten Räume einen Standard aufweisen, welcher der üblichen Ausstattung vergleichbarer Wohnungen entspricht.[125] Zu einer **Verbesserung des vertragsgemäßen Gebrauchszustandes** ist der Vermieter *nicht* verpflichtet.

Beispiel: Ein Mieter kann nicht verlangen, dass die gesamte elektrische Anlage des Gebäudes dem heutigen Stand der Technik angepasst wird; die **Elektroinstallation** in einem Altbau muss nicht dem Standard einer Neubauwohnung entsprechen.[126]

Beispiel: Ein Mieter kann nicht verlangen, dass eine funktionstüchtige **Heizung** gegen eine Gasetagenheizung zur Erhöhung des Wohnkomforts ausgetauscht wird.[127]

Beispiel: Ein Mieter kann nicht verlangen, dass die **Trittschalldämmung** in bzw. über seiner Wohnung den aktuellen Vorschriften entspricht.[128] Dies gilt selbst dann, wenn der Vermieter Ausbesserungsarbeiten am Estrich in den über der Wohnung des Mieters gelegenen Räumen vornimmt, sich diese Arbeiten aber nur auf einen kleinen Teil der Bodenfläche erstrecken.[129] Anders ist es, wenn der Vermieter das Dachgeschoss ausgebaut hat; in diesem Fall kann der darunter wohnende Mieter erwarten, dass die Trittschalldämmung der neu eingezogenen Zwischendecke den Anforderungen der zur Zeit des Umbaus geltenden DIN-Normen genügt.[130]

Beispiel: Ein Mieter kann nicht verlangen, dass die Außenwände seiner Wohnung verstärkt werden, weil diese **Wärmebrücken** bewirken und damit – bei unzureichender Lüftung und Heizung – auch die Gefahr einer **Schimmelpilzbildung**, solange dieser bauliche Zustand mit den zum Zeitpunkt der Errichtung des Gebäudes geltenden Bauvorschriften und technischen Normen in Einklang steht und die Mietparteien keine abweichende Vereinbarung zur Beschaffenheit der Mietsache getroffen haben.[131]

120 Eine Modernisierungsverpflichtung des Vermieters folgt auch nicht aus dem **Wirtschaftlichkeitsgebot** (§§ 556 Abs. 3 S. 1, 560 Abs. 5 BGB). Danach sind Vermieter gehalten, Mieter nur mit solchen Betriebskosten zu belasten, die nach gewissenhafter Abwägung aller Umstände und nach ordentlicher Geschäftsführung gerechtfertigt sind; erforderlich ist mithin die **sparsame Bewirtschaftung des Mietobjekts.**[132]

121 Zwar begründet ein Verstoß gegen das Wirtschaftlichkeitsgebot einen Anspruch des Mieters auf Freistellung von unwirtschaftlichen Kosten. Einen Anspruch des Mieters auf

122 *BGH* 18.12.2013 – XII ZR 80/12, NJW 2014, 685; *BGH* 26.7.2004 – VIII ZR 281/03, NJW 2004, 3174; *Börstinghaus* in Schmidt-Futterer, § 559 BGB Rn. 20; Bub/Treier/*Kraemer*/*Paschke*, Kap. III Rn. 3059; Hannemann/*Horst*, Das neue Mietrecht, § 2 Rn. 40; *Kossmann*/*Meyer-Abich*, § 44 Rn. 127.

123 *BGH* 14.9.2011 – VIII ZR 10/11, NJW-RR 2012, 262.

124 *BGH* 14.9.2011 – VIII ZR 10/11, NJW-RR 2012, 262.

125 *BGH* 23.9.2009 – VIII ZR 300/08, NZM 2009, 855; *LG Karlsruhe* 23.9.2005 – 9 S 157/07.

126 *BGH* 26.7.2004 – VIII ZR 281/03, NJW 2004, 3174.

127 *BGH* 14.9.2011 – VIII ZR 10/11, NJW-RR 2012, 262.

128 *BGH* 17.2.2010 – VIII ZR 104/09, NJW 2010, 1292; *BGH* 17.6.2009 – VIII ZR 131/08, NJW 2009, 2441.

129 *BGH* 5.6.2013 – VIII ZR 287/12, NJW 2013, 2417 (Bearbeitung des Bodenbelages auf einer Fläche von 12 Prozent).

130 *BGH* 6.10.2004 – VIII ZR 355/03, NJW 2005, 218.

131 *BGH* 5.12.2018 – VIII ZR 271/17, NZM 2019, 136.

132 Vgl. *OLG Düsseldorf* 19.3.2013 – I-24 U 115/12.

Schaffung verbrauchsgünstiger technischer Anlagen und baulicher Gegebenheiten begründet das Wirtschaftlichkeitsgebot aber nicht.[133]

Beispiel: Ein Mieter kann nicht verlangen, dass eine alte, die Wärmeversorgung der Wohnung jedoch noch sicherstellende Heizungsanlage modernisiert wird.[134]

Beispiel: Ein Mieter kann – auch in einem gewerblichen Mietverhältnis – nicht verlangen, dass eine Heizungs- und Belüftungsanlage modernisiert wird, wenn die Anlage dem bei der Errichtung des Gebäudes maßgeblichen technischen Standard entspricht und fehlerfrei arbeitet.[135]

Beispiel: Ein Mieter kann zur Einsparung von Energiekosten keinen Wechsel der Beheizungsart verlangen (Umstellung von Wärmecontracting zu einer Beheizung durch Fernwärme oder durch eine vom Vermieter selbst betriebene Zentralheizung).[136]

122 Ebenso besteht keine Verpflichtung des Vermieters zur Dämmung von Fassade und Decken, zum Einbau neuer Isolierglasfenster oder zur Verstärkung elektrischer Leitungen.

123 Weil der Vermieter nicht zur Modernisierung verpflichtet ist, muss er dem Mieter grundsätzlich auch nicht gestatten, dass dieser eine Modernisierung in Eigenregie und auf eigene Kosten durchführt.[137] Nur im Einzelfall kann sich die Pflicht des Vermieters zur Duldung einer **Mietermodernisierung** nach Treu und Glauben (§ 242 BGB) ergeben.[138]

II. Maßnahmen zur vertragsgemäßen Nutzbarkeit

124 Ein Mieter darf von seinem Vermieter verlangen, dass seine Mieträume während der Mietdauer in vertragsgemäßem Zustand erhalten bleiben (§ 535 Abs. 1 S. 2 BGB), er die Mieträume also zu dem vereinbarten Zweck nutzen kann (§ 535 Abs. 1 S. 1 BGB). Das beinhaltet zweierlei:

- Mietmängel, die den Mieter mehr als nur unerheblich beeinträchtigen (§ 536 Abs. 1 BGB), hat der Vermieter zu beheben; erforderliche Erhaltungsmaßnahmen (§ 555 a BGB) sind vorzunehmen.
- Die Mieträume müssen einem Mindeststandard genügen, der ein zeitgemäßes und gefahrloses (vgl. § 569 Abs. 1 S. 1 BGB)[139] Wohnen ermöglicht.

125 Aus dem zweiten Punkt kann sich ausnahmsweise eine Pflicht des Vermieters zur Modernisierung nach Treu und Glauben (§ 242 BGB) ergeben. Voraussetzung ist, dass dem Mieter die Fortsetzung der vertragsgemäßen Nutzung der Mietsache allein bei Durchführung der fraglichen Baumaßnahme möglich ist und diese dem Vermieter zumutbar ist. Hiernach kann der Vermieter verpflichtet sein, die Wohnung an den zum **zeitgemäßen Wohnen** erforderlichen **Mindeststandard** anzupassen.

Beispiele: Zum zeitgemäßen Mindeststandard gehört eine ausreichende Versorgung der Wohnung mit Elektrizität, so dass auch in einem nicht modernisierten Altbau der gleichzeitige Betrieb eines größeren Haushaltsgeräts (Herd, Wasch- und Spülmaschine etc) und weiterer **haushaltstypischer Geräte** (Staubsauger, Fön etc) möglich sein muss. Dies kann der Mieter verlangen.[140] Nicht verlangen kann ein Mieter hingegen, dass seine 2002 angemietete Wohnung eine Stromstärke aufweist, die ihn alle vier Kochplatten einschließlich des Backofens gleichzeitig auf der höchsten Leistungsstufe betreiben lässt.[141]

---

133 Hannemann/*Horst*, Das neue Mietrecht, § 2 Rn. 67 f.; *Zehelein*, NZM 2014, 11 (16).
134 *BGH* 31.10.2007 – VIII ZR 261/06, NJW 2008, 142.
135 *BGH* 18.12.2013 – XII ZR 80/12, NJW 2014, 685.
136 *BGH* 13.6.2007 – VIII ZR 78/06, NZM 2007, 563.
137 *BGH* 14.9.2011 – VIII ZR 10/11, NJW-RR 2012, 262.
138 Siehe hierzu unter → § 9 Rn. 42 ff.
139 Hierzu *OLG Brandenburg* 25.2.2014 – 3 U 154/11.
140 *BGH* 5.12.2018 – VIII ZR 271/17, NJW 2019, 507; *BGH* 10.2.2010 – VIII ZR 343/08, NJW-RR 2010, 737.
141 *LG Berlin* 19.7.2013 – 63 S 362/11.

Beispiele: Der Mieter kann verlangen, dass das Badezimmer über eine Stromversorgung verfügt, die nicht nur eine Beleuchtung, sondern auch den Betrieb von kleineren elektrischen Geräten über eine Steckdose ermöglicht; dies gehört zum zeitgemäßen Mindeststandard.[142] Nicht verlangen kann ein Mieter hingegen, dass seine Wohnungseingangstür an die neuesten Sicherheitsstandards angepasst wird, wenn der Zustand der Tür den Sicherheitsanforderungen der Bauweise des Gebäudes und seinem Baujahr entspricht.[143]

Beispiel: Der Mieter kann verlangen, dass die Grenzwerte für in der Wohnung verwendete gesundheitsgefährdende Baustoffe eingehalten werden. Verschärfen sich diese Grenzwerte im Laufe des Mietverhältnisses, hat der Vermieter die zum Schutz des Mieters erforderlichen Maßnahmen zu treffen, auch wenn sie als solche der Modernisierung zu qualifizieren sind.[144]

Überdies kann der Mieter einen Anspruch auf Modernisierung der Beheizbarkeit und 126
Warmwasserversorgung der Mietwohnung haben, wenn ihm vom Vermieter sowohl bei Vertragsschluss als auch im laufenden Mietverhältnis eine entsprechende **Absicht angekündigt** worden ist. Dies gilt umso mehr, wenn zeitgemäße Grundstandards nicht vorhanden sind.[145]

III. Maßnahmen nach der Energieeinsparverordnung 2016

Die Energieeinsparverordnung 2016 verpflichtet Hauseigentümer, im Immobilienbestand 127
energetisch zu sanieren. Wird diesen Verpflichtungen nicht entsprochen, kann dies mit Bußgeldern geahndet werden (vgl. § 27 Abs. 1 EnEV). Im Wesentlichen müssen

- bestimmte Heizkessel ausgetauscht werden, die mit flüssigen oder gasförmigen Brennstoffen beschickt werden und die vor dem 1.10.1978 eingebaut oder aufgestellt worden sind; ein solches Nutzungsverbot besteht seit 2015 auch für solche Heizkessel, die vor dem 1.1.1985 installiert worden sind (§ 10 Abs. 1 EnEV);
- bei heizungstechnischen Anlagen bisher nicht gedämmte, zugängliche Wärmeverteilungs- und Warmwasserleitungen sowie Armaturen, die sich nicht in beheizten Räumen befinden, nach bestimmten Vorgaben gedämmt werden (§ 10 Abs. 2 EnEV);
- im Falle der Sanierung energetisch bedeutsamer Bauteile (insbesondere Dach, Fenster, Türen, Außenwände) geltende energetische Standards erreicht werden, wenn mindestens 10 Prozent des betroffenen Gebäudeteils saniert werden (§ 9 Abs. 1, 3 EnEV);
- bisher nicht gedämmte, zugängliche Decken beheizter Räume zum unbeheizten Dachraum (oberste Geschossdecken) seit 2016 nach bestimmten Vorgaben gedämmt werden (§ 10 Abs. 3 EnEV).

Kommt der Vermieter diesen gesetzlichen Verpflichtungen nach, so handelt es sich um eine Modernisierung, die er aufgrund von Umständen durchführt, die er nicht zu vertreten hat – vorausgesetzt, es handelt sich **nicht um eine Erhaltungsmaßnahme** (§ 555 b Nr. 6 BGB).[146]

Eine Pflicht des Vermieters zur Modernisierung über die Schaffung eines **zeitgemäßen** 128
Mindeststandards hinaus folgt aus diesen Vorgaben der Energieeinsparverordnung nur gegenüber den zuständigen Behörden; Rechte von Mietern werden durch diese Vorgaben nicht begründet.[147] Insbesondere ist das Interesse des Mieters, auf diese Weise seine Ener-

142 *BGH* 26.7.2004 – VIII ZR 281/03, NJW 2004, 3174.
143 *AG Berlin-Mitte* 6.9.2012 – 27 C 30/12.
144 *BayObLG* 4.8.1999 – RE-Miet 6–98.
145 *AG Tostedt* 16.3.2000 – 18 C 102/98.
146 *Dickersbach*, Lützenkirchen/Mietrecht, § 555 d BGB Rn. 70 ff.
147 *BGH* 17.6.2009 – VIII ZR 131/08, NJW 2009, 2441; *KG* 28.4.2008 – 12 U 6/07; *LG Köln* 3.6.2014 – 10 S 48/14; *Dickersbach*, Lützenkirchen/Mietrecht, § 559 BGB Rn. 129 f.; *Flatow*, NZM 2008, 785 (792); Hannemann/*Horst*, Das neue Mietrecht, § 2 Rn. 54 ff.; aA *Eisenschmid*, WuM 2009, 624 (626 ff.).

giekosten zu reduzieren, rechtsunerheblich und begründet für ihn keinen Anspruch auf Modernisierung gegenüber seinem Vermieter.[148]

129 Es stellt **keinen Mietmangel** dar, dessen Beseitigung der Mieter verlangen kann, wenn der Vermieter seinen gesetzlichen Nachrüstpflichten nicht Folge leistet. Denn öffentlich-rechtliche Vorschriften zum Bau- und Energierecht begründen grundsätzlich keine zivilrechtlichen Ansprüche, mithin auch nicht zwischen den Parteien eines Mietvertrages. Dementsprechend kann ein Mieter von seinem Vermieter auch keinen Schadensersatz verlangen, wenn dieser die nach § 10 Abs. 3 EnEV 2016 vorgeschriebene Dämmung der obersten Geschossdecken unterlässt, obschon eine bessere Dämmung die Heizkosten für den Mieter verringern würde.[149]

130 Dass der Vermieter gegenüber seinem Mieter nicht zur Modernisierung verpflichtet ist, bestätigt der **Energieausweis,** dessen Angaben gemäß § 5 a S. 3 EnEG lediglich der Information dienen. Aus den darin gegebenenfalls enthaltenen Modernisierungsempfehlungen kann ein Mieter keinen Anspruch auf Modernisierung herleiten.[150] Die im Energieausweis enthaltenen Zustandsbeschreibungen sind ohne Einfluss auf den geschuldeten vertragsgemäßen Zustand der Mieträume und können insbesondere keine Verpflichtung des Vermieters begründen, einen bestimmten energetischen Zustand hinsichtlich Wärmeschutz und Heiztechnik zu schaffen.[151]

131 Etwas anderes gilt nur, wenn der Mietvertrag bestimmte Vorgaben der EnEV 2016 als **Beschaffenheitsbeschreibung** der Mietsache festschreibt. In diesem Fall kann der Mieter verlangen, dass diese Vorgaben eingehalten bzw. umgesetzt werden.[152] Ohne ausdrückliche Zusicherung schuldet der Vermieter prinzipiell nur die Einhaltung der im Zeitpunkt der Gebäudeerrichtung maßgeblichen technischen Normen.[153]

132 Ein Mieter kann von seinem Vermieter nach alledem bauliche Maßnahmen nur im Rahmen seiner **Gebrauchsgewährungspflicht** verlangen (§ 535 Abs. 1 S. 2 BGB), also die für eine vertragsgemäße Nutzung erforderlichen Erhaltungsmaßnahmen. Einen Anspruch auf **Verbesserung der Mietsache** – über die Schaffung eines zeitgemäßen Mindeststandards hinaus – hat ein Mieter nicht.

148 *BGH* 31.10.2007 – VIII ZR 261/06, NJW 2008, 142.
149 *LG Berlin* 4.2.2011 – 63 S 181/10.
150 *Friers*, WuM 2008, 255 (257 f.); Hannemann/*Horst*, Das neue Mietrecht, § 2 Rn. 61.
151 Hannemann/*Horst*, Das neue Mietrecht, § 2 Rn. 61.
152 Hannemann/*Horst*, Das neue Mietrecht, § 2 Rn. 50.
153 *BGH* 17.6.2009 – VIII ZR 131/08, NJW 2009, 2441.

§ 2 Erhaltungsmaßnahmen

Modernisierungsmaßnahmen (§ 555 b BGB) sind zu unterscheiden und abzugrenzen von Erhaltungsmaßnahmen (§ 555 a BGB). Erhaltungsmaßnahmen dienen einem anderen Zweck, haben eigene Voraussetzungen und führen abweichende Rechtsfolgen herbei. Während der Vermieter zu Modernisierungsmaßnahmen regelmäßig *berechtigt* ist, ist er zur Vornahme erforderlicher Erhaltungsmaßnahmen dem Mieter gegenüber in der Regel *verpflichtet.*

A. Rechtspflichten

I. Allgemeines/Grundsätze

1 Vermieter haben die Pflicht, die Mietsache dem Mieter in einem zum **vertragsgemäßen Gebrauch** geeigneten Zustand zu überlassen und sie während der Mietzeit in diesem Zustand zu erhalten (§ 535 Abs. 1 S. 1, 2 BGB). **Abnutzungen der Mietsache** durch vertragsgemäßen Gebrauch hat der Mieter *nicht* zu vertreten (§ 538 BGB).

2 Die hieraus folgende **Erhaltungspflicht** des Vermieters erstreckt sich auf mitvermietetes Inventar und sonstige Einrichtungen, beispielsweise eine Einbauküche in der Mietwohnung. Der Vermieter hat seiner Erhaltenspflicht auf eigene Kosten nachzukommen. Eine Beteiligung des Mieters, etwa in Form einer Mieterhöhung, ist ausgeschlossen. Lediglich im Rahmen sog **Kleinreparaturklauseln** kann ein Wohnungsmieter in begrenztem Umfang an den Erhaltungskosten beteiligt werden.[1]

3 Die Erhaltungspflicht des Vermieters endet, wenn ihm die Beseitigung von nicht zu vertretenden **Baumängeln** wirtschaftlich unzumutbar ist. Hiervon ist auszugehen, wenn die Beseitigungskosten den Wert der Mietsache erheblich überschreiten, sog **Opfergrenze.**[2]

4 Wegen der Erhaltungspflicht des Vermieters dürfen Mieter verlangen, dass die für den vertragsgemäßen Gebrauch der Mietsache erforderlichen Erhaltungsmaßnahmen vorgenommen bzw. veranlasst werden. Neben diesem Erfüllungsanspruch haben Mieter **Gewährleistungsrechte.** Vor allem brauchen sie nur eine angemessen herabgesetzte Miete zu entrichten, wenn und soweit die **Tauglichkeit** der Mietsache zum vertragsgemäßen Gebrauch erheblich gemindert ist (§ 536 Abs. 1 BGB).

II. Sachlicher Anwendungsbereich

5 In **räumlicher Hinsicht** gehören zu den Erhaltungsmaßnahmen gemäß § 555 a BGB zunächst jene, die der Vermieter innerhalb der vermieteten Räume durchführt. Mit der Erstreckung auf die Erhaltung der „Mietsache" sind darüber hinaus aber auch Baumaßnahmen an den Außenanlagen und Gebäudeteilen erfasst, etwa an den Parkflächen, Dach, Fassade, Hausflur und Hauseingang, Keller etc.

6 In **sachlicher Hinsicht** beinhalten Erhaltungsmaßnahmen Instandhaltungs- und Instandsetzungsmaßnahmen.

- **Instandhaltung:** Bewahrung des bestehenden Zustandes durch pflegende, erhaltende und vorsorgende Maßnahmen.
- **Instandsetzung:** Wiederherstellung eines schon nicht mehr ordnungsgemäßen Zustands durch Reparatur oder Ersatzbeschaffung.

7 Eine Differenzierung kann im Einzelnen schwierig sein, doch ist sie meist nur von Relevanz, wenn in **Gewerbemietverträgen** die Pflicht des Mieters zur Ausführung bzw. Kosten-

1 Vgl. *BGH* 6.5.1992 – VIII ZR 129/91, NJW 1992, 1759; *BGH* 15.5.1991 – VIII ZR 38/90, NJW 1991, 1750.

2 *BGH* 21.4.2010 – VIII ZR 131/09, NJW 2010, 2050; *BGH* 26.9.1990 – VIII ZR 205/89, NJW-RR 1991, 204.

tragung lediglich an eine der beiden Varianten geknüpft ist, zum Beispiel an die „Instandsetzung von Dach und Fach".

8 Zusammengenommen werden in Anlehnung an § 1 Abs. 2 Nr. BetrKV von § 555 a BGB alle Maßnahmen erfasst, die darauf abzielen, die durch Abnutzung, Alterung und Witterungseinwirkung entstehenden baulichen oder sonstigen Mängel ordnungsgemäß zu beseitigen (vgl. auch § 177 Abs. 3 BauGB).

Beispiele: Erneuerung des Teppichbodens; Reparatur eines baufälligen Balkons; Austausch gesundheitsgefährdender Trinkwasserleitungen; Reparatur eines beschädigten Schließmechanismus an der Briefkastenanlage oder der Hauseingangstür; Dachsanierung; Beseitigung von Klopfgeräuschen in der Heizung; Beseitigung von Putzschäden oder schadhafter Treppenstufen im Treppenhaus.

9 Zu den Erhaltungsmaßnahmen rechnen auch **Schönheitsreparaturen.**[3] Sie umfassen in Anlehnung an § 28 Abs. 4 II. BV das Tapezieren, Anstreichen oder Kalken der Wände und Decken, das Streichen der Fußböden, Heizkörper einschließlich Heizrohre, der Innentüren sowie der Fenster und Außentüren von innen. Auf die Schönheitsreparaturen erstreckt sich die Erhaltenspflicht des Vermieters (§ 535 Abs. 1 S. 2 BGB), doch kann diese Pflicht – in Grenzen[4] – auf den Mieter übertragen werden.

10 Auf **Umfang und Kosten** kommt es nicht an, weshalb der Austausch einer Glühbirne im Gemeinschaftskeller ebenso zu den Erhaltungsmaßnahmen rechnet wie die langandauernde Kellertrocknung nach Flutschäden. Einbezogen sind auch **vorbereitende Arbeiten** wie etwa die Besichtigung und Einrüstung des Gebäudes, sowie der Austausch eines schadhaften Bauteils, mithin die gleichwertige **Ersatzbeschaffung.**[5]

11 Die Maßnahme muss zur Erhaltung der Mietsache objektiv **erforderlich,** braucht aber nicht dringlich zu sein; es reicht, wenn die Erforderlichkeit absehbar ist.[6] Bei der Festlegung, wann die Erhaltungsmaßnahme erfolgen soll, hat der Vermieter einen breiten **Beurteilungsspielraum,** gerade im Hinblick auf **präventive Maßnahmen.**[7] Die Erforderlichkeit einer **vorbeugenden Instandsetzung** ist zu bejahen, wenn ein wirtschaftlich denkender Hauseigentümer Erhaltungsmaßnahmen ergreift, um objektiv zu befürchtenden Schäden und Funktionsausfällen bzw. Mehrkosten durch später durchgeführte Maßnahmen vorzubeugen.

Beispiel: Die Umstellung einer Gas-Etagenheizung auf Fernwärme ist als Erhaltungsmaßnahme erforderlich, wenn die Anlage zwar noch funktionstüchtig, aber infolge ihres Alters schadensanfällig ist.[8]

Beispiel: Erforderlichkeit ist anzunehmen bei Maßnahmen zum Korrosionsschutz am Öltank, nicht aber beim Austausch voll funktionstüchtiger, nicht gesundheitsgefährdender und damit alle rechtlichen Vorgaben wahrender Rohrleitungen.

III. Ankündigung von Erhaltungsmaßnahmen

12 Erhaltungsmaßnahmen müssen dem Mieter angekündigt werden, es sei denn, sie sind nur mit einer unerheblichen Einwirkung auf die Mietsache verbunden oder ihre unverzügliche Durchführung ist zwingend erforderlich (§ 555 a Abs. 2 BGB). **Adressaten der Ankündigung** sind die Mieter, soweit sie berechtigt sind, die Mietsache zu nutzen.

---

3 *Gramlich*, Mietrecht, § 555 a BGB Rn. 1; Palandt/*Weidenkaff*, § 555 a BGB Rn. 2; Staudinger/*Emmerich*, § 555 a BGB Rn. 4.

4 Vgl. ua *BGH* 12.3.2014 – XII ZR 108/13, NZM 2014, 306; *BGH* 20.3.2012 – VIII ZR 192/11, NJW-RR 2012, 907; *BGH* 18.2.2009 – VIII ZR 210/08; *BGH* 12.9.2007 – VIII ZR 316/06, NZM 2007, 921.

5 *Eisenschmid* in Schmidt-Futterer, § 555 a BGB Rn. 8.

6 *Eisenschmid* in Schmidt-Futterer, § 555 a BGB Rn. 14; *Kinne*, Miet- und Mietprozessrecht, § 555 a BGB Rn. 3.

7 *LG Berlin* 17.7.2015 – 63 S 376/14.

8 *LG Berlin* 17.7.2015 – 63 S 376/14.

Die Vornahme der erforderlichen Ankündigung liegt im Interesse des Vermieters. Unterbleibt die Ankündigung oder ist sie nicht ordnungsgemäß, darf der Mieter den beauftragten Handwerkern den **Zutritt verweigern** und auch sonst die **Arbeiten hindern**.[9] Zudem ist der Mieter berechtigt, einen **Unterlassungsanspruch** geltend zu machen, soweit er durch nicht ordnungsgemäß angekündigte Erhaltungsmaßnahmen in seinem **Besitzschutzrechten** beeinträchtigt ist, etwa durch Lärm, Schmutz, Erschütterung oder eingeschränkte Nutzbarkeit der Mietsache.[10] 13

Andererseits ist der Mieter nach ordnungsgemäßer Ankündigung nach Treu und Glauben verpflichtet, an einer baldigen **Terminabstimmung** mitzuwirken, damit die erforderlichen baulichen Maßnahmen zeitnah durchgeführt werden können.[11] Der Mieter ist jedoch nicht gehalten, selbst einen Termin mit den vom Vermieter beauftragten Handwerkern zu vereinbaren.[12] 14

Die Ankündigung dient dem **Zweck**, dass sich der Mieter auf die Arbeiten einstellen kann.[13] Obschon – im Unterschied zur Ankündigung von Modernisierungsmaßnahmen – so nicht gesetzlich vorgeschrieben, bedeutet dies, dass der Mieter gleichwohl über **Art und Umfang** sowie über **Beginn und Dauer** der Erhaltungsmaßnahmen zu informieren ist.[14] Eine Ankündigung unter Vorbehalt ist unwirksam.[15] 15

Dem Mieter ist der Zweck der Erhaltungsmaßnahme mitzuteilen. Über **bautechnische Einzelheiten** braucht der Mieter aber nicht informiert zu werden; die Anforderungen an die Mitteilung dürfen nicht überspannt werden, da der Vermieter in der Erfüllung seiner Erhaltenspflicht gemäß § 535 Abs. 1 S. 1 BGB nicht *unnötig* behindert werden darf.[16] 16

Wohl aber muss der Mieter darüber informiert werden, in welcher Weise sein **Mietgebrauch** gegebenenfalls beeinträchtigt sein wird, damit er sich darauf einstellen kann.[17] Aus diesem Grund ist ihm auch möglichst auf den Tag genau anzugeben, wann die Arbeiten beginnen und wie lange sie andauern werden. 17

Der Termin für den Arbeitsbeginn und die Arbeitszeiten selbst müssen innerhalb der **üblichen Arbeitszeiten** liegen. Ohne besondere Dringlichkeit braucht ein Mieter ihn beeinträchtigende Arbeiten in den Abendstunden nach 19 Uhr sowie an Sonnabenden, Sonntagen und gesetzlichen Feiertagen nicht hinzunehmen, erst recht nicht wegen des Ansinnens, **Schwarzarbeiter** beschäftigen zu wollen.[18] Andersherum kann der Mieter den Vermieter zur Durchführung der Arbeiten nicht auf seinen „Feierabend nach 18 Uhr“ verweisen.[19] 18

Bei der Terminierung der Arbeiten ist auf die **Belange des Mieters** Rücksicht zu nehmen, soweit dies dem Vermieter *möglich* und *zumutbar* ist. So kann es bei nicht dringenden Arbeiten innerhalb der Mietwohnung dem Vermieter zumutbar sein, die Rückkehr des Mieters aus dem Urlaub abzuwarten, wenn dieser den Wunsch äußert, während der Arbeiten anwesend zu sein. 19

Der **Ankündigende** kann jedermann sein. Anders als für Modernisierungsmaßnahmen vorgeschrieben (§ 555 c Abs. 1 S. 1 BGB) braucht der Vermieter die Baumaßnahmen nicht 20

9 *Dickersbach*, Lützenkirchen/Mietrecht, § 555 a BGB Rn. 44.
10 *LG Berlin* 4.10.2013 – 65 T 142/13; *Dickersbach*, Lützenkirchen/Mietrecht, § 555 a BGB Rn. 44 ff.; *Lehmann-Richter*, NZM 2011, 572 (573).
11 *BGH* 4.3.2009 – VIII ZR 110/08, NJW 2009, 1736; *LG Berlin* 30.7.2018 – 65 T 73/18.
12 *LG Berlin* 11.8.2016 – 65 S 202/16; *AG Berlin-Charlottenburg* 7.6.2013 – 216 C 7/13.
13 *LG Berlin* 30.7.2018 – 65 T 73/18; *Eisenschmid* in Schmidt-Futterer, § 555 a BGB Rn. 38.
14 Spielbauer/Schneider/*Ettl*, Mietrecht, § 555 a BGB Rn. 11.
15 *Kinne*, Miet- und Mietprozessrecht, § 555 a BGB Rn. 10.
16 Bub/Treier/*Kraemer*/*Schüller*, Kap. III Rn. 2653.
17 *LG Berlin* 17.3.2016 – 65 S 301/15.
18 *Eisenschmid* in Schmidt-Futterer, § 555 a BGB Rn. 29; *Gramlich*, Mietrecht, § 555 a BGB Rn. 3. Aufgrund einer Schwarzgeldabrede („ohne Rechnung“) kann der Handwerker keine Lohnansprüche geltend machen und der Besteller keine Erfüllungs- oder Gewährleistungsansprüche, denn der Werkvertrag ist nichtig (vgl. *BGH* 10.4.2014 – VII ZR 241/13, NJW 2014, 1805; *BGH* 1.8.2013 – VII ZR 6/13, NJW 2013, 3167).
19 *AG Berlin-Lichtenberg* 4.4.2014 – 18 C 366/13.

selbst anzukündigen. Die Ankündigung von Erhaltungsmaßnahmen kann somit auch durch die bauausführenden Handwerker oder den Mietverwalter in jeweils eigenem Namen erfolgen. Kündigt der Vermieter die Maßnahmen selbst an, kann er sich hierbei vertreten lassen.

21 Eine bestimmte **Form** der Ankündigung ist nicht vorgeschrieben. Die Ankündigung kann mündlich, per E-Mail, per Aushang, per Fax oder mittels (Rund-)Schreiben erfolgen. Eine Ankündigung per **SMS** soll aber nicht ausreichend sein.[20]

22 Die **Person des Ankündigenden** muss in der Ankündigung erkennbar sein. Nur so kann der Mieter beurteilen, ob der Erklärende in einer Beziehung zur Ankündigung steht, er die Ankündigung also ernst nehmen und sich auf ihren Inhalt einstellen muss.

23 Die Ankündigung hat rechtzeitig zu erfolgen. Eine feste **Ankündigungsfrist** wie bei den Modernisierungsmaßnahmen gibt es nicht. Vielmehr gilt der Grundsatz, dass sich die Anforderungen an die Ankündigung des Vermieters nach den Umständen des **Einzelfalls**, der **Dringlichkeit** und dem **Umfang der Maßnahme** richten.[21] Danach ist die Maßnahme dem Mieter zum einen um so früher anzukündigen, je beeinträchtigender sie für ihn sein wird; zum anderen kann die Ankündigung aber um so kurzfristiger erfolgen, je dringlicher die Maßnahme ist.

Beispiele: Umfangreiche Ausbesserungsarbeiten im gesamten Treppenhaus des Mietgebäudes sind früher anzukündigen als die Reparatur einer einzelnen Treppenstufe. Die Reparatur des Schließmechanismus der Hauseingangstür ist wegen der hierdurch bedingten erhöhten Einbruchsgefahr weitaus dringlicher als die Reparatur einer defekten Gegensprechanlage oder die Beseitigung von Graffiti im Hausflur, weshalb sie kurzfristiger angekündigt werden kann.

24 Daraus folgt einerseits, dass Erhaltungsarbeiten **innerhalb der Mietwohnung** dem Mieter prinzipiell mit größerem Vorlauf anzukündigen sind als Arbeiten außerhalb der Mietwohnung, da hierdurch der Mietgebrauch intensiver beeinträchtigt ist. Zum anderen sind beeinträchtigende **Vorsorgemaßnahmen** mit mehr Vorlauf anzukündigen als Reparaturen, da die Behebung eines Schadens prinzipiell dringlicher ist als die Verhütung eines Schadens.

25 In zwei Fällen bestehen **Ausnahmen von der Ankündigungspflicht** (§ 555 a Abs. 2 BGB). Zum einen brauchen Erhaltungsmaßnahmen nicht angekündigt zu werden, wenn sie mit einer nur unerheblichen Einwirkung auf die Mietsache verbunden sind, es sich also um eine **Bagatellmaßnahme** handelt; zum anderen ist die vorherige Ankündigung entbehrlich bei zwingend erforderlichen **Notmaßnahmen.**

26 Unerheblich sind Erhaltungsmaßnahmen, welche die Gebrauchstauglichkeit der Mietsache nicht tangieren und den Mieter folglich nicht zur Mietminderung berechtigen würden. Eine unerhebliche Einwirkung auf die Mietsache meint also eine **unerhebliche Beeinträchtigung** für den Mieter.[22] Hiervon ist auch auszugehen, wenn die Arbeiten zwar beeinträchtigend sind, die Beeinträchtigung aber nur **kurzzeitig andauert**. Erhaltungsmaßnahmen, die den Zutritt zur Mietwohnung erfordern, sind stets erheblich und machen eine rechtzeitige Ankündigung erforderlich.[23]

27 Die Ankündigung ist ferner entbehrlich bei Notmaßnahmen zur Beseitigung eines erheblichen Schadens oder bei **„Gefahr in Verzug“**.[24] Für Letzteres erforderlich ist eine **konkrete Gefahr** für die Mieter, für die Mietsache oder für die Nutzbarkeit elementarer Funktionsbereiche (Heizung, elektrische Versorgung etc). Konkret ist eine Gefahr, wenn der Eintritt eines erheblichen Schadens oder seine Vergrößerung höchstwahrscheinlich ist, **augenblickliches Handeln** mithin objektiv geboten ist.

20 *AG Berlin-Charlottenburg* 7.6.2013 – 216 C 7/13.
21 *BGH* 4.3.2009 – VIII ZR 110/08, NJW 2009, 1736; *LG Berlin* 17.3.2016 – Az. 65 S 289/15.
22 *Abramenko*, Das neue Mietrecht in der anwaltlichen Praxis, § 1 Rn. 18.
23 *Dickersbach*, Lützenkirchen/Mietrecht, § 555 a BGB Rn. 43 b; *Eisenschmid* in Schmidt-Futterer, § 555 a BGB Rn. 38.
24 *LG Berlin* 27.9.2013 – 65 T 158/13; *Eisenschmid* in Schmidt-Futterer, § 555 a BGB Rn. 39.

Beispiele: Noteindeckung eines Dachs nach Sturmschäden; Kellertrocknung nach Wassereinbruch durch Flut; Reparatur eines Rohrbruchs mit Wasseraustritt; Maßnahmen zur Verhinderung des Zutritts Unbefugter nach versuchtem Einbruch; Beseitigung einer Rohrverstopfung, um den Austritt von Fäkalien zu hindern; Maßnahmen bei Heizungsausfall im Winter.

Hinweis: Wann eine die Ankündigung erfordernde sehr dringliche Maßnahme und wann eine ohne Ankündigung gestattete Notmaßnahme vorliegt, ist teilweise schwer abzugrenzen. Da Mieter die Duldung von Erhaltungsmaßnahmen verweigern dürfen, die pflichtwidrig nicht angekündigt worden sind, sollten Vermieter im Zweifel immer eine Ankündigung vornehmen. 28

IV. Duldungspflicht des Mieters

Erforderlichenfalls ordnungsgemäß angekündigte Erhaltungsmaßnahmen hat der Mieter zu dulden (§ 555 a Abs. 1 BGB). Die Duldungspflicht erstreckt sich dabei nur auf das **fachlich-technisch Notwendige** und nicht auch auf das Wünschenswerte.[25] 29

Zur Reichweite der Duldungspflicht gilt prinzipiell das Gleiche wie zur Pflicht des Mieters, Modernisierungsmaßnahmen zu dulden.[26] Danach erfüllt der Mieter seine Duldungspflicht, wenn er sich **passiv verhält.** Er darf die Arbeiten nicht hindern und muss sie ermöglichen, namentlich hat er dem Vermieter sowie den von ihm Beauftragten und Bevollmächtigten den Zutritt zu seiner Mietwohnung bzw. dem Kellerraum zu gewähren.[27] Das Gleiche gilt, wenn der Zutritt nötig ist zur **Sichtung des Schadens** und zur Planung seiner Beseitigung bzw. für die Erstellung eines Sanierungskonzepts oder Kostenvoranschlags.[28] Darüber hinausgehende **Mitwirkungspflichten** hat der Mieter nicht, insbesondere muss er *keine* **Baufreiheit** schaffen.[29]

Wenn die Erhaltungsmaßnahmen anderenfalls nicht sinnvoll durchgeführt werden können, etwa bei einer Sanierung wegen **Schwammbefall,** kann die Duldungspflicht auch die **vorübergehende Räumung** der Mieträume umfassen.[30] Erforderlichenfalls ist dem Mieter in dieser Zeit eine angemessene **Ersatzunterkunft** zu stellen. 30

Neben den eigentlichen Arbeiten hat der Mieter auch alle hierdurch bedingten **Beeinträchtigungen** zu dulden, beispielsweise durch Schmutz, Lärm, Funktionsausfälle (Heizung, Strom, Wasser), Erschütterungen sowie Verschattung, verminderte Frischluftzufuhr und erhöhte Einbruchsgefahr wegen eines Baugerüsts. Wie bei modernisierungsbedingten Beeinträchtigungen besteht auch hier die Möglichkeit einer **Mietminderung.** 31

Ist der Mieter infolge der Baumaßnahmen mehr als nur unerheblich beeinträchtigt, darf er die Miete einschließlich der Betriebskosten für die Dauer der Beeinträchtigung in angemessener Höhe mindern; wenn dem Mieter die Nutzung der Mietwohnung überhaupt nicht mehr möglich ist, ist er von der Pflicht zur Mietzahlung ganz befreit (§ 536 Abs. 1 BGB). 32

Im Unterschied zu Modernisierungsmaßnahmen kann der Mieter gegen seine Pflicht, Erhaltungsmaßnahmen zu dulden, **keine Härte** einwenden. Eine Interessenabwägung findet also nicht statt.[31] Die Duldungspflicht des Mieters kann nur im Einzelfall **unzumutbar** 33

25 Spielbauer/Schneider/*Ettl*, Mietrecht, § 555 a BGB Rn. 9.
26 Siehe hierzu unter → § 4 Rn. 1 ff.
27 *BGH* 28.9.2011 – VIII ZR 326/10, NJW 2011, 3514; *KG* 28.9.2009 – 22 W 47/09; *LG Berlin* 30.7.2018 – 65 T 73/18.
28 *AG Berlin-Charlottenburg* 17.6.2002 – 223 C 1003/02.
29 *LG Berlin* 24.6.2014 – 63 S 373/13; *LG Berlin* 23.12.2008 – 65 S 62/08; *Dickersbach*, Lützenkirchen/Mietrecht, § 555 a BGB Rn. 50; Staudinger/*Emmerich*, § 555 a BGB Rn. 9.
30 *LG Berlin* 17.2.2016 – 65 S 301/15; *LG Braunschweig* 20.11.1964 – 7 S 315/64; Bub/Treier/*Kraemer/Schüller*, Kap. III Rn. 2646; Staudinger/*Emmerich*, § 555 a BGB Rn. 9.
31 *LG Berlin* 17.7.2015 – 63 S 376/14; *Eisenschmid* in Schmidt-Futterer, § 555 a BGB Rn. 28; Palandt/*Weidenkaff*, § 555 a BGB Rn. 4; aA *Dickersbach*, Lützenkirchen/Mietrecht, § 555 a BGB Rn. 55.

sein. Dies ist etwa der Fall, wenn der Auszug des Mieters kurz bevorsteht und die Baumaßnahme ohne Nachteile aufgeschoben werden kann.[32]

34 Auch Bauarbeiten an Wochenenden, Feiertagen sowie werktags nach 19 Uhr können dem Mieter unzumutbar sein. Denn grundsätzlich sind Vermieter gehalten, die Beeinträchtigungen für den Mieter möglichst gering zu halten und **unnötige und übermäßige Belastungen zu vermeiden.**[33] Andersherum kann der Mieter den Vermieter zur Durchführung der Arbeiten nicht auf seinen „Feierabend nach 18 Uhr" verweisen, sondern hat diese zu den **üblichen Arbeitszeiten an Werktagen** zu dulden.[34] Der Vermieter hat bei der Planung und Durchführung von Erhaltungsmaßnahmen einen **weiten Ermessensspielraum**. Es ist seine Entscheidung, auf welchem Wege er Mängel behebt.[35] Betreffen Erhaltungsmaßnahmen mehre Wohnungen, kann der Vermieter frei wählen, in welcher Wohnung die Arbeiten beginnen sollen.

35 Unerheblich ist die **Ursache** der zu behebenden Schäden und auch, ob sie von einer Vertragspartei zu vertreten sind.[36] Der Mieter muss deshalb auch Erhaltungsmaßnahmen dulden, wenn die zu beseitigenden Schäden auf vorangegangenen anderen Erhaltungs- oder Modernisierungsmaßnahmen beruhen, die der Mieter selbst schon dulden musste.[37]

36 Im Ergebnis wird die Duldungspflicht des Mieters wegen Unzumutbarkeit daher meist erst entfallen, wenn die Erhaltungsmaßnahme gegen das **Schikaneverbot** gemäß § 226 BGB verstößt oder diesem Verbot sehr nahe kommt. Beispielsweise kann es schikanös sein, wenn der Vermieter trotz jahrelangen Streits mit dem Mieter darauf besteht, Erhaltungsmaßnahmen in der Mietwohnung persönlich auszuführen.[38]

37 Erfüllt der Mieter seine Duldungspflicht nicht, so kann diese – ebenso wie bei beabsichtigten Modernisierungsmaßnahmen – vom Vermieter mit einer **Klage auf Duldung** der besagten Erhaltungsmaßnahmen gerichtlich erzwungen werden.[39] Eine **einstweilige Verfügung** zur Gestattung des Zutritts zur Mietwohnung kann der Vermieter nur bei besonderer Dringlichkeit erwirken, beispielsweise wenn bei einem Wasserrohrbruch eine akute Gefahr für das Gebäude oder seine Bewohner besteht.[40]

38 Dagegen kann die besondere Eilbedürftigkeit nicht mit einer **Bauverzögerung** und hierdurch bedingten Mehrkosten begründet werden. Gegebenenfalls kann sich der Mieter aber schadensersatzpflichtig machen.[41]

39 Eine **Kündigung des Vermieters** wegen Verletzung der Pflicht des Mieters, Instandsetzungs- oder Modernisierungsarbeiten zu dulden, hat nicht prinzipiell zur Voraussetzung, dass der Vermieter zuvor gegen den Mieter einen (rechtskräftig) titulierten Duldungstitel erstritten hat. Vielmehr kann die verweigerte Duldung des Mieters unmittelbar eine fristlose Kündigung (§ 543 Abs. 1 BGB) oder eine ordentliche Kündigung (§ 573 Abs. 2 Nr. 1 BGB) rechtfertigten.[42] Das **Risiko eines Irrtums** über seine Duldungspflicht trägt somit der Mieter.[43] Eine ordentliche Kündigung des Mieters kann überdies gerechtfertigt sein, wenn dieser

32 *LG Stuttgart* 21.7.1995 – 19 O 269/95; Staudinger/*Emmerich*, § 555 a BGB Rn. 11.
33 *AG Bad Schwartau* 26.4.1984 – 3 C 70/84; *Dickersbach*, Lützenkirchen/Mietrecht, § 555 a BGB Rn. 55; Spielbauer/Schneider/*Ettl*, Mietrecht, § 555 a BGB Rn. 10.
34 *AG Berlin-Lichtenberg* 4.4.2014 – 18 C 366/13.
35 *LG Berlin* 15.6.2016 – 65 S 383/14; *LG Berlin* 17.7.2015 – 63 S 376/14; *LG Berlin* 23.7.2010 – 63 S 1/10; Staudinger/*Emmerich*, § 555 a BGB Rn. 4.
36 Staudinger/*Emmerich*, § 555 a BGB Rn. 4.
37 *BGH* 24.9.2008 – VIII ZR 275/07, NJW 2008, 3630.
38 *Eisenschmid* in Schmidt-Futterer, § 555 a BGB Rn. 30.
39 Siehe hierzu unter → § 4 Rn. 118.
40 *Eisenschmid* in Schmidt-Futterer, § 555 a BGB Rn. 75.
41 *LG Berlin* 24.6.2014 – 63 S 373/13; *AG München* 15.11.2012 – 461 C 1668/12; *Dickersbach*, Lützenkirchen/Mietrecht, § 555 a BGB Rn. 57 ff.
42 *BGH* 15.4.2015 – VIII ZR 281/13, NJW 2015, 2417; *AG Berlin-Wedding* 5.10.2016 – 18 C 152/16.
43 *BGH* 15.4.2015 – VIII ZR 281/13, NJW 2015, 2417; *BGH* 11.6.2014 – VIII ZR 349/13, NJW 2014, 2717.

einen vom Vermieter Beauftragten gewaltsam **nötigt.**[44] Die unberechtigte Forderung des Mieters nach einer Vertragsstrafe für den Fall, dass die Sanierungsarbeiten länger als angekündigt dauern, rechtfertigt die fristlose Kündigung des Vermieters hingegen nicht.[45]

Der Mieter haftet auf **Schadensersatz**, wenn er seine Duldungspflicht schuldhaft verkennt bzw. versäumt, die ihm rechtzeitig in erforderlichem Umfang angekündigten Arbeiten in seinen Mieträumen zu ermöglichen (§§ 280 Abs. 2, 281, 286 BGB).[46] Hauptanwendungsfall sind die Mehrkosten für die hierdurch bedingte Schadensvergrößerung oder entstandene Bauverzögerungskosten, etwa für zusätzliche Anfahrtskosten für Handwerker.[47] 40

Wenn der Vermieter seiner laufenden Erhaltungspflicht nachkommt und der Mieter deshalb zur Duldung der betreffenden Maßnahmen verpflichtet ist, darf er wegen der hiervon ausgehenden Beeinträchtigungen **nicht fristlos kündigen** gemäß § 543 Abs. 1, 2 S. 1 Nr. 1 BGB.[48] Anders kann es sein, wenn die Voraussetzungen des § 536 a Abs. 1 BGB vorliegen, der Vermieter insbesondere die Erhaltungsmaßnahme vorwerfbar verzögert oder durch vorangegangene mangelhafte Arbeiten erforderlich gemacht hat, und sich daraus für den Mieter erhebliche Mehrbelastungen ergeben.[49] 41

V. Aufwendungsersatzanspruch des Mieters

Aufwendungen, die ein Mieter infolge einer Erhaltungsmaßnahme machen muss, hat der Vermieter in angemessenem Umfang zu ersetzen, für zu erwartende Aufwendungen darf der Mieter von seinem Vermieter einen **Vorschuss** beanspruchen (§§ 555 a Abs. 3 BGB). Diese Rechte können mietvertraglich nicht beschränkt oder ausgeschlossen werden (§ 555 a Abs. 4 BGB). Da die Rechte des Mieters denen aus Anlass der Ausführung und Duldung von Modernisierungsmaßnahmen entsprechen, wird auf die Ausführungen an dortiger Stelle verwiesen.[50] 42

VI. Übersicht

43

	Erhaltungsmaßnahmen	Modernisierungsmaßnahmen
Gesetzlich geregelt	§ 555 a BGB	§§ 555 b–555 e BGB
Ziel der Baumaßnahme	Der Gebäudezustand soll erhalten oder durch Beseitigung von Mängeln wiederhergestellt werden.	Die Mietsache soll verbessert, Ressourcen (Energie, Wasser) sollen geschont oder Wohnraum geschaffen werden.
Definition	Baumaßnahmen, die zur Instandhaltung und Instandsetzung der Mietsache erforderlich sind.	Es gibt sieben Modernisierungstatbestände, die in § 555 b BGB aufgeführt sind und jeweils eigene Voraussetzungen haben.

44 *LG Berlin* 16.7.2013 – 67 S 232/13.
45 *LG Berlin* 17.3.2016 – 65 S 289/15.
46 *AG München* 15.11.2012 – 461 C 1668/12; Bub/Treier/*Kraemer/Schüller*, Kap. III Rn. 2649; Spielbauer/Schneider/*Ettl*, Mietrecht, § 555 a BGB Rn. 14.
47 *LG Berlin* 24.6.2014 – 63 S 373/13.
48 Bub/Treier/*Schüller*, Kap. III Rn. 2651.
49 *LG Berlin* 30.3.2001 – 32 O 759/00; *Eisenschmid* in Schmidt-Futterer, § 555 a BGB Rn. 71.
50 Siehe hierzu unter → § 5 Rn. 1 ff.

	Erhaltungsmaßnahmen	Modernisierungsmaßnahmen
Gesetzliche Verpflichtung	Mieter können notwendige Erhaltungsmaßnahmen verlangen, da der Vermieter verpflichtet ist, die Mietsache in einem zum vertragsgemäßen Gebrauch geeigneten Zustand zu erhalten (§ 535 Abs. 1 S. 2 BGB).	Mieter haben keinen Anspruch auf die Durchführung von Modernisierungsmaßnahmen.
Duldungspflicht des Mieters	Gemäß § 555 a Abs. 1 BGB	Gemäß § 555 d Abs. 1 BGB
Recht auf Härteeinwand	Mieter haben kein Recht, gegenüber ihrer Duldungspflicht eine Härte einzuwenden.	Mieter können form- und fristgebunden eine Härte gegen die Modernisierung einwenden, die gegenüber dem Interesse an ihrer Durchführung abzuwägen ist (§ 555 d Abs. 2–5 BGB).
Ankündigung der Maßnahme	Baumaßnahmen müssen dem Mieter „rechtzeitig" angekündigt werden, es sei denn, sie sind nur mit einer unerheblichen Einwirkung auf die Mietsache verbunden oder ihre sofortige Durchführung ist zwingend erforderlich (§ 555 a Abs. 2 BGB).	Mindestens drei Monate vor Beginn der Maßnahmen ist der Mieter über die geplanten Maßnahmen gemäß § 555 c Abs. 1 BGB zu informieren.
Mieterhöhung	Es besteht kein Recht auf Mieterhöhung. Der Vermieter führt Erhaltungsmaßnahmen auf eigene Kosten durch (ausnahmsweise ist in begrenztem Umfang eine Kostenbeteiligung des Mieters möglich bei wirksam vereinbarter „Kleinreparaturklausel").	Gemäß den §§ 559 ff. BGB kann der Vermieter wegen einer Modernisierung die Miete erhöhen; Kosten für zugleich durchgeführte Instandhaltung dürfen hierbei nicht berücksichtigt werden (§ 559 Abs. 2 BGB).
Ersatz von Aufwendungen des Mieters	Aufwendungen, die der Mieter infolge von Erhaltungs- oder Modernisierungsmaßnahmen machen muss, sind ihm zu ersetzen; auf Verlangen ist ihm Vorschuss zu leisten (§§ 555 a Abs. 3, § 555 d Abs. 6 BGB).	
Mietminderung	Ist der Mietgebrauch erheblich beeinträchtigt, darf der Mieter in angemessener Höhe für die Dauer der Beeinträchtigung die Miete mindern (§ 536 BGB).	Ist der Mietgebrauch erheblich beeinträchtigt, darf der Mieter in angemessener Höhe für die Dauer der Beeinträchtigung die Miete mindern (§ 536 BGB). Wegen Beeinträchtigungen durch Maßnahmen, die der energetischen Modernisierung dienen, darf für die Dauer von drei Monaten nicht die Miete gemindert werden (§ 536 Abs. 1 a BGB).

	Erhaltungsmaßnahmen	Modernisierungsmaßnahmen
Sonderkündigungsrecht des Mieters	Aus Anlass von Erhaltungsmaßnahmen darf der Mieter nicht außerordentlich kündigen.	Wegen einer beabsichtigten Modernisierung hat der Mieter ein Sonderkündigungsrecht gemäß § 555 e BGB.
Vereinbarung der Parteien des Mietvertrages	Die Mietvertragsparteien können nach Abschluss des Mietvertrags aus Anlass von Erhaltungs- oder Modernisierungsmaßnahmen Vereinbarungen treffen, insbesondere über die zeitliche und technische Durchführung der Maßnahmen, zu den Gewährleistungsrechten und Aufwendungsersatzansprüche des Mieters sowie zur künftigen Höhe der Miete (§ 555 f BGB).	

B. Abgrenzung zur Modernisierung

I. Modernisierende Instandsetzung

Um eine Erhaltungsmaßnahme handelt es sich, wenn ihr Ziel die **Beibehaltung** oder **Herstellung** des vertragsgemäßen Zustandes ist. Demgegenüber führt eine Modernisierungsmaßnahme nach maßgeblicher Verkehrsauffassung zu einer **Verbesserung** des vertragsgemäßen Zustandes, er wird also in einen **höherwertigen Zustand** versetzt. In der Praxis fällt beides häufig zusammen. 44

Eine **gemischte Maßnahme** ist unter zwei Voraussetzungen als eine solche der Modernisierung anzusehen. Zum einen ist notwendig, dass mit der Baumaßnahme ein Modernisierungserfolg iSv § 555 b BGB herbeigeführt wird, beispielsweise eine Endenergieeinsparung oder eine Gebrauchswertverbesserung. Zum anderen muss das Modernisierungsobjekt zum Zeitpunkt der Modernisierung nach objektivem Maßstab instandsetzungsbedürftig gewesen sein.[51] 45

Unter diesen beiden Voraussetzungen spricht man von einer **modernisierenden Instandsetzung**, ohne dass hierfür der Modernisierungsanteil den der Instandsetzung überwiegen muss.[52] Eine unbillige Benachteiligung des Mieters liegt hierin nicht, da sich seine Duldungspflicht mit der Möglichkeit von Härteeinwänden nach § 555 d BGB richtet und die Kosten, die für erforderliche Erhaltungsmaßnahmen angefallen wären, nicht in die Mieterhöhung einfließen dürfen (§ 559 Abs. 2 BGB).[53] 46

Um eine modernisierende Instandsetzung handelt es sich auch, wenn das Gesetz den Modernisierungserfolg vorgibt, beispielsweise bei der **Fassadensanierung**. Denn wenn der Vermieter mehr als 10 Prozent der Gebäudefassade instandsetzen möchte, muss er nach der **Energieeinsparverordnung 2016** bezogen auf die gesamte Fassade bestimmte Wärmedurchgangskoeffizienten einhalten, was in der Regel die Anbringung eines Wärmedämmverbundsystems erfordert (vgl. § 9 Abs. 1, 3, § 11 Abs. 1 S. 2 EnEV 2016). Infolgedessen liegt dann eine einheitliche Modernisierungsmaßnahme aus vom Vermieter nicht zu vertretenden Gründen vor gemäß § 555 b Nr. 6 BGB.[54] 47

II. Ersetzungsmaßnahmen

Häufig werden verschlissene, beschädigte oder funktionsuntüchtige Anlagen durch neue ersetzt. Lässt der bauliche Zustand des betreffenden Bauteils bzw. der Mietsache sowohl eine Instandsetzung als auch eine weitergehende Verbesserung durch Modernisierung zu, 48

51 *LG Berlin* 14.12.2012 – 63 S 252/12; *AG München* 30.12.2016 – 453 C 22061/15; Bub/Treier/*Schultz*, Kap. III Rn. 1562.
52 *AG München* 30.12.2016 – 453 C 22061/15; Spielbauer/Schneider/*Ettl*, Mietrecht, § 555 a BGB Rn. 8; aA BeckFormB MietR/*Wetekamp* B. III 1 (Anm. 2).
53 Siehe hierzu unter → § 6 Rn. 134 ff.
54 *BVerwG* 18.6.2013 – 5 B 28.13, IMR 2014, 82 (explizit zu § 9 Abs. 1, 3 EnEV).

hat der Vermieter eine **Wahlmöglichkeit**. Je nachdem, wie er sich entscheidet, führt er die jeweiligen Voraussetzungen und Rechtsfolgen selbst herbei.

Beispiel: Die Holzfensterrahmen mit Einfachverglasung der Mietwohnung sind morsch und undicht. Der Vermieter ist verpflichtet, den vertragsgemäßen Zustand wiederherzustellen (§ 535 Abs. 1 BGB). Der Vermieter hat zwei Möglichkeiten:

Möglichkeit Nr. 1: Der Vermieter kann die Fensterrahmen reparieren und den ursprünglichen, vertragsgemäßen Zustand wiederherstellen. Damit erfüllt er seine gesetzliche Pflicht. Die Rechtsfolgen richten sich nach § 555 a BGB: Der Vermieter hat die Baumaßnahme rechtzeitig anzukündigen, der Mieter hat kein Recht zum Härteeinwand und der Vermieter kein Recht zur Mieterhöhung. Die Pflicht des Mieters zur Duldung der Maßnahme folgt aus § 555 a Abs. 1 BGB.

Möglichkeit Nr. 2: Der Vermieter kann die Instandsetzungsbedürftigkeit zum Anlass nehmen, über seine Pflicht hinaus die alten Fenster durch energieeinsparende Isolierglasfenster zu ersetzen. In diesem Fall beabsichtigt der Vermieter eine energetische Modernisierung (§ 555 b Nr. 1 BGB), die er ordnungsgemäß anzukündigen hat (§ 555 c Abs. 1 BGB), deren Duldung der Mieter wegen einer Härte verweigern kann (§ 555 d Abs. 2–4 BGB), wegen der mit ihr verbundenen Beeinträchtigung der Mieter drei Monate nicht mindern (§ 536 Abs. 1 a BGB) und aufgrund derer der Vermieter die Miete erhöhen darf (§ 559 Abs. 1 BGB). Die Pflicht des Mieters zur Duldung der Maßnahme folgt aus § 555 d Abs. 1 BGB.

49 Nach verbreiteter Auffassung soll Vorstehendes nicht gelten, wenn **veraltete Bauteile** oder Anlagen nur deshalb modernisiert werden, weil Ersatzteile für die veraltete Technik nicht mehr erhältlich oder zugelassen sind. Hat der Vermieter in dieser Situation **keine Wahlmöglichkeit**, sondern ist er praktisch gezwungen, modernere Technik als Ersatz für die veraltete einzusetzen, so soll – wie für den preisgebundenen Wohnungsbau festgelegt (§ 11 Abs. 4 II. BV) – eine Erhaltungs- und keine Modernisierungsmaßnahme gegeben sein.[55]

50 Diese Auffassung lässt allerdings unberücksichtigt, dass der neue Standard – zumeist handelt es sich um den energetischen Standard – durch die vorangeschrittene technische Entwicklung **deutlich höherwertig** ist. Diesen Gesichtspunkt deshalb nicht zu berücksichtigen, damit preisfreier und preisgebundener Wohnraum gleichbehandelt werden, überzeugt nicht.[56]

51 Im preisgebundenen Wohnraum ist eine Mieterhöhung aufgrund von Ersetzungsmaßnahmen nicht gerechtfertigt, weil eine **Instandhaltungsrücklage** in der vorgegebenen Kostenmiete schon enthalten ist (vgl. § 28 Abs. 2 II. BV). In der preisfreien Wohnungsmiete hat dagegen der Vermieter für die Kosten der erforderlichen Erhaltung der Mietsache selbst aufzukommen. Dies rechtfertigt, dass er für darüber hinausgehende – nicht geschuldete – Maßnahmen eine Mieterhöhung verlangen kann, sofern diese als Modernisierung qualifiziert werden können.[57]

52 In besonders praxisrelevanter Weise kommt die zuvor dargestellte rechtliche Uneindeutigkeit zum Tragen, wenn eine Heizung reparaturbedürftig ist, sie aber nicht repariert werden kann, weil für sie mittlerweile ein **Nutzungsverbot** besteht. So besteht gemäß § 10 Abs. 1 EnEV 2016 die Verpflichtung, bestimmte **Heizkessel** außer Betrieb zu nehmen, die vor dem 1.10.1978 installiert wurden und die mit flüssigen oder gasförmigen Brennstoffen betrieben werden. Ob der Vermieter, der dieser gesetzlichen Verpflichtung nachkommt, eine Modernisierung aus von ihm nicht zu vertretenden Umständen (§ 555 b Nr. 6 BGB) durchführt (wobei die ersparten Reparaturkosten bei der Mieterhöhung unberücksichtigt bleiben) oder es sich um eine Art gesetzlich angeordneter Instandsetzung (ohne Mieterhöhung) handelt, ist unklar.

---

55 *AG Hamburg-St. Georg* 26.7.2012 – 913 C 21/12; *Dickersbach*, Lützenkirchen/Mietrecht, § 555 a BGB Rn. 14; *Eisenschmid* in Schmidt-Futterer, § 555 a BGB Rn. 9 a.

56 So auch Staudinger/*Emmerich*, § 555 a BGB Rn. 7.

57 *Horst*, DWW 2013, 204 (211 f.).

Hinweis: Weil diese Einordnung weitreichende Folgen hat – von den Anforderungen an die Ankündigung der Maßnahme über einen möglichen Härteeinwand des Mieters bis hin zur Berechtigung zur Mieterhöhung –, ist der Abschluss einer diese Punkte vollständig regelnden Vereinbarung gemäß § 555 f BGB für die Mietvertragsparteien sinnvoll und zu empfehlen. 53

III. Veränderungsmaßnahmen

Manche Baumaßnahmen dienen weder dem Zweck, die Mietsache zu erhalten iSv § 555 a BGB, noch führen sie zu einem Modernisierungserfolg iSv § 555 b BGB. Derartige Baumaßnahmen kann der Mieter nur *freiwillig* ermöglichen; eine gesetzliche Duldungspflicht trifft ihn in solchen Fällen nicht. 54

Beispiele:[58] Verschönerungsmaßnahmen (etwa ein neuer Anstrich der Hausfassade); Austausch eines funktionstüchtigen Heizöltanks gegen einen solchen mit größerem Fassungsvermögen; Austausch eines einwandfreien Gasherdes gegen einen Elektroherd; Abhängung von Zimmerdecken zur Verdeckung von Rohrleitungen; Umwandlung einer Loggia in einen Wintergarten; Verstärkung der elektrischen Leitungen ohne Erhöhung der Anschlusswerte; Austausch einer Holztür gegen eine Metalltür; der Austausch einer freistehenden Badewanne gegen eine zum Einfliesen geeignete.

Nur ausnahmsweise kann der Mieter nach Treu und Glauben gemäß § 242 BGB auf Grundlage einer umfassenden **Interessenabwägung** verpflichtet sein, derartige Baumaßnahmen zu dulden.[59] Dies kommt in Betracht, wenn dem Vermieter der Verzicht auf die von ihm gewünschte Maßnahme oder ein Abwarten bis zum Mietende nicht zugemutet werden kann und die Duldungsverweigerung des Mieters treuwidrig ist.[60] 55

58 Vgl. *Dickersbach*, Lützenkirchen/Mietrecht, § 555 b BGB Rn. 88 mwN; Staudinger/*Emmerich*, § 555 b BGB Rn. 27 ff.
59 *OLG Frankfurt/Main* 12.3.2019 – 2 U 3/19; Staudinger/*Emmerich*, § 555 b BGB Rn. 23.
60 *BGH* 23.2.1972 – VIII ZR 91/70, NJW 1972, 723.

§ 3 Ankündigung der Modernisierung

Modernisierungsmaßnahmen sind dem Mieter gemäß § 555 c BGB anzukündigen. Dies gilt unabhängig davon, ob der Vermieter eine Mieterhöhung nach § 559 Abs. 1 BGB beabsichtigt oder nicht. Für Modernisierungen mit Bagatellcharakter (§ 555 c Abs. 4 BGB) und für Modernisierungen im vereinfachten Verfahren (§ 559 c Abs. 5 BGB) gelten Besonderheiten bei der Ankündigung.

A. Allgemeines/Grundsätze

I. Zweck und Anwendungsbereich

Die Pflicht zur Ankündigung dient dem **Schutz des Mieters.**[1] Der **Zweck der Ankündigung** 1
besteht darin, sicherzustellen, dass der Mieter alle Informationen erhält, um hinreichend prüfen zu können, ob er

- die angekündigten Baumaßnahmen überhaupt dulden muss (dies ist nicht der Fall bei Baumaßnahmen, die nicht der Erhaltung oder der Modernisierung dienen);
- sich auf eine unzumutbare Härte berufen und deshalb die Duldung der Baumaßnahmen verweigern kann (§ 555 d Abs. 2 BGB);
- von seinem Sonderkündigungsrecht Gebrauch machen möchte (§ 555 e Abs. 1 BGB).

Zu dieser Beurteilung ist der Mieter nur in der Lage, wenn er **rechtzeitig genaue Kenntnis** von der beabsichtigten Maßnahme und den damit für ihn verbundenen baulichen Beeinträchtigungen und finanziellen Folgen hat. Aus diesem Grund ist eine ordnungsgemäße Ankündigung Voraussetzung dafür, dass der Mieter die betreffende Modernisierungsmaßnahme überhaupt dulden muss.[2]

Die gesetzlichen Vorgaben der Ankündigung können nicht zum Nachteil des Mieters ein- 2
schränkt werden (§ 555 c Abs. 5 BGB). Unzulässig ist beispielsweise eine Klausel im Mietvertrag, wonach der Mieter mit jeder künftigen Modernisierung einverstanden ist.[3] Bei einer fehlenden, verspäteten oder unzulänglichen Ankündigung braucht der Mieter die Modernisierung nicht zu dulden.[4]

Die Pflicht zur Ankündigung bezieht sich nicht nur auf Modernisierungsmaßnahmen in- 3
nerhalb der Mieträume, sondern erstreckt sich auch auf solche im **Außenbereich.**[5] Dies gilt auch dann, wenn der Mieter durch die Baumaßnahmen nicht unmittelbar beeinträchtigt wird. Denn der Mieter muss in jedem Fall in die Lage versetzt werden, eine **Härte** einzuwenden oder von seinem **Sonderkündigungsrecht** Gebrauch machen zu können. Beide Rechte sind an eine Frist gebunden, die mit dem Zugang der Modernisierungsankündigung beim Mieter zu laufen beginnt (§ 555 d Abs. 3 S. 1, § 555 e Abs. 1 BGB). Darüber hinaus ist auch insoweit eine ordnungsgemäße Ankündigung Voraussetzung dafür, dass sich die Fälligkeit der **Mieterhöhung** nach Modernisierung *nicht* um sechs Monate verschiebt (§ 559 b Abs. 2 BGB).

Anzukündigen ist jede Modernisierungsmaßnahme iSv § 555 b BGB. Sind **mehrere Moder-** 4
nisierungsarbeiten zeitgleich oder im Zusammenhang beabsichtigt, können sie in einer Ankündigung zusammengefasst werden. Gegebenenfalls sind die nach § 555 c Abs. 1 BGB erforderlichen Angaben für jede einzelne Modernisierungsmaßnahme zu machen. In gleicher Weise anzukündigen sind dem Mieter auch Maßnahmen der **modernisierenden Instandsetzung.**[6]

1 *BGH* 2.3.2011 – VIII ZR 164/10, NJW 2011, 1220; *BGH* 19.9.2007 – VIII ZR 6/07, BeckRS 2007, 17161.
2 *BGH* 2.3.2011 – VIII ZR 164/10, NJW 2011, 1220.
3 *LG Leipzig* 20.2.2009 – 8 O 3429/08.
4 *BGH* 2.3.2011 – VIII ZR 164/10, NJW 2011, 1220; Palandt/*Weidenkaff*, § 555 c BGB Rn. 11.
5 *Eisenschmid* in Schmidt-Futterer, § 555 c BGB Rn. 29.
6 *AG Dresden* 2.10.2008 – 145 C 5372/08.

5 Entbehrlich ist die Ankündigung, wenn der Mieter der Modernisierung wirksam zugestimmt hat, zum Beispiel in einer **Modernisierungsvereinbarung** iSv § 555 f BGB.[7] Ausgenommen von der Ankündigungspflicht sind **Bagatellmodernisierungen** (§ 555 c Abs. 4 BGB.)[8]

6 Schon seit Mai 2013 sind dem Mieter auch Modernisierungsmaßnahmen anzukündigen, die aus vom Vermieter nicht zu vertretenden Umständen durchgeführt werden, die also rechtlich vorgeschrieben sind (§ 555 b Nr. 6 BGB). Hierbei handelt es sich in erster Linie um Modernisierungsmaßnahmen, welche die **Energieeinsparverordnung 2016** (EnEV 2016) den vermietenden Eigentümern vorschreibt.

7 Die Ankündigung der Modernisierung ist auch erforderlich, wenn der Vermieter *keine* **Mieterhöhung** beabsichtigt. In diesem Fall entfällt nur die Pflicht zur Angabe der voraussichtlichen Mieterhöhung (§ 555 c Abs. 1 Nr. 3 BGB).

II. Erklärender und Adressat

8 Die Modernisierungsankündigung ist Pflicht des Vermieters; Adressat ist sein Mieter.[9] Zugang und Inhalt des Ankündigungsschreibens hat der Vermieter im Streitfall zu beweisen.[10]

9 Sind *mehrere* Personen Vermieter oder Mieter, muss die Ankündigung von *allen* Vermietern ausgehen und an *alle* Mieter gerichtet sein.[11] Ist nur einer von mehreren Mietern **Adressat der Ankündigung**, so ist sie nur wirksam, wenn eine wechselseitige **Bevollmächtigung** der Mieter zum Empfang von Erklärungen des Vermieters vorliegt (die meisten Formularmietverträge enthalten eine solche Bevollmächtigungsklausel).

10 Nicht selten steht das Recht zur Vermietung mehreren gemeinschaftlich zu. Liegt eine **Bruchteilsgemeinschaft** (§ 741 BGB) vor, etwa weil mehrere Eigentümer Vermieter sind (§ 1008 BGB), kann jedes einzelne Mitglied der Gemeinschaft die Modernisierung gemäß § 432 Abs. 1 S. 1 BGB aus eigenem Recht ankündigen und durchsetzen.[12]

11 Eine **Vertretung** des Vermieters ist möglich, so dass er Dritte, etwa seine Hausverwaltung, einen Architekten oder Handwerker bevollmächtigen kann, in seinem Namen die Duldung der Baumaßnahmen zu verlangen.[13] Die Vertretung muss dem Mieter offengelegt werden (§§ 164 ff. BGB), sonst ist die Ankündigung unwirksam, weshalb der Mieter die Modernisierung nicht dulden muss.[14]

12 **Hinweis:** Lässt sich der Vermieter bei der Modernisierungsankündigung vertreten, so sollte der Vertreter ihr eine **Original-Vollmacht** beifügen. Anderenfalls könnte der Mieter die Ankündigung unverzüglich zurückweisen (§ 174 BGB).[15] In diesem Fall müsste die Ankündigung unter Vorlage der Originalvollmacht neu erfolgen. Mit den Baumaßnahmen könnte wegen der zwingend zu beachtenden dreimonatigen Ankündigungsfrist des § 555 c BGB dann deutlich verzögert begonnen werden, wenn die Ankündigung dem Mieter nun erst in einem Folgemonat zugeht.

13 Bei einem **Immobilienkauf** kann die Modernisierungsankündigung durch den Grundstückserwerber schon vor der Eigentumsumschreibung im Grundbuch und dem damit verbundenen Eintritt des Käufers in die Vermieterstellung (§ 566 Abs. 1 BGB) erfolgen. Erforderlich ist, dass der Erwerber vom veräußernden Vermieter zur Abgabe mietrechtlicher Er-

---

7 Siehe hierzu unter → § 10 Rn. 1 ff.
8 Siehe hierzu unter → § 3 Rn. 113 ff.
9 *LG Berlin* 11.8.2015 – 55 S 249/14.
10 *AG Stuttgart* 23.9.2005 – 30 C 3132/95.
11 *Eisenschmid* in Schmidt-Futterer, § 555 c BGB Rn. 8.
12 *BGH* 28.9.2011 – VIII ZR 242/10, NZM 2011, 849.
13 *BGH* 13.2.2008 – VIII ZR 105/07, NJW 2008, 1218.
14 *LG Berlin* 28.2.2013 – 67 S 327/12; *AG Berlin-Köpenick* 12.8.2004 – 12 C 51/04.
15 *Dickersbach*, Lützenkirchen/Mietrecht, § 555 c BGB Rn. 15; Palandt/*Weidenkaff*, § 555 c BGB Rn. 3.

klärungen gegenüber dem Mieter ermächtigt worden ist.[16] Die **Ermächtigung** muss nicht offengelegt werden.[17]

III. Form der Ankündigung

14 Die Modernisierungsankündigung hat in **Textform** gemäß § 126 b BGB zu erfolgen (§ 555 c Abs. 1 S. 1 BGB). Danach muss die Ankündigung einem anderen gegenüber so erklärt werden, dass sie in Schriftzeichen lesbar ist, die Person des Erklärenden namentlich nennt und den Abschluss der Erklärung in geeigneter Weise erkennbar macht (vgl. § 126 b BGB), in der Regel durch Angabe von Vor- und Zunamen des die Modernisierung Ankündigenden. Die Original-Unterschrift des Ankündigenden ist *nicht* erforderlich (was vor allem größeren Vermietern bzw. Verwaltungen die Arbeit erleichtern kann).

15 Ausreichend ist damit eine **Ankündigung per E-Mail oder Telefax**; freilich kann sie dem Mieter auch als Brief zugehen. Nicht ausreichend ist zum Beispiel die mündliche Ankündigung oder die stillschweigende Ankündigung durch konkludentes Verhalten.

16 Die mietvertragliche **Vereinbarung einer strengeren Form** ist möglich, insbesondere der Schriftform. In diesem Fall ist die Form gewahrt, wenn die Ankündigung die Originalunterschrift des Erklärenden trägt (§ 126 Abs. 1 BGB). Eine **Formerleichterung** auf zum Beispiel mündliche Erklärungen kann dagegen nicht wirksam vereinbart werden, da sie für den Mieter nachteilig wäre (§ 555 c Abs. 5 BGB).

IV. Frist der Ankündigung

17 Der Vermieter hat dem Mieter eine Modernisierung spätestens **drei Monate** vor ihrem Beginn anzukündigen (§ 555 c Abs. 1 S. 1 BGB). Das bedeutet, dass dem Mieter die Modernisierungsankündigung spätestens drei Monate vor Baubeginn zugegangen sein muss. Die Modernisierung beginnt an dem Tag, an dem der vertragsgemäße Gebrauch des Mieters erstmals tangiert wird.[18]

18 Diese Frist wird als **Überlegungsfrist** des Mieters bezeichnet, da der Mieter innerhalb dieser Zeit gehalten ist, sich über seine Reaktion auf die Ankündigung Klarheit zu verschaffen. Auch auf Nachfrage des Vermieters ist der Mieter nicht verpflichtet, ihm den Stand seiner Überlegungen mitzuteilen.[19] Frühestens mit Ablauf der **Dreimonatsfrist** muss der Mieter die Arbeiten dulden. Arbeiten, die vor Ablauf der Frist beginnen, kann der Mieter mit einer einstweiligen Verfügung untersagen lassen.[20]

19 Bei der Überlegungsfrist handelt es sich um eine **Mindestfrist,** weshalb eine Ankündigung fehlerhaft ist, nach der die Arbeiten „spätestens in 3 Monaten" ausgeführt werden sollen. Eine **längere Zeitspanne** als 3 Monate ist möglich, doch unterliegt die Mitteilung den gleichen formalen und inhaltlichen Anforderungen.[21]

20 Für die Wahrung der Frist kommt es auf den **Zugang der Modernisierungsankündigung** beim Mieter an (§ 130 BGB). Die **Frist** beginnt demnach mit dem Tag, der dem Zugang der Ankündigung beim Mieter folgt, und endet an dem Tag, der durch seine Zahl dem Tag des Zugangs entspricht (§§ 187, 188 BGB).[22]

Beispiel: Erhält der Mieter die Ankündigung am 10.3., beginnt die Frist am 11.3. zu laufen und endet mit Ablauf des 10.6. Frühestens für den 11.6. darf der voraussichtliche Beginn der Modernisierungsarbeiten angekündigt werden.

16 *BGH* 13.2.2008 – VIII ZR 105/07, NJW 2008, 1218.
17 *BGH* 19.3.2014 – VIII ZR 203/13, NJW 2014, 1802.
18 *AG Berlin-Charlottenburg* 23.1.2018 – 232 C 177/17.
19 *KG* 16.7.2009 – 8 U 77/09.
20 *LG Berlin* 7.9.2004 – 63 T 71/04.
21 Spielbauer/Schneider/*Ettl*, Mietrecht, § 555 c BGB Rn. 10.
22 *AG Berlin-Charlottenburg* 23.1.2018 – 232 C 177/17.

21 Fehlt in dem Monat, in dem die Frist endet, der für ihren Ablauf maßgebliche Tag, so endet die Frist mit Ablauf des letzten Tages des Monats.

Beispiel: Erhält der Mieter die Ankündigung am 29.11., beginnt die Frist am 30.11. zu laufen und endet mit Ablauf des 28./29.2. Frühestens für den 1.3. darf der voraussichtliche Beginn der Modernisierungsarbeiten angekündigt werden. Dagegen endet die am 28./29.2. beginnende Frist nicht am 31.5., sondern am 28./29.5. (vgl. § 188 Abs. 2 BGB.)[23]

22 Wird die Frist nicht eingehalten – liegen zwischen Zugang der Mitteilung der Ankündigung und dem Beginn der Arbeiten also nicht mindestens drei Monate –, braucht der Mieter die Maßnahmen nicht zu dulden und kann ihre Einstellung bzw. Unterlassung gegenüber dem Vermieter mit einer einstweiligen Verfügung durchsetzen.[24]

23 Nicht erfasst von der Frist sind **Vorbereitungshandlungen**, die den Mieter nicht beeinträchtigen und keine Auswirkungen auf das Gebäude haben. Hierzu zählen insbesondere bauplanerische und technische Vorbereitungen oder die Bereitstellung von technischem Gerät oder Bauschuttcontainern.[25] Auch die Abfuhr von Schutt und Gerümpel zur Ermöglichung der eigentlichen Modernisierungsmaßnahme ist noch kein Bestandteil der Baumaßnahme. Begonnen wird eine Modernisierungsmaßnahme erst, wenn zum Zwecke der Modernisierung Baumaßnahmen ergriffen werden.[26]

24 Demnach wird mit der Modernisierung zum Beispiel dann begonnen, wenn das Haus eingerüstet wird, Zugangswege zur Baustelle geschaffen oder Leitungen für Strom und Wasser für die Versorgung der Baustelle verlegt werden.[27] Denn diese Maßnahmen sind bereits **Bestandteil der Modernisierung.**

B. Inhalt

I. Allgemeines/Grundsätze

25 Gemäß § 555 c Abs. 1 Nr. 1–3 BGB muss die **Modernisierungsankündigung** Angaben enthalten über

1. die Art und den voraussichtlichen Umfang der Modernisierungsmaßnahme in wesentlichen Zügen;
2. den voraussichtlichen Beginn und die voraussichtliche Dauer der Modernisierungsmaßnahme;
3. den Betrag der zu erwartenden Mieterhöhung, sofern eine Erhöhung nach § 559 BGB verlangt werden soll, sowie die voraussichtlichen künftigen Betriebskosten.

26 Die Ankündigung des Vermieters mit diesen Informationen muss vollständig **in einer Mitteilung** enthalten sein. Unzulässig ist es somit, dem Mieter die mit der Ankündigung vorgeschriebenen Informationen sukzessive bekanntzugeben.[28] Dies würde es dem Mieter erschweren, sich zur Wahrnehmung seiner Rechte ein Bild von der geplanten Modernisierung und ihren Folgen zu machen, was dem Zweck der Ankündigung zuwiderliefe.[29]

Beispiel: Der Vermieter teilt dem Mieter fünf Monate vor Beginn der Arbeiten deren Art und voraussichtlichen Umfang sowie den voraussichtlichen Beginn mit. Drei Monate vor dem angekündigten Beginn teilt er dem Mieter die voraussichtliche Mieterhöhung mit. Die Ankündigung

---

23 Vgl. *BGH* 23.11.1983 – IV a ZB 13/83.

24 *OLG München* 29.7.1991 – 21 W 1961/91.

25 *Eisenschmid* in Schmidt-Futterer, § 555 c BGB Rn. 17.

26 *Eisenschmid* in Schmidt-Futterer, § 555 c BGB Rn. 17.

27 *Kinne*, Miet- und Mietprozessrecht, § 555 c BGB Rn. 2.

28 *LG Bremen* 21.2.2019 – 2 S 159/18; *AG Düsseldorf* 2.12.2016 – 58 C 9/16; *Kinne*, Miet- und Mietprozessrecht, § 555 c BGB Rn. 6; *Kossmann/Meyer-Abich*, § 44 Rn. 80; aA *Abramenko*, Das neue Mietrecht in der anwaltlichen Praxis, § 2 Rn. 22 f.

29 *Eisenschmid* in Schmidt-Futterer, § 555 c BGB Rn. 9; aA Spielbauer/Schneider/*Ettl*, Mietrecht, § 555 c BGB Rn. 9; Staudinger/*Emmerich*, § 555 c BGB Rn. 5.

ist unwirksam, da ihre einzelnen **notwendigen Bestandteile** dem Mieter nicht voneinander getrennt mitgeteilt werden dürfen.

27 Häufig meinen Vermieter, im Interesse des Mieters zu handeln, wenn sie dem Mieter die jeweiligen Informationen direkt zuleiten, sobald sie ihnen selbst vorliegen. Tatsächlich aber benötigen Mieter entsprechend dem **Gesetzeszweck** der Ankündigung alle für sie bedeutsamen Informationen zur Modernisierung nicht nur frühzeitig, sondern im Zusammenhang. Vermieter sind deshalb gut beraten, eventuell bereits „vorab“ mitgeteilte Informationen in nachfolgenden Ankündigungen zu wiederholen und genau darauf zu achten, dass dem Mieter spätestens drei Monate vor Beginn der Arbeiten alle notwendigen Bestandteile der Modernisierungsankündigung geschlossen in einem Dokument zugegangen sind.

28 **Hinweis:** Vermieter sollten die Modernisierungsankündigung mit größter Sorgfalt erstellen. Erweist sich die Ankündigung als fehlerhaft bzw. unvollständig, braucht der Mieter die Modernisierungsmaßnahme nicht zu dulden. Zudem kann eine gut begründete Ankündigung dem Vermieter die Arbeit bei der Abfassung des Mieterhöhungsverlangens nach Abschluss der Modernisierung erleichtern, da hierbei auf die Ankündigung Bezug genommen werden darf.[30]

II. Art und voraussichtlicher Umfang

29 In der Modernisierungsankündigung ist der Mieter in wesentlichen Zügen über die Art und den voraussichtlichen Umfang der Modernisierungsmaßnahme zu informieren (§ 555 c Abs. 1 S. 2 Nr. 1 BGB).

1. Anforderungen an die Darstellung

30 Dem Mieter sind Art und voraussichtlicher Umfang der Modernisierungsmaßnahme **„in wesentlichen Zügen“** mitzuteilen (§ 555 c Abs. 1 Nr. 1 BGB). Damit ist klargestellt, dass an die Modernisierungsankündigung **keine überhöhten Anforderungen** gestellt werden dürfen, die den Modernisierungsanspruch des Vermieters unzumutbar erschweren würden.[31]

31 Genau diese Erleichterung hatte zuvor der BGH in seiner Leitentscheidung vom 28.9.2011 gefordert und Modernisierungsankündigungen für ausreichend erachtet, wenn sich der Mieter auf ihrer Grundlage ein **realitätsnahes Bild** von den geplanten Baumaßnahmen machen kann.[32] Zu dieser Klarstellung hatte sich der BGH durch die Instanzgerichte veranlasst gesehen, die mit teils sehr hohen Anforderungen an die Detailgenauigkeit einer Ankündigung Modernisierungen für Vermieter mitunter praktisch unmöglich gemacht hatten.

So wurde beispielsweise für die **Badmodernisierung** verlangt, dass dem Mieter auch der gegenwärtige Ausstattungsstand noch einmal mitgeteilt werden müsse.[33] Damit der Mieter den Einbau einer **Zentralheizungsanlage** zu dulden habe, sei ihm nicht nur der Standort der einzelnen Heizkörper, sondern auch deren Bauart mitzuteilen.[34] Und die Angabe, dass die Heizkörper unter den Fenstern installiert würden, sei ohne spezifizierenden Bauplan nicht ausreichend.[35]

30 *BGH* 7.1.2004 – VIII ZR 156/03, NJW-RR 2004, 658; *AG Berlin-Charlottenburg* 6.12.2017 – 215 C 274/17.
31 BT-Drs. 17/10485, 20; *LG Berlin* 5.1.2018 – 65 S 100/17.
32 *BGH* 28.9.2011 – VIII ZR 242/10, NZM 2011, 849.
33 *LG Berlin* 2.7.2004 – 67 T 52/04.
34 *LG Hamburg* 22.8.1991 – 334 S 48/91.
35 *LG Hamburg* 6.10.1989 – 11 S 125/89, vgl. auch *KG* 5.8.2004 – 8 W 48/04.

Diese **Detailversessenheit** hatte zur Folge, dass der Mieter schon wegen kleinerer Abweichungen zwischen Ankündigung und Durchführung der Modernisierung deren Duldung verweigern durfte. Dem ist der BGH in der besagten Entscheidung entgegengetreten und hat verlangt, dass sich der Inhalt der Modernisierungsankündigung *nur* an dem **legitimen Informationsbedürfnis des Mieters** auszurichten habe.[36]

32 Dieses Informationsbedürfnis erfordert, dass dem Mieter zum einen **die Art und das Ziel der beabsichtigten Modernisierung** bekannt zu geben ist. Zum anderen ist der Mieter über die zur Erreichung dieses Ziels geplanten Maßnahmen zu informieren, allerdings nur insoweit, als dadurch die **vertragsgemäße Nutzbarkeit tangiert** wird. Denn der Mieter muss wissen, in welcher Weise die Wohnung und ihre Nutzbarkeit durch die Maßnahmen verändert werden.[37] Hingegen gebietet das Informationsbedürfnis des Mieters nicht, dass ihm „jede Einzelheit der beabsichtigten Modernisierungsmaßnahme in der Ankündigung beschrieben und jede mögliche Auswirkung mitgeteilt wird."[38]

33 Diesen Maßstab des BGH hat der Gesetzgeber mit dem **Mietrechtsänderungsgesetz** 2013 aufgegriffen und kodifiziert, indem seither § 555 c Abs. 1 BGB vorschreibt, dass dem Mieter die Art und der voraussichtliche Umfang der Modernisierungsmaßnahme nur in *wesentlichen Zügen* mitzuteilen sind.[39] Dieser Hintergrund mit den Vorgaben des BGH ist bei Bestimmung der im Rahmen der Modernisierungsankündigung an den Vermieter zu stellenden Anforderungen zu berücksichtigen.[40]

34 Die **Art der Maßnahme** ist deshalb hinreichend beschrieben, wenn sie benannt wird (etwa „Fahrstuhlinstallation", „Fensteraustausch", „Anbau von Balkonen") und die hierzu erforderlichen baulichen und technischen Schritte *übersichtsartig* angegeben werden. Weil der Vermieter einen gewissen Planungsspielraum hat, sind spätere Änderungen in der Bauausführung unschädlich, solange sie noch von der Ankündigung als erfasst betrachtet werden können.[41] So ist es beispielsweise ausreichend, wenn der Vermieter den Austausch aller Fenster im Treppenhaus angekündigt, ohne die Zahl der Fenster zu nennen.[42]

35 Des Weiteren ist dem Mieter mitzuteilen, worin der **Modernisierungserfolg** iSv § 555 b BGB konkret bestehen soll bzw. woraus er sich objektiv ergibt. Hierzu sind der gegenwärtige und der durch die Modernisierung zu erreichende Zustand einander gegenüber zu stellen. Auf diese Weise muss der Mieter in die Lage versetzt werden, den beabsichtigten Modernisierungserfolg nachvollziehen zu können, dass also etwa nachhaltig Energie/Wasser eingespart bzw. der Gebrauchswert der Mietsache erhöht wird.[43]

36 Die Angabe zum voraussichtlichen **Umfang der Maßnahme** soll dem Mieter die Schwere des Eingriffs in die Bausubstanz und in seine Wohnsituation veranschaulichen. Dies gilt für Baumaßnahmen innerhalb der Mietwohnung wie auch im Außenbereich. Anhand der Angaben muss der Mieter abschätzen können, an welcher Stelle und inwieweit sein Mietgebrauch durch die Bauarbeiten und gegebenenfalls darüber hinaus beeinträchtigt sein wird.[44] Somit ist der Mieter natürlich darüber zu informieren, dass und wie lange die Maßnahmen seinen zeitweisen **Auszug aus der Wohnung** erfordern, und welcher Ersatzwohnraum für ihn vorgesehen ist.[45]

---

36 *BGH* 28.9.2011 – VIII ZR 242/10, NZM 2011, 849.

37 *BGH* 28.9.2011 – VIII ZR 242/10, NZM 2011, 849.

38 *BGH* 28.9.2011 – VIII ZR 242/10, NZM 2011, 849, Rn. 29.

39 Hannemann/*Horst*, Das neue Mietrecht, § 2 Rn. 88; Palandt/*Weidenkaff*, § 555 c BGB Rn. 6.

40 *LG Berlin 5.1.2019 – 65* S 100/17; HdM/*Emmert*, § 19 Rn. 59; *Eisenschmid* in Schmidt-Futterer, § 555 c BGB Rn. 33.

41 *AG München* 30.12.2016 – 453 C 22061/15; *Eisenschmid* in Schmidt-Futterer, § 555 c BGB Rn. 32.

42 *LG Berlin* 15.6.2016 – 65 S 383/14.

43 *BGH* 20.6.2012 – VIII ZR 110/11, NZM 2012, 679.

44 *BGH* 28.9.2011 – VIII ZR 242/10, NZM 2011, 849.

45 *AG Berlin-Tempelhof-Kreuzberg* 19.4.2017 – 2 C 207/16. Der Ersatzwohnraum muss von „mittlerer Art und Güte" sein, *LG München I* 11.11.2015 – 14 S 4128/15.

Weil der Vermieter eine „voraussichtliche" Abschätzung vorzunehmen hat, sind spätere Änderungen möglich. Schon deshalb – und weil es das Informationsbedürfnis des Mieters nicht erfordert – braucht er nicht über alle einzelnen Arbeitsschritte im Detail, etwa nach Maßgabe eines beizufügenden Bauzeitenplans, informiert zu werden.[46] **Vorbereitungsmaßnahmen** ohne Auswirkung auf die Nutzbarkeit der Mietsache brauchen dem Mieter generell nicht angekündigt werden.[47] 37

Wenn die Modernisierungsarbeiten den **Zutritt zur Wohnung** erfordern, ist dies dem Mieter mitzuteilen. Der Mieter ist zu informieren, in welchem Zimmer welche Arbeiten ausgeführt werden sollen. Denn er muss sich auf die damit verbundene Einschränkung seines Mietgebrauchs einstellen können.[48] 38

Stets erforderlich ist, dass Art und Umfang der Maßnahme **konkret in Bezug auf die betroffene Wohnung** mitgeteilt werden; allgemeine und pauschale Angaben sind nicht ausreichend.[49] Ist ein Fensteraustausch beabsichtigt, muss dem Mieter zum Beispiel konkret mitgeteilt werden, welche Fenster an welcher Stelle der Wohnung ausgetauscht werden und von welcher Art die neuen Fenster sind (Kippfenster, Doppelfenster etc). Ist das Anlegen einer Terrasse geplant, so muss der Mieter darüber informiert werden, dass auf ihr zwei Stützpfeiler für die darüber zu errichtenden Balkone angebracht werden sollen; ohne einen solchen Hinweis ist die Ankündigung nicht ordnungsgemäß. Da der Mieter wegen einer modernisierungsbedingten **Grundrissänderung** eine **Härte** einwenden kann, sind nähere Angaben hierzu unabdingbar. 39

Mit Blick auf veränderte Gebrauchsmöglichkeiten ist dem Mieter auch mitzuteilen, ob und gegebenenfalls an welchem Ort sich **Stellflächen** in der Wohnung ändern werden – etwa durch neue **Heizkörper** oder neue **Rohrleitungen** *über* Putz –, da dies für die Nutzbarkeit der Mieträume wesentlich ist.[50] Dies gilt auch, wenn der Mieter wegen der Arbeiten sein Bad (Dusche, WC, Waschbecken) oder seine Küche während oder nach Abschluss der Arbeiten nicht oder nur eingeschränkt nutzen kann, namentlich durch einen zeitweisen Ausfall der **Wasser- und Stromversorgung**. Beim Austausch von Elektroleitungen und Heizungsrohren *unter Putz* muss dem Mieter der genaue Verlauf somit *nicht* mitgeteilt werden.[51] 40

Andererseits muss einem Mieter der genaue Standort **neu zu installierenden Geräte und Einrichtungen** nicht mitgeteilt werden, wenn sich eine Einschränkung des Mietgebrauchs mit der Installation *nicht* verbindet und als Standort ohnehin nur eine einzige Stelle in Betracht kommt.[52] Dies betrifft vor allem den Austausch einer Heizung bzw. von **Heizkörpern** sowie die Installation von **Rauchmeldern**. 41

2. Besonderheit: Energetische Modernisierung

Besonders praxisrelevant ist die Ankündigung energetischer Modernisierungsmaßnahmen, die für den Vermieter **besondere Mitteilungserfordernisse** mit sich bringt. Denn sowohl für eine energetische Modernisierung (§ 555 b Nr. 1 BGB) als auch für andere das Klima schützende Maßnahmen (§ 555 b Nr. 2 BGB) ist dem Mieter über die zuvor ausgeführten allgemeinen Grundsätze hinaus darzulegen, dass die beabsichtigte Maßnahme zu einer **nachhaltigen Energieeinsparung** (Endenergie/Primärenergie) führt.[53] Nicht darzulegen ist, 42

46 *BGH* 28.9.2011 – VIII ZR 242/10, NZM 2011, 849; *AG München* 30.12.2016 – 453 C 22061/15
47 *LG Berlin* 15.8.2002 – 67 S 32/02; *Dickersbach*, Lützenkirchen/Mietrecht, § 555 c BGB Rn. 21.
48 *AG Berlin-Pankow/Weißensee* 23.2.2012 – 6 C 79/11.
49 *Eisenschmid* in Schmidt-Futterer, § 555 c BGB Rn. 27.
50 *AG Berlin-Köpenick* 28.5.2009 – 2 C 57/09; *Eisenschmid* in Schmidt-Futterer, § 555 c BGB Rn. 34.
51 *AG München* 30.12.2016 – 453 C 22061/15.
52 *AG München* 30.12.2016 – 453 C 22061/15; Hannemann/*Horst*, Das neue Mietrecht, § 2 Rn. 94.
53 BT-Drs. 17/10485, 20; *AG Berlin-Charlottenburg* 6.12.2017 – 215 C 274/17.

inwieweit die Maßnahme zu einer Senkung der Energiekosten führt, denn dies ist nicht Voraussetzung einer energetischen Modernisierung.[54]

43 Die nachhaltige Energieeinsparung, mithin der **Modernisierungserfolg**, ergibt sich aus einem Vergleich der alten Installation zu der beabsichtigten neuen Installation. Dieser Modernisierungserfolg muss bewirkt werden **in Bezug auf die Mietsache** (§ 555 b Nr. 1 BGB), was dem Mieter darzulegen ist. Deshalb ist beispielsweise die Mitteilung von Energiekennwerten für eine Mehrzahl von Gebäuden unzureichend.[55] Denn der Vermieter hat konkrete Tatsachen darzulegen, anhand derer der Mieter die behauptete Einsparung von Energie in Bezug auf seine Mietwohnung zumindest überschlägig beurteilen kann.[56] Auch die nur allgemeine Angabe einer Einsparung ohne Bezug zum aktuellen Zustand daher nicht ausreichend; eine derartige Modernisierungsankündigung ist formell unwirksam und begründet keine Duldungspflicht des Mieters.[57]

Beispiele: Ist der Austausch von Kachelöfen gegen eine Gasetagenheizung beabsichtigt, reicht es nicht, nur allgemein auf den verhältnismäßig niedrigen Wirkungsgrad der Braunkohle und den hohen Wirkungsgrad von Gas hinzuweisen. Erforderlich ist vielmehr, durch Kennwerte für den Zustand *vor* und *nach* der Maßnahme konkret aufzuzeigen, dass und in welchem Umfang sich der Endenergiebedarf verringern wird.[58] Das gilt ebenso für den Austausch einer Gasetagenheizung gegen eine Gaszentralheizung mit Brennwertkessel und zentraler Warmwasseraufbereitung: Der bloße Hinweis auf eine „deutliche Energieeinsparung" reicht nicht.[59]

44 Führt der Vermieter Maßnahmen zur **Wärmedämmung** durch, ist zwar die Vorlage einer wie auch immer gearteten Wärmebedarfsberechnung nicht erforderlich.[60] Gleichwohl hat der Vermieter neben einer *schlagwortartigen Bezeichnung* der Maßnahmen diejenigen Tatsachen darzulegen, anhand derer der Mieter beurteilen kann, ob diese Maßnahmen eine nachhaltige Einsparung von Heizenergie bewirken.[61] Zur plausiblen Darstellung der Energieeinsparung durch eine Wärmedämmung bedeutet dies im Regelfall die **Angabe der alten und neuen Energiedurchgangskoeffizienten** („U-Werte").[62] Auch muss der Mieter erfahren, welches Material für die Dämmung verwendet wird und in welchen konkreten Bereichen am Haus die Dämmung erfolgen soll, da eine nur teilweise Dämmung *regelmäßig* nicht zu einer nachhaltigen Energieeinsparung führt.[63]

45 Ersetzt der Vermieter vorhandene **Isolierglasfenster** durch neue Fenster, hat er nicht nur die Beschaffenheit der neuen Fenster in Form des **Wärmedurchgangskoeffizienten** (*k*- bzw. *u*-Wert) anzugeben, sondern auch die betreffenden Werte der alten Fenster.[64] Der Mieter muss nämlich einen Vergleich anstellen und so die beabsichtigte Energieeinsparung beurteilen können.[65]

46 Dieses Mitteilungserfordernis führte in der Vergangenheit nicht selten dazu, dass Vermieter den Wärmedurchgangskoeffizienten älterer Fenster nur mit sachverständiger Hilfe ermitteln konnten, wenn hierzu – wie zumeist – aussagekräftige Unterlagen nicht mehr vorlagen oder erhältlich waren. Seit Mai 2013 dürfen Vermieter zum Nachweis der energeti-

---

54 *BGH* 24.9.2008 – VIII ZR 275/07, NJW 2008, 3630; *LG Berlin* 10.11.2017 – 65 S 151/17.
55 *LG Bremen* 21.2.2019 – 2 S 159/18.
56 *BGH* 25.9.2018 – VIII ZR 121/17, NZM 2018, 948; *LG Bremen* 21.2.2019 – 2 S 159/18.
57 *LG Berlin* 11.7.2013 – 67 S 70/12.
58 Fall nach *LG Berlin* 20.2.2013 – 65 S 209/12.
59 *LG Bremen* 21.2.2019 – 2 S 159/18.
60 BT-Drs. 17/10485, 20; *BGH* 12.6.2018 – VIII ZR 121/17, NZM 2018, 948.
61 *BGH* 12.6.2018 – VIII ZR 121/17, NZM 2018, 948; *BGH* 12.3.2003 – VIII ZR 175/02, IBRRS 2003, 1148.
62 *AG Bremen* 20.2.2018 – 2 C 520/16; *AG München* 30.12.2016 – 453 C 22061/15; *AG Berlin-Wedding* 19.3.2014 – 6 a C 282/13.
63 *AG Berlin-Charlottenburg* 6.12.2017 – 215 C 274/17.
64 *AG München* 26.4.2010 – 424 C 19779/09.
65 *BGH* 25.1.2006 – VIII ZR 47/05, NZM 2006, 221.

schen Qualität von Bauteilen auf **allgemein anerkannte Pauschalwerte** Bezug nehmen (§ 555 c Abs. 3 BGB).

Derlei Pauschalwerte sind zum Beispiel aufgeführt in der „Bekanntmachung der Regeln zur Datenaufnahme und Datenverwendung im Wohngebäudebestand" des Bundesministeriums für Wirtschaft und Energie und des Bundesministeriums für Umwelt, Naturschutz, Bau und Reaktorsicherheit vom 7.4.2015. Dieses Regelwerk gibt – geordnet nach Bauklassen – unter anderem Auskunft zu der energetischen Qualität und zu den Wärmedurchgangskoeffizienten bestimmter Bauteile und der Anlagentechnik sowie zum Endenergiebedarf ausgewählter Systemkombinationen (zum Beispiel Heizungs- und Lüftungsanlagen). Vermieter können in ihrer Ankündigung einfach die für sie einschlägigen **pauschalierten Werte** übernehmen, wobei sie auch deren Herkunft angeben sollten. Durch Vergleich dieser Werte mit dem vom Hersteller des neuen Bauteils mitgeteilten Wärmedurchgangskoeffizienten lässt sich der **Energieeinspareffekt** darlegen.[66] 47

Des Weiteren dürften Pauschalwerte zur energetischen Qualität von Bauteilen auch dann anerkannt sein und deshalb in Bezug genommen werden, wenn sie von selbstständigen Oberbehörden – wie dem **Bundesumweltamt** – stammen; andererseits sind auch gesetzliche Vorgaben denkbar, etwa der **Energieeinsparverordnung** entnommene technische Daten.[67] Sicher ist dies aber nicht; weil das Gesetz hierzu schweigt, bleibt letztlich unklar, welche Pauschalwerte als „anerkennt" gelten dürfen.[68] 48

Liegt die energetische Modernisierung in der Umstellung von Eigenenergieversorgung auf **gewerbliche Wärmelieferung**, so richtet sich die Ankündigung gleichfalls nach § 555 c BGB und folgt die Pflicht des Mieters zur Duldung der betreffenden Baumaßnahmen aus § 555 d Abs. 1 BGB.[69] Damit der Mieter die Kosten der Wärmelieferung als Betriebskosten zu tragen hat, sind ihm in einer **Umstellungsankündigung** bestimmte Informationen in Textform drei Monate vor der Umstellung mitzuteilen.[70] 49

III. Voraussichtlicher Beginn und voraussichtliche Dauer

In der Modernisierungsankündigung ist dem Mieter mitzuteilen, wann die Modernisierungsmaßnahme voraussichtlich beginnt und wie lange sie voraussichtlich dauern wird (§ 555 c Abs. 1 S. 2 Nr. 2 BGB). 50

1. Voraussichtlicher Beginn

Die Modernisierungsmaßnahme beginnt mit der ersten Beeinträchtigung beim Mieter.[71] Schon weil der Vermieter „mindestens drei Monate vor Beginn der Maßnahmen" hierzu kaum in der Lage sein wird, muss er den Beginn der Arbeiten aber **nicht auf den Tag genau** mitteilen; ein dahin gehendes rechtlich schutzwürdiges Informationsbedürfnis hat der Mieter nicht.[72] 51

Gleichwohl ist der Vermieter aber prinzipiell verpflichtet, dem Mieter den Beginn der Maßnahmen so genau als möglich mitzuteilen.[73] Dies fällt Vermietern in aller Regel nicht schwer, da sie den Beginn der Arbeiten mit den Handwerkern ohnehin für ein bestimmtes Datum abgestimmt haben; gegebenenfalls ist dieses Datum dem Mieter mitzuteilen.[74]

66 BT-Drs. 17/10485, 20 f.
67 *Eisenschmid* in Schmidt-Futterer, § 555 c BGB Rn. 58.
68 *Börstinghaus*, NZM 2012, 697 (701); Hannemann/*Horst*, Das neue Mietrecht, § 2 Rn. 106.
69 BT-Drs. 17/10485, 22; *Langenberg/Zehelein*, Betriebskosten- und Heizkostenrecht, Kap. K Rn. 114.
70 Siehe hierzu unter → § 1 Rn. 117.
71 Staudinger/*Emmerich*, § 555 c BGB Rn. 5 a.
72 *BGH* 28.9.2011 – VIII ZR 242/10; Palandt/*Weidenkaff*, § 555 c BGB Rn. 7.
73 *LG Köln* 27.8.1996 – 12 S 144/96.
74 FA-MietRWEG/*Harsch*, Kap. 8 Rn. 195.

52 Die möglichst genaue Terminierung ist auch erforderlich, weil der Mieter hinreichend prüfen können muss, ob er von seinem **Sonderkündigungsrecht** Gebrauch machen möchte.[75] Ausreichend, aber auch erforderlich ist die Angabe einer **kurzen Zeitspanne** bzw. der **Kalenderwoche**, in der die Arbeiten beginnen sollen.[76]

53 Unzulässig sind dagegen **pauschale Angaben** wie „kurzfristig" oder unbestimmte Umschreibungen, nach denen die Baumaßnahmen „im Sommer" oder „zwischen Januar und Februar" bzw. „im Frühjahr" beginnen. Denn der Mieter muss in die Lage versetzt werden, die Nutzung seiner Mieträume bzw. die Zeiten seiner Abwesenheit – etwa seinen Urlaub – nach diesen Angaben verlässlich planen zu können.[77]

54 Beabsichtigt der Vermieter eine Maßnahme, bei der **mehrere Gewerke** ineinander greifen, hat er dem Mieter nicht prinzipiell den voraussichtlichen Beginn jeder Einzelmaßnahme mitzuteilen, sondern nur dann, wenn der Mieter einzelne Vorkehrungen zum Schutz seiner Sachen treffen muss oder die Arbeiten in verschiedenen Räumen erfolgen sollen.[78] In diesem Fall bedarf es eines voraussichtlichen Zeitplanes, in dem die geplanten Einzelmaßnahmen konkret beschrieben werden.[79]

2. Voraussichtliche Dauer

55 Die gleichen Grundsätze gelten für die voraussichtliche Dauer der Maßnahme. Auch hier muss dem Mieter anhand der Angaben des Vermieters die persönliche Planung möglich sein. Dies macht es erforderlich, dass die voraussichtliche Dauer zumindest **nach Tagen bzw. Wochen konkret** bestimmt und dem Mieter mitgeteilt wird. Exakte Angaben zu Zeitpunkt, Abfolge und Dauer der einzelnen Arbeiten oder Arbeitsschritte – etwa nach Maßgabe eines beizufügenden Bauzeitenplans – brauchen dem Mieter nicht mitgeteilt zu werden.[80]

56 Dem Zweck der Mitteilung wird der Vermieter *nicht* gerecht mit der Angabe „Dauer der Arbeiten 2–3 Monate" bzw. „Bauzeit von August 2019 bis ca. Dezember 2019". Diese Angaben sind zu unbestimmt – mit der Folge, dass der Mieter die derart angekündigten Baumaßnahmen nicht zu dulden hat.[81] Die Angabe der Bauzeit „von Anfang Juli bis Ende August" soll aber wiederum zulässig sein.[82]

57 Dem Mieter ist die Dauer jeder einzelnen Modernisierungsmaßnahme mitzuteilen, da er nur so seine Duldungspflicht prüfen und sich auf die Arbeiten einstellen kann. Sind in einem Mietgebäude **komplexe Baumaßnahmen** mit mehrmonatiger Ausführungsdauer beabsichtigt, so kann vom Vermieter aber nicht verlangt werden, dass er für jede Wohnung den genauen Zeitraum der im Einzelnen vorgesehenen Arbeiten angibt, da ihm dies nach allgemeiner Lebenserfahrung unter Wahrung der dreimonatigen Ankündigungsfrist verlässlich nicht möglich sein wird.[83] Auch weil eine erhebliche Verzögerung der Maßnahmen eine erneute Ankündigung erforderlich macht, darf der Vermieter die Dauer der Maßnahmen vorsorglich etwas großzügiger planen, solange er **präzise und bestimmte Angaben** zur voraussichtlichen Dauer der Arbeiten insgesamt macht.[84] Sobald für den Vermieter belast-

75 *LG Hamburg* 7.10.2004 – 333 S 59/03.
76 *LG Köln* 27.8.1996 – 12 S 144/96; Spielbauer/Schneider/*Ettl*, Mietrecht, § 555 c BGB Rn. 6.
77 *Eisenschmid* in Schmidt-Futterer, § 555 c BGB Rn. 38 mwN.
78 KG 10.5.2007 – 8 U 166/06; *Dickersbach*, Lützenkirchen/Mietrecht, § 555 c BGB Rn. 31.
79 *LG Hamburg* 7.10.2004 – 333 S 59/03; *AG Berlin-Mitte* 11.4.2018 – 11 C 201/17.
80 *BGH* 28.9.2011 – VIII ZR 242/10, NZM 2011, 849; *AG Berlin-Mitte* 12.3.2015 – 122 C 106/13.
81 *Eisenschmid* in Schmidt-Futterer, § 555 c BGB Rn. 43.
82 *LG Berlin* 23.8.2004 – 67 S 27/04.
83 *AG Berlin-Mitte* 20.12.2018 – 25 C 229/17; *AG Berlin-Mitte* 11.4.2018 – 11 C 2017; *AG Pankow-Weißensee* 23.2.2012 – 6 C 79/11; MüKo/*Artz*, § 555 c BGB Rn. 13. So auch schon die Gesetzesbegründung zu § 554 Abs. 3 aF, BT-Drs. 14/4553, 36 (49 f.), NZM 2000, 415 (429), die nach Auffassung des BGH von den Instanzgerichten seinerzeit nicht hinreichend berücksichtigt worden ist, vgl. *BGH* 28.9.2011 – VIII ZR 242/10, NZM 2011, 849.
84 BeckOK MietR/*Müller*, § 555 c BGB Rn. 47

bar feststeht, wann welche Arbeiten in der Mietwohnung ausgeführt werden, hat er dies dem Mieter dann aber *unverzüglich* konkretisierend mitzuteilen (§ 241 Abs. 2 BGB).

3. Verzögerung bei Beginn und Veränderung der Dauer

Verschiebt sich der Beginn der Baumaßnahmen oder ist absehbar, dass deren Durchführung mehr bzw. weniger Zeit in Anspruch nehmen wird, so ist dies dem Mieter mitzuteilen, damit er sich darauf einrichten und seine Duldungspflicht erneut prüfen kann.[85] Ob damit die **Dreimonatsfrist** neu zu laufen beginnt und eine neue Modernisierungsankündigung erforderlich wird, richtet sich danach, ob die Veränderung erheblich ist. 58

Eine Verschiebung des Beginns der Maßnahme um **einige Tage** ist ebenso unerheblich wie die Überschreitung der zunächst mitgeteilten Dauer um einen solch kurzen Zeitraum.[86] Beides ist vom Mieter hinzunehmen, da die Angaben des Vermieters nach § 555 c Abs. 1 BGB nur *voraussichtlichen* Charakter haben, da geringfüge Änderungen vom Gesetzgeber als wahrscheinlich vorausgesetzt werden. Die Verzögerung des Baubeginns muss mit dem ursprünglich angekündigten Termin aber jedenfalls noch in einem **zeitlichen Zusammenhang** stehen.[87] 59

Kommt es zu einer **erheblichen Verzögerung** des Baubeginns oder ist eine erhebliche Überschreitung der Modernisierungsdauer absehbar, so entfällt die Duldungspflicht des Mieters, und ihm muss die Modernisierung neu angekündigt werden.[88] Dies betrifft Verzögerungen um **mehrere Wochen** oder gar **Monate,** weil dann der Zweck der Ankündigung – den Mieter in die Lage zu versetzen, sich auf die Baumaßnahmen einzustellen – nicht mehr erreicht werden kann.[89] Hat der Mieter der Modernisierung schon zugestimmt, so ist es bei Verzögerungen aber ausreichend, wenn der Vermieter deren spätere Durchführung ein bis zwei Wochen vorher formlos ankündigt.[90] Hat der Mieter wegen der angekündigten Modernisierung seinen Mietvertrag gekündigt (§ 555 e BGB), braucht der Vermieter ihn über eine erhebliche Verzögerung der Modernisierung nicht mehr zu informieren; auf das Ausbleiben einer solchen Mitteilung gestützt, kann der Mieter somit keinen **Schadensersatz** beanspruchen.[91] 60

Bei ansonsten unveränderten Baumaßnahmen kann in der notwendigen neuen Ankündigung auf die frühere Mitteilung Bezug genommen werden.[92] Eine solche Bezugnahme wird auch für erforderlich gehalten bei **wesentlichen Änderungen in der Bauplanung,** welche dem Mieter mitzuteilen sind. Gegebenenfalls beginnt die dreimonatige Überlegungsfrist mit der letzten ergänzenden Erklärung dann aber neu zu laufen.[93] Etwa, wenn der Vermieter statt der angekündigten Gaszentralheizung eine Ölheizung einbauen möchte. In einem solchen Fall kann im Einvernehmen mit dem Mieter auf die Einhaltung der Frist auch verzichtet werden, da sie bei bereits begonnenen Maßnahmen nicht zwingend im Interesse des Mieters liegt, vielmehr auch er am zügigen Abschluss der Modernisierung ein Interesse hat. Voraussetzung ist mithin, dass der Verzicht auf die Fristwahrung für den Mieter ausschließlich von Vorteil ist (§ 555 c Abs. 5 BGB).[94] 61

---

85 *LG Frankfurt/Main* 2.8.2016 – 2–17 S 13/16; *LG Berlin* 19.1.2010 – 65 S 285/09; HdM/*Emmert*, § 19 Rn. 74; Palandt/*Weidenkaff*, § 555 c BGB Rn. 7.

86 *LG Berlin* 19.1.2010 – 65 S 285/09; HdM/*Emmert*, § 19 Rn. 75.

87 *LG Berlin* 19.1.2010 – 65 S 285/09; *Eisenschmid* in Schmidt-Futterer, § 555 c BGB Rn. 39, 44; Hannemann/*Horst*, Das neue Mietrecht, § 2 Rn. 96.

88 *LG Berlin* 28.11.1988 – 61 S 166/88; HdM/*Emmert*, § 19 Rn. 75; *Kossmann/Meyer-Abich*, § 44 Rn. 67; Spielbauer/Schneider/*Ettl*, Mietrecht, § 555 c BGB Rn. 6; Staudinger/*Emmerich*, § 555 c BGB Rn. 9; aA Palandt/*Weidenkaff*, § 555 c BGB Rn. 7 (Mitteilung der Verzögerung genügt).

89 *AG Berlin-Pankow/Weißensee* 19.12.2012 – 7 C 222/12; *Eisenschmid* in Schmidt-Futterer, § 555 c BGB Rn. 39.

90 *LG Berlin* 5.1.2001 – 62 S 280/01.

91 *BGH* 30.5.2017 – VIII ZR 199/16, NJW 2017, 2907.

92 *Eisenschmid* in Schmidt-Futterer, § 555 c BGB Rn. 40.

93 *LG Berlin* 18.10.2013 – 63 S 387/12.

94 *Eisenschmid* in Schmidt-Futterer, § 555 c Rn. 74.

62 Verlängert sich die Dauer der Modernisierung, weil der Mieter ihr widersprochen oder sie nicht geduldet hat, bedarf es keiner neuen Mitteilung. In diesen Fällen erhält der Mieter die notwendigen Informationen im Rahmen des Gerichtsverfahrens.[95] Kommt es zur Verzögerung, weil ein Mieter die Maßnahmen nicht duldet, so macht diese Verzögerung eine neue Ankündigung gegenüber **den anderen Mietern** des Hauses erforderlich, wenn sie erheblich ist.[96]

63 **Hinweis:** Vermieter sollten Beginn und Dauer der Maßnahmen verlässlich mit den Bauausführern planen, bei der Mitteilung der Daten bzw. Zeiträume im Zweifel aber eher einen großzügigen Maßstab anlegen, um das Risiko einer Neuankündigung unter neuerlicher Beachtung der dreimonatigen Ankündigungsfrist zu verringern.

IV. Voraussichtliche Mieterhöhung und künftige Betriebskosten

64 Beabsichtigt der Vermieter eine Mieterhöhung aufgrund erfolgter Modernisierung, so muss er dem Mieter den Betrag der zu erwartenden Mieterhöhung mitteilen. Darüber hinaus hat er Angaben zu den voraussichtlichen künftigen Betriebskosten zu machen (§ 555 c Abs. 1 S. 2 Nr. 3 BGB, wobei diese Pflicht bei einer Modernisierung im vereinfachten Verfahren entfällt (§ 559 c Abs. 5 Nr. 2 BGB).[97]

65 Die Angabe zur Mieterhöhung erübrigt sich, wenn eine modernisierungsbedingte **Mieterhöhung ausgeschlossen** ist. Gemäß § 559 Abs. 1 BGB betrifft dies zum einen Modernisierungsmaßnahmen, die der Einsparung nicht erneuerbarer Primärenergie bzw. dem Klimaschutz dienen, wenn sie keine energetische Modernisierung darstellen (§ 555 b Nr. 2 BGB). Zum anderen ist eine Mieterhöhung aufgrund von baulichen Veränderungen ausgeschlossen, die der Schaffung neuen Wohnraums dienen (§ 555 b Nr. 7 BGB). Soll der Mieter Modernisierungsmaßnahmen dulden, die nicht seiner, sondern nur einer anderen Wohnung zugutekommen, zum Beispiel die Verlegung von Durchgangsleitungen, erübrigt sich die Angabe der Mieterhöhung.[98] Darüber hinaus kann die Mieterhöhung noch aus weiteren Gründen ausgeschlossen sein.[99]

66 Werden in der Modernisierungsankündigung pflichtwidrig keine Angaben zu der zu erwartenden Mieterhöhung gemacht oder übersteigt die später tatsächlich geltend gemachte Mieterhöhung die angekündigte um mehr als 10 Prozent, verschiebt sich die Fälligkeit der gesamten Mieterhöhung um sechs Monate, § 559 b Abs. 2 S. 2 BGB.[100] Dies soll auch gelten, wenn die Angabe zu den voraussichtlichen künftigen Betriebskosten unterblieben ist.[101]

1. Miete

67 Für die Ankündigung der Modernisierung hat der Vermieter die voraussichtliche Erhöhung der **Nettomiete** zu berechnen und dem Mieter mitzuteilen, sofern die Miete modernisierungsbedingt erhöht werden soll (§ 555 c Abs. 1 S. 2 Nr. 3 BGB). Bei Ermittlung der zu erwartenden Mieterhöhung hat der Vermieter die **Kappungsgrenze** gemäß § 559 Abs. 3 a BGB zu berücksichtigen.[102]

68 Erklärt der Vermieter verbindlich, dass er auf eine mögliche Mieterhöhung gemäß § 559 BGB verzichtet, braucht er den theoretischen Mieterhöhungsbetrag dem Mieter ebenfalls nicht mitzuteilen. Eine Verzichtserklärung bindet den **Rechtsnachfolger** des Vermieters,

95 *LG Berlin* 19.1.2010 – 65 S 285/09; *LG Berlin* 1.2.1994 – 64 S 252/93.
96 *Dickersbach,* Lützenkirchen/Mietrecht, § 555 c BGB Rn. 32.
97 Näher zum vereinfachten Verfahren unter → § 7 Rn. 1 ff.
98 *LG Darmstadt* 13.2.2008 – 21 S 174/07.
99 Siehe hierzu unter → § 6 Rn. 7 ff.
100 *BGH* 6.10.2015 – VIII ZR 76/15, NJW-RR 2016, 136.
101 Siehe hierzu unter → § 3 Rn. 103.
102 Siehe hierzu unter → § 6 Rn. 219 ff.

zum Beispiel einen Käufer der Mietwohnung.[103] Unabhängig von einem Mieterhöhungsverzicht sind dem Mieter aber die voraussichtlichen Betriebskosten mitzuteilen, wenn sie sich durch die Modernisierungsmaßnahme ändern.[104]

Nicht erforderlich ist die Angabe einer voraussichtlichen Mieterhöhung, wenn sich Vermieter und Mieter über die nach Abschluss der Modernisierung eintretende Mieterhöhung bereits **verbindlich geeinigt** haben. In diesem Fall wäre die nochmalige Nennung dieser Mieterhöhung in der Ankündigung eine reine Förmelei.[105] 69

Seiner Verpflichtung zur Angabe der beabsichtigten Mieterhöhung genügt der Vermieter, wenn er den **Erhöhungsbetrag** angibt. Bei seiner Berechnung sind zwar gegebenenfalls Kosten für ersparte Erhaltungsmaßnahmen anzurechnen (§ 559 Abs. 2 BGB), gegebenenfalls sind anrechnungsbedürfte Drittmittel zu berücksichtigen (§ 559 a BGB) und erforderlichenfalls ist eine angemessene Kostenverteilung vorzunehmen (§ 559 Abs. 3 BGB). Alle diese Informationen und Rechenschritte brauchen dem Mieter indes *nicht* mitgeteilt zu werden.[106] Der Mieter muss in diesem Stadium nur wissen, was als Belastung „unter dem Strich" auf ihn zukommt, um eine etwaige Härte bzw. den Gebrauch seines Sonderkündigungsrechts (§ 555 e BGB) prüfen zu können. Weil die Berechnung der voraussichtlichen Mieterhöhung dem Mieter nicht mitgeteilt werden muss, darf der Mieter die Duldung der Baumaßnahmen nicht verweigern, wenn ihm die Ermittlung der Mieterhöhung nicht dargelegt und erläutert wird.[107] 70

Unzulässig ist die Angabe der Mieterhöhung als **Prozentsatz** („Ihre Miete steigt um 25 Prozent"), als **Spanne** („Die Mieterhöhung wird zwischen 250 EUR und 320 EUR liegen") oder als ungefähre neue Miete („Ihre neue Miete wird zwischen 750 EUR und 800 EUR betragen").[108] Ist im Mietvertrag die **Wohnfläche** in Quadratmetern angegeben, kann die Mieterhöhung pro **Quadratmeter** angegeben werden.[109] 71

Bei **verschiedenen – gleichzeitig angekündigten – Modernisierungsmaßnahmen** ist nicht gesetzlich vorgeschrieben, den jeweiligen voraussichtlichen Mieterhöhungsbetrag anzugeben. Ausreichend und erforderlich ist somit, einen Mieterhöhungsbetrag anzugeben, dem mehrere Modernisierungsmaßnahmen zugrunde liegen können.[110] Weist der Vermieter gleichwohl die jeweils zu erwartende Mieterhöhung getrennt nach den einzelnen Modernisierungsmaßnahmen aus, hat dies für ihn den Vorteil, nach Abschluss der jeweiligen Maßnahme die jeweilige Mieterhöhung verlangen zu können.[111] Dies entspricht dem Interesse des Vermieters, wenn – wie in der Praxis häufig – sich die Fertigstellung einzelner Modernisierungsmaßnahmen unerwartet verzögert. 72

Zur Beurteilung, ob die angekündigte von der tatsächlichen Mieterhöhung um mehr als **10 Prozent** abweicht, was zu einer sechsmonatigen Verzögerung der Mieterhöhung führt (§ 559 b Abs. 2 S. 2 Nr. 2 BGB), ist aber auch bei getrennter Ausweisung der jeweiligen Mieterhöhungsbeträge auf den **Gesamtbetrag aller Mieterhöhungen** abzustellen.[112] 73

Hinweis: Beabsichtigt der Vermieter, mehrere verschiedene Modernisierungen durchzuführen, so sollte er die voraussichtlichen Mieterhöhungsbeträge für jede Maßnahme gesondert angeben. Dies dürfte nicht schwer fallen, weil die Kostenkalkulation in aller Regel 74

103 *BGH* 24.9.2008 – VIII ZR 275/07, NJW 2008, 3630.
104 BT-Drs. 17/10485, 20.
105 *Eisenschmid* in Schmidt-Futterer, § 555 c BGB Rn. 45.
106 BT-Drs. 17/10485, 20; *AG München* 30.12.2016 – 453 C 22061/15; *LG Berlin* 3.12.2004 – 63 S 273/04; *Dickersbach*, Lützenkirchen/Mietrecht, § 555 c BGB Rn. 37; *Kinne*, Miet- und Mietprozessrecht, § 555 c BGB Rn. 48; aA BeckFormB MietR/*Wetekamp* B. IV. 1 (Anm. 2).
107 *Dickersbach*, Lützenkirchen/Mietrecht, § 555 c BGB Rn. 37.
108 Vgl. Hannemann/*Horst*, Das neue Mietrecht, § 2 Rn. 99.
109 *Abramenko*, Das neue Mietrecht in der anwaltlichen Praxis, § 2 Rn. 37.
110 BT-Drs. 17/10485, 19; Bub/Treier/*Schultz*, Kap. III Rn. 1480; HdM/*Emmert*, § 19 Rn. 68.
111 Vgl. *Eisenschmid* in Schmidt-Futterer, § 555 c BGB Rn. 52.
112 *BGH* 6.10.2015 – VIII ZR 76/15, NJW 2016, 1445.

ohnehin bezogen auf die einzelnen Baumaßnahmen erfolgt. Auf diese Weise sichert sich der Vermieter die Möglichkeit, schon nach Abschluss einzelner Modernisierungsmaßnahmen die Miete zu erhöhen und nicht die Fertigstellung aller Maßnahmen abwarten zu müssen.[113]

75 Obwohl der Vermieter neben der modernisierungsbedingten Mieterhöhung auch die Miete wegen gestiegener **ortsüblicher Vergleichsmiete** gemäß § 558 BGB anheben und hierfür den neu geschaffenen Ausstattungsstand zu Grunde legen kann, braucht er dem Mieter die hiernach mögliche Erhöhung **nicht mitzuteilen.** Dies gilt selbst dann, wenn der Vermieter auf einen Modernisierungszuschlag nach § 559 BGB ganz verzichtet, eine Mieterhöhung auf die ortsübliche Vergleichsmiete aber anstrebt.[114]

76 Wird in der Modernisierungsankündigung ein Betrag für die zu erwartende Mieterhöhung angegeben, durch den sich die monatliche **Miete mindestens verdoppeln** würde, begründet dies die – widerlegliche – gesetzliche Vermutung einer Pflichtverletzung des Vermieters, die Schadensersatzansprüche des Mieters auslösen kann (§ 559 d S. 1 Nr. 2 BGB).[115]

2. Betriebskosten

77 Des Weiteren sind dem Mieter die voraussichtlichen künftigen Betriebskosten mitzuteilen (§ 555 c Abs. 1 S. 2 Nr. 3 BGB). Diese Pflicht besteht nicht bei einer Modernisierung im vereinfachten Verfahren (§ 559 c Abs. 5 Nr. 2 BGB). Die Betriebskosten können unverändert bleiben, sie können sich modernisierungsbedingt verändern oder infolge der Modernisierung neu entstehen, letzteres zum Beispiel durch den Einbau eines Fahrstuhls in das Gebäude.

78 Wenn Betriebskosten neu entstehen, hat der Vermieter für deren Berechnung einen **Umlageschlüssel** zu wählen und dem Mieter mitzuteilen. Dieser Schlüssel muss nicht mit dem für die Verteilung der für die Modernisierung aufgewendeten Kosten gemäß § 559 Abs. 1, 3 BGB identisch sein. Diese Angaben sind auch dann Pflicht, wenn der Vermieter eine Mieterhöhung nicht beabsichtigt.[116]

79 Das Mitteilungserfordernis ergibt sich daraus, dass die künftigen Betriebskosten mit einzubeziehen sind in die Abwägung, ob der **Härteeinwand** eines Mieters gegenüber der modernisierungsbedingten Mieterhöhung beachtlich ist (§ 559 Abs. 4 BGB). So kann auch eine nur geringfügige Betriebskostenmehrbelastung ins Gewicht fallen, wenn sich der Mieter schon mit den bisherigen Wohnkosten an der Grenze seiner wirtschaftlichen Belastbarkeit bewegt.

80 Anders als bei der Miete besteht die Mitteilungspflicht nicht nur in den Fällen, in denen sich Betriebskosten künftig modernisierungsbedingt erhöhen. Aus dem insoweit eindeutigen Gesetzeswortlaut folgt, dass der Vermieter den Mieter auch über eine **unveränderte Höhe** und sogar über eine **zu erwartende Verringerung** der Betriebskosten zu informieren hat.[117]

81 Der Grund für die Mitteilung auch einer **Reduzierung der Betriebskosten** liegt darin, dass der Mieter frühzeitig prüfen können muss, ob er gegenüber einer Mieterhöhung den Einwand wirtschaftlich unzumutbarer Härte erheben möchte (§ 559 Abs. 4 BGB). Anderenfalls wäre schon die Angabe der zu erwartenden Mieterhöhung in diesem frühen Stadium einer Modernisierung entbehrlich, denn gegen seine Pflicht, sie zu dulden, kann der Mieter eine wirtschaftliche Härte ohnehin nicht (mehr) einwenden (§ 555 d Abs. 2 S. 2 BGB).

113 Siehe hierzu unter → § 6 Rn. 234.
114 *BGH* 24.9.2008 – VIII ZR 275/07, NJW 2008, 3630. Hierzu näher unter → § 6 Rn. 47 ff.
115 Näher hierzu unter → § 8 Rn. 11.
116 BT-Drs. 17/10485, 20.
117 *LG Düsseldorf* 19.3.2018 – 21 S 102; Staudinger/*Emmerich*, § 555 c BGB Rn. 12; aA *Dickersbach*, Lützenkirchen/Mietrecht, § 555 c BGB Rn. 41.

Zwar kann eine geringere Belastung mit Betriebskosten eine Härte des Mieters nicht begründen. Wohl aber kann die vor allem mit energetischen Modernisierungen (nicht zwingend) verbundene Reduzierung der Betriebskosten eine sich aus der Mieterhöhung wirtschaftliche ergebende Härte im Wege der **Saldierung** abmildern bzw. diesem Härteeinwand entgegengehalten werden. Damit der Mieter hierzu hinreichende Überlegungen anstellen kann, muss er wissen, mit welcher Belastung er „unter dem Strich" nach der Modernisierung rechnen kann. Diese Information kann für ihn auch von Bedeutung bei der Frage sein, ob er unterhalb der Schwelle zu einer Härte von seinem **Sonderkündigungsrecht** Gebrauch machen möchte (§ 555 e BGB). 82

Die Mitteilungspflicht des Vermieters erstreckt sich nur auf Betriebskosten, die der Mieter nach seinem **Mietvertrag zu zahlen** hat – entweder weil im Mietvertrag die betreffenden Betriebskostenpositionen angegeben sind oder weil durch – zulässigen[118] – Verweis auf die Betriebskostenverordnung alle zulässigen Betriebskosten einbezogen sind.[119] In beiden Fällen hat der Mieter auch Betriebskosten zu zahlen, die erst durch die Modernisierung entstehen, etwa die laufenden Grundgebühren für geschaffene Breitbandkabelanschlüsse.[120] 83

Nicht erforderlich ist die Angabe solcher Betriebskosten, für die der Mieter **eigene Verträge** mit den Versorgungsträgern abgeschlossen hat, namentlich für Gas- und Stromkosten.[121] Auch soweit mit dem Mieter eine **Bruttomiete** vereinbart ist, dürfte die Angabe entbehrlich sein.[122] Dies betrifft aber nicht den Fall inklusiver Heiz- und Warmwasserkosten, da die Vereinbarung einer solchen „Bruttowarmmiete" unwirksam ist, wenn sie den Bestimmungen der Heizkostenverordnung (HeizkV) widerspricht.[123] 84

Ist die Höhe der künftigen Betriebskosten allein vom Verhalten des Mieters abhängig wie insbesondere beim Energieverbrauch, beispielsweise nach einem Fensteraustausch, dann hat der Vermieter den errechneten **Durchschnittsverbrauch** zugrunde zu legen. Hierzu kann der Vermieter – wie bei der Darlegung der Energieeinsparung – auf **allgemein anerkannte Pauschalwerte** gemäß § 555 c Abs. 3 BGB zurückgreifen und dem Mieter die danach ermittelten Einsparungen auch als Prozentsatz bekannt geben.[124] 85

Soweit die künftigen Betriebskosten sowohl von künftigen Stromkosten als auch von dem Verhalten des Mieters abhängig sind – wie zum Beispiel bei einem installierten Aufzug –, können diese Kosten geschätzt werden, auch nach Angaben des Herstellers. Möglich ist auch die Bezugnahme auf sog **Betriebskostenspiegel**, in denen regionale Durchschnittswerte bestimmter Betriebskosten exemplarisch angegeben werden.[125] Für die **Schätzung** können auch Erfahrungswerte vergleichbarer Bauten herangezogen werden (vgl. § 24 Abs. 2 S. 3 II. BV). In zeitlicher Hinsicht ist auf die erste Abrechnungsperiode nach Beendigung der Modernisierungsmaßnahme abzustellen.[126] 86

Wenn – wie zumeist – die Angabe der künftigen Betriebskosten auf **Schätzung** bzw. auf **Durchschnittswerten** beruht, ist dies dem Mieter ebenfalls mitzuteilen. Er muss Kenntnis von der Ungenauigkeit der Beträge haben, um dies in seine Kostenplanung einbeziehen zu können. 87

118 *BGH* 27.6.2007 – VIII ZR 202/06, NZM 2007, 769.

119 Ausreichend ist insoweit schon eine Vereinbarung, wonach der Mieter „die Betriebskosten" zu tragen hat (*BGH* 10.2.2016 – VIII ZR 137/15, NZM 2016, 235).

120 *BGH* 27.9.2006 – VIII ZR 80/06, NJW 2006, 3558; *Sternel*, NZM 2010, 721 (730); aA Staudinger/*Emmerich*, § 555 c BGB Rn. 12 a.

121 *KG* 10.5.2007 – 8 U 166/06; *Kinne*, Miet- und Mietprozessrecht, § 555 c BGB Rn. 49.

122 MüKo/*Artz*, § 555 c BGB Rn. 17.

123 *BGH* 19.7.2006 – VIII ZR 212/05; NZM 2006, 652.

124 *Langenberg/Zehelein*, Betriebskosten- und Heizkostenrecht, Kap. C Rn. 69.

125 Indes kann der Mieter seinen Einwand, seine Betriebskosten seien mit dem Wirtschaftlichkeitsgrundsatz unvereinbar, nicht mit einem Betriebskostenspiegel begründen, vgl. *BGH* 6.7.2011 – VIII ZR 340/10, NJW 2011, 3028.

126 *Dickersbach*, Lützenkirchen/Mietrecht, § 555 c BGB Rn. 39 a.

V. Hinweis auf Form und Frist des Härteeinwands

88 Der Vermieter soll den Mieter in der Modernisierungsankündigung darauf hinweisen, dass er gegenüber der Modernisierung eine Härte einwenden kann (§ 555 c Abs. 2 BGB). Hat der Mieter von seinem Recht auf Härteeinwand sowie von der ordnungsgemäßen Ausübung dieses Rechts Kenntnis, bedarf es des Hinweises nicht.[127]

Hinweis: Weil diese Kenntnis des Mieters im Streitfall vom Vermieter nachzuweisen ist, sich hierbei aber regelmäßig beträchtliche Schwierigkeiten und Risiken ergeben, sind Vermieter gut beraten, Mietern ausnahmslos den Hinweis zu erteilen.

89 Zu informieren ist der Mieter über die **Form und die Frist seines Härteeinwandes.** Der Hinweis ist unabhängig von der Belehrungsbedürftigkeit zu erteilen, also auch einem Rechtskundigen.[128] Bei dem Hinweis handelt es sich um eine **Obliegenheit**; kommt der Vermieter ihr nach, ist der Mieter mit Einwendungen ausgeschlossen, die er nach Ablauf des zweiten Monats nach Zugang der Modernisierungsankündigung erhebt, § 555 d Abs. 3 BGB (anders ist es nur bei einer vom Mieter unverschuldeten Fristversäumnis, § 555 d Abs. 4 BGB). Dieser Einwendungsausschluss gibt dem Vermieter für die beabsichtigte Modernisierung **wichtige Planungssicherheit.** Da der Mieter im **vereinfachten Verfahren** keine wirtschaftliche Härte gegen die Mieterhöhung einwenden kann (§ 559 c Abs. 1 S. 3 BGB), braucht er hierüber insoweit auch nicht informiert zu werden.

1. Zeitpunkt und Form des Hinweises

90 Der Hinweis ist dem Mieter in der Modernisierungsankündigung zu erteilen (§ 555 c Abs. 2 BGB), so dass sich die für die Ankündigung vorgeschriebene **Textform** auf den Hinweis erstreckt.

91 Im Wege einer an der Schutzwürdigkeit des Mieters und seinen Interessen ausgerichteten teleologischen Reduktion der Vorschrift muss der Hinweis nicht zwingend **Bestandteil der Ankündigung** sein, wenn der Mieter nur spätestens bis zu ihrem Zugang auf die Möglichkeit eines Härteeinwandes hingewiesen wird. Danach ist ein früherer oder zeitgleicher Hinweis möglich, wenn auch er mindestens in Textform erfolgt.[129]

92 Da zwischen der Ankündigung der Modernisierung und ihrem Beginn mindestens drei Monate liegen müssen (§ 555 c Abs. 1 S. 1 BGB), bedeutet dies: Mindestens einen Monat vor Beginn der Baumaßnahmen weiß der Vermieter, ob der Mieter die Modernisierung mit einem Härteeinwand zu verhindern sucht.

Beispiel: Am 1.5. erhält der Mieter die Modernisierungsankündigung, weshalb er bis spätestens 30.6. eine Härte einwenden darf. Ab dem 2.8. darf der Vermieter mit der Modernisierung beginnen.

Beispiel: Am 28.5. erhält der Mieter die Modernisierungsankündigung; eine Härte einwenden kann er nun längstens bis zum 30.6. Ab dem 29.8. darf der Vermieter mit der Modernisierung beginnen.

93 **Hinweis:** Vermieter bzw. Verwalter sollten Modernisierungen möglichst am Ende eines Monats ankündigen, denn die Beispiele zeigen: Je später im Laufe eines Monats der Mieter die Ankündigung erhält, desto weniger Zeit hat er für seinen Härteeinwand. Zugleich liegt umso mehr Zeit zwischen dem Ende der Einwendungsfrist und dem zulässigen Beginn der Baumaßnahmen – Zeit, die gerade bei umfangreicheren Modernisierungen sehr wertvoll ist, weil sie die Planungssicherheit erhöht.

---

127 *Dickersbach*, Lützenkirchen/Mietrecht, § 555 c BGB Rn. 49 f.; *Eisenschmid* in Schmidt-Futterer, § 555 c BGB Rn. 56.

128 *LG Berlin* 13.1.2015 – 63 S 133/14.

129 *Dickersbach*, Lützenkirchen/Mietrecht, § 555 c BGB Rn. 47.

2. Inhalt des Hinweises/Formulierungsempfehlung

Erforderlich und ausreichend ist es, wenn der Vermieter in dem Hinweis den Gesetzeswortlaut des § 555 d Abs. 3 S. 1 BGB wiedergibt.[130] Eine drucktechnische Hervorhebung des Hinweises innerhalb der Ankündigung ist nicht erforderlich.[131] Diese Vorgehensweise empfiehlt sich für Vermieter, um Fehlerquellen auszuschließen. Demnach lautet der Hinweis an den Mieter folgendermaßen: 94

Hinweis gemäß § 555 c Abs. 2 BGB:

Ich weise darauf hin, dass Sie gegenüber der beabsichtigten Modernisierung eine Härte einwenden können. Umstände, die eine Härte im Hinblick auf die Duldung oder die Mieterhöhung begründen, haben Sie bis zum Ablauf des Monats, der auf den Zugang dieser Modernisierungsankündigung folgt, in Textform mitzuteilen (§ 555 d Abs. 3 S. 1 BGB).

Wird hingegen der Gesetzeswortlaut aller §§ 555 b bis f, 559, 561 BGB angegeben, so soll der Hinweis als nicht erteilt gelten, weil er in der Fülle der nicht gebotenen Gesetzestexte der Aufmerksamkeit des Mieters leicht entgeht.[132]

VI. Auswirkung von Fehlern in der Ankündigung

1. Keine Duldungspflicht des Mieters

Entspricht die Modernisierungsankündigung nicht den Vorgaben des § 555 c Abs. 1 BGB bzw. ist sie pflichtwidrig unterblieben, braucht der Mieter die Baumaßnahmen nicht zu dulden. Er kann **Besitzschutzrechte** gelten machen und insoweit im Wege der einstweiligen Verfügung verlangen, dass beabsichtigte Modernisierungsmaßnahmen eingestellt bzw. unterlassen werden.[133] 95

Dabei reicht es, wenn nur **ein Bestandteil der Modernisierungsankündigung** fehlerhaft ist. Unterlässt der Vermieter etwa nur die Ankündigung der voraussichtlichen Mieterhöhung, ist der Mieter nicht verpflichtet, die Modernisierung zu dulden, es sei denn, der Vermieter erklärt ausdrücklich, auf die Mieterhöhung zu verzichten.[134] Auch wenn die künftigen Betriebskosten dem Mieter pflichtwidrig nicht angegeben wurden, ist er nicht zur Duldung verpflichtet (eine fehlerhafte Höhe lässt die Duldungspflicht aber nicht entfallen).[135] Fehlerhaft ist die Ankündigung auch, wenn sie auf irrtümlichen Angaben zur Wohnungsausstattung und einem falschen Grundrissplan basiert.[136] 96

Da der Vermieter einen gewissen Planungsspielraum hat, sind spätere Änderungen in der Bauausführung aber unschädlich, solange sie noch von der Ankündigung als erfasst betrachtet werden können.[137] Hiervon kann freilich nicht ausgegangen werden, wenn sich das **Objekt der Modernisierung** später ändert, beispielsweise wenn der Vermieter statt der angekündigten Installation einer Gemeinschaftsantenne einen Anschluss an das Kabelnetz vornehmen möchte. In diesen Fällen bedarf es einer neuen Ankündigung, welche die dreimonatige Überlegungsfrist des § 555 c Abs. 1 BGB neu auslöst. 97

130 *Dickersbach*, Lützenkirchen/Mietrecht, § 555 c BGB Rn. 47 a; Spielbauer/Schneider/*Ettl*, Mietrecht, § 555 c BGB Rn. 12.
131 *LG Berlin* 13.1.2015 – 63 S 133/14.
132 *LG Berlin* 13.1.2015 – 63 S 133/14.
133 *LG Berlin* 12.3.2012 – 63 T 29/12; *LG Berlin* 7.9.2004 – 63 T 71/04; *Kossmann/Meyer-Abich*, § 44 Rn. 81.
134 *LG Berlin* 1.2.2018 – 66 S 283/17; *Dickersbach*, Lützenkirchen/Mietrecht, § 555 c BGB Rn. 60; *Langenberg/Zehelein*, Betriebskosten- und Heizkostenrecht, Kap. C Rn. 69; *Kossmann/Meyer-Abich*, § 44 Rn. 80.
135 *LG Düsseldorf* 19.3.2018 – 21 S 102; *AG Düsseldorf* 2.12.2016 – 58 C 9/16; *Dickersbach*, Lützenkirchen/Mietrecht, § 555 c BGB Rn. 39 b f.; *Langenberg/Zehelein*, Betriebskosten- und Heizkostenrecht, Kap. C Rn. 69.
136 *LG Berlin* 22.9.2015 – 67 T 67/15.
137 *AG München* 30.12.2016 – 453 C 22061/15; *Eisenschmid* in Schmidt-Futterer, § 555 c BGB Rn. 33.

98 **Hinweis:** Eine schon im Mietvertrag erteilte Zustimmungserklärung des Mieters zu etwaigen Modernisierungsmaßnahmen ist unwirksam; auf das Erfordernis einer ordnungsgemäßen Modernisierungsankündigung kann der Mieter nicht wirksam verzichten (§ 555 c Abs. 5 BGB).[138]

99 Der Vermieter soll den Mieter in der Modernisierungsankündigung auch auf die Form und die Frist des **Härteeinwandes** hinweisen (§ 555 c Abs. 2 BGB). Hierbei handelt es sich um eine Obliegenheit des Vermieters: Informiert der Vermieter den Mieter nicht über die Modalitäten des Härteeinwandes, macht dies die Ankündigung *nicht* unwirksam; die Pflicht des Mieters zur Duldung der Baumaßnahmen entfällt in diesem Fall also nicht.[139]

2. Um sechs Monate verspätete Mieterhöhung

100 Hat der Mieter pflichtwidrig keine ordnungsgemäße Modernisierungsankündigung iSv § 555 c Abs. 1 BGB erhalten, braucht er die erhöhte Miete nicht mit Beginn des dritten Monats nach Zugang des Mieterhöhungsverlangens zu zahlen (= Regelfall), sondern erst mit **Beginn des neunten Monats** (= Ausnahmefall). So bestimmt es § 559 b Abs. S. 2 Nr. 1 BGB. Vorausgesetzt ist, dass der Mieter die Baumaßnahmen geduldet hat, wozu er wegen der nicht ordnungsgemäßen Ankündigung eigentlich nicht verpflichtet gewesen wäre.

101 Zur sechsmonatigen Verzögerung der Fälligkeit kommt es darüber hinaus, wenn die tatsächliche Mieterhöhung die angekündigte **Mieterhöhung um mehr als 10 Prozent übersteigt** (§ 559 b Abs. 2 S. 2 Nr. 2 BGB). Dieser Verzögerung unterfällt die **gesamte Mieterhöhung** und nicht allein der Betrag, der über die **Toleranzgrenze** hinausgeht.[140] Ob der Vermieter das Überschreiten dieser Toleranzgrenze zu vertreten hat, ist dabei unerheblich.

102 Sind in der Ankündigung für **mehrere Modernisierungsmaßnahmen** die jeweiligen Mieterhöhungsbeträge *getrennt* ausgewiesen worden, ist gleichwohl der **Gesamtbetrag** aller Mieterhöhungen maßgeblich. Weicht dieser um mehr als 10 Prozent von der angekündigten Mieterhöhung der einzelnen Maßnahmen ab, wird die Mieterhöhung einheitlich erst sechs Monate später wirksam.[141]

103 Sind in der Modernisierungsankündigung entgegen § 555 c Abs. 1 S. 2 Nr. 3 BGB keine Angaben zu modernisierungsbedingt **neuen Betriebskosten** erfolgt oder zeigt sich später, dass sie mehr als 10 Prozent höher als angekündigt ausfallen, ist unklar, ob der der Mieter diese Kosten in analoger Anwendung von § 559 b Abs. 2 S. 2 BGB ebenfalls erst mit Beginn des neunten Monats nach Zugang der Mieterhöhungserklärung schuldet,[142] oder eine insoweit unrichtige Modernisierungsankündigung *keine* Auswirkung auf ihre Fälligkeit hat.[143]

104 Nicht zu dieser Verzögerung kommt es, wenn die Ankündigung nur den Hinweis auf Form und Frist des **Härteeinwandes** gemäß § 555 c Abs. 2 BGB nicht enthielt (§ 559 b Abs. 2 S. 2 Nr. 1 BGB). Trotz dieses Versäumnisses bleibt es also beim Regelfall der Fälligkeit der Mieterhöhung.

---

138 *LG Berlin* 7.9.2004 – 63 T 71/04.
139 BT-Drs. 17/11894, 32.
140 BGH 6.10.2015 – VIII ZR 76/15, NJW-RR 2016, 136.
141 *BGH* 6.10.2015 – VIII ZR 76/15, NJW 2016, 1445.
142 So Bub/Treier/*Schultz*, Kap. III Rn. 1519; *Langenberg/Zehelein*, Betriebskosten- und Heizkostenrecht, Kap. C Rn. 69.
143 So *Börstinghaus* in Schmidt-Futterer, § 559 b BGB Rn. 53; *Dickersbach*, Lützenkirchen/Mietrecht, § 555 c BGB Rn. 39 c.

Übersicht: Fälligkeit der erhöhten Miete (Modernisierungszuschlag) 105

Das Mieterhöhungsverlangen geht dem Mieter zu im Laufe des Monats	Der Mieter muss die erhöhte Miete zahlen ab	
	Regelfall: Mieterhöhung zum Beginn des dritten Monats nach Zugang der Erklärung	Ausnahmefall: Mieterhöhung erst zum Beginn des neunten Monats nach Zugang der Erklärung
Januar	1. April	1. Oktober
Februar	1. Mai	1. November
März	1. Juni	1. Dezember
April	1. Juli	1. Januar
Mai	1. August	1. Februar
Juni	1. September	1. März
Juli	1. Oktober	1. April
August	1. November	1. Mai
September	1. Dezember	1. Juni
Oktober	1. Januar	1. Juli
November	1. Februar	1. August
Dezember	1. März	1. September

3. Verspäteter Härteeinwand ist beachtlich

Entspricht die Modernisierungsankündigung den Vorgaben des § 555 c Abs. 1 BGB, kann 106
der Mieter eine Härte im Hinblick auf die Duldung oder die Mieterhöhung nur bis zum Ablauf des Monats einwenden, der auf den Zugang dieser Ankündigung beim Mieter folgt (§ 555 d Abs. 3 BGB). Ist die Ankündigung nach diesen Vorgaben fehlerhaft oder pflichtwidrig unterblieben, kann der Mieter eine Härte **ohne Einhaltung einer Frist** einwenden. Dies gilt sowohl für den Härteeinwand gegenüber seiner Duldungspflicht[144] als auch gegenüber der zu erwartenden Mieterhöhung.[145]

Entspricht die Ankündigung zwar den Vorgaben des § 555 c Abs. 1 BGB, ist der Mieter 107
aber entgegen § 555 c Abs. 2 BGB *nicht* auf Form und Frist seines möglichen Härteeinwandes hingewiesen worden, kann er wegen dieses Versäumnisses eine Härte ohne Einhaltung von Form und Frist geltend machen (§ 555 d Abs. 5 S. 1 BGB). Dies gilt aber nur für Härteeinwände, die der Mieter seiner **Duldungspflicht** entgegenhält. Denn für den Einwand, die (spätere) **Mieterhöhung** sei ihm unzumutbar, gilt eine **weitere Ausschlussfrist**: Diese Härte muss der Mieter bis spätestens zum Beginn der Modernisierungsmaßnahme geltend gemacht haben (§ 555 d Abs. 5 S. 2 iVm § 555 d Abs. 4 S. 2 BGB).

Nicht erforderlich ist, dass der Fehler in der Mitteilung über den Härteeinwand dem Feh- 108
ler in der Geltendmachung des Härteeinwandes durch den Mieter entspricht. Vielmehr führt *jeder* Fehler des Vermieters dazu, dass der Mieter die für seinen Härteeinwand vorgeschriebene Form und Frist insgesamt nicht mehr einhalten muss (§ 555 d Abs. 5 BGB).[146]

Beispiel: Der Vermieter weist den Mieter zwar ordnungsgemäß darauf hin, dass der Mieter seinen Härteeinwand in Textform vorbringen muss, versäumt aber die Mitteilung, dass dies bis

144 Zu den Fristen dieses Härteeinwandes näher unter → § 4 Rn. 93 ff.
145 Zu den Fristen dieses Härteeinwandes näher unter → § 6 Rn. 356 ff.
146 *Abramenko*, Das neue Mietrecht in der anwaltlichen Praxis, § 2 Rn. 42; aA *Dickersbach*, Lützenkirchen/Mietrecht, § 555 d BGB Rn. 47.

spätestens zum Ablauf des auf den Zugang der Modernisierungsankündigung folgenden Monats zu geschehen hat. Die teilweise Fehlerhaftigkeit der Belehrung hat zur Folge, dass der Mieter für seinen Härteeinwand weder die vorgeschriebene Form noch die vorgeschriebene Frist beachten muss. Er kann also seine Härte nun auch mündlich vortragen, und dies auch über den zweiten Monat nach Erhalt der Ankündigung hinaus – längstens jedoch bis zum Beginn der Modernisierungsmaßnahme.

4. Schadensersatz, Rückbau, Vertragsaufhebung

109 Für schuldhaft (§§ 276, 278 BGB) falsche Angaben in der Modernisierungsankündigung haftet der Vermieter dem Mieter unter Umständen auf Schadensersatz (§ 280 Abs. 1 iVm §§ 535, 241 Abs. 2 BGB).[147] Ist der Mieter beispielsweise hierdurch zum Auszug veranlasst worden, so kann er die **Umzugskosten** ersetzt verlangen.[148] Auch kann der Mieter wegen einer unberechtigten Modernisierungsankündigung die Kosten eines deswegen eingeschalteten **Rechtsanwalts** als Schadensersatz einfordern.[149] Die Kausalität zwischen dem entstandenen Schaden und den unrichtigen Angaben wird im Anwendungsbereich von § 559 d BGB vermutet, kann aber vom Vermieter widerlegt werden.

110 Bei vorwerfbar bzw. gar vorsätzlich unrichtigen Angaben zur voraussichtlichen künftigen **Mieterhöhung** nach erfolgter Modernisierung kommt ebenfalls eine Haftung des Vermieters in Betracht. Dann nämlich, wenn der Mieter im Vertrauen auf die Richtigkeit der Angaben die Maßnahmen geduldet hat, bei korrekter Angabe zur Mieterhöhung aber von seinem Kündigungsrecht Gebrauch gemacht hätte. Im Wege des Schadensersatzes kann der Mieter von einem Teil der durchsetzbaren Mieterhöhung freizustellen sein, indem der Vermieter verpflichtet ist, die falschen – geringeren – Angaben seiner Mieterhöhungserklärung gemäß § 559 b Abs. 1 BGB zugrunde zu legen.[150]

111 Hat die unterbliebene bzw. fehlerhafte Ankündigung dazu geführt, dass sich der Mieter nicht auf eine an sich begründete unzumutbare Härte iSv § 555 d Abs. 2 BGB berufen hat, kann er unter Umständen den **Rückbau** der Baumaßnahme verlangen.[151] Voraussetzung hierfür ist, dass dem Mieter schuldhaft die Möglichkeit genommen worden ist, sich auf den Härtegrund unzumutbarer baulicher Folgen zu berufen, da dieser Härteeinwand seinen Zweck gerade darin hat, den Mieter vor den unmittelbaren baulichen Folgen einer dauerhaften Änderung zu schützen.[152]

112 Schließlich kann der Mieter auch die **Beendigung des Mietvertrages** verlangen, wenn er wegen der schuldhaft unterbliebenen bzw. fehlerhaften Ankündigung von seinem Sonderkündigungsrecht gemäß § 555 e BGB keinen Gebrauch machen konnte, obwohl er dieses bei ordnungsgemäßer Ankündigung ausgeübt hätte.[153] Hat der Vermieter die Ausübung des Sonderkündigungsrechts vorwerfbar verhindert bzw. vereitelt, kann der Mieter die Vertragsaufhebung zu dem Zeitpunkt verlangen, zu dem er bei ordnungsgemäßer Ankündigung den Mietvertrag hätte kündigen können.[154]

---

147 BeckOK Mietrecht, Schach/Schultz/Schüller/*Müller*, § 555 c BGB Rn. 101; Bub/Treier/*Schüller*, Kap. III Rn. 2689; *Lehmann-Richter*, NZM 2011, 572 (576).
148 *Eisenschmid* in Schmidt-Futterer, § 555 c BGB Rn. 67; vgl. auch *BGH* 10.6.2015 – VIII ZR 99/14 zur Haftung des Vermieters wegen vorgetäuschten Eigenbedarfs.
149 *AG Berlin-Charlottenburg* 10.11.2006 – 235 C 92/06.
150 *LG Berlin* 23.8.2004 – 67 S 27/04; Bub/Treier/*Schultz*, Kap. III Rn. 1479; Palandt/*Weidenkaff*, § 555 c BGB Rn. 11.
151 *Lehmann-Richter*, NZM 2011, 572 (577).
152 *Lehmann-Richter*, NZM 2011, 572 (577).
153 *Dickersbach*, Lützenkirchen/Mietrecht, § 555 c BGB Rn. 66.
154 *Lehmann-Richter*, NZM 2011, 572 (577).

C. Befreiung von der Ankündigung bei „Bagatellmodernisierung"

I. Allgemeines/Grundsätze

Ausnahmsweise nicht angekündigt werden muss eine sog **Bagatellmodernisierung.** Hierbei handelt es sich um eine Modernisierungsmaßnahme, die nur mit einer unerheblichen Einwirkung auf die Mietsache verbunden ist und die nur zu einer unerheblichen Mieterhöhung führt (§ 555 c Abs. 4 BGB). Beide Voraussetzungen müssen kumulativ vorliegen. 113

Ist eine ordnungsgemäße Ankündigung danach nicht erforderlich, führt ihr Fehlen nicht zu einer verzögerten Fälligkeit der Mieterhöhung gemäß § 559 b Abs. 2 S. 2 Nr. 2 BGB). Zudem kann der Mieter eine etwaige (aber unwahrscheinliche) **Härte** ohne Einhaltung einer Frist einwenden (§ 555 d Abs. 3 S. 2 BGB). 114

II. Unerhebliche Einwirkung auf die Mietsache

Zum einen darf die Modernisierung nur mit einer unerheblichen Einwirkung auf die Mietsache verbunden sein. Unerheblich sind Einwirkungen, wenn sie die Gebrauchstauglichkeit des Mietobjekts nicht tangieren, weshalb der Mieter wegen der Baumaßnahme auch nicht zu einer **Mietminderung** berechtigt wäre.[155] Erfordern die Arbeiten mehr als einen Tag in der Mietwohnung, können sie in der Regel nicht mehr als unerheblich angesehen werden. 115

Bezugspunkt für diese Beurteilung ist die **Gesamtmaßnahme** und nicht jede einzelne bauliche Veränderung. Selbst wenn also jede einzelne Baumaßnahme für sich nur mit einer unerheblichen Einwirkung auf die Mietsache verbunden ist, kann die Modernisierung insgesamt für den Mieter zu einer erheblichen Beeinträchtigung führen – ihn deshalb auch zur Mietminderung berechtigen –, weshalb sie dem Mieter anzukündigen ist. 116

Bagatellmaßnahmen, welche den **Zutritt zur Wohnung** erfordern, sind dem Mieter zumindest kurzfristig – formlos – anzukündigen, damit er sich hierauf hinreichend einstellen kann.[156] Insofern gilt das Gleiche wie bei der Durchführung von Erhaltungsmaßnahmen (§ 555 a Abs. 2 BGB). 117

III. Unerhebliche Mieterhöhung

Ob eine mögliche Mieterhöhung erheblich ist, beurteilt sich nach der prozentualen Differenz zwischen bisheriger und künftiger Miete *exklusive* der Betriebskosten.[157] Hiervon ausgehend gilt eine Erhöhung der Nettokaltmiete um **mehr als 5 Prozent** als erheblich und hindert die Annahme einer Bagatellmodernisierung.[158] Wenn infolge der Maßnahme Betriebskosten neu entstehen oder sich vorhandene erhöhen, ist diese Mehrbelastung einzubeziehen. 118

Zum Teil wird vertreten, dass darüber hinaus auf den **absoluten Erhöhungsbetrag** abzustellen ist, wobei eine Mieterhöhung von mehr als 10 EUR jedenfalls als erheblich gilt.[159] Allerdings ist die Mieterhöhung von beispielsweise 10 EUR bei einer Miete von 1.000 EUR von geringerem Gewicht als bei einer Miete von 400 EUR, weshalb hierin eine Bevorzugung von Mietern liegt, die sich eine teurere Wohnung leisten können. Bei der Fra- 119

155 *Dickersbach*, Lützenkirchen/Mietrecht, § 555 c BGB Rn. 55; Spielbauer/Schneider/*Ettl*, Mietrecht, § 555 c BGB Rn. 16.

156 Bub/Treier/*Schüller*, Kap. III Rn. 2690; aA *Kinne*, Miet- und Mietprozessrecht, § 555 c BGB Rn. 52.

157 Bub/Treier/*Schultz*, Kap. III Rn. 1482; Palandt/*Weidenkaff*, § 555 c BGB Rn. 10.

158 *LG Berlin* 1.8.1991 – 62 S 93/91; Bub/Treier/*Schultz*, Kap. III Rn. 1482; *Dickersbach*, Lützenkirchen/Mietrecht, § 555 c BGB Rn. 56; Hannemann/*Horst*, Das neue Mietrecht, § 2 Rn. 86; Palandt/*Weidenkaff*, § 555 c BGB Rn. 10; Staudinger/*Emmerich*, § 555 c BGB Rn. 16.

159 *LG Köln* 5.10.2004 – 5 O 200/04; *Eisenschmid* in Schmidt-Futterer, § 555 c BGB Rn. 61.

ge, ob eine Mieterhöhung erheblich ist, kann die Ausgangsmiete also nicht unberücksichtigt bleiben, weshalb diese Auffassung als nicht sachgerecht abzulehnen ist.[160]

120 **Hinweis:** Möchte der Vermieter mehrere Maßnahmen durchführen, die erst kumulativ zu einer erheblichen Mieterhöhung führen, so sind diese Maßnahmen dem Mieter ordnungsgemäß anzukündigen.

121 Die Ankündigung ist entbehrlich, wenn der Vermieter auf eine mögliche Mieterhöhung ganz verzichtet oder sie auf ein unerhebliches Niveau kürzt. Dies gilt aber nur unter der weiteren Voraussetzung, dass die modernisierungsbedingten Einwirkungen auf die Mieträume ebenfalls unerheblich sind.[161] Sollten die Modernisierungskosten später höher als erwartet ausfallen, kann der Vermieter nun keine weitergehende – mithin erhebliche – Mieterhöhung vom Mieter verlangen.[162]

122 Dient die Modernisierungsmaßnahme der nachhaltigen Einsparung nicht erneuerbarer Primärenergie oder schützt sie das Klima auf sonstige Weise, ist der Vermieter kraft Gesetzes **nicht zur Mieterhöhung berechtigt**. Das Gleiche gilt, wenn die Modernisierungsmaßnahme der Schaffung neuen Wohnraums dient (§ 559 Abs. 1 BGB). Wäre bei diesen Maßnahmen die Modernisierung mit einer nur unerheblichen Einwirkung auf die Mietsache verbunden, wäre die Modernisierungsankündigung in entsprechender Anwendung von § 555 c Abs. 4 BGB ebenfalls entbehrlich.[163] Freilich wird es an dieser Voraussetzung aber meist fehlen, handelt es sich bei den Energie einsparenden Maßnahmen (Fensteraustausch, Fassadendämmung, Heizungserneuerung) und denen zur Schaffung neuen Wohnraums (Dachgeschossausbau) doch gerade um besonders einwirkungsintensive Baumaßnahmen.

IV. Übersicht: Bagatellmaßnahmen iSv § 555 c Abs. 4 BGB

123 Ob Modernisierungsmaßnahmen mit nur unerheblichen Einwirkungen auf die Mietsache verbunden sind, ist eine Frage des **Einzelfalls**. Eine sog Bagatellmodernisierung ist von den Gerichten in folgenden Fällen bejaht bzw. verneint worden:

Maßnahme	Bagatellmaßnahme	Gericht/Fundstelle
Einbau eines **Wasserzählers** mit einer Mieterhöhung von rund 3 EUR	Ja	*BGH* 30.3.2011 – VIII ZR 173/10
Einbau eines **Rauchmelders**	Ja	*BGH* 17.6.2015 – VIII ZR 216/14
Einbau einer **Gegensprechanlage**	Ja	*AG Berlin-Tiergarten* 5.11.1990 – 5 C 384/90
Anschluss der Wohnung an ein **rückkanalfähiges Kabelnetz**	Ja	*AG Frankfurt/Main* 19.1.2018 – 33 C 2941/17
Einbau einer **Gegensprech-, Klingel- und Türöffneranlage,** der zu einer Mieterhöhung von umgerechnet 2,52 EUR monatlich führt	Ja	*AG Berlin-Wedding* 11.1.1989 – 6 C 632/88

160 Ebenso *Dickersbach*, Lützenkirchen/Mietrecht, § 555 c BGB Rn. 56.
161 *Abramenko*, Das neue Mietrecht in der anwaltlichen Praxis, § 2 Rn. 48; *Eisenschmid* in Schmidt-Futterer, § 555 c BGB Rn. 60.
162 *Eisenschmid* in Schmidt-Futterer, § 555 c BGB Rn. 62.
163 *Abramenko*, Das neue Mietrecht in der anwaltlichen Praxis, § 2 Rn. 49.

Maßnahme	Bagatellmaßnahme	Gericht/Fundstelle
Einbau einer **Gegensprech- und Türöffnungsanlage**	Ja	*AG Hamburg* 9.11.1989 – 48 C 1257/89
Auswechslung alter **Heizkörperventile** gegen neue Thermostatventile	Ja	*LG Berlin* 15.4.1986 – 64 S 387/85
Anbringung eines **Thermostatventils** an Heizkörpern, die außer Betrieb gesetzt sind	Nein	*LG Berlin* 14.5.1982 – 63 S 406/81
Einbau eines **Kabelanschlusses** mit einem darauf entfallenden Modernisierungszuschlag von umgerechnet 1,57 EUR	Ja	*AG Berlin-Schöneberg* 21.5.1991 – 15 C 36/91
Austausch von **Heizkostenverteiler** und **Wasserzähler** auf funkbasierte Geräte	Ja	*AG Berlin-Lichtenberg* 4.4.2014 – 18 C 366/13
Errichtung eines **Kinderspielplatzes**	Ja (bei nur unerheblicher Mieterhöhung)	*LG Berlin* 25.4.1991 – 61 S 344/90
Austausch der vorhandenen Wohnungseingangstür gegen eine **einbruchhemmende** Tür	Ja (wenn der Vermieter die Kosten trägt)	*LG Köln* 30.4.1992 – 1 S 385/91
Arbeiten an **Dach und Fassade**, die zu einer Mieterhöhung von 5 Prozent führen	Ja	*LG Köln* 5.10.2004 – 5 O 200/04
Anbringung eines **Wärmedämmverbundsystems** an der Fassade, das zu einer Mieterhöhung von mehr als 16 Prozent führt	Nein	*LG Köln* 28.10.2004 – 2 O 113/04
Austausch eines Plattenherdes gegen einen Herd mit **Cerankochfeld**	Ja	*AG Berlin-Neukölln* 19.12.2016 – 10 C 391/16

Hinweis: Auch wenn zu erwarten ist, dass die Mieterhöhung und die modernisierungsbedingten Einwirkungen auf die Mietsache unerheblich sind, sollte der Vermieter im Zweifel eine ordnungsgemäße Modernisierungsankündigung an den Mieter richten. Der Vermieter ist berechtigt, aber nicht verpflichtet, hierauf zu verzichten. Da die Unerheblichkeit der modernisierungsbedingten Einwirkungen kontrovers beurteilt werden kann, beugt der Vermieter mit einer ordnungsgemäßen Ankündigung Rechtsnachteilen vor. 124

§ 4 Duldungspflicht des Mieters

Der Mieter hat eine ihm ordnungsgemäß angekündigte Modernisierungsmaßnahme gemäß § 555 d Abs. 1 BGB zu dulden. Diese Duldungspflicht entfällt ausnahmsweise, soweit die Modernisierungsmaßnahme eine unzumutbare Härte bedeuten würde (§ 555d Abs. 2–5 BGB).

A. Inhalt der Duldungspflicht

I. Anwendungsbereich und Reichweite

Der Mieter hat alle Modernisierungsmaßnahmen iSv § 555 b BGB zu dulden (§ 555 d Abs. 1 BGB). Dies beinhaltet das Betreten der Mietwohnung zur sachgerechten Planung dieser Maßnahmen. Wenn und solange die Modernisierungsarbeiten dies erfordern, reicht die Duldungspflicht so weit, dass der Mieter zum Auszug aus der Wohnung verpflichtet ist und er deren Räumung zu dulden hat.[1] 1

Die Duldungspflicht erstreckt sich auch auf Modernisierungsmaßnahmen, für die der Vermieter gemäß § 559 Abs. 1 BGB **keine Mieterhöhung** verlangen kann, also für Modernisierungen zum Zwecke der Einsparung von Primärenergie oder zur Schaffung neuen Wohnraums (§ 555 b Nr. 2 und Nr. 7 BGB). Auch der Mieter, der aus sonstigen Rechtsgründen keine Mieterhöhung zahlen muss, hat die Modernisierungsmaßnahme zu dulden. Schließlich sind vom Mieter auch die sog **Bagatellmodernisierungen** iSv § 555 c Abs. 4 BGB zu dulden. 2

Die Duldungspflicht des Mieters erstreckt sich auf Modernisierungsmaßnahmen sowohl innerhalb seiner **Wohnung** als auch im **Außenbereich**. Bei einer **Untervermietung** kann der Vermieter vom Mieter verlangen, dass dieser den Untermieter zur Duldung veranlasst.[2] In seiner Wohnung hat der Mieter auch Baumaßnahmen zu dulden, die einer anderen Wohnung im Gebäude zugutekommen sollen.[3] 3

Beispiel: Der Mieter hat bei sich die Durchführung von Heizungsrohren für die darüber liegende Wohnung zu dulden, ebenso die Verlegung von Kabeln für den Anschluss des Gebäudes an das Breitbandkabelnetz.

Der Mieter braucht Modernisierungsmaßnahmen nur zu dulden, die der Herbeiführung eines rechtmäßigen Zustandes dienen. Er kann verlangen, dass geltende technische Normen eingehalten werden, zum Beispiel die DIN 4109 zum **Schallschutz** beim Einbau neuer Isolierglasfester.[4] 4

Im Einzelfall kann die Duldungspflicht des Mieters ausnahmsweise entfallen, wenn besondere **Härtegründe** vorliegen, welche die Modernisierung auch unter Würdigung der berechtigten Interessen des Vermieters und anderer Mieter in dem Gebäude sowie von Belangen der Energieeinsparung und des Klimaschutzes nicht rechtfertigen (§ 555 d Abs. 2 S. 1 BGB). Dies gilt auch bei **Bagatellmodernisierungen,** wenngleich in der Praxis eine durch sie begründete Härte kaum vorstellbar ist. 5

Der Härteeinwand des Mieters, die **modernisierungsbedingte Mieterhöhung** sei ihm unzumutbar, lässt seine Pflicht zur Duldung der Modernisierungsmaßnahmen unberührt. Diesen Einwand kann der Mieter nur der Mieterhöhung selbst entgegenhalten (§ 555 d Abs. 2 S. 2 BGB). 6

---

1 *LG München I* 11.11.2015 – 14 S 4128/15, wobei der Vermieter dem Mieter eine angemessene Ersatzunterkunft in dieser Zeit zu stellen hat.

2 *LG Berlin* 24.6.2014 – 63 S 373/13; *Jablonski*, GE 2015, 234 f.; *Eisenschmid* in Schmidt-Futterer, § 555 d BGB Rn. 11; Staudinger/*Emmerich*, § 555 d BGB Rn. 4.

3 *BGH* 20.7.2005 – VIII ZR 253/04, NZM 2005, 697; *LG Berlin* 13.11.2013 – 18 S 99/33 (Duldung eines Balkonanbaus im Stockwerk über der Wohnung des Mieters); *LG Berlin* 25.11.2011 – 63 S 86/11.

4 *LG Berlin* 11.2.2008 – 67 S 64/07.

7 Hat der Vermieter den Mieter nicht oder nicht ordnungsgemäß darauf hingewiesen, dass und in welcher Form und Frist er gegenüber der beabsichtigten Modernisierung und der hierauf gestützten Mieterhöhung eine **Härte** einwenden kann, lässt dies die prinzipielle Pflicht des Mieters zur Duldung der Modernisierung nicht entfallen. Der Mieter ist in diesem Fall aber berechtigt, seinen Härteeinwand losgelöst von Form und Frist zu erheben. Lediglich den Einwand wirtschaftlicher Unzumutbarkeit muss der Mieter bis spätestens zum Beginn der Modernisierungsarbeiten mitgeteilt haben (§ 559 Abs. 5 S. 1 iVm § 555 d Abs. 4 S. 2 BGB); eine spätere Mitteilung ist unbeachtlich, selbst wenn die Verspätung unverschuldet gewesen ist.

8 Der Vermieter hat als Eigentümer einen weiten **Beurteilungs- und Ermessensspielraum,** wie er die Modernisierung herbeiführt (vgl. § 903 BGB).[5] Der Mieter hat alle Baumaßnahmen zu dulden, solange nur das Ziel der Modernisierung erreicht wird.

Beispiel: Möchte der Vermieter das Dachgeschoss ausbauen, um neuen Wohnraum zu schaffen, kann der Mieter nicht unter Hinweis darauf die Duldung der Baumaßnahmen verweigern, dass derselbe zusätzliche Wohnraum auch mit geringerem Aufwand geschaffen werden könnte.[6]

9 Wegen dieses Beurteilungs- und Ermessensspielraums des Vermieters kann ein Mieter seiner Duldungsverpflichtung auch keine **fehlende Wirtschaftlichkeit** entgegenhalten, insbesondere nicht den Einwand erheben, dass die Energieeinsparung in keinem angemessenen Verhältnis zur Mieterhöhung stehe.[7] Denn die Energieeinsparung beurteilt sich nach objektivem Maßstab im übergeordneten Allgemeininteresse des Klimaschutzes, wohingegen die Zumutbarkeit der hierdurch bedingten Mieterhöhung für den Mieter im Rahmen der Härteabwägung gemäß § 559 Abs. 4 BGB zu beurteilen ist.

10 Dort, wo der Vermieter einen Ermessensspielraum hat, muss er die Grenzen der **Zumutbarkeit** wahren. Beispielsweise darf er die Arbeiten nicht zur Nachtzeit oder an Feiertagen durchführen lassen, wenn dies vermeidbar ist. Andersherum kann der Mieter den Vermieter zur Durchführung der Arbeiten nicht auf seinen „Feierabend" nach 18 Uhr verweisen, sondern hat diese zu den **üblichen Arbeitszeiten** an Werktagen zu dulden.[8]

11 Duldung der Modernisierung heißt, dass der Mieter zu passivem Verhalten in Kenntnis der beabsichtigten Modernisierung verpflichtet ist. Den Mieter trifft also **keine Pflicht zur aktiven Mitwirkung** an der Durchführung der Modernisierung.[9] Der Vermieter kann nicht verlangen, dass der Mieter die Mieträume so vorbereitet, dass die Handwerker sofort mit ihrer Arbeit beginnen können.[10] Es besteht keine Verpflichtung des Mieters, Möbel zu entfernen bzw. zusammenzurücken, Bodenbeläge abzudecken oder überhaupt **Baufreiheit** zu schaffen.[11] Dies ist Aufgabe des Vermieters.[12] Allenfalls kann vom Mieter verlangt werden, dass er seine höchstpersönlichen Sachen (Unterlagen, Unterwäsche) zusammenräumt.[13]

12 Ein **aktives Tun** kann vom Mieter also nur insoweit verlangt werden, als er die Modernisierungsmaßnahmen zu ermöglichen, vor allem dem Vermieter und den von ihm beauf-

---

5 *LG Halle* 8.8.2002 – 2 S 42/01; Spielbauer/*Schneider*, Mietrecht, § 559 BGB Rn. 49.
6 Beispiel nach *Abramenko*, Das neue Mietrecht in der anwaltlichen Praxis, § 2 Rn. 70.
7 *BGH* 3.3.2004 – VIII ZR 149/03, NJW 2004, 1738; *AG Berlin-Köpenick* 18.12.2015 – 12 C 123/15; aA *AG Berlin-Pankow/Weißensee* 28.1.2015 – 7 C 52/14.
8 *AG Berlin-Lichtenberg* 4.4.2014 – 18 C 366/13.
9 *LG Berlin* 24.6.2014 – 63 S 373/13; *LG Berlin* 23.12.2008 – 65 S 62/08; *Eisenschmid* in Schmidt-Futterer, § 555 d BGB Rn. 8.
10 *Dickersbach*, Lützenkirchen/Mietrecht, § 555 d BGB Rn. 22.
11 *LG Berlin* 24.6.2014 – 63 S 373/13; *LG Berlin* 30.11.1995 – 67 S 158/95; *Eisenschmid* in Schmidt-Futterer, § 555 d BGB Rn. 17.
12 *LG Berlin* 23.12.2008 – 65 S 62/08.
13 *Dickersbach*, Lützenkirchen/Mietrecht, § 555 d BGB Rn. 22.

tragten Handwerkern den Zutritt zu seiner Wohnung und ihren Einrichtungen zu gewähren hat.[14]

Passiv verhält sich der Mieter, wenn er der Modernisierung weder mündlich noch schriftlich widerspricht und sie nicht hindert.[15] In **Kenntnis** des Modernisierungsvorhabens befindet sich der Mieter, wenn er über das Modernisierungsvorhaben durch eine ordnungsgemäße Ankündigung gemäß § 555 c Abs. 1 BGB informiert worden ist. 13

Der Mieter hat nicht nur die Modernisierungsmaßnahmen selbst zu dulden, sondern auch die hiervon ausgehenden **Beeinträchtigungen**, soweit sie für ihn nicht ausnahmsweise eine unzumutbare Härte darstellen. Zu dulden sind typischerweise Beeinträchtigungen durch Lärm, Schmutz, Erschütterungen und eine eingeschränkte Nutzbarkeit der Mietsache. Nicht dulden muss der Mieter indes Beeinträchtigungen, die nicht der Baumaßnahme dienen bzw. hierfür objektiv nicht erforderlich sind, etwa lauter Radiolärm der Bauhandwerker.[16] 14

Aufgrund seiner Duldungspflicht darf der Mieter wegen modernisierungsbedingter Beeinträchtigungen grundsätzlich **nicht fristlos kündigen** gemäß § 543 Abs. 1, 2 S. 1 Nr. 1 BGB. Denn soweit die Duldungspflicht reicht, ist der Anspruch des Mieters auf Erfüllung (§ 535 Abs. 1 S. 1, 2 BGB) eingeschränkt.[17] 15

Muss der Mieter die Modernisierungsmaßnahmen nicht dulden (wegen Härte oder nicht ordnungsgemäßer Ankündigung gemäß § 555 c BGB) und führen diese zu einer Entziehung des vertragsgemäßen Gebrauchs, kann er im Umkehrschluss folglich nach § 543 Abs. 2 Nr. 1 BGB fristlos kündigen. Im Übrigen steht dem Mieter das spezielle **Sonderkündigungsrecht** wegen Modernisierung gemäß § 555 e BGB offen. 16

Unberührt von der Duldungspflicht ist die Möglichkeit des Mieters, wegen Beeinträchtigungen des Mietgebrauchs die Miete in angemessener Höhe zu mindern, sofern die Beeinträchtigungen nicht nur unerheblich sind (§ 536 Abs. 1 BGB). Wegen Beeinträchtigungen durch Baumaßnahmen, die einer energetischen Modernisierung dienen, ist die **Mietminderung** jedoch in den ersten drei Monaten gesetzlich ausgeschlossen (§ 536 Abs. 1 a BGB). 17

II. Voraussetzungen der Duldungspflicht

Der Mieter hat eine Modernisierungsmaßnahme unter drei Voraussetzungen zu dulden: 18

1. Bei den Baumaßnahmen handelt es sich um eine Modernisierung iSv § 555 b BGB.
2. Die Modernisierung ist ordnungsgemäß angekündigt worden nach Maßgabe von § 555 c Abs. 1 BGB (nicht erforderlich für Bagatellmodernisierungen iSv § 555 c Abs. 4 BGB).
3. Der Mieter ist nicht berechtigt, eine besondere Härte geltend zu machen, oder er ist hiermit ausgeschlossen (hierzu im Folgenden).

Ist der Mieter hiernach zur Duldung von Modernisierungsarbeiten verpflichtet, darf er diese nicht deshalb verweigern, weil er seinerseits Ansprüche gegenüber dem Vermieter hat.[18] Unter den genannten Voraussetzungen ist auch der **Untermieter** verpflichtet, die Modernisierung zu dulden.[19] 19

Die Pflicht zur Duldung der Modernisierung entfällt nicht dadurch, dass der Mieter nicht ordnungsgemäß darauf hingewiesen worden ist, dass und in welcher Form und Frist er eine **Härte** einwenden kann. Dieses Versäumnis begründet lediglich das Recht des Mieters, 20

14 *BGH* 28.9.2011 – VIII ZR 326/10, NJW 2011, 3514; *KG* 28.9.2009 – 22 W 47/09.
15 *AG Dortmund* 13.1.2009 – 425 C 8864/08; *Dickersbach*, Lützenkirchen/Mietrecht, § 555 d BGB Rn. 22.
16 *Abramenko*, Das neue Mietrecht in der anwaltlichen Praxis, § 2 Rn. 76.
17 *Dickersbach*, Lützenkirchen/Mietrecht, § 555 e BGB Rn. 15.
18 *LG Berlin* 23.11.1995 – 61 T 73/95.
19 *OLG Saarbrücken* 22.12.2010 – 8 U 507/09; *Kinne*, Miet- und Mietprozessrecht, § 555 d BGB Rn. 3; Spielbauer/Schneider/*Ettl*, Mietrecht, § 555 d BGB Rn. 3.

gegebenenfalls verspätet und formfrei eine Härte einwenden zu können (§ 555 d Abs. 3 S. 2 BGB).

III. Keine Duldungspflicht bei „Luxusmodernisierungen“

21 Nicht dulden muss ein Mieter sog **Luxusmodernisierungen.**[20] Hierunter versteht man die Schaffung eines Ausstattungsstandards, der so exorbitant hochwertig ist und deshalb zu derart hohen Mieten führt, dass er regelmäßig nur von sehr wenigen vermögenden Mietern nachgefragt wird.[21] Eine Luxusmodernisierung fällt schon begrifflich nicht unter § 555 b BGB und kann damit keine Duldungspflicht begründen; eine Mieterhöhung gemäß § 559 BGB scheidet somit ebenfalls aus.[22]

22 Andererseits ist es dem Vermieter gestattet, „bis zur Grenze einer unzulässigen Luxusmodernisierung“ eine **überdurchschnittliche Ausstattung** zu schaffen, um die Attraktivität der Wohnungen zu erhöhen, selbst wenn die Nachfrage danach zum Zeitpunkt der Modernisierung noch verhältnismäßig gering sein mag.[23] Denn immerhin ist die laufende Verbesserung des Wohnungsbestandes gesellschaftspolitisch gewollt und geradezu der Zweck des Modernisierungsrechts.

23 Vor diesem Hintergrund kann eine Luxusmodernisierung nur in sehr seltenen **Fällen** angenommen werden, beispielsweise wenn eine Sauna oder ein Whirlpool in einer eher einfach gehaltenen Mietwohnung installiert werden sollen.

24 Eine Luxussanierung kann auch gegeben sein, wenn die Kosten der Modernisierung deshalb völlig außer Verhältnis zu dem mit der Modernisierung bezweckten Erfolg stehen, weil sie hierfür unnötig bzw. völlig unwirtschaftlich sind.

Beispiel: Im Rahmen einer Heizungserneuerung soll das gesamte Heizkörper- und Leitungssystem im Gebäude ausgetauscht werden, obwohl diese Heizkörper und Leitungen erst vor 10 Jahren eingebaut wurden, sie noch eine Lebensdauer von mindestens 30 weiteren Jahren haben und für die neue Heizung ausreichend sind.[24]

25 Die Rechtsprechung verneint das Vorliegen einer Luxusmodernisierung in aller Regel, so zum Beispiel in den folgenden Fällen:

- Einbau neuer Fenster mit Fensterrahmen aus Mahagoniholz statt aus Kiefernholz[25]
- Nachträglicher Anbau von Balkonen[26]
- Installation eines Fahrstuhls im Inneren des Gebäudes[27] bzw. als Außenaufzug[28]
- Anschluss der Wohnung an das Breitbandkabelnetz[29]
- Umstellung eines analogen Kabelanschlusses auf einen digitalen Kabelanschluss[30]
- Einbau von Doppelfenstern in der Küche[31]

---

20 *BGH* 20.7.2005 – VIII ZR 253/04, NZM 2005, 697.
21 *Eisenschmid* in Schmidt-Futterer, § 555 b BGB Rn. 79.
22 *BGH* 20.7.2005 – VIII ZR 253/04, NZM 2005, 697; *Börstinghaus* in Schmidt-Futterer, § 559 BGB Rn. 45; Bub/Treier/*Schultz*, Kap. III Rn. 1552; Spielbauer/*Schneider*, Mietrecht, § 559 BGB Rn. 39.
23 *BGH* 20.7.2005 – VIII ZR 253/04, NZM 2005, 697.
24 *LG Itzehoe* 25.11.2011 – 9 S 81/10.
25 *LG Hamburg* 21.3.1986 – 11 S 268/85; aA *Eisenschmid* in Schmidt-Futterer, § 555 b BGB Rn. 37.
26 *LG Berlin* 19.1.2010 – 65 S 285/09.
27 *LG Berlin* 8.3.2011 – 65 S 19/11.
28 *LG Berlin* 23.8.2004 – 67 S 27/04.
29 *BGH* 20.7.2005 – VIII ZR 253/04, NZM 2005, 697.
30 *AG Duisburg* 29.5.2012 – 49 C 287/12.
31 *AG Berlin-Schöneberg* 2.4.1985 – 15 C 55/85.

- Einbau einer Fußbodenheizung in eine kleine Wohnung[32]
- Errichtung eines Aufzugs an ein Wohnhaus mit 5 Stockwerken[33]

B. Härteeinwand des Mieters

I. Allgemeines

Auch wenn die gesetzlichen Voraussetzungen zur Durchführung einer Modernisierung vorliegen, braucht der Mieter keine ihm **unzumutbaren Baumaßnahmen** zu dulden. Die Duldungspflicht des Mieters entfällt, wenn die Modernisierungsmaßnahme für ihn, seine Familie oder einen Angehörigen seines Haushalts eine nicht zu rechtfertigende Härte bedeuten würde, die auch unter Würdigung der berechtigten Interessen sowohl des Vermieters als auch anderer Mieter in dem Gebäude sowie von Belangen der Energieeinsparung und des Klimaschutzes nicht zu rechtfertigen ist (§ 555 d Abs. 2 S. 1 BGB). Der Härteeinwand ist nur beachtlich, wenn der Mieter ihn form- und fristgerecht erhoben hat (§ 555 d Abs. 3, 4 BGB). Auch bei einer Modernisierung im vereinfachten Verfahren gemäß § 559 c BGB kann der Mieter gegen seine Duldungspflicht eine Härte einwenden. 26

Mieter können eine Härte auch gegen Modernisierungsmaßnahmen einwenden, die aufgrund von Umständen durchgeführt werden, die der Vermieter nicht zu vertreten hat (§ 555 b Nr. 6 BGB). Allerdings ist in diesen Fällen den Interessen des Vermieters in der Abwägung ein besonderes Gewicht einzuräumen.[34] 27

II. Begünstigter Personenkreis

Der Mieter ist berechtigt, eine Härte einzuwenden, die ihn selbst oder die mit ihm in der Mietwohnung lebenden Familienmitglieder oder sonstigen Angehörigen seines Haushalts betrifft. Bei einer **Mehrheit von Mietern oder Angehörigen** genügt es, wenn die beabsichtigte Modernisierung für einen der Mieter oder Angehörigen unzumutbar ist.[35] 28

Familienangehörige sind alle Personen, mit denen der Mieter verwandt oder verschwägert ist. Hierzu zählen auch der Ehegatte einschließlich seiner Pflegekinder und Pflegeeltern, der Verlobte und nichteheliche Lebenspartner sowie Lebenspartner, die nach dem **Lebenspartnerschaftsgesetz** verbunden sind, und deren Kinder.[36] Ein bestimmter Grad der Verwandtschaft oder Schwägerschaft ist nicht erforderlich.[37] 29

Zu den **Haushaltsangehörigen** zählen darüber hinaus alle Personen, die mit dem Mieter einen gemeinsamen Haushalt führen. Da über die Haushaltsführung hinaus keine engere persönliche Bindung erforderlich ist und der Haushalt nicht auf Dauer angelegt sein muss, können hierzu auch Bedienstete, Pflegepersonal und *Au-pair*-Personen rechnen.[38] Gäste des Mieters zählen nicht zu den Haushaltsangehörigen. 30

Erforderlich ist, dass diese Personen als berechtigte **Bewohner** der Wohnung bzw. des Gebäudes von den Modernisierungsmaßnahmen **betroffen** sind.[39] Ausgenommen sind Personen, die in der Wohnung des Mieters wohnen, mit ihm aber keinen gemeinsamen Haushalt führen. Daher dürfen etwa **Untermieter,** denen der Mieter die Wohnung ganz oder teilweise untervermietet hat, *keine Härte* einwenden.[40] 31

---

32 *LG Berlin* 17.5.2018 – 64 S 145/17.
33 *AG Brandenburg* 31.8.2018 – 31 C 298/17.
34 BT-Drs. 17/10485, 19.
35 *Eisenschmid* in Schmidt-Futterer, § 555 d BGB Rn. 51.
36 *Dickersbach*, Lützenkirchen/Mietrecht, § 555 d BGB Rn. 27.
37 *Eisenschmid* in Schmidt-Futterer, § 555 d BGB Rn. 48.
38 Eine „innere Bindung" zum Mieter verlangt Hannemann/*Horst*, Das neue Mietrecht, § 2 Rn. 135.
39 *Dickersbach*, Lützenkirchen/Mietrecht, § 555 d BGB Rn. 28.
40 Anderer Ansicht: *Eisenschmid* in Schmidt-Futterer, § 555 d BGB Rn. 23; offen gelassen v. *LG Berlin* 17.2.2016 – 35 S 301/15.

III. Wirtschaftliche Härte unbeachtlich

32 Ein Mieter kann die Duldung der Modernisierung nicht mit dem Einwand verweigern, dass die hierauf gestützte Erhöhung von Miete und/oder Betriebskosten für ihn wirtschaftlich nicht zumutbar sei. Diesen Einwand kann ein Mieter nur der **Mieterhöhung** selbst entgegenhalten (§ 555 d Abs. 2 S. 2 BGB).[41] Allerdings ist der Einwand wirtschaftlicher Härte in drei Fällen nach dem Gesetz *per se* unbeachtlich (§ 559 Abs. 4 S. 2, § 559 c Abs. 1 S. 3 BGB):

1. Die Modernisierungsmaßnahme wurde aufgrund von Umständen durchgeführt, die der Vermieter nicht zu vertreten hat iSv § 555 b Nr. 6 BGB.
2. Durch die Modernisierungsmaßnahme wurde die Mietsache lediglich in einen Zustand versetzt, der allgemein üblich ist.
3. Der Vermieter macht die Mieterhöhung im vereinfachten Verfahren geltend.[42]

33 Indem Mieter gegen ihre Pflicht zur Duldung von Modernisierungsmaßnahmen anders als früher nicht mehr den Einwand wirtschaftlicher Härte erheben können, ist Vermietern ihre Durchführung erheblich erleichtert. Denn es waren hauptsächlich die wirtschaftlichen Belastungen des Mieters, die Modernisierungen in der Vergangenheit verhindert haben.[43]

34 Weil der Einwand wirtschaftlicher Härte vom Mieter gleichwohl **vor Beginn der Modernisierung** erhoben sein muss, können Vermieter frühzeitig abschätzen, ob sie nach deren Abschluss eine hierauf gestützte Mieterhöhung vom Mieter verlangen können. Denn den Einwand wirtschaftlicher Härte hat der Mieter – ebenso wie die Härte seiner Duldungspflicht – bis zum Abschluss des auf den Erhalt einer ordnungsgemäßen Modernisierungsankündigung folgenden Monats mitzuteilen (§ 555 Abs. 3 BGB). Ist der Mieter hieran schuldlos gehindert, kann er die Mitteilung dann noch bis spätestens zum Beginn der Modernisierungsarbeiten nachholen (§ 559 Abs. 5 iVm § 555 d Abs. 4 S. 2 BGB). Verstreicht auch diese Frist, so kann der Vermieter von der **Refinanzierbarkeit** der Modernisierung durch Mieterhöhung ausgehen.

35 Macht der Mieter rechtswirksam eine wirtschaftliche Härte geltend, bleibt für den Vermieter allerdings unklar, ob dieser Härteeinwand durchgreifend ist. Dies kann erst geprüft und hierüber kann erst entschieden werden, wenn der Vermieter nach Abschluss der Modernisierung seine Kosten beziffert und sein Mieterhöhungsverlangen an den Mieter gerichtet hat. Zu Beginn der Modernisierung ist für den Vermieter also ungewiss, ob er die Modernisierungskosten auch auf den Mieter wird umlegen können, wenn dieser sich schon im **Vorfeld der Mieterhöhung** auf ihre Unzumutbarkeit beruft.

36 **Hinweis:** Vermieter, die ihre Modernisierung von ihrer Refinanzierbarkeit durch Mieterhöhung abhängig machen, sollten die Verpflichtung des Mieters zur Zahlung des Modernisierungszuschlages bzw. die Begründetheit seines dagegen erhobenen Härteeinwandes mit einer **Feststellungsklage** (§ 256 ZPO) vor Beginn der Arbeiten gerichtlich prüfen lassen.[44]

IV. Härtegründe zugunsten des Mieters

37 Ein Mieter muss eine Modernisierungsmaßnahme nicht dulden, wenn sie für ihn, seine Familie oder einen Angehörigen seines Haushalts eine nicht zu rechtfertigende Härte bedeuten würde, die auch unter Würdigung der berechtigten Interessen sowohl des Vermieters

41 Siehe hierzu unter → § 6 Rn. 323 ff.

42 Siehe hierzu unter → § 7 Rn. 1 ff.

43 BT-Drs. 17/10485, 21.

44 Auf diese Möglichkeit wird in der Gesetzesbegründung ausdrücklich hingewiesen, vgl. BT-Drs. 17/10485, 31; ebenso Bub/Treier/*Schultz*, Kap. III Rn. 2698; *Kinne*, Miet- und Mietprozessrecht, § 559 BGB Rn. 4; kritisch hierzu: Hannemann/*Horst*, Das neue Mietrecht, § 2 Rn. 123.

als auch anderer Mieter in dem Gebäude sowie von Belangen der Energieeinsparung und des Klimaschutzes nicht zu rechtfertigen ist (§ 555 d Abs. 2 S. 1 BGB).

Zunächst muss eine unzumutbare Härte vorliegen, welche zudem frist- und formgerecht erhoben worden ist. Für beides ist der Mieter darlegungs- und beweispflichtig.[45] Sodann hat eine **Abwägung** mit den Vermieterinteressen und den Belangen der Energieeinsparung und des Klimaschutzes zu erfolgen. Bei einer Mehrheit von Mietern oder (Haushalts-)Angehörigen ist ausreichend, dass die Modernisierungsmaßnahme für eine Person unzumutbar ist.[46] 38

1. Vorzunehmende Arbeiten

Unzumutbar kann dem Mieter die Modernisierung sein durch die hiervon ausgehenden **Beeinträchtigungen**, zu denen typischerweise und insbesondere gehören: Lärm, Schmutz, Erschütterungen, erhöhte Einbruchsgefahr, verminderter Lichteinfall, eingeschränkte Benutzbarkeit der Mieträume bzw. seiner Einrichtungen sowie Beeinträchtigungen der Privatsphäre und Belästigungen durch den Zutritt von arbeitenden Personen. 39

Diese Beeinträchtigungen können eine Härte begründen, wenn sie nach **Dauer und Intensität** sehr erheblich sind. Als **Faustformel** gilt, dass eine Härte umso eher anzunehmen ist, je länger die Modernisierungsarbeiten andauern und je komplexer sie sind.[47] Dabei sind Baumaßnahmen innerhalb einer Wohnung allein schon wegen des **Verlusts an Privatsphäre** *regelmäßig* beeinträchtigender als solche im Außenbereich. 40

Zumutbar ist dem Mieter danach etwa die **Unterbrechung der Wasserzufuhr** für einige Stunden an ein bis zwei Tagen.[48] Dem Mieter unzumutbar sind dagegen der Austausch von Fenstern und der Austausch einer Heizung in den Wintermonaten.[49] 41

Der mit einem **Heizungseinbau** verbundene Lärm und Schmutz begründet für den Mieter keine Härte, wenn er den Arbeiten ausweichen kann. Deshalb ist auch einem **Studenten** zuzumuten, einige Tage in der Bibliothek zu arbeiten.[50] Bleibt die Wohnung durch eine Ersatzheizung beheizbar, liegt im Heizungsaustausch auch zur Winterzeit keine Härte.[51] Der Umstand, dass der Mieter ausschließlich nachts arbeitet und die Wohnung am Tage für seinen Schlaf benötigt, begründet nicht *per se* eine Härte, da vorrangig zu prüfen ist, ob die Modernisierungsarbeiten mit dem **Schlafrhythmus** koordiniert werden können.[52] 42

Stets beurteilt sich die Härte nach **individuellem Maßstab.** Es kommt darauf an, ob die Beeinträchtigung eine Härte für die konkrete Person darstellt, die sich hierauf beruft. Das Alter und der Gesundheitszustand des Mieters und seiner Angehörigen sind also beachtlich. Dies führt dazu, dass modernisierungsbedingte **Emissionen** (Lärm, Schmutz, Erschütterungen) für einen gesundheitlich angegriffenen oder betagten Mieter eine Härte begründen können, von anderen Personen hingegen hinzunehmen wären. 43

Versucht der Vermieter die modernisierungsbedingten Folgen für den Mieter abzumildern, so hat dieser die hierzu angebotenen Maßnahmen anzunehmen, soweit sie nicht ihrerseits unzumutbar sind. Bietet der Vermieter dem Mieter eine angemessene **Ersatzwohnung** oder eine **Hotelunterkunft** an, darf der Mieter dieses Angebot nicht ausschlagen und sich dabei auf eine Härte berufen, wenn der Umzug für sich nicht schon eine Härte wäre, etwa wegen krankheitsbedingter Bettlägerigkeit des Mieters.[53] Jedenfalls für die Dauer sozial übli- 44

45 *BGH* 13.2.2008 – VIII ZR 105/07, NJW 2008, 1218 mwN; *LG Berlin* 8.5.2015 – 63 S 257/14.
46 *Eisenschmid* in Schmidt-Futterer, § 555 d BGB Rn. 51.
47 *LG Berlin* 17.2.2016 – 65 S 301/15; *LG Berlin* 18.10.2013 – 63 S 446/12; *Eisenschmid* in Schmidt-Futterer, § 555 d BGB Rn. 28.
48 *KG* 10.5.2007 – 8 U 166/06.
49 *LG Kassel* 28.2.1980 – 1 S 340/79.
50 *AG Köln* 5.12.1989 – 217 C 463/89.
51 *LG Berlin* 8.5.2015 – 63 S 257/14.
52 *AG Langenfeld* 12.6.1998 – 25 C 315/97.
53 *Abramenko*, Das neue Mietrecht in der anwaltlichen Praxis, § 2 Rn. 114.

cher Ortsabwesenheiten – wie bei einem Urlaub – ist der Umzug in eine Ersatzwohnung dem Mieter zumutbar.[54] Ein Auszug aus der Mietwohnung für **mehrere Monate** kann dem Mieter aber im Einzelfall unzumutbar sein.[55]

45 Ist das Mietverhältnis bereits gekündigt oder steht dessen Beendigung aus anderen Gründen bevor (**Mietaufhebungsvertrag**, Ablauf des **Zeitmietvertrages**), so ist der Vermieter grundsätzlich gehalten, mit den Arbeiten erst nach Mietende zu beginnen, wenn es ihm möglich und zumutbar ist. Letzteres ist nicht anzunehmen, wenn das Abwarten zu einem Anstieg der Baukosten – und damit auch der Mieterhöhung – führt.[56]

2. Bauliche Folgen

46 Wird die Mietwohnung durch die Modernisierung auf Dauer spürbar verändert und der Mietgebrauch dadurch erheblich eingeschränkt, braucht der Mieter dies regelmäßig nicht zu dulden. Dies ist der Fall, wenn die Modernisierung zu einer derart wesentlichen Veränderung der Mietwohnung führt, dass **„etwas Neues"** geschaffen wird.[57] Bei einer **völligen Umgestaltung des Mietobjekts** liegt so schon keine duldungspflichtige Modernisierungsmaßnahme vor.[58]

47 Bewirkt die Baumaßnahme einen **Modernisierungserfolg** iSv § 555 b BGB, so kann der Modernisierung ihre rechtliche Qualität aber nicht deshalb abgesprochen werden, weil sie zugleich eine **Verschlechterung** an anderer Stelle bewirkt.[59] Wegen des modernisierungsbedingten Nachteils kann der Mieter im Einzelfall aber eine Härte wegen der baulichen Folgen gegen seine Duldungspflicht einwenden (§ 555 d Abs. 2 BGB).

48 Hauptanwendungsfall in der Praxis ist die modernisierungsbedingte **Grundrissänderung**. Nach Auffassung des Bundesgerichtshofs begründet eine Grundrissänderung für sich aber nicht generell den Einwand unzumutbarer Härte. Ob eine unzumutbare Härte im Einzelfall gegeben ist, beurteilt sich vielmehr unter Würdigung des konkreten Zuschnitts der betroffenen Wohnung, der Wohnungsgröße, der Einzelheiten der konkret geplanten Baumaßnahme und der allgemeinen Wohnbedürfnisse der für die Wohnung in Betracht kommenden Mieterkreise.[60]

49 Danach kann das Vorliegen einer Härte wegen des Umbaus des Badezimmers (Abtrennung von Bad und WC und Schaffung eines separaten WC) verneint werden, obschon eine Grundrissänderung gegeben ist.[61] Ebenso liegt für den Mieter keine unzumutbare Härte vor, wenn in einer Wohnung mit 134 m² der Flur um 1,60 Meter verkürzt werden muss, um das Mietgebäude mit einem **Fahrstuhl** ausstatten zu können.[62]

50 Wegen dauerhafter Beeinträchtigung kann es für einen Mieter demnach unzumutbar sein, wenn die ohnehin schon **beengten Wohnverhältnisse** infolge der Modernisierung noch weiter geschmälert werden.[63] Erst recht braucht ein Mieter es nicht zu dulden, wenn die Nutzbarkeit der Wohnung völlig geändert wird, zum Beispiel dadurch, dass seine Woh-

---

54 *AG München* v. 30.12.2016, 453 C 22061/15.

55 *LG Berlin* 29.1.2018 – 65 S 194/17; *LG Berlin* 17.2.2016 – 65 S 301/15; *LG Berlin* 18.10.2013 – 63 S 446/12.

56 *Eisenschmid* in Schmidt-Futterer, § 555 d BGB Rn. 20.

57 *BGH* 23.2.1972 – VIII ZR 91/70, NJW 1972, 723; *LG Berlin* 8.10.2018 – 64 S 37/18 (Vergrößerung einer Wohnung um ein weiteres Zimmer); *AG Berlin-Wedding* 28.7.2016 – 17 C 43/16.

58 *BGH* 21.11.2017 – VIII ZR 28/17, NJW 2018, 1008.

59 *LG Berlin* 25.2.2016 – 67 S 145/15; *Eisenschmid* in Schmidt-Futterer, § 555 b BGB Rn. 9; aA *LG Berlin* 3.2.2016 – 67 S 217/15 (keine Modernisierungsmaßnahme wegen der durch sie bewirkten nachteiligen Veränderung der Mietsache).

60 *BGH* 13.2.2008 – VIII ZR 105/07, NJW 2008, 1218; hierzu näher *Meyer-Abich*, NZM 2018, 427 (433).

61 *BGH* 13.2.2008 – VIII ZR 105/07, NJW 2008, 1218.

62 *LG Berlin* 7.4.2015 – 63 S 362/14.

63 *LG Hamburg* 6.12.1988 – 16 S 181/88.

nung in zwei Appartements umgebaut oder seine Zwei-Zimmer-Wohnung durch Einbau eines größeren Bades zur Ein-Zimmer-Wohnung gemacht werden soll.[64]

Darüber hinaus haben die Gerichte wegen der modernisierungsbedingten Einschränkung des mietvertraglichen Gebrauchs eine Härte zugunsten des Mieters in folgenden Fällen angenommen: 51

- Durch den Einbau eines Badezimmers würden die Nutzungsmöglichkeiten des davon betroffenen Kinderzimmers stark eingeschränkt werden.[65]
- Durch Vergrößerung des Bades entfallen die Speisekammer und die Mädchenkammer, die als Arbeits- oder Gästezimmer nutzbar sind, wobei beide Räume 8,5 Prozent der Gesamtwohnfläche der Wohnung ausmachen.[66]
- Durch die geplante Fenstermodernisierung wird der Lichteinfall in die Wohnung erheblich und nachhaltig verschlechtert.[67]
- Der architektonische Gesamteindruck eines durch Jugendstilfenster geprägten Raums im Altbau wird zerstört und geht einher mit einer geplanten Verkleinerung der Verglasung.[68]
- In der Mietwohnung wird es zu einem unzumutbar stark erhöhten Lüftungsbedarf kommen, zum Beispiel infolge des Einbaus von Isolierglasfenstern.[69]
- Der Ausbau eines Dachgeschoss macht es erforderlich, dass Fallrohre durch das Wohnzimmer der darunter liegenden Wohnung geführt werden.[70]
- Die Installation einer Lüftungsanlage führt dazu, dass die Decken um circa 20 cm abgehängt werden müssen, was den Altbaucharakter der Wohnung nachhaltig verändert.[71]

Werden **Gemeinschaftsräume** verändert, die der Mieter nicht exklusiv nutzen darf, so hat dies der Mieter regelmäßig hinzunehmen.[72] 52

Beispiel: Der Dachboden wird durch den Dachgeschossausbau verkleinert, bleibt zur vertragsgemäßen Trocknung von Wäsche aber weiterhin geeignet.[73]

Eine Grundrissänderung, die zu einer **Vergrößerung der Wohnung** führt, wird in der Regel keine Härte bedeuten, die der Mieter gegenüber seiner Duldungspflicht einwenden kann. Allerdings macht dies eine Mieterhöhung wahrscheinlich. Jedoch kann eine vom Mieter befürchtete Mieterhöhung nicht (mehr) der Duldung der Modernisierung selbst entgegengehalten werden, sondern nur noch der Mieterhöhung nach Abschluss der Modernisierung (§ 555 d Abs. 2 S. 2 BGB).[74] Für diesen Fall ist eine Härte angenommen worden, wenn die Wohnfläche um 10 Prozent[75] bzw. um 27,5 Prozent[76] erweitert wird – bei entsprechender Mietsteigerung. 53

Auch wenn der Mieter einen Härteeinwand geltend machen kann, muss er dennoch die **Besichtigung** und das Betreten der Wohnung zulassen, wenn dies für die Durchführung 54

64 *Eisenschmid* in Schmidt-Futterer, § 555 d BGB Rn. 32 mwN.
65 *LG Frankfurt/Main* 8.4.1986 – 2/11 S 351/85.
66 *LG Berlin* 7.10.2003 – 65 S 147/03.
67 *AG Hamburg* 21.7.1998 – 46 C 395/97.
68 *LG Berlin* 26.6.2008 – 62 S 439/07.
69 *AG Hamburg-Altona* 7.11.1985 – 314 b C 271/84.
70 *AG Berlin-Wedding* 2.2.1990 – 4 C 135/89.
71 *LG Berlin* 25.2.2016 – 67 S 145/15 (aber verspäteter Härteeinwand).
72 *Abramenko*, Das neue Mietrecht in der anwaltlichen Praxis, § 2 Rn. 116.
73 *LG Berlin* 15.4.1986 – 64 S 387/85.
74 *Kossmann/Meyer-Abich*, § 44 Rn. 40.
75 *LG Köln* 26.8.1992 – 10 S 139/92.
76 *LG Duisburg* 10.5.2000 – 23 S 74/00.

der baulichen Maßnahmen am Restobjekt erforderlich ist.[77] Das gilt auch für die Durchführung einer Bauprüfung zwecks Erteilung einer Abgeschlossenheitsbescheinigung.[78]

3. Vorausgegangene Aufwendungen

55 Eine Härte kann dadurch begründet sein, dass vom Mieter in die Mieträume getätigte **Investitionen** durch die Modernisierung beseitigt oder überflüssig werden.[79] Beachtlich sind Investitionen des Mieters sowohl innerhalb der Wohnung als auch in Gemeinschaftsflächen, soweit er sie nutzen darf.

Beispiele: Eine vom Mieter auf eigene Kosten installierte Badewanne muss für die Installation neuer Steigleitungen entfernt werden. Auf dem Hof hat der Mieter eine Fahrradsicherung angebracht, die der beabsichtigten Anlegung eines Spielplatzes weichen soll.

56 Darauf, ob die Aufwendung wirklich erforderlich oder dem Mieter nur nützlich war, kommt es nicht an.[80] So können durch die Modernisierung auch Investitionen nutzlos werden, ohne dass sich dadurch der Wohnwert verändert.

Beispiel: Der Mieter hat die (mitvermieteten) Tapeten in der Wohnung entfernt und die Wände mit Rauhputz versehen, der durch die Verlegung neuer Leitungsstränge zerstört würde.

57 Damit der Mieter seinen Härteeinwand mit seinen Investitionen begründen kann, müssen diese rechtmäßig erfolgt sein; der Vermieter muss den betreffenden Baumaßnahmen also zugestimmt haben.[81] Ist dies nicht der Fall und hat der Mieter keinen Anspruch auf nachträgliche **Genehmigung der baulichen Veränderung**, so ist sie rechtswidrig; hierfür aufgewendete Investitionen können *per se* keine Härte begründen.[82]

58 Hat der Vermieter seine Zustimmung zur baulichen Veränderung unter der **Bedingung** gegeben, dass er vom Mieter den jederzeitigen Rückbau verlangen darf, so kann dieses Verlangen treuwidrig sein, wenn zwischen der Investition des Mieters und dem Rückbauverlangen des Vermieters nur ein sehr kurzer Zeitraum liegt. Denn ein Mieter darf davon ausgehen, dass seine Investition umso langlebiger ist, je höher sie ausfiel, und dass der Vermieter seine (Bau-)Planungen hiernach ausrichtet.[83]

59 Wurden die Investitionen im Einvernehmen mit dem Vermieter getätigt, so ist entscheidend, ob sie zum Zeitpunkt der Modernisierung als **abgewohnt** gelten können. In diesem Fall kann der Mieter Investitionen der Duldungspflicht nicht (mehr) entgegenhalten.

60 Als Faustformel wird allgemein angenommen, dass Aufwendungen in Höhe einer Jahresmiete **binnen vier Jahren** abgewohnt sind.[84] Die fast 20 Jahre zurückliegende Investition des Mieters in eine Gastetagenheizung gilt damit als abgewohnt und kann nicht als unzumutbare Härte herangezogen werden.[85]

61 **Hinweis:** In Höhe der noch nicht abgewohnten **Investitionskosten** kann durch anteilige Erstattung der Härteeinwand des Mieters entkräftet werden. Möglich ist dies auch durch einen teilweisen Verzicht auf die modernisierungsbedingt mögliche Mieterhöhung gemäß § 559 Abs. 1 BGB.

---

77 *Eisenschmid* in Schmidt-Futterer, § 535 BGB Rn. 211.
78 *LG Hamburg* 11.11.1993 – 307 S 349/93.
79 *LG Berlin* 10.1.2012 – 63 S 203/11; Hannemann/*Horst*, Das neue Mietrecht, § 2 Rn. 128.
80 Bub/Treier/*Kraemer/von der Osten/Schüller*, Kap. III Rn. 2459; *Dickersbach*, Lützenkirchen/Mietrecht, § 555 d BGB Rn. 33.
81 *BGH* 10.10.2012 – VIII ZR 56/12, IBRRS 2012, 4378. Zum Zustimmungserfordernis bei baulichen Veränderungen des Mieters siehe unter → § 9 Rn. 1 ff.
82 *Eisenschmid* in Schmidt-Futterer, § 555 d BGB Rn. 37.
83 *BGH* 20.6.2012 – VIII ZR 110/11, NZM 2012, 679.
84 Hannemann/*Horst*, Das neue Mietrecht, § 2 Rn. 129; entnommen wird dieser Richtwert analog § 2 S. 1 BaukostenzuschussG (BaukZuschG).
85 *LG Berlin* 10.1.2012 – 63 S 203/11.

Hinsichtlich der **Höhe der Investitionskosten** ist gegebenenfalls zu berücksichtigen, dass der Vermieter die Investitionen durch Verzicht auf eine an sich zulässige Mieterhöhung oder einen Mietnachlass mitfinanziert hat.[86] 62

Hinweis: Haben die Investitionen des Mieters schon selbst eine Modernisierung begründet, ist dieser vom Mieter geschaffene Zustand maßgeblich für die Frage, ob eine weitere Baumaßnahme als weitere Modernisierung gewertet werden kann. 63

Beispiel: Vermietet wurde eine Wohnung mit Kohleheizung, die der Mieter später im Einvernehmen mit dem Vermieter auf eigene Kosten durch eine Gasetagenheizung ausgetauscht hat. Unter Hinweis auf eine Gebrauchswertverbesserung kann der Vermieter nicht auf eine Gaszentralheizung umstellen, da sich diese Verbesserung nur im Vergleich Kohleheizung/Gaszentralheizung ergibt, nicht aber im Vergleich Gasetagenheizung/Gaszentralheizung. Letzterer ist aber maßgeblich. Ob eine Modernisierung anzunehmen ist, hängt also vom Zustand der Mietwohnung unmittelbar vor der Modernisierung ab; unerheblich ist dagegen der Zustand bei Mietbeginn.[87]

4. Sonstige Härtegründe

Weil die Duldungspflicht des Mieters nur in den Grenzen von Treu und Glauben nach § 242 BGB besteht, kann der Mieter über die vorgenannten Härtegründe hinaus weitere Umstände anführen, welche die beabsichtigte Modernisierung für ihn als Härte erscheinen lassen. Zu diesen **persönlichen Härtegründen** können im Einzelfall zählen:[88] 64

- Das Alter oder eine Erkrankung (einschließlich pathologische Ängste) des Mieters
- Die Geburt eines Kindes der Mieterin während der angekündigten Modernisierung
- Das unmittelbar bevorstehende Ende des Mietverhältnisses
- Eine Behinderung des Mieters
- Eine unmittelbar bevorstehende Abschlussprüfung des Mieters
- Eine erhebliche gesundheitliche Gefährdung des Mieters[89]

Die Unzumutbarkeit kann für den Mieter auch aus seiner **persönlichen Beziehung** zu den vom Vermieter beauftragten Handwerkern folgen. Hat der Mieter ihnen aufgrund eines Streits ein **Hausverbot** erteilt, ist der Vermieter hieran gebunden und dem Mieter der Zutritt dieser Handwerker unzumutbar.[90] 65

Eine Härte ist regelmäßig auch dann begründet, wenn sich der Vermieter mit der Modernisierung zu eigenen Erklärungen in Widerspruch setzt, solange der Mieter auf diese Erklärungen vertrauen durfte und dies auch getan hat (Fall des Rechtsmissbrauchs). Beispielsweise kann ein Vermieter, der dem Mieter zugesagt hatte, bestimmte Modernisierungsmaßnahmen nicht vorzunehmen, später von ihm nicht die Duldung genau jener Maßnahmen verlangen.[91] 66

Nicht durchgreifend ist der Einwand des Mieters, ein schon modernes System solle lediglich durch eine technische Weiterentwicklung ersetzt werden.[92] Entscheidend ist allein, dass die beabsichtigte Baumaßnahme einen Modernisierungserfolg iSv § 555 b BGB herbeiführt. 67

---

86 *Eisenschmid* in Schmidt-Futterer, § 555 d BGB Rn. 40.
87 *BGH* 20.6.2012 – VIII ZR 110/11, NZM 2012, 679.
88 Vgl. *Eisenschmid* in Schmidt-Futterer, § 555 d BGB Rn. 44 mwN.
89 *LG Berlin* 13.1.2015 – 63 S 133/14; *LG Berlin* 17.12.2014 – 67 S 66/14.
90 *AG Hamburg-Blankenese* 27.7.2007, 509 C 45/06.
91 *Eisenschmid* in Schmidt-Futterer, § 555 d BGB Rn. 45.
92 Vgl. *BGH* 28.9.2011 – VIII ZR 326/10, NJW 2011, 3514, für den Austausch funktionstüchtiger Erfassungsgeräte für Heizwärme und Warmwasser gegen ein zur Funkablesung geeignetes System gemäß § 4 Abs. 2 HeizKV.

V. Gegenläufige Interessen

68 Kann der Mieter entsprechend den vorherigen Ausführungen eine Härte einwenden, entfällt damit nicht automatisch seine Pflicht zur Duldung der Modernisierung. Dies ist vielmehr nur der Fall, wenn die Modernisierungsmaßnahme unter **Würdigung der berechtigten Interessen** sowohl des Vermieters als auch anderer Mieter in dem Gebäude sowie von Belangen der Energieeinsparung und des Klimaschutzes nicht zu rechtfertigen ist (§ 555 d Abs. 2 S. 1 BGB). Hierfür trägt der Vermieter die Darlegungs- und Beweislast.[93] Da die Aufzählung der möglichen gegenläufigen Interessen abschließenden Charakter hat, sind weitere Kriterien nicht zu berücksichtigen.

69 Das Interesse des durch den Härteeinwand geschützten Personenkreises an der Nichtdurchführung der Modernisierungsmaßnahme ist für den konkreten Einzelfall abzuwägen mit gegenläufigen Interessen an der Durchführung derselben. Ist die Modernisierungsmaßnahme dem Mieter hiernach unzumutbar, muss der Mieter sie nicht dulden.

1. Vermieter

70 Auf der Seite des Vermieters sind alle mit der Modernisierung verbundenen berechtigten Interessen zu berücksichtigen mit Ausnahme seines Interesses an der Mieterhöhung.[94] Zu Grunde zu legen ist vor allem das Interesse des Vermieters, die Immobilie an einen attraktiven, jedenfalls aber an einen allgemein üblichen Standard anzupassen und damit ihre Vermietbarkeit und Werthaltigkeit zu steigern.[95]

71 Häufig gibt das Interesse des Vermieters, durch Absenkung der **Energiekosten** die Nachfrage an der Mietwohnung – und damit die für sie erzielbare Miete – zu erhöhen, den Ausschlag für die Modernisierung. Auch die Möglichkeit, die Arbeiten besonders preiswert oder schnell zu einem bestimmten Zeitpunkt durchführen zu können, sind zu berücksichtigen.[96]

72 Ist der Vermieter Bewohner des zu modernisierenden Gebäudes, sind seine **Eigeninteressen** auch in seiner Eigenschaft als Bewohner abwägungsrelevant.[97] Kommt ihm eine **Wohnwertverbesserung** oder die energetische Sanierung selbst zugute, so ist dies in der Interessenabwägung zu seinen Gunsten zu würdigen.

Beispiel: Das besondere Interesse des im Obergeschoss lebenden, zunehmend gehbehinderten Vermieters an der Installation eines Fahrstuhls ist gegen das Interesse des Mieters abzuwägen, die Installation zu unterlassen.

73 Anerkannt ist zudem das **wirtschaftliche Interesse** des Vermieters, begrenzt verfügbare Förderprogramme, aktuell günstige Finanzierungsmittel oder Steuerermäßigungen nutzen zu wollen.[98] Auch der Umstand, dass die Modernisierung zusammen mit anstehenden Instandsetzungsarbeiten zügiger und kostengünstiger durchgeführt werden kann, ist zu seinen Gunsten zu berücksichtigen.

74 Nicht in die Abwägung mit einzubeziehen sind dagegen alle Vorteile, die sich aus der Modernisierung selbst ergeben, etwa das allgemeine Interesse des Vermieters, wegen der Modernisierung die Miete zu erhöhen. Dies verlangt der Umstand, dass das Interesse des Mieters, von einer **Mieterhöhung** verschont zu bleiben, in dieser Allgemeinheit ebenso unbeachtlich ist.

---

93 Palandt/*Weidenkaff*, § 555 d BGB Rn. 8.
94 *Eisenschmid* in Schmidt-Futterer, § 555 d BGB Rn. 53.
95 *Kinne*, Miet- und Mietprozessrecht, § 555 d BGB Rn. 12; Palandt/*Weidenkaff*, § 555 d BGB Rn. 10.
96 *Gramlich*, Mietrecht, § 555 d BGB Rn. 9.
97 *Eisenschmid* in Schmidt-Futterer, § 555 d BGB Rn. 56.
98 *Eisenschmid* in Schmidt-Futterer, § 555 d BGB Rn. 55; *Kinne*, Miet- und Mietprozessrecht, § 555 d BGB Rn. 12.

2. Andere Mieter

Weiterhin verlangen auch die Interessen anderer Mieter im Gebäude Berücksichtigung.[99] Diese „anderen Mieter" brauchen nicht auch Mieter des modernisierenden Vermieters zu sein. Erforderlich und ausreichend ist, dass sie Mieter in dem Gebäude sind, in dem die Modernisierung erfolgt. Interessen von Mietern in anderen Gebäuden sind damit nicht zu berücksichtigen.[100] 75

Beispiel: Beabsichtigt der Vermieter, in das Mietgebäude einen Fahrstuhl einbauen zu lassen, so stärkt es das Interesse des Vermieters, wenn die anderen Mieter die Installation gutheißen und sie bereitwillig dulden.

Stützen die Interessen der anderen Mieter den Härteeinwand eines Mieters, sind diese Interessen nicht zugunsten dieses Mieters zu berücksichtigen. Zu würdigen ist mithin allein das Interesse der anderen Mieter daran, dass die Modernisierung durchgeführt wird, nicht aber das Interesse daran, dass sie unterbleibt.[101] Damit können sich die Interessen der anderen Mieter nur zugunsten des modernisierungswilligen Vermieters auswirken. 76

Beispiel: Sprechen sich andere Mieter des Gebäudes gegen den Ausbau des Dachgeschosses aus, weil sie Lärm, Schmutz und sonstige Beeinträchtigungen fürchten, wird dieses Interesse an der Nichtdurchführung der Modernisierung nicht dem Interesse des sich auf eine Härte berufenden Mieters zugeschlagen. Unbenommen ist den anderen Mietern freilich, selbst eine Härte geltend zu machen.

Nach dem Wortlaut von § 555 d Abs. 2 S. 1 BGB können nur die Interessen anderer Mieter im Gebäude beachtlich sein, nicht aber die der **Wohnungseigentümer**. Wenn sich die Wohnung des Mieters in einer Wohnungseigentumsanlage befindet, sind die die Nutzungsmöglichkeiten und Gebrauchsrechte der übrigen Eigentümer aber nicht weniger betroffen. Deshalb ist es gerechtfertigt, bei der Interessenabwägung auch die Interessen der übrigen Eigentümer zugunsten des Vermieters zu berücksichtigen, in analoger Anwendung dieser Vorschrift.[102] 77

3. Energieeinsparung und Klimaschutz

Zu würdigen sind auch die Belange der Energieeinsparung und des Klimaschutzes. Abwägungsrelevant sind somit über Einzelinteressen hinaus auch die Interessen der Allgemeinheit, also öffentliche Interessen. Von Bedeutung sind diese Abwägungsgesichtspunkte nur, wenn eine **energetische Modernisierung** (§ 555 b Nr. 1 BGB) beabsichtigt ist oder mit der Modernisierung nicht erneuerbare Primärenergie nachhaltig eingespart oder das Klima nachhaltig geschützt wird (§ 555 b Nr. 2 BGB). 78

Dabei gilt der Grundsatz, dass der Mieter die Beeinträchtigungen einer Maßnahme umso eher zu dulden hat, je mehr Energie nachhaltig eingespart und je mehr nachhaltiger Klimaschutz bewirkt wird.[103] Dies stärkt die Rechtsposition des Vermieters erheblich, da sein Interesse an der energetischen Modernisierung ihrem Zweck entspricht. Demnach dürfte sich der Mieter zum Beispiel bei Umstellung der Heizung von Kohleofen auf Gasetagenheizung kaum mehr mit Erfolg auf einen Härtegrund berufen können. 79

Somit ist der Mieter sowohl bei der energetischen Modernisierung (§ 555 b Nr. 1 BGB) als auch bei Maßnahmen zur Einsparung nicht erneuerbarer Primärenergie (§ 555 b Nr. 2 80

99 *BVerfG* 8.12.2015 – 1 BvR 2921/15, NJW-RR 2016, 525.

100 *Abramenko*, Das neue Mietrecht in der anwaltlichen Praxis, § 2 Rn. 105.

101 *LG Berlin* 17.2.2016 – 65 S 301/15; *Eisenschmid* in Schmidt-Futterer, § 555 d BGB Rn. 60; *Gramlich*, Mietrecht § 555 d BGB Rn. 9; Staudinger/*Emmerich*, § 555 d BGB Rn. 7.

102 *Dickersbach*, Lützenkirchen/Mietrecht, § 555 d BGB Rn. 26; Spielbauer/Schneider/*Ettl*, Mietrecht, § 555 d BGB Rn. 6; Staudinger/*Emmerich*, § 555 d BGB Rn. 6; aA *Eisenschmid* in Schmidt-Futterer, § 555 d BGB Rn. 61.

103 *Dickersbach*, Lützenkirchen/Mietrecht, § 555 d BGB Rn. 40.

BGB) regelmäßig mit seinem Härteeinwand ausgeschlossen.[104] Weil beide Modernisierungsvarianten **keine Mindestenergieeinsparung** voraussetzen,[105] ist insbesondere der Einwand des Mieters unbeachtlich, die Energieeinsparung sei unzureichend.

4. Abwägung widerstreitender Interessen

81 Kann der Mieter gegenüber der Modernisierung eine Härte einwenden, ist er von seiner Duldungsverpflichtung nur befreit, wenn die Modernisierung weder durch das Interesse des Vermieters an der Durchführung der Modernisierung noch durch die Interessen anderer Mieter im Gebäude oder durch die Belange der Energieeinsparung und des Klimaschutzes gerechtfertigt ist (§ 555 d Abs. 2 S. 1 BGB).

82 **Hinweis:** Handelt es sich bei der beabsichtigten Baumaßnahme schon nicht um eine Modernisierung, so besteht von vornherein keine Duldungspflicht gemäß § 555 d Abs. 1 BGB. Der Einwand einer Härte ist dann nicht erforderlich, mithin findet keine Interessenabwägung statt (Erhaltungsmaßnahmen hat der Mieter aber gemäß § 555 a BGB zu dulden, ohne dass er ihnen gegenüber eine Härte einwenden kann).

83 Damit der Härteeinwand beachtlich ist, müssen die Interessen des Mieters prinzipiell ein größeres Gewicht haben als die gegenläufigen Interessen an der Modernisierung. Insoweit geht das Gesetz von einem **Vorrang der Vermieterinteressen** aus; bei Gleichwertigkeit der Interessen hat der Mieter die Modernisierung zu dulden.[106] Ob der Härteeinwand begründet ist, entscheidet im Streitfall das Gericht aufgrund pflichtgemäßer Abwägung.[107]

84 Dem Vermieter ist es unbenommen, Härtegründe zu beseitigen bzw. ihnen Gewicht zu nehmen. So kann er dem Mieter eine **Ersatzunterkunft** anbieten, um für ihn die modernisierungsbedingten Beeinträchtigungen abzumildern; für vorausgegangene Aufwendungen des Mieters kann der Vermieter ihm eine **Entschädigungsleistung** anbieten.

85 Wenn das **Mietverhältnis bereits gekündigt** ist oder seine Beendigung aus anderen Gründen unmittelbar bevorsteht, ist es dem Vermieter grundsätzlich zuzumuten, den Auszug des Mieters abzuwarten und erst dann mit den Arbeiten zu beginnen – dies jedoch nur unter der Voraussetzung, dass die dadurch bedingte Verzögerung organisatorisch möglich ist und sich die Baukosten für den Vermieter nicht unzumutbar erhöhen.[108]

86 Ist ein schwerwiegender Eingriff in das **Recht auf Leben** und **körperliche Unversehrtheit** zu befürchten, ist dies vom Gericht auf entsprechenden Vortrag hin eingehend zu prüfen und im Rahmen der gebotenen Interessenabwägung angemessen zu berücksichtigen.[109] Hierzu gehört beispielsweise die Behauptung des Mieters, er leide unter nicht behandelbarem Bluthochdruck, der besonders bei Belastungssituationen – wie sie die vorübergehende Räumung wegen Modernisierung darstellt – zu Krisen mit Lebensgefahr führen könne.[110]

87 Handelt es sich um Modernisierungsmaßnahmen, die das ganze Gebäude betreffen bzw. unteilbar sind – etwa schon im Interesse eines **einheitlichen Erscheinungsbildes** des Gebäudes –, so ist zugunsten des Vermieters zu berücksichtigen, dass sich bereits mehrere Mieter mit diesen Modernisierungsmaßnahmen einverstanden erklärt haben.

Beispiel: Die Fassade soll gedämmt, alle Fester des Gebäudes sollen ausgetauscht und eine Zentralheizung soll installiert werden.

88 Zugunsten des Mieters wäre gegebenenfalls zu berücksichtigen, dass die Modernisierung der Mietwohnung allein zu dem Zwecke erfolgen soll, sie anschließend besser verkaufen

104 *Eisenschmid* in Schmidt-Futterer, § 555 d BGB Rn. 22, Rn. 63.
105 *BGH* 10.4.2002 – VIII ARZ 3/01, NZM 2002, 159.
106 Staudinger/*Emmerich*, § 555 d BGB Rn. 6.
107 *BGH* 2.3.2011 – VIII ZR 164/10, NJW 2011, 1220.
108 *Eisenschmid* in Schmidt-Futterer, § 555 d BGB Rn. 26.
109 *BVerfG* 14.1.1992 – 1 BvR 1273/91, NJW 1992, 1378.
110 *BVerfG* 14.1.1992 – 1 BvR 1273/91, NJW 1992, 1378.

zu können. In diesem Fall dient die Wertverbesserung ausschließlich der Erzielung eines möglichst hohen **Verkaufspreises**, während der Mieter in Folge des Verkaufs dem erhöhten Risiko einer Eigenbedarfskündigung ausgesetzt sein kann.[111]

Wendet der Mieter gegen eine Modernisierungsmaßnahme, die der Vermieter aus von ihm **nicht zu vertretenden Gründen** vorzunehmen hat (§ 555 b Nr. 6 BGB), eine Härte ein, ist 89
den Interessen des Vermieters besonderes Gewicht einzuräumen.[112] Im Ergebnis wird in diesen Fällen der Härteeinwand ohne Erfolg bleiben; sonst bestünde eine Zwangslage des Vermieters, in der es ihm kaum möglich wäre, sich rechtskonform zu verhalten, also ihm vorgeschriebene Modernisierungsmaßnahmen durchzuführen.[113] Mit dem **Einwand wirtschaftlicher Härte** ist der Mieter gegenüber der Mieterhöhung bei dieser Modernisierungsvariante *per se* ausgeschlossen (§ 559 Abs. 4 S. 2 Nr. 2 BGB).

VI. Beachtlicher Härteeinwand

Damit der Härteeinwand des Mieters beachtlich ist, muss er wirksam geltend gemacht 90
werden. Allein, dass eine Härte gegeben ist, berechtigt den Mieter nicht, die Duldung zu verweigern. Vorgeschrieben ist vielmehr ein bestimmtes Verfahren, das dazu dient, dem Vermieter frühzeitig Kenntnis von etwaigen Modernisierungshemmnissen zu geben.

1. Form der Mitteilung

Die Mitteilung einer Härte muss **vom Mieter ausgehen**, unabhängig davon, ob die Härte 91
ihn, seine Familie oder einen Angehörigen seines Haushalts betrifft (§ 555 d Abs. 3 S. 1 BGB). Eine **Vertretung** des Mieters ist möglich, wobei die Zurückweisung des Vermieters nach § 174 BGB ebenfalls möglich ist. Adressat der Mitteilung ist der Vermieter. Wird die Mietwohnung verkauft, kann die Mitteilung gegenüber dem **Käufer** erst dann wirksam erfolgen, wenn dieser im Grundbuch eingetragen wurde und hierdurch die Stellung des Vermieters erlangt hat (§ 566 Abs. 1 BGB).[114]

Die Härtegründe sind in **Textform** mitzuteilen (§ 555 d Abs. 3 S. 1 BGB), also in der gleichen Weise, in der der Vermieter die Modernisierung anzukündigen hat. Erforderlich und ausreichend ist somit eine Mitteilung per E-Mail, per Telefax oder Brief.

Auf die vorgeschriebene Textform hat der Vermieter den Mieter ebenso hinzuweisen wie 92
auf die Frist des **Härteeinwandes** (§ 555 c Abs. 2 BGB). Diese Hinweise dienen dem Schutz des Mieters, dem diese Informationen regelmäßig unbekannt sind. Wahrt der Mieter bei seinem Härteeinwand nicht die vorgeschriebene Textform, obwohl er insgesamt ordnungsgemäß belehrt worden ist, ist sein Einwand unbeachtlich.

2. Frist der Mitteilung

Möchte ein Mieter die **Duldung der Modernisierung** wegen einer Härte verweigern, hat er 93
die hierfür sprechenden Umstände dem Vermieter bis zum Ablauf des Monats mitzuteilen, der auf den Monat folgt, in dem der Mieter eine gemäß § 555 c BGB ordnungsgemäße Modernisierungsankündigung erhalten hat (§ 555 d Abs. 3 S. 1 BGB). Maßgeblich für die Rechtzeitigkeit der Mitteilung des Mieters ist nicht deren Absendung, sondern ihr Zugang beim Vermieter.

Dieser Frist unterliegt auch der Einwand des Mieters, die zu erwartende **Mieterhöhung** 94
sowie die voraussichtlichen künftigen Betriebskosten seien ihm wirtschaftlich unzumutbar.[115] Obwohl dieser Härteeinwand *nicht* der Duldung der Modernisierung, sondern erst

111 *Eisenschmid* in Schmidt-Futterer, § 555 d BGB Rn. 46.
112 BT-Drs. 17/10485, 19.
113 *Dickersbach*, Lützenkirchen/Mietrecht, § 555 b BGB Rn. 73.
114 Spielbauer/Schneider/*Ettl*, Mietrecht, § 555 d BGB Rn. 24.
115 Siehe hierzu unter → § 6 Rn. 323 ff.

der Mieterhöhung entgegengehalten werden kann, muss auch er schon bis zum Ablauf des auf den Zugang der Ankündigung folgenden Monats mitgeteilt werden (§ 559 Abs. 5 S. 1 iVm § 555 d Abs. 3 S. 1 BGB).

95 Mit dieser **Ausschlussfrist** verfolgt das Gesetz den Zweck, modernisierungswilligen Vermietern Planungssicherheit zu geben.[116] Je nachdem, ob dem Mieter die Modernisierungsankündigung am Anfang oder zum Ende eines Monats zugeht, hat er fast zwei Monate oder etwas mehr als einen Monat Zeit für seinen Härteeinwand.

96 Die Ausschlussfrist, innerhalb derer der Mieter eine Härte mitteilen und begründen muss, gilt nur unter der Voraussetzung, dass die Modernisierungsankündigung den Vorschriften des § 555 c BGB entspricht (§ 555 d Abs. 3 S. 2 BGB). Dies ist der Fall, wenn die Modernisierungsankündigung

- dem Mieter spätestens drei Monate vor Beginn der Modernisierung in Textform zugegangen ist (§ 555 c Abs. 1 S. 1 BGB),
- den Mieter in wesentlichen Zügen informiert über
  - die Art und
  - den voraussichtlichen Umfang der Modernisierungsmaßnahmen,
  - ihren voraussichtlichen Beginn und
  - ihre voraussichtliche Dauer sowie
  - den Betrag einer beabsichtigten nicht unerheblichen Mieterhöhung und
  - die voraussichtlichen künftigen Betriebskosten (§ 555 c Abs. 1 S. 2 BGB),
- den Mieter gemäß § 555 c Abs. 2 BGB darüber informiert, in welcher Form und Frist eine Härte einzuwenden ist.

97 Fehlt auch nur eines dieser Elemente nach § 555 c Abs. 1 BGB, gilt die Ausschlussfrist nicht und der Mieter kann ohne Einhaltung einer Frist eine Härte mitteilen. Dies gilt ebenso, wenn die Ankündigung zwar alle Elemente enthält, die jeweils erforderlichen Informationen aber unzureichend sind.[117]

98 Eine Besonderheit gilt für den Einwand **wirtschaftlicher Härte**: Erfüllt die Ankündigung zwar die inhaltlichen Vorgaben des § 555 c Abs. 1 BGB, ist der Mieter jedoch entgegen § 555 c Abs. 2 BGB *nicht* auf Form und Frist des Härteeinwandes hingewiesen worden, gilt eine **weitere Ausschlussfrist**. In diesem Fall muss der Mieter den Einwand wirtschaftlicher bis spätestens zum **Beginn der Modernisierungsmaßnahme** geltend gemacht haben (§ 555 d Abs. 5 S. 2 iVm § 555 d Abs. 4 S. 2 BGB).

99 Indem für eine **Bagatellmodernisierung** eine Ankündigung *nicht* vorgeschrieben ist (§ 555 c Abs. 4 BGB), kann der Mieter auch insoweit eine Härte **fristungebunden** mitteilen. Allerdings dürfte der Härteeinwand regelmäßig nicht begründet sein, da sich eine Bagatellmodernisierung dadurch auszeichnet, dass sie nur mit einer unerheblichen Einwirkung auf die Mietsache verbunden ist und allenfalls auch nur zu einer unerheblichen Mieterhöhung führt (§ 555 c Abs. 4 BGB).

100 Für den **Fristbeginn** ist unerheblich, ob dem Mieter die Modernisierungsankündigung an einem Sonnabend, einem Sonntag oder an einem gesetzlichen Feiertag zugeht.[118] Anders ist es beim **Fristende**: Fällt der letzte Tag des auf die Ankündigung folgenden Monats auf einen dieser Tage, so endet die Frist am darauffolgenden Werktag (§ 193 BGB).

116 Palandt/*Weidenkaff*, § 555 d BGB Rn. 1.
117 *Eisenschmid* in Schmidt-Futterer, § 555 d BGB Rn. 68; Palandt/*Weidenkaff*, § 555 d BGB Rn. 18.
118 *Kinne*, Miet- und Mietprozessrecht, § 555 d BGB Rn. 16.

Übersicht: Beginn und Ablauf der Mitteilungsfrist für den Härteeinwand 101

Zugang Modernisierungsankündigung	Mitteilungsfrist
1.–31. Januar	Zugang bis 28./29. Februar
1.–28./29. Februar	Zugang bis 31. März
1.–31. März	Zugang bis 30. April
1.–30. April	Zugang bis 31. Mai
1.–31. Mai	Zugang bis 30. Juni
1.–30. Juni	Zugang bis 31. Juli
1.–31. Juli	Zugang bis 31. August
1.–31. August	Zugang bis 30. September
1.–30. September	Zugang bis 31. Oktober
1.–31. Oktober	Zugang bis 30. November
1.–30. November	Zugang bis 31. Dezember
1.–31. Dezember	Zugang bis 31. Januar

3. Begründung der Härte

Für das Vorliegen einer unzumutbaren Härte ist der Mieter darlegungs- und beweispflichtig, seinen Härteeinwand muss der Mieter also begründen und diese Begründung erforderlichenfalls auch beweisen.[119] Zwar legt das Gesetz nicht fest, wie eingehend die Begründung zu erfolgen hat, doch genügt es, wenn der Härteeinwand gegen die Modernisierung ebenso **„in wesentlichen Zügen"** begründet wird wie die Ankündigung der Modernisierung (vgl. § 555 c Abs. 1 BGB). Entscheidend ist, dass der Härteeinwand individualisierbar ist, er also einen **konkreten Lebenssachverhalt** zur Grundlage hat.[120] 102

Wie der Mieter seinen Härteeinwand *in concreto* zu begründen hat, beurteilt sich nach dem **Zweck der Mitteilung**. Danach muss der Vermieter durch die Mitteilung in die Lage versetzt werden, hinreichend beurteilen zu können, ob er wegen des Härteeinwandes Abhilfemöglichkeiten schafft, von der Modernisierung (teilweise) absieht, sie verschiebt, auf die Mieterhöhung (teilweise) verzichtet oder den Mieter auf Duldung der Modernisierung verklagt. 103

Diesem Zweck wird der Mieter nur gerecht, wenn er **konkrete Tatsachen** vorträgt, anhand derer der Vermieter diese Einschätzung vornehmen kann. Dabei hat der Mieter alle Umstände anzugeben, die ihm bis zum Fristablauf bekannt sind. Verspätet vorgebrachte Gründe sind nur beachtlich, wenn der Mieter an der rechtzeitigen Geltendmachung ohne eigenes Verschulden gehindert war (§ 555 d Abs. 4 S. 1 BGB). 104

VII. Unverschuldete Fristversäumnis

Nur der form- und fristgerecht vorgebrachte Härteeinwand ist beachtlich. In den nachfolgend aufgeführten Fällen darf sich der Mieter aber auch noch nach Ablauf der Mitteilungsfrist auf Härtegründe berufen. 105

119 *Eisenschmid* in Schmidt-Futterer, § 555 d BGB Rn. 90; *KG* 10.5.2007 – 8 U 166/06; *LG Berlin* 8.5.2015 – 63 S 257/14; *AG München* 30.12.2016 – 453 C 22061/15.
120 *AG Bielefeld* 19.4.2018 – 408 C 16/18.

1. Nicht ordnungsgemäße Belehrung

106 Hat der Vermieter den Mieter in der Modernisierungsankündigung nicht ordnungsgemäß darüber informiert, dass und in welcher Form und Frist er seinen Härteeinwand vorzutragen hat, beginnt die Ausschlussfrist nicht zu laufen und der Härteeinwand des Mieters ist an die Textform nicht mehr gebunden (§ 555 d Abs. 5 BGB).

107 Nicht erforderlich ist, dass sich genau der Fehler der Mitteilung ausgewirkt hat, dass also etwa der Mieter seine Härte mündlich vorgebracht hat, weil er über die vorgeschriebene Textform nicht belehrt worden war. Richtigerweise führt *jeder* Fehler in der Belehrung des Vermieters dazu, dass der Mieter die für seinen Härteeinwand vorgeschriebene Form und Frist insgesamt nicht mehr einhalten muss (§ 555 d Abs. 5 BGB).[121] Ist der Mieter nicht ordnungsgemäß informiert worden, kann er einen Härteeinwand also noch nach Ablauf des zweiten Monats nach Erhalt der Ankündigung erheben.

2. Entschuldigte Verspätung

108 Obwohl der Mieter ordnungsgemäß auf Form und Frist seines Härteeinwandes hingewiesen worden ist, kann er noch **nach Ablauf der Einwendungsfrist** ausnahmsweise eine Härte geltend machen, wenn er

1. unverschuldet an der Einhaltung der Mitteilungsfrist gehindert war und er
2. dem Vermieter die härtebegründenden Umstände sowie die Gründe der Verzögerung unverzüglich in Textform mitteilt, sobald ihm dies möglich ist (§ 555 d Abs. 4 S. 1 BGB).

109 Das Verschulden eines **Erfüllungsgehilfen** hat der Mieter zu vertreten (§ 278 BGB). Beauftragt der Mieter beispielsweise einen Rechtsanwalt oder den Mieterverein mit der Prüfung eines Härteeinwandes und versäumt dieser die Einwendungsfrist, ist der Mieter mit dem Härteeinwand ausgeschlossen.[122] Auch unerwartete Verzögerungen bei der **Postbeförderung** muss sich der Mieter wie ein eigenes Verschulden zurechnen lassen.[123]

110 Unverschuldet ist die Versäumung der Einwendungsfrist insbesondere, wenn die Umstände, die eine Härte begründen, erst nach Ablauf der Einwendungsfrist entstanden sind.[124] Hierzu zählen häufig körperliche Gründe wie **Krankheit** des Mieters bzw. eines seiner Familien- oder Haushaltsangehörigen.

111 Entschuldigt ist der Mieter aber nur, wenn er den Vermieter unverzüglich und in Textform über den Härtegrund informiert, nachdem ihm dies möglich geworden ist, und auch begründet, warum er an der rechtzeitigen Mitteilung des Härtegrundes schuldlos gehindert gewesen ist. Unverzüglich heißt, dass der Mieter mit der Mitteilung nicht schuldhaft – also vorwerfbar – zögern darf (§ 121 BGB).

Beispiel: Auch wenn der Mieter wegen eines sechswöchigen Kuraufenthalts hinsichtlich der Verspätung seines Härteeinwandes zunächst entschuldigt ist, verliert er die Möglichkeit des Härteeinwandes endgültig, wenn er nach Rückkehr von der Kur seine Härte und die Gründe ihrer verspäteten Geltendmachung nicht unverzüglich in Textform mitteilt.

112 Ist die verspätete Geltendmachung der Härtegründe entschuldigt, so können sie auch noch nach Beginn der Modernisierungsmaßnahme vorgebracht werden. Eine **schwere Erkrankung** des Mieters nach Baubeginn kann damit sogar ein Aussetzen oder eine Verschiebung der Baumaßnahmen gebieten. Allerdings ist in diesen Fällen zu beachten, dass das Interesse des Vermieters an der Fortsetzung bereits begonnener Maßnahmen besonders hoch zu

121 *Abramenko*, Das neue Mietrecht in der anwaltlichen Praxis, § 2 Rn. 42; *Eisenschmid* in Schmidt-Futterer, § 555 d BGB Rn. 78; aA *Dickersbach*, Lützenkirchen/Mietrecht, § 555 d BGB Rn. 47.
122 Vgl. *BGH* 25.10.2006 – VIII ZR 102/06, NJW 2007, 428.
123 Vgl. *BGH* 21.1.2009 – VIII ZR 107/08, NZM 2009, 274.
124 BT-Drs. 17/10485, 21.

bewerten ist.[125] Damit kommt ein Überwiegen der Interessen des Mieters nur in gravierenden Situationen in Betracht, etwa wenn Leben oder Gesundheit konkret bedroht wären.[126]

Hat der Mieter nicht bis zum Ablauf des auf den Zugang der Modernisierungsankündi- 113
gung folgenden Monats eine Härte geltend gemacht und kann er sich nicht für seine Verspätung entschuldigen („exkulpieren"), so ist er mit seinem Härteeinwand gänzlich ausgeschlossen.

3. Sonderfall Mieterhöhung

Wurde der Mieter in der Modernisierungsankündigung auf Form und Frist seines Härte- 114
einwandes hingewiesen, so kann er eine Härte nur bis zum Ablauf des Monats einwenden, der auf den Zugang der Ankündigung folgt (§ 555 d Abs. 3 BGB). Danach sind Umstände, die eine wirtschaftliche Härte begründen, nur zu berücksichtigen, wenn der Mieter ohne Verschulden an der Einhaltung der Frist gehindert war und er dem Vermieter sowohl die härtebegründenden Umstände als auch die Gründe der Verzögerung unverzüglich in Textform mitteilt (§ 555 d Abs. 4 S. 1 BGB).

Das Recht, bei **fehlendem Verschulden** eine Härte verspätet einwenden zu können, ist je- 115
doch hinsichtlich der wirtschaftlichen Härte eingeschränkt: Umstände, die eine Härte im Hinblick auf die Mieterhöhung begründen, braucht der Vermieter nur zu berücksichtigen, wenn der Mieter sie **spätestens bis zum Beginn der Modernisierung** mitgeteilt hat. Dies gilt auch, wenn der Mieter an der rechtzeitigen Geltendmachung schuldlos gehindert war (§ 559 Abs. 5 S. 1 iVm § 555 d Abs. 4 S. 2 BGB). Diese Ausschlussfrist dient der Planungssicherheit: Der Vermieter soll bis zum Beginn der Modernisierung wissen, ob er deren Kosten auf den Mieter umlegen kann.[127]

Beispiel: Dem Mieter geht die ordnungsgemäße Modernisierungsankündigung am 15.7. zu, weshalb er zum Härteeinwand bis 31.8. berechtigt ist. Verschlechtert sich erst danach sein Einkommen erheblich, kann er eine wirtschaftliche Härte einwenden, dies jedoch längstens bis zum Beginn der Baumaßnahmen.

Die Schranke des Baubeginns gilt auch in dem Fall, dass der Mieter entgegen § 555 c 116
Abs. 2 BGB **nicht auf Form und Frist des Härteeinwandes hingewiesen** worden ist, im Übrigen aber eine in jeder Hinsicht korrekte Modernisierungsankündigung gemäß § 555 c Abs. 1 BGB erhalten hat (§ 559 Abs. 5 S. 2 iVm § 555 d Abs. 4 S. 2 BGB). Dass diese zeitliche Schranke Anwendung findet, zeigt, dass das Gesetz die wegen fehlenden Hinweises in Unkenntnis von der Frist verspätete Mitteilung als einen Fall der schuldlos versäumten Frist iSv § 555 d Abs. 4 S. 1 BGB ansieht.[128]

Lediglich wenn die tatsächliche von der angekündigten **Mieterhöhung um mehr als** 117
10 Prozent abweicht, braucht der Mieter auch diese Ausschlussfrist nicht zu beachten und darf den Einwand wirtschaftlicher Härte auch noch nach Beginn der Modernisierungsmaßnahmen erheben (§ 559 Abs. 5 S. 2 BGB). Die Möglichkeit, in diesen Fällen fristungebunden eine Härte einwenden zu können, folgt aus der Natur der Sache: Dass die Abweichung 10 Prozent übersteigt, kann ein Mieter erst erkennen, wenn ihm nach Abschluss der Arbeiten das Mieterhöhungsverlangen des Vermieters vorliegt.

125 *Dickersbach*, Lützenkirchen/Mietrecht, § 555 d BGB Rn. 51; *Eisenschmid* in Schmidt-Futterer, § 555 d BGB Rn. 73; *Kinne*, Miet- und Mietprozessrecht, § 559 BGB Rn. 4.
126 BT-Drs. 17/10485, 22.
127 BT-Drs. 17/10485, 21.
128 *Dickersbach*, Lützenkirchen/Mietrecht, § 555 d BGB Rn. 53.

C. Rechte und Rechtsschutz

I. Pflichtwidrige Nichtduldung

1. Klage auf Duldung der Modernisierung

118 Kommt der Mieter seiner Verpflichtung zur **Duldung der Modernisierungsmaßnahmen** nicht nach, kann er vom Vermieter auf Duldung verklagt werden; bei einer **Mietermehrheit** müssen *alle* Mieter auf Duldung verklagt werden. Im Falle der **Rechtsnachfolge** kann für den Vermieter auch der ermächtigte künftige Eigentümer klagen.[129] Dieser **Duldungsklage** wird – auf Kosten des Mieters – auch dann stattgegeben, wenn der Mieter berechtigt gewesen wäre, eine Härte einzuwenden, dies aber nicht, nicht rechtzeitig oder nicht ordnungsgemäß (Textform) getan hat.[130]

119 Sachlich **zuständiges Gericht** für die Klage gegen einen Wohnungsmieter ist das Amtsgericht (§ 23 Nr. 2 a GVG); **örtlich zuständig** ist das Amtsgericht, in dessen Bezirk sich die Mieträume befinden (§ 29 a Abs. 1 ZPO). In Verfahren vor dem Amtsgericht ist die Vertretung durch einen Rechtsanwalt nicht vorgeschrieben. Der **Streitwert**, nach dem sich die Gerichtsgebühren und Anwaltsgebühren richten, bemisst sich nach dem Jahresbetrag einer modernisierungsbedingt möglichen Mieterhöhung (§ 41 Abs. 5 GKG).[131]

120 Bei einer Klage gegen einen Gewerberaummieter richtet sich die **sachliche Zuständigkeit** nach dem Streitwert; beträgt dieser bis zu 5.000 EUR, ist das Amtsgericht sachlich zuständig, darüber hinaus ist die Zuständigkeit des Landgerichts begründet (§ 23 Abs. 1 Nr. 1 GVG). **Örtlich zuständig** ist wiederum dasjenige Gericht, in dessen Bezirk die Mieträume belegen sind (§ 29 a Abs. 1 ZPO).

121 Die **Rechtsmittelbeschwer** bemisst sich nach dem 3,5-fachen des infolge der Modernisierung zu erwartenden Jahresbetrags der Mieterhöhung. Hinzuzurechnen ist ggf. der Wert der Beschwer für den Antrag des Vermieters auf Feststellung der Verpflichtung, der Mieters habe ihm verzögerungsbedingte Mehrkosten zu ersetzen (§§ 3, 9 ZPO).[132]

122 Der **Klageantrag** auf Duldung der Modernisierung einer Mietwohnung ist hinreichend bestimmt, wenn der erstrebte Duldungserfolg sowie der Umfang der zu duldenden Arbeiten in seinen wesentlichen Umrissen und Schritten im Antrag umschrieben werden.[133] Dies betrifft beabsichtigte Modernisierungen sowohl innerhalb der Wohnung als auch im **Außenbereich.**

123 Ist der Mieter auf Duldung bestimmter Modernisierungsmaßnahmen verklagt worden (§ 888 ZPO), kann dieses Urteil in der **Zwangsvollstreckung** durch Verhängung von Ordnungsgeld von bis zu 250.000 EUR, ersatzweise Ordnungshaft durchgesetzt werden (§ 890 ZPO). Das Ordnungsmittel muss zuvor angedroht worden sein, wobei die Androhung schon im Urteil enthalten sein kann (§ 890 Abs. 2 ZPO). Soweit die Duldung ein Handeln des Mieters voraussetzt – insbesondere das **Öffnen der Wohnungstür** –, ist diese Verpflichtung in der Verurteilung zur Duldung ausnahmsweise enthalten, wenn ihr anderenfalls nicht entsprochen werden kann.[134] Darüber hinaus soll es auch zulässig sein, dass der Vermieter den Gerichtsvollzieher gemäß § 892 ZPO zur gewaltsamen Türöffnung hinzuzieht.[135]

124 Weil der Duldungsanspruch nicht vor Ablauf der dreimonatigen Überlegungsfrist fällig ist, sollte die Klage nicht zuvor erhoben werden. Geschieht dies doch und erkennt der Mieter die Klageforderung sofort an, hat der Vermieter die **Kosten des Rechtsstreits** zu tragen,

129 *BGH* 13.2.2008 – VIII ZR 105/07, NJW 2008, 1218.
130 *KG* 16.7.2009 – 8 U 77/09.
131 *BGH* 2.11.2005 – XII ZR 137/05, NJW-RR 2006, 378; *KG* 28.9.2009 – 22 W 47/09.
132 *BGH* 7.1.2019 – VIII ZR 112/18, NJW-RR 2019, 333.
133 *BGH* 28.9.2011 – VIII ZR 242/10, NZM 2011, 849.
134 *BGH* 25.1.2007 – I ZB 58/06, NJW-RR 2007, 863.
135 *Lehmann-Richter*, WuM 2010, 729 (730 f.) (str.).

weil der Mieter keine Veranlassung zur Klage gegeben hat (vgl. § 93 ZPO).[136] Anders ist es, wenn der Mieter vor Ablauf der dreimonatigen Ankündigungsfrist deutlich macht, dass er die angekündigte Modernisierung nicht dulden werde.

Hinweis: Der Vermieter sollte den Mieter schon mit der Ankündigung, jedenfalls aber frühzeitig auffordern, binnen einer eindeutigen Frist von (nicht weniger als) zwei Monaten zu erklären, ob er der angekündigten Modernisierung zustimmt. Schweigt der Mieter hierauf, sollte er zur Abgabe der Erklärung gemahnt werden. Bleibt die Erklärung dann weiterhin aus, befindet sich der Mieter nun spätestens in Verzug (§ 286, Abs. 1, 2 BGB) und gibt dem Vermieter Anlass zur (Duldungs-)Klage.[137]

Ist der Mieter auf Duldung von Modernisierungsmaßnahmen verklagt und zeigt sich, dass die Ankündigung nicht bzw. nicht ordnungsgemäß erfolgt ist, so kann die Ankündigung noch im Laufe des Verfahrens nachgeholt werden; in diesem Fall beginnt die **dreimonatige Überlegungsfrist** des Mieters mit Zustellung der Ankündigung an ihn – gegebenenfalls über seinen Prozessbevollmächtigten – zu laufen.[138] 125

Verklagt der Vermieter den Mieter auf Duldung bestimmter Modernisierungsmaßnahmen, so trifft ihn die **Darlegungs- und Beweislast,** dass ihm dieser Anspruch gemäß § 555 d Abs. 1 BGB zusteht. So hat er zunächst zu beweisen, dass es sich bei der geplanten Maßnahme überhaupt um eine Modernisierung gemäß § 555 b BGB handelt, etwa weil durch sie die allgemeinen Wohnverhältnisse auf Dauer verbessert, der Wasserverbrauch nachhaltig reduziert oder in Bezug auf die Mietsache nachhaltig Endenergie eingespart wird. 126

Weiterhin hat der Vermieter darzulegen und erforderlichenfalls zu beweisen, dass er die Modernisierung ordnungsgemäß angekündigt hat (§ 555 c Abs. 1 BGB) bzw. deren Ankündigung als sog **Bagatellmaßnahme** ausnahmsweise entbehrlich ist (§ 555 c Abs. 4 BGB). Wendet der Mieter ein, dass die Modernisierung für ihn, seine Familie oder einen Angehörigen seines Haushalts eine **unzumutbare Härte** bedeutet, so hat er die diesem Einwand zugrunde liegenden Tatsachen darzulegen und zu beweisen. 127

2. Einstweilige Verfügung

Mit einer einstweiligen Verfügung kann der Vermieter seinen Anspruch gegen den Mieter auf Duldung der Modernisierungsmaßnahmen im Regelfall nicht durchsetzen.[139] Zum einen kann die Modernisierung – etwa eine Wohnwertverbesserung oder Energieeinsparung – in der Regel nicht in der hierfür erforderlichen Weise dringlich sein; zum anderen soll der Vermieter nicht bauliche Tatsachen schaffen können in einem **„Schnellverfahren"**, das seinem Wesen nach mit weniger **Rechtsschutzgarantien** ausgestattet ist als das „reguläre" Erkenntnisverfahren („unzulässige **Vorwegnahme der Hauptsache**").[140] Hat der Mieter den *Maßnahmen schon zugestimmt*, und verweigert er den Zutritt zu seiner Wohnung gleichwohl, kann eine einstweilige Verfügung auf Duldung aber gerechtfertigt sein.[141] 128

Die erforderliche **Dringlichkeit** kann insbesondere nicht dem Umstand entnommen werden, dass der Vermieter die Arbeiten für eine Wohnanlage terminlich projektiert hat.[142] Denn der Umstand, dass ein verzögerter Modernisierungsbeginn **steigende Kosten** verursacht, reicht für die besondere Eilbedürftigkeit einer einstweiligen Verfügung nicht aus. 129

136 *LG Berlin* 22.9.2015 – 67 T 67/15.

137 *LG Berlin* 25.1.2018 – 67 T 9/18.

138 *Eisenschmid* in Schmidt-Futterer, § 555 d BGB Rn. 14.

139 *LG Berlin* 17.9.1996 – 64 T 83/96; *Eisenschmid* in Schmidt-Futterer, § 555 d BGB Rn. 83; *Kinne*, Miet- und Mietprozessrecht, Teil II Rn. 165.

140 *KG* 16.10.2017 – 8 U 139/17; *Eisenschmid* in Schmidt-Futterer, § 555 d BGB Rn. 83; Staudinger/*Emmerich*, § 555 d BGB Rn. 26.

141 *AG Berlin-Neukölln* 19.7.2016, 8 C 241/16.

142 *LG Frankenthal* 12.5.1993 – 2 S 3/93; *AG Görlitz* 10.6.1993 – 7 C 0371/93; Hannemann/*Horst*, Das neue Mietrecht, § 2 Rn. 178.

Demgemäß kann sich die besondere Eilbedürftigkeit auch nicht daraus ergeben, dass die Gewährung öffentlicher Modernisierungszuschüsse zu verfristen droht.[143]

130 Lediglich wenn vorhandene **bedeutende Schutzgüter** sonst Schaden nehmen würden, kann eine einstweilige Verfügung gerechtfertigt sein, vor allem wenn der Bestand des Gebäudes oder **Leib und Leben** seiner Bewohner ohne die Baumaßnahme gefährdet wären.[144] Jedoch wird es sich bei derart dringlichen Baumaßnahmen im Regelfall um solche der Instandsetzung (§ 555 a BGB) handeln und nicht um solche der Modernisierung (§ 555 b BGB), welche dem Mieter mit dreimonatiger Frist anzukündigen sind (§ 555 c Abs. 1 S. 1 BGB).

Beispiel: Ohne die sofortige Strangsanierung besteht die Gefahr, dass das Trinkwasser mit gesundheitsgefährdenden Legionellen kontaminiert wird.

131 Eher werden bedeutende Schutzgüter dadurch gefährdet sein, dass bereits begonnene Modernisierungsarbeiten nicht zu Ende geführt werden können, weil der Mieter sie hindert.

Beispiel: Inmitten einer Sanierung der vertikalen Leitungsstränge eines mehrstöckigen Gebäudes verhindert der Mieter pflichtwidrig den Zutritt zu seiner Wohnung. Die offenen Schächte im Gebäude begründen die Gefahr, dass sich Rauch und Feuer schlagartig ausbreiten könnten.

3. Kündigung durch den Vermieter

132 Die **beharrliche Weigerung des Mieters**, seiner Duldungspflicht zu entsprechen, kann den Vermieter zur Kündigung berechtigen. Eine Kündigung des Vermieters wegen Verletzung der Pflicht des Mieters, Modernisierungsarbeiten zu dulden, hat nicht zur Voraussetzung, dass der Vermieter zuvor gegen den Mieter einen (rechtskräftig) titulierten Duldungstitel erstritten hat.[145] Vielmehr kann unter Abwägung aller im Einzelfall in Betracht kommenden Umstände die verweigerte Duldung des Mieters eine fristlose Kündigung (§ 543 Abs. 1 BGB) oder eine ordentliche Kündigung (§ 573 Abs. 2 Nr. 1 BGB) unmittelbar rechtfertigten.[146] Das **Risiko eines Irrtums** über seine Duldungspflicht trägt somit der Mieter;[147] so etwa über die Berechtigung seiner Forderung, die Gewährung des Zutritts von bestimmten Bedingungen abhängig machen zu dürfen.[148]

4. Schadensersatz

133 Bestreitet der Mieter, zur Duldung der Modernisierungsmaßnahme verpflichtet zu sein, macht er sich grundsätzlich nicht haftbar.[149] Wenn er Zweifel an seiner Duldungspflicht hat, kann er hierzu eine gerichtliche Entscheidung herbeiführen. Erst recht haftet ein Mieter nicht für Kosten wegen **nutzlos gewordener Maßnahmen** zur Vorbereitung der Modernisierung, wenn er der angekündigten Modernisierung nicht zugestimmt und der Vermieter *keine* Duldungsklage gegen den Mieter erhoben hat.[150]

134 Ebenfalls haftet der Mieter nicht für (Bauverzögerungs-)Kosten, wenn er zu seinen Gunsten irrig einen **Härtefall** annimmt und ihm der **Irrtum** nicht vorwerfbar ist. An einen unverschuldeten Rechtsirrtum sind aber grundsätzlich strenge Anforderungen zu stellen. Der Mieter – wie auch der Vermieter[151] – muss die Rechtslage unter Einbeziehung der höchst-

143 *LG Frankenthal* 12.5.1993 – 2 S 3/93.
144 *KG* 16.10.2017 – 8 U 139/17; *AG Görlitz* 10.6.1993 – 7 C 0371/93.
145 *BGH* 15.4.2015 – VIII ZR 281/13, NJW 2015, 2417.
146 *BGH* 15.4.2015 – VIII ZR 281/13, NJW 2015, 2417; *LG Berlin* 11.8.2016 – 65 S 202/16; *LG Berlin* 17.3.2016 – 65 S 289/15; *LG München I* 11.11.2015 – 14 S 4128/15; *AG Berlin-Wedding* 5.10.2016 – 18 C 152/16.
147 *BGH* 15.4.2015 – VIII ZR 281/13, NJW 2015, 2417; *BGH* 11.6.2014 – VIII ZR 349/13, NJW 2014, 2717.
148 Vgl. *BGH* 15.4.2015 – VIII ZR 281/13, NJW 2015, 2417; *BGH* 5.10.2010 – VIII ZR 221/09, WuM 2011, 13.
149 *Eisenschmid* in Schmidt-Futterer, § 555 c BGB Rn. 72.
150 *AG Leverkusen* 26.10.1993 – 28 C 228/93.
151 *BGH* 11.6.2014 – VIII ZR 349/13, NJW 2014, 2717.

richterlichen Rechtsprechung sorgfältig prüfen.[152] Falsche Rechtsauskünfte seines **Mietervereins** oder **Rechtsanwalts** muss sich der Mieter zurechnen lassen (§ 278 BGB).[153] Regelmäßig trägt der Mieter das Risiko eines Irrtums über seine Duldungspflicht.[154]

Hat der Mieter schuldhaft (§ 276 BGB) seine Duldungspflicht verkannt, kann der Vermieter Ersatz der Schäden beanspruchen, die ihm ab dem Zeitpunkt entstanden sind, zu dem der Mieter pflichtwidrig seiner Duldungspflicht nicht nachgekommen ist, er sich also in Verzug befindet (§§ 280 Abs. 2, 281, 286 BGB).[155] Hauptanwendungsfall sind **vergebliche Aufwendungen** für nutzlos angereiste Handwerker, die der Mieter dem Vermieter nach dessen Mahnung zu ersetzen hat. 135

II. Rechtmäßige Nichtduldung

Ist der Mieter zur Duldung nicht verpflichtet, darf er den **Zutritt zu seiner Wohnung** verweigern und kann die Modernisierungsmaßnahmen hindern.[156] Seine fehlende Duldungspflicht kann der Mieter mit einer (negativen) **Feststellungsklage** nach § 256 ZPO gerichtlich klären lassen.[157] Hält sich der Mieter nach § 555 d BGB für nicht zur Duldung der Modernisierungsmaßnahme verpflichtet, etwa aus Härtegründen, kann er zudem **Unterlassungsklage** erheben, wenn der Vermieter gleichwohl mit den Arbeiten beginnt.[158] 136

1. Einstweilige Verfügung

Führt der Vermieter Arbeiten durch, ohne einen Duldungstitel erwirkt zu haben, kann der Mieter deren weitere Durchführung regelmäßig nach den §§ 935, 940 ZPO unterbinden.[159] Hierfür ist oft schon ausreichend, dass die Modernisierungsmaßnahme dem Mieter nicht oder nicht ordnungsgemäß angekündigt wurde[160] oder trotz **ordnungsgemäßer Ankündigung** mit den Arbeiten bereits vor Ablauf der **Dreimonatsfrist** begonnen worden ist.[161] 137

Kann der Mieter die Arbeiten schon dadurch hindern, dass er den Handwerkern den Zutritt zu seiner Wohnung verweigert, so fehlt der einstweiligen Verfügung im Regelfall die erforderliche Dringlichkeit, der Verfügungsgrund, weshalb der auf ihren Erlass gerichtete Antrag des Mieters vom Gericht zurückzuweisen ist.[162] 138

Eine Modernisierung **außerhalb der Mietwohnung** kann der Mieter mit einer einstweiligen Verfügung hindern, wenn die Baumaßnahmen 139

- schon vor Ablauf der dreimonatigen Ankündigungsfrist beginnen,[163]
- überhaupt nicht angekündigt worden sind[164] oder
- nicht ordnungsgemäß angekündigt worden sind.[165]

Die Begründetheit ergibt sich regelmäßig daraus, dass der Vermieter den Mieter anderenfalls vor vollendete (bauliche) Tatsachen stellen und dessen vertragsgemäßen Gebrauch

---

152 *AG München* 15.11.2012 – 461 C 1668/12.
153 *BGH* 25.10.2006 – VIII ZR 102/06, NJW 2007, 428.
154 *BGH* 15.4.2015 – VIII ZR 281/13, NJW 2015, 2417.
155 *LG Berlin* 13.9.2016 – 63 S 236/15; *AG München* 15.11.2012 – 461 C 1668/12; *Eisenschmid* in Schmidt-Futterer, § 555 c BGB Rn. 72 a.
156 *AG Berlin-Neukölln* 8.2.1996 – 6 C 240/96; Hannemann/*Horst*, Das neue Mietrecht, § 2 Rn. 142.
157 *Kinne*, Miet- und Mietprozessrecht, Teil II Rn. 172.
158 *Blank*/Börstinghaus, Miete, § 558 d BGB Rn. 41; *Hau*, NZM 2014, 809 (811).
159 *LG Berlin* 7.8.2012 – 63 T 118/12; *Lehmann-Richter*, NZM 2011, 572 (573).
160 *OLG München* 29.7.1991 – 21 W 1961/91.
161 *LG Hamburg* 11.11.2008 – 334 S 38/08.
162 *Eisenschmid* in Schmidt-Futterer, § 555 d BGB Rn. 87; Schach/Riecke/*Sentek*, Mietrecht, § 4 Rn. 13; Hannemann/*Horst*, Das neue Mietrecht, § 2 Rn. 142.
163 *LG Hamburg* 11.11.2008 – 334 S 38/08.
164 *LG Hamburg* 13.11.2009 – 311 O 330/09; *LG Berlin* 7.9.2004 – 63 T 71/04.
165 *LG Berlin* 12.3.2012 – 63 T 29/12; *LG Berlin* 7.9.2004 – 63 T 71/04.

dauerhaft beeinträchtigen könnte, obwohl der Mieter dies (noch) nicht dulden muss, etwa wenn wegen eines noch möglichen **Härteeinwandes** seine Duldungspflicht nicht rechtskräftig festgestellt worden ist.[166] Ob der Mieter zur Duldung der Baumaßnahmen gemäß § 555 d Abs. 1 BGB verpflichtet ist, soll für deren Untersagung durch einstweilige Verfügung folglich unbeachtlich sein.[167] Der Einwand wirtschaftlicher Härte ist indes unbeachtlich, da der Mieter diesen Härtegrund nicht seiner Duldungsverpflichtung entgegenhalten kann, sondern nur der Mieterhöhung nach Abschluss der Modernisierung (§ 555 d Abs. 2 S. 2 BGB).

140 Eine **Besitzstörung** des Mieters ist regelmäßig schon bei beeinträchtigenden, aber nicht zu duldenden **Vorarbeiten** gegeben. Errichtet der Vermieter beispielsweise ein Baugerüst, das zur Verschattung der Wohnung sowie zu einer gesteigerten Einbruchsgefahr führt, begründet dies den Erlass einer einstweiligen Verfügung.[168] Auch könnte dem Vermieter mit einstweiliger Verfügung untersagt werden, zur Vorbereitung der Modernisierungsmaßnahmen **Strom, Heizung** und **Wasser** abzustellen.[169]

141 Darüber hinaus soll sogar schon die **bloße Ankündigung** einer Außenmodernisierung ausreichend sein, damit der Mieter durch einstweilige Verfügung Unterlassung der Baumaßnahmen verlangen kann, die seinen geschützten Besitz stören würden.[170] Auch in diesem Fall ist der Vermieter gehalten, seinen Duldungsanspruch gegen den betreffenden Mieter unverzüglich im Klagewege durchzusetzen.

142 Neben der Unterlassung von Baumaßnahmen kann der Mieter mit einer einstweiligen Verfügung auch die **Wiederherstellung** eines der bisherigen Wohnungsnutzung entsprechenden Wohnungszustandes durchsetzen. Freilich muss hierfür eine besondere Eilbedürftigkeit gegeben sein, etwa bei der Wiederherstellung der **Gasversorgung** für die Gasetagenheizung oder der **Stromversorgung.**[171] Ist der Mieter durch Baumaßnahmen im **Außenbereich** beeinträchtigt, liegt *regelmäßig* keine Besitzstörung vor, die den Erlass einer einstweiligen Verfügung rechtfertigen könnte.[172]

143 Wurde der Vermieter wegen einer **fehlerhaften einstweiligen Verfügung** an Sanierungsarbeiten gehindert, haftet ihm der die Verfügung erwirkende Mieter unabhängig von Rechtswidrigkeit und Schuld auf Schadensersatz, etwa wegen erlittenen Mietausfalls infolge der Verzögerung.[173]

2. Kündigung durch den Mieter

144 Die begonnene, nicht duldungspflichtige Modernisierungsmaßnahme berechtigt den Mieter zur **fristlosen Kündigung** des Mietvertrags wegen Entziehung des vertragsgemäßen Gebrauchs, sofern ihm aus diesem Grund die Fortsetzung des Mietverhältnisses unzumutbar geworden ist (§ 543 Abs. 2 S. 1 Nr. 1 BGB).[174] Dies ist der Fall, wenn die Mieträume infolge der Baumaßnahmen nicht mehr zum vereinbarten Vertragszweck genutzt werden können, in der Praxis zumeist wegen **Lärm, Schmutz** und **Erschütterungen.** Darüber hinaus wird dieses Recht auf Kündigung dem Mieter auch einzuräumen sein, wenn die Modernisierungsmaßnahme den angekündigten Umfang bzw. die angekündigte Dauer erheblich überschreitet, weshalb sie von seiner Duldungspflicht nicht mehr gedeckt ist.[175]

---

166 *LG Berlin* 7.8.2012 – 63 T 118/12; aA *LG Hamburg* 11.11.2008 – 334 S 38/08.
167 *LG Berlin* 1.3.2013 – 63 T 29/13 – str., vgl. hierzu näher Staudinger/*Emmerich*, § 555 d BGB Rn. 27 mwN.
168 *LG Berlin* 7.1.2015 – 18 S 259/14; *LG Berlin* 27.9.2013 – 65 T 158/13; aA *LG Berlin* 24.10.2014 – 203/14.
169 *LG Osnabrück* 5.11.1979 – 3 T 88/70.
170 *LG Berlin* 1.3.2013 – 63 T 29/13 (für einen angekündigten Balkonanbau).
171 *AG Wolgast* 12.11.1993 – C 544/93; *Dickersbach*, Lützenkirchen/Mietrecht, § 555 d BGB Rn. 102.
172 *LG Berlin* 7.4.2016 – 63 T 2/16; aA *AG Bremen* 23.6.2016 – 6 C 186/16.
173 *BGH* 13.10.2016 – IX ZR 149/15, NJW 2017, 1600.
174 *BGH* 31.10.2012 – XII ZR 126/11, NJW 2013, 223.
175 Staudinger/*Emmerich*, § 555 e BGB Rn. 9.

Eine **vorherige Abmahnung** ist ausnahmsweise entbehrlich, wenn der Vermieter deutlich gemacht hat, dass er das Angekündigte auch ohne Rücksicht auf die Belange des Mieters in die Tat umsetzen wird. In diesem Fall ist der Mieter schon vor Aufnahme der Arbeiten zur fristlosen Kündigung des Mietvertrags wegen Gebrauchsentziehung berechtigt.[176] 145

176 *BGH* 31.10.2012 – XII ZR 126/11, NJW 2013, 223.

§ 5 Rechte des duldungspflichtigen Mieters

Der Mieter ist verpflichtet, eine Modernisierungsmaßnahme zu dulden (§ 555 d Abs. 1 BGB), soweit kein Härteeinwand begründet ist (§ 555 d Abs. 2 BGB). Wegen der zu duldenden Modernisierung hat der Mieter Rechte. Für Aufwendungen, die ein Mieter infolge einer Modernisierungsmaßnahme machen muss, darf er vom Vermieter einen angemessenen **Aufwendungsersatz** und hierfür auch einen Vorschuss verlangen (§ 555 d Abs. 6 BGB iVm § 555 a Abs. 3 BGB). Trotz seiner Duldungspflicht bleiben die **Gewährleistungsrechte** weitgehend unberührt. Um die beabsichtigten Modernisierungsmaßnahmen nicht dulden zu müssen, eröffnet das Gesetz dem Mieter ein **Sonderkündigungsrecht** (§ 555 e BGB).

A. Anspruch auf Aufwendungsersatz

I. Anwendungsbereich

Der Mieter darf von seinem Vermieter verlangen, dass ihm **Aufwendungen** in angemessenem Umfang ersetzt werden, die er infolge einer Modernisierungs- oder Erhaltungsmaßnahme machen musste; für zu erwartende Aufwendungen darf der Mieter einen **Vorschuss** beanspruchen (§§ 555 a Abs. 3, 555 d Abs. 6 BGB). Diese Rechte können mietvertraglich nicht wirksam beschränkt oder ausgeschlossen werden (§ 555 d Abs. 7 BGB). 1

Ansprüche des Mieters auf Aufwendungsersatz **verjähren** in sechs Monaten nach der Beendigung des Mietverhältnisses (§ 548 Abs. 2 BGB). Die Aufwendungen des Mieters sind gemäß §§ 256, 246 BGB zu **verzinsen**. 2

Da ein Mieter Modernisierungsmaßnahmen nur zu dulden und hierfür den Zutritt zu seiner Wohnung und ihren Einrichtungen zu ermöglichen hat, können **Mitwirkungshandlungen** von ihm nicht verlangt werden. Der Vermieter ist also gehalten, selbst das Erforderliche zu tun bzw. zu veranlassen, etwa das Inventar des Mieters abzudecken, Teppiche einzurollen, **Gardinen** abzuhängen, **Jalousien** zu beseitigen, **Möbel** von den Wänden abzurücken bzw. in andere Räume zu verbringen. 3

Obwohl hierzu nicht verpflichtet, werden die meisten Mieter dennoch selbst tätig, weil sie nicht möchten, dass der Vermieter – oder von ihm beauftragte Dritte – Zugang zu ihren persönlichen Sachen erhalten. Dies hat der Vermieter zu respektieren, weshalb der selbst tätig werdende Mieter seine Aufwendungen ersetzt verlangen kann. Erfasst sind nur solche Aufwendungen des Mieters, die in **unmittelbarem Zusammenhang** mit seiner Duldungspflicht stehen.[1] 4

Einen Anspruch auf (vorschussweisen) Aufwendungsersatz hat auch der Mieter, der Arbeiten duldet, obwohl er hierzu nicht verpflichtet ist, weil diese Arbeiten weder der Modernisierung noch der Erhaltung der Mietsache dienen.[2] Auch insoweit entstandene Aufwendungen sind dem Mieter in angemessenem Umfang zu ersetzen.[3] 5

Beispiel: Die Außenfassade wird durch einen neuen Anstrich verschönert; in der Küche des Mieters wird der Gasherd durch einen gleichwertigen Elektroherd ersetzt; eine Loggia wird zu einem Wintergarten umgebaut.

II. Art der Aufwendungen

Verlangen kann der Mieter die Abgeltung sämtlicher Sach- und Arbeitsleistungen, soweit sie objektiv erforderlich und nicht unerheblich gewesen sind. Ersatzfähig sind danach die Kosten für 6

1 *BGH* 31.10.2012 – XII ZR 126/11, NJW 2013, 223; Schach/Riecke/*Duijn*, Mietrecht, § 3 Rn. 43.
2 Siehe hierzu unter → § 2 Rn. 54 f.
3 *BGH* 22.6.2010 – VIII ZR 192/09, IMR 2010, 461; eingehend hierzu *Blank*, NZM 2011, 508 ff.

- Reinigungsarbeiten und Reinigungsmittel;
- eine (Vertrauens-)Person zur Beaufsichtigung der Handwerker;
- das Räumen und Abdecken von Möbeln einschließlich Abdeckfolie und weiteren Materials;
- die Unterbringung des Mieters und seiner mit ihm lebenden Angehörigen in einem Hotel oder in einer vorübergehenden Ersatzwohnung;
- die Montage und Demontage von Möbeln, Küche etc (nicht aber, wenn der Mieter hierzu wegen baldigen Miet-Endes selbst in Kürze verpflichtet wäre);[4]
- die vorübergehende Auslagerung von Möbeln und Einrichtungsgegenständen;
- modernisierungsbedingt erforderliche Renovierungsarbeiten (ohne Anrechnung eines Zeitwerts);
- Neuanschaffungen (etwa Gardinen, Lampen, Möbel), wenn sie wegen veränderter Grundrisse und Stellflächen objektiv erforderlich geworden sind (etwa eine neue Jalousie nach modernisierungsbedingter Verkleinerung eines Fensters), etwa auch die Anschaffung neuer Töpfe nach dem Austausch eines Gasherds gegen einen Induktionsherd[5];
- Kosten erforderlicher Gaststättenverpflegung, wenn die Küche modernisierungsbedingt nicht nutzbar ist, der Mieter sie aber bisher für die Verpflegung genutzt hat (Verpflegungskosten sind aber dann nicht zu erstatten, wenn in der Ersatzunterkunft eine Küche vorhanden ist);[6]
- Benzin bei Nutzung des eigenen Pkw für erforderliche Fahrten sowie auch die Anmietung eines Mietwagens zwecks Möbeltransports oder Beschaffung von Reinigungsmitteln;
- Kosten für die vorübergehende Unterbringung des Mieters in einem Pflegeheim (abzüglich ersparter Verpflegungskosten).[7]

7 Die Ersatzfähigkeit aller dieser Kosten hat ihren Grund darin, dass der Mieter Aufwendungen vornimmt, die für die Durchführung der Modernisierung erforderlich bzw. hierdurch bedingt sind. Keine Aufwendungen sind daher erhöhte **Betriebskosten** – zum Beispiel für Heizung oder Strom – als Folge der Baumaßnahmen. Insoweit kann der Mieter aber einen Anspruch gegen den Vermieter auf Freistellung von den betreffenden Kosten unter dem Gesichtspunkt des Schadensersatzes haben.

8 Ist es erforderlich, dass der Mieter für die Dauer der Modernisierungsmaßnahmen in eine **Ersatzwohnung** zieht, sind ihm die **Umzugskosten** zu ersetzen. Denn diese sind modernisierungsbedingt entstanden. Das Mietverhältnis besteht im Regelfall trotz des vorübergehenden Auszugs fort; von der Beendigung des Mietverhältnisses kann nur bei entsprechender Vereinbarung der Mietvertragsparteien ausgegangen werden.[8] Umzugskosten, die dem Mieter entstehen, weil er nach Ausübung des **Sonderkündigungsrechts** auszieht, sind dagegen nicht ersatzfähig, weil sie nicht der Durchführung der Modernisierung bei fortbestehendem Mietverhältnis dienen.[9]

---

4 *LG Hamburg* 9.3.1993 – 316 S 290/92.
5 *AG Berlin-Schöneberg* 2.11.2016 – 103 C 196/16.
6 *LG Hamburg* 25.7.1986 – 11 S 84/86.
7 *AG Hamburg-Harburg* 19.10.2010 – 642 C 471/09.
8 *BGH* 22.6.2010 – VIII ZR 192/09, IMR 2010, 461. Beendet der Vermieter das Mietverhältnis über die Ersatzwohnung wegen Zahlungsverzuges, so endet damit aber auch das Mietverhältnis über die ursprüngliche (Sanierungs-)Wohnung, vgl. *LG Berlin* 18.2.2002 – 67 S 54/00.
9 *BGH* 31.10.2012 – XII ZR 126/11, NJW 2013, 223.

Für nur kurzeitige und leichte Eigenleistungen, die üblich und dem Mieter zumutbar sind wie das Zusammenräumen und Sichern seiner Sachen bei kleineren Arbeiten, kann er keinen Aufwendungsersatz beanspruchen. Insoweit gilt eine **Bagatellgrenze.** 9

III. Umfang der Kosten

Führt der Mieter erforderliche Arbeiten selbst durch, so kann er hierfür eine Entschädigung verlangen. Zu ersetzen sind aber nur Kosten für Arbeiten, die objektiv erforderlich gewesen sind.[10] Hierzu rechnen auch an sich erforderliche Arbeiten, die aus vom Mieter nicht zu vertretenden Gründen jedoch später nutzlos wurden, etwa wegen einer kurzfristig geänderten **Bauplanung** des Vermieters. 10

Dem Mieter ist für seinen Aufwand eine **angemessene Entschädigung** zu zahlen.[11] Angemessen ist ein Stundenentgelt, das in der Bauhandwerker-Branche für abhängig beschäftigte Arbeitnehmer (orts-)üblich ist.[12] 10 EUR pro Stunde für Reinigungsarbeiten, 14 EUR pro Stunde für Malerarbeiten und 0,30 EUR Benzinkosten pro gefahrenem Kilometer für erforderliche Fahrten mit dem PKW (etwa zur Beschaffung von Reinigungsmitteln) sind jedenfalls nicht zu beanstanden.[13] Eine **Ersatzwohnung** hat von „mittlerer Art und Güte" zu sein.[14] Hinsichtlich der Angemessenheit von Aufwendungen des Mieters sind die Grundsätze der **Schadensminderungspflicht** und der **Vorteilsausgleichung** zu berücksichtigen.[15] 11

Seine Aufwendungen hat der Mieter genau darzulegen und nötigenfalls zu beweisen durch Rechnungen, Kostenvoranschläge, Quittungen oder Stundennachweise. Nur **pauschale Angaben** des Mieters sind nicht ausreichend; hierauf gestützt kann er **keine Kostenerstattung** verlangen.[16] 12

Hinweis: Da die Höhe der Aufwendungen des Mieters jedenfalls bei umfangreicheren Modernisierungsmaßnahmen häufig schwer zu ermitteln und nachzuweisen ist, es hierbei aber häufig Streit gibt, kann sich die Vereinbarung einer Pauschale empfehlen. Diese deckt die Aufwendungsersatzansprüche des Mieters bezogen auf bestimmte Baumaßnahmen bzw. für Baumaßnahmen in einer bestimmten Zeit ab und gibt (Rechts-)Sicherheit, weil sie weitergehende Ansprüche ausschließt. 13

IV. Anspruch auf Kostenvorschuss

Für seinen erwarteten Aufwendungsersatz kann der Mieter einen Vorschuss beanspruchen. Leistet der Vermieter diesen Vorschuss nicht, obwohl er hierzu verpflichtet wäre, so darf der Mieter die Duldung der Baumaßnahmen verweigern, denn bis zur Zahlung des Vorschusses hat er ein **Zurückbehaltungsrecht** (§ 273 Abs. 1 BGB).[17] Über einen erhaltenen Vorschuss hat der Mieter unverzüglich nach Abschluss der Baumaßnahmen abzurechnen. 14

Um einen Vorschuss fordern zu können, hat der Mieter genau darzulegen, **welche Aufwendungen** der Vorschuss im Einzelnen sichern soll. Den Vorschuss darf er nur für nach Art, Umfang und Höhe konkretisierte Aufwendungen beanspruchen. Nicht ausreichend ist, dass der Vorschuss für die Beseitigung völlig unbestimmter, nur möglicherweise im Zuge von Modernisierungsmaßnahmen eintretender Schäden verlangt wird.[18] 15

10 *LG Hamburg* 7.4.2011 – 307 S 145/10.
11 *LG Dortmund* 15.2.2005 – 1 S 141/04.
12 *AG Braunschweig* 18.5.1988 – 114 C 916/88.
13 *AG Kassel* 19.7.2012 – 452 C 5148/11.
14 *LG München I* 11.11.2015 – 14 S 4128/15.
15 *AG Hamburg* 27.8.2014 – 41 C 14/14
16 Hannemann/*Horst*, Das neue Mietrecht, § 2 Rn. 160.
17 *LG München I* 11.11.2015 – 14 S 4128/15; Hannemann/*Horst*, Das neue Mietrecht, § 2 Rn. 162.
18 *LG Berlin* 16.4.2010 – 65 S 307/09.

16 Keinen Vorschuss kann der Mieter verlangen für solche Arbeiten, die der Vermieter selbst vorzunehmen beabsichtigt, beispielsweise **Reinigungsarbeiten** nach Abschluss der Modernisierung.[19]

17 Beginnt der Vermieter mit den Modernisierungsarbeiten und verweigert er dem Mieter einen Vorschuss für die von ihm plausibel dargelegten und angemessen kalkulierten voraussichtlichen Aufwendungen, so kann der Mieter seinen Anspruch auf Vorschuss bei besonderer Dringlichkeit mit einer **einstweiligen Verfügung** durchsetzen.[20]

Beispiel: Die Modernisierungsarbeiten beeinträchtigen den Mieter derart gravierend, dass ihm der Aufenthalt in der Mietwohnung nicht zumutbar ist. Gleichwohl lehnt es der Vermieter ab, dem Mieter einen Vorschuss für eine **Ersatzunterkunft** zu zahlen.

V. Umlagefähigkeit der Aufwandskosten

18 Hat der Vermieter dem Mieter Aufwendungsersatz zu leisten, können diese Kosten als Teil der Modernisierungskosten im Rahmen der Mieterhöhung gemäß § 559 BGB auf den Mieter umgelegt werden, sofern diese Kosten dem Bauwerk selbst – der Mietwohnung bzw. dem Mietgebäude – zugutekommen.[21]

19 Zu den **bauwerksbezogenen Kosten** baulicher Modernisierungsarbeiten zählen auch Aufwendungen zur Wiederherstellung einer durch die Bauarbeiten beschädigten Wohnungsdekoration, also für **Schönheitsreparaturen**. Diese Kosten können – soweit erforderlich – in die Berechnungsgrundlage der Mieterhöhung einbezogen werden, wenn der Mieter die Arbeiten selbst durchgeführt und der Vermieter ihm die Aufwendungen erstattet hat.[22]

20 Nicht umlagefähig dürften hingegen rein **anlassbezogene Aufwendungen** sein, die den Mieträumen nicht zumindest für eine gewisse Dauer zugutekommen, beispielsweise die Kosten für die Einlagerung von Gegenständen, für Kunststofffolien zum Schutz des Hausrats oder für Reinigungsarbeiten.[23]

B. Wiederherstellung des vertragsgemäßen Zustandes

21 Nach Abschluss der Modernisierungsarbeiten ist der Vermieter verpflichtet, den vertragsgemäßen Zustand der Mieträume wiederherzustellen, soweit ihm dies möglich und zumutbar ist; eine vermeidbare Verschlechterung der Mietsache braucht der Mieter nicht hinzunehmen.[24] Dies folgt aus der **Gebrauchsgewährungspflicht** des Vermieters gemäß § 535 Abs. 1 S. 2 BGB.

22 Mit der Modernisierung zwangsläufig verbundene Veränderungen hat der Mieter freilich hinzunehmen, soweit er die Modernisierungsmaßnahme dulden musste. So hat es der Mieter hinzunehmen, dass eine alte Einrichtung durch eine neue ersetzt wird, wenn der Zweck der Modernisierung gerade in diesem Austausch besteht, zum Beispiel bei der Ersetzung von alten **Kastendoppelfenstern** durch neue **Isolierglasfenster.**

23 Ebenso hat der Mieter Veränderungen der Mietsache in aller Regel zu akzeptieren, wenn der Rückbau dem **Modernisierungszweck zuwiderlaufen** würde. In diesem Fall überwiegt zumeist das Interesse des Vermieters an der Modernisierungsmaßnahme das Interesse des Mieters an der Wiederherstellung des ursprünglichen Zustandes. Allerdings braucht der Mieter die Verschlechterung des ursprünglichen Zustandes **nicht kompensationslos** hinzunehmen.

---

19 *LG Saarbrücken* 8.2.2008 – 10 S 33/08.
20 *AG Köln* 26.2.1980 – 217 C 36/80.
21 Hannemann/*Horst*, Das neue Mietrecht, § 2 Rn. 156.
22 *BGH* 30.3.2011 – VIII ZR 173/10, NZM 2011, 358.
23 Hannemann/*Horst*, Das neue Mietrecht, § 2 Rn. 157.
24 *LG Bonn* 2.7.1990 – 6 S 86/90.

Beispiel: Die Anbringung einer Wärmedämmung an der Fassade macht es erforderlich, dass zur Mietwohnung vorhandene Außenjalousien entfernt und eine Abluftöffnung für eine Dunstabzugshaube verschlossen wird. Die Wiederherstellung dieser Gegebenheiten kann der Mieter nicht verlangen, wenn damit der mit der Wärmedämmung verfolgte Zweck der Energieeinsparung beeinträchtigt würde. Wohl aber hat ihm der Vermieter die notwendigen Kosten für die Anbringung von Innenjalousien zu erstatten.[25]

Kann die **alte Einrichtung** neben der neuen vom Mieter noch sinnvoll genutzt werden, so muss im Einzelfall geklärt werden, ob der Mieter den Fortbestand der alten Einrichtung verlangen kann. Beispielsweise kann der Erhalt eines **Kachelofens** in der Wohnung trotz Einbau einer Zentralheizung für die Beheizung sinnvoll, stilvoll oder auch sonst für den Mieter wünschenswert sein.[26] 24

Soweit von der Modernisierung nicht bezweckt und nicht untrennbar mit ihr verbunden, kann der Mieter sogar verlangen, dass die **Ausstattung der Mietwohnung** so wiederhergestellt wird, wie sie vor der Modernisierung gewesen ist. Nur dieser Zustand ist vertragsgemäß, ihn schuldet der Vermieter (§ 535 Abs. 1 BGB) und damit zum Beispiel die Wiederherstellung 25

- funktionsfähiger Außenjalousien (nach einer Fassadendämmung);[27]
- einer Außentoilette;[28]
- von Metallgitterhalterungen für Blumenkästen auf dem Balkon;[29]
- einer bei Beginn des Mietvertrags noch vorhandenen und im Zuge der Modernisierung entfallenden Balkontür, soweit dies technisch möglich ist;[30]
- die Anschaffung neuer Töpfe nach dem Austausch eines Gasherds gegen einen Induktionsherd;[31]
- die Durchführung von modernisierungsbedingt erforderlich gewordenen Schönheitsreparaturen (wobei der Mieter keinen Ausgleich schuldet, wenn zwar er zur Renovierung verpflichtet ist, die Renovierung aber noch nicht fällig gewesen ist).[32]

Von welcher **Beschaffenheit und Ausstattung** die Wohnung sein muss, ist im Einzelfall anhand des Mietzwecks zu bestimmen. Dies beurteilt sich nach den tatsächlichen Verhältnissen der Wohnung bei ihrer Übergabe an den Mieter in Verbindung mit dem Mietvertrag. Daher kann der Mieter infolge der Modernisierung keine Beschaffenheit und Ausstattung verlangen, die über die vom Vermieter geschuldete hinausgeht bzw. hiervon abweicht. 26

Beispiel: Wurde in der Mietwohnung die Badewanne durch eine Dusche ersetzt und kauft daraufhin der Mieter einen Duschvorhang, so kann er hierfür keinen Ersatz verlangen. Denn es ist allgemein üblich, dass eine neu vermietete Wohnung keinen Duschvorhang hat, dieser also nicht zum vertragsgemäßen Zustand einer Wohnung gehört.[33]

Beispiel: Mit der Umstellung von einer Gasetagenheizung auf Zentralheizung entfällt der Gasanschluss in der Küche einer Mietwohnung und damit die Möglichkeit, den vorhandenen, mitvermieteten Gasherd zu nutzen. Bietet der Vermieter an, nach der Modernisierung einen Elektroherd an Stelle des nutzlos gewordenen Gasherds zur Verfügung zu stellen, ist dies vom Mieter zu akzeptieren. Der Mieter kann nicht verlangen, dass ein neuer Gasanschluss für die Küche

25 *LG Düsseldorf* 5.6.2013 – 23 S 246/12.
26 *LG Berlin 29.7.2015* – 65 S 144/15; *Eisenschmid* in Schmidt-Futterer, § 555 d BGB Rn. 8.
27 *LG Berlin* 19.6.1997 – 61 S 449/96.
28 *AG Berlin-Mitte* 27.3.1995 – 12 C 862/94.
29 *AG Berlin-Tempelhof-Kreuzberg* 6.8.1990 – 13 C 163/90.
30 *LG Bonn* 2.7.1990 – 6 S 86/90.
31 *AG Berlin-Schöneberg* 2.11.2016 – 103 C 196/16.
32 *AG Bad Bramstedt* 2.7.1990 – 6 S 86/90; *Blank*, NZM 2011, 508 (511 f.); Spielbauer/Schneider/*Ettl*, Mietrecht, § 555 a BGB Rn. 23, § 555 d BGB Rn. 31.
33 *AG Kassel* 19.7.2012 – 452 C 5148/11.

gelegt wird bzw. dieser erhalten bleibt. Denn die Wohnung befindet sich in vertragsgemäßem Zustand, wenn der Vermieter eine funktionstüchtige Kochmöglichkeit schafft und erhält; darüber, welche Energiequelle hierzu genutzt wird, entscheidet allein der Vermieter.[34]

27 Ein Mieter darf ferner nicht verlangen, dass sich die Qualität eines bestimmten Ausstattungsmerkmals durch die Modernisierung nicht verändert, wenn nur das Ausstattungsmerkmal als solches erhalten bleibt.

Beispiel: Hat der Vermieter im Rahmen von Modernisierungsarbeiten eine kleinere Badewanne als vorher eingebaut, kann der Mieter deren Entfernung und die Einsetzung einer größeren Wanne nicht verlangen.[35]

28 Soweit der Mieter einen Anspruch auf Wiederherstellung des vertragsgemäßen Zustands hat, wird dieser nach Abschluss der Baumaßnahmen *fällig*. Vor einer Klage muss der Vermieter also nicht in **Verzug** gesetzt werden. Denn weil er die Arbeiten veranlasst und die notwendige **Bauüberwachung** vorgenommen hat, müssen dem Vermieter alle aufgetretenen Mängel bekannt sein; ihn treffen mithin erhöhte Sorgfaltspflichten.[36]

29 Seine Ansprüche auf Wiederherstellung eines der bisherigen Wohnqualität entsprechenden Wohnungszustandes kann der Mieter selbst bei besonderer Dringlichkeit im Regelfall *nicht* mit einer **einstweiligen Verfügung** erzwingen, da dies eine unzulässige Vorwegnahme der Hauptsache bedeuten würde. Anders kann es zu beurteilen sein, wenn der Vermieter bauliche Maßnahmen durchgeführt hat, die der Mieter nicht dulden musste.[37]

C. Schadensersatz

30 Erleidet der Mieter infolge der Modernisierungsarbeiten sonstige **Vermögenseinbußen,** so kann er diese vom Vermieter ersetzt verlangen (§ 280 Abs. 1 iVm §§ 535, 241 Abs. 2 BGB). Dies betrifft auch den Fall, dass der Mieter durch die mangelhafte oder verspätete Ausführung der Arbeiten geschädigt wird.[38] Insbesondere haftet der Vermieter dem Mieter auch für Schäden an seinem Eigentum zum **Zeitwert,** wenn und soweit sie durch beauftragte Handwerker als seine **Erfüllungsgehilfen** (§ 278 BGB) im Zusammenhang mit der Modernisierung hervorgerufen worden sind.[39]

Beispiel: Infolge unzureichend ausgeführter Bauarbeiten kommt es zu einer erheblichen Staubentwicklung, durch welche der eingelagerte Hausrat des Mieters Schaden nimmt.

31 Auch haftet der Vermieter dem Mieter für Schäden, die dem Mieter dadurch entstanden sind, dass der Vermieter schuldhaft den angekündigten Modernisierungsbeginn versäumt.[40] Einen Ersatz für vergeblich vermiedene Belästigungen kann ein Mieter jedoch nicht ersetzt verlangen.

Beispiel: Der Mieter hatte für die Zeit der ursprünglich geplanten Bauarbeiten bezahlten Urlaub genommen und eine Reise geplant hat, die wegen der Bauverzögerung nun nicht mehr in die Zeit der Baumaßnahmen fällt. Dass der mit dem Urlaub (auch) verfolgte Zweck, von den modernisierungsbedingten Beeinträchtigungen verschon zu bleiben, nicht erreicht wurde, begründet keinen Schadensersatzanspruch des Mieters.[41]

Für das pflichtwidrige „Herausmodernisieren" eines Mieters kann der Vermieter auf Schadensersatz haften. Hierfür stellt das Gesetz in § 559 d BGB Vermutungstatbestände auf.[42]

34 *LG Berlin* 10.1.2012 – 63 S 203/11.
35 *AG Berlin-Schöneberg* 16.5.2000 – 16 C 541/99.
36 *AG Kassel* 19.7.2012 – 452 C 5148/11.
37 *AG Wolgast* 12.11.1993 – C 544/93.
38 *LG Frankfurt/Main* 2.8.2016 – 2–17 S 13/16.
39 *BGH* 15.11.1989 – VIII ZR 46/89, NJW 1990, 453.
40 Vgl. *BGH* 24.11.1995 – V ZR 88/95, NJW 1996, 921.
41 *AG Mannheim* 21.2.1995 – 14 C 11280/94; vgl. auch *BGH* 22.11.1988 – VI ZR 126/88, NJW 1989, 766.
42 Hierzu unter → § 8 Rn. 9 ff.

D. Mietminderung

I. Allgemeines

32 Der Mieter muss ihn beeinträchtigende Baumaßnahmen zwar grundsätzlich dulden (§ 555 d Abs. 1 BGB), sein Recht auf Mietminderung bleibt hiervon indes unberührt. Dies gilt auch, wenn er den Arbeiten ausdrücklich zugestimmt hat.[43] Die Möglichkeit einer Mietminderung steht dem Mitglied einer **Wohnungsbaugenossenschaft** gleichermaßen zu, wenn und soweit er als Mieter der Genossenschaftswohnung in seinem Mietgebrauch erheblich beeinträchtigt ist.[44]

33 Eine wichtige Ausnahme besteht für **energetische Modernisierungen** gemäß § 555 b Nr. 1 BGB. In ihrem Fall ist Mietern die Möglichkeit einer Mietminderung für die Dauer von längstens drei Monaten genommen (§ 536 Abs. 1 a BGB).

34 Der infolge einer rechtmäßigen Modernisierung geschaffene Zustand berechtigt den Mieter grundsätzlich nicht zur Mietminderung, da der neue Zustand vertragsgemäß ist. Eine Ausnahme kann jedoch gerechtfertigt sein, wenn durch die Modernisierung der Mietwohnung des betreffenden Mieters für diesen **eine erhebliche, vermeidbare Verschlechterung des Mietgebrauchs** eingetreten ist.[45]

Beispiel: Durch den Einbau neuer Fenster hat sich die Glasfläche der Wohnung um 29 Prozent verringert. Der Mieter ist infolge der damit einhergehenden schlechteren Lichtverhältnisse erheblich beeinträchtigt. Steht fest, dass der Modernisierungserfolg (Schallschutz, Wärmedämmung) auch ohne die Verringerung der Glasfenster möglich gewesen wäre, darf der Mieter in angemessener Höhe mindern.

35 Wenn und soweit der Mieter durch Erhaltungs- und/oder Modernisierungsmaßnahmen im Gebrauch seiner Mieträume und Gemeinschaftsflächen mehr als unerheblich beeinträchtigt ist, führt dies zu einer Minderung der Miete gemäß § 536 Abs. 1 BGB. Die Mietminderung tritt **kraft Gesetzes** ein. Damit ist sie Ausdruck des rechtstragenden **Äquivalenzprinzips**, dem zufolge Leistung (Nutzbarkeit der zum vertragsgemäßen Gebrauch überlassenen Mieträume) und Gegenleistung (Zahlung der Miete) voneinander abhängig sind. Der Mieter ist deshalb zur Mietminderung berechtigt, ohne dass er dies seinem Vermieter zuvor angekündigt haben muss.

36 Die **Höhe der Minderung** richtet sich nach dem Maß der Gebrauchsbeeinträchtigung. Ist die Tauglichkeit zum Mietgebrauch völlig aufgehoben, ist der Mieter von seiner Verpflichtung zur Mietzahlung ganz befreit (§ 536 Abs. 1 S. 1 BGB). Für die Zeit, in der die Tauglichkeit gemindert ist, hat der Mieter nur eine angemessen herabgesetzte Miete zu entrichten (§ 536 Abs. 1 S. 2 BGB).

37 Die Mietminderung hat ihren Grund in den Beeinträchtigungen des Mietgebrauchs, die **Folge der Baumaßnahme** sind (Erschütterungen, Schmutz, Lärm, unzureichende Versorgung der Mietwohnung mit Wasser, Strom etc). Im Einzelfall kann aber auch der **Modernisierungserfolg** selbst eine Mietminderung begründen. Dies ist der Fall, wenn der Mieter Modernisierungsmaßnahmen dulden muss, die *allein* einer anderen Wohnung zugutekommen, den Mietgebrauch seiner Wohnung aber dauerhaft mehr als unerheblich einschränken.

Beispiel: Der Mieter hat den Anbau eines Balkons im Stockwerk über seiner Wohnung zu dulden. Für die hierdurch bedingte Minderung des Lichteinfalls kann eine Mietminderung berechtigt sein.[46]

---

43 *LG Mannheim* 3.7.1985 – 5 a C 27/85.

44 *BGH* 14.10.2009 – VIII ZR 159/08, NJW-RR 2010, 226; hierzu näher *Dickersbach*, Lützenkirchen/Mietrecht, § 555 d BGB Rn. 83 ff.

45 *LG Berlin* 24.6.2014 – 63 S 373/13; *LG Berlin* 6.11.2013 – 67 S 502/11.

46 *LG Berlin* 13.11.2013 – 18 S 99/33 (dauerhafte Minderung von 2 Prozent zulässig).

1. Voraussetzungen der Minderung

38 Das Recht auf Mietminderung hat der Mieter nur wegen einer **erheblichen Beeinträchtigung** des Mietgebrauchs; ist die Tauglichkeit nur unerheblich beeinträchtigt, so ist der Mieter nicht zur Mietminderung berechtigt (§ 536 Abs. 1 S. 2, 3 BGB). Im Regelfall darf der Mieter damit nicht mindern bei sog **Bagatellmodernisierungen** iSv § 555 c Abs. 4 BGB.

Beispiel: Der Einbau neuer Thermostatventile oder von Rauchmeldern beeinträchtigt den Mieter in aller Regel nur unerheblich. Da die hierdurch bewirkte Mieterhöhung üblicherweise ebenfalls unerheblich ist, handelt es sich um eine Bagatellmodernisierung.

39 Der Mieter ist grundsätzlich verpflichtet, dem Vermieter Mängel anzuzeigen, die ihn erheblich beeinträchtigen und wegen derer er die Miete mindert (§ 536 c Abs. 1 BGB). Diese **Anzeigepflicht** folgt aus dem Umstand, dass der Vermieter in die Lage versetzt werden muss, den Mangel zu beseitigen. Gründet sich die Beeinträchtigung auf vom Vermieter veranlasste Baumaßnahmen, entfällt diese Anzeigepflicht. Denn es muss unterstellt werden, dass dem Vermieter die hiervon ausgehenden Beeinträchtigungen bekannt sind.

40 Dass der Vermieter den Mangel zu vertreten hat, ist keine Voraussetzung des Minderungsrechts. Der Mieter darf auch mindern, wenn den Vermieter **kein Verschulden** am Bestehen des Mangels trifft oder er sich zwar sehr, im Ergebnis aber erfolglos um die Mangelbeseitigung bemüht. Weil Mieter nicht verpflichtet sind, für die Modernisierung **Baufreiheit** zu schaffen, verlieren sie die Möglichkeit der Mietminderung nicht, wenn sie die Modernisierung nicht aktiv ermöglichen.[47]

41 Ist dem Mieter für die Dauer der Modernisierung eine zumutbare **Ersatzwohnung** zur Verfügung gestellt oder für eine angemessene **Hotelunterbringung** gesorgt, soll er dennoch zur Mietminderung berechtigt sein.[48] Dies erscheint jedoch zweifelhaft, da der beeinträchtigte Mieter hierdurch besser gestellt werden kann, als er ohne die Beeinträchtigung stünde.

42 Auch kann der Mieter die Möglichkeit einer Mietminderung verlieren, wenn der Vermieter ihn – insbesondere durch Ausgleichszahlungen oder Mietnachlässe – bereits für die modernisierungsbedingten Beeinträchtigungen „entschädigt" hat.[49]

2. Bemessungsgrundlage der Minderung

43 Bemessungsgrundlage einer Mietminderung ist die **Bruttomiete,** also die Miete einschließlich aller Betriebskosten. Dabei ist unerheblich, ob die Betriebskosten als Pauschale oder als Vorauszahlung geschuldet werden.[50] Daraus folgt, dass rechtmäßig geminderte Betriebskosten in der **Betriebskostenabrechnung** als vom Mieter nicht geschuldet zu behandeln sind.[51]

44 Die Minderung ist nur zulässig für die **Dauer,** in der die mehr als unerhebliche Beeinträchtigung besteht. Das Minderungsrecht beginnt mit der Kenntnis des Vermieters vom Mangel bzw. mit der Veranlassung der den Mieter beeinträchtigenden Baumaßnahmen und endet mit der Beseitigung der Beeinträchtigung durch Behebung des Mietmangels.

Beispiel: Führt der Austausch der Heizung zu einer unzureichenden Beheizbarkeit der Wohnung, so kann der Mieter in dieser Zeit die Miete in angemessener Höhe mindern. Dauert der Heizungsaustausch im März drei Tage, darf der Mieter 3/31 der Märzmiete inklusive Betriebskosten in angemessener Höhe mindern.

---

47 *LG Berlin* 23.12.2008 – 65 S 62/08.
48 *Eisenschmid* in Schmidt-Futterer, § 555 d BGB Rn. 95; aA *AG Hamburg* 27.8.2014 – 41 C 14/14; Hannemann/*Horst*, Das neue Mietrecht, § 2 Rn. 145.
49 *Eisenschmid* in Schmidt-Futterer, § 555 d BGB Rn. 94.
50 *BGH* 6.4.2005 – XII ZR 225/03, NZM 2005, 455.
51 *BGH* 13.4.2011 – VIII ZR 223/10, NJW 2011, 1806.

3. Rechte des Vermieters bei unberechtigter Mietminderung

Ein Mieter darf nicht wegen Mängeln mindern, die er selbst verursacht hat. Tut er dies dennoch, befindet er sich in **Zahlungsverzug**, weil die volle Miete von ihm geschuldet war. Erreicht der Zahlungsrückstand eine Höhe von zwei Mieten, darf dem Mieter fristlos gekündigt werden (§ 543 Abs. 2 Nr. 3 b BGB). Darüber hinaus kann einem Mieter ordentlich, also mit gesetzlicher Kündigungsfrist, gekündigt werden, wenn der Rückstand mehr als eine Monatsmiete beträgt und trotz Mahnung mehr als einen Monat andauert.[52] 45

Dass der Mieter irrig geglaubt hat, zur Mietminderung sowohl dem Grunde als auch der vorgenommenen Höhe nach berechtigt gewesen zu sein, entlastet ihn nicht und steht seiner Kündigung wegen Zahlungsverzugs *nicht* entgegen. Dass **Irrtumsrisiko** liegt mithin beim Mieter.[53] Somit entlastet es den Mieter auch nicht, wenn er aufgrund falscher Rechtsauskunft irrtümlich annimmt, zur Mietminderung berechtigt zu sein. Denn falsche Rechtsauskünfte durch seinen **Mieterschutzverein** oder Rechtsanwalt muss sich der Mieter als eigenes Verschulden zurechnen lassen (§ 278 BGB).[54] 46

II. Energetische Modernisierung

Mieter sind nicht berechtigt, wegen Beeinträchtigungen des Mietgebrauchs die Miete zu mindern, soweit die Beeinträchtigungen aufgrund einer Maßnahme eintreten, die einer energetischen Modernisierung (§ 555 b Nr. 1 BGB) dient; der **Minderungsausschluss** gilt für längstens drei Monate (§ 536 Abs. 1 a BGB). Das Recht des Mieters auf Schadensersatz gemäß § 536 a BGB und auf Aufwendungsersatz gemäß § 555 d Abs. 6 BGB bleibt hiervon unberührt.[55] 47

Mit dem Minderungsausschluss ist das rechtstragende **Äquivalenzprinzip**, nach dem Leistung und Gegenleistung einander bedingen, für das Wohnraummietrecht temporär aufgehoben, was einen Systembruch darstellt:[56] Trotz Beeinträchtigung des Mietgebrauchs ist vom Mieter die Miete (inklusive Betriebskosten) zu zahlen, die er eigentlich nur für den unbeeinträchtigten Mietgebrauch schuldet. 48

Zweck der Neuregelung ist es, energetische Modernisierungen für Vermieter wirtschaftlich attraktiver zu machen, um dadurch den **Klimaschutz zu verbessern.**[57] Energetisch sanierende Vermieter werden vor Mietverlusten durch Mietminderung geschützt und erlangen **Kalkulationssicherheit.** Der zeitlich befristete Ausschluss der Minderung dient also übergeordneten ökologischen Interessen. 49

Das bedeutet zugleich: Wegen der Beeinträchtigungen, die sich aus allen anderen Modernisierungsvarianten für den Mieter ergeben, gilt sein Minderungsrecht unbeschränkt. Somit sind auch Modernisierungen, welche der Einsparung nicht erneuerbarer Primärenergie und dem Klimaschutz im Übrigen dienen (§ 555 b Nr. 2 BGB), vom Minderungsausschluss nicht erfasst. 50

Hinweis: Führt die energetische Modernisierung dazu, dass die **Wohnung unbewohnbar** ist, so schuldet der Miete keine Miete.[58] Die Grenze, ab wann die Nutzbarkeit der Wohnung noch gemindert oder schon aufgehoben ist, wird in der Praxis jedoch häufig schwer zu bestimmen sein. 51

Der Minderungsausschluss hat *nicht* zur Voraussetzung, dass der Baumaßnahme eine **ordnungsgemäße Ankündigung** (§ 555 c Abs. 1 BGB) vorausgegangen ist.[59] Sie ist zwar Vor- 52

52 *BGH* 10.10.2012 – VIII ZR 107/12, NJW 2013, 159.
53 *BGH* 11.7.2012 – VIII ZR 138/11, NZM 2012, 637.
54 *BGH* 25.10.2006 – VIII ZR 102/06, NJW 2007, 428.
55 BT-Drs. 17/10485, 18; Bub/Treier/*Schultz*, Kap. III Rn. 2711.
56 *Flatow*, NJW 2013, 1185 (1187).
57 BT-Drs. 17/10485, 17; hierzu näher *Börstinghaus*, NZM 2012, 697 (700).
58 So stellt es die Gesetzesbegründung klar: BT-Drs. 17/10485, 17.
59 *Hinz*, NZM 2013, 209 (212 f.); *Kossmann/Meyer-Abich*, § 44 Rn. 15; aA *Hau*, NZM 2014, 809 (815).

aussetzung dafür, dass der Mieter die Baumaßnahme dulden muss. Ohne den gesetzlichen Minderungsausschluss dürfte der Mieter aber auch wegen der Beeinträchtigung durch Arbeiten die Miete mindern, die er nicht dulden müsste, aber dennoch hinnimmt.

53 Der Minderungsausschluss entfällt nicht deshalb, weil die Modernisierung für den Mieter eine **Härte** bedeutet. Demnach darf der Mieter auch dann nicht die Miete mindern, wenn er rechtzeitig – bis zum Ablauf des auf den Zugang der Modernisierungsankündigung folgenden Monats (§ 555 d Abs. 3 BGB) – den Einwand wirtschaftlich **unzumutbarer Mieterhöhung** erhoben hat.[60] Und auch wenn der Mieter wegen einer für ihn damit verbundenen Härte die Baumaßnahme selbst eigentlich nicht hätte dulden müssen, gilt für eine gleichwohl durchgeführte Baumaßnahme der Minderungsausschluss.[61]

54 Der Minderungsausschluss erstreckt sich auf den **Untermieter**. Davon profitiert der Untervermieter, dessen (Haupt-)Vermieter eine energetische Modernisierung durchführt, da er deshalb keine Mietkürzung seines (Unter-)Mieters hinnehmen muss.[62]

1. Begünstigte Arbeiten

55 Der Minderungsausschluss setzt gemäß § 536 a Abs. 1 BGB voraus, dass die geminderte Nutzbarkeit der Mieträume aufgrund einer energetischen Modernisierung eintritt. Ob die betreffende Maßnahme innerhalb (zum Beispiel im Badezimmer) oder außerhalb der Mieträume (zum Beispiel Dämmung der Gebäudefassade) erfolgt, ist unerheblich; es ist nur entscheidend, dass es sich um eine solche der energetischen Modernisierung handelt.

Beispiel: Der Vermieter tauscht den noch gänzlich funktionsfähigen Heizkessel gegen einen solchen mit einem höheren Wirkungsgrad aus. Zudem installiert er im Mietobjekt eine Lüftungsanlage mit Wärmerückgewinnung und dämmt die unversehrte Fassade mit einem Wärmedämmverbundsystem. Wenn durch diese Maßnahmen – wie im Regelfall – nachhaltig Endenergie eingespart wird, liegt eine energetische Modernisierung vor mit der Folge, dass der Mieter wegen aller hiermit verbundenen erheblichen Beeinträchtigungen für die Dauer von längstens drei Monaten nicht mindern darf.

56 Aber der Minderungsausschluss wirkt auch darüber hinaus: Mit der Formulierung, dass die Baumaßnahme „einer energetischen Modernisierung nach § 555 b Nr. 1 BGB dient“, hat der Gesetzgeber zum Ausdruck gebracht, dass der Minderungsausschluss nicht nur die eigentliche Endenergie einsparende Maßnahme erfasst, sondern auch alle damit **unmittelbar verbundenen weiteren (Instandsetzungs-)Arbeiten**.

57 Das bestätigen die Gesetzesmaterialien, indem sie klarstellen: „Der Minderungsausschluss gilt auch insoweit, als die energetische Modernisierung zugleich der Erhaltung der Mietsache dient.“[63] Damit wird die Tatsache berücksichtigt, dass praktisch jede Modernisierung einen hohen Anteil an Erhaltungsarbeiten beinhaltet (wobei gegebenenfalls von einer **modernisierenden Instandsetzung** gesprochen wird, wenn diese Erhaltungsarbeiten zum Zeitpunkt der Modernisierung fällig waren).[64]

Beispiel: Zur Vorbereitung einer Wärmedämmung an der Fassade wird gleichzeitig der Außenputz ausgebessert. Auch wenn der Mieter durch die Ausbesserungsarbeiten beeinträchtigt wird, erstreckt sich der Minderungsausschluss hierauf doch gleichermaßen.

58 Ebenso vom Minderungsausschluss erfasst sind Baumaßnahmen, die zwar ein **anderes Modernisierungsobjekt** betreffen, jedoch mit der Maßnahme zur energetischen Modernisierung **eine Einheit** bilden.

---

60 *Lützenkirchen* /Mietrecht, § 536 BGB Rn. 322.
61 *Hinz*, NZM 2013, 209 (213).
62 *Abramenko*, Das neue Mietrecht in der anwaltlichen Praxis, § 2 Rn. 83.
63 BT-Drs. 17/10485, 18.
64 Hannemann/*Horst*, Das neue Mietrecht, § 2 Rn. 149.

Beispiel: Der Vermieter nutzt das Gerüst, das für die Dämmung der Hausfassade errichtet worden ist, um teils defekte Dachrinnen zu reparieren. Hier „dient" das den Mieter beeinträchtigende Baugerüst der energetischen Modernisierung und zugleich der Erhaltung andernorts. Eine unbillige Benachteiligung des Mieters ist hierin nicht zu sehen; es wird ihm im Gegenteil das wiederholte Aufstellen eines Gerüstes allein für den Sanierungsanteil erspart.

Für das Eingreifen des Minderungsausschlusses ist aber erforderlich, dass die energetische 59
Modernisierung den **Schwerpunkt der Baumaßnahme** bildet. Das ist der Fall, wenn die von ihr ausgehenden Beeinträchtigungen mehr als 50 Prozent der Gesamtbeeinträchtigung ausmachen.[65] Anderenfalls könnte der Vermieter treuwidrig in den Genuss des Minderungsausschlusses kommen, indem er unter dem Deckmantel einer unerheblichen energetischen Modernisierung erhebliche andere Maßnahmen durchführt, insbesondere längst überfällige Erhaltungsmaßnahmen.

Beispiel: Das Baugerüst wird dazu genutzt, defekte Dachpfannen zu erneuern; bei dieser Gelegenheit werden im Dachstuhl zwei einfachverglaste Fenster durch Isolierglasfenster ersetzt. Hier „dient" das Gerüst zuvörderst der Sanierung und nur nachrangig der energetischen Modernisierung.

Daraus folgt, dass in diesen drei Fällen zulasten des Mieters der Minderungsausschluss ge- 60
mäß § 536 Abs. 1 a BGB gilt:

1. Die Beeinträchtigung des Mietgebrauchs tritt aufgrund einer Baumaßnahme ein, die einer **energetischen Modernisierung** dient.
2. Mit der energetischen Modernisierung werden **unmittelbar verbundene** weitere (Instandsetzungs-)Arbeiten ausgeführt, die **zugleich** der energetischen Modernisierung dienen. In diesem Fall gilt der Minderungssauschluss für alle Arbeiten.
3. Mit der energetischen Modernisierung werden Baumaßnahmen ausgeführt, die zwar **ein anderes Modernisierungsobjekt** betreffen, jedoch mit der Maßnahme zur energetischen Modernisierung **eine Einheit** bilden. Unter der Voraussetzung, dass die energetische Modernisierung den **Schwerpunkt der Baumaßnahme** bildet, die von ihr ausgehenden Beeinträchtigungen also mehr als 50 Prozent der Gesamtbeeinträchtigung ausmachen, gilt der Minderungssauschluss für alle Arbeiten.

2. Dauer des Minderungsausschlusses

Das Recht des Mieters, die Miete wegen Beeinträchtigungen durch energetische Moderni- 61
sierungen zu mindern, ist **längstens für die Dauer von drei Monaten** ausgeschlossen. Danach lebt das Minderungsrecht des Mieters wieder auf, und er ist zur Mietminderung berechtigt. Die zeitliche Begrenzung des Minderungsausschlusses bezweckt, den Vermieter zur zügigen Durchführung der energetischen Modernisierung anzuhalten.[66]

Die **Berechnung der Dreimonatsfrist** erfolgt in gleicher Weise wie die Berechnung der 62
Dreimonatsfrist, die zwingend zwischen Ankündigung und Beginn der Modernisierung liegen muss (§ 555 c Abs. 1 BGB). Danach beginnt die Frist mit dem Tag, der auf den Beginn der energetischen Modernisierung folgt (§ 187 Abs. 1 BGB); die Frist endet drei Monate später an dem Tag, der durch seine Zahl dem Tag des Modernisierungsbeginns entspricht (§ 188 Abs. 2 BGB).

Beispiel: Die Arbeiten, die der energetischen Modernisierung dienen, beginnen im Laufe des 22.7. Der Minderungsausschluss beginnt demnach am 23.7. zu laufen und endet am 22.10. Dauern die Beeinträchtigungen noch an, kann der Mieter ab dem 23.10. die Miete mindern.

65 Für eine getrennte Beurteilung der Baumaßnahmen hingegen *Eisenschmid* in Schmidt-Futterer, § 536 BGB Rn. 73.

66 BT-Drs. 17/10485, 18.

63 Beginnt der Minderungsausschluss an einem 31. Tag eines Monats zu laufen, so endet er am letzten Tag des darauf folgenden dritten Monats (wenn dieser keinen 31. Tag zählt).

Beispiele: Mit der energetischen Modernisierung wird am 30.1. begonnen, so dass der Minderungsausschluss am 31.1. zu laufen beginnt und am 30.4. endet. Bei einem Modernisierungsbeginn am 30.11. endet der Minderungsausschluss am 28.2. (29.2.).

3. Beginn des Minderungsausschlusses

64 Der Minderungsausschluss beginnt mit der **tatsächlichen Aufnahme der Arbeiten,** die der energetischen Modernisierung dienen. Der in der Modernisierungsankündigung mitgeteilte Baubeginn ist für sich nicht fristauslösend, wenn die tatsächliche Arbeitsaufnahme hiervon abweicht.

65 **Vorbereitungsmaßnahmen** zur Modernisierung, die den Mieter nicht oder nur unerheblich beeinträchtigen, lösen den Fristbeginn nicht aus. Hierzu zählen vor allem bauplanerische und technische Vorbereitungen oder die Bereitstellung von technischem Gerät oder Bauschuttcontainern.[67] Auch die Abfuhr von Schutt und Gerümpel zur Ermöglichung der eigentlichen Modernisierungsmaßnahme ist noch kein Bestandteil der Baumaßnahme.

66 Fristauslösend sind nur Arbeiten, die den Mieter wegen der damit verbundenen erheblichen Beeinträchtigung ohne die Regelung des § 536 Abs. 1 a BGB sonst zur Mietminderung berechtigen würden, gewissermaßen die **erste spürbare Beeinträchtigung.**[68]

Beispiel: Für die beabsichtigte Fassadendämmung erfolgt eine Besichtigung am 4.9., das Dämmmaterial wird am 6.9. lautstark vor der Mietwohnung abgeladen und bereitgestellt, das Gerüst wird ab dem 7.9. aufgebaut und die Arbeiten an der Fassade beginnen am 15.9. In diesem Fall wäre der Mieter ab dem 6.9. zur Mietminderung berechtigt: Mit diesem Tag beginnt der dreimonatige Minderungsausschluss.

67 Weil auch Erhaltungsmaßnahmen dem Minderungsausschluss unterfallen, wenn sie der energetischen Modernisierung dienen, beginnt mit ihrer Aufnahme die Dreimonatsfrist zu laufen.

Beispiel: Um die neue Zentralheizung installieren zu können, müssen zunächst schadhafte Rohrleitungen ersetzt werden. Mit Aufnahme dieser Instandsetzungsarbeiten beginnt, so sie denn den Mietgebrauch erheblich beeinträchtigen, der Minderungsausschluss zu laufen.

4. Beeinträchtigungsfreie Zeiten

68 In der Praxis wird es häufig vorkommen, dass beeinträchtigungsintensive Maßnahmen sich mit weniger intensiven abwechseln und es auch Zeiten gibt, in denen der Mieter gar nicht beeinträchtigt ist. Zum Beispiel bei einer Verzögerung der Dämmarbeiten am Dach wegen **Krankheit** eines Handwerkers.

69 Der Gesetzesbegründung zufolge gilt der Minderungsausschluss gemäß § 536 Abs. 1 a BGB bei energetischen Modernisierungen für „Beeinträchtigungen des Mietgebrauchs während einer zusammenhängenden Dauer von drei Monaten".[69] Ob dies so zu verstehen ist, dass für die Berechnung der Dauer nur **Zeitabschnitte** zu berücksichtigen sind, in denen die Beeinträchtigung andauert, ist umstritten.

70 Überwiegend wird angenommen, dass **Bauverzögerungen den Lauf der Dreimonatsfrist** nicht hemmen sollen und hierfür unerheblich ist, ob die Verzögerung vom Vermieter zu vertreten ist und ob der Mieter überhaupt beeinträchtigt ist.[70] Begründet wird diese Auf-

67 *Eisenschmid* in Schmidt-Futterer, § 555 c BGB Rn. 17.

68 *Hinz*, NZM 2013, 209 (217); *Kossmann/Meyer-Abich*, § 44 Rn. 14; *Lützenkirchen*/Mietrecht, § 536 BGB Rn. 327 f.; *Zehelein*, WuM 2013, 133.

69 BT-Drs. 17/10485, 17.

70 BeckOK BGB/*Wiederhold* BGB § 536 Rn. 91; Bub/Treier/*Schüller*, Kap. III Rn. 2711; *Eisenschmid* in Schmidt-Futterer, § 536 BGB Rn. 68; *Hinz*, NZM 2013, 209 (217); *Lützenkirchen*/Mietrecht, § 536 BGB Rn. 328; Palandt/*Weidenkaff*, § 536 BGB Rn. 23 a.

fassung damit, dass mit der Dreimonatsfrist Vermietern ein Anreiz gegeben werden soll, die Baumaßnahmen zügig durchzuführen, dies aber nur zu erreichen sei, wenn der Dreimonatszeitraum nicht durch Baustillstand verlängert werden könne.[71]

Nach dieser Auffassung sind beeinträchtigungsfreie Zeiten in die höchstzulässige Dauer 71
des dreimonatigen Minderungsausschlusses einzubeziehen. Der **Grund für die Unterbrechung** ist dabei *unerheblich*. Er kann vor allem durch Arbeitspausen, Krankheit, Streik, Urlaub, Verzögerung bei der behördlichen Abnahme, erforderliche Ersatzteilbeschaffung und Ausfall technischen Geräts bedingt sein.

Allerdings kann schon gesetzessystematisch der Minderungsausschluss nicht für Zeiten 72
gelten, in denen eine Beeinträchtigung nicht gegeben ist, da der Mieter dann ohnedies nicht zur Minderung berechtigt wäre. Richtigerweise greift das Gesetz den Begriff „zusammenhängend" selbst auch nicht (mehr) auf und bestimmt, dass das Minderungsrecht „für die Dauer von drei Monaten" ausgeschlossen ist. Somit ist zwar die Dauer der (Gesamt-)Beeinträchtigung zu ermitteln, doch kann sich diese Dauer aus mehreren voneinander unterbrochenen Zeiträumen zusammensetzen.[72]

Beispiel: Für die beabsichtigte Fassadendämmung werden vom 2.3. bis 7.3. lautstark das Baumaterial und das Baugerüst abgeladen. Wegen starken Schneefalls kann das Gerüst aber erst am 18.3. aufgebaut werden und sodann mit den Dämmarbeiten an der Fassade begonnen werden, die bis zum 22.6. andauern. Ist der Mieter in seinem Mietgebrauch zwischen dem 8. und 17.3. nicht beeinträchtigt, so können diese 10 Tage an die drei Monate „angehängt" werden.

Besteht die Beeinträchtigung des Mieters während der Zeit des **Baustillstands** fort, so wird 73
auch der Minderungsausschluss nicht unterbrochen.

Beispiel: Setzt im Beispiel zuvor der Schneefall erst ein, *nachdem* das Gerüst schon aufgebaut ist, und hindert der Schneefall sodann die Dämmarbeiten, dann wirkt der Minderungsausschluss fort, wenn und soweit der Mietgebrauch durch das Baugerüst selbst beeinträchtigt ist. Hiervon ist wegen verminderten Lichteinfalls und erhöhter Einbruchsgefahr im Regelfall auszugehen.

Das vorige Beispiel zeigt, dass der Vermieter auch mit der Anknüpfung des Minderungs- 74
ausschlusses an die Beeinträchtigung einen Anreiz zur zügigen Durchführung und Beendigung der Baumaßnahmen hat. Weil gerade energetische Modernisierungen häufig sehr zeitaufwändig und für den Mieter beeinträchtigend sind, liegt es im Interesse des Vermieters, **Arbeitsunterbrechungen** so kurz als möglich zu halten, zumal sie sich auf das Maß der Beeinträchtigung nicht auswirken müssen.

Beispiel: Kann im Zuge einer Heizungsmodernisierung die Wohnung nicht ausreichend beheizt werden, ist der Mieter *per se* beeinträchtigt. Und zwar unabhängig davon, ob die Bauarbeiten voranschreiten oder ruhen, etwa weil die Bestellung bestimmter Bauteile versäumt worden ist.

Damit der Vermieter vom Minderungsausschluss bestmöglich profitieren kann, ist eine be- 75
sonders gründliche und vorausschauende Planung Voraussetzung. Dort aber, wo keine Beeinträchtigung des Mieters durch die Modernisierungsmaßnahme gegeben ist, muss der Vermieter auch nicht zur zügigen Fertigstellung motiviert werden.

5. Energetische Modernisierung und sonstige Arbeiten

In der Praxis werden neben energetischen Modernisierungen häufig zugleich – parallel – 76
weitere Arbeiten vorgenommen, bei denen der Minderungsausschluss nicht zum Tragen kommt, also **Erhaltungsmaßmaßnahmen** bzw. **nicht energetische Modernisierungen.**

Für den Mieter ist es zwar in tatsächlicher Hinsicht unerheblich, welchem Zweck die Ar- 77
beiten dienen, durch die er beeinträchtigt wird; für die Geltung des Minderungsausschlus-

71 Vgl. nur Bub/Treier/*Schüller*, Kap. III Rn. 2711; *Hinz*, NZM 2013, 209 (217).

72 Ebenso *Abramenko*, Das neue Mietrecht in der anwaltlichen Praxis, § 2 Rn. 90; aA *Blank*/Börstinghaus, Miete; § 536 Rn. 201.

ses indes müssen **die Arbeiten getrennt betrachtet werden.** Denn bei parallel durchgeführten – insoweit keine Einheit bildenden – Maßnahmen kommt es nach der Gesetzesbegründung „für die Reichweite des Minderungsausschlusses darauf an, welche Beeinträchtigungen auf die jeweilige Maßnahme entfallen."[73] Damit ist gewährleistet, dass der Mieter wegen Beeinträchtigungen durch energetische Modernisierung nicht mindern darf, wohl aber insoweit, als sich die Mietminderung auf Beeinträchtigungen durch nicht energetische Modernisierungen bzw. Sanierungsarbeiten bezieht.

Beispiel: Es wird gleichzeitig die Hausfassade gedämmt, das Dachgeschoss ausgebaut und der Fahrstuhl repariert. Hier erfasst der Minderungsausschluss nur Beeinträchtigungen durch die Fassadenarbeiten.

Beispiel: Parallel zu der Auswechslung von einfachverglasten Fenstern durch solche aus Isolierglas wird das Bad der Mietwohnung modernisiert. Nur wegen der Beeinträchtigungen durch die Arbeiten am Bad ist die Minderung zulässig.

78 Bei **gemischten bzw. parallelen Baumaßnahmen** ist demnach genau zu ermitteln, welche Beeinträchtigung auf welche Maßnahme entfällt. Weder kommt es darauf an, welche der beiden Maßnahmen überwiegt, noch darauf, zu welchem Anteil die Arbeiten einer energetischen Modernisierung dienen.[74]

79 Für die Reichweite des Minderungsausschlusses ist also entscheidend, ob die weiteren Baumaßnahmen mit der energetischen Modernisierung **unmittelbar verbunden** sind (= Minderung ist ausgeschlossen) oder aber als hiervon unabhängig – parallel – angesehen werden müssen (= Minderung ist möglich).[75]

80 Diese Frage wird in der Praxis häufig kaum zweifelsfrei zu beantworten sein; zu hoch sind die damit verbundenen **Abgrenzungs- und Nachweisschwierigkeiten.** Weil es in den meisten Fällen für den Vermieter wirtschaftlich sinnvoll ist, mehrere Baumaßnahmen zu bündeln, damit aber zugleich die Beeinträchtigungen für den Mieter zunehmen, eröffnet sich hier ein erhebliches Konfliktpotenzial.

81 Da kaum zu erwarten ist, dass über die Reichweite des Minderungsausschlusses Einigkeit erzielt werden kann, werden vielfach die Gerichte zu entscheiden haben. Um ihnen die Entscheidung zu erleichtern, dürfen sie im Streitfall gemäß § 287 ZPO durch **Schätzung** bestimmen, welche Beeinträchtigungen durch welche Arbeiten zu einer Minderung berechtigen und welche nicht.[76]

82 Als Grundlage der Schätzung sind dem Gericht Tatsachen mitzuteilen. Der Vermieter muss vortragen und erforderlichenfalls beweisen, dass und in welchem Umfang der beeinträchtigte Mietgebrauch auf Arbeiten zurückzuführen ist, die einer energetischen Modernisierung dienen, weshalb der gesetzliche Minderungsausschluss zum Tragen kommt.

83 Ist eine Schätzung mangels ausreichender Tatsachengrundlage nicht möglich und bedarf es deshalb der Einholung eines **Sachverständigengutachtens,** wird hierfür in aller Regel der Vermieter vorschusspflichtig sein. Das damit verbundene Kostenrisiko dürfte für den Vermieter in den meisten Fällen unverhältnismäßig gegenüber dem möglichen Nutzen sein, eine unberechtigte Mietminderung abzuwehren.

84 **Hinweise:**

- Vermieter und Verwalter sollten ihre Planer und Handwerker dazu anhalten, so genau als möglich zu dokumentieren, wann welche Tätigkeiten ausgeführt worden sind. Nur so lässt sich bei kombinierten Maßnahmen ermitteln, wegen welcher Maßnahme eine Mietminderung möglich und gegebenenfalls in welcher Höhe sie angemessen ist.

---

73 BT-Drs. 17/10485, 18.
74 *Eisenschmid* in Schmidt-Futterer, § 536 BGB Rn. 73.
75 Hannemann/*Horst*, Das neue Mietrecht, § 2 Rn. 149 ff.; *Lützenkirchen*/Mietrecht, § 536 BGB Rn. 323.
76 BT-Drs. 17/10485, 18.

- Weil selbst bei genauer Dokumentation Zweifelsfragen bleiben, besteht die Alternative darin, energetische Modernisierungen und sonstige Baumaßnahmen möglichst voneinander getrennt durchzuführen. Freilich macht dies nur Sinn bei Arbeiten, für die eine Baustelle nicht ein zweites Mal geschaffen werden müsste, etwa die Einrichtung eines Baugerüsts, die Bereitstellung von Schlafcontainern für Baubeschäftigte etc. Gegebenenfalls dürften die damit verbundenen Mehrkosten die verhinderten Mietverluste nicht aufwiegen.
- Da auch für den Mieter in solchen Fällen eine hohe Ungewissheit darüber besteht, ob der Minderungsausschluss (nicht) greift, sind Mieter gut beraten, Mietzahlungen unter Vorbehalt zu leisten. Denn ist die Mietminderung unberechtigt, so kann dem Mieter fristlos gekündigt werden, wenn der hierzu erforderliche Rückstand erreicht ist (§ 543 Abs. 2 Nr. 3 BGB). Dass der Mieter irrig geglaubt hat, zur Mietminderung dem Grunde nach berechtigt gewesen zu sein, entlastet ihn nicht und steht seiner Kündigung wegen Zahlungsverzugs nicht entgegen.[77]

6. Mehrere energetische Modernisierungsmaßnahmen

Werden mehrere energetische Modernisierungen durchgeführt, so kann es zu einer **Abfolge** von mehreren – jeweils maximal drei Monate währenden – Minderungsausschlüssen kommen.[78] Dies folgt zwar nicht direkt aus dem Gesetzeswortlaut, wohl aber aus der Entstehungsgeschichte des § 536 Abs. 1 a BGB.[79] Anknüpfungspunkt ist jede energetische Modernisierungsmaßnahme, wie sie dem Mieter gemäß § 555 c Abs. 1 BGB angekündigt worden ist. 85

Beispiel: Sollen gemäß der Ankündigung die Heizung modernisiert, Isolierglasfenster installiert und an der Fassade eine Wärmedämmung angebracht werden, so handelt es sich um drei (verschiedene) Maßnahmen der energetischen Modernisierung, für die (jeweils) der Minderungsausschluss gilt.

Mit Beginn der einzelnen Modernisierungsmaßnahmen beginnt der Dreimonatszeitraum zu laufen. Zeiten des nicht „verbrauchten“ Minderungsausschlusses einer Maßnahme können nicht länger andauernden Baumaßnahmen „gutgeschrieben“ werden. 86

Im Falle des **Rechtsmissbrauchs** kann der Minderungsausschluss ausnahmsweise verbraucht sein.[80] Dies ist möglich, wenn der Vermieter Modernisierungsmaßnahmen „scheibchenweise“ durchführt, *ohne* dass er hierfür sachliche Gründe anführen kann. Da in derartigen Fällen auch die Umlage der Modernisierungskosten zweifelhaft ist, wird der Vermieter sie im eigenen Interesse vermeiden wollen. 87

Beispiel: Nur sehr kurze Zeit, nachdem das Baugerüst nach erfolgtem Fensteraustausch demontiert worden ist, wird es zum Zwecke der Fassadendämmung wieder aufgestellt. Kann der Vermieter nicht plausibel machen, warum die beiden Maßnahmen nicht zusammengefasst werden können, liegt eine rechtsmissbräuchliche Modernisierungsplanung nahe.

Zu beachten ist aber, dass es allein der **Dispositionsfreiheit des Vermieters** unterliegt, wann er welche Modernisierungsmaßnahmen ergreift.[81] Eine Zusammenrechnung der Zeiträume, die auf getrennt voneinander durchgeführte Maßnahmen entfallen, wird in der Praxis daher nur bei zweifelsfrei erwiesenem Rechtsmissbrauch geboten sein. 88

77 *BGH* 11.7.2012 – VIII ZR 138/11, NZM 2012, 637.
78 Bub/Treier/*Schüller*, Kap. III Rn. 2711.
79 *Aufderhaar/Jaeger*, ZfIR 2013, 173 (182).
80 *Abramenko*, Das neue Mietrecht in der anwaltlichen Praxis, § 2 Rn. 92.
81 *BGH* 14.9.2011 – VIII ZR 10/11, NJW-RR 2012, 262.

E. Zurückbehaltungsrecht

89 Bei nicht unerheblichen Mängeln der Mietsache darf der Mieter nicht nur in angemessener Höhe die Miete und Betriebskosten mindern. Darüber hinaus hat er als **Druckmittel** zusätzlich das Recht, die Miete zurückzubehalten, um den Vermieter zur Mängelbeseitigung anzuhalten (§ 320 BGB).

90 Richtigerweise wird Mietern das **Zurückbehaltungsrecht** bei modernisierungsbedingten Gebrauchsbeeinträchtigungen ausnahmsweise nur dann zugebilligt, wenn der Vermieter die Modernisierung vorwerfbar nicht in der gebotenen Zügigkeit abwickelt. Weil der Vermieter ein eigenes wirtschaftliches Interesse an der baldigen Beendigung der (beeinträchtigenden) Baumaßnahmen hat, bedarf es dieses Druckmittels im Übrigen nicht.[82]

91 Dass dem Mieter ein Zurückbehaltungsrecht nicht zusteht, folgt schon daraus, dass er die Beseitigung des beeinträchtigenden Mangels vom Vermieter nicht verlangen darf. Denn der Mangel ergibt sich aus baulichen Veränderungen, die der Mieter nach dem Gesetz zu dulden hat. Aus diesem Grund sind Mieter auf ihr Minderungsrecht beschränkt. Darüber hinaus darf ein Mieter die Miete nicht zurückbehalten; tut er es dennoch, ist eine **fristlose Kündigung wegen Zahlungsverzuges** möglich, sofern der Zahlungsrückstand die für eine Kündigung erforderliche Höhe erreicht.[83]

92 Ist dem Mieter in den Fällen **energetischer Modernisierungen** das Minderungsrecht kraft Gesetz genommen (§ 536 Abs. 1 a BGB), so kann ohnedies kein Zurückbehaltungsrecht bestehen.

93 Sofern dem Mieter ausnahmsweise ein Zurückbehaltungsrecht zuzubilligen ist, weil der Vermieter in vorwerfbarer Weise die zügige Beendigung der den Mieter erheblich beeinträchtigenden Modernisierungsarbeiten hindert, kann er von seinem Zurückbehaltungsrecht Gebrauch machen. Dessen Höhe und zeitliche Dauer ist anhand der Umstände im Einzelfall zu bestimmen; jede schematische Betrachtung verbietet sich insoweit.[84]

F. Sonderkündigungsrecht

I. Anwendungsbereich

94 Wegen einer angekündigten Modernisierung hat der Mieter das Recht, seinen Mietvertrag außerordentlich mit gesetzlicher Frist zu kündigen (§ 555 e BGB). Dieses Recht wird allgemein als **Sonderkündigungsrecht** bezeichnet. Der Vermieter ist *nicht* gehalten, den Mieter in der Modernisierungsankündigung auf sein Recht hinzuweisen.

95 Das Kündigungsrecht kann mietvertraglich nicht zum Nachteil des Mieters beschränkt werden (§ 555 e Abs. 3 BGB); eine Verbesserung der Rechtsstellung des Mieters ist hingegen möglich. Von dem Sonderkündigungsrecht des Mieters wegen einer angekündigten Modernisierungsmaßnahme zu unterscheiden ist das Recht des Mieters auf **außerordentliche Kündigung** wegen Mieterhöhung nach erfolgter Modernisierung (§ 561 BGB).

96 Das Sonderkündigungsrecht hat der Mieter nur bei Modernisierungsmaßnahmen und nicht bei Erhaltungsmaßnahmen. Kündigt der Vermieter irrtümlich eine Modernisierung an, obwohl der Sache nach Erhaltungsmaßnahmen durchgeführt werden sollen, geht dieser **Irrtum** zu seinen Lasten: Der Mieter darf kündigen, wenn der Irrtum nicht offenkundig ist.[85] Hat der Mieter von seinem Sonderkündigungsrecht Gebraucht gemacht, braucht der Vermieter ihn über eine erhebliche Verzögerung der Modernisierung nicht mehr zu informieren; auf die fehlende Mitteilung gestützt kann der Mieter somit keinen **Schadensersatz** beanspruchen.[86]

---

82 *Dickersbach*, Lützenkirchen/Mietrecht, § 555 d BGB Rn. 88.
83 *KG* 18.10.2012 – 8 U 38/12.
84 Vgl. *BGH* 17.6.2015 – VIII ZR 19/14, NZM 2015, 618.
85 *Abramenko*, Das neue Mietrecht in der anwaltlichen Praxis, § 2 Rn. 136.
86 *BGH* 30.5.2017 – VIII ZR 199/16, NJW 2017, 2907.

Weil ein Mieter ohnehin unabhängig von der Dauer seines Mietvertrags und ohne berechtigtes Interesse stets mit dreimonatiger Frist kündigen darf, ist dieses Recht vor allem von Bedeutung, wenn ein **Zeitmietvertrag** (§ 575 BGB) geschlossen oder im Mietvertrag der zeitweise Verzicht bzw. Ausschluss des Rechts auf ordentliche Kündigung („**Kündigungsverzicht**") vereinbart worden ist. 97

In einem Wohnungsmietvertrag kann das Recht des Mieters auf außerordentliche Kündigung wegen Modernisierung nicht wirksam eingeschränkt oder ausgeschlossen werden (§ 555 e Abs. 3 BGB). Möglich ist dies aber in einem **Gewerbemietvertrag**, wobei der Mieter ohnedies fristlos gemäß § 543 Abs. 2 Nr. 1 BGB kündigen darf, wenn die angekündigte Modernisierungsmaßnahme eine nicht duldungspflichtige Gebrauchsentziehung darstellt.[87] 98

II. Kündigungsvoraussetzungen

Für das Sonderkündigungsrecht des Mieters ist nicht erforderlich, dass er von der Modernisierung schon betroffen ist. Sein Kündigungsrecht knüpft schlicht an die Tatsache an, dass er **Adressat einer Modernisierungsankündigung** geworden ist. 99

Anders als für die Duldungspflicht des Mieters und auch für die Ausschlussfrist seines Härteeinwandes hat das Sonderkündigungsrecht **eine ordnungsgemäße Ankündigung der Modernisierung** *nicht* zur Voraussetzung.[88] Sonst würden Fehler und Versäumnisse des Vermieters zu einer Rechtsverkürzung des Mieters führen. Aus diesem Grund ist der Mieter zur Kündigung berechtigt, wenn die gesetzlich vorgeschriebene **Ankündigung nicht nur fehlerhaft ist, sondern in Gänze unterbleibt.**[89] Auch wenn der Mieter aus sonstigen Gründen nicht zur Duldung der Modernisierung verpflichtet wäre – namentlich bei Vorliegen von Härtegründen –, steht ihm das Sonderkündigungsrecht zu.[90] 100

Wie jede Kündigung eines Wohnraummietvertrags bedarf die Kündigung der **Schriftform** (§ 568 Abs. 1 BGB). Erforderlich ist mithin die Originalunterschrift des Mieters auf dem Kündigungsschreiben (vgl. § 126 BGB). Bei einer **Mehrheit von Mietern** kann das Sonderkündigungsrecht nur einheitlich von *allen* Mietern ausgeübt werden – ein *einzelner* Mieter kann hiervon nicht wirksam Gebrauch machen.[91] 101

Die Kündigung des Mieters bedarf zu ihrer Wirksamkeit **keiner Begründung.**[92] Es ist demnach ausreichend, wenn der Mieter formgemäß erklärt, dass er seinen Mietvertrag kündigt. Anders als bei seinem **Härteeinwand** ist der Mieter also nicht verpflichtet, seine Kündigung mit den Modernisierungsmaßnahmen zu begründen. Die Kündigung ist auch wirksam, wenn ihr nicht einmal zu entnehmen ist, dass aufgrund der Modernisierung gekündigt wird.[93] 102

III. Kündigungsfrist

Die Ausübung des Sonderkündigungsrechts ist an eine **Frist** gebunden. Gemäß § 555 e Abs. 1 BGB kann der Mieter den Mietvertrag außerordentlich zum Ablauf des übernächsten Monats kündigen, wobei die Kündigung bis zum Ablauf des Monats erklärt werden muss, der auf den Zugang der Modernisierungsankündigung folgt. Das Gesetz regelt also eine 103

- **Überlegungsfrist** und eine
- **Kündigungsfrist**

87 *BGH* 31.10.2012 – XII ZR 126/11, NJW 2013, 223; siehe hierzu unter → § 11 Rn. 1 ff.
88 *LG Berlin* 12.2.1999 – 64 S 172/97; *Aufderhaar/Jaeger*, ZfIR 2013, 173 (181); Palandt/*Weidenkaff*, § 555 e BGB Rn. 2; *Kinne*, Miet- und Mietprozessrecht, § 555 e BGB Rn. 1.
89 HdM/*Emmert*, § 19 Rn. 134.
90 *Blank/Börstinghaus*, Miete, § 555 e BGB Rn. 3; Staudinger/*Emmerich*, § 555 e BGB Rn. 2.
91 *Abramenko*, Das neue Mietrecht in der anwaltlichen Praxis, § 2 Rn. 138.
92 *Dickersbach*, Lützenkirchen/Mietrecht, § 555 e BGB Rn. 9.
93 *Abramenko*, Das neue Mietrecht in der anwaltlichen Praxis, § 2 Rn. 143.

104 Die **Überlegungsfrist** ist die Zeit, innerhalb derer der Mieter die Kündigung erklären kann. Deshalb wird sie auch **Kündigungserklärungsfrist** genannt. Die Überlegungsfrist beginnt mit dem Zugang der Modernisierungsankündigung beim Mieter und endet mit Ablauf des darauf folgenden Monats.

105 Eine Kündigung, die der Mieter erst nach Ablauf der dafür vorgesehenen Frist ausspricht, ist unwirksam.[94] Jedoch wird man eine verspätete Kündigung in der Regel in eine **ordentliche Kündigung** mit gesetzlicher Kündigungsfrist von annährend drei Monaten (§ 573 c Abs. 1 S. 1 BGB) umdeuten müssen, sofern diese nicht mietvertraglich ausgeschlossen oder ein **Zeitmietvertrag** vereinbart worden ist.

106 Damit hat der Mieter für sein Sonderkündigungsrecht die gleiche Überlegungsfrist zu beachten wie für seinen Härteeinwand gemäß § 555 d Abs. 3 S. 1 BGB nach Zugang einer ordnungsgemäßen Modernisierungsankündigung. Je nachdem, wann sie dem Mieter zugegangen ist, beträgt die Frist zur Erklärung der Kündigung minimal einen Monat und maximal knapp zwei Monate.

Beispiel: Ist dem Mieter die Modernisierungsankündigung am 1.8. zugegangen, kann er die Kündigung bis zum 30.9. erklären. Das Gleiche gilt, wenn dem Mieter die Ankündigung am 31.8. zugegangen ist.

107 Eine Kündigung des Mieters innerhalb der Überlegungsfrist beendet den Mietvertrag mit Ablauf der **Kündigungsfrist**. Die Kündigungsfrist beträgt einen Monat nach Ablauf der Überlegungsfrist. Es ist also unerheblich, ob der Mieter in dem Monat kündigt, in dem er die Modernisierungsankündigung erhalten hat, oder erst im darauf folgenden Monat.

Beispiel: Ist dem Mieter die Modernisierungsankündigung am 10.8. zugegangen, endet der Mietvertrag am 31.10. unabhängig davon, ob die Kündigung des Mieters dem Vermieter im August oder im September zugeht.

108 Mit dieser Systematik ist sichergestellt, dass die Kündigungsfrist immer mit Ablauf des Monats endet, der auf den Zugang der Modernisierungsankündigung beim Mieter folgt, also zum gleichen Zeitpunkt, bis zu dem ein Mieter auch eine **Härte** eingewendet haben muss (§ 555 d Abs. 3 S. 1 BGB). Weil die Modernisierungsarbeiten frühestens drei Monate nach Zugang der Modernisierungsankündigung beginnen dürfen (§ 555 c Abs. 1 S. 1 BGB), ist somit gewährleistet, dass der Mietvertrag durch Kündigung endet, *bevor* mit den Arbeiten begonnen werden darf.

109 **Übersicht: Kündigungskalender für die Ausübung des Sonderkündigungsrechts**

Zugang Modernisierungs-ankündigung	Überlegungsfrist (Kündigungserklärungsfrist)	Ablauf Kündigungsfrist
1.–31. Januar	Zugang bis 28./29. Februar	31. März
1.–28./29. Februar	Zugang bis 31. März	30. April
1.–31. März	Zugang bis 30. April	31. Mai
1.–30. April	Zugang bis 31. Mai	30. Juni
1.–31. Mai	Zugang bis 30. Juni	31. Juli
1.–30. Juni	Zugang bis 31. Juli	31. August
1.–31. Juli	Zugang bis 31. August	30. September
1.–31. August	Zugang bis 30. September	31. Oktober
1.–30. September	Zugang bis 31. Oktober	30. November
1.–31. Oktober	Zugang bis 30. November	31. Dezember

94 *AG Berlin-Tempelhof-Kreuzberg* 19.11.1998 – 16 C 268/98.

Zugang Modernisierungs-ankündigung	Überlegungsfrist (Kündigungserklärungsfrist)	Ablauf Kündigungsfrist
1.–30. November	Zugang bis 31. Dezember	31. Januar
1.–31. Dezember	Zugang bis 31. Januar	28./29. Februar

Erhält der Mieter die gesetzlich vorgeschriebene Modernisierungsankündigung nicht, so beginnt die Überlegungsfrist in dem Zeitpunkt zu laufen, zu dem der Mieter **Kenntnis** von der beabsichtigten Modernisierung erhält.[95] Hierfür reicht es aus, wenn er durch Dritte, zum Beispiel durch die vom Vermieter beauftragten Handwerker, informiert wird.[96] 110

Hat der Mieter keine oder keine ordnungsgemäße Modernisierungsankündigung erhalten und von der Modernisierung auch sonst keine Kenntnis erlangt, so kann er auch die **Aufhebung des Mietvertrags** im Wege des Schadensersatzes vom Vermieter verlangen, sofern er durch dessen Pflichtwidrigkeit an der Ausübung seines Sonderkündigungsrechts gehindert war.[97] 111

IV. Ausschluss des Kündigungsrechts

Ist nur eine **Bagatellmodernisierung** beabsichtigt – und damit die Ankündigung gegenüber dem Mieter entbehrlich (§ 555 c Abs. 4 BGB) –, so hat der Mieter kein Sonderkündigungsrecht (§ 555 e Abs. 2 BGB). Demnach besteht zugunsten des Mieters kein Sonderkündigungsrecht wegen solcher Modernisierungen, die mit einer nur unerheblichen Einwirkung auf die Mietsache sowie einer nur unerheblichen Mieterhöhung verbunden sind. 112

Eine **rechtlich unmögliche Mieterhöhung** ist zu behandeln wie eine unerhebliche Mieterhöhung. Unter der weiteren Voraussetzung, dass die modernisierungsbedingte Einwirkung auf die Mietsache unerheblich ist, ist das Sonderkündigungsrecht damit ausgeschlossen, wenn der Vermieter zur Mieterhöhung nicht berechtigt ist (vgl. § 559 Abs. 1 BGB). Dies betrifft Baumaßnahmen, durch die nicht erneuerbare Primärenergie nachhaltig eingespart bzw. das Klima nachhaltig geschützt wird (§ 555 b Nr. 2 BGB) und die der Schaffung neuen Wohnraums dienen (§ 555 b Nr. 7 BGB).[98] 113

V. Rechtsfolgen

Hat der Mieter bis zum Ablauf des Folgemonats nach Erhalt der Modernisierungsankündigung wirksam die Kündigung erklärt, so endet das Mietverhältnis zum Ablauf des übernächsten Monats nach Zugang der Modernisierungsankündigung.[99] Dies gilt auch, wenn im Mietvertrag ein **Kündigungsausschluss** vereinbart oder ein **Zeitmietvertrag** (§ 575 BGB) geschlossen ist. 114

Hat der Mieter gekündigt, so hat der Vermieter die **Modernisierungsarbeiten** bis zur Beendigung des Mietverhältnisses zu **unterlassen**. Denn die dreimonatige Ankündigungsfrist des Vermieters gemäß § 555 c Abs. 1 BGB ist länger als die Überlegungs- und Kündigungsfrist des Mieters gemäß § 555 e Abs. 1 BGB. Räumt der Mieter die Mietsache bis zum Ablauf der Kündigungsfrist pflichtwidrig nicht, so hat er aber die Baumaßnahmen zu dulden, die nach Ablauf der Kündigungsfrist beginnen.[100] 115

95 *Eisenschmid* in Schmidt-Futterer, § 555 e BGB Rn. 6; Staudinger/*Emmerich*, § 555 e BGB Rn. 4.
96 *Kinne*, Miet- und Mietprozessrecht, § 555 e BGB Rn. 2; aA Palandt/*Weidenkaff*, § 555 e BGB Rn. 1 (Überlegungsfrist wird nicht in Lauf gesetzt).
97 *Lehmann-Richter*, NZM 2011, 572 (577).
98 Zu den weiteren Gründen für den Ausschluss einer Mieterhöhung, vgl. hierzu unter → § 6 Rn. 6 ff.
99 BT-Drs. 17/10485, 22.
100 *Eisenschmid* in Schmidt-Futterer, § 555 d BGB Rn. 16; Spielbauer/Schneider/*Ettl*, Mietrecht, § 555 e BGB Rn. 4.

§ 6 Mieterhöhung nach Modernisierung

Hat der Vermieter eine oder mehrere Modernisierungsmaßnahmen iSv § 555 b Nr. 1, 3 4, 5 oder 6 BGB durchgeführt, kann er die jährliche Miete um 8 Prozent der für eine Wohnung aufgewendeten Kosten erhöhen (§ 559 Abs. 1 BGB). Begrenzt ist die Mieterhöhung durch eine **Kappungsgrenze** (§ 559 Abs. 3 a BGB).

A. Zulässigkeit der Mieterhöhung

I. Zweck/Anwendungsbereich

Der **Zweck der Mieterhöhung** besteht darin, vermietenden Immobilieneigentümern neben der Wertverbesserung ihrer Immobilie einen zusätzlichen Anreiz zu geben, Modernisierungen durchzuführen.[1] Ohne die Möglichkeit, Modernisierungskosten in bestehenden Mietverträgen auf die Wohnungsmieter umzulegen, würden Modernisierungen größtenteils unterbleiben. An ihrer Durchführung besteht indes das gesellschaftliche Interesse der Ressourcenschonung, vor allem an der Einsparung von Endenergie und Trinkwasser, aber auch an der Verringerung der Umweltbelastung sowie an der Verbesserung der allgemeinen Wohnbedingungen. 1

Werden Modernisierungsmaßnahmen für mehrere Wohnungen durchgeführt, sind die Kosten auf die einzelnen Wohnungen angemessen zu verteilen (§ 559 Abs. 3 BGB). Kosten, die für **Erhaltungsmaßnahmen** notwendig gewesen wären, dürfen nicht Grundlage einer Mieterhöhung sein (§ 559 Abs. 2 BGB). Das Recht auf Mieterhöhung besteht unabhängig davon, ob die modernisierte Wohnung in einem **Sanierungsgebiet** liegt oder nicht. 2

Die Möglichkeit einer Mieterhöhung aufgrund erfolgter Modernisierung besteht nur für Mietverhältnisse über Wohnraum; das Gesetz schließt eine Mieterhöhung für Räume aus, die keine Wohnräume sind (§ 578 Abs. 2 BGB). Das Recht auf Mieterhöhung aufgrund erfolgter Modernisierung sowie die Modalitäten seiner Ausübung können in einem **Gewerberaummietvertrag** aber vereinbart werden.[2] 3

Die Mieterhöhung nach § 559 BGB setzt einen bestehenden Mietvertrag voraus. Endet er, kann die Neuvertragsmiete frei vereinbart werden, im Geltungsbereich der **„Mietpreisbremse"** nach Maßgabe der §§ 556 d ff. BGB. Insofern gilt: Hat der Vermieter in den letzten drei Jahren vor Beginn des neuen Mietverhältnisses Modernisierungsmaßnahmen durchgeführt, darf er die nach der „Mietpreisbremse" **höchstzulässige Neuvertragsmiete** von 110 Prozent der für die Wohnung ortsüblichen Vergleichsmiete (ohne Modernisierung) noch erhöhen um den Betrag, der ihm nach den §§ 559 ff. BGB als Modernisierungsmieterhöhung zuvor möglich gewesen wäre (§ 556 e Abs. 2 BGB). Hierüber hat der Vermieter dem Mieter vor Abschluss des Mietvertrages unaufgefordert Auskunft zu erteilen (§ 556 g Abs. 1 a Nr. 2 BGB). Auf Verlangen des Mieters hat der Vermieter dem Mieter die Mieterhöhung zu berechnen und erläutern (§ 556 g Abs. 3 S. 2 BGB). Im Laufe des neuen Vertrages kann der Vermieter vom Mieter unter den Voraussetzungen der §§ 558 ff. BGB die Zustimmung zu einer Mieterhöhung auf das Ortsniveau vergleichbarer (modernisierter) Wohnungen verlangen. 4

II. Zur Mieterhöhung berechtigende Baumaßnahmen

Fünf der gesetzlichen Modernisierungstatbestände gemäß § 555 b BGB berechtigen den Vermieter, die jährliche Miete um 8 Prozent der für die Wohnung aufgewendeten Kosten zu erhöhen (§ 559 Abs. 1 BGB). Hierzu gehören bauliche Veränderungen, 5

1 BT-Drs. 19/4672, 11; *BGH* 30.3.2011 – VIII ZR 173/10, NZM 2011, 358; *Dickersbach*, Lützenkirchen/Mietrecht, § 559 BGB Rn. 13; Palandt/*Weidenkaff*, § 559 BGB Rn. 1.

2 Siehe hierzu unter → § 11 Rn. 9.

1. durch die in Bezug auf die Mieträume Endenergie nachhaltig eingespart wird (energetische Modernisierung, § 555 b Nr. 1 BGB),
2. durch die der Wasserverbrauch nachhaltig reduziert wird (§ 555 b Nr. 3 BGB),
3. durch die der Gebrauchswert der Mieträume nachhaltig erhöht wird (§ 555 b Nr. 4 BGB),
4. durch welche die allgemeinen Wohnverhältnisse auf Dauer verbessert werden (§ 555 b Nr. 5 BGB) oder
5. die aufgrund von Umständen durchgeführt werden, die der Vermieter nicht zu vertreten hat, und die keine Erhaltungsmaßnahmen nach § 555 a BGB sind (§ 555 b Nr. 6 BGB).

6 Dagegen berechtigen zwei der gesetzlichen Modernisierungsvarianten den Vermieter *nicht* zur Mieterhöhung. Hierzu gehören bauliche Veränderungen, durch die

1. nicht erneuerbare Primärenergie nachhaltig eingespart oder das Klima nachhaltig geschützt wird, sofern diese Maßnahme nicht bereits als energetische Modernisierung zu qualifizieren ist (§ 555 b Nr. 2 BGB),
2. neuer Wohnraum geschaffen wird (§ 555 b Nr. 7 BGB).

Der gesetzliche Ausschluss der Mieterhöhung in diesen beiden Fällen liegt darin begründet, dass der Mieter von diesen Modernisierungsmaßnahmen **keinen konkreten persönlichen Vorteil** hat. Weil diese Modernisierungen *ausschließlich* im allgemeinen Interesse liegen, kann ihre Finanzierung vom einzelnen Mieter nicht verlangt werden.[3] Zur Duldung auch dieser Modernisierungsmaßnahmen ist der Mieter aber verpflichtet (§ 555 d Abs. 1 BGB).

III. Ausschluss des Rechts auf Mieterhöhung

7 Darüber hinaus ist in bestimmten Fällen eine Mieterhöhung nach Modernisierung ausgeschlossen, obgleich der Mieter zur Duldung der Modernisierungsmaßnahmen verpflichtet gewesen ist. Der Ausschluss der Mieterhöhung kann sich aus einer **Vereinbarung** der Mietvertragsparteien sowie aus dem **Gesetz** ergeben. Er kann auf die Modernisierungsmieterhöhung nach § 559 BGB beschränkt sein oder sich auch auf die Mieterhöhung bis zur ortsüblichen Vergleichsmiete nach § 558 BGB erstrecken.

1. Vertraglicher Ausschluss

8 Mit dem Mieter kann – schon im Mietvertrag – vereinbart werden, dass eine Mieterhöhung wegen künftiger Modernisierungsmaßnahmen ausgeschlossen ist. Eine solche Vereinbarung ist für den Mieter **vorteilhaft,** weshalb sie zulässig ist (§ 559 Abs. 6 BGB). Die Vereinbarung für den Mieter nachteiliger Regelungen ist dagegen nicht möglich. Unwirksam wäre zum Beispiel eine Regelung, wonach der Vermieter eine Mieterhöhung über das seit 2019 höchstzulässige Maß von 8 Prozent der Modernisierungskosten pro Jahr hinaus beanspruchen dürfte.[4]

9 Der Ausschluss einer Modernisierungsmieterhöhung kann auch **konkludent** vereinbart werden (§ 557 Abs. 3 BGB). Beispielsweise können sich Vermieter und Mieter bei Abschluss des Mietvertrages einig sein, dass der Vermieter in Kürze noch bestimmte, den Wohnwert verbessernde Baumahmen durchführt. In diesem Fall wird es regelmäßig dem durch Auslegung ermittelten Willen der Vertragspartner entsprechen, dass die vereinbarte Miete diese Baumaßnahmen bereits berücksichtigt.[5]

3 Vgl. BT-Drs. 17/10485, 24.
4 *LG Leipzig* 23.7.1999 – 01 S 2989/99.
5 *Börstinghaus* in Schmidt-Futterer, § 559 BGB Rn. 25; *Dickersbach*, Lützenkirchen/Mietrecht, § 559 BGB Rn. 22.

Zur Annahme eines konkludent vereinbarten Mieterhöhungsausschlusses bedarf es aber **konkreter Anhaltspunkte**. Hieran fehlt es etwa bei einer Vereinbarung, der zufolge der Mieter die geschuldete Miete durch Dienstleistungen abgelten darf: Hierbei handelt es sich lediglich um eine **Zahlungsmodalität**, die einer Mieterhöhung (in Geld) nach erfolgter Modernisierung nicht entgegensteht.[6] 10

2. Staffelmiete (§ 557 a BGB)

Ist mit dem Mieter eine Staffelmiete vereinbart worden, schließt das Gesetz eine **Erhöhung der Miete während der Laufzeit** der Staffelmiete aus.[7] Ausgeschlossen ist sowohl eine Erhöhung der Miete wegen erfolgter Modernisierung als auch eine Mieterhöhung auf die ortsübliche Vergleichsmiete (§ 557 a Abs. 2 S. 2 BGB). Eine zum Nachteil des Mieters abweichende Vereinbarung, der zufolge eine Mieterhöhung dennoch möglich sein soll, ist unwirksam (§ 557 a Abs. 4 BGB).[8] 11

Ob die Modernisierungsarbeiten schon während des Laufs der Staffelmietvereinbarung begonnen oder durchgeführt wurden, ist unerheblich, da das Gesetz eindeutig „eine Mieterhöhung" während der Laufzeit einer Staffelmiete ausschließt und nicht daran anknüpft, wann der Grund ihrer Berechtigung entsteht (§ 557 a Abs. 2 S. 2 BGB). Deshalb ist es dem Vermieter nicht verwehrt, eine Mieterhöhung auch auf Modernisierungsmaßnahmen zu stützen, die schon während der Laufzeit einer Staffelmiete erfolgten, sofern die Mieterhöhung erst danach erfolgt.[9] 12

Voraussetzung des Mieterhöhungsausschlusses ist, dass die Staffelmiete wirksam vereinbart worden ist. Hierfür ist erforderlich, dass die Vereinbarung die **Schriftform** wahrt, die Miete gemäß der Vereinbarung jeweils für mindestens ein Jahr unverändert ist und die jeweilige Miete oder die jeweilige Erhöhung in einem Geldbetrag (statt etwa nur prozentual) ausgewiesen ist (§ 557 a Abs. 1, 2 BGB).[10] 13

Mit Fälligkeit der letzten Mietpreisstaffel endet der Ausschluss des Mieterhöhungsrechts. Die **Jahresfrist**, der zufolge während der Geltung der Staffelmiete die Miete ein Jahr unverändert sein muss (§ 557 a Abs. 2 S. 1 BGB), braucht für eine Mieterhöhung wegen Modernisierung nicht abgewartet zu werden.[11] 14

Beispiel: Ein Mietvertrag mit Staffelmietvereinbarung sieht vor, dass sich die Miete jeweils zum 1.11. eines jeden Jahres um 25 EUR erhöht, letztmals am 1.11.2019. Mit diesem Datum endet der Mieterhöhungsausschluss; ab dem 1.11.2019 darf der Vermieter die Mieterhöhung wegen erfolgter Modernisierung verlangen, wenn hierfür die gesetzlichen Voraussetzungen gegeben sind.

3. Indexmiete (§ 557 b BGB)

Eine Indexmiete ist dadurch gekennzeichnet, dass die Höhe der Miete durch den vom Statistischen Bundesamt ermittelten **Preisindex für die Lebenshaltung aller privaten Haushalte in Deutschland** bestimmt wird (§ 557 b Abs. 1 BGB). Ist eine Indexmiete vereinbart worden, ist eine Mieterhöhung sowohl wegen erfolgter Modernisierung als auch wegen gestiegener ortsüblicher Vergleichsmiete ausgeschlossen (§ 557 b Abs. 2 S. 2 BGB). Dieser gesetzliche Ausschluss berührt nicht die Pflicht des Mieters, die Modernisierungsmaßnahme zu *dulden*.[12] 15

---

6 *AG Offenbach* 8.2.2013 – 37 C 445/12.
7 *LG Berlin* 28.2.2018 – 65 S 225/17.
8 *LG Dortmund* 22.9.2011 – 1 S 165/10.
9 *Börstinghaus* in Schmidt-Futterer, § 557 a BGB Rn. 53; MüKo/*Artz* § 557 a BGB Rn. 8; aA *LG Berlin* 28.1.2018 – 65 S 225/17; Bub/Treier/*Schultz*, Kap. III Rn. 1653 ff.
10 Vgl. *BGH* 15.2.2012 – VIII ZR 197/11, NJW 2012, 1502.
11 *Börstinghaus* in Schmidt-Futterer, § 557 a BGB Rn. 52.
12 *BGH* 12.3.2014 – VIII ZR 147/13, NJW-RR 2014, 650; zu den Angaben des Vermieters bei Änderung der Indexmiete vgl. *BGH* 22.11.2017 – VIII ZR 291/16, NJW 2018, 700.

16 Von dem gesetzlichen Mieterhöhungsausschluss bei der Indexmiete gibt es – im Unterschied zur Staffelmiete – eine **wichtige Ausnahme**: Hat der Vermieter gemäß § 555 b Nr. 6 BGB eine Modernisierung aufgrund von Umständen durchgeführt, die er nicht zu vertreten hat, ist ihm deswegen eine Mieterhöhung gestattet (§ 557 b Abs. 2 S. 2 BGB.

Beispiel: Ein Vermieter in Hamburg, der entsprechend seiner dort geltenden Pflicht (vgl. § 45 Ziff. 4 HBauO) seine Mietwohnung mit einem **Kaltwasserzähler** ausstattet, nimmt eine Modernisierung aus von ihm nicht zu vertretenden Gründen vor.[13] Hierauf gestützt darf er auch während der Laufzeit einer Indexmiete ausnahmsweise die Miete erhöhen.

17 Mietvertragliche Vereinbarungen, die den Vermieter entgegen der gesetzlichen Regelung ermächtigen sollen, während der Laufzeit einer Indexmiete die Miete wegen anderer Modernisierungen zu erhöhen, sind unwirksam (§ 557 b Abs. 4 BGB). Zulässig sind aber weitere den Vermieter beschränkende Vereinbarungen, etwa die Regelung, dass auch wegen vom Vermieter nicht zu vertretender Modernisierungsmaßahmen eine Mieterhöhung ausgeschlossen ist.

18 Der gesetzliche Ausschluss der Mieterhöhung endet mit der Laufzeit der Indexvereinbarung. Diese Vereinbarung muss nicht mit der Laufzeit des Mietvertrages identisch sein.

Beispiel: Ein Mietvertrag sieht eine Indexvereinbarung für die Zeit bis 31.7.2019 vor. Aufgrund dessen wird die Miete letztmals am 1.6.2019 erhöht. Ab dem 1.8.2019 darf die Miete wegen durchgeführter Modernisierungsmaßnahmen gemäß § 559 Abs. 1 BGB erhöht werden, ohne dass hierfür eine bestimmte Frist zur letzten Mieterhöhung einzuhalten wäre.

4. Zeitmietvertrag (§ 575 BGB)

19 Eine Mieterhöhung ist nicht möglich, soweit sie durch Vereinbarung ausgeschlossen ist oder sich der Ausschluss aus den Umständen ergibt (§ 557 Abs. 3 BGB). Nach Auffassung des Gesetzgebers ist deshalb für jeden Zeitmietvertrag im Einzelfall zu klären, ob nach dem Willen der Vertragsparteien Mieterhöhungen möglich oder ausgeschlossen sein sollen.[14]

20 Nach umstrittener Rechtsauffassung spricht bei Zeitmietverträgen eine **generelle Vermutung** dafür, dass das Recht auf Mieterhöhung wegen erfolgter Modernisierung und wegen gestiegener ortsüblicher Vergleichsmiete ausgeschlossen sein soll.[15] Denn das Recht auf Mieterhöhung kompensiert zugunsten des Vermieters seinen (Rechts-)Nachteil, sich nur sehr eingeschränkt von dem Mietverhältnis lösen zu können. Dieser Kompensation bedarf es aber nicht, wenn das Ende des Mietvertrages schon bei seinem Abschluss feststeht und es dem Vermieter infolgedessen möglich ist, die Miete für die gesamte Laufzeit zu kalkulieren.[16] Insofern spricht umso mehr für einen Ausschluss der Mieterhöhung, je kürzer die vereinbarte Mietzeit ist.

21 Die generelle Vermutung, dass in einem Zeitmietvertrag Mieterhöhungen ausgeschlossen sein sollen, kann durch eine anderslautende Vereinbarung oder durch die Umstände seines Abschlusses entkräftet werden. Hat sich der Vermieter im Zeitmietvertrag das Recht auf **Mieterhöhung ausdrücklich vorbehalten**, ist dies wirksam und der Vermieter zur Mieterhöhung in jedem Fall berechtigt. Das gilt auch bei formularvertraglichen Vereinbarungen,[17] wobei individuelle Vereinbarungen über die Befristung des Mietvertrages mit einer festen Miete freilich Vorrang haben (§ 305 b BGB).

---

13 *BGH* 17.12.2008 – VIII ZR 41/08, NZM 2009, 150.

14 BT-Drs. 14/4553, 52.

15 *Börstinghaus*, Miethöhe-Handbuch, Kap. 9 Rn. 16 f.; MüKo/*Artz*, § 557 BGB Rn. 46; aA Bub/Treier/*Schultz*, Kap. III Rn. 1035; *Dickersbach*, Lützenkirchen/Mietrecht, § 557 BGB Rn. 57.

16 *Börstinghaus* in Schmidt-Futterer, § 557 BGB Rn. 50 f.; MAH MietR/*Hannemann*, § 29 Rn. 122.

17 MAH MietR/*Hannemann*, § 29 Rn. 125.

Hinweis: Vermieter sollten bei Zeitmietverträgen zu Beginn des Modernisierungsvorhabens prüfen, ob darin das Recht auf Mieterhöhung vorbehalten ist. Bei Abschluss eines Zeitmietvertrages sind Vermieter gut beraten, darin einen **Mieterhöhungsvorbehalt** aufzunehmen. 22

5. Vorübergehende Vermietung (§ 549 Abs. 2 Nr. 1 BGB)

Vermietet der Vermieter Wohnraum nur zum vorübergehenden Gebrauch, darf er keine Mieterhöhung wegen Modernisierung oder gestiegener Vergleichsmiete fordern (§ 549 Abs. 2 Nr. 1 BGB). Dabei handelt es sich um Mietverhältnisse, die aufgrund besonderer Umstände nach dem Willen *beider* Vertragsparteien nur für eine **relativ kurze Dauer** bestehen sollen. Erfasst sind insbesondere 23

- die Vermietung von Ferienwohnungen für nur einige Tage oder wenige Wochen sowie
- die Vermietung eines Apartments an Monteure am Ort der Montage bzw.
- Mietverhältnisse für die Dauer einer Messe, einer Kur oder einer Sportveranstaltung.

6. Teils selbst bewohnte Mieträume (§ 549 Abs. 2 Nr. 2 BGB)

Beide Mieterhöhungsmöglichkeiten sind auch für solchen Wohnraum ausgeschlossen, der Teil der vom Vermieter selbst bewohnten Wohnung ist und den er ganz oder **überwiegend mit Einrichtungsgegenständen** auszustatten hat (§ 549 Abs. 2 Nr. 2 BGB). Eine Ausnahme gilt für den Fall, dass der besagte Wohnraum dem Mieter zum dauernden Gebrauch mit seiner Familie oder mit Personen überlassen worden ist (Vertragszweck) und der Mieter mit ihnen einen auf Dauer angelegten gemeinsamen Haushalt führt (Vertragswirklichkeit), § 549 Abs. 2 Nr. 2 BGB. 24

7. Weitervermietung durch juristische Person (§ 549 Abs. 2 Nr. 3 BGB)

Hat eine juristische Person des öffentlichen Rechts oder ein anerkannter privater Träger der Wohlfahrtspflege Wohnraum angemietet, um ihn Personen mit dringendem Wohnungsbedarf weiterzuvermieten, sind Mieterhöhungen wegen Modernisierung und gestiegenen Ortsniveaus in diesem **Untermietverhältnis** ausgeschlossen (§ 549 Abs. 2 Nr. 3 BGB). Dies gilt jedoch nur unter der Voraussetzung, dass der Vermieter den (Haupt-)Mieter bei Vertragsschluss sowohl auf die Zweckbestimmung des Wohnraums (dringender Wohnungsbedarf) als auch darauf hingewiesen hat, dass für das Mietverhältnis die Vorschriften über den Mieterschutz bei Beendigung des Mietverhältnisses und bei der Begründung von Wohnungseigentum nicht gelten (§ 549 Abs. 2 Nr. 3 BGB). 25

8. Wohnraum im Studenten- oder Jugendwohnheim (§ 549 Abs. 3 BGB)

Ist der Wohnraum in einem Studenten- oder Jugendwohnheim modernisiert worden, ist eine Mieterhöhung ausgeschlossen (§ 549 Abs. 3 BGB). Dies gilt sowohl bei Modernisierung als auch bei gestiegener ortsüblicher Vergleichsmiete. 26

Beispiele: Versorgung von Studenten mit preisgünstigem Wohnraum; Unterbringung von auswärtigen Lehrlingen und Schülern in der Nähe der Ausbildungsstätte; Wohngemeinschaft von Jugendlichen aus therapeutischen oder erzieherischen Gründen.

9. Vorherige Kündigung (§ 561 BGB)

Macht der Vermieter eine Mieterhöhung wegen erfolgter Modernisierung oder gestiegener ortsüblicher Vergleichsmiete geltend, so darf der Mieter bis zum Ablauf des zweiten Monats nach dem Zugang der Mieterhöhungserklärung das Mietverhältnis außerordentlich 27 bis zum Ablauf des übernächsten Monats kündigen. Kündigt der Mieter, so tritt die Mieterhöhung nicht ein (§ 561 Abs. 1 BGB).[18]

Beispiel: Das Mieterhöhungsverlangen geht dem Mieter am 11.4. zu. Bis zum Ablauf seiner Überlegungsfrist am 30.6. kann der Mieter außerordentlich kündigen zum Ablauf des 31.8.

28 Dieses Sonderkündigungsrecht hat Bedeutung, wenn ein **Zeitmietvertrag** geschlossen oder ein **Kündigungsausschluss** vereinbart ist. Ist dies nicht der Fall, besteht zumeist kein Bedürfnis nach dem Sonderkündigungsrecht, weil der Mieter seinen Mietvertrag ordentlich kündigen kann, und zwar generell mit dreimonatiger Kündigungsfrist (§ 573 c Abs. 1 S. 1 BGB).

10. Wirtschaftliche Härte (§ 559 Abs. 4 BGB)

29 Eine **Mieterhöhung** wegen Modernisierung ist ausgeschlossen, soweit sie auch unter Berücksichtigung der voraussichtlichen künftigen **Betriebskosten** für den Mieter eine Härte bedeuten würde, die auch unter Würdigung der berechtigten Interessen des Vermieters nicht zu rechtfertigen ist (§ 559 Abs. 4 S. 1 BGB).

30 Das Recht auf diesen Härteeinwand ist in **drei Fällen gesetzlich ausgeschlossen**: Ist die Mietsache durch die Modernisierung lediglich in einen allgemein üblichen Zustand versetzt worden oder erfolgte die Modernisierung aus vom Vermieter nicht zu vertretenden Gründen, ist der Mieter mit dem Einwand wirtschaftlicher Härte ausgeschlossen (§ 559 Abs. 4 S. 2 BGB).[19] Das gilt ebenso, wenn der Vermieter die Mieterhöhung im vereinfachten Verfahren berechnet (§ 559 c Abs. 1 S. 3 BGB).[20]

11. Gewerbemietverträge (§ 578 Abs. 2 BGB)

31 In Mietverhältnissen über Räume, die nicht zu Wohnzwecken vermietet sind, eröffnet das Gesetz Vermietern nicht die Möglichkeit, eine Mieterhöhung wegen Modernisierung oder gestiegener Vergleichsmiete zu verlangen (§ 578 Abs. 2 BGB erklärt § 559 BGB nicht für entsprechend anwendbar).[21]

12. Preisbindung/Kostenmiete

32 Für den bis zum 31.12.2001 erstmals geförderten Wohnungsbestand kann nach dem Wohnungsbindungsgesetz nur eine **Kostenmiete** verlangt werden. Diese Kostenmiete ist auf die Deckung der laufenden Kosten begrenzt ist und wird auf der Grundlage einer **Wirtschaftlichkeitsberechnung** ermittelt (§§ 8 ff. WoBindG). Eine Mieterhöhung wegen Modernisierung nach § 559 BGB ist ausgeschlossen, wenn sie in einer Zeit erfolgte, zu der die betreffende Wohnung (noch) der Preisbindung unterlag.[22] Während der Preisbindung kann eine erfolgte Modernisierung also nur im Rahmen der Kostenmiete berücksichtigt werden. Für die Anpassung der Kostenmiete wegen Modernisierung ist eine neue Wirtschaftlichkeitsberechnung erforderlich, die der Zustimmung der Bewilligungsstelle bedarf (§ 6 Abs. 1 S. 2 NMV, § 11 Abs. 7 II. BV).[23] Auf dieser Grundlage kann der Vermieter die Mieterhöhung gegenüber dem Mieter schriftlich erklären, wobei er gemäß 10 Abs. 1 S. 2 WoBindG nur die Mieterhöhung selbst zu erläutern hat, und nicht die Bildung der erhöhten Einzelmiete insgesamt.[24]

33 Seit dem 1.1.2002 ist das Recht des öffentlich geförderten Wohnraums mit dem Wohnungsförderungsgesetz auf eine neue Grundlage gestellt. Die höchstzulässige Miete wird

18 Siehe hierzu unter → § 6 Rn. 435 ff.
19 Siehe hierzu unter → § 6 Rn. 378 ff.
20 Siehe hierzu unter → § 7 Rn. 1 ff.
21 Siehe hierzu unter → § 11 Rn. 1 ff.
22 *AG Stuttgart* 9.4.1987 – 4 C 3625/86.
23 Vgl. *OVG Berlin-Brandenburg* 6.12.2012 – OVG 5 B 1/12.
24 *BGH* 4.12.2013 – VIII ZR 32/13, NZM 2014, 71.

nunmehr durch die **Förderzusage** gebildet (§ 28 WoFG), wobei für den Altbestand die früheren Regelungen fortgelten (§ 1 WoBindG iVm § 50 WoFG). Eine Beschränkung der Miete auf die laufenden Kosten gibt es nicht mehr. Vielmehr kann der Vermieter in den Grenzen der Förderzusage die Miete nach den allgemeinen mietrechtlichen Vorschriften (für preisfreien Wohnraum) erhöhen, also wegen einer Modernisierung auch nach §§ 559 ff. BGB (§ 28 WoFG).

Nach **Wegfall der Preisbindung** ist eine Mieterhöhung uneingeschränkt möglich. Maßgeblich hierfür ist, dass die Modernisierungsmaßnahmen *nach* Beendigung der Preisbindung *abgeschlossen* waren.[25] 34

13. Mietermodernisierung

Erfolgen Modernisierungsmaßnahmen durch den Mieter, ist der Vermieter ihretwegen nicht zu einer Mieterhöhung berechtigt (§ 559 a Abs. 1 BGB). Dies gilt auch dann, wenn der Vermieter dem Mieter Kosten für Modernisierungsleistungen erstattet. Denn für die Kostenumlage ist erforderlich, dass der Vermieter auch **Bauherr** der Modernisierung ist.[26] Etwas anderes kann daher gelten, wenn der Mieter zwar die Arbeiten ausführt, dies aber namens und im Auftrag des Vermieters tut. In diesem Fall ist der Mieter nicht im eigenen Interesse als Mieter tätig, sondern für den Vermieter, also wie jeder andere Handwerker auch. 35

14. Sperrfrist im vereinfachten Verfahren (§ 559 c Abs. 4 BGB)

Hat der Vermieter die Mieterhöhung im vereinfachten Verfahren gemäß § 559 c BGB berechnet, so kann er **innerhalb von fünf Jahren nach Zugang der Mieterhöhungserklärung** im vereinfachten Verfahren keine Mieterhöhung im regulären Verfahren nach § 559 BGB geltend machen.[27] Soweit der Vermieter den Höchstbetrag an Modernisierungskosten von 10.000 EUR nicht ausgeschöpft hat, kann er innerhalb dieser fünfjährigen Sperrfrist nur im vereinfachten Verfahren und nur bis zu dieser Kostengrenze eine weitere Mieterhöhung geltend machen (§ 559 Abs. 4 S. 1 BGB). Grundsätzlich unbenommen ist dem Vermieter aber, nach Ablauf der Sperrfrist eine Mieterhöhung aufgrund von Modernisierungsmaßnahmen geltend zu machen, die während der Sperrfrist durchgeführt wurden.[28] 36

Von dieser Sperrfrist bestehen **zwei Ausnahmen** (§ 559 Abs. 4 S. 2 BGB): Wenn der Vermieter in den fünf Jahren nach Zugang der Mieterhöhung im vereinfachten Verfahren **aufgrund gesetzlicher Verpflichtung modernisieren** muss, so darf er diese Modernisierung zur Grundlage einer Mieterhöhung gemäß § 559 BGB machen, wenn er die entsprechende gesetzliche Verpflichtung zur Modernisierung bei Geltendmachung der Mieterhöhung im vereinfachten Verfahren weder kannte noch kennen musste. Zum anderen gilt die Sperrfrist nicht für Modernisierungsmaßnahmen, die aufgrund **Beschlusses von Wohnungseigentümern** durchgeführt werden, wenn der Beschluss frühestens zwei Jahre nach Zugang der Mieterhöhungserklärung im vereinfachten Verfahren beim Mieter gefasst worden ist. 37

B. Arten der Mieterhöhungen

I. Übersicht

Nach Durchführung von Modernisierungsmaßnahmen hat der Vermieter zwei gesetzliche Möglichkeiten, eine Mieterhöhung zu verlangen (§ 557 Abs. 3 BGB): 38

1. Der Vermieter kann gemäß den §§ 558 ff. BGB vom Mieter die Zustimmung zu einer Mieterhöhung auf die ortsübliche Vergleichsmiete verlangen. Zur Bemessung der orts-

---

25 *Börstinghaus* in Schmidt-Futterer, § 559 BGB Rn. 43; Spielbauer/*Schneider*, Mietrecht, § 559 BGB Rn. 11.
26 Siehe hierzu unter → § 6 Rn. 88 ff.
27 Zum vereinfachten Verfahren siehe unter → § 7 Rn. 1 ff.
28 *Artz/Börstinghaus,* NZM 2019, 12 (21); HdM/*Emmert*, § 12 Rn. 428.

üblichen Vergleichsmiete kann der Vermieter den Standard der Mietsache zu Grunde legen, der durch die Modernisierungsmaßnahme geschaffen worden ist.

2. Der Vermieter kann gemäß §§ 559 ff. BGB vom Mieter eine Mieterhöhung – einen Modernisierungszuschlag – in Höhe von 8 Prozent der für die Modernisierungsmaßnahmen aufgewendeten Kosten pro Jahr verlangen.

39 Der Vermieter hat ein **Wahlrecht,** für welche der beiden Mieterhöhungsmöglichkeiten er sich entscheidet.[29] Er kann auch beide Möglichkeiten kombinieren[30] – dies aber nur unter der Voraussetzung, dass der durch die Modernisierung geschaffene (Ausstattungs-)Zustand der Mietsache bei der Mieterhöhung nicht zweimal berücksichtigt wird (sog **Kumulationsverbot** bzw. **Doppelverwertungsverbot**).[31]

Beispiel: Der Vermieter darf nicht die Kosten für ein modernisiertes Bad als Modernisierungszuschlag auf den Mieter umlegen und zusätzlich das modernisierte Bad als Wohnwert erhöhendes Merkmal bei Bemessung der ortsüblichen Vergleichsmiete geltend machen.

40 Über die beiden gesetzlichen Möglichkeiten der Mieterhöhung hinaus dürfen die Mietvertragsparteien während des Mietverhältnisses auch eine **Erhöhung der Miete vereinbaren** (§ 557 Abs. 1 BGB).

II. Modernisierungszuschlag (§ 559 BGB)

41 Nach erfolgter Modernisierung ist der Vermieter berechtigt, eine Mieterhöhung vom Mieter zu fordern (§ 559 ff. BGB). Dieser sog Modernisierungszuschlag beläuft sich seit 2019 auf maximal 8 Prozent der für die Mietwohnung aufgewendeten Modernisierungskosten pro Jahr (§ 559 Abs. 1 BGB). Hierzu rechnen alle Beträge, die in *direktem* Zusammenhang mit der Umsetzung der Maßnahme stehen.[32] Die Mieterhöhung ist dauerhaft und nicht auf die Zeit begrenzt, in der sich die Modernisierungskosten durch die Mieterhöhung amortisiert haben.[33]

42 Mit dem MietAnpG gilt seit 2019 eine **Kappungsgrenze** für höchstzulässige Mieterhöhungen nach erfolgter Modernisierung (§ 559 Abs. 3 a BGB). Danach darf die Miete bei Mieterhöhungen gemäß § 559 Abs. 1 BGB innerhalb von sechs Jahren um maximal 3 EUR pro Quadratmeter Wohnfläche monatlich steigen. Für geringere Ausgangsmieten gilt eine niedrigere Kappungsgrenze: Beträgt die monatliche Miete vor der Mieterhöhung weniger als 7 EUR/m², darf die Miete maximal um 2 EUR/m² steigen.[34]

43 Der Vermieter ist nicht verpflichtet, eine ihm zustehende Mieterhöhung in vollem Umfang geltend zu machen. Es bleibt ihm unbenommen, auf einen **Teil der Mieterhöhung zu verzichten,** wobei die Höhe des Verzichts variieren kann. Auch kann der Vermieter seine Mieterhöhung in mehreren Schritten geltend machen. Dies gleicht dann einer Staffelmiete, obschon es sich um einen sich sukzessive verringernden Verzicht auf die dem Vermieter mögliche Mieterhöhung handelt. Eine **Bagatellgrenze** bzw. ein Mindestmaß an Mieterhöhung schreibt das Gesetz nicht vor.

Gegenüber einer Mieterhöhung bis zur ortsüblichen Vergleichsmiete gemäß § 558 ff. BGB hat die Modernisierungsmieterhöhung für den Vermieter drei Vorteile:

---

29 *LG Berlin* 20.12.2013 – 63 S 146/13; *Börstinghaus* in Schmidt-Futterer, § 559 BGB Rn. 16; *Dickersbach*, Lützenkirchen/Mietrecht, § 559 BGB Rn. 42; MüKo/*Artz*, § 559 BGB Rn. 7.

30 *BGH* 24.9.2008 – VIII ZR 275/07, NJW 2008, 3630; *AG Köln* 4.10.2012 – 222 C 153/12.

31 *LG Berlin* 30.9.2015 – 65 S 240/15; Bub/Treier/*Schultz*, Kap. III Rn. 1640; *Paschke*, GE 2013, 100; Spielbauer/*Schneider*, Mietrecht, § 559 BGB Rn. 19.

32 *BGH* 30.3.2011 – VIII ZR 173/10, NZM 2011, 358.

33 BeckOK Mietrecht, Schach/Schultz/Schüller/*Pfeiffer*, § 559 BGB Rn. 12.

34 Zur Kappungsgrenze näher unter → § 6 Rn. 219 ff.

1. Der Mieterhöhung muss der Mieter **nicht zustimmen**; er schuldet die um den Modernisierungszuschlag erhöhte Miete mit Beginn des dritten Monats nach dem Zugang der Mieterhöhungserklärung (§ 559 b Abs. 2 S. 1 BGB).
2. Eine **Wartefrist** für die Mieterhöhung – auch **Sperrfrist** genannt – braucht nicht eingehalten zu werden; die Mieterhöhung kann also auch gefordert werden, wenn zuvor schon eine Mieterhöhung wegen gestiegener ortsüblicher Vergleichsmiete erfolgt ist (§ 558 Abs. 1 S. 3 BGB).
3. Es gibt **keine Begrenzung auf die ortsübliche Vergleichsmiete**; mit der Mieterhöhung kann das Ortsniveau vergleichbarer Wohnungen überschritten werden.

Nach erfolgter Mieterhöhung setzt sich die neue Miete aus der bisherigen Miete und dem Modernisierungszuschlag zusammen.[35] Letzterer muss also nicht gesondert ausgewiesen werden. Die neue Miete kann unter den Voraussetzungen der §§ 558 ff. BGB Grundlage weiterer Mieterhöhungen bis zur ortsüblichen Vergleichsmiete sein.[36] 44

Der Mieter kann gegenüber der Mieterhöhung einwenden, dass sie für ihn eine **unzumutbare Härte** darstellt (§ 559 Abs. 4 BGB). Zudem darf er wegen der Mieterhöhung den Mietvertrag außerordentlich kündigen; macht der Mieter von diesem **Sonderkündigungsrecht** Gebrauch, tritt die Mieterhöhung nicht ein (§ 561 Abs. 1 BGB). 45

Eine Mieterhöhung ist ausgeschlossen nach einer sog **Luxusmodernisierung.**[37] Sie braucht der Mieter schon nicht zu dulden.[38] Allerdings kann hiervon nur in wenigen Fällen ausgegangen werden. Denn der Vermieter darf die Attraktivität seiner Wohnung auch durch eine überdurchschnittliche Ausstattung erhöhen, selbst wenn die Nachfrage nach einer solchen Ausstattung im Zeitpunkt der Vornahme der Maßnahme noch verhältnismäßig gering ist.[39] Angenommen werden kann eine Luxusmodernisierung zum Beispiel beim Bau eines Hallenschwimmbades in einem einfach gehaltenen Gebäude.[40] 46

III. Mieterhöhung auf Ortsniveau (§ 558 BGB)

Rechtfertigt der durch die Modernisierung geschaffene Zustand eine Mieterhöhung auf die insoweit veränderte ortsübliche Vergleichsmiete, darf der Vermieter von seinem Mieter die Zustimmung zur Mieterhöhung verlangen (§ 558 Abs. 1 BGB). Dabei profitiert der Vermieter auch von den Modernisierungsmieterhöhungen vorheriger Vermieter der Wohnung, weil die ihnen jeweils zugrundeliegenden Modernisierungsmaßnahmen die ortsübliche Vergleichsmiete mit bilden (§ 558 Abs. 2 S. 1 BGB).[41] 47

Beispiel: Die ortsübliche Vergleichsmiete für eine Wohnung mit einem nur kleinen, nicht beheizbaren und nicht überwiegend gefliesten Bad ohne separate Dusche ist geringer als für eine Wohnung, deren Bad diese Ausstattungsmerkmale aufweist. Nach entsprechender Modernisierung kann vom Mieter die Zustimmung zur Erhöhung der Miete auf das Niveau verlangt werden, das für derart ausgestattete Wohnungen ortsüblich gezahlt wird.

Der Vermieter hat einen Anspruch auf eine höhere Miete **maximal bis zur Obergrenze** der für seine Wohnung festgestellten Mietwertspanne. Er darf die Miete auch erhöhen, wenn die Ausgangsmiete innerhalb der Mietpreisspanne oder noch darunter liegt.[42] Das gilt 48

---

35 *BGH* 10.10.2007 – VIII ZR 331/06, NJW 2008, 848.
36 *LG Berlin* 18.1.1999 – 61 S 1342/98.
37 Siehe hierzu unter → § 4 Rn. 21 ff.
38 *BGH* 20.7.2005 – VIII ZR 253/04, NZM 2005, 697; *AG München* v. 30.12.2016, 453 C 22061/15; Bub/Treier/*Schultz*, Kap. III Rn. 1552; *Dickersbach*, Lützenkirchen/Mietrecht, § 555 b BGB Rn. 68.
39 *BGH* 20.7.2005 – VIII ZR 253/04, NZM 2005, 697.
40 Palandt/*Weidenkaff*, § 559 BGB Rn. 4.
41 *Blank*, WuM 2011, 195 (199).
42 *BGH* 6.7.2005 – VIII ZR 322/04, NZM 2005, 660.

auch, wenn sich die Mietspiegelwerte seit Abschluss des Mietvertrages nicht erhöht haben.[43]

49 Bei der Mieterhöhung hat der Vermieter die gesetzliche **Wartefrist** zu beachten: Das Mieterhöhungsverlangen kann frühestens ein Jahr nach der letzten Mieterhöhung auf die ortsübliche Vergleichsmiete geltend gemacht werden (§ 558 Abs. 1 S. 2 BGB). Soweit der Mieter der Mieterhöhung zustimmt, schuldet er sie mit Beginn des dritten Kalendermonats nach Zugang des Erhöhungsverlangens (§ 558 b Abs. 1 BGB). Damit ist gewährleistet, dass die Miete zum Zeitpunkt ihrer Erhöhung seit (mindestens) 15 Monaten unverändert gewesen ist, wie § 558 Abs. 1 S. 1 BGB es vorschreibt. Ein Mieterhöhungsverlangen, das diese einjährige Wartefrist nicht wahrt, ist unwirksam und wird auch nicht zu dem gesetzlich frühestens zulässigen Termin wirksam.[44]

50 Die Wartefrist gilt zum einen nicht, wenn die letzte Mieterhöhung eine solche wegen erfolgter Modernisierung gewesen ist (§ 558 Abs. 1 S. 3 BGB). Zum anderen braucht **keine Wartefrist** eingehalten zu werden, wenn die Mietvertragsparteien aus Anlass der Modernisierung eine Mieterhöhung dergestalt vereinbart haben, dass sie der Vermieter *einseitig* durchsetzen kann.[45]

51 Die Möglichkeit einer Mieterhöhung auf die ortsübliche Vergleichsmiete hat aufgrund **energetischer Modernisierungen** (§ 555 b Nr. 1 BGB) seit 2013 an Attraktivität gewonnen, da für die ortsübliche Vergleichsmiete seither auch die **energetische Ausstattung und Beschaffenheit der Mietwohnung** mietpreisbildend ist (§ 558 Abs. 2 S. 1 BGB). Die hiermit gegebene Verbesserung der Refinanzierung von energetischen Modernisierungen auch innerhalb des Vergleichsmietensystems schafft Vermietern einen weiteren Anreiz zu ihrer Durchführung.

52 Die Zahl der Mietspiegel, die energetische Beschaffenheitsmerkmale enthalten, nimmt beständig zu. Größtenteils sind diese pauschal gehalten, indem sie etwa einen Klimabonus auf die Kaltmiete energetisch sanierter Wohnungen berücksichtigen. Teilweise wird in den Mietspiegeln aber auch an konkrete Energieeinsparmaßnahmen angeknüpft, etwa daran, ob das Gebäude eine Wärmedämmung aufweist oder nicht. Derartige **ökologische Mietspiegel** gibt es zum Beispiel in Berlin, Biberach, Bochum, Darmstadt, Eberswalde, Erlangen, Heidelberg, Neubrandenburg, Regensburg und Rottweil.

53 Darüber hinaus bestimmen manche Mietspiegel, dass ältere Gebäude nach Durchführung bestimmter Modernisierungsmaßnahmen in die **Baualtersklasse** für jüngere Gebäude einzustufen sind. Hierdurch rechtfertigt sich in aller Regel eine höhere ortsübliche Vergleichsmiete.

54 Sieht der betreffende Mietspiegel eine **Umgruppierung** der Baualtersklasse nicht vor, ist die Einordnung der Wohnung in die dem Zeitpunkt der Durchführung der baulichen Maßnahmen entsprechende Baualtersklasse aber gleichwohl gerechtfertigt, wenn die Wohnung **nach erheblichem Bauaufwand** den „neuzeitlichen Wohnansprüchen“ genügt, denen die betreffende Baualtersklasse Rechnung trägt. Dies gilt auch dann, wenn die baulichen Maßnahmen zum Großteil lediglich der Instandhaltung des Hauses dienten.[46]

55 Entscheidet sich der Vermieter für diese Art der Mieterhöhung, ist eine weitere Mieterhöhung gemäß § 559 BGB ausgeschlossen. Denn grundsätzlich bildet die Wohnung in ihrem modernisierten Zustand die Basis für die **Ermittlung der ortsüblichen Miete**.[47]

56 Eine Ausnahme gilt nur, wenn der Vermieter in seinem Mieterhöhungsverlangen ausdrücklich den **nicht modernisierten Zustand** (fiktiv) zur Grundlage der Ermittlung der ortsübli-

43 *BGH* 20.6.2007 – VIII ZR 303/06, NZM 2007, 639.
44 *BGH* 16.6.1993 – VIII ARZ 2/93, NJW 1993, 2109.
45 *BGH* 9.4.2008 – VIII ZR 286/06, IBRRS 2008, 1572; *BGH* 18.7.2007 – VIII ZR 285/06, NZM 2007, 727.
46 *BGH* 3.7.2013 – VIII ZR 263/12, NZM 2013, 612.
47 *AG Kerpen* 21.6.2011 – 104 C 321/10.

chen Miete macht.[48] Dann ist die Modernisierung nicht schon in die neue ortsübliche Miete „eingepreist", weshalb dem Vermieter eine weitere Modernisierungsmieterhöhung möglich ist.

Bei Mieterhöhungen auf die ortsübliche Vergleichsmiete hat der Vermieter die **Kappungsgrenze** zu beachten: Die Mieterhöhung darf innerhalb von drei Jahren nicht mehr als 20 Prozent betragen (§ 558 Abs. 3 S. 1 BGB). Diese Kappungsgrenze dürfen die Landesregierungen durch Rechtsverordnung auf 15 Prozent für Gebiete absenken, in denen die ausreichende Versorgung der Bevölkerung mit Mietwohnungen zu angemessenen Bedingungen besonders gefährdet ist (§ 558 Abs. 3 S. 2 BGB). Dabei bemisst sich die für die Berechnung der Kappungsgrenze zu Grunde zu legende Ausgangsmiete auch im Falle einer **Mietminderung** wegen eines nicht behebbaren Mangels nach der vertraglich vereinbarten Miete.[49] 57

Bei der Berechnung der Kappungsgrenze bleiben vorangegangene Mieterhöhungen wegen erfolgter Modernisierung unberücksichtigt (§ 558 Abs. 3 S. 1 BGB). Das Gleiche gilt für Mieterhöhungen, welche die Mietparteien aus Anlass der Modernisierung dergestalt vereinbart haben (§ 557 Abs. 1 BGB), dass sie der Vermieter einseitig durchsetzen kann.[50] 58

Beispiel: Die Miete betrug zunächst 840 EUR; wegen erfolgter Modernisierung wurde sie um 210 EUR auf 1.050 EUR erhöht. Die Kappungsgrenze für eine Mieterhöhung auf das Ortsniveau vergleichbarer – modernisierter – Wohnungen errechnet sich aus 840 EUR. Demnach darf die Miete innerhalb von drei Jahren um maximal 168 EUR erhöht werden (bei einer Kappungsgrenze von 15 Prozent um 126 EUR).

Anders als bei einer Mieterhöhung nach Modernisierung kann der Mieter gegen eine Mieterhöhung auf die ortsübliche Vergleichsmiete nicht einwenden, sie stelle für ihn eine **unzumutbare Härte** dar. Gleich ist beiden Mieterhöhungen, dass sie ein **Sonderkündigungsrecht** des Mieters auslösen; macht der Mieter hiervon Gebrauch, tritt die Mieterhöhung *nicht* ein (§ 561 Abs. 1 BGB). 59

Hat der Vermieter von seinem Mieterhöhungsrecht nach § 558 Abs. 1 BGB keinen Gebrauch gemacht, kann er die durch die Modernisierung gerechtfertigte ortsübliche Vergleichsmiete gleichwohl seinem Anspruch auf **Nutzungsentschädigung** zu Grunde legen, wenn der Mieter ihm Mietsache nach Mietende vorenthält. Diese Möglichkeit wird dem Vermieter durch § 546 a Abs. 1 BGB eröffnet; sie ist für ihn wirtschaftlich von Vorteil, wenn die ortsübliche Vergleichsmiete die vereinbarte Miete übersteigt. Eine Modernisierungsmieterhöhung eröffnet das Gesetz dem Vermieter in dieser Situation nicht.[51] 60

IV. Kombination beider Mieterhöhungen

Eine Kombination der beiden Mieterhöhungsmöglichkeiten ist unter der Voraussetzung zulässig, dass die Modernisierung nicht doppelt berücksichtigt wird; insofern gilt ein **Doppelverwertungsverbot.**[52] Danach ist ein Modernisierungszuschlag ausgeschlossen, wenn der Vermieter den durch die Modernisierung geschaffenen Zustand der Mietsache bereits bei einer Mieterhöhung auf die ortsübliche Vergleichsmiete berücksichtigt hat.[53] 61

Beispiel: Ist eine mit einem Ofen vermietete Wohnung mit einer Sammelheizung ausgestattet worden, darf die Wohnung zur Mieterhöhung auf ortsübliche Vergleichsmiete in einem hiernach differenzierenden Mietspiegel nicht in das Feld „mit Sammelheizung" eingeordnet werden, wenn die Kosten des Heizungseinbaus selbst auch noch als Modernisierungsmieterhöhung

48 *AG Berlin-Lichtenberg* 10.9.2002 – 8 C 60/02; siehe im Anschluss unter → § 6 Rn. 63 ff.
49 *BGH* 17.4.2019 – VIII ZR 33/18, BeckRS 2019, 9413.
50 *BGH* 18.7.2007 – VIII ZR 285/06, NZM 2007, 727.
51 Spielbauer/*Schneider*, Mietrecht, § 559 BGB Rn. 7.
52 *LG Berlin* 30.9.2015 – 65 S 240/15; Palandt/*Weidenkaff*, § 559 BGB Rn. 2; *Fleindl*, NZM 2016, 66 (71 ff.); Spielbauer/*Schneider*, Mietrecht, § 559 BGB Rn. 17.
53 *AG Hamburg-Altona* 11.11.2013 – 314 a C 163/13; *AG Kerpen* 21.6.2011 – 104 C 321/10.

geltend gemacht werden. Die Heizungsmodernisierung darf bei der Mieterhöhung nur *einmal* berücksichtigt werden.

62 Der Vermieter muss sich also entscheiden, bei welcher Art der Mieterhöhung er seine Modernisierungsmaßnahmen berücksichtigen möchte. Denn die meisten Modernisierungen unterfallen dem Doppelverwertungsverbot, da der durch sie geschaffene Zustand bestimmend für die ortsübliche Vergleichsmiete ist.

Beispiel: Die folgenden Ausstattungs- und Beschaffenheitsmerkmale haben nach dem Berliner Mietspiegel wohnwerterhöhenden Charakter und stellen zugleich eine Modernisierung iSv von § 555 b BGB dar, die den Vermieter zur Mieterhöhung gemäß § 559 ff. BGB berechtigt: „Überwiegend Isolierverglasung oder Schallschutzfenster", „Personenaufzug bei weniger als fünf Obergeschossen", „Einbruchhemmende Wohnungs- und Haustür", „Gegensprechanlage mit Videokontakt und Türöffner", „Wärmedämmung zusätzlich zur vorhandenen Bausubstanz oder Einbau/Installation einer modernen Heizanlage", „Modernes Bad (Wände ausreichend im Spritzwasserbereich von Waschbecken, Badewanne und/oder Dusche gefliest, Bodenfliesen, Einbauwanne und/oder -dusche, Einhebelmischbatterie, Strukturheizkörper als Handtuchwärmer)", „Großer, geräumiger Balkon, (Dach-)Terrasse, Loggia oder Wintergarten (ab 4 m²)".

1. Variante: § 558 BGB ohne Modernisierung und § 559 BGB

63 Lag die Miete der Wohnung vor erfolgter Modernisierung unterhalb der ortsüblichen Miete für vergleichbaren – nicht modernisierten – Wohnraum, kann der Vermieter vom Mieter die Zustimmung zur Mieterhöhung auf dieses Ortsniveau verlangen (§ 558 BGB). Zudem darf der Vermieter die weitere Mieterhöhung wegen der erfolgten Modernisierung beanspruchen (§ 559 BGB). Diese Vorgehensweise ist für einen Vermieter sinnvoll, wenn die Ausgangsmiete unter der ortsüblichen Vergleichsmiete liegt und angehoben werden kann, ohne dass zur Begründung auf solche wohnwerterhöhende Merkmale eines Mietspiegels zurückgegriffen werden muss, die den Gegenstand der Modernisierung gebildet haben.

64 Dabei rechtfertigt eine Mieterhöhung auf Ortsniveau (§ 558 BGB) im Anschluss an eine Modernisierungsmaßnahme *nicht* die Annahme des Mieters, der Vermieter werde auf eine weitergehende Mieterhöhung wegen jener Modernisierung (§ 559 BGB) verzichten. Denn es kommt nur darauf an, ob der Vermieter für seine Mieterhöhung tatsächlich den modernisierten Standard herangezogen hat, da er nur gegebenenfalls mit einer Modernisierungsmieterhöhung aufgrund des Doppelverwertungsverbotes ausgeschlossen wäre.[54]

Beide Mieterhöhungsverlangen können *gleichzeitig* und auch in ein und demselben Schreiben geltend gemacht werden.[55] Für den Mieter muss aber immer erkennbar sein, dass es sich um getrennte, rechtlich voneinander unabhängige Mieterhöhungen handelt.[56]

65 Bei der Mieterhöhung auf das Ortsniveau hat der Vermieter darüber hinaus deutlich zu machen, dass er die erfolgte Modernisierung (fiktiv) *unberücksichtigt* lässt. Anderenfalls ist das **Mieterhöhungsverlangen** nicht in vorgeschriebener Weise begründet (§ 558 a Abs. 1 BGB). Denn der Mieter muss dann davon ausgehen, dass der gegenwärtige – modernisierte – Wohnungszustand die Grundlage zur Ermittlung der Vergleichsmiete bildet.[57]

66 Bei dieser Vorgehensweise – Mieterhöhung auf das Ortsniveau vergleichbarer, nicht modernisierter Wohnungen und zugleich Modernisierungsmieterhöhung – kann die ortsübliche Vergleichsmiete durch den Modernisierungszuschlag überschritten werden, obschon die seit 2019 auch für Modernisierungsmieterhöhungen geltende Kappungsgrenze zu be-

54 *BVerfG 5.3.2018* – 1 BvR 1011/17, GE 2018, 817 gegen *LG Berlin* 16.7.2015 – 67 S 130/15 m. abl. Anm. *Beuermann*, GE 2015, 1033; vgl. auch *Börstinghaus*, Miethöhe-Handbuch, Kap. 8 Rn. 11.

55 *LG Berlin* 14.6.2011 – 63 S 454/10; *AG Köln* 4.10.2012 – 222 C 153/12; *Fleindl*, NZM 2016, 66 (73).

56 *AG Köln* 4.10.2012 – 222 C 153/12; *Dickersbach*, Lützenkirchen/Mietrecht, Vor §§ 558–561 BGB Rn. 22; MüKo/*Artz*, § 559 BGB Rn. 7.

57 *LG Berlin* 30.9.2015 – 65 S 240/15; *AG Kerpen* 21.6.2011 – 104 C 321/10; *AG Berlin-Lichtenberg* 10.9.2002 – 8 C 60/02; Bub/Treier/*Schultz*, Kap. III Rn. 1643; *Fleindl*, NZM 2016, 66 (73); Spielbauer/*Schneider*, Mietrecht, § 559 BGB Rn. 9 a; aA *Paschke*, GE 2013, 100 (102).

achten ist (§ 559 Abs. 3 a BGB). Nach Abschluss beider Mieterhöhungsverfahren darf die neue vom Mieter geschuldete Miete die Summe aus der ursprünglichen Miete zuzüglich der durch die Kappungsgrenze (20 bzw. 15 Prozent) beschränkten Mieterhöhung auf Ortsniveau und zuzüglich des Modernisierungszuschlags nicht überschreiten.[58]

Beispiel: Die Miete beträgt 4 EUR/m². Die ortsübliche Vergleichsmiete für vergleichbare – nicht modernisierte – Wohnungen beträgt 5 EUR/m². Aufgrund vorgenommener Modernisierungsmaßnahmen ist der Vermieter berechtigt, einen Modernisierungszuschlag von 1,50 EUR/m² zu verlangen. Liegt die Kappungsgrenze bei 20 Prozent, darf der Vermieter von seinem Mieter die Zustimmung zu einer Mieterhöhung auf 4,80 EUR/m² verlangen und auch den besagten Modernisierungszuschlag von 1,50 EUR/m² beanspruchen. Die vom Mieter nach Abschluss beider Mieterhöhungen geschuldete Miete beträgt mithin 6,30 EUR/m².

Bei einer vom Mieter geschuldeten Ausgangsmiete von unter 7 EUR/m² ist für Vermieter ein **Anreiz für diese Variante** gegeben, wenn die Modernisierungsmieterhöhung mehr als 2 EUR/m² beträgt. Denn die Kappungsgrenze beläuft sich bei Mieten unter 7 EUR/m² auf 2 EUR/m², während sie bei Mieten ab 7 EUR/m² um bis zu 3 EUR/m² innerhalb von sechs Jahren erhöht werden kann (§ 559 Abs. 3 a BGB). 67

Beispiel: Der Mieter schuldet 6,85 EUR/m², wobei die Miete für vergleichbare, nicht modernisierte Wohnungen ortsüblich 7,50 EUR/m² beträgt. Der Vermieter kann nun zunächst die Miete auf dieses Ortsniveau erhöhen unter Beachtung der insoweit geltenden Kappungsgrenze (§ 558 Abs. 3 BGB). Übersteigt die neue Miete sodann den Schwellenwert von 7 EUR/m², eröffnet ihm dies eine Kappungsgrenze von bis zu 3 EUR/m² für die nachfolgende Modernisierungsmieterhöhung.

2. Variante: § 559 BGB und § 558 BGB mit Modernisierung

Die Reihenfolge der Mieterhöhungen kann auch andersherum sein, so dass der Mieterhöhung wegen erfolgter Modernisierung eine zweite Mieterhöhung auf das Ortsniveau vergleichbarer – modernisierter – Wohnungen folgt.[59] Die Mieterhöhung auf das Ortsniveau ist indes nur möglich, wenn die Miete trotz des bereits „eingepreisten" Modernisierungszuschlags unter dem Ortsniveau für vergleichbaren – modernisierten – Wohnraum liegt. 68

Der Modernisierungszuschlag wird Teil der vom Mieter geschuldeten Miete, weshalb der Vermieter nur hiervon ausgehend weitere Mieterhöhungen auf das Ortsniveau vergleichbarer – modernisierter – Wohnungen verlangen kann. Ein Mieterhöhungsverlangen, das den vom Mieter bereits geschuldeten Modernisierungszuschlag unberücksichtigt lässt, ist falsch berechnet und damit unbegründet.[60] 69

Die neue Gesamtmiete nach Abschluss beider Mieterhöhungen ist in diesem Fall begrenzt durch die ortsübliche Miete vergleichbarer – modernisierter – Wohnungen. 70

Auch in diesem Fall hat der Vermieter die **Kappungsgrenze** (§ 558 Abs. 3 BGB) zu beachten. Sie berechnet sich aber nicht nach der schon modernisierungsbedingt erhöhten Miete, sondern nach der Ausgangsmiete vor Erhebung des Modernisierungszuschlags. Der Modernisierungszuschlag bleibt bei der Kappungsgrenze also unberücksichtigt.[61] 71

Beispiel: Die Ausgangsmiete betrug 3,50 EUR/m²; nach erfolgter Modernisierung beläuft sich die Miete auf 4 EUR/m². Sodann (oder gleichzeitig) möchte der Vermieter sie auf das Ortsniveau für vergleichbare (modernisierte) Wohnungen erhöhen, das bei 5 EUR/m² liegt. Diese Mieterhöhung ist durch die Kappungsgrenze gedeckelt, die 20 Prozent der ursprünglichen Miete von

58 *LG Berlin* 14.6.2011 – 63 S 454/10; *Fleindl*, NZM 2016, 66 (71 f.).
59 *LG Berlin* 18.9.1999 – 61 S 1342/98.
60 *BGH* 10.10.2007 – VIII ZR 331/06, NJW 2008, 848; Bub/Treier/*Schultz*, Kap. III Rn. 1643 f.
61 *Börstinghaus*, Miethöhe-Handbuch, Kap. 8 Rn. 14; HdM/*Emmert*, § 12 Rn. 293; *Dickersbach*, Lützenkirchen/Mietrecht, § 559 BGB Rn. 43.

3,50 EUR/m² ohne Modernisierungszuschlag beträgt und eine Erhöhung auf maximal 4,20 EUR/m² zulässt (und nicht auf 4,80 EUR/m²).

72 Da die Kappungsgrenze Mieterhöhungen auf das Ortsniveau innerhalb eines **Dreijahreszeitraums** auf einen Höchstsatz begrenzt, sind Modernisierungszuschläge wohl aber dann zu berücksichtigen, wenn sie Bestandteil der Ausgangsmiete vor Beginn der Dreijahresfrist wurden. Eine Modernisierungsmieterhöhung vor Beginn der Dreijahresfrist erhöht die Ausgangsmiete und damit auch den absoluten Betrag der durch die Kappungsgrenze erlaubten Mieterhöhung.[62]

Beispiel: Wegen eines nachträglich eingebauten Aufzugs hatte sich die Miete zum 1.1.2016 von 3,50 EUR/m² auf 4,80 EUR/m² erhöht. Seit dem 1.1.2019 ist die Kappungsgrenze gemäß § 558 Abs. 3 BGB aus der erhöhten Miete zu berechnen, weshalb bei einer Kappungsgrenze von 15 Prozent eine Mieterhöhung auf das Ortsniveau vergleichbarer – modernisierter – Wohnungen um 0,72 EUR/m² auf maximal 5,52 EUR/m² möglich ist (bei einer Kappungsgrenze von 20 Prozent wäre eine maximale Mieterhöhung um 0,96 EUR/m² auf 5,76 EUR/m² möglich).

3. Beispiel/Illustration

73 Die folgenden Beispiele veranschaulichen, wie sich die Reihenfolge der Mieterhöhungen auf die endgültige Miethöhe auswirken kann. Im **Beispiel A** liegt die endgültige Miete höher, wenn zunächst auf Ortsniveau erhöht und dann der Modernisierungszuschlag geltend gemacht wird. Im **Beispiel B** ist das Ergebnis umgekehrt: Die Geltendmachung des Modernisierungszuschlags und nachfolgend einer Mieterhöhung auf Ortsniveau führt zu einer höheren Endmiete.

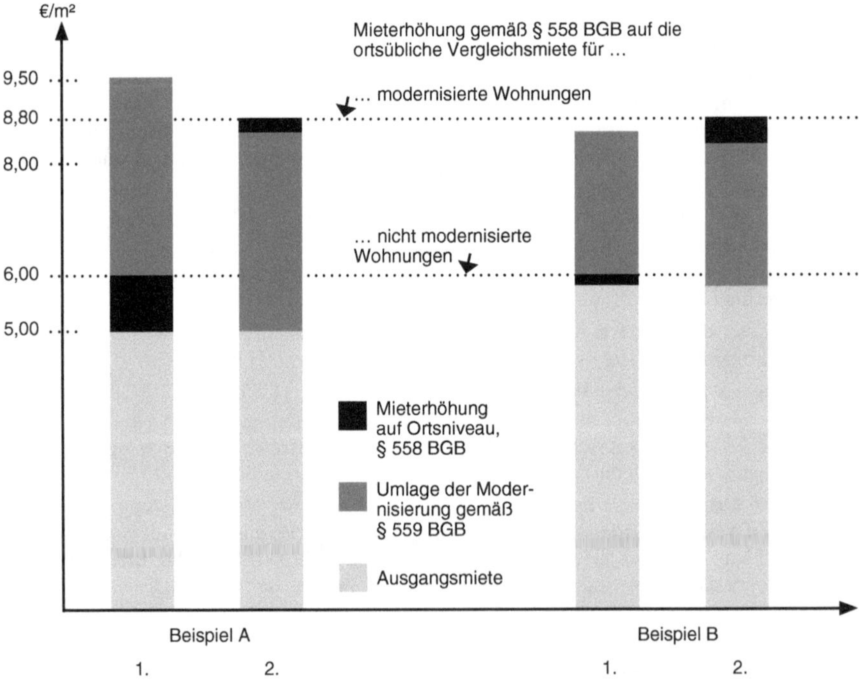

62 *LG Berlin* 19.12.1997 – 63 S 323–97.

Beispiel A: Die Ausgangsmiete beträgt 5 EUR. Wird zunächst auf Ortsniveau (6 EUR) erhöht und erst danach die Modernisierungsmieterhöhung geltend gemacht, beträgt die endgültige Miete 9,50 EUR; sie liegt damit über der ortsüblichen Vergleichsmiete für modernisierte Wohnungen von 8,80 EUR (Beispiel A.1). Bei umgekehrter Reihenfolge der Mieterhöhungen kann die Miete insgesamt nur bis zur ortsüblichen Vergleichsmiete für modernisierte Wohnungen (8,80 EUR) erhöht werden (Beispiel A.2).

Beispiel B: Die Ausgangsmiete beträgt 5,80 EUR. Wird hier zunächst auf Ortsniveau (6 EUR) erhöht und danach die Modernisierungsmieterhöhung geltend gemacht, bleibt die endgültige Miethöhe mit 8,40 EUR unter der ortsüblichen Vergleichsmiete für modernisierte Wohnungen (Beispiel B.1). Bei umgekehrter Reihenfolge der Mieterhöhungen kann die Miete in diesem Fall immerhin bis zur Vergleichsmiete für modernisierte Wohnungen (8,80 EUR) erhöht werden (Beispiel B.2).

V. Vereinbarungen zur Miethöhe

Die Mietparteien können während des Mietverhältnisses gemäß § 557 Abs. 1 BGB eine Mieterhöhung vereinbaren, auch aus Anlass einer Modernisierung.[63] Möglich ist darüber hinaus auch eine umfassende Vereinbarung, die neben der Mieterhöhung auch die zeitliche und technische Durchführung der Baumaßnahmen sowie die Gewährleistungsrechte und Aufwendungsersatzansprüche des Mieters regelt (§ 555 f BGB).[64] 74

Für eine Vereinbarung zur Miethöhe muss weder die **Wartefrist** (§ 558 Abs. 1 S. 2 BGB) noch die **Kappungsgrenze** für Mieterhöhungen auf Ortsniveau (§ 558 Abs. 3 BGB) bzw. nach erfolgter Modernisierung (§ 559 Abs. 3 a BGB) berücksichtigt werden, wenn der Vermieter aufgrund der Vereinbarung berechtigt ist, die Mieterhöhung einseitig zu verlangen.[65] Unter dieser Voraussetzung muss die vereinbarte neue Miete also nicht mindestens ein Jahr gegolten haben, ehe der Vermieter die erhöhte Miete verlangen darf; zudem darf die erhöhte Miete mehr als 20 Prozent über der bisher geschuldeten Miete liegen. 75

Beispiel: Vor der Modernisierung beträgt die vom Mieter monatlich geschuldete Miete 580 EUR. Nach erfolgter Modernisierung einigt man sich auf eine monatliche Mieterhöhung um 80 EUR auf 660 EUR ab dem 1.7. Rechtfertigt die ortsübliche Vergleichsmiete eine Mieterhöhung, kann der Vermieter sie ohne Wartefrist schon ab dem 1.7. verlangen. In diesem Fall ist die Kappungsgrenze von der Ausgangsmiete zu berechnen, also von 580 EUR. Beläuft sich die Kappungsgrenze auf 20 Prozent, darf die Mieterhöhung folglich maximal 116 EUR betragen, selbst wenn die ortsübliche Vergleichsmiete höher als 696 EUR liegen sollte.

Die Vereinbarung muss zu ihrer Wirksamkeit einen **konkreten Bezug** zwischen einer bestimmten Modernisierungsmaßnahme und einer bestimmten Mieterhöhung herstellen. Somit wäre eine Vereinbarung unwirksam, wonach der Mieter für künftige Modernisierungen eine erhöhte Miete zu zahlen hat, wenn die genaue Art der Modernisierung und der Zeitpunkt ihrer Ausführung unbestimmt bleiben. 76

Des Weiteren muss auch die Mieterhöhung zu ihrer Wirksamkeit konkret vereinbart sein. Hieran fehlt es, wenn sich der Mieter verpflichtet, „nach Abschluss der Arbeiten hierfür eine maximale Quadratmetermiete von 6,50 EUR zu zahlen". Zwar wird damit der Vermieter verpflichtet, keine höhere Miete als die angegebene zu fordern; eine Verpflichtung des Mieters zur Zahlung des genannten Maximalbetrages begründet diese Regelung jedoch nicht, denn die Vereinbarung darf keinen Zweifel über die neue vom Mieter zu zahlende Miete zulassen.[66] Unzulässig sind ferner Vereinbarungen, nach denen der Mieter die 77

63 *BGH* 18.7.2007 – VIII ZR 285/06, NZM 2007, 727; *BGH* 28.4.2004 – VIII ZR 185/03, NZM 2004, 456.

64 Siehe hierzu unter → § 10 Rn. 1 ff.

65 Vgl. *BGH* 9.4.2008 – VIII ZR 286/06, IBRRS 2008, 1572; *BGH* 18.7.2007 – VIII ZR 285/06, NZM 2007, 727.

66 *Börstinghaus* in Schmidt-Futterer, § 559 BGB Rn. 17.

Modernisierungskosten als **Einmalzahlung** zu erstatten bzw. hierauf Raten zu zahlen hat, weil die Vereinbarung einer Erstattung keine Vereinbarung zu einer Mieterhöhung ist.

78 Haben die Mietvertragsparteien aus Anlass einer Modernisierungsmaßnahme eine Mieterhöhung vereinbart, ist der Vermieter durch diese Vereinbarung nicht gehindert, einem späteren Mieterhöhungsverlangen den modernisierten Zustand der Wohnung zu Grunde zu legen.[67]

Beispiel: Der Vermieter hat in der Mietwohnung eine **Sammelheizung** installiert und mit dem Mieter dafür eine Mieterhöhung vereinbart. Möchte er später die Miete auf Ortsniveau anpassen, kann er die Wohnung im Mietspiegel als „mit Sammelheizung" ausweisen.

C. Voraussetzungen einer Mieterhöhung

I. Allgemeines/Grundsätze

79 Der Vermieter ist zu einer Mieterhöhung nach erfolgter Modernisierung im laufenden Mietverhältnis berechtigt, aber nicht verpflichtet. Die Voraussetzungen einer Mieterhöhung richten sich nach dem Gesetz (§ 559 ff. BGB) und dürfen nicht zum Nachteil des Mieter abgeändert werden (§ 559 Abs. 6 BGB).

80 Aufgrund dieses **Nachteilszufügungsverbots** sind Vereinbarungen unwirksam, nach denen der Mieter für andere als die gesetzlich benannten Modernisierungsmaßnahmen eine Mieterhöhung zu zahlen hat. Unwirksam sind damit ferner alle Vereinbarungen, mit denen die formalen und inhaltlichen Anforderungen an die Wirksamkeit einer Mieterhöhung gesenkt werden sollen oder die den Zeitpunkt für ihr Inkrafttreten vorverlegen.

81 Das Nachteilszufügungsverbot gilt nur für generelle Vereinbarungen. Hinsichtlich einer konkreten Modernisierungsmaßnahme dürfen die Vertragsparteien nach Abschluss des Mietervertrages durchaus eine Vereinbarung auch zur künftigen Höhe der Miete treffen (§ 555 f Nr. 3 iVm § 557 Abs. 1 BGB).

II. Abschluss von Modernisierungsmaßnahmen

82 Für eine Mieterhöhung gemäß § 559 Abs. 1 BGB ist allein erforderlich, dass der Vermieter eine oder mehrere Modernisierungsmaßnahmen iSv § 555 b Nr. 1, 3, 4, 5 oder 6 BGB durchgeführt hat. Dies beurteilt sich nach **objektiven Gesichtspunkten,** nötigenfalls durch ein Sachverständigengutachten, etwa zur nachhaltigen Einsparung von Wasser oder Endenergie. Die Mieterhöhung hat damit den **Charakter einer Gegenleistung** für eine vom Vermieter freiwillig erbrachte Leistung, die als Modernisierung zu werten ist.[68]

83 Mit den betreffenden Modernisierungsmaßnahmen muss nach **Abschluss des Mietvertrages** begonnen worden sein. Bereits zuvor begonnene oder gar schon abgeschlossene Baumaßnahmen berechtigen den Vermieter nicht zur Mieterhöhung.[69] Denn in diesem Fall kann der Vermieter die Kosten der Modernisierung bzw. den durch sie geschaffenen Zustand der Mietsache kalkulatorisch schon bei der Bemessung der **Neuvertragsmiete** berücksichtigen.[70]

84 Eine **ordnungsgemäße Ankündigung** der Modernisierung gemäß § 555 c BGB ist keine Voraussetzung für die Mieterhöhung.[71] Eine fehlende oder sonst nicht ordnungsgemäße Ankündigung führt aber dazu, dass der Mieter die Modernisierungsmaßnahme nicht dulden muss, die Mieterhöhung – nach freiwillig geduldeter Modernisierung – erst mit sechsmonatiger Verspätung eintritt (§ 559 b Abs. 2 S. 2 BGB) und der Mieter sich auf Härte-

---

67 *LG Berlin* 6.3.2012 – 63 S 381/11.

68 *Börstinghaus* in Schmidt-Futterer, § 559 BGB Rn. 14.

69 *AG Bad Segeberg* 15.10.1991 – 12 C 481/89.

70 *Börstinghaus*, Miethöhe-Handbuch, Kap. 15 Rn. 36; *Dickersbach*, Lützenkirchen/Mietrecht, § 559 BGB Rn. 45; Spielbauer/*Schneider*, § 559 BGB Rn. 24.

71 BT-Drs. 17/10485, 20.

gründe noch nach Ablauf der dafür geltenden Ausschlussfrist berufen kann (§ 555 d Abs. 4 BGB).

85 Die Pflicht des Mieters, die Baumaßnahmen zu dulden, ist ebenfalls keine Voraussetzung der Mieterhöhung.[72] Ob die **Duldungspflicht** bestand, ist unerheblich. Auch wenn der Mieter Modernisierungsmaßnahmen geduldet hat, obwohl er hierzu nicht verpflichtet war – etwa wegen nicht ordnungsgemäßer Ankündigung –, ist der Vermieter zur Mieterhöhung berechtigt. Erst recht bedarf die Mieterhöhung nicht der Zustimmung des Mieters zur Modernisierung.[73]

86 Hat der Mieter seiner Duldungspflicht nicht entsprochen und die Durchführung der Modernisierung gehindert – insbesondere durch **fehlende Zutrittsgewährung** –, fehlt es für die Mieterhöhung am Erfordernis einer abgeschlossenen Modernisierungsmaßnahme. In diesem Fall ist der Vermieter gehalten, den Mieter zunächst auf Duldung der Baumaßnahmen zu verklagen.

87 Musste die Duldung der Modernisierungsmaßnahmen gerichtlich durchgesetzt werden, verzögert sich die Fertigstellung der Modernisierung und damit auch die Geltendmachung der Mieterhöhung. Die innere Haltung des Mieters zur Modernisierung ist für die Mieterhöhung ebenso unerheblich wie der Umstand, dass er ihr „widersprochen" hat. Für die Zulässigkeit der Mieterhöhung kommt es nur darauf an, dass eine bauliche Veränderung vorgenommen wurde, die als Modernisierungsmaßnahme iSv § 555 b BGB qualifiziert werden kann.

III. Vermieter als Bauherr

88 Gemäß § 559 Abs. 1 BGB muss der Vermieter die Modernisierungsmaßnahme durchgeführt haben; er muss also Bauherr gewesen sein.[74] Als Bauherr anzusehen ist, wer im **eigenen Namen** selbst oder durch Dritte die Baumaßnahmen bestimmt und auf **eigene Kosten** ausführt oder ausführen lässt.[75] Der Vermieter muss aber *nicht* auch Eigentümer der modernisierten Wohnung sein.[76]

89 Maßnahmen, die von **Dritten** auf Kosten des Vermieters durchgeführt worden sind, berechtigen diesen folglich nicht zur Mieterhöhung. Zu solchen Maßnahmen rechnen beispielsweise **Erschließungsmaßnahmen** durch die öffentliche Hand; Erschließungsbeiträge können damit keine Modernisierungskosten sein.[77]

90 Auch wenn der Vermieter den Betrieb der Heizungsanlage einem **Wärmecontractor** anvertraut hat, ist nicht mehr er, sondern der Contractor Bauherr einer Heizungsmodernisierung, weshalb eine Mieterhöhung ausscheidet.[78] Dies gilt ebenso für den **Nießbrauchberechtigten**, der als Vermieter nicht die Miete erhöhen kann, wenn der Eigentümer die Modernisierung finanziert hat.[79]

91 Neben dem Vermieter kann es weitere Bauherren geben, weshalb Modernisierungskosten, die aufgrund von Aufträgen einer **Wohnungseigentümergemeinschaft** für die Modernisierung des Gemeinschaftseigentums angefallen sind, umlagefähig sind.[80] Anders ist es, wenn

72 *Börstinghaus* in Schmidt-Futterer, § 559 BGB Rn. 15; *Dickersbach*, Lützenkirchen/Mietrecht, § 559 BGB Rn. 38.

73 *Gramlich*, Mietrecht, § 559 BGB Rn. 1.

74 *BGH* 22.2.2006 – VIII ZR 362/04, NZM 2006, 534; *Fleindl*, NZM 2016, 66 (67).

75 *BGH* 22.2.2006 – VIII ZR 362/04, NZM 2006, 534.

76 Spielbauer/*Schneider*, Mietrecht, § 559 BGB Rn. 19; vgl. auch *BVerfG* 12.9.2013 – 1 BvR 744/13, NJW 2013, 3774.

77 *OLG Hamm* 30.5.1983 – 4 REMiet 2/83; *LG Lübeck* 24.3.1980 – 13 S 6/80.

78 *BGH* 22.2.2006 – VIII ZR 362/04, NZM 2006, 534.

79 *Abramenko*, Das neue Mietrecht in der anwaltlichen Praxis, § 2 Rn. 150.

80 Bub/Treier/*Schultz*, Kap. III Rn. 1466; *Dickersbach*, Lützenkirchen/Mietrecht, § 559 BGB Rn. 48; Staudinger/*Emmerich*, § 559 BGB Rn. 11 a; zweifelnd: *Börstinghaus* in Schmidt-Futterer, § 559 BGB Rn. 30.

nicht die Gemeinschaft, sondern der **WEG-Verwalter** die Arbeiten im eigenen Namen beauftragt.[81]

92 **Hinweis:** Obschon nur die Beauftragung namens der Gemeinschaft ordnungsgemäßer Verwaltung entspricht, sollten Wohnungseigentümer darauf achten, dass ihr Verwalter Modernisierungsarbeiten nicht im eigenen Namen beauftragt. Gegebenenfalls können die hierfür anfallenden Kosten vom vermietenden Wohnungseigentümer nicht durch eine Mieterhöhung refinanziert werden, da ihm die Bauherreneigenschaft fehlt.

93 Bei einer **Mietermodernisierung**[82] ist der Mieter Bauherr und der Vermieter nicht zu einer Mieterhöhung berechtigt. Dies gilt auch dann, wenn dieser dem Mieter nachträglich die Kosten erstattet. Anders ist es zu beurteilen, wenn von vornherein beabsichtigt war, dass der Mieter für den Vermieter – also in seinem Auftrag – Modernisierungsarbeiten erbringt. In einem solchen Fall ist der Vermieter Bauherr.[83] Dementsprechend hält es der BGH für zulässig, dass die einem Mieter aus Anlass einer Modernisierung gezahlten Kosten für eine erforderliche Renovierung in die Berechnung einer Mieterhöhung einfließen dürfen.[84]

94 Bei einer **Untervermietung** ist der Hauptmieter nicht berechtigt, eine Mieterhöhung an seinen (Unter-)Mieter weiterzugeben, da nicht er, sondern sein (Haupt-)Vermieter Bauherr ist. Möglich ist dem Hauptmieter eine Mieterhöhung aber, wenn er selbst Bauherr ist. In diesem Fall ist eine Mieterhöhung des (Haupt-)Vermieters indes ausgeschlossen, da ihm die Bauherreneigenschaft fehlt.[85]

95 Zwischen Modernisierung und Mieterhöhung ist ein Rechtsträgerwechsel möglich. Die Berechtigung zur Mieterhöhung setzt auch bei der **Rechtsnachfolge** voraus, dass Bauherr der Vermieter (gewesen) ist.

96 Im **Erbfall** kann der Erbe aufgrund der Baumaßnahmen, die der erblassende Vermieter als Bauherr durchgeführt hat, die Miete erhöhen, nachdem er selbst Vermieter geworden ist (§ 1922 BGB). Bei einer **Erbengemeinschaft** haben *alle* Mitglieder die Mieterhöhung zu erklären.

97 Bei einem **Verkauf der Mietsache** ist hinsichtlich der Bauherreneigenschaft zu unterscheiden:

- Dem Erwerber ist eine Mieterhöhung möglich, wenn der Verkäufer als Bauherr die Modernisierungsarbeiten durchführen ließ und sodann das Mietobjekt verkauft hat. Mit seiner Eintragung als Eigentümer im Grundbuch ist der Erwerber berechtigt, als neuer Vermieter eine Mieterhöhung geltend zu machen (§ 566 Abs. 1 BGB). Unerheblich hierfür ist, ob die Arbeiten vor der Umschreibung des Grundbuchs abgeschlossen waren.[86]
- Dagegen ist dem Erwerber keine Mieterhöhung möglich, wenn er selbst (aufgrund entsprechender Ermächtigung des Verkäufers) vor seiner Eintragung im Grundbuch Modernisierungsmaßnahmen durchgeführt hat. Denn bei Durchführung der Modernisierung war der Erwerber zwar Bauherr, aber noch nicht Vermieter. Und als der Erwerber mit seiner Eintragung im Grundbuch Vermieter wurde, war er nicht mehr Bauherr.[87]

---

81 *Dickersbach*, Lützenkirchen/Mietrecht, § 559 BGB Rn. 48.
82 Siehe hierzu unter → § 9 Rn. 43 ff.
83 *Börstinghaus* in Schmidt-Futterer, § 559 BGB Rn. 31.
84 *BGH* 30.3.2011 – VIII ZR 173/10, NZM 2011, 358; aA Staudinger/*Emmerich*, § 559 BGB Rn. 13 a.
85 *Börstinghaus* in Schmidt-Futterer, § 559 BGB Rn. 28; *Dickersbach*, Lützenkirchen/Mietrecht, § 559 BGB Rn. 50; Staudinger/*Emmerich*, § 559 BGB Rn. 12.
86 *KG* 17.7.2000 – 8 RE-Miet 4110/00; *LG Düsseldorf* 18.12.1997 – 21 S 179/97.
87 *Börstinghaus* in Schmidt-Futterer, § 559 BGB Rn. 33; zur Duldung der Modernisierungsmaßnahmen ist der Mieter aber verpflichtet, vgl. *BGH* 13.2.2008 – VIII ZR 105/07, NJW 2008, 1218.

D. Berechnung der Mieterhöhung

I. Berechnungsgrundsatz/Dauer der Mieterhöhung

Der Vermieter kann die jährliche Miete um 8 Prozent der für die Modernisierung der Wohnung aufgewendeten Kosten erhöhen (§ 559 Abs. 1 BGB). Die jährliche Miete errechnet sich nach dem zwölffachen Betrag der im letzten Monat vor der Mieterhöhung geschuldeten Miete und nicht nach dem Durchschnittswert der im letzten Jahr zu zahlenden Miete.[88] Der so ermittelte Jahresaufschlag ist sodann mittels Division durch zwölf auf die monatliche Mieterhöhung zu berechnen. 98

Beispiel: Die auf die Wohnung des Mieters entfallenden Modernisierungskosten betragen 32.758,39 EUR. Die vom Mieter vor der Mieterhöhung zuletzt geschuldete Nettokaltmiete (ohne Betriebskosten) beträgt 715 EUR; die Jahresmiete beläuft sich mithin auf 8.580 EUR. Ihr hinzugerechnet werden können 2.620,67 EUR (= 8 Prozent der Modernisierungskosten), woraus eine künftige Jahresmiete in Höhe von 11.200,67 EUR folgt. Die vom Mieter nunmehr geschuldete monatliche Nettokaltmiete beträgt 933,39 EUR; die Mieterhöhung beträgt 218,39 EUR und beläuft sich auf rund 30,54 Prozent (jeweils gerundet).

Die Dauer der Mieterhöhung ist **zeitlich nicht begrenzt**, etwa bis zu dem Zeitpunkt, zu dem sich die Investition des Vermieters amortisiert hat (nach 12,5 Jahren).[89] Die Mieterhöhung stellt keine Maßnahme der Kostenerstattung dar, sondern soll dem Vermieter eine Rendite für seine Investitionen gewähren.[90] Im Übrigen wird die erhöhte Miete erfahrungsgemäß lange vor der Amortisation von der ortsüblichen Vergleichsmiete eingeholt. 99

Mit dem MietAnpG ist die dem Vermieter mögliche Mieterhöhung seit 2019 einer absoluten **Kappungsgrenze** unterworfen gemäß § 559 Abs. 3 a BGB. Die Kappungsgrenze gilt auch für Mieterhöhungen im **vereinfachten Verfahren** gemäß § 559 c BGB. Nach der Kappungsgrenze darf die Miete bei Mieterhöhungen gemäß § 559 Abs. 1 BGB innerhalb von 6 Jahren um maximal 3 EUR pro Quadratmeter Wohnfläche monatlich steigen. Für geringere Ausgangsmieten gilt eine niedrigere Kappungsgrenze: Beträgt die monatliche Miete vor der Mieterhöhung weniger als 7 EUR/m², darf die Miete um maximal 2 EUR/m² steigen.[91] 100

II. Umlagefähige Kosten

Als Grundlage der Mieterhöhung kann der Vermieter alle Kosten heranziehen, die für die vollständige und technisch sachgerechte Durchführung der Modernisierung erforderlich gewesen sind. Dies beinhaltet die **Baukosten**, die **Baunebenkosten** sowie die Kosten zur **Wiederherstellung des vertragsgemäßen Zustandes** der Mietsache nach Abschluss der eigentlichen Modernisierungsarbeiten. 101

1. Allgemeines/Grundsätze

In eine Mieterhöhung dürfen Kosten einbezogen werden, soweit sie für die Modernisierung notwendig waren. Unnötige, unzweckmäßige oder überhöhte Modernisierungsaufwendungen dürfen nicht Grundlage einer Mieterhöhung sein.[92] 102

Beispiel: Steht nach einem Sachverständigengutachten fest, dass zur Installation eines Kaltwasserzählers die Demontage einer Arbeitsplatte in der Küche nicht erforderlich war, dürfen die hierauf entfallenden Kosten nicht in der Mieterhöhung berücksichtigt werden.[93]

---

88 *Gramlich*, Mietrecht, § 559 BGB Rn. 6; MüKo/*Artz*, § 559 BGB Rn. 14; Schach/Riecke/*Duijn*, Mietrecht, § 3 Rn. 125 a.
89 BeckOK Mietrecht, Schach/Schultz/Schüller/*Pfeiffer*, § 559 BGB Rn. 12.
90 BT-Drs. 19/4672, 11; MüKo/*Artz*, § 559 BGB Rn. 14; Spielbauer/*Schneider*, Mietrecht, § 559 BGB Rn. 82.
91 Zur Kappungsgrenze näher unter → § 6 Rn. 219 ff.
92 *BGH* 17.12.2008 – VIII ZR 41/08, NZM 2009, 150.
93 *BGH* 17.12.2008 – VIII ZR 41/08, NZM 2009, 150.

103 Aus der Begrenzung der Mieterhöhung auf notwendige Modernisierungskosten folgt nicht, dass der Mieter Einfluss auf die konkrete Ausführung der Arbeiten hat. Im Gegenteil: Umfang sowie Art und Weise der baulichen Maßnahme bestimmt allein der Vermieter.[94] Er muss die Arbeiten auch **nicht vorher ausschreiben**[95] oder sich für das günstigste Angebot oder für die günstigste Ausführungsart entscheiden.

104 Insbesondere braucht sich der Vermieter nicht vorhalten zu lassen, dass der bewirkte **Modernisierungserfolg** auf andere Weise hätte kostengünstiger erreicht werden können. Insoweit hat der Vermieter einen **Ermessensspielraum**; ihm wird er gerecht, wenn seine Entscheidungen sachlich und wirtschaftlich vernünftig sind.[96]

105 Der Mieter kann demnach nicht beanstanden, dass sich der Vermieter für teurere Anbieter entscheidet, weil sie über **positive Referenzen** zur Zuverlässigkeit und zur Qualität ihrer Leistungen verfügen oder der Vermieter bereits selbst gute Erfahrungen mit diesen Anbietern gemacht hat. Auch terminliche Flexibilität bei der Leistungserbringung und günstige Zahlungsbedingungen sind vernünftige Gründe. Bei der Auswahl technischer Anlagen und baulicher Einrichtungen (Heizung, Fenster etc) gehören typischerweise gute **Leistungsdaten**, eine lange **Lebensdauer**, gute **Testergebnisse**, gute **Garantieleistungen**, eine gesicherte **Ersatzteilbeschaffung**, ein effektiver **Kundendienst** und **Wartungsfreundlichkeit** zu den vernünftigen Gründen.

106 Lässt der Vermieter Modernisierungs- und Erhaltungsmaßnahmen parallel vornehmen, ist es ihm nicht verwehrt, sich für das günstigste Angebot zu entscheiden, nur weil darin die Kostenverteilung für den Mieter ungünstig ist. Eine Grenze ist jedoch bei **kollusivem Zusammenwirken** zulasten des Mieters erreicht, wovon ausgegangen werden kann, wenn die Vergütung für die Modernisierung signifikant höher als marktüblich und diejenige für die Instandsetzung ebenso marktunüblich geringer ist.[97]

107 In die Berechnung der Mieterhöhung können Kosten der Modernisierung einbezogen werden, soweit deren Zahlung vom Vermieter geschuldet ist. Für den **Nachweis der entstandenen** Kosten ist ausreichend, dass dem Vermieter eine Rechnung gestellt worden ist; nicht erforderlich ist, dass hierauf bereits Zahlungen geleistet wurden.[98]

108 Der tatsächliche Kostenaufwand ist maßgeblich, wenn er geringer als der berechnete ist. Dies betrifft vor allem dem Vermieter gewährte **Rabatte** und **Skonti**. Sie sind zu berücksichtigen, wenn sie die geschuldeten Modernisierungskosten verringern.[99]

109 **Mängelbeseitigungskosten** sind nicht berücksichtigungsfähig, soweit der Vermieter Gewährleistungsrechte gegen den Unternehmer hat. Gegebenenfalls muss er diese Rechte geltend machen und darf hiervon nicht zulasten des Mieters absehen.[100]

110 Werden Leistungen unter (Markt-)Preis bzw. (als „**Freundschaftsdienst**") gar nicht berechnet, darf der Vermieter in Höhe der Differenz keine fiktiven Kosten berechnen, da er anderenfalls in unzulässiger Weise an der Modernisierung verdienen würde.[101] Deshalb kann ein Vermieter Arbeiten des Mieters betragsmäßig nicht höher ansetzen als nach dem hierfür im Gegenzug vereinbarten **Mietnachlass** – selbst wenn dessen Höhe hinter dem objektiven Wert der Arbeiten zurückbleibt.

---

94 *Dickersbach*, Lützenkirchen/Mietrecht, § 559 BGB Rn. 80.
95 *LG Hamburg* 21.3.1986 – 11 S 268/85; Bub/Treier/*Schultz*, Kap. III Rn. 1556.
96 Bub/Treier/*Schultz*, Kap. III Rn. 1573; *Dickersbach*, Lützenkirchen/Mietrecht, § 559 BGB Rn. 82; *Kossmann/Meyer-Abich*, § 158 Rn. 1; Spielbauer/*Schneider*, Mietrecht, § 559 BGB Rn. 49; Staudinger/*Emmerich*, § 559 BGB Rn. 25.
97 *Abramenko*, Das neue Mietrecht in der anwaltlichen Praxis, § 2 Rn. 152.
98 *BGH* 20.3.2012 – VIII ZR 294/11, NZM 2006, 832.
99 Bub/Treier/*Schultz*, Kap. III Rn. 1572; FA-MietRWEG/*Harsch*, Kap. 8 Rn. 295.
100 *Dickersbach*, Lützenkirchen/Mietrecht, § 559 BGB Rn. 64.
101 *Börstinghaus* in Schmidt-Futterer, § 559 BGB Rn. 56; Bub/Treier/*Schultz*, Kap. III Rn. 1572.

Generell nicht umlagefähig sind Kosten für **Schwarzarbeit.**[102] In diesem Zusammenhang sollten Bauherren darüber hinaus bedenken, dass sie bei vereinbarter Schwarzarbeit iSv § 1 Abs. 2 SchwarzArbG **keine Gewährleistungsrechte** gegen den Werkunternehmer haben.[103] 111

Eigenleistungen des Vermieters sind Kosten der Modernisierung, soweit sie hierfür erforderlich gewesen sind und fachgerecht erbracht wurden.[104] Umlagefähig sind demnach Kosten für Bauleistungen des Vermieters. Nicht umlagefähig sind jedoch Aufwendungen für den **administrativen Arbeitsaufwand** des Vermieters, der sich mit der Planung und Durchführung von Modernisierungsarbeiten *per se* verbindet.[105] Daher ist es auch einem **Wohnungsunternehmen** verwehrt, den Aufwand für typische Koordinierungsleistungen zu berücksichtigen.[106] 112

Beispiele: Nicht berücksichtigungsfähig ist der Arbeitsaufwand des Vermieters für die Einholung von Kostenvoranschlägen, für Vertragsverhandlungen, für die Bauüberwachung, für Besprechungen mit Handwerkern, für eine Ausschreibung, für die Einholung behördlicher Genehmigungen und für die Rechnungsprüfung.

Ausnahmsweise kann der Arbeitsaufwand für eine erforderliche **Bauüberwachung** umlagefähig sein, wenn der Vermieter sie statt eines Bauleiters selbst übernommen hat. Verfügt der Vermieter als Bauherr über die für die Bauleitung erforderliche Eignung, ist sein hierauf entfallender Zeitaufwand berücksichtigungsfähige Eigenleistung.[107] 113

Keine Voraussetzung für die Umlagefähigkeit ist, dass der Vermieter über eine fachlich anerkannte Qualifikation zur Ausführung der betreffenden Arbeiten verfügt, etwa als Maurer oder Glaser.[108] Dementsprechend ist auch nur der **Stundensatz** ansatzfähig, der bei **Fremdbeauftragung** einer angelernten Hilfskraft am Ort der Modernisierung zu zahlen wäre. 114

Zum Nachweis der Angemessenheit und Ortsüblichkeit der in Ansatz gebrachten Eigenleistungen ist es – analog zur Ersatzfähigkeit von in Eigenleistung ersparten Betriebskosten (§ 1 Abs. 1 S. 2 BetrKV) – ausreichend, wenn der Vermieter mindestens ein Angebot für die **gleichartige Leistung eines ortsansässigen Fachunternehmens** vorlegt.[109] Auf die ansatzfähigen Kosten kann bei Eigenleistungen vom Vermieter keine (fiktive) **Umsatzsteuer** aufgeschlagen werden (§ 1 Abs. 1 S. 2 BetrKV). 115

2. Kosten und Kostenpositionen

Zu den **Baukosten** rechnen die Material-, Liefer- und Lohnkosten für die Ausführung der Baumaßnahme selbst einschließlich der Kosten für die Beseitigung des bisher vorhandenen Zustandes. Zu den berücksichtigungsfähigen **Baunebenkosten** gehören: Kosten für das Aufstellen eines Baugerüsts, Baugenehmigungsgebühren, Kosten für Bauwagen zur Unterbringung bzw. Eigenbewirtschaftung der Handwerker, Kosten für **Reinigungsarbeiten** an der Baustelle, **Fahrtkosten** von Handwerkern. Freilich ist auch für alle Baunebenkosten erforderlich, dass ihre Entstehung zur Durchführung der Modernisierung erforderlich gewesen ist. Darüber hinaus sind insbesondere folgende Kostenpositionen von Interesse. 116

102 *Börstinghaus* in Schmidt-Futterer, § 559 BGB Rn. 57.
103 *BGH* 1.8.2013 – VII ZR 6/13, NJW 2013, 3167; vgl. auch *BGH* 16.3.2017 – VII ZR 197/16, NZM 2017, 381; *BGH* 10.4.2014 – VII ZR 241/13, NJW 2014, 1805.
104 *Börstinghaus* in Schmidt-Futterer, § 559 BGB Rn. 58; Bub/Treier/*Schultz*, Kap. III Rn. 1576.
105 *Dickersbach*, Lützenkirchen/Mietrecht, § 559 BGB Rn. 68.
106 *LG Halle* 8.8.2002 – 2 S 42/01.
107 *Dickersbach*, Lützenkirchen/Mietrecht, § 559 BGB Rn. 68.
108 *Börstinghaus* in Schmidt-Futterer, § 559 BGB Rn. 58.
109 *BGH* 14.11.2012 – VIII ZR 41/12, NJW 2013, 456.

a) Architektenleistungen

117 Wird für die Modernisierungsarbeiten ein Architekt beauftragt, sind die hierfür vom Vermieter zu zahlenden Kosten umlagefähig, wenn die Beauftragung erforderlich war.[110] Dies ist der Fall, wenn die jeweiligen Fachhandwerker nicht selbst schon zur Planung und Durchführung geeignet bzw. in der Lage sind. Bei dem Einbau einer **Gasetagenheizung** gehören die Kosten eines mit der „Baubetreuung" beauftragten Architekten danach nicht zu den berücksichtigungsfähigen Baunebenkosten.[111]

118 Ist der Architekt mit mehreren Baumaßnahmen beauftragt, so ist sein Honorar den einzelnen Maßnahmen zuzuordnen; ersatzfähig ist derjenige Honoraranteil, der auf eine anerkannte Modernisierungsmaßnahme entfällt.[112] Werden gleichzeitig **Erhaltungsmaßnahmen** durchgeführt oder liegt eine **modernisierende Instandsetzung** vor, ist der Kostenanteil für den Instandsetzungsanteil nicht umlagefähig; seine Höhe kann erforderlichenfalls **geschätzt** werden (§ 559 Abs. 2 BGB).

119 Wenn der Architekt nur damit beauftragt ist, anstelle des Vermieters den üblichen administrativen Arbeitsaufwand zu leisten, der sich mit Modernisierungsarbeiten *per se* verbindet, sind die Kosten nicht umlagefähig.[113] Zu diesen bloßen **Verwaltungsaufgaben** zählen etwa die Einholung von Kostenvoranschlägen, Besprechungen mit Handwerkern, die Einholung behördlicher Genehmigungen und die Rechnungsprüfung.

b) Aufwendungsersatz

120 Aufwendungen, die ein Mieter infolge von Modernisierungsmaßnahmen machen muss, kann er von seinem Vermieter **in angemessenem Umfang** ersetzt verlangen (§ 555 d Abs. 6 iVm § 555 a Abs. 3 BGB).[114]

121 Ob die hierfür anfallenden Kosten des Vermieters umlagefähig sind, richtet sich danach, ob sie dem Vermieter auch entstanden wären, wenn nicht der Mieter, sondern ein Dritter die Arbeiten für den Vermieter ausgeführt hätte.[115] Nach dieser Prämisse hat der BGH anerkannt, dass die an den Mieter geleisteten Zahlungen für eine erforderliche **Wohnungsrenovierung** nach Abschluss der Bautätigkeit Grundlage einer Mieterhöhung sein können.[116] Dies bedeutet, dass Mieter im Endeffekt den in Anspruch genommenen Aufwendungsersatz über die Mieterhöhung selbst zu zahlen haben.

122 Allerdings ist genau zu prüfen, ob der Aufwendungsersatz in direktem Zusammenhang mit der Bautätigkeit steht, da er nur in diesem Fall umlagefähig ist.[117] Dies schließt die Kosten im Zusammenhang mit den **Vorbereitungsarbeiten** bis zum Abschluss der Modernisierung und zur Wiederherstellung des vertragsgemäßen Zustands der Mietsache ein. Umlagefähig sind die Kosten für alle üblichen Aufwendungen, beispielsweise für das Wegräumen und Abdecken von Möbeln oder für Reinigungs- bzw. **Aufräumarbeiten.**

123 Nicht in unmittelbarem Zusammenhang mit der Bautätigkeit stehen danach die Kosten für eine **Ersatzunterkunft** während der Bauzeit.[118] Mag diese zur Durchführung der Arbeiten auch erforderlich sein, so sind diese Kosten im Schwerpunkt aber doch dadurch begründet, dass der Mieter seine Mietwohnung modernisierungsbedingt nicht vertragsgemäß nutzen kann und der Vermieter insoweit zur Kompensation verpflichtet ist. Daher sind

110 *Börstinghaus* in Schmidt-Futterer, § 559 BGB Rn. 60.
111 *LG Berlin* 15.1.2007 – 67 S 85/06.
112 *LG Hamburg* 9.11.1984 – 11 S 169/84. Zu den Pflichten des Architekten bei der Modernisierung eines Altbaus vgl. *BGH* 18.5.2000 – VII ZR 436/98, NZBau 2000, 386.
113 *Börstinghaus* in Schmidt-Futterer, § 559 BGB Rn. 60.
114 Siehe hierzu unter → § 5 Rn. 1 ff.
115 *Börstinghaus* in Schmidt-Futterer, § 559 BGB Rn. 62; *Dickersbach*, Lützenkirchen/Mietrecht, § 559 BGB Rn. 79.
116 *BGH* 30.3.2011 – VIII ZR 173/10, NZM 2011, 358.
117 *BGH* 31.10.2012 – XII ZR 126/11, NJW 2013, 223.
118 *Dickersbach*, Lützenkirchen/Mietrecht, § 559 BGB Rn. 79; *Hinz*, NZM 2013, 209 (222).

diese Kosten nicht anders zu beurteilen als Mietausfälle wegen **Mietminderung**, die ebenfalls nicht anrechenbar sind.

c) Mietminderung/Schadensersatz

Mietausfall wegen **Mietminderung** während der Durchführung der Baumaßnahmen gehört nicht zu den anrechenbaren Kosten. Denn der Mietausfall dient nicht der Modernisierung, sondern wird dadurch verursacht, dass der vertragsgemäße Gebrauch infolge der Modernisierung beeinträchtigt ist.[119] Dabei ist unerheblich, ob derjenige Mieter gemindert hat, dessen Wohnung modernisiert worden ist, oder es zu Mietausfällen durch Mietminderungen von anderen beeinträchtigten Mietern gekommen ist. Wegen Beeinträchtigungen infolge einer **energetischen Modernisierung** (§ 555 b Nr. 1 BGB) ist dem Mieter die Mietminderung für drei Monate untersagt (§ 536 Abs. 1 a BGB). 124

Bei unsachgemäßer Vorbereitung und Ausführung der Modernisierungsarbeiten kann das Eigentum des Mieters Schaden nehmen, beispielsweise eine unzureichend vor Feinstaub geschützte Stereoanlage infolge von Schleifarbeiten an den Fenstern. Die an den Mieter erfolgten **Schadensersatzzahlungen** sind nicht berücksichtigungsfähig.[120] Anderenfalls würde der betreffende Mieter erhaltene Zahlungen selbst finanzieren, was dem Schadensersatzrecht zuwiderliefe, und die übrigen Mieter würden gegebenenfalls für vom Vermieter zu verantwortende Pflichtverletzungen haften. 125

d) Finanzierungskosten

Wie der Vermieter die Modernisierung finanziert – ob aus Eigen- oder Fremdmitteln –, steht ihm frei.[121] Fallen Finanzierungs- und Kapitalbeschaffungskosten an, dürfen sie aber nicht in die Mieterhöhung einbezogen werden.[122] Nicht ansatzfähig sind somit **Kreditzinsen** und **Damnum** für ein Darlehen bzw. **Grundbuchgebühren** und **Notarkosten** zu seiner Sicherung sowie die Kosten einer **Zwischenfinanzierung**. 126

e) Rechtsanwaltskosten

Ist zur Durchführung bzw. Durchsetzung einer Modernisierung die Tätigkeit eines Rechtsanwalts erforderlich, sollen die Kosten anrechenbar sein.[123] Dies liegt daran, dass Mieter nur aufgrund einer in jeder Hinsicht ordnungsgemäßen Ankündigung zur Duldung von Modernisierungsmaßnahmen verpflichtet sind, eine solche Ankündigung aber erhebliches Spezialwissen vom Vermieter verlangt. Daher sei die Inanspruchnahme eines Rechtsanwalts ebenso erforderlich wie die eines Architekten bei **komplexen Modernisierungsvorhaben**.[124] 127

Diese Auffassung ist zwar plausibel – gesichert ist die Umlage von Anwaltskosten aber *nicht*: Soweit ersichtlich, haben die Gerichte hierzu bislang nicht entschieden. Der BGH hält die von einem Großvermieter aufgewendeten Rechtsanwaltskosten zwar für ersatzfähig, wenn sie der Rechtsausübung in schwierigen Fällen dienen, dies aber nur unter dem Gesichtspunkt des Schadensersatzes nach Pflichtverletzung durch den Mieter.[125]

Rechtsanwaltskosten können aber jedenfalls nur insoweit einbezogen werden, als sie für eine ordnungsgemäße Modernisierungsankündigung gegenüber der *gesamten* Mieterschaft anfallen. Wird der Rechtsanwalt lediglich gegenüber *einzelnen* Mietern tätig – etwa nach erfolgtem **Härteeinwand** –, sind die hierauf entfallenden Kosten keine Baunebenkosten, 128

119 *Börstinghaus* in Schmidt-Futterer, § 559 BGB Rn. 65; *Dickersbach*, Lützenkirchen/Mietrecht, § 559 BGB Rn. 73; MAH MietR/*Lutz*, § 23 Rn. 228; Staudinger/*Emmerich*, § 559 BGB Rn. 20.

120 *Dickersbach*, Lützenkirchen/Mietrecht, § 559 BGB Rn. 77.

121 *Börstinghaus* in Schmidt-Futterer, § 559 BGB Rn. 64.

122 *OLG Hamburg* 14.5.1981 – 4 U 203/80; *Börstinghaus* in Schmidt-Futterer, § 559 BGB Rn. 64; *Dickersbach*, Lützenkirchen/Mietrecht, § 559 BGB Rn. 75; Palandt/*Weidenkaff*, § 559 BGB Rn. 5.

123 *Dickersbach*, Lützenkirchen/Mietrecht, § 559 BGB Rn. 71; aA Staudinger/*Emmerich*, § 559 BGB Rn. 19.

124 *Dickersbach*, Lützenkirchen/Mietrecht, § 559 BGB Rn. 71.

125 Vgl. *BGH* 6.10.2010 – VIII ZR 271/09, NJW 2011, 296.

sondern Teil des allgemeinen Vermietungsrisikos, das sich für den Vermieter teilweise verwirklicht hat. Generell nicht ansatzfähig sind Anwaltskosten, die dem Vermieter im Zusammenhang mit der Berechnung und Durchsetzung der Mieterhöhung angefallen sind.[126]

f) Schönheitsreparaturen

129 Zahlreiche Modernisierungen machen nach ihrem Abschluss Maler- und Tapezierarbeiten in der Wohnung erforderlich, mithin eine **Renovierung,** so zum Beispiel, wenn **Isolierglasfenster** eingesetzt oder Leitungen unter Putz verlegt wurden. **Schönheitsreparaturen** gehören zu den modernisierungsbedingten Aufwendungen iSv § 555 d Abs. 6 BGB.[127] Ob deren Kosten in die Mieterhöhung „eingepreist" werden dürfen, richtet sich danach, wer für die Schönheitsreparaturen ohne die Modernisierung hätte aufkommen müssen:

130 Ist die Pflicht zur Durchführung der Schönheitsreparaturen im Mietvertrag wirksam auf den Mieter übertragen und sind sie zum Zeitpunkt der Modernisierung erforderlich, hat (nur) der Mieter für die Kosten aufzukommen. Die Modernisierung ändert daran nichts.[128] In diesem Fall hat der Vermieter nur erforderliche Maßnahmen der Instandsetzung zu erbringen, die über die Schönheitsreparaturen hinausgehen, und kann (nur) die hierfür anfallenden Kosten bei der Mieterhöhung berücksichtigen.

131 Anders ist es, wenn die Verpflichtung zur Durchführung von Schönheitsreparaturen nicht bzw. nicht wirksam auf den Mieter übertragen worden ist oder es zwar eine wirksame Übertragung auf den Mieter gibt, die Renovierung bei Abschluss der Modernisierung aber noch **nicht fällig** ist. In diesem Fall muss der Vermieter für die Kosten einer infolge der Modernisierung erforderlichen Renovierung aufkommen, darf sie als Baunebenkosten bei der Mieterhöhung aber berücksichtigen.[129] Dies gilt ebenso für die Kosten, die der Vermieter dem Mieter für die an seiner Stelle erbrachte Renovierung als Aufwendungsersatz gezahlt hat.[130]

g) Gutachterkosten

132 Soweit es zur Ausführung der Modernisierung erforderlich ist, ein Gutachten einzuholen, können dessen Kosten umlagefähig sein. Nicht zur Grundlage der Mieterhöhung können dagegen die Kosten für ein Gutachten gemacht werden, welches zur Ermittlung der **fiktiven Instandsetzungskosten** wegen § 559 Abs. 2 BGB bei einer **modernisierenden Instandsetzung** eingeholt worden ist.

h) Wiederherstellung des vertragsgemäßen Zustandes

133 Alle Kosten, die zur Wiederherstellung des vertragsgemäßen Zustandes der Mietsache nach Abschluss der Modernisierung erforderlich sind, können Bestandteil der Mieterhöhung sein.[131] Ebenso können solche Kosten einbezogen werden, die dem Mieter als **Kompensation** dafür zu zahlen sind, dass die Wiederherstellung nicht möglich ist, beispielsweise die Kosten für Innenjalousien, weil die bisher vorhandenen Außenjalousien nicht wieder an die angebrachte Wärmedämmung montiert werden können, ohne deren Funktion zu beeinträchtigen.[132]

---

126 *Dickersbach*, Lützenkirchen/Mietrecht, § 559 BGB Rn. 72.
127 *BGH* 30.3.2011 – VIII ZR 173/10, NZM 2011, 358.
128 *Blank*, NZM 2011, 508 (510).
129 *Blank*, NZM 2011, 508 (510 f.); *Börstinghaus* in Schmidt-Futterer, § 559 BGB Rn. 66.
130 *BGH* 30.3.2011 – VIII ZR 173/10, NZM 2011, 358.
131 *Börstinghaus* in Schmidt-Futterer, § 559 BGB Rn. 62.
132 *LG Düsseldorf* 5.6.2013 – 23 S 246/12.

III. Abzug von Kosten für Erhaltungsmaßnahmen

Das Gesetz unterscheidet deutlich zwischen Erhaltungsmaßnahmen (§ 555 a BGB) und Modernisierungsmaßnahmen (§ 555 b BGB). Nur die Kosten für Letztere dürfen vom Vermieter zur Grundlage einer Mieterhöhung gemacht werden (§ 559 Abs. 1, 2 BGB). 134

Kosten für Erhaltungsmaßnahmen sind nicht umlagefähig, weil es die Pflicht des Vermieters ist, die Mietsache während der Mietzeit in einem zur vertragsgemäßen Nutzung geeigneten Zustand zu erhalten (§ 535 Abs. 1 S. 2 BGB). Die dem Vermieter hierfür anfallenden Kosten sind für den Mieter mit Zahlung der geschuldeten Miete abgegolten. In der Praxis werden zwar so gut wie immer zusammen mit der Modernisierung auch Reparaturen durchgeführt. Dann ist es aber erforderlich, die Kosten der verschiedenen Baumaßnahmen zu trennen. 135

1. Erhaltungskosten

Unproblematisch ist der Fall, dass Erhaltungs- und Modernisierungsmaßnahmen **parallel**, also an **verschiedenen Objekten ausgeführt** werden, beispielsweise wenn bei Gelegenheit der Fassadendämmung einzelne Dachziegel erneuert oder anlässlich des Einbaus einer Energie einsparenden Brennwertheizung deren marode Zugangsleitungen ausgetauscht werden. 136

Die Ermittlung der Erhaltungskosten verursacht in diesem Fall meist keine Schwierigkeiten, da sie vom Handwerker bezogen auf die einzelnen Bauleistungen separat berechnet werden. Insofern können sämtliche Erhaltungskosten addiert und von den Modernisierungskosten abgezogen werden. 137

Entsteht Instandsetzungsbedarf erst infolge der Modernisierung, so sind die hierauf entfallenden Kosten ebenfalls solche der Modernisierung.[133] Dies betrifft etwa den Fall, dass die Installation neuer Fenster oder Heizkörper bzw. -rohre Putzarbeiten erforderlich macht. 138

2. Modernisierende Instandsetzung

Häufig erfolgt die Modernisierung am instandsetzungsbedürftigen Objekt. Gesprochen wird dann von einer **modernisierenden Instandsetzung** bzw. von einer **Instandmodernisierung**. Die Kosten der mit der Modernisierung ersparten Instandsetzung gehören nicht zu den für die Mieterhöhung berücksichtigungsfähigen Modernisierungskosten (§ 559 Abs. 2 BGB). 139

Beispiele: Alte, morsche und undichte Fenster mit Einfachverglasung werden durch neue Isolierglasfenster ersetzt. Die funktionsuntüchtig gewordene Gasetagenheizung wird durch eine neue Zentralheizung ersetzt.

Ob die **Reparaturbedürftigkeit** dem Vermieter schon bei Beginn der Arbeiten bekannt war oder sich erst später herausstellt, ist unerheblich. Dass einzelne Stellen der Gebäudefassade vor Beginn der Dämmmaßnahmen ausgebessert werden müssen, kann beispielsweise schon bei der Planung der Modernisierung bekannt sein oder sich erst bei deren Ausführung zeigen. 140

Für die Qualifikation als modernisierende Instandsetzung ist allein entscheidend, dass die Reparatur zum Zeitpunkt der Modernisierung nach **objektivem Maßstab** fällig war.[134] Ist dies (noch) nicht der Fall, braucht sich der Vermieter die Kosten für einen erst in der Zukunft gegebenen – und mit der Modernisierung ersparten – Instandsetzungsbedarf nicht 141

---

133 *Dickersbach*, Lützenkirchen/Mietrecht, § 559 BGB Rn. 86; Hannemann/*Horst*, Das neue Mietrecht, § 2 Rn. 235.

134 *LG Berlin* 14.12.2012 – 63 S 252/12; *Börstinghaus* in Schmidt-Futterer, § 559 BGB Rn. 70.

anrechnen zu lassen.[135] Mit anderen Worten: Kommt der Vermieter mit der Modernisierung der Reparatur des Modernisierungsobjekts zuvor, sind sämtliche Kosten für die Mieterhöhung anrechenbar. Dies folgt unmittelbar aus § 559 Abs. 2 BGB, wonach nur Kosten für erforderliche Erhaltungsmaßnahmen anzurechnen sind.

Beispiel: Wird eine alte, aber noch funktionstüchtige Heizung modernisiert, sind die Kosten hierfür Modernisierungskosten und können in vollem Umfang Grundlage der Mieterhöhung sein. Ist die Heizung dagegen defekt und wird dies zum Anlass für ihre Modernisierung genommen, liegt eine modernisierende Instandsetzung vor.

142 Im Ergebnis sind damit alle Kosten für Maßnahmen auszuscheiden, die ein Mieter von seinem Vermieter zur vertragsgemäßen Nutzung als Erfüllungsanspruch verlangen kann. Denn diese Kosten fallen dem Vermieter ohnedies im Rahmen seiner **Gebrauchsgewährungspflicht** zur Last (§ 535 Abs. 1 S. 2 BGB). Zukünftige Ersparnisse und anderweitige Vorteile muss der Vermieter sich aber nicht anrechnen lassen.[136]

143 Die ersparten Instandsetzungskosten können die Höhe der Modernisierungskosten im Einzelfall durchaus erreichen oder sogar übersteigen. Dann kann es passieren, dass im Ergebnis zwar eine Modernisierung erfolgt, nach Abzug der fiktiven Instandsetzungskosten aber keine zur Mieterhöhung berechtigenden Modernisierungskosten übrig bleiben.

144 Ob am Objekt der Modernisierung Instandsetzungsbedarf bestand, ist häufig nicht eindeutig und jedenfalls nach Abschluss der Arbeiten regelmäßig kaum noch aufzuklären. Hiervon aber hängt es ab, ob die betreffenden Kosten vom Mieter im Rahmen der Mieterhöhung zu zahlen sind oder vom Vermieter selbst.

Beispiel: Die Frage, ob an den Rahmen der alten, einfachverglasten Holzfenster ein Neuanstrich erforderlich gewesen wäre, wenn diese nicht gegen Isolierglasfenster ausgetauscht worden wären, ist im Nachhinein streitig.

145 **Hinweis:** Sowohl der Vermieter als auch der Mieter sollten sich vor Beginn der Arbeiten über den baulichen Zustand des Modernisierungsobjekts Gewissheit verschaffen. Vermieter sollten sich von der bauausführenden Firma gegebenenfalls bescheinigen lassen, dass die zu modernisierenden Teile und Einrichtungen noch funktionstüchtig und mangelfrei sind, um keine fiktiven Reparaturkosten aus dem Modernisierungszuschlag herausrechnen zu müssen. Ist dagegen ein Mangel vorhanden, sollte der Vermieter zum Nachweis der (fiktiven) Beseitigungskosten einen seriösen und aussagekräftigen Kostenvoranschlag einholen, um Streit mit dem Mieter über deren Höhe vorzubeugen.

146 Ist nach diesen Grundsätzen eine modernisierende Instandsetzung gegeben, gehören zu den Kosten der ersparten Instandsetzung auch die **notwendigen Baunebenkosten**. Diese kommen insbesondere zum Tragen, wenn das defekte Bauteil ohne die Modernisierung nicht repariert, sondern erneuert worden wäre.

Beispiel: Wäre die defekte Heizung zu erneuern, rechnen zu den fiktiven Instandsetzungskosten die Kosten für ihre Demontage, ihren Abtransport und ihre fachgerechte Entsorgung.[137]

3. „Sowieso-Kosten"

147 Nicht nur Instandhaltungskosten dürfen keine Grundlage der Mieterhöhung sein, sondern auch die **Baunebenkosten** der ersparten oder vorgenommenen Erhaltungsarbeiten sind herauszurechnen. Dies betrifft den für beide Baumaßnahmen gemeinsamen **Kostensockel**, also diejenigen Kosten, die dem Vermieter *sowieso* entstanden wären, wenn er (nur) die fälligen Reparaturarbeiten vorgenommen hätte.

---

135 *AG München* 30.12.2016 – 453 C 22061/15; *Börstinghaus* in Schmidt-Futterer, § 559 BGB Rn. 72; Bub/Treier/*Schultz*, Kap. III Rn. 1563; *Gramlich*, Mietrecht, § 559 BGB Rn. 5; aA Staudinger/*Emmerich*, § 559 BGB Rn. 22.

136 *OLG Celle* 16.3.1981 – 2 UH 1/80; MüKo/*Artz*, § 559 BGB Rn. 18.

137 *AG Münster* 1.8.2012 – 48 C 4169 (zur Erneuerung einer 50 Jahre alten Badewanne).

Beispiel: Die Kosten für ein Baugerüst, das der Vermieter zur Anbringung einer Wärmedämmung nutzt, sind nicht umlagefähig, soweit dieses Gerüst auch erforderlich gewesen wäre, um bestehenden Instandsetzungsbedarf an der Fassade zu beseitigen.

Verbreitet wird vertreten, dass diese „sowieso“ anfallenden Kosten in Gänze nicht umlagefähig seien, eine Aufteilung zwischen Instandsetzungs- und Modernisierungsanteil also nicht stattfinde. Nach dieser Auffassung wäre es falsch, bei modernisierenden Instandsetzungen für die gemeinsamen „**Sowieso-Kosten**“ eine Quote zu bilden.[138] 148

Eine Aufteilung nach dem „Alles oder Nichts“-Prinzip überzeugt aber nicht, denn die „Sowieso-Kosten“ wären eben auch – *sowieso* – für die Modernisierung erforderlich gewesen.[139] Zudem läuft diese Auffassung der gesetzgeberischen Intention zuwider, Modernisierungen im Gebäudebestand zu fördern und Vermietern hierzu Anreize zu geben. 149

Von besonderer Bedeutung ist die Frage der Zuordnung der „Sowieso-Kosten“ bei den **Gerüstkosten**, denn die Praxis zeigt, dass zur fachgerechten Anbringung eines **Wärmedämmverbundsystems** so gut wie immer zuvor Ausbesserungsarbeiten am Putz erforderlich sind. Wenn die hierauf entfallenden Kosten – wie in aller Regel – geringer als die Modernisierungskosten sind, erscheint es unbillig und stellt ein **Modernisierungshemmnis** dar, dem Vermieter die Gerüstkosten in voller Höhe zuzuschlagen, obwohl die Modernisierung den Schwerpunkt der gesamten Baumaßnahme darstellt. In diesem Fall ist es sachgerecht, auch die „Sowieso-Kosten“ nur insoweit auszuscheiden, als sie für die Durchführung fälliger Instandsetzungsmaßnahmen gemäß § 559 Abs. 1 BGB erforderlich gewesen wären.[140] 150

Für die **Gerüstkosten** bedeutet dies, dass alle hiermit im Zusammenhang stehenden Kosten im Einzelnen zu erfassen sind. Hierzu gehören die Kosten 151

- der Planung – einschließlich der Einholung eines erforderlichen ornithologischen Gutachtens –,
- für gärtnerische Arbeiten zur Schaffung der Baufreiheit für das Gerüst,
- für das Aufstellen und Befestigen des Gerüsts,
- für die Anbringung von Planen und Fangnetzen und
- für den Abbau des Gerüsts und die Folgenbeseitigung.[141]

4. Ermittlung der ersparten Erhaltungskosten

In den Fällen der modernisierenden Instandsetzung müssen die **hypothetischen Instandsetzungskosten** von den berücksichtigungsfähigen Modernisierungskosten abgezogen werden (§ 559 Abs. 2 BGB). Sie werden häufig auf der Grundlage von **Kostenvoranschlägen** beziffert, die rechtzeitig vor Beginn der Modernisierung eingeholt wurden. Werden Erhaltungsmaßnahmen zur Vorbereitung oder im Zuge der Modernisierung vorgenommen, dient freilich die **Rechnung** zum Nachweis der entsprechenden Kosten. 152

Im Rahmen einer **Modernisierung im vereinfachten Verfahren** gemäß § 559 c BGB sind die Kosten für Erhaltungsmaßnahmen als Pauschale zu 30 Prozent von den Gesamtkosten zwingend abzuziehen, also unabhängig davon, ob diese Kosten tatsächlich geringer oder höher sind (§ 559 c Abs. 1 S. 2 BGB).[142] 153

Da nach hier vertretener Auffassung die „**Sowieso-Kosten**“ nicht gänzlich bei der Berechnung der Mieterhöhung ausscheiden, sondern nur insoweit, als es ihrem Anteil an der ersparten Instandsetzung entspricht, ist dieser Anteil zu ermitteln. Er leitet sich ab aus dem 154

138 *LG Berlin* 14.12.2012 – 63 S 252/12; *LG Bückeburg* 26.9.1991 – 1 S 97/91; *Börstinghaus* in Schmidt-Futterer, § 559 BGB Rn. 70; *Kinne*, GE 2015, 296; *Dickersbach*, Lützenkirchen/Mietrecht, § 559 BGB Rn. 88; Staudinger/*Emmerich*, § 559 BGB Rn. 22.

139 *LG Halle* 8.8.2002 – 2 S 42/01; Bub/Treier/*Schultz*, Kap. III Rn. 1560; *Fleindl*, NZM 2016, 66 (68).

140 *KG* 20.4.2006 – 8 U 204/05; *LG Halle* 8.8.2002 – 2 S 42/01; *LG Dresden* 14.10.1997 – 15 S 316/97.

141 *LG Berlin* 14.12.2012 – 63 S 252/12.

142 Näher zum vereinfachten Verfahren unter → § 7 Rn. 1 ff.

Verhältnis der umlagefähigen Modernisierungskosten zu den nicht umlagefähigen (ersparten) Instandsetzungskosten.

Beispiel: Gemäß Rechnung der Firma XY sind für Putzausbesserungen 5.932,08 EUR berechnet worden. Bezogen auf die Gesamtrechnung bezüglich der Anbringung des Vollwärmeschutzes beträgt der Anteil dieser Position 14,38 Prozent. Dementsprechend werden auch die Allgemeinkosten wie Baustelleneinrichtung, Gerüst usw nur anteilig mit 85,62 Prozent in die Gesamtkosten eingestellt.

155 In komplexen Bauvorhaben kann es sich für Vermieter empfehlen, ein detailliertes **Sachverständigengutachten** in Auftrag zu geben. Dabei sollte bedacht werden, dass die hierfür anfallenden Kosten nicht in die Mieterhöhung einfließen dürfen.

156 Betrifft die Baumaßnahme mehrere Wohnungen oder das gesamte Gebäude, ist der fiktive Erhaltungskostenanteil für jede einzelne Wohnung zu ermitteln.[143] Gemeinsam angefallene Kosten müssen aufgeteilt werden.[144]

Beispiel: Ist ein Architekt beauftragt, den Ausbau des Dachgeschosses zu Wohnzwecken, die Installation von Isolierglasfenstern im gesamten Mietshaus und die Reparatur undichter Balkone zu koordinieren, so ist die Aufteilung der einzelnen Kostenanteile für die Bauleitung, die Kontrolle oder die Rechnungsprüfung erforderlich. Denn allein die auf den Fensteraustausch entfallenden Kosten können Grundlage der Mieterhöhung sein.

157 Vor allem bei **Pauschal- oder Generalunternehmerverträgen** ist eine strikte Zuordnung der Kosten nicht möglich. Es ist daher eine Vereinfachung für den Vermieter, dass er den Anteil der nicht berücksichtigungsfähigen Kosten durch **Schätzung** ermitteln darf (§ 559 Abs. 2 BGB).

158 Die **Kostenschätzung** ist damit nicht vorgeschrieben, sondern bloß erlaubt; genauere Methoden der Kostenermittlung bleiben freilich zulässig. Mit der Schätzung sollen überzogene Anforderungen an die Berechnung des Abzugs vermieden werden.[145] Möglich ist es, einzelne Kosten zu schätzen, andere aber genau zu beziffern, zum Beispiel anhand eines vor Baubeginn eingeholten Kostenvoranschlages.

159 Im Rahmen der Kostenschätzung sind die **Preise** maßgeblich, die zum Zeitpunkt der Modernisierungsmaßnahme für eine fachgerechte Instandsetzung unter Verwendung moderner und zeitgemäßer Materialien hätten gezahlt werden müssen.[146]

160 Die nicht in die Mieterhöhung einbezogenen Erhaltungskosten sind dem Mieter nach Grund und Höhe mitzuteilen. Dem Mieter sind – wie in der Betriebskostenabrechnung[147] – die Gesamtkosten anzugeben inklusive der nicht umlagefähigen Kosten.[148]

IV. Kostenverteilungsschlüssel

161 Entstehen Modernisierungskosten nur für **eine Wohnung**, etwa bei der Modernisierung eines Bades, können sie vollständig zur Erhöhung der Miete für diese Wohnung herangezogen werden. Werden Modernisierungsmaßnahmen für **mehrere Wohnungen** durchgeführt, so sind deren Kosten *angemessen* auf die einzelnen Wohnungen aufzuteilen (§ 559 Abs. 3 BGB).

162 Der Vermieter hat damit das Recht, den Kostenverteilungsschlüssel im Rahmen der §§ 315, 316 BGB selbst nach **billigem** Ermessen zu bestimmen.[149] Ein unbilliger – unange-

143 *AG Köln* 7.3.1989 – 212 C 301/88.
144 *LG Landau* 14.10.2008 – 1 S 226/07.
145 BT-Drs. 17/1045, 24.
146 *LG Bückeburg* 26.9.1991 – 1 S 97/91.
147 Vgl. *BGH* 11.9.2007 – VIII ZR 1/07, NZM 2007, 770.
148 *LG Berlin* 14.12.2012 – 63 S 252/12.
149 *KG* 20.4.2006 – 8 U 204/05; *Fleindl*, NZM 2016, 65 (68); MüKo/*Artz*, § 559 BGB Rn. 20.

messener – Verteilungsschlüssel kann durch Gerichtsurteil aufgehoben und durch einen billigen Verteilungsschlüssel ersetzt werden (§ 315 Abs. 3 S. 2 BGB).

Bei mehreren Modernisierungsmaßnahmen können verschiedene Kostenverteilungsschlüssel zur Anwendung kommen. Die Verteilung der Kosten kommt vor allem in Betracht nach 163

- der Quadratmeterfläche,
- der beheizbaren Fläche,
- der Anzahl der Wohnungen,
- dem Maß des positiven Nutzens von der Modernisierungsmaßnahme,
- der Anzahl der Nutzer/Bewohner,
- der Stückzahl (etwa bei Fenstern oder Rauchmeldern).

Aus dem Bestimmungsrecht des Vermieters folgt, dass der generelle, innerhalb der **Wohnungseigentümergemeinschaft** geltende Umlageschlüssel unbeachtlich ist[150] Dem vermietenden Wohnungseigentümer ist es aber freilich nicht verwehrt, den Kostenverteilungsschlüssel der WEG anzuwenden, sofern dieser angemessen ist. 164

1. Zulässige Kostenverteilungsschlüssel

Unproblematisch ist die Kostenverteilung, wenn die Modernisierungsmaßnahmen zwar mehrere Wohnungen betreffen, die Kosten aber für jede Wohnung in gleicher Höhe anfallen. In diesem Fall ist die Kostenverteilung nach der Zahl der Wohnungen angemessen (**Objektprinzip**).[151] 165

Beispiele: In einer Liegenschaft wird jede Wohnung mit einem rückkanalfähigen Kabelanschluss, einer Gegensprechanlage und einer Einbruchsschutztür ausgestattet. Die Kosten des Balkonanbaus werden nur unter den Mietern verteilt, deren Wohnung mit einem Balkon ausgestattet worden ist.[152]

Ebenfalls unproblematisch ist die Verteilung der Kosten, wenn sie zwar nicht in gleicher Höhe für jede Wohnung angefallen sind, die Kosten den einzelnen Wohnungen aber zugeordnet werden können.[153] Auch in diesem Fall ist es angemessen, die auf einzelne Wohnungen entfallenden Kosten zu ermitteln und sie auf die betreffenden Wohnungen zu verteilen. 166

Beispiele: Die Kosten neuer Isolierglasfenster werden nach Zahl und Größe der Fenster in den betreffenden Wohnungen verteilt. Die Kosten neuer Balkontüren werden unter den Mietern verteilt, deren Wohnung über einen Balkon verfügt. Die Kosten neuer Heizkörper werden bezogen auf Anzahl und Modelltyp in der jeweiligen Wohnung verteilt.

Schwieriger kann die Kostenverteilung bei Modernisierungsmaßnahmen sein, die der **gesamten Liegenschaft** zugutekommen und deren meist nur pauschal berechnete Kosten einzelnen Wohnungen nicht konkret zugeordnet werden können. Obwohl der Nutzwert in diesen Fällen für die Mieter unterschiedlich ausfallen kann, ist der Vermieter *nicht verpflichtet*, einen Verteilungsschlüssel zu wählen, der berücksichtigt, inwieweit einzelne Mieter von der Modernisierung profitieren. 167

Sind die Modernisierungskosten nicht separat für jede einzelne Wohnung erfasst worden, kann es nicht beanstandet werden, wenn die Kosten nach dem Verhältnis der **Wohnfläche** der einzelnen Wohnung im Verhältnis zur gesamten Wohnfläche des Gebäudes, soweit es 168

150 *Dickersbach*, Lützenkirchen/Mietrecht, § 559 BGB Rn. 97.
151 Vgl. *BGH* 27.6.2007 – VIII ZR 202/06, NZM 2007, 769 (zur Verteilung von Kabelgebühren als Betriebskosten).
152 *AG Berlin-Wedding* 19.3.2014 – 6 a C 281/13.
153 *LG Münster* 26.11.2009 – 8 S 131/09.

von der Modernisierung betroffen ist, verteilt werden.[154] Der Gesetzgeber macht diese Kostenverteilung auch zum Regelfall für die Verteilung der Betriebskosten (§ 556 a Abs. 1 S. 1 BGB). Bei der Verteilung von Modernisierungskosten ist das tatsächliche Flächenmaß auch dann maßgeblich, wenn es von dem im Mietvertrag angegebenen abweicht.[155]

169 Insofern kann es nicht beanstandet werden, wenn auch die für alle Wohnungen einheitlich aufgewendeten **Baunebenkosten** nach der Wohnfläche verteilt werden. Zum Beispiel die Kosten für ein Baugerüst, die Schuttabfuhr oder einen Bauwagen für die Pausen der Bauhelfer.

170 Dass Vermieter prinzipiell nicht verpflichtet sind, den Nutzen der Modernisierung für den einzelnen Mieter bei der Kostenverteilung zu berücksichtigen, hat vor allem in zwei Fällen Bedeutung – bei der Wärmedämmung und dem Einbau eines Fahrstuhls.

171 Bei den Kosten einer **Wärmedämmung** sind Vermieter nicht gehalten, nach der Lage der Wohnung zu differenzieren, selbst wenn sie für das Maß der Energieeinsparung Bedeutung hat.[156] Somit ist für die Kostenverteilung unerheblich, ob die Wohnung zur gedämmten Straßenseite liegt oder zur nicht gedämmten Hofseite, ob sich die Wohnung direkt unter dem gedämmten Dachstuhl befindet oder im Erdgeschoss belegen ist bzw. ob die Wohnung direkt über der gedämmten Kellerdecke liegt oder mehrere Etagen darüber. Andererseits kann es aber auch nicht beanstandet werden, wenn die Kosten der Wärmedämmung nur auf die angrenzenden Wohnungen verteilt werden.[157]

172 Bei den Kosten eines nachträglich eingebauten **Fahrstuhls** braucht der Vermieter ebenfalls prinzipiell nicht dem Umstand Rechnung zu tragen, dass Mieter einen potenziell umso größeren Gebrauchsvorteil haben, je höher sich ihre Wohnung im Gebäude befindet. Ausreichend ist, dass überhaupt ein Gebrauchsvorteil möglich ist. Hierbei ist ein **objektiver Maßstab** anzulegen, so dass es *nicht* darauf ankommt, ob der Mieter den Aufzug nutzen möchte oder nicht.[158]

173 Auch für den **Erdgeschossmieter** schafft ein Aufzug potenzielle objektive Gebrauchsvorteile, vor allem bei dem Transport von Gegenständen in den Keller oder bei dem Besuch der Bewohner in den oberen Etagen. Insofern entspricht es überwiegender Rechtsauffassung, dass Erdgeschossmieter bei den Aufzugkosten nicht ausgeklammert werden müssen, sondern wie die übrigen Mieter mit den Baukosten entsprechend der jeweiligen Wohnfläche belastet werden können.[159] Dementsprechend hat der BGH auch keine Bedenken, dass die für einen Aufzug anfallenden **Betriebskosten** auch auf die Mieter des Erdgeschosses verteilt werden.[160]

174 Eine Kostenumlage scheidet aber aus, wenn der Mieter **keinen potenziell-objektiven Nutzen** vom Fahrstuhl hat. Dies ist etwa der Fall, wenn der Aufzug in einem anderen Gebäude installiert worden ist. Dementsprechend hält es der BGH auch für unzulässig, Mieter mit den Betriebskosten für den in einem anderen Gebäudeteil vorhandenen Aufzug zu belasten.[161]

175 Ob die Kostenumlage ebenfalls ausgeschlossen ist, wenn der neue Aufzug nur an einem **Zwischengeschoss** hält, ist umstritten. Zum Teil wird der Ausschluss befürwortet, weil der

---

154 *KG* 20.4.2006 – 8 U 204/05; *Börstinghaus* in Schmidt-Futterer, § 559 BGB Rn. 77; MüKo/*Artz*, § 559 BGB Rn. 19 f.; Spielbauer/*Schneider*, Mietrecht, § 559 BGB Rn. 35.

155 *Börstinghaus* in Schmidt-Futterer, § 559 BGB Rn. 77; anders der BGH zur Verteilung der Betriebskosten nach der Wohnfläche, *BGH* 31.10.2007 – VIII ZR 261/06, NJW 2008, 142 (10 Prozent Abweichung sind unerheblich).

156 *LG Münster* 26.11.2009 – 8 S 131/09; *LG Halle* 8.8.2002 – 2 S 42/01; Staudinger/*Emmerich*, § 559 BGB Rn. 27.

157 *KG* 20.4.2006 – 8 U 204/05; aA *LG Berlin* 22.10.2013 – 63 S 108/13.

158 *LG* Berlin 25.6.2010 – 63 S 530/09.

159 *LG Berlin* 25.6.2010 – 63 S 530/09; *Börstinghaus* in Schmidt-Futterer, § 559 BGB Rn. 79; *Dickersbach*, Lützenkirchen/Mietrecht, § 559 BGB Rn. 98; aA Bub/Treier/*Schultz*, Kap. III Rn. 1591.

160 *BGH* 20.9.2006 – VIII ZR 103/06, NJW 2006, 3557.

161 *BGH* 8.4.2009 – VIII ZR 128/08, NJW 2009, 2058.

Gebrauchsvorteil des Mieters nicht ausreichend sei, wenn der Mieter trotz der Fahrt mit dem Aufzug noch eine halbe Treppe zu seiner Mietwohnung gehen muss.[162] Diese Auffassung ist aber zweifelhaft; mag in diesem Fall der Gebrauchsvorteil auch geringer sein, so ist er im Vergleich zu dem vorherigen Gebäudezustand ohne Aufzug aber doch vorhanden und eine individuelle Vorteilsabwägung für die Kostenumlage gerade nicht erforderlich.[163]

Obwohl nicht vorgeschrieben, so ist es aber freilich zulässig und trägt zur subjektiven Kostengerechtigkeit bei, den unterschiedlichen Gebrauchsvorteil zu berücksichtigen. Bei einem Aufzug heißt dies, die Kosten in Abstufung nach der Geschosshöhe auf die einzelnen Wohnungen umzulegen. Ein sinnvolles Beispiel hierfür hat das Landgericht Hamburg gegeben:[164] 176

Erdgeschoss	0	Prozent
1. OG	12	Prozent
2. OG	17,5	Prozent
3. OG	21	Prozent
4. OG	23,5	Prozent
5. OG	26	Prozent

2. Unzulässige Kostenverteilungsschlüssel

Unangemessen sind **sachfremde Kostenverteilungsschlüssel**. Mieterhöhungserklärungen auf ihrer Grundlage sind unwirksam. Ein sachfremder Kostenverteilungsschlüssel kann durch Gerichtsurteil aufgehoben und durch einen billigen Verteilungsschlüssel ersetzt werden (§ 315 Abs. 3 S. 2 BGB). Sachfremd ist die Kostenverteilung zum einen, wenn sie an die **Person des Mieters** anknüpft. 177

Beispiele: Die Verteilung der Kosten soll sich nach der **Zahlungsfähigkeit** richten (einkommensschwächere Mieter werden in geringerem Umfang bzw. einkommensstärkere Mieter werden in höherem Umfang an den Modernisierungskosten beteiligt) oder nach der Schwierigkeit der Mieter („renitente" bzw. die Miete mindernde oder sich pflichtwidrig verhaltende Mieter werden „zur Strafe" stärker belastet als andere Mieter). Zulässig soll es hingegen sein, das **unterschiedliche Mietniveau** in einer Liegenschaft zu berücksichtigen, indem Mieter mit niedrigeren Ausgangsmieten stärker an den Modernisierungskosten beteiligt werden als Mieter, die ohnedies eine höhere (Ausgangs-)Miete schulden.[165]

Zum anderen sind Kostenverteilungsschlüssel sachfremd, nach denen die auf einzelne Wohnungen nicht umlagefähigen Kosten den anderen Mietern aufgebürdet werden. Die Möglichkeit, Modernisierungsmaßnahmen durch Mieterhöhungen zu refinanzieren, liegt im Risikobereich des Vermieters, der Ausfälle nicht durch eine überhöhte Verteilung der Kosten auf die übrigen Mieter kompensieren darf. Dies betrifft einerseits den Fall, dass einzelne Wohnungen des Vermieters **nicht vermietet** sind. 178

Beispiele: Steht eine Wohnung leer oder wird sie vom Vermieter bzw. von Dritten im Interesse des Vermieters unentgeltlich genutzt (Hausmeister oder Angehörige des Vermieters), hat der Vermieter die hierauf entfallenden Modernisierungskosten selbst zu tragen und darf sie nicht unter den Mietern der übrigen Wohnungen verteilen.

Andererseits betrifft dies Wohnungen, die zwar vermietet sind, bei denen eine **Mieterhöhung aber aus Rechtsgründen nicht möglich** ist. Auch hier darf sich der Vermieter seines Risikos nicht dadurch entledigen, dass er seine Kostentragungspflicht auf die übrigen Mieter abwälzt. 179

---

162 *LG Berlin* 16.5.2017 – 67 S 81/17; *LG Berlin* 26.4.2016 – 67 S 78/16.
163 *AG Berlin-Mitte* 14.6.2017 – 17 C 158/16; *AG München* 30.12.2016 – 453 C 22061/15.
164 Beispiel nach *LG Hamburg* 30.5.2002 – 333 S 81/02.
165 *AG Berlin-Wedding* 19.3.2014 – 6 a C 281/13.

Beispiel: Mit zwei der acht Mietvertragsparteien hat der Vermieter einen Staffelmietvertrag geschlossen, weshalb weitere Mieterhöhungen ausgeschlossen sind (§ 557 a Abs. 2 S. 2 BGB). Unangemessen wäre es, die auf diese beiden Wohnungen entfallenden Kosten der übrigen Mietergemeinschaft zuzuschlagen.[166]

E. Anrechnung von Drittmitteln

I. Anwendungsbereich

180 In vielen Fällen werden Modernisierungsmaßnahmen durch öffentliche Fördermittel und zinsverbilligte Darlehen gefördert. Hierdurch soll der Vermieter veranlasst und auch in die Lage versetzt werden, trotz nicht ausreichenden **Eigenkapitals** Modernisierungsmaßnahmen durchzuführen, an denen ein wohnungspolitisches sowie ein ökologisches Interesse der Allgemeinheit besteht. Zugleich soll der die Modernisierung refinanzierende Mieter dadurch entlastet werden, dass die Mieterhöhung nach der Modernisierung nicht ganz so hoch ausfällt, wie es ohne die Fördermittel der Fall gewesen wäre.[167]

181 Hat ein Vermieter **Vergünstigungen für Modernisierungsmaßnahmen** erhalten, muss er sie bei Berechnung der Mieterhöhung **anrechnen**. Vermieter sollen nicht höhere Mieteinnahmen aufgrund von Investitionen erlangen können, die letztlich nicht sie, sondern die öffentliche Hand getätigt hat. Anderenfalls könnten sich Vermieter auf Kosten des Mieters bereichern und würden gegenüber solchen Vermietern bessergestellt, welche die Modernisierung vollständig aus eigenem Vermögen bestreiten.[168]

182 Welche Vergünstigungen im Zusammenhang mit der Durchführung von Modernisierungen in welcher Weise bei der Ermittlung der Mieterhöhung anzurechnen sind, regelt § 559 a BGB. Diese Vorschrift ist zwingendes Recht; zum Nachteil des Mieters kann keine von ihr abweichende Vereinbarung wirksam getroffen werden (§ 559 a Abs. 5 BGB). Unzulässig wäre damit etwa eine Vereinbarung, wonach an sich anrechenbare Drittmittel für die Höhe der Mieterhöhung unberücksichtigt bleiben oder dem Vermieter eine weitere Mieterhöhung bei späterem Wegfall der Förderung vorbehalten bleibt.[169]

183 Die Anrechnung von Drittmitteln ist für Mieterhöhungen gemäß § 559 Abs. 1 BGB nach erfolgter Modernisierung gemäß § 559 a BGB vorgeschrieben. Nur wenn der Vermieter zur Erhebung eines Modernisierungszuschlages berechtigt ist, hat er also die ihm gewährten Drittmittel bei der Mieterhöhung zu berücksichtigen.

184 Ebenfalls hat der Vermieter die ihm für die Modernisierung gewährten Drittmittel zu berücksichtigen, wenn er wegen des durch die Modernisierung geschaffenen Zustandes der Mietsache von seinem Mieter die Zustimmung zur **Mieterhöhung auf die ortsübliche Vergleichsmiete** verlangt (§ 558 Abs. 1 BGB), und zwar in Höhe von 8 Prozent des Zuschusses (§ 558 Abs. 5 BGB).

185 Die Erstreckung der Anrechnungspflicht auf die Anpassung der Miete auf Ortsniveau ist notwendig, weil der Vermieter ansonsten durch die Wahl der Mieterhöhungsmöglichkeit darüber entscheiden könnte, ob die öffentliche Förderung der Modernisierung dem hierfür zahlenden Mieter zugutekommt oder nicht. Die Anrechnungspflicht stellt somit sicher, dass sowohl Leistungen vom bzw. für den Mieter als auch der öffentlichen Haushalte zum Zwecke der Modernisierung dem Mieter in *jedem* Fall zugutekommen.

186 Die Pflicht zur Anrechnung von Drittmitteln bei einer Mieterhöhung auf die ortsübliche Miete vergleichbarer modernisierter Wohnungen hat ebenfalls zur Voraussetzung, dass der Vermieter aufgrund der Modernisierung zur Mieterhöhung gemäß § 559 BGB berechtigt

166 Zu den weiteren Fällen rechtlich ausgeschlossener Mieterhöhung siehe unter → § 6 Rn. 7 ff.
167 *Börstinghaus* in Schmidt-Futterer, § 559 a BGB Rn. 1.
168 Vgl. *BGH* 13.6.2012 – VIII ZR 311/11, NJW-Spezial 2012, 579; *BGH* 25.2.2004 – VIII ZR 116/03, NZM 2004, 380.
169 Vgl. *BGH* 12.11.2003 – VIII ZR 41/03, NZM 2004, 136.

wäre, mithin alle dafür notwendigen Bedingungen gegeben sind.[170] Die **Anrechnungspflicht endet**, wenn die Drittmittel zum Zeitpunkt der Mieterhöhung aufgezehrt sind, was regelmäßig zwölf Jahre nach der mittleren Bezugsfertigkeit des geförderten Objekts der Fall ist.[171]

Im **vereinfachten Verfahren** braucht der Vermieter nicht den Zinsvorteil zinsvergünstigter oder zinsloser Darlehen von den Kosten der Modernisierungsmaßnahme gemäß § 559 a Abs. 2 S. 1–3 BGB abzuziehen (§ 559 c Abs. 1 S. 3 BGB). Zu berücksichtigen sind aber auch hier Zuschüsse aus öffentlichen Haushaltsmitteln oder vom Mieter bzw. für den Mieter übernommene Kosten; diese Ermäßigungen sollen dem Mieter auch im vereinfachten Verfahren zu Gute kommen, so etwa Tilgungszuschüsse der Kreditanstalt für Wiederaufbau (KfW). 187

II. Voraussetzungen der Anrechnung von Drittmitteln

Damit der Vermieter zur Anrechnung von Fördermitteln verpflichtet ist, muss er zur Mieterhöhung gemäß § 559 Abs. 1 BGB berechtigt sein. Des Weiteren muss es sich ausweislich der Zweckbestimmung des Fördervertrages um anrechnungsbedürftige Drittmittel handeln. 188

1. Berechtigung zur Mieterhöhung

Nur wer den Vorteil einer Mieterhöhung nach § 559 Abs. 1 BGB hat, muss dabei den Nachteil der Anrechnungspflicht in Kauf nehmen.[172] Voraussetzung ist also, dass der Vermieter als **Bauherr** eine oder mehrere Modernisierungsmaßnahmen gemäß § 555 b Nr. 1, 3–6 BGB durchgeführt hat.[173] 189

Der in den Mietvertrag durch Rechtsgeschäft gemäß § 566 Abs. 1 BGB eintretende Erwerber hat als **Rechtsnachfolger** keine Anrechnung der Fördermittel vorzunehmen, wenn das Recht auf Mieterhöhung bereits in der Person des Rechtsvorgängers entstanden ist und dieser die gegenüber der Förderstelle eingegangene Verpflichtung nicht auf den Rechtsnachfolger übertragen hat. Denn nur wer selbst in den Genuss der Fördermittel gekommen ist, muss die Anrechnung gegen sich gelten lassen.[174] Das gilt auch für einen Erwerb in der **Zwangsversteigerung.**[175] Bei einer Rechtsnachfolge durch **Erbfall** hingegen geht die Verpflichtung zur Anrechnung der Fördermittel auf den Erben als neuen Vermieter im Wege der Universalsukzession gemäß § 1922 BGB über, da der Erbe dann zugleich auch gegenüber der Förderstelle verpflichtet ist.[176] 190

Weil der Vermieter zur Mieterhöhung berechtigt sein muss, diese Berechtigung aber nur im laufenden Mietverhältnis besteht, gilt die Anrechnungspflicht weder für die Bemessung der Miethöhe anlässlich einer **Neuvermietung** noch für spätere Mieterhöhungen in diesem Mietverhältnis.[177] Auch, wenn die modernisierte Wohnung während der Modernisierungsmaßnahmen leer stand und erst anschließend neu vermietet wird, besteht keine Anrechnungspflicht.[178] 191

170 *Börstinghaus* in Schmidt-Futterer, § 558 BGB Rn. 204 mwN.
171 *BGH* 13.6.2012 – VIII ZR 310/11, NJW 2012, 3090.
172 *BGH* 8.10.1997 – VIII ZR 373/96, NJW 1998, 445; *Börstinghaus* in Schmidt-Futterer, § 559 a BGB Rn. 9.
173 Siehe hierzu unter → § 6 Rn. 88 ff.
174 *BGH* 8.10.1997 – VIII ZR 373/96, NJW 1998, 445.
175 *BGH* 10.9.2003 – VIII ZR 58/03, NZM 2003, 973.
176 *Börstinghaus* in Schmidt-Futterer, § 558 BGB Rn. 206; *Dickersbach*, Lützenkirchen/Mietrecht, § 559 a BGB Rn. 10.
177 *Börstinghaus* in Schmidt-Futterer, § 559 a BGB Rn. 10; eine Verpflichtung zur Berücksichtigung der Drittmittel bei Neuvermietungen bejaht hingegen das *AG Berlin-Lichtenberg* 1.2.2005 – 6 C 369/04.
178 *Dickersbach*, Lützenkirchen/Mietrecht, § 559 a BGB Rn. 11.

2. Anrechnungsbedürftige Drittmittel

192 Für die Anrechnungspflicht – mithin für die Anwendbarkeit von § 559 a BGB – muss die öffentliche Hand, der Mieter oder ein Dritter Zuschüsse geleistet oder Vergünstigungen zu Modernisierungsmaßnahmen gewährt haben. Betreffen sie Erhaltungsarbeiten, sind sie *nicht* anzurechnen. Ihretwegen ist der Vermieter nicht zur Mieterhöhung berechtigt, sondern er entspricht seiner Verpflichtung, die Mietsache während der Mietzeit in vertragsgemäßem Zustand zu erhalten (§ 535 Abs. 1 S. 2 BGB).

193 Ob eine Anrechnungspflicht besteht, beurteilt sich allein nach dem im Förderungsvertrag angegebenen **Förderungszweck.**[179] Der Zuschussgeber hat also durch die Zweckbestimmung zugleich denjenigen bestimmt, dem der wirtschaftliche Vorteil seiner Förderung zugutekommen soll.[180] Auf die tatsächliche Verwendung der Fördergelder kommt es nicht an. Die Verpflichtung zur Anrechnung besteht damit auch dann nicht, wenn der Vermieter die für Instandsetzungsarbeiten bewilligten Gelder zweck- und vertragswidrig für zur Mieterhöhung berechtigende Modernisierungsmaßnahmen verwendet hat.[181]

III. Die einzelnen Drittmittel

194 Zu den anrechnungsbedürftigen Drittmitteln iSv § 559 a BGB gehören verschiedene Arten der Förderungen. Je nach ihrer Art kann die Förderung entweder auf den jährlichen Mieterhöhungsbetrag anzurechnen sein oder auf die zur Mieterhöhung ansatzfähigen Baukosten.

1. Zuschüsse des Mieters oder für den Mieter

195 Zahlungen für Modernisierungsmaßnahmen, die der Mieter selbst erbracht hat oder die für ihn von Dritten (etwa Verwandten, Freunden, dem Arbeitgeber) geleistet wurden (sog **verlorene Baukostenzuschüsse**),[182] gehören nicht zu den für die Modernisierung aufgewendeten Kosten. Das Gleiche gilt für Zuschüsse aus öffentlichen Haushalten (§ 559 a Abs. 1 BGB). Bei Leistungen Dritter ist entscheidend, dass sie für den Mieter gezahlt worden sind. Ob dies der Fall ist, beurteilt sich allein nach der vom Leistenden getroffenen **Zweckbestimmung.**[183]

196 An der Voraussetzung, dass die Leistung des Dritten für den Mieter erfolgt sein muss, fehlt es, wenn sie nicht dem Mieter zugutekommen, sondern den Vermieter zur Modernisierung motivieren soll, so beispielsweise bei Zuschüssen von **Energieversorgern,** die bei Abschluss langfristiger Lieferverträge gezahlt werden. Weil sie den Vermieter begünstigen sollen, sind sie nicht anzurechnen. Dass die Zahlung gleichwohl zu einer Verringerung der für die Modernisierung aufgewendeten Kosten führt, ändert daran nichts, denn § 559 a Abs. 1 BGB verlangt ausdrücklich, dass die Zahlung **für den Mieter** erfolgen muss.[184]

197 Zuschüsse für Modernisierungsmaßnahmen, die vom Mieter selbst oder für ihn von Dritten geleistet wurden, gehören nicht zu den für die Modernisierung aufgewendeten Kosten (§ 559 a Abs. 1 BGB). Damit fällt die Mieterhöhung um 8 Prozent des Zuschusses jährlich niedriger aus als ohne Anrechnung des Vorschusses.

Beispiel: Für die Modernisierung der Mietwohnung wurden 25.000 EUR aufgewandt, wobei der Vermieter als Bauherr hierfür einen Zuschuss in Höhe von 8.000 EUR erhielt. Nach Abzug des Zuschusses sind für die Mieterhöhung 17.000 EUR anzusetzen, wonach sich eine monatliche

179 *BGH* 19.1.2011 – VIII ZR 87/10.
180 *Börstinghaus* in Schmidt-Futterer, § 559 a BGB Rn. 8.
181 *Börstinghaus* in Schmidt-Futterer, § 559 a BGB Rn. 8; *Dickersbach*, Lützenkirchen/Mietrecht, § 559 a BGB Rn. 14; Spielbauer/*Schneider*, Mietrecht, § 559 a BGB Rn. 13.
182 Vgl. *BGH* 15.2.2012 – VIII ZR 166/10, NJW-RR 2012, 525.
183 *BGH* 19.1.2011 – VIII ZR 87/10.
184 *Börstinghaus* in Schmidt-Futterer, § 559 a BGB Rn. 14.

Mieterhöhung iHv 113,33 EUR ergibt (8 Prozent von 17.000 EUR = 1.360 EUR Mieterhöhung pro Jahr, geteilt durch 12 Monate).

2. Öffentliche Zuschüsse, Mieterdarlehen, Mietvorauszahlungen

In gleicher Weise zu berücksichtigen sind Zuschüsse, die der Vermieter durch öffentliche 198 Haushalte erhalten hat (§ 559 a Abs. 1 BGB). Dies beinhaltet alle Finanzierungsmittel, die in öffentlichen Haushalten des Bundes, eines Bundeslandes oder einer Gemeinde bereitgestellt wurden; auf die Bewilligungsstelle kommt es nicht an. Mittel der Finanzierungsinstitute des Bundes oder eines Landes gelten als Mittel aus öffentlichen Haushalten (§ 559 a Abs. 3 S. 2 BGB). Das in diesem Zusammenhang wohl bedeutendste Kreditinstitut des Bundes ist die **Kreditanstalt für Wiederaufbau** (KfW).

Mieterdarlehen und **Mietvorauszahlungen** stehen einem Darlehen aus öffentlichen Haus- 199 halten gleich und reduzieren demgemäß ebenfalls die zur Mieterhöhung heranziehbaren Kosten (§ 559 a Abs. 3 S. 1 BGB). Hierzu müssen beide Finanzierungsmittel den Charakter von Baukostenzuschüssen haben und bestimmungsgemäß für die Modernisierung (auch) der Mietsache verwendet worden sein.

3. Zinsverbilligte und zinsfreie Darlehen

Sind dem Vermieter als Bauherrn aus öffentlichen Haushalten **zinsermäßigte oder zinslose** 200 **Darlehen** zur Abdeckung der Kosten für Modernisierungsmaßnahmen gewährt worden, so hat er die ersparten Zinsaufwendungen bei der Mieterhöhung in Abzug zu bringen (§ 559 a Abs. 2 S. 1 BGB). Das Gleiche gilt, wenn ein solches Darlehen vom Mieter oder von Dritten für den Mieter gestellt worden ist (§ 559 Abs. 3 S. 1 BGB).

Bei einer Förderung durch einen Kredit zu verbilligten Zinsen hat eine Anrechnung in dem 201 **Zeitraum** zu erfolgen, in dem der Vermieter die Zinsvergünstigung tatsächlich erhält.[185] Weil infolge der Zinsermäßigung nicht die Baukosten sinken, ist die durch sie bewirkte Vergünstigung erst bei der Berechnung der Mieterhöhung zu berücksichtigen.

Die Zinsersparnis wird errechnet aus einem Vergleich zwischen dem marktüblichen Zins- 202 satz für den Ursprungsbetrag des Darlehens mit dem tatsächlich vom Vermieter zu entrichtenden Zinssatz. Der marktübliche Zinssatz ist der Zinssatz, der für erstrangige Hypotheken zum Zeitpunkt der Beendigung der Modernisierungsmaßnahme zu zahlen wäre (§ 559 Abs. 2 BGB). Als Ergebnis erhält man die prozentuale Zinsvergünstigung. Diese Zinsvergünstigung ist dann auf den Darlehensbetrag anzuwenden, um den jährlichen Kürzungsbetrag zu ermitteln.

Beispiel:[186] Ein Vermieter hat von der landeseigenen Investitionsbank ein Darlehen über 15.000 EUR zu einem vergünstigten Zinssatz von 3 Prozent erhalten. Der übliche Zinssatz für erstrangig abgesicherte Hypotheken beträgt bei Abschluss der Baumaßnahmen 7 Prozent. Der Kürzungsbetrag berechnet sich wie folgt: 7 Prozent minus 3 Prozent gleich 4 Prozent. 4 Prozent von 15.000 EUR sind 600 EUR im Jahr. Um diesen Betrag muss der Vermieter den Jahresbetrag der nach § 559 BGB möglichen Mieterhöhung kürzen. Bei anrechenbaren Baukosten von 30.000 EUR (zur Hälfte durch Eigenkapital aufgewendet) kann der Vermieter die Jahresmiete folglich nicht um 2.400 EUR (8 Prozent von 30.000 EUR) erhöhen, sondern nur um 1.800 EUR (2.400 EUR minus 600 EUR), was einer monatlichen Mieterhöhung von 150 EUR entspricht.

Anhand des vorstehenden Beispiels soll nachfolgend das Grundprinzip der Anrechnung 203 von Drittmitteln verdeutlicht werden, nämlich dass sie im Endeffekt dem Mieter zugutekommen. Hierzu wird die durch ein zinsermäßigtes Darlehen öffentlich geförderte Modernisierung des Vermieters A der Modernisierung des Vermieters B gegenüber gestellt, die er mit einem Darlehen zu marktüblichem Zinssatz finanziert:

185 *BGH* 1.4.2009 – VIII ZR 179/08, NZM 2009, 393.
186 In Anlehnung an *Börstinghaus* in Schmidt-Futterer, § 559 a BGB Rn. 16.

	Vermieter A	Vermieter B
Modernisierungskosten je Wohnung	EUR 30.000	EUR 30.000
Darlehenssumme	EUR 15.000	EUR 15.000
Finanzierung	Öffentlich gefördertes Darlehen	Marktübliches erstrangiges Hypothekendarlehen
Zinssatz	3 Prozent	7 Prozent
Jährliche Zinsersparnis durch öffentliche Förderung	7 Prozent abzgl. 3 Prozent = 4 Prozent von 15.000 EUR = 600 EUR	–
Betrag der jährlichen Modernisierungsmieterhöhung	8 Prozent von 30.000 EUR = 2.400 EUR abzgl. Zinsersparnis in Höhe von 600 EUR = 1.800 EUR	8 Prozent von 30.000 EUR = 2.400 EUR
Angenommen, beide Vermieter zahlen von den durch die Modernisierung zusätzlich eingenommenen Mieten zunächst die Zinsen und verwenden den Rest für die Kreditrückzahlung, dann entsteht – gerundet – folgende Rechnung:		
Zinszahlung im 1. Jahr	3 Prozent von 15.000 EUR = 450 EUR	7 Prozent von 15.000 EUR = 1.050 EUR
Somit verbleiben für die Tilgung des Darlehens	1.800 EUR abzgl. 450 EUR = 1.350 EUR	2.400 EUR abzgl. 1.050 EUR = 1.350 EUR
Erkennbar ist, dass beiden Vermietern für die Tilgung des Darlehens der gleiche Betrag zur Verfügung steht. Der finanzielle Vorteil liegt in dieser Situation allein beim Mieter und besteht in einem vergleichsweise geringeren Modernisierungszuschlag.		

204 Kommt es bei geförderten Darlehen im Laufe der Förderdauer zu Veränderungen des marktüblichen Zinssatzes, bleibt diese Änderung für die berechnete Zinsvergünstigung unbeachtlich. Insoweit gilt der sog **Einfrierungsgrundsatz.**[187]

205 Danach bleibt der berechnete Kürzungsbetrag gleich, auch wenn die tatsächliche absolute Zinsersparnis sinkt. Hierzu kann es zum einen kommen, weil das Zinsniveau für erstrangige Hypotheken gesunken ist. Zum anderen sinkt die effektive Zinsvergünstigung auch mit der wachsenden Tilgung des Darlehens, weil damit der bestehende Zinssatz auf eine zunehmend geringere Darlehensvaluta anzuwenden ist. In beiden Fällen kann der Vermieter nicht die Miete erhöhen, obwohl der Zinsvorteil der öffentlichen Förderung gesunken ist.

206 Gleichermaßen kommt der Einfrierungsgrundsatz zur Anwendung, wenn sich für den Vermieter der Vorteil der Förderung im Laufe der Zeit erhöht. Dies geschieht, wenn mit fortschreitender Förderzeit die marktüblichen Zinsen für erstrangige Hypotheken steigen. Auch in diesem Fall bleibt der Kürzungsbetrag gleich, und der Modernisierungszuschlag muss nicht gesenkt werden, obwohl der Zinsvorteil der öffentlichen Förderung gestiegen ist.

207 Anders verhält es sich in den Fällen der **degressiven Förderung** des Darlehens. Nähert sich infolgedessen der vergünstigte Zins während der Darlehenslaufzeit vereinbarungsgemäß immer weiter dem marktüblichen Zinssatz an, so verringert sich der Zinsvorteil beständig, und zwar ausgehend von dem maßgeblich bleibenden Zinssatz für erstrangige Hypothe-

187 *Börstinghaus*, Miethöhe-Handbuch, Kap. 15 Rn. 99.

ken bei Abschluss der Modernisierung.[188] Als Folge der sich verringernden Zinsvergünstigung sinkt der Kürzungsbetrag und steigt die Mieterhöhung.

Die sich infolge der degressiven Förderung verändernden Erhöhungsbeträge hat der Vermieter schon in seinem Mieterhöhungsverlangen gemäß § 559 b Abs. 1 BGB anzugeben und zu erläutern. Denn die Verringerung der Fördermittel berechtigt den Vermieter nicht zu einer jeweiligen Neufestsetzung des Modernisierungszuschlages.[189] 208

4. Aufwendungszuschüsse und Aufwendungsdarlehen

Aufwendungszuschüsse unterfallen ebenfalls der Anrechnungspflicht (§ 559 a Abs. 2 S. 4 BGB). Hierbei handelt es sich nicht um Zuschüsse zur Baumaßnahme selbst, sondern zu den mit ihrer Durchführung verbundenen laufenden Aufwendungen. Welche Aufwendungszuschüsse hiernach anrechenbar sind, ergibt sich aus §§ 18 ff. der II. Berechnungsverordnung (II. BV). Danach zählen zu den laufenden Aufwendungen des Vermieters die **Kapitalkosten** und die **Bewirtschaftungskosten,** nicht aber die Leistungen aus der **Hypothekengewinnabgabe** (§ 18 Abs. 1 II. BV.). 209

Die Kapitalkosten setzen sich zusammen aus den Eigenkapitalkosten und den Fremdkapitalkosten (§ 19 Abs. 1 S. 2 II. BV). Jedoch sind im **preisfreien Wohnraum** nur die Fremdkapitalkosten bei der Ermittlung der Mieterhöhung zu berücksichtigen. Die Verzinsung des für die Mietsache eingesetzten Eigenkapitals hat hierbei unberücksichtigt zu bleiben, da sie sich aus der zwischen den Mietvertragsparteien auszuhandelnden Miete selbst ergibt.[190] 210

Aufwendungszuschüsse werden direkt vom Jahresbeitrag der möglichen Mieterhöhung abgezogen (§ 559 a Abs. 2 S. 4 BGB). Denn wie bei zinsermäßigten oder zinslosen Darlehen führen sie nicht zu einer Verringerung der Modernisierungskosten, sondern verringern die durch die Baumaßnahme verursachten laufenden Aufwendungen des Vermieters. 211

Beispiel: Die für Modernisierungsmaßnahmen angefallenen Baukosten betragen 18.000 EUR. Hierzu hat der Vermieter einen Aufwendungszuschuss von 7,5 Prozent der Baukosten erhalten, was 1.350 EUR entspricht. Dieser Betrag ist vom Jahresbetrag der umlagefähigen Modernisierungskosten in Höhe von 1.440 EUR (8 Prozent von 18.000 EUR) in Abzug zu bringen. Damit beträgt die mögliche jährliche Mieterhöhung 90 EUR, was einem monatlichen Modernisierungszuschlag von 7,50 EUR entspricht.

Aufwendungsdarlehen stellen eine Mischung aus zinsvergünstigten Darlehen und Aufwendungszuschüssen dar (§ 559 a Abs. 2 S. 4 BGB). In diesem Fall erhält der Vermieter keinen Zuschuss zu seinen laufenden Aufwendungen, sondern ihm wird hierfür ein zinsgünstiges Darlehen gewährt. Die Förderung besteht in der Zinsersparnis, die bei der Berechnung der Mieterhöhung wiederum in Abzug zu bringen ist. 212

Beispiel: Die für Modernisierungsmaßnahmen angefallenen Baukosten betragen 35.000 EUR. Hierzu hat der Vermieter von der landeseigenen Investitionsbank ein Aufwendungsdarlehen von 8.000 EUR zu einem Zinssatz von 3 Prozent erhalten; der übliche Zinssatz für im Grundbuch erstrangig abgesicherte Darlehen beträgt bei Beendigung der Baumaßnahme 7 Prozent. In diesem Fall ist die mögliche jährliche Mieterhöhung von 2.800 EUR (8 Prozent von 35.000 EUR) um 320 EUR (Zinsvorteil 4 Prozent von 8.000 EUR) zu kürzen. Damit beträgt die mögliche jährliche Mieterhöhung 2.480 EUR, was einem monatlichen Modernisierungszuschlag von (gerundet) 206,67 EUR entspricht.

188 *Börstinghaus* in Schmidt-Futterer, § 559 a BGB Rn. 19; Bub/Treier/*Schultz*, Kap. III Rn. 1611.
189 *Börstinghaus* in Schmidt-Futterer, § 559 a BGB Rn. 19.
190 *Börstinghaus* in Schmidt-Futterer, § 559 a BGB Rn. 20; *Dickersbach*, Lützenkirchen/Mietrecht, § 559 a BGB Rn. 21.

IV. Die Verteilung der Drittmittel auf mehrere Wohnungen

213 Drittmittel sind nur zugunsten der Wohnung zu berücksichtigen, für die sie gewährt wurden. Werden Drittmittel für mehrere Wohnungen bewilligt, die Bewilligung aber für jede einzelne Wohnung getrennt ausgewiesen, muss der anzurechnende Betrag auch für **jede Wohnung gesondert ermittelt** und auf die jeweilige Mieterhöhung angerechnet werden.[191]

214 Häufig erfolgt die Förderung für ein ganzes Anwesen oder hinsichtlich einer übergreifenden Modernisierungsmaßnahme. Sind in diesem Fall Drittmittel für die Modernisierung mehrerer Wohnungen gewährt worden und lässt sich ihr jeweiliger Anteil später nicht mehr feststellen, so sind sie nach dem Verhältnis der für die einzelnen Wohnungen aufgewendeten Kosten aufzuteilen (§ 559 a Abs. 4 BGB).

215 Somit hat die Verteilung der Kürzungsbeträge nach dem gleichen Maßstab zu erfolgen wie die Verteilung der für die Modernisierungsmaßnahme aufgewendeten Kosten.[192] Mieter, die einen höheren Anteil der Kosten tragen, profitieren damit proportional von den Kürzungsbeträgen. Andersherum werden durch die Kürzungsbeträge auch die Modernisierungskosten verringert, die der Vermieter selbst zu tragen, etwa weil sie wegen **Leerstand** nicht umlagefähig sind.

V. Zeitpunkt und Dauer der Anrechnung

216 Kürzungsbeträge durch Drittmittel sind vom Vermieter nur **einmalig anzusetzen**, und zwar bei der im Anschluss an die Modernisierung vorzunehmenden Mieterhöhung. Endet das Mietverhältnis oder hat der die Fördermittel in Anspruch nehmende Vermieter das Mietobjekt verkauft, erlischt die Anrechnungspflicht.[193]

217 Wann die Fördermittel *ausgezahlt* wurden, ist für die Pflicht zur Anrechnung unerheblich. Maßgeblich ist nur, dass sie zum Zeitpunkt der Mieterhöhung *bewilligt* waren. Selbst wenn die Fördermittel erst lange nach Abschluss der Modernisierungsmaßnahme an den Vermieter ausgezahlt werden, hat er sie bei der Berechnung der Mieterhöhung **von Anfang an in Abzug** zu bringen.

218 Ist die anzurechnende Förderung ausgelaufen, so ist der Vermieter nicht zu einer neuen Modernisierungsmieterhöhung berechtigt. Allerdings kann er wegen des durch die Modernisierung geschaffenen Zustandes von seinem Mieter die Zustimmung zu einer Mieterhöhung auf die ortsübliche Vergleichsmiete verlangen, wenn die Vertragsmiete dahinter zurückbleibt (§ 558 Abs. 1 BGB).[194]

F. Kappungsgrenze

I. Anwendungsbereich

219 Seit 2019 ist die dem Vermieter mögliche Mieterhöhung gemäß § 559 Abs. 3 a BGB einer **absoluten Kappungsgrenze** unterworfen. Die Kappungsgrenze gilt auch für Mieterhöhungen im **vereinfachten Verfahren** gemäß § 559 c BGB, obschon sie wegen der hier gegebenen Kostenbegrenzung kaum zum Tragen kommen dürfte.[195] Die Kappungsgrenze findet gleichermaßen Anwendung, wenn das Mietgebäude durch die Modernisierung in einen allgemein üblichen Zustand versetzt oder sie aus vom Vermieter nicht zu vertretenen Gründen durchgeführt wurde. Zwar kann der Mieter in diesen beiden Fällen keine wirt-

---

191 *Börstinghaus*, Miethöhe-Handbuch, Kap. 15 Rn. 107.
192 *Börstinghaus* in Schmidt-Futterer, § 559 a BGB Rn. 24.
193 Vgl. *BGH* 10.9.2003 – VIII ZR 58/03, NZM 2003, 973; *BGH* 8.10.1997 – VIII ZR 373/96, NJW 1998, 445.
194 Siehe hierzu unter → § 6 Rn. 47 ff.
195 Zum vereinfachten Verfahren siehe unter → § 7 Rn. 1 ff.

schaftliche Härte einwenden (§ 559 Abs. 4 BGB), die Kappungsgrenze gilt zu seinem Schutz gleichwohl.[196]

II. Berechnung

Gemäß der Kappungsgrenze darf die Miete bei Erhöhungen gemäß § 559 Abs. 1 BGB **innerhalb von sechs Jahren um maximal 3 EUR je Quadratmeter Wohnfläche** monatlich steigen. Für **geringere Ausgangsmieten** gilt eine niedrigere Kappungsgrenze: Beträgt die monatliche Miete vor der Mieterhöhung weniger als 7 EUR/m², darf die Miete **maximal um 2 EUR/m²** steigen. 220

Zur Berechnung der maßgeblichen Quadratmetermiete kommt es auf die **tatsächliche Wohnfläche** stets und auch dann an, wenn diese von der im Mietvertrag vereinbarten Fläche um weniger als 10 Prozent abweicht.[197] Für Beginn und Ende der **Sechsjahresfrist** ist auf das erste bzw. auf das letzte Wirksamwerden der Modernisierungsmieterhöhung gemäß § 559 b Abs. 2 BGB abzustellen.[198] Besteht das Mietverhältnis weniger als sechs Jahre, ist die Kappungsgrenze von 2 bzw. 3 EUR/m² ausgehend von der vereinbarten Miete zu berechnen und kann sogleich bei Mietbeginn voll ausgeschöpft werden.[199] 221

Mieterhöhungen auf die **ortsübliche Vergleichsmiete** gemäß § 558 BGB bleiben für die Kappungsgrenze ebenso unberücksichtigt wie **Betriebskostenerhöhungen** gemäß § 560 BGB. Somit besteht für Vermieter ein Anreiz, mit einer Mieterhöhung gemäß § 558 BGB den Schwellenwert von 7 EUR/m² zu überschreiten, um anschließend die höhere Kappungsgrenze von 3 EUR/m² nutzbar machen zu können.[200] 222

Beispiel: Der Mieter zahlt 6,76 EUR/m² für seine Wohnung, die eine Wohnfläche von 85 m² hat. 2019 modernisiert der Vermieter Fenster, Heizung und Fassade für 32.000 EUR. Diese Kosten ergeben eine Mieterhöhung von 2.560 EUR im Jahr, also eine Mieterhöhung von 213,33 EUR monatlich, was 2,51 EUR/m² entspricht. Infolge der (ermäßigten) Kappungsgrenze ist eine Mieterhöhung nur bis maximal 2 EUR/m² möglich, also in Höhe von 170 EUR im Monat. In den folgenden sechs Jahren ist dem Vermieter sodann eine weitere Mieterhöhung gemäß § 559 Abs. 1 BGB verwehrt. 223

Beispiel: Der Mieter zahlt 7,50 EUR/m² für seine Wohnung, die eine Wohnfläche von 80 m² hat. 2019 modernisiert der Vermieter die Fassade für 15.000 EUR und legt diese Kosten zu 8 Prozent als Mieterhöhung im Jahr (= 1.200 EUR) um, verlangt also eine Mieterhöhung von 100 EUR monatlich, was 1,25 EUR pro Quadratmeter entspricht. 2020 erfolgt eine Modernisierung der Fenster und der Heizung für 25.000 EUR, was einer monatlichen Mieterhöhung von 2,08 EUR/m² entsprichen würde. Wegen der Kappungsgrenze ist diese Mieterhöhung jedoch auf 1,75 EUR/m² begrenzt. Zur weiteren Mieterhöhung für die nicht ausgeschöpften 0,33 EUR/m² muss der Vermieter sechs Jahre warten. 224

Der Vermieter kann wählen, ob er die Kappungsgrenze durch eine einzelne Modernisierungsmaßnahme ausschöpft oder ob er **mehrere Modernisierungsmaßnahmen** durchführt. Die Miete darf jeweils *insgesamt* innerhalb von sechs Jahren nicht um mehr als 3 bzw. 2 EUR/m² monatlich steigen. Nach Ablauf von sechs Jahren ab **Fälligkeit** der ersten Modernisierungsmieterhöhung ist der Vermieter aber nicht daran gehindert, den „restlichen" Betrag der Modernisierungskosten aus derselben Modernisierungsmaßnahme geltend zu machen.[201] 225

196 Bub/Treier/*Schultz*, Kap. III Rn. 1568.1.
197 *BGH* 18.11.2015 – VIII ZR 266/14, NZM 2016, 42; HdM/*Emmert*, § 12 Rn. 324.
198 *Herlitz*, jurisPR-MietR 4/2019 Rn. 1. So auch bei der Kappungsgrenze für Mieterhöhungen auf die ortsübliche Vergleichsmiete gemäß § 558 Abs. 3 BGB, vgl. *Gramlich*, Mietrecht, § 558 BGB Rn. 24.
199 Bub/Treier/*Schultz*, Kap. III Rn. 1568.1; HdM/*Emmert*, § 12 Rn. 322.
200 *Selk*, NJW 2019, 329 (332), siehe hierzu unter → § 6 Rn. 67.
201 BeckOK BGB/*Schüller* BGB § 559 Rn. 32 d.

G. Mieterhöhungserklärung

I. Formerfordernisse/Darstellung

226 So wie die ordnungsgemäße Ankündigung der Modernisierungsmaßnahmen Voraussetzung dafür ist, dass der Mieter sie dulden muss, so ist im Weiteren ein **formell ordnungsgemäßes Mieterhöhungsverlangen** Voraussetzung dafür, dass der Mieter die Mieterhöhung zahlen muss. Die Voraussetzungen einer formell ordnungsgemäßen Mieterhöhungserklärung sind in § 559 b Abs. 1 BGB geregelt. Den Zeitpunkt der Mieterhöhung bestimmt § 559 b Abs. 2 BGB.

227 Formell ordnungsgemäß ist eine Mieterhöhungsklärung, wenn sie

- die Textform wahrt,
- die Modernisierungsmaßnahme erläutert und
- in ihr die Mieterhöhung gemäß den §§ 559, 559 a BGB nachvollziehbar berechnet wird.

228 Mit diesen Informationen muss der Mieter in die Lage versetzt werden, die von ihm geforderte Mieterhöhung auf ihre Berechtigung hin „als plausibel nachvollziehen" zu können.[202] Eine nicht ordnungsgemäße Mieterhöhungserklärung erfüllt diese Funktion nicht und ist deshalb unwirksam.[203] Weil die besagten Vorschriften dem **Mieterschutz** dienen, sind hiervon zum Nachteil des Mieters abweichende Vereinbarungen unwirksam (§§ 559 Abs. 6, 559 b Abs. 3 BGB).

229 Ist die Mieterhöhungserklärung formell unwirksam, ist der Mieter zur Zahlung der erhöhten Miete nicht verpflichtet. Dies kann der Mieter mit einer (negativen) **Feststellungsklage** gemäß § 256 ZPO gerichtlich klären lassen.[204]

230 Anders als bei einem Mieterhöhungsverlangen auf die ortsübliche Vergleichsmiete (§ 558 b Abs. 3 BGB) kann ein formell fehlerhaftes Mieterhöhungsverlangen nicht rückwirkend nachgebessert werden.[205] Der Vermieter ist dann vielmehr gehalten, ein komplett neues Mieterhöhungsverlangen an den Mieter zu richten. Damit verschiebt sich der Zeitpunkt der möglichen Mieterhöhung, wenn die neue korrekte Erklärung die alte fehlerhafte Erklärung nicht im gleichen Monat ersetzt.

231 Von der formellen Ordnungsgemäß der Mieterhöhungserklärung zu unterscheiden ist ihre inhaltliche Richtigkeit, also die **materielle Ordnungsgemäßheit**. Ist lediglich die Berechnung der Mieterhöhung fehlerhaft und weist sie deshalb einen unrichtigen Mieterhöhungsbetrag aus, kann sie insoweit korrigiert werden. So etwa, wenn der Vermieter irrig annimmt, dass zu berücksichtigende Kosten für Instandsetzung nicht angefallen seien.[206] Die Mieterhöhung ist dann nur insoweit unwirksam, als sie über die gemäß §§ 559, 559 a BGB zulässige Höhe hinausgeht.[207]

1. Zeitpunkt der Erklärung

232 Erst nach Abschluss der Modernisierungsmaßnahme ist der Vermieter berechtigt, eine Mieterhöhungserklärung an seinen Mieter zu richten.[208] Eine vor Beendigung der Maßnahme abgegebene Erhöhungserklärung ist unwirksam und wird nicht mit Abschluss der

202 *BGH* 12.6.2018 – VIII ZR 121/17, NZM 2018, 948; *BGH* 17.12.2014 – VIII ZR 88/13, NJW 2015, 934; *BGH* 25.1.2006 – VIII ZR 47/05, NZM 2006, 221; *BGH* 10.4.2002 – VIII ARZ 3/01, NZM 2002, 159.
203 *BGH* 25.1.2006 – VIII ZR 47/05, NZM 2006, 221.
204 *KG* 16.7.2012 – 8 W 36/12; *AG Berlin-Charlottenburg* 6.12.2017 – 215 C 274/17; Schach/Riecke/*Sentek*, Mietrecht, § 4 Rn. 31 ff.
205 *BGH* 25.1.2006 – VIII ZR 47/05, NZM 2006, 221.
206 *BGH* 12.6.2018 – VIII ZR 121/17, NZM 2018, 948.
207 *BGH* 12.6.2018 – VIII ZR 121/17, NZM 2018, 948; *Dickersbach*, Lützenkirchen/Mietrecht, § 559 b BGB Rn. 69.
208 *BGH* 17.12.2014 – VIII ZR 88/13, NJW 2015, 934.

Arbeiten geheilt.[209] Dies gilt auch dann, wenn aus der Erklärung hervorgeht, dass die Mieterhöhung erst nach Fertigstellung der Baumaßnahmen wirksam werden soll.[210] Ein zu früh abgegebenes und damit unwirksames Mieterhöhungsverlangen kann aber nach Abschluss der Arbeiten wiederholt werden.[211]

Abgeschlossen ist die Baumaßnahme, wenn der **Modernisierungserfolg** eingetreten ist. Zu- 233
dem muss die Mietsache für den Mieter wieder vollständig nutzbar sein; ob der Mieter sie tatsächlich nutzt oder nutzen möchte, ist dabei unerheblich. Ist die Nutzbarkeit gegeben, muss eine etwaige erforderliche **behördliche Schlussabnahme** nicht abgewartet werden. Das Vorhandensein noch kleinerer Mängel steht einem Mieterhöhungsverlangen ebenfalls nicht entgegen, wenn diese Mängel oder ihre Beseitigung für den Mieter mit nur unerheblichen Beeinträchtigungen verbunden sind.[212]

Tritt bei **mehreren Modernisierungsmaßnahmen** der Modernisierungserfolg zeitversetzt 234
ein, kann der Vermieter für die einzelnen Maßnahmen eine **Teilmieterhöhung** vornehmen, wenn sie sich tatsächlich trennen und getrennt abrechnen lassen; ein Abschluss der gesamten Arbeiten ist *nicht* erforderlich.[213] Beispielsweise ist eine Mieterhöhung nach der Inbetriebnahme eines neuen Fahrstuhls und damit noch vor Abschluss der noch andauernden Wärmedämmmaßnahmen an der Fassade möglich. Dem steht nicht entgegen, dass der Vermieter die Maßnahmen zusammen angekündigt hat, sofern dem Mieter für jede einzelne Maßnahme die auf sie jeweils entfallende Mieterhöhung mitgeteilt worden ist.[214]

Der Vermieter ist nicht verpflichtet, eine ihm zustehende Mieterhöhung in vollem Umfang 235
geltend zu machen. Um den Mieter zu schonen, kann er auf einen Teil der Mieterhöhung verzichten. Der Vermieter kann seine Mieterhöhung auch in mehreren Schritten geltend machen. Dies kommt einer **Staffelmiete** gleich, obschon es sich hierum nicht handelt, sondern um einen sich sukzessive verringernden Verzicht auf eine ihm mögliche Mieterhöhung.[215] Auch eine gestaffelte Mieterhöhung muss zwingend in *einer* Erklärung nach Abschluss der Maßnahmen erfolgen.[216] Schöpft der Vermieter die Erhöhungsmöglichkeit für eine abgeschlossene Modernisierung nicht voll aus, kann er den Restbetrag nicht später mit einer weiteren Erhöhungserklärung nachfordern.[217]

Des Weiteren ist der Vermieter auch nicht verpflichtet, die Mieterhöhung unverzüglich 236
nach Abschluss der Arbeiten vorzunehmen – vielmehr kann er sein dahin gehendes Recht auch erst später wahrnehmen, allerdings nicht rückwirkend. Allerdings setzt sich der Vermieter dem Einwand der **Verwirkung** aus, wenn der Mieter infolge eines dem Vermieter zurechenbaren Verhaltens darauf vertrauen durfte, dass die Mieterhöhung unterbleiben werde. Von diesem **Umstandsmoment** hängt es ab, ob das Recht auf Mieterhöhung noch zehn Jahre nach Abschluss der Modernisierung nicht verwirkt ist[218] oder aber bereits fünf Jahre danach.[219]

Zum Zeitpunkt der Erklärung muss über die abgeschlossenen Arbeiten abgerechnet wor- 237
den sein, da der Vermieter für die Berechnung der Mieterhöhung Kenntnis von der Höhe aller Modernisierungskosten benötigt. Hierzu ist es erforderlich, dass ihm alle Rechnun-

209 *AG Hamburg* 19.11.2009 – 44 C 68/09; Palandt/*Weidenkaff*, § 559 b BGB Rn. 5.
210 *Börstinghaus* in Schmidt-Futterer, § 559 b BGB Rn. 40 mwN.
211 *BGH* 25.1.2006 – VIII ZR 47/05, NZM 2006, 221.
212 *AG Nördlingen* 27.1.2017 – 2 C 799/14; Bub/Treier/*Schultz*, Kap. III Rn. 1485; H/K/*Both*, § 559 BGB Rn. 29; *Mersson*, DWW 2009, 206 (211).
213 *BGH* 17.12.2014 – VIII ZR 88/13, NJW 2015, 934.
214 *LG Berlin* 8.3.2013 – 63 S 267/12; *Eisenschmid* in Schmidt-Futterer, § 555 c BGB Rn. 52.
215 *Mersson*, DWW 2009, 206 (211).
216 Staudinger/*Emmerich*, § 559 b BGB Rn. 4 b.
217 *AG Albstadt* 22.3.1991 – 1 C 66/91.
218 *LG Stuttgart* 10.7.1996 – 13 S 91/96.
219 *LG Hamburg* 4.4.1989 – 16 S 345/88.

gen für die Baumaßnahme vorliegen. Nicht erforderlich ist hingegen, dass die Rechnungen zum Zeitpunkt der Mieterhöhungserklärung bereits bezahlt sind.[220]

Hinweis: Vermieter sollten eingehend prüfen, ob ihnen bei der Mieterhöhungserklärung alle Rechnungen vorliegen, also wirklich sämtliche Leistungen berechnet und in die geplante Mieterhöhung einbezogen wurden. Denn eine spätere Nachberechnung ist nicht zulässig.[221]

2. Erklärender und Adressat

238 Zum Zeitpunkt der Mieterhöhungserklärung muss der Erklärende **Vermieter** sein. Sind zu einem Mietvertrag mehrere Vermieter als **Vermietermehrheit** vorhanden, bedarf es der Erklärung *aller* Vermieter. Mehrere Vermieter können sich gegenseitig zur Abgabe der Erklärung bevollmächtigen, so dass einer im Namen aller handeln kann.

239 Auch sonst kann sich der Vermieter vertreten lassen, wobei der Mieter die Erklärung des Vertreters unverzüglich zurückweisen kann, wenn dieser die **Vollmachtsurkunde** nicht nachgewiesen hat und der Mieter auch sonst nicht von der Bevollmächtigung in Kenntnis gesetzt wurde (§ 174 BGB). Folglich liegt keine wirksame Mieterhöhungserklärung des Vermieters vor, wenn die **Hausverwaltung** die Mieterhöhung in eigenem Namen erklärt. Dies gilt selbst dann, wenn der Erklärung eine Vollmacht beigefügt ist, hierauf aber nicht Bezug genommen wird.[222]

240 Bei **Rechtsnachfolge** muss der Erklärende zum Zeitpunkt der Erklärung Vermieter sein.[223] Bei einem Erwerb in der **Zwangsversteigerung** wird die Vermieterstellung mit dem Zuschlag begründet und nicht erst mit der Eintragung im Grundbuch (vgl. § 90 ZVG). Der **Erbe** wird mit dem Erbfall Vermieter und ist ab diesem Zeitpunkt zur Abgabe der Mieterhöhungserklärung berechtigt (vgl. § 1922 BGB). Bei einer **Erbengemeinschaft** ist die Mieterhöhung von *allen* Mitgliedern zu erklären.[224]

241 Der Käufer eines Grundstücks wird mit seiner Eintragung im **Grundbuch** Vermieter (§ 566 Abs. 1 BGB). Erst ab diesem Zeitpunkt kann er eine Mieterhöhung erklären – unabhängig davon, ob die Modernisierungsarbeiten vor oder nach Eigentumserwerb abgeschlossen worden sind. Hieran ändert es auch nichts, dass für einen früheren Zeitpunkt ein **Nutzen-Lasten-Wechsel** zwischen den Parteien des Kaufvertrags vereinbart worden ist.[225] Schließlich kann sich der Erwerber das Recht auf Mieterhöhung auch nicht vom Eigentümer abtreten lassen, da es nicht gesondert abtretbar ist.[226]

242 Wohl aber kann der Erwerber vom Veräußerer ermächtigt werden, bis zum Eigentumsvollzug im Grundbuch gegenüber dem (künftigen) Mieter mietrechtlichen Erklärungen abzugeben. Derartige **Ermächtigungen** sind häufig Bestandteil notarieller Kaufverträge. Gegebenenfalls darf der Erwerber die Mieterhöhung im eigenen Namen gegenüber dem Mieter vornehmen, und zwar ohne dass es einer Offenlegung der Ermächtigung bedarf.[227]

243 Adressat der Erklärung ist der Mieter. Sind zu einem Mietvertrag mehrere Mieter als **Mietermehrheit** vorhanden, muss die Mieterhöhung gegenüber allen Mietern gemeinschaftlich erklärt werden, anderenfalls ist sie unwirksam.[228] Dies gilt auch für den ausgezogenen Mieter. Ist er nicht Adressat der Erklärung, kann die Berufung des verbleibenden Mieters auf diesen Mangel aber treuwidrig sein. Dies wurde angenommen in einem Fall, in dem der ausgezogene Mieter seine Entlassung aus dem Mietvertrag mit dem Vermieter verein-

220 *BGH 20.3.2012* – VIII ZR 294/11, NZM 2006, 832.
221 *Börstinghaus* in Schmidt-Futterer, § 559 b BGB Rn. 42; Bub/Treier/*Schultz*, Kap. III Rn. 1491.
222 *LG Berlin* 28.2.2013 – 67 S 327/12; *AG Berlin-Köpenick* 12.8.2004 – 12 C 51/04.
223 *KG* 8.5.2000 – 8 RE-Miet 2505/00.
224 Vgl. *BGH* 17.10.2006 – VIII ZB 94/05, NJW 2006, 3715.
225 *LG Hannover* 6.6.1979 – 11 S 112/79.
226 *KG* 24.9.1990 – 8 U 4766/89.
227 *BGH* 19.3.2014 – VIII ZR 203/13, NJW 2014, 1802.
228 *Dickersbach*, Lützenkirchen/Mietrecht, § 559 b BGB Rn. 16; Palandt/*Weidenkaff*, § 559 b BGB Rn. 2.

bart hatte, woraufhin der (einzig) verbleibende Mieter die veränderte Personenzahl bei der Verteilung der Betriebskosten für sich reklamiert und die Miete seither jahrelang allein gezahlt hat.[229]

Ab wann die erhöhte Miete gemäß § 559 b Abs. 2 BGB geschuldet ist, berechnet sich danach, wann der letzte Mieter die Erklärung erhalten hat. Mehrere Mieter können wechselseitig zur Entgegennahme von Erklärungen bevollmächtigt sein; derartige Regelungen zur **Empfangsvertretung** sind in aller Regel Bestandteil von **Formularmietverträgen**. Jedoch muss auch in diesem Fall die Erklärung zu ihrer Wirksamkeit zwingend an alle Mieter adressiert sein. 244

3. Form der Erklärung

Für die Erklärung der Mieterhöhung ist **Textform** iSv § 126 b BGB vorgeschrieben (§ 559 b Abs. 1 S. 1 BGB). Das Formerfordernis erstreckt sich auf die gesamte Erklärung einschließlich Berechnung und Erläuterung der Mieterhöhung, weshalb eine (ergänzende) mündliche Erläuterung des Vermieters nicht ausreicht.[230] Wird die Form nicht eingehalten, ist die Mieterhöhungserklärung unwirksam.[231] Sie kann auch grundsätzlich nicht in einen Antrag auf Abschluss eines Änderungsvertrages umgedeutet werden.[232] Damit gilt für die Mieterhöhungserklärung das gleiche Formerfordernis wie für die Modernisierungsankündigung (§ 555 c Abs. 1 S. 1 BGB). 245

Die Mieterhöhung wahrt die Textform iSv § 126 b BGB, wenn sie 246

- in einer Urkunde oder in einer anderen zur dauerhaften Wiedergabe von Schriftzeichen geeigneten Weise (etwa Fax, E-Mail, Telex, Papier) abgegeben wird,
- die Person des Erklärenden angibt und
- der Abschluss der Erklärung erkennbar ist (etwa durch Namensunterschrift oder Grußformel).

Die Textform ist gegenüber der strengeren Schriftform auch dann ausreichend, wenn der Mietvertrag eine **Schriftformklausel** enthält, da diese in aller Regel nur Vereinbarungen betrifft, wohingegen es sich bei einer Mieterhöhungserklärung um ein einseitiges Gestaltungsrecht handelt.[233] Aus dem gleichen Grund verbleibt es auch dann bei der Textform, wenn der Mietvertrag für eine Dauer von mehr als einem Jahr befristet ist, weshalb zur Wahrung seiner Befristung für ihn und seine Änderungen – auch der Miethöhe – die Schriftform vorgeschrieben ist (§ 550 S. 1 BGB).[234] 247

II. Berechnung der Mieterhöhung

Die Mieterhöhungserklärung ist nur wirksam, wenn in ihr die Mieterhöhung berechnet und anhand der gesetzlichen Voraussetzungen erläutert wird. Dies beinhaltet die **nachvollziehbare Darstellung und Verteilung der Gesamtkosten**, gegebenenfalls unter Berücksichtigung der Kosten für ersparte Erhaltungsmaßnahmen und in Anspruch genommener Fördermittel (§§ 559 Abs. 2, § 559 a BGB), wobei insoweit jeweils Erleichterungen für solche Vermieter gelten, die im **vereinfachten Verfahren** gemäß § 559 c BGB die Mieterhöhung berechnen.[235] 248

229 *BGH* 3.3.2004 – VIII ZR 124/03, NZM 2004, 419.
230 Spielbauer/*Schneider*, Mietrecht, § 559 b BGB Rn. 10.
231 Vgl. *BGH* 25.3.1970 – VIII ZR 134/68, NJW 1970, 1078.
232 *BGH* 21.3.2007 – XII ZR 176/04; NZM 2007, 514; Staudinger/*Emmerich*, § 559 b BGB Rn. 7.
233 *BGH* 10.11.2010 – VIII ZR 300/09, NZM 2011, 117.
234 *Börstinghaus* in Schmidt-Futterer, § 559 b BGB Rn. 8; *Dickersbach*, Lützenkirchen/Mietrecht, § 559 b BGB Rn. 11.
235 Näher zum vereinfachten Verfahren unter → § 7 Rn. 1 ff.

249 Damit die Berechnung der Mieterhöhung formell ordnungsgemäß ist, muss sie aus sich heraus für einen durchschnittlich gebildeten Mieter ohne besondere Kenntnisse der Rechnungsprüfung und des Mietrechts nachvollziehbar sein.[236] Damit gelten die gleichen Anforderungen wie zur formellen Ordnungsgemäßheit einer **Betriebskostenabrechnung**.[237] Der Nachvollziehbarkeit steht dabei nicht entgegen, dass der Mieter einen **Taschenrechner** verwenden muss oder die Mieterhöhungserklärung kleinere Mängel oder Rechenfehler enthält.[238]

250 Aufgrund erfolgter Modernisierung kann der Vermieter auch berechtigt sein, vom Mieter die Zustimmung zu einer Mieterhöhung auf die **ortsübliche Vergleichsmiete** derart modernisierter Wohnungen zu verlangen (§ 558 Abs. 1 BGB). Über diese mögliche Mieterhöhung muss der Mieter aber weder in der Modernisierungsankündigung informiert werden[239] noch in der Mitteilung über die Modernisierungsmieterhöhung.

1. Ermittlung und Darstellung der Gesamtkosten

251 Ausgangspunkt jeder Berechnung sind die für die Modernisierungsmaßnahme angefallenen Gesamtkosten. Diese Kosten müssen konkret beziffert sein, also im Wesentlichen feststehen. Grundlage hierfür sind die dem Vermieter gestellten Rechnungen; die Berechnung auf Grundlage von unverbindlichen **Kostenvoranschlägen** und Schätzungen ist unzulässig.[240] Nicht erforderlich ist, dass die Rechnungen zum Zeitpunkt der Mieterhöhungserklärung bereits bezahlt sind.[241]

252 Die Gesamtkosten der Modernisierungsmaßnahme sind dem Mieter **vollständig anzugeben**; die Mitteilung der allein auf seine Wohnung entfallenden Kosten ist nicht ausreichend, wenn die Modernisierung mehreren Wohnungen zugutekommt. Erstrecken sich die Maßnahmen auf mehrere Häuser, sind dem Mieter die Kosten insgesamt *und* gesondert für jedes einzelne Haus anzugeben und zu erläutern – zumindest wenn die Häuser keine Wirtschaftseinheit bilden.[242]

253 Der Umfang der Mitteilungspflicht hängt vom Umfang der Modernisierungsarbeiten ab. Wurde nur eine Maßnahme durchgeführt, sind dem Mieter deren Gesamtkosten mitzuteilen. Die Angabe der Gesamtkosten ist auch dann unproblematisch, wenn **mehrere Modernisierungsmaßnahmen** nacheinander und ohne übergreifende Kosten durchgeführt wurden.

254 Mussten – wie in aller Regel – für die Modernisierung verschiedene Gewerke ausgeführt werden, sind die einzelnen Rechnungen den einzelnen Gewerken und diese wiederum den jeweiligen Modernisierungsmaßnahmen zuzuordnen, beispielsweise die Rechnungen innerhalb der Baubereiche der Maler-, Elektro-, Bau- oder Gerüstarbeiten bezogen auf die Modernisierungsmaßnahmen „Balkonanbau" und „Fassadendämmung". Die Angabe aller einzelnen Rechnungen innerhalb eines Gewerkes ist also nicht erforderlich.[243]

255 Zum Teil wird verlangt, dass jeder einzelne Rechnungsbetrag mit **Rechnungsdatum** und Name des Leistungserbringers (Handwerker, Architekt, Lieferant etc) angegeben werden muss.[244] Dies ist aber abzulehnen, da solche Angaben nicht der sachlichen und rechnerischen Nachvollziehbarkeit der Erklärung dienen, sondern allenfalls eine größere Gewähr

236 *LG Landau* 14.10.2008 – 1 S 226/07.
237 Vgl. hierzu *BGH* 9.4.2008 – VIII ZR 84/07.
238 *AG Norderstedt* 25.2.2015 – 44 C 130/14; *LG Berlin* 19.11.1999 – 64 S 196/99; *Börstinghaus* in Schmidt-Futterer, § 559 b BGB Rn. 19 f.; Spielbauer/*Schneider*, § 559 b BGB Rn. 47.
239 *BGH* 24.9.2008 – VIII ZR 275/07, NJW 2008, 3630.
240 MüKo/*Artz*, § 559 b BGB Rn. 9.
241 *BGH* 20.3.2012 – VIII ZR 294/11, NZM 2006, 832.
242 *LG Mühlhausen* 21.8.1997 – 1 S 89/97; *LG Kassel* 16.4.1992 – 1 S 709/91.
243 *LG Berlin* 5.12.2008 – 63 S 149/08; *LG Gera* 22.2.2000 – 8 S 281/99; *Börstinghaus*, Miethöhe-Handbuch, Kap. 16 Rn. 14; Spielbauer/*Schneider*, § 559 b BGB Rn. 34 f.
244 *LG Görlitz* 17.10.2001 – 2 S 61/01; *AG Berlin-Lichtenberg* 18.2.1997 – 4 C 540/96; BeckFormB MietR/*Flintrop* C. V. 1 (Anm. 5).

für ihre Richtigkeit und Vollständigkeit erzeugen.[245] Bestehen beim Mieter hieran Zweifel, muss er ohnedies Einsicht in die Unterlagen nehmen, was ihm die Erhöhungserklärung nicht ersparen kann und soll.[246]

Dementsprechend müssen dem Mieter die einzelnen Bauleistungen nicht betragsmäßig ausgewiesen werden, wenn der Vermieter als Bauherr mit einem **Generalunternehmer** einen **Pauschalpreis** für alle zur Modernisierung erforderlichen Gewerke vereinbart hat: In diesem Fall ist der Pauschalpreis als Gesamtbetrag ausreichend.[247] Voraussetzung ist aber, dass der Pauschalpreis den einzelnen Modernisierungsmaßnahmen zugeordnet werden kann und diese Zuordnung dem Mieter nachvollziehbar dargestellt und erläutert wird. 256

Sehr häufig werden zugleich mit der Modernisierung auch **Erhaltungsmaßnahmen** durchgeführt, deren Kosten nicht zur Mieterhöhung berechtigen (§ 559 Abs. 2 BGB). Deshalb sind die jeweiligen Kosten deutlich voneinander zu trennen. Für gemeinsam angefallene Kosten ist eine Kostenzuordnung vorzunehmen und diese dem Mieter nachvollziehbar zu erläutern.[248] Sind Kosten für Erhaltungsmaßnahmen hingegen nicht angefallen, braucht der Mieter auf diesen Umstand grundsätzlich auch nicht hingewiesen werden.[249] 257

In den praktisch besonders bedeutsamen Fällen der **modernisierenden Instandsetzungen** muss der Vermieter konkret darlegen, welche Instandsetzungsmaßnahmen durch welche Modernisierungsmaßnahmen erspart wurden.[250] Dies gilt freilich nur, wenn zum Zeitpunkt der Modernisierung nach **objektivem Maßstab** Instandsetzungsbedarf bestand.[251] Ist dies (noch) nicht der Fall, braucht sich der Vermieter die Kosten für einen erst in der Zukunft gegebenen – und mit der Modernisierung ersparten – Instandsetzungsbedarf nicht anrechnen zu lassen. 258

Bestand am Modernisierungsobjekt **Instandsetzungsbedarf**, muss aus der Modernisierungsmieterhöhungserklärung hervorgehen, in welchem Umfang durch die durchgeführten Maßnahmen fällige Instandsetzungskosten erspart wurden. Der Mieter muss sich ein Bild machen können von der Größenordnung des berücksichtigten Instandsetzungsaufwandes und damit von der Plausibilität der auf ihn umgelegten Kosten.[252] Die Modernisierungskosten sind hierzu von den reinen Instandhaltungskosten getrennt auszuweisen. Einer umfassenden Vergleichsrechnung zu den hypothetischen Kosten einer bloßen Instandsetzung bedarf es hierzu jedoch nicht.[253] Erforderlich, aber auch ausreichend ist es, den ersparten Instandsetzungsaufwand zumindest durch **Angabe einer Quote** von den aufgewendeten Gesamtkosten nachvollziehbar darzulegen.[254] 259

Sofern die Bezifferung der ersparten Erhaltungskosten nicht möglich ist, ist dem Vermieter die **Schätzung** gestattet (§ 559 Abs. 2 BGB). Das Ergebnis der Schätzung ist im Streitfall vom Gericht voll nachprüfbar. Zwar muss der Vermieter die Grundlagen seiner Schätzung darlegen und beweisen. Bei fortbestehenden Unklarheiten zum Umfang der ersparten Instandsetzung kann das Gericht aber gemäß § 287 ZPO einen Mindestbetrag schätzen, wenn jedenfalls feststeht, dass die Baumaßnahme umlagefähigen Modernisierungsaufwand enthält.[255] 260

245 *Börstinghaus* in Schmidt-Futterer, § 559 b BGB Rn. 17; Bub/Treier/*Schultz*, Kap. III Rn. 1509; *Dickersbach*, Lützenkirchen/Mietrecht, § 559 b BGB Rn. 37.

246 *LG Kiel* 23.9.1991 – S 65/99; *Mersson*, DWW 2009, 206 (208 f.).

247 *LG Berlin* 5.12.2008 – 63 S 149/08; *LG Kiel* 23.9.1999 – 1 S 65/99; *Mersson*, DWW 2009, 206 (210); aA Spielbauer/*Schneider*, § 559 b BGB Rn. 35 f.

248 *LG Berlin* 12.12.2013 – 67 S 629/12; LG Landau 14.10.2008 – 1 S 226/07.

249 *LG Berlin* 20.7.2017 – 18 S 361/16 („reine Förmelei").

250 *BGH* 12.6.2018 – VIII ZR 121/17, NZM 2018, 948; *LG Berlin* 14.12.2012 – 63 S 252/12; *AG Berlin-Mitte* 21.3.2019 – 10 C 63/18.

251 *LG Berlin* 14.12.2012 – 63 S 252/12; *Börstinghaus* in Schmidt-Futterer, § 559 BGB Rn. 70.

252 *BGH* 17.12.2014 – VIII ZR 88/13, NJW 2015, 934.

253 *BGH* 12.6.2018 – VIII ZR 121/17, NZM 2018, 948; *BGH* 17.12.2014 – VIII ZR 88/13, NJW 2015, 934.

254 *BGH* 17.12.2014 – VIII ZR 88/13, NJW 2015, 934; *LG Hamburg* 13.7.2017 – 333 S 45/16.

255 *BGH* 17.12.2014 – VIII ZR 88/13, NJW 2015, 934, und *BGH* 17.12.2014 – VIII ZR 86/13.

261 Umfasst die Baumaßnahme **mehrere Wohnungen** oder das gesamte Gebäude, ist der fiktive Erhaltungskostenanteil für jede einzelne Wohnung zu ermitteln (§ 559 Abs. 2 iVm Abs. 1 BGB). Dass die Ermittlung im Einzelfall erheblichen Aufwand erfordern kann, befreit den Vermieter von diesem Erfordernis nicht.[256] Zweckmäßigerweise erfolgt die Bezifferung anhand eines vor Beginn der Modernisierung eingeholten **Alternativangebots** für die Durchführung der Erhaltungsmaßnahmen.

262 Die Schätzung kann auch nur für einzelne Kostenpositionen erforderlich und damit zulässig sein, etwa für die Kosten der **Ersatzbeschaffung** eines nur gebraucht zu erhaltenden Ersatzteils. Nicht um eine Schätzung handelt es sich bei bloßen Pauschalangaben. Bescheinigungen von Architekten, wonach der Instandsetzungsanteil an den Gesamtkosten einen bestimmten Prozentsatz ausmachen soll, sind genauso unzureichend wie sonstige **Pauschalierungen**. Ein Mieterhöhungsverlangen, das diese Kosten nicht oder nur pauschal bzw. durch einen Prozentsatz ausweist, ist unwirksam, selbst wenn es in der Sache richtig ist.[257]

263 Lediglich im **vereinfachten Verfahren** gemäß § 559 c BGB darf der Vermieter die ersparten Instandsetzungskosten pauschal zu 30 Prozent von den Gesamtkosten der Modernisierung abziehen (§ 559 c Abs. 1 BGB). Die Pauschale gilt in jedem Fall, also auch dann, wenn die Kosten für die ersparte Instandsetzung tatsächlich geringer oder höher sein sollten. Nur wenn voneinander abtrennbare Maßnahmen gleichzeitig durchgeführt werden, wobei es sich bei einem Teil der Maßnahmen um reine Instandhaltungsmaßnahmen iSv § 555 a BGB handelt, müssen die Kosten, die auf diese Maßnahmen entfallen, zunächst herausgerechnet werden.[258]

264 Aus den derart ermittelten und angegebenen Gesamtkosten der Modernisierung sind die auf die Wohnung entfallenden Kosten zu ermitteln. Dies erfordert die Angabe des für jede einzelne Baumaßnahme gewählten **Kostenverteilungsschlüssels**, beispielsweise die Kostenumlage für die Anschaffung von Einbruchsschutztüren nach Objekt und die Kosten für den Einbau eines Fahrstuhls nach der Wohnfläche. Auch diese Angaben müssen für den Mieter ohne Schwierigkeiten allein anhand der Mieterhöhungserklärung nachvollziehbar sein. Dabei erleichtert es die Nachvollziehbarkeit – und fördert mitunter auch das Verständnis des Mieters –, wenn der Vermieter erläutert, aus welchen Gründen er den bzw. die gewählten Kostenverteilungsschlüssel für angemessen erachtet.

265 **Drittmittel** sind in dem Mieterhöhungsverlangen (nur) anzugeben, wenn sie bei der Ermittlung der neuen, erhöhten Miete anzurechnen sind.[259] Dies ist der Fall, wenn und soweit die öffentlichen Mittel ausweislich der **Zweckbestimmung des Fördervertrages** zumindest auch für die Modernisierung gewährt wurden. Die Anrechnungspflicht endet, wenn die Drittmittel zum Zeitpunkt der Mieterhöhung aufgezehrt sind, wovon regelmäßig zwölf Jahre nach der mittleren Bezugsfertigkeit des geförderten Objekts auszugehen ist.[260]

266 Sind Drittmittel anzurechnen, ist dem Mieter konkret mitzuteilen, welche Förderleistungen zu welchem **Zinssatz** und mit welcher **Zweckbestimmung** dem Vermieter gewährt wurden.[261] Darüber hinaus ist dem Mieter darzulegen, welche Kürzungsbeträge sich hieraus ergeben und in welcher Weise sie bei der Berechnung der Mieterhöhung berücksichtigt wurden. Ohne diese Angaben ist ein Mieterhöhungsverlangen unwirksam.[262]

267 Ein Mieterhöhungsverlangen ist auch unwirksam, wenn der Vermieter zwar auf die Inanspruchnahme einer öffentlichen Förderung und die dadurch veranlasste Kürzung der Mieterhöhung hinweist, er den Kürzungsbetrag jedoch nicht nachvollziehbar erläutert. Dies gilt sogar, wenn der Hinweis auf einem **Irrtum** des Vermieters beruht, weil tatsächlich kei-

256 *KG* 17.1.2002 – 8 RE-Miet 4/01.
257 *LG Hamburg* 29.10.1999 – 311 S 114/99; *Dickersbach*, Lützenkirchen/Mietrecht, § 559 b BGB Rn. 32.
258 BT-Drs. 19/4672, 33; *Artz/Börstinghaus*, NZM 2019, 12 (21); BeckOK MietR/*Schultz*, § 559 c Rn. 2.
259 *BGH* 13.6.2012 – VIII ZR 310/11, NJW 2012, 3090.
260 *BGH* 13.6.2012 – VIII ZR 310/11, NJW 2012, 3090.
261 *BGH* 12.5.2004 – VIII ZR 235/03, IBRRS 2004, 2374.
262 *BGH* 25.2.2004 – VIII ZR 116/03, NZM 2004, 380; *LG Berlin* 12.3.2010 – 63 S 314/09.

ne (anrechnungspflichtigen) Fördermittel für eine Modernisierung, sondern (anrechnungsfrei) für Instandsetzung gewährt worden sind.[263]

Verringern sich im Falle einer **degressiven Förderung** der Zuschussbetrag oder die Zinsersparnis im Laufe der Förderdauer, ist anzugeben, für welche Zeiträume und in welchem Maß sich der Kürzungsbetrag verringert und sich infolgedessen die Miete erhöht. Diese Angaben müssen *vollständig* in der Mieterhöhungserklärung enthalten sein; durch sie muss der Mieter nachvollziehen können, wann und warum sich für ihn die Miete erhöht. Versäumnisse an dieser Stelle kann der Vermieter nicht nachholen. Daher ist es nicht zulässig, später ein weiteres Mieterhöhungsverlangen an den Mieter zu richten und eine höhere Miete zu verlangen, weil sich die Kürzungsbeiträge in der Zwischenzeit verändert haben.[264] 268

Ob und gegebenenfalls in welcher Weise der Vermieter die Baumaßnahmen im Übrigen finanziert, braucht er nicht darzulegen; an diesen Informationen ist kein schutzwürdiges Interesse des Mieters anzuerkennen.[265] 269

Schließlich ist dem Mieter der so errechnete **Mieterhöhungsbetrag in Euro** anzugeben. Nicht ausreichend ist es, wenn der Mieter selbst die Höhe des Modernisierungszuschlages errechnen muss, selbst wenn dies anhand der Informationen der Mieterhöhungserklärung möglich wäre. Ungenügend ist deshalb die Angabe eines neuen Quadratmetermietpreises, denn der Mieter schuldet für seine Wohnung eine Gesamtmiete.[266] Obschon dies üblich ist, braucht der Erhöhungsbetrag nicht nach Monaten angegeben zu werden; möglich und zulässig ist auch die Verteilung der Mieterhöhung auf andere zeitliche Staffeln, etwa in Form (viertel-)jährlicher Teilbeträge.[267] Nicht angegeben werden muss der Zeitpunkt, zu dem die Mieterhöhung wirksam wird, weil sich die **Fälligkeit** direkt aus dem Gesetz (§ 559 Abs. 2 BGB) ergibt.[268] 270

Entstehen infolge der Modernisierung Betriebskosten neu oder erhöhen sich, darf der Vermieter in der erwarteten künftigen Höhe eine **Anpassung der Vorauszahlungen** schon in der Mieterhöhungserklärung vornehmen.[269] Dieses Recht korrespondiert mit seiner Pflicht, dem Mieter schon in der Modernisierungsankündigung die voraussichtlichen künftigen Betriebskosten anzugeben (§ 555 c Abs. 1 S. 2 Nr. 3 BGB). Das Gleiche gilt, wenn eine **Betriebskostenpauschale** vereinbart ist und eine Erhöhung der Pauschale wegen der neuen Betriebskosten gemäß § 560 Abs. 1 BGB möglich ist, was einen mietvertraglichen Erhöhungsvorbehalt voraussetzt. 271

2. Belege und Belegeinsicht

Belege, Bescheide bzw. **Rechnungen** zum Nachweis der angegebenen Beträge brauchen der Mieterhöhungserklärung zu ihrer formellen Ordnungsgemäßheit nicht beigefügt zu werden.[270] Dies gilt ebenso im vereinfachten Verfahren gemäß § 559 c BGB.[271] Gleichwohl beigefügte Anlagen entbinden den Vermieter nicht von seiner Pflicht, in der Mieterhöhungserklärung selbst die erforderlichen Angaben zu machen. 272

Ob die Angaben in der Erhöhungserklärung korrekt sind, ist eine Frage der inhaltlichen Richtigkeit der Erklärung. Um diese prüfen zu können, hat der Mieter ein **Einsichts-** 273

263 *BGH* 12.5.2004 – VIII ZR 234/03, NZM 2004, 581.
264 *Börstinghaus* in Schmidt-Futterer, § 559 b BGB Rn. 37.
265 *LG Berlin* 5.12.2008 – 63 S 149/08.
266 *Börstinghaus* in Schmidt-Futterer, § 559 b BGB Rn. 38; aA Bub/Treier/*Schultz*, Kap. III Rn. 1518.
267 *Börstinghaus* in Schmidt-Futterer, § 559 b BGB Rn. 38.
268 Staudinger/*Emmerich*, § 559 b BGB Rn. 9.
269 *LG Berlin* 29.7.2004 – 62 S 111/04; *AG Berlin-Mitte* 21.3.2019 – 10 C 63/18; Bub/Treier/*Schultz*, Kap. III Rn. 1518.
270 *LG Berlin* 15.1.2007 – 67 S 85/06.
271 BT-Drs. 19/4672, 33.

recht.[272] Es erstreckt sich auf sämtliche für die Berechnung der Mieterhöhung relevanten und sortierten Unterlagen und umfasst Rechnungen, Verträge, Ausschreibungen, Massenaufstellungen, Förderbescheide usw[273] Das Belegeinsichtsrecht hat der Vermieter zu gewähren – hierauf *hinweisen* muss er den Mieter nicht.[274]

274 Der Mieter hat die Belege am **Sitz des Vermieters** einzusehen (§ 269 BGB); er kann *nicht* verlangen, dass ihm die Belege kopiert und zugesendet werden.[275] Im Gegenzug ist der Vermieter verpflichtet, dem Mieter die Einsicht in die Original-Belege **zu den üblichen Geschäftszeiten** zu ermöglichen und diese zum Zweck der Überprüfung nach den einzelnen Baumaßnahmen sortiert bereitzuhalten.[276] Möchte der Mieter im Anschluss an die Einsichtnahme vor Ort weitere Prüfungen vornehmen (lassen), kann er Belegkopien gegen **Kostenerstattung** verlangen.[277]

275 Nur wenn dem Mieter die Einsichtnahme vor Ort unzumutbar ist, muss der Vermieter ausnahmsweise **Fotokopien** anfertigen und übersenden, da das Prüfrecht des Mieters anderenfalls ins Leere ginge.[278] Unzumutbarkeit wird bereits dann bejaht, wenn sich die Mietwohnung an einem anderen Ort als der Sitz des Vermieters befindet.[279] Dies erscheint aber zu weitgehend, zumal sich der Mieter bei der Belegeinsicht auch durch Dritte vertreten lassen kann. Die Übersendung der Original-Belege kann der Mieter in keinem Fall beanspruchen.[280]

276 Wird dem Mieter die Einsichtnahme oder die Übersendung der Belege vom Vermieter oder dessen Verwaltung **pflichtwidrig verweigert**, begründet dies einen Schadensersatzanspruch des Mieters (§ 280 Abs. 1 iVm §§ 535, 241 Abs. 2 BGB). Er ist gerichtet auf die **Freistellung von der Zahlungsverpflichtung** bis zur Belegeinsicht.[281] Dieses Ergebnis kann auch aus § 242 BGB gefolgert werden. Ein **Zurückbehaltungsrecht** greift nicht, da dies nur zu einer Verurteilung Zug um Zug führt – der Mieter würde also die Belegkopien erhalten und im Gegenzug die erhöhte Miete zahlen müssen, obwohl erst aufgrund der Belegeinsicht die Berechtigung des Mieterhöhungsverlangens überprüft werden kann und soll.[282]

III. Erläuterung der Modernisierung

277 Des Weiteren hat ein formell ordnungsgemäßes Mieterhöhungsverlangen zur Voraussetzung, dass dem Mieter darin erläutert wird, warum der Vermieter zur Mieterhöhung berechtigt ist. Weil das Recht auf Mieterhöhung an die Durchführung einer Modernisierungsmaßnahme iSv § 555 b BGB anknüpft, muss der konkrete **Modernisierungserfolg** angegeben und erläutert werden.

278 Für bauliche Maßnahmen zur Einsparung von Heizenergie ergibt sich daraus, dass der Vermieter in der Mieterhöhungserklärung neben einer **schlagwortartigen Bezeichnung der Maßnahme** und einer Zuordnung zu den Positionen der Berechnung diejenigen Tatsachen darlegen muss, anhand derer der Mieter *überschlägig* beurteilen kann, ob die bauliche Än-

---

272 AllgM,vgl. *Fleindl*, NZM 2016, 66 (68).

273 *LG Berlin* 14.12.2012 – 63 S 252/12; *Börstinghaus*, Miethöhe-Handbuch, Kap. 16 Rn. 18.

274 *AG Berlin Pankow-Weißensee* 14.7.2014 – 101 C 85/14; Bub/Treier/*Schultz*, Kap. III Rn. 1523.

275 *Mersson* DWW 2009, 206 (210); dementsprechend hält der BGH Vermieter für nicht verpflichtet, Mietern Belegkopien zur Betriebskostenabrechnung zu übersenden, vgl. *BGH* 8.3.2006 – VIII ZR 78/05, NJW 2006, 1419.

276 *AG Berlin-Lichtenberg* 18.2.1997 – 4 C 540/96; *Mersson* DWW 2009, 206 (210).

277 *Börstinghaus,* Miethöhe-Handbuch, Kap. 16 Rn. 18.

278 *BGH* 13.4.2010 – VIII ZR 80/09, NJW 2010, 2288.

279 *Börstinghaus* in Schmidt-Futterer, § 559 b BGB Rn. 21.

280 *Dickersbach*, Lützenkirchen/Mietrecht, § 559 b BGB Rn. 28.

281 *Börstinghaus* in Schmidt-Futterer, § 559 b BGB Rn. 21; *Dickersbach*, Lützenkirchen/Mietrecht, § 559 b BGB Rn. 29.

282 Vgl. *LG Berlin* 17.10.2013 – 67 S 164/13; *Börstinghaus* in Schmidt-Futterer, § 559 b BGB Rn. 21; aA Bub/Treier/*Schultz*, Kap. III Rn. 1524; Spielbauer/*Schneider*, § 559 b BGB Rn. 53; Staudinger/*Emmerich*, § 559 b BGB Rn. 9.

derung eine nachhaltige Einsparung von Heizenergie bewirkt.[283] Das Gleiche gilt für die Darlegung des jeweiligen Erfolgs der weiteren Modernisierungstatbestände, etwa für die nachhaltige Erhöhung des Gebrauchswerts der Mietsache oder die nachhaltige Reduzierung des Wasserverbrauchs.[284]

1. Generelle Anforderungen

Die Anforderungen an die Erläuterung der Mieterhöhung orientieren sich am Zweck der Erläuterung. Er besteht darin, den Mieter in die Lage zu versetzen, seine Verpflichtung zur Zahlung der Mieterhöhung prüfen zu können. Die Mieterhöhung muss **nachvollziehbar** sein. Ist dies der Fall, hat der Vermieter seiner Erläuterungspflicht entsprochen. 279

Erforderlich ist die Darlegung, dass der baulichen Veränderung ein **Modernisierungserfolg** iSv § 555 b BGB zukommt. Der BGH verlangt zwar nicht, dass dem Mieter Erklärungen zu komplizierten technischen Sachverhalten und Zusammenhängen unter Vorlage von Berechnungen gegeben werden.[285] Wohl aber muss sich der Modernisierungserfolg aus den Ausführungen **plausibel nachvollziehen** lassen. Dies gilt auch für Baumaßnahmen, deren Modernisierungswert sich erst aufgrund ihrer technischen Wirkungen erschließt.[286] Mieterhöhungserklärungen, die dieser Anforderung nicht gerecht werden, sind unwirksam.[287] 280

In einem ersten Schritt ist dem Mieter mitzuteilen, welche **Baumaßnahmen** durchgeführt wurden. Je umfangreicher und komplexer diese ausgefallen sind, desto größer ist der Erläuterungsbedarf. Am eingehendsten hat der Vermieter Modernisierungsmaßnahmen zu erläutern, die außerhalb der Mietwohnung bzw. außerhalb des Mietgebäudes erfolgt sind. Denn bei ihnen kann der Mieter den Umfang der Arbeiten am schwierigsten beurteilen, zum Beispiel bei der Anlage eines Kinderspielplatzes.[288] 281

In einem zweiten Schritt ist dem Mieter mitzuteilen, worin der **Modernisierungserfolg** gemäß § 555 b BGB konkret besteht, also wodurch sich der Gebrauchswert der Wohnung nachhaltig erhöht, wodurch die allgemeinen Wohnverhältnisse auf Dauer verbessert wurden oder wodurch sich die nachhaltige Einsparung von Endenergie oder die Reduzierung des Wasserverbrauchs ergibt. Dies erfordert eine **vergleichende Darstellung** des Zustandes *vor* und *nach* der Modernisierung, welche jedoch grob gefasst werden kann.[289] In welchem ganz konkreten Ausmaß die betreffende Maßnahme etwa zur nachhaltigen Einsparung von Endenergie, Wasser oder des Gebrauchswerts der Mietsache beiträgt, braucht dem Mieter nicht mitgeteilt werden; soweit sich der Mieter hierfür interessiert, muss er sich notfalls der Hilfe von Sachverständigen bedienen.[290] 282

Ist der Modernisierungserfolg *offenkundig*, ist die vergleichende Erläuterung ausnahmsweise entbehrlich. Dies ist etwa beim Einbau einer einbruchshemmenden Wohnungstür der Fall, zumal hierfür unerheblich ist, ob bisher Einbrüche stattgefunden haben.[291] Hingegen soll zum Einbau einer **Toilettenspülung** die erzielbare Wassereinsparung dem Mieter darzulegen sein.[292] 283

Ist eine Modernisierung aufgrund von Umständen durchgeführt worden, die der **Vermieter nicht zu vertreten hat**, sind dem Mieter deren Voraussetzungen gemäß § 555 b Nr. 6 BGB zu erläutern. Er muss wissen und nachvollziehen können, 284

---

283 *BGH* 12.6.2018 – VIII ZR 121/17, NZM 2018, 948; *AG Bremen* 1.6.2018 – 7 C 65/18.
284 *BGH* 7.1.2004 – VIII ZR 156/03, NJW-RR 2004, 658; *LG Berlin* 15.11.2011 – 63 S 145/11; *AG Düsseldorf* 14.11.2017 – 13 c C 24/17.
285 *BGH* 10.4.2002 – VIII ARZ 3/01, NZM 2002, 159.
286 *BGH* 12.6.2018 – VIII ZR 121/17, NZM 2018, 948; *BGH* 10.4.2002 – VIII ARZ 3/01, NZM 2002, 159.
287 *BGH* 25.1.2006 – VIII ZR 47/05, NZM 2006, 221.
288 Bub/Treier/*Schultz*, Kap. III Rn. 1497; *Börstinghaus* in Schmidt-Futterer, § 559 b BGB Rn. 25.
289 *BGH* 12.6.2018 – VIII ZR 121/17, NZM 2018, 948; *AG Bremen* 1.6.2018 – 7 C 65/18.
290 *BGH* 7.1.2004 – VIII ZR 156/03, NJW-RR 2004, 658; *BGH* 10.4.2002 – VIII ARZ 3/01, NZM 2002, 159.
291 *LG Berlin* 2.12.2003 – 64 S 196/03.
292 *LG Berlin* 5.11.2002 – 64 S 170/02.

- um welche Maßnahme es sich handelt und
- warum sie nicht als Erhaltungsmaßnahme iSv § 555 a BGB zu qualifizieren ist,
- aufgrund welcher Umstände sie durchgeführt wurde und
- warum diese Umstände nicht vom Vermieter zu vertreten sind.

285 Der **Umfang der Erläuterungspflicht** *in concreto* hängt davon ab, welche Informationen der Mieter mit der Modernisierungsankündigung bereits erhalten hat. Dem Mieter bekannte Umstände brauchen ihm nicht nochmals erläutert zu werden. Somit verhält sich der Umfang der Erläuterungspflicht in der Mieterhöhung umgekehrt proportional zu den dem Mieter bereits vorliegenden Informationen.[293] Da Modernisierungsmaßnahmen nur in „wesentlichen Zügen" anzukündigen sind und dies mit dem vorgeschriebenen Abstand – mindestens drei Monate vor Modernisierungsbeginn – häufig auch gar nicht anders möglich ist, besteht aber in aller Regel erheblicher Erläuterungsbedarf. Dies gilt umso mehr bei Modernisierungsmaßnahmen außerhalb der Wohnung, da dem Mieter hier sowohl Art und Umfang der erfolgten Arbeiten als auch der geschaffene Modernisierungserfolg am wenigsten einsichtig sein wird.[294]

286 Wenn die **Ankündigung pflichtwidrig unterblieben** ist – mit der Folge, dass der Mieter die erhöhte Miete erst mit sechsmonatiger Verspätung schuldet (§ 559 b Abs. 2 S. 2 Nr. 2 BGB) –, ist der Erläuterungsbedarf umfassend. Ebenso dann, wenn abweichend von der Ankündigung gebaut bzw. installiert worden ist. Sind die Modernisierungsmaßnahmen dagegen in der Ankündigung schon sehr eingehend beschrieben worden, können die Erläuterungen in der Mieterhöhungserklärung dementsprechend kurz ausfallen oder sogar ganz entbehrlich sein.

287 Denn der Vermieter darf auf seine Modernisierungsankündigung **Bezug nehmen.**[295] Sind dem Mieter die baulichen Maßnahmen durch ein Ankündigungsschreiben bekannt, genügt eine stichwortartige Beschreibung der Arbeiten und die Erklärung, dass die Arbeiten wie angekündigt durchgeführt worden sind.[296] Die Möglichkeit der Bezugnahme besteht auch für andere Schreiben mit für die Mieterhöhung relevanten Informationen, zum Beispiel der fachhandwerklichen Darlegung der **Wärmedurchgangskoeffizienten**.

288 Nimmt der Vermieter auf **externe Schreiben** Bezug, muss er in der Mieterhöhungserklärung hierauf hinweisen und sollte sie zur eigenen Sicherheit unbedingt nochmals beifügen. Anderenfalls kann der Mieter nicht hinreichend nachvollziehen, welche ihm bereits vorliegenden Unterlagen und Berechnungen der Vermieter seiner Mieterhöhung zugrunde legen möchte. Ein Mieterhöhungsverlangen, das außerhalb seiner selbst liegende Informationen in Bezug nimmt, ohne dass dies dem Mieter ersichtlich gemacht wird, ist unwirksam.[297]

289 Seiner Mieterhöhungserklärung kann der Vermieter **Anlagen** zur näheren Erläuterung beifügen, eine Verpflichtung hierzu besteht aber nicht. Macht er von dieser Möglichkeit Gebrauch, müssen sich die wesentlichen Berechnungen und Erläuterungen aber dennoch aus dem Mieterhöhungsschreiben selbst ergeben. Insbesondere sind die maßgeblichen Rechnungsbeträge in das Mieterhöhungsverlangen zu übertragen, wegen derer dann im Übrigen auf die Anlagen verwiesen werden kann.[298] Teilweise wird darüber hinaus verlangt, dass die Anlagen mit dem Mieterhöhungsschreiben zu einer Einheit verbunden sein müssen, entweder durch fortlaufende Nummerierung oder körperlich durch Heftklammern.[299]

293 *LG Hamburg* 30.5.2002 – 333 S 81/01; *AG Norderstedt* 25.2.2015 – 44 C 130/14.
294 *Börstinghaus*, Miethöhe-Handbuch, Kap. 16 Rn. 22.
295 *BGH* 7.1.2004 – VIII ZR 156/03, NJW-RR 2004, 658; *AG Berlin-Charlottenburg* 6.12.2017 – 215 C 274/17.
296 *KG* 20.4.2006 – 8 U 204/05.
297 *Dickersbach*, Lützenkirchen/Mietrecht, § 559 b BGB Rn. 26.
298 *Dickersbach*, Lützenkirchen/Mietrecht, § 559 b BGB Rn. 30.
299 *LG Berlin* 17.7.1998 – 64 S 353/97; Spielbauer/*Schneider*, § 559 b BGB Rn. 10.

2. Energetische Modernisierung

Ist eine energetische Modernisierung erfolgt, braucht im Mieterhöhungsverlangen **nicht das Maß der Endenergieeinsparung** genau berechnet zu werden.[300] Dies ergibt sich daraus, dass ein Mindestmaß an Endenergieeinsparung nicht vorgeschrieben ist.[301] Wohl aber müssen dem Mieter diejenigen Tatsachen mitgeteilt werden, anhand derer er überschlägig beurteilen kann, ob die bauliche Maßnahme nach objektiven Maßstäben eine nachhaltige Einsparung von Heizenergie bewirkt.[302] Nachhaltig ist die Einsparung, wenn sie messbar und dauerhaft ist.[303] 290

Bei Maßnahmen der **Wärmedämmung** ist es ausreichend, aber auch erforderlich, dem Mieter die alten und neuen **Wärmedurchgangskoeffizienten** (*k*- bzw. *u*-Wert) der betroffenen Bauteile mitzuteilen, etwa der Gebäudefassade oder Fenster.[304] Damit kann der Mieter einen Vergleich anstellen und den vom Vermieter behaupteten Energiespareffekt beurteilen. Denn die Wärmedämmeigenschaft eines Bauteils ist umso besser, je geringer sein Wärmedurchgangskoeffizient ist. Somit ist die Energieeinsparung umso größer, je höher die Differenz der Wärmedurchgangskoeffizienten bei ansonsten gleichen Bedingungen ist. 291

Eine bloß gegenständliche Beschreibung der **Dämmmaßnahme** ohne Mitteilung der Wärmedurchgangskoeffizienten ist demgegenüber nicht ausreichend, so beispielsweise die Mitteilung, dass eine „12 cm dicke Dämmung“ erfolgt sei, wenn das Dämmmaterial sowie dessen Eigenschaften unklar bleiben. Denn ohne diese Angaben kann ein Mieter nicht prüfen, ob die Dämmmaßnahme eine Einsparwirkung erzielen kann.[305] 292

In den Fällen der **Heizungsmodernisierung** ist es erforderlich und ausreichend, dem Mieter die Energieeffizienz der alten Heizung im Verhältnis zur neuen Heizung gegenüberzustellen. Gradmesser für den Endenergieverbrauch ist zum einen der **Jahresnutzungsgrad**. Je geringer die Verluste bei der Wärmeerzeugung sind, desto höher ist der Jahresnutzungsgrad. Zum anderen werden Energieverluste mit der sog **Anlagen-Aufwandszahl** ausgedrückt. Sie beschreibt, wie viel mehr Energie man dem Heizsystem zuführen muss, um die benötigte Heizwärme zu erzeugen. Wird mit der Baumaßnahme die Anlagen-Aufwandszahl verringert, wird Endenergie eingespart. 293

Mit diesen Angaben hat der Vermieter den Erfolg der energetischen Modernisierung – und damit seine Berechtigung zur Mieterhöhung – hinreichend deutlich gemacht. Sind dem Mieter die Angaben zu Jahresnutzungsgrad oder zur Anlagen-Aufwandszahl der alten und neuen Heizung schon in der Modernisierungsankündigung mitgeteilt worden, reicht es, wenn in der Mieterhöhungserklärung hierauf Bezug genommen wird.[306] Dass dem Mieter im Einzelfall diese Kennzahlen unverständlich sind, ist unerheblich, denn es ist ihm zumutbar, für das Verständnis der Energieeinsparung eine sachkundige Person hinzuzuziehen.[307] 294

Zur Begründung der Energieeinsparung darf der Vermieter hinsichtlich der energetischen Qualität von Bauteilen auf allgemein anerkannte **Pauschalwerte** Bezug nehmen (§ 559 b Abs. 1 S. 3 iVm § 555 c Abs. 3 BGB). Sie ergeben sich beispielsweise aus der „Bekanntmachung der Regeln zur Datenaufnahme und Datenverwendung im Wohngebäudebestand“ des Bundesministeriums für Wirtschaft und Energie und des Bundesministeriums für Umwelt, Naturschutz, Bau und Reaktorsicherheit vom 7.4.2015. Diesem Regelwerk lassen sich unter anderem **Wärmedurchgangskoeffizienten** bestimmter Bauteile und der Anlagen- 295

300 *BGH* 25.1.2006 – VIII ZR 47/05, NZM 2006, 221.
301 *BGH* 12.3.2003 – VIII ZR 156/03, NJW-RR 2004, 658; *BGH* 10.4.2002 – VIII ARZ 3/01, NZM 2002, 159.
302 *BGH* 25.1.2006 – VIII ZR 47/05, NZM 2006, 221; *BGH* 7.1.2004 – VIII ZR 156/03, NJW-RR 2004, 658.
303 *BGH* 10.4. 2002 – VIII ARZ 3/01, NZM 2002, 159.
304 *BGH* 25.1.2006 – VIII ZR 47/05, NZM 2006, 221; *AG Hamburg* 27.5.2010 – 44 C 117/09.
305 *AG Hamburg* 28.10.2010 – 44 C 113/10.
306 *LG Berlin* 10.9.2007 – 67 S 90/07.
307 *BGH* 10.4.2002 – VIII ARZ 3/01, NZM 2002, 159.

technik sowie Angaben zum Endenergiebedarf ausgewählter Systemkombinationen (zum Beispiel Heizungs- und Lüftungsanlagen) entnehmen.[308]

296 Die Vorlage einer **Wärmebedarfsberechnung** ist darüber hinaus nicht erforderlich.[309] Sie könnte ohnehin nur dann aussagekräftig sein, wenn sie aufgrund zweier Berechnungen den Jahresheizwärmebedarf des Gebäudes vor und nach der Durchführung der Baumaßnahme angibt. Nur so könnte bei vergleichender Betrachtung ein Energiespareffekt dargetan werden.

297 Der Vermieter braucht auch nicht darauf einzugehen, ob die Mieterhöhung im Verhältnis zu der zu erwartenden Heizkostenersparnis wirtschaftlich ist. Denn weil die Mieterhöhung gesetzlich nicht an ein bestimmtes Maß an Energie- und Kosteneinsparung geknüpft ist, bedarf es auch keiner Angaben zur **Wirtschaftlichkeit** der Baumaßnahme.[310]

298 **Hinweis:** Vermieter sollten sich dessen bewusst sein, dass sie für falsche Angaben zur Höhe einer Heizkostenersparnis haften, die sie „freiwillig" – also ohne rechtliche Verpflichtung – gleichwohl machen. Erweisen sich diese Angaben des Vermieters vorwerfbar als unzutreffend, kann dem Mieter ein Schadensersatzanspruch auf Freistellung von Betriebs- und Heizkostennachzahlungen zustehen.[311]

H. Rechtsfolgen/Fälligkeit der Mieterhöhung

I. Allgemeines

299 Die Mieterhöhungserklärung ist eine **einseitige, empfangsbedürftige Willenserklärung** mit rechtsgestaltender Wirkung.[312] Ist die Erklärung formell ordnungsgemäß, ist der Mieter zur Zahlung des Modernisierungszuschlags verpflichtet. Im Unterschied zu einer Anpassung der Miete auf die ortsübliche Vergleichsmiete schuldet der Mieter nicht „nur" die Zustimmung zur Mieterhöhung, sondern „direkt" die erhöhte Miete. Der Vermieter darf sie bei **Fälligkeit** verlangen und bei **Verzug** unmittelbar einklagen.

300 Mit Fälligkeit der Mieterhöhung wird der Modernisierungszuschlag Teil der vom Mieter geschuldeten Miete.[313] Er ist damit weder vom Vermieter gesondert darzustellen – etwa bei späteren Mieterhöhungen auf Ortsniveau gemäß § 558 BGB –, noch ist der Zuschlag vom Mieter gesondert zu zahlen oder bei der Zahlung separat auszuweisen. Ab wann der Mieter die erhöhte Miete zu zahlen hat, bestimmt § 559 b Abs. 2 BGB.

II. Regelfall der Mieterhöhung

301 Im Regelfall schuldet der Mieter die erhöhte Miete mit Beginn des dritten Monats nach dem Zugang der Mieterhöhungserklärung (§ 559 b Abs. 2 S. 1 BGB). Bei mehreren Mietern ist der Zugang beim letzten Mieter fristauslösend.[314]

302 Ist im Mieterhöhungsverlangen ein früherer Zeitpunkt angegeben, so ist dies unbeachtlich, aber auch unschädlich, denn es gilt allein der gesetzlich vorgesehene Zeitpunkt (§ 559 b Abs. 3 BGB). Unbenommen ist es dem Vermieter aber, einen späteren Fälligkeitstermin zu bestimmen.

303 An welchem Wochentag die Mieterhöhungserklärung zugeht, ist unerheblich. Selbst wenn der Zugang an einem Sonnabend, Sonntag oder einen gesetzlichen Feiertag erfolgt und

308 BT-Drs. 17/10485, 20 f.
309 *BGH* 12.6.2018 – VIII ZR 121/17, NZM 2018, 948; *BGH* 7.1.2004 – VIII ZR 156/03, NJW-RR 2004, 658.
310 *BGH* 10.4.2002 – VIII ARZ 3/01, NZM 2002, 159.
311 *AG Neukölln* 5.6.1997 – 10 C 352/96; *Börstinghaus* in Schmidt-Futterer, § 559 b BGB Rn. 30; Bub/Treier/*Schultz*, Kap. III Rn. 1479.
312 Palandt/*Weidenkaff*, § 559 BGB Rn. 2.
313 *BGH* 10.10.2007 – VIII ZR 331/06, NJW 2008, 848; *LG München I* 12.4.1995 – 14 S 2511/95.
314 *Börstinghaus* in Schmidt-Futterer, § 559 b BGB Rn. 50.

dies der letzte Tag eines Monats ist, wird die Mieterhöhung mit Beginn des dritten darauf folgenden Monats fällig. Nicht abzustellen in diesen Fällen ist auf den nächsten Werktag, da dies gemäß § 193 BGB nur bei Fristberechnungen zu erfolgen hat, worum es sich bei der Bestimmung des Termins zur Fälligkeit der Mieterhöhung aber gerade nicht handelt.[315]

Hinweis: Von der Zugangsmöglichkeit zu unterscheiden ist die Frage, wann der Zugang 304 der Mieterhöhungserklärung faktisch bewirkt ist (vgl. § 130 BGB). Bei einem Einwurf in den Briefkasten des Mieters ist hiervon auszugehen, sobald nach der Verkehrsanschauung mit der nächsten Entnahme zu rechnen ist.[316] Dies ist bei einem Einwurf ab dem Nachmittag oder an Sonn- und Feiertagen erst der folgende Werktag zu den üblichen Postzustellungszeiten.

Die Pflicht des Mieters zur Zahlung modernisierungsbedingt **neuer Betriebskosten** wird 305 fällig zusammen mit der Mieterhöhung gemäß § 559 b Abs. 2 BGB. Zwar wird auch vertreten, der Mieter schulde die Betriebskosten für die bauliche Veränderung (Fahrstuhl, Heizung etc), sobald diese für ihn entstehen, wobei dieser Zeitpunkt vor der Fälligkeit der Mieterhöhung liegen kann.[317] Allerdings knüpft auch die Zahlung der erhöhten Miete nicht an die Nutzbarkeit an, sondern folgt ihr nach, weshalb eine hiervon verschiedene Fälligkeit der Betriebskosten nicht sachgerecht erscheint.

Für die Fälligkeit mit Beginn des dritten Monats nach Zugang des Mieterhöhungsverlan- 306 gens darf kein Verzögerungsgrund gemäß § 559 b Abs. 2 S. 2 BGB gegeben sein. Anderenfalls verschiebt sich die Fälligkeit der Mieterhöhung um sechs Monate (dazu gleich im Anschluss).

Erforderlich ist damit zum einen, dass die tatsächliche Mieterhöhung die angekündigte um 307 nicht mehr als 10 Prozent übersteigt. Zum anderen muss der Modernisierung eine ordnungsgemäße Ankündigung gemäß § 555 c Abs. 1 BGB vorausgegangen sein, sofern sie nicht im Falle einer Bagatellmaßnahme entbehrlich ist (§ 555 c Abs. 4 BGB). Dabei ist der Hinweis auf Form und Frist des Härteeinwandes gemäß § 555 c Abs. 2 BGB kein zwingender Bestandteil einer ordnungsgemäßen Ankündigung.

III. Verspätete Mieterhöhung

Ist dem Mieter die Modernisierung nicht ordnungsgemäß angekündigt worden oder über- 308 schreitet die tatsächliche Mieterhöhung die angekündigte um mehr als 10 Prozent, verschiebt sich der Wirkzeitpunkt der gesamten Mieterhöhung um sechs Monate (§ 559 b Abs. 2 S. 2 BGB).[318] Diese **Sanktion** soll Vermieter zu Sorgfalt und ordnungsgemäßem Verhalten motivieren.[319]

Die Verlängerung berechnet sich ausgehend von dem Regelfall der Mieterhöhung und 309 nicht ausgehend vom Zugang der Mieterhöhungserklärung. Das bedeutet, dass die Mieterhöhung neun Monate nach Zugang der Mieterhöhungserklärung fällig wird.

1. Nicht ordnungsgemäße Ankündigung

Die um sechs Monate verzögerte Fälligkeit der Mieterhöhung tritt zunächst ein, wenn der 310 Vermieter dem Mieter die Modernisierungsmaßnahme nicht gemäß den Vorschriften des § 555 c Abs. 1 und 3 bis 5 BGB ordnungsgemäß angekündigt hat (§ 559 b Abs. 2 S. 2 Nr. 1 BGB). Dies ist der Fall, wenn die Modernisierungsankündigung

315 *Börstinghaus* in Schmidt-Futterer, § 559 b BGB Rn. 51.
316 Palandt/*Ellenberger*, § 130 BGB Rn. 6.
317 *Börstinghaus* in Schmidt-Futterer, § 559 b BGB Rn. 53.
318 *BGH* 6.10.2015 – VIII ZR 76/15, NJW-RR 2016, 136.
319 *AG Dortmund* 26.11.2013 – 425 C 7773/12.

1. nicht den zeitlichen Mindestabstand von drei Monaten zum Modernisierungsbeginn eingehalten hat;
2. nicht der vorgeschriebenen Textform entsprochen hat;
3. keine oder nur unzureichende Angaben zu Art und voraussichtlichem Umfang der Modernisierungsmaßnahme in wesentlichen Zügen enthält;
4. keine oder nur unzureichende Angaben zu dem voraussichtlichen Beginn und der voraussichtlichen Dauer der Modernisierungsmaßnahme enthält;
5. nicht den Betrag der beabsichtigten, zu erwartenden Mieterhöhung bzw. keine Angaben zu den voraussichtlichen künftigen Betriebskosten enthält (letztere Angabe ist aber nicht erforderlich im vereinfachten Verfahren gemäß § 559 c Abs. 5 Nr. 2 BGB).

311 Da ein Mieter eine nicht ordnungsgemäß angekündigte Modernisierungsmaßnahme nicht zu dulden braucht,[320] die Mieterhöhung jedoch erst nach ihrer Beendigung dem Mieter erklärt werden kann, ist vorausgesetzt, dass der Mieter die Modernisierung gleichwohl geduldet hat.

312 Unerheblich ist es hingegen, ob der Vermieter in der Ankündigung den Mieter auf Form und Frist des **Härteeinwandes** gemäß § 555 c Abs. 2 BGB hingewiesen hat. Hat der Vermieter seiner **Obliegenheit** nicht entsprochen, verschiebt dies nicht die Fälligkeit der Mieterhöhung.[321] Wohl aber ist der Mieter dann berechtigt, einen Härteeinwand noch nach Ablauf der hierfür geltenden Frist von zwei Monaten nach Zugang der Modernisierungsankündigung geltend zu machen (§ 559 Abs. 5 S. 1 iVm § 555 d Abs. 5 BGB).

313 Nicht ordnungsgemäß ist auch die **unterbliebene Modernisierungsankündigung** (§ 559 b Abs. 2 S. 2 Nr. 1 BGB). Damit ist dem Zweck der Ankündigung entsprochen, der nicht darin besteht, Mieter vor finanziellen Belastungen zu schützen, sondern darin, sie über bevorstehende Modernisierungen zu informieren.[322] Da Mieter Baumaßnahmen innerhalb ihrer Mietwohnung ohne vorherige Ankündigung *regelmäßig* nicht dulden, betrifft die um sechs Monate verzögerte Mieterhöhung vor allem Modernisierungen, die ohne Ankündigung außerhalb der Mietwohnung erfolgt sind.

314 Unschädlich ist eine fehlende Modernisierungsankündigung bei **Bagatellmodernisierungen**. Weil das Gesetz insoweit eine Ankündigung nicht vorschreibt (§ 555 c Abs. 4 BGB), kann ihr Fehlen auch nicht mit einer verzögerten Mieterhöhung sanktioniert werden. Bagatellmodernisierungen zeichnen sich dadurch aus, dass die Modernisierungsmaßnahme nur einer unerheblichen Einwirkung auf die Mietsache verbunden ist und nur zu einer unerheblichen Mieterhöhung führt. Beide Voraussetzungen müssen *kumulativ* vorliegen.

315 Fehlten in der Modernisierungsankündigung die vorgeschriebenen Angaben zu den künftigen neuen **Betriebskosten**, können diese in analoger Anwendung von § 559 b Abs. 2 S. 2 BGB ebenfalls erst sechs Monate nach dem Zugang der Mieterhöhungserklärung geltend gemacht werden.[323]

2. Mieterhöhung mehr als 10 Prozent höher als angekündigt

316 Die Fälligkeit der Mieterhöhung verzögert sich des Weiteren um sechs Monate, wenn die tatsächliche Mieterhöhung die angekündigte um mehr als 10 Prozent überschreitet (§ 559 b Abs. 2 S. 2 Nr. 2 BGB). Dieser Verzögerung unterfällt die **gesamte Mieterhöhung** und nicht allein der Betrag, der über die **Toleranzgrenze** hinausgeht.[324] Ob den Vermieter an der Überschreitung der Toleranzgrenze ein Verschulden trifft, ist unerheblich. Zu ver-

320 *BGH* 2.3.2011 – VIII ZR 164/10, NJW 2011, 1220.
321 *Eisenschmid* in Schmidt-Futterer, § 555 c BGB Rn. 56.
322 *BGH* 2.3.2011 – VIII ZR 164/10, NJW 2011, 1220.
323 Bub/Treier/*Schultz*, Kap. III Rn. 1519.
324 *BGH* 6.10.2015 – VIII ZR 76/15, NJW-RR 2016, 136.

gleichen ist der Mieterhöhungsbetrag in der Mieterhöhungserklärung mit dem Mieterhöhungsbetrag in der Modernisierungsankündigung.[325]

Ein häufiger Fehler bei Berechnung der Toleranzgrenze besteht darin, dass die nach Abschluss der Modernisierung zu zahlende Miete mit der ursprünglich angekündigten Miete verglichen wird. 317

Beispiel: Vor Modernisierung zahlt der Mieter eine monatliche Miete in Höhe von 500 EUR, die sich laut Modernisierungsankündigung um 65 EUR auf 565 EUR erhöhen wird. Nach Abschluss der Modernisierung macht der Vermieter eine Mieterhöhung von 75 EUR geltend. Falsch wäre es, die angekündigte neue Miete (565 EUR) und die tatsächliche neue Miete (575 EUR) miteinander zu vergleichen. Diese Differenz beläuft sich zwar nur auf rund 1,74 Prozent, doch kommt es hierauf nicht an. Entscheidend ist allein die Abweichung der angekündigten (65 EUR) von der tatsächlichen (75 EUR) *Mieterhöhung*. Danach stellen 10 EUR Abweichung ausgehend von der angekündigten Mieterhöhung eine Abweichung um rund 15,38 Prozent dar (75 ÷ 65 ≈ 1,1538).

Sind in der Ankündigung für **mehrere Modernisierungsmaßnahmen** die jeweiligen Mieterhöhungsbeträge *getrennt* ausgewiesen worden, ist gleichwohl der **Gesamtbetrag** aller Mieterhöhungen maßgeblich. Weicht dieser um mehr als 10 Prozent von der angekündigten Mieterhöhung der einzelnen Maßnahmen ab, wird die Mieterhöhung einheitlich erst sechs Monate später wirksam.[326] Somit kann die Mieterhöhung für Maßnahmen, die sich im angekündigten Rahmen gehalten haben, nicht früher fällig werden als für solche, bei denen dies nicht der Fall ist. 318

Sind in der Modernisierungsankündigung entgegen § 555 c Abs. 1 S. 2 Nr. 3 BGB keine Angaben zu den modernisierungsbedingt neuen **Betriebskosten** gemacht worden oder fallen die Betriebskosten um mehr als 10 Prozent höher als angekündigt aus, ist unklar, ob der der Mieter diese Kosten in analoger Anwendung von § 559 b Abs. 2 S. 2 BGB ebenfalls erst mit Beginn des neunten Monats nach Zugang der Mieterhöhungserklärung schuldet,[327] oder eine insoweit unrichtige Modernisierungsankündigung keine Auswirkung auf ihre Fälligkeit hat.[328] Im **vereinfachten Verfahren** ist die Angabe zu den voraussichtlichen künftigen Betriebskosten ohnedies entbehrlich (§ 559 c Abs. 5 Nr. 2 BGB). 319

Die weitere Rechtsfolge einer Abweichung der tatsächlichen zur angekündigten Mieterhöhung um mehr als 10 Prozent besteht darin, dass der Mieter den Einwand einer **wirtschaftlichen Härte** ohne Einhaltung einer Frist geltend machen kann (§ 559 Abs. 5 S. 2 BGB). Denn (nur) soweit die Mieterhöhung über diesen Toleranzbereich hinausgeht, war dem Mieter die Prüfung vor Erhalt der Mieterhöhungserklärung nicht möglich. 320

Die tatsächlich höher ausfallende Mietsteigerung ist zu unterscheiden von der **falsch berechneten Mieterhöhung.** Maßgeblich ist die Mieterhöhung, soweit sie richtig und wirksam ist; soweit sie fehlerhaft ermittelt wurde, ist das Mieterhöhungsverlangen (materiell) unwirksam. Das Ausmaß der geschuldeten Mieterhöhung muss dann notfalls gerichtlich geklärt werden.[329] 321

325 *Börstinghaus* in Schmidt-Futterer, § 559 b BGB Rn. 57; Staudinger/*Emmerich*, § 559 b BGB Rn. 22.
326 *BGH* 6.10.2015 – VIII ZR 76/15, NJW 2016, 1445.
327 So Bub/Treier/*Schultz*, Kap. III Rn. 1519; *Langenberg/Zehelein*, Betriebskosten- und Heizkostenrecht, Kap. C Rn. 69; aA.
328 So *Börstinghaus* in Schmidt-Futterer, § 559 b BGB Rn. 53; *Dickersbach*, Lützenkirchen/Mietrecht, § 555 c BGB Rn. 39 c.
329 *BGH* 12.6.2018 – VIII ZR 121/17, NZM 2018, 948.

3. Übersicht zur Fälligkeit der Mieterhöhung

322

Das Mieterhöhungsverlangen geht dem Mieter zu im Laufe des Monats	Regelfall: Mieterhöhung zum Beginn des 3. Monats nach Zugang der Erklärung	Ausnahmefall: Mieterhöhung erst zum Beginn des 9. Monats nach Zugang der Erklärung
	Der Mieter muss die erhöhte Miete zahlen ab	
Januar	1. April	1. Oktober
Februar	1. Mai	1. November
März	1. Juni	1. Dezember
April	1. Juli	1. Januar
Mai	1. August	1. Februar
Juni	1. September	1. März
Juli	1. Oktober	1. April
August	1. November	1. Mai
September	1. Dezember	1. Juni
Oktober	1. Januar	1. Juli
November	1. Februar	1. August
Dezember	1. März	1. September

I. Ausschluss der Mieterhöhung wegen Härte

I. Allgemeines

323 Die Mieterhöhung ist ausgeschlossen, soweit sie auch unter Berücksichtigung der voraussichtlichen künftigen Betriebskosten für den Mieter eine Härte bedeuten würde, die auch unter Würdigung der berechtigten Interessen des Vermieters nicht zu rechtfertigen ist (§ 559 Abs. 4 S. 1 BGB). Der Härteeinwand ist also begründet, wenn und **soweit die Mieterhöhung dem Mieter unzumutbar ist.**[330] Im **vereinfachten Verfahren** hat der Mieter kein Recht, gegen die Mieterhöhung eine wirtschaftliche Härte einzuwenden (§ 559 c Abs. 1 S. 3 BGB).

324 Der Einwand wirtschaftlicher Härte ist frist- und formgebunden (§ 559 Abs. 5 BGB). Versagt ist dem Mieter der Härteeinwand, wenn die Mietsache lediglich in einen allgemein üblichen Zustand versetzt worden ist oder die Modernisierung aus vom Vermieter nicht zu vertretenden Umständen erfolgt ist (§ 559 Abs. 4 S. 2 BGB).

325 Der Mieter kann den Einwand finanzieller Härte wegen einer Mieterhöhung nach Modernisierung nicht gegen seine Pflicht vorbringen, die Baumaßnahmen zu dulden (§ 555 d Abs. 2 S. 2 BGB). Der Härteeinwand schützt den Mieter somit allenfalls vor der Mieterhöhung, nicht aber vor seiner Duldungspflicht: Trotz wirtschaftlicher Härte ist der Vermieter also zur Modernisierung berechtigt.

II. Begründetheit des Härteeinwandes

326 Ob die Mieterhöhung dem Mieter unzumutbar ist, beurteilt sich nach **Abwägung der widerstreitenden Interessen** der Vertragsparteien. Im Vordergrund steht die wirtschaftliche Leistungsfähigkeit des Mieters. Dem Interesse des Mieters, vor einer ihm unzumutbaren

330 *BGH* 24.9.2008 – VIII ZR 275/07, NJW 2008, 3630; Palandt/*Weidenkaff*, § 559 BGB Rn. 7.

Mieterhöhung geschützt zu werden, steht das Interesse des Vermieters gegenüber, die Modernisierung durch Mieterhöhung refinanzieren zu können.

Die Interessen der anderen Mieter, der Familien- und Haushaltsangehörigen des Mieters sowie die Belange des Klimaschutzes und der Energieeinsparung sind ohne Bedeutung. Sie sind nur bei einem Härteeinwand des Mieters zu berücksichtigen, der sich gegen seine Pflicht zur Duldung der Baumaßnahmen richtet (§ 555 d Abs. 2 S. 1 BGB). 327

Gleichwohl ist bei einer Mieterhöhung aufgrund einer **energetischen Modernisierung** (§ 555 b Nr. 1 BGB) eine besondere Abwägung geboten. Sie soll dem Umstand Rechnung tragen, dass energetische Modernisierungen nach dem Willen des Gesetzgebers gewünscht sind, sie für den Mieter aber nicht wirtschaftlich sein müssen.[331] 328

Eine energetische Modernisierung setzt nämlich nur voraus, dass nachhaltig Endenergie gespart wird, ohne dass dabei jedoch ein Mindestmaß an Energie eingespart werden müsste.[332] Auch kann sie Maßnahmen zur Einsparung nicht erneuerbarer Primärenergie erfassen, die allein dem Klimaschutz und der Ressourcenschonung dienen. In beiden Fällen führen die Maßnahmen nicht zwingend zu einer Ersparnis für den Mieter, sondern können für ihn sogar mit einer Betriebskostensteigerung verbunden sein.[333] Aus diesem Grund ist die Mieterhöhung wegen einer energetischen Modernisierungsmaßnahme nicht durch ihr Verhältnis zu der erzielbaren Heizkostenersparnis begrenzt.[334] 329

Zwar ist grundsätzlich bei der **Härtefallabwägung** – unabhängig von der wirtschaftlichen Leistungsfähigkeit des Mieters – auch das objektive Verhältnis zwischen der Mieterhöhung und den durch die Maßnahmen erzielten Vorteilen zu berücksichtigen. Hierzu kann bei energetischen Modernisierungen aber nicht allein auf die finanzielle Ersparnis durch die Energieeinsparung, insbesondere von Heizkosten, abgestellt werden. Denn das **allgemein- und umweltpolitische Interesse** an ihrer Durchführung ist einer Bewertung allein nach Kostengesichtspunkten nicht zugänglich.[335] Insofern ist bei der Härtefallabwägung zur Geltung zu bringen, dass die Verbreitung hoher energetischer Standards vom Gesetzgeber erwünscht ist und zur Erreichung dieses Ziels der Vermieter auch zur Mieterhöhung berechtigt sein soll.[336] 330

Die Grenze ist erst dort zu ziehen, wo eine für das konkrete Gebäude bzw. für die Mietsache völlig **ungeeignete Technik** angewandt wird oder wo von einem bereits bestehenden hohen energetischen Standard ausgehend unter Aufwendung hoher Kosten nur noch geringfügige Effekte erzielt werden können.[337] 331

Beispiel: Möchte der Vermieter bereits gut isolierende Fenster mit hohen Kosten gegen Fenster mit „optimaler Verglasung" austauschen, so hat der Mieter dies zwar zu dulden, nicht aber im Wege der Mieterhöhung zu finanzieren, sofern er sich auf den Härtefalleinwand beruft.[338]

Weil energetische Modernisierungen **übergeordneten ökologischen Interessen** dienen, kann es auf die finanzielle Ersparnis des Mieters folgerichtig nicht allein ankommen. Lediglich in besonderen Einzelfällen kann – politisch gewollt – ein vertretbares Nutzen-Kosten-Verhältnis verneint werden; im Regelfall ist dagegen der neu geschaffene energetische Standard bei der Abwägung gemäß § 559 Abs. 4 BGB für sich ausschlaggebend.[339] 332

331 BT-Drs. 17/10485, 24; *Börstinghaus* in Schmidt-Futterer, § 559 BGB Rn. 100 f.; *Dickersbach*, Lützenkirchen/Mietrecht, § 559 BGB Rn. 106 ff.; aA Staudinger/*Emmerich*, § 559 BGB Rn. 29 a.

332 *BGH* 10.4.2002 – VIII ZR ARZ 3/01.

333 BT-Drs. 17/10485, 24.

334 *BGH* 3.3.2004 – VIII ZR 149/03, NJW 2004, 1738.

335 *BGH* 3.3.2004 – VIII ZR 149/03, NJW 2004, 1738.

336 BT-Drs. 17/10485, 24.

337 BT-Drs. 17/10485, 24.

338 Beispiel nach BT-Drs. 17/10485, 24.

339 *Dickersbach*, Lützenkirchen/Mietrecht, § 559 BGB Rn. 106 a; Hannemann/*Horst*, Das neue Mietrecht, § 2 Rn. 200.

1. Zu erwartende Mieterhöhung

333 Die Mieterhöhung ist dem Mieter **umso weniger zumutbar, je höher sie ausfällt.** Dabei kommt es auf die Miete an, die dem Mieter in der Mieterhöhungserklärung gemäß § 559 b Abs. 1 S. 1 BGB mitgeteilt worden ist. Dies gilt auch, wenn die tatsächliche Mieterhöhung letztendlich von der angekündigten abweicht. *Nicht* einzubeziehen sind mögliche Mieterhöhungen auf die ortsübliche Vergleichsmiete, welche dem Mieter ohnedies nicht mit der Modernisierung angekündigt werden müssen.[340]

334 Maßgeblich ist die neu verlangte **Bruttomiete.**[341] Sie setzt sich zusammen aus der Miete vor der Modernisierung, dem Modernisierungszuschlag und den Vorauszahlungen für Betriebskosten. Weil für Mieterhöhungen nach Modernisierungen keine Kappungsgrenze gilt, kann die Mehrbelastung für den Mieter beträchtlich sein: Je nach Art der Modernisierung und ihrem Umfang kann sich die Miete sogar verdoppeln oder verdreifachen.

335 Zu berücksichtigen sind also auch die voraussichtlichen **Betriebskosten** nach Durchführung der Modernisierung.[342] Sie können sich erhöhen, insbesondere durch die Einführung neuer Betriebskosten, etwa für den Betrieb und die Wartung eines neu installierten Aufzugs. Sinken hingegen die Betriebskosten, vermindern sie die Gesamtbelastung des Mieters, etwa durch Maßnahmen zur Einsparung von Energie oder Wasser. In diesem Fall ist die Mieterhöhung weniger belastend für den Mieter. Diese **Saldierung** ist auch vorzunehmen, wenn die ermäßigten Betriebskosten in der Modernisierungsankündigung entgegen § 555 c Abs. 1 S. 2 Nr. 3 BGB nicht mitgeteilt worden sind.[343]

336 **Maßgeblicher Zeitraum** für die Ermittlung der Höhe der voraussichtlichen Betriebskosten ist das erste Jahr nach Beendigung der Modernisierungsmaßnahme.[344] Zu erwartende allgemeine Kostensteigerungen haben unberücksichtigt zu bleiben.[345] Bei verbrauchsabhängigen Kosten kann auf Erfahrungs- und Durchschnittswerte sowie auch auf **Herstellerangaben** zurückgegriffen werden.

2. Höhe des Monatseinkommens

337 Der Mieterhöhung gegenüberzustellen ist das **Haushaltseinkommen** des Mieters. Hierzu rechnen alle Einkünfte der in der Wohnung lebenden Personen, da diese Personen eine **Wirtschaftseinheit** bilden.

338 Zu berücksichtigen sind das **Nettoeinkommen** des Mieters und gegebenenfalls seines Ehegatten oder Lebenspartners sowie auch etwaige Ausbildungsvergütungen und Studienförderungen der in der Wohnung lebenden Kinder.[346] Ebenso einzubeziehen sind Einkünfte aus Untervermietung. Öffentliche Hilfen – vor allem Wohngeld und Kindergeld – hat sich der Mieter anrechnen zu lassen, unabhängig davon, ob er seine Ansprüche auch geltend macht.[347]

339 Vom Haushaltseinkommen in Abzug zu bringen sind **Unterhaltszahlungen,** soweit sie gesetzlich geschuldet sind. Höhere Zahlungen bleiben unberücksichtigt, weil freiwillige Vermögenszuwendungen an Dritte sonst zulasten des Vermieters gingen. Verpflichtungen des Mieters aus einem **Konsumentenkredit** werden grundsätzlich nicht berücksichtigt.[348] Dies kann ausnahmsweise anders zu beurteilen sein, wenn der Mieter bei Abschluss des Konsu-

340 *BGH* 24.9.2008 – VIII ZR 275/07, NJW 2008, 3630.
341 *LG Berlin* 17.10.2018 – 65 S 105/18.
342 *BGH* 10.12.2013 – VIII ZR 174/13, NZM 2014, 193; Staudinger/*Emmerich*, § 559 BGB Rn. 34 a.
343 *Dickersbach*, Lützenkirchen/Mietrecht, § 559 BGB Rn. 107.
344 Bub/Treier/*Schultz*, Kap. III Rn. 1630; *Dickersbach*, Lützenkirchen/Mietrecht, § 559 BGB Rn. 108.
345 *BGH* 28.9.2011 – VIII ZR 294/10, NJW 2011, 3642, zur Anpassung der Vorauszahlungen gemäß § 560 Abs. 4 BGB.
346 *BGH* 10.12.2013 – VIII ZR 174/13, NZM 2014, 193; *LG Berlin* 8.3.2011 – 65 S 19/11.
347 *BGH* 19.2.1992 – VIII ARZ 5/91, NJW 1992, 1386; *KG* 10.5.2007 – 8 U 166/06.
348 *LG Berlin* 3.12.2004 – 63 273/04.

mentenkredits in begründetem Vertrauen handelte, dass eine Modernisierung mit anschließender Mieterhöhung ausbleiben werde.

Neben dem Haushaltseinkommen ist auch das **Vermögen** des Mieters zu berücksichtigen.[349] Denn eine Mieterhöhung kann einem Mieter nicht unzumutbar sein, der unter Umständen über ein beträchtliches Bar- oder Wertpapiervermögen verfügt, auch wenn das regelmäßige Haushaltseinkommen gering ist.[350] Auch im Bereich der staatlichen Leistungsgewährung ist anerkannt, dass die wirtschaftlichen Verhältnisse der Förderperson insgesamt in den Blick zu nehmen sind. 340

Nicht einheitlich beantwortet wird die Frage nach dem maßgeblichen **Zeitpunkt für die Beurteilung des Härtegrundes.**[351] Zum Teil soll es auf die finanziellen Verhältnisse im Zeitpunkt des *Duldungsbegehrens* ankommen.[352] Nach vorzugswürdiger Auffassung wird man indes zur (nachträglichen) Feststellung der Härte auf den *Zugang der Mieterhöhungserklärung* abzustellen haben.[353] 341

Um eine Aussage zur Zumutbarkeit der künftigen Miethöhe treffen zu können, sind **künftige Änderungen des Haushaltseinkommens** zu berücksichtigen, wenn sie aufgrund *konkreter* Anhaltspunkte absehbar sind. So kann beispielsweise eine unmittelbar bevorstehende Arbeitslosigkeit bzw. Arbeitsaufnahme des Mieters, eine Minderung oder Erhöhung des Wohngeldes oder der Auszug des zum Haushaltseinkommen beitragenden (Ehe-)Partners in die Härtefallabwägung einbezogen werden.[354] 342

3. Belastbarkeitsgrenze

Die künftige monatliche Belastung des Mieters ist mit seiner wirtschaftlichen Situation ins Verhältnis zu setzen. Soweit die Mieterhöhung die individuelle **Belastbarkeitsgrenze** des Mieters überschreitet, ist sein Härteeinwand begründet. Das Gesetz selbst gibt keine Auskunft, wo diese Belastungsgrenze zu ziehen ist. Prinzipiell gilt jedenfalls, dass einem Mieter mit besserem Einkommen eine höhere Miete zugemutet werden kann als einem Mieter mit geringem Einkommen. 343

Entsprechend der Zielsetzung des Mietrechtsänderungsgesetzes, **energetische Modernisierungen** zu befördern, wird die Belastbarkeitsgrenze hier im Ergebnis wohl tendenziell höher anzusetzen sein als bei den anderen Modernisierungsmaßnahmen.[355] Zu diesem Zweck ist dem Mieter auch schon partiell die Mietminderung für die Dauer von drei Monaten ausgeschlossen (§ 536 Abs. 1 a BGB). 344

In der Rechtsprechung wird zur Ermittlung der Belastungsgrenze vielfach auf das Verhältnis der Mietkosten zu dem Haushaltseinkommen abgestellt, dabei aber immer zugleich betont, dass sich eine **starre Prozentgrenze verbietet**. Gleichwohl soll – gewissermaßen als „Faustformel" – eine Steigerung der Belastung durch Miete und Betriebskosten auf bis zu 30 Prozent des Haushaltseinkommens einem Mieter im Regelfall zumutbar sein.[356] Überschritten ist die Belastungsgrenze jedenfalls dann, wenn die neue Miete mehr als 50 Prozent des Nettoeinkommens ausmacht.[357] 345

349 Bub/Treier/*Schultz*, Kap. III Rn. 1631; *Hinz*, NZM 2013, 209 (224).
350 *Dickersbach*, Lützenkirchen/Mietrecht, § 559 BGB Rn. 114; aA *LG Berlin* 17.10.2018 – 65 S 105/18, zu einem als Altersvorsorge vorhandenen Aktiendepots des Mieters im Wert von rund 63.000 EUR.
351 Hierzu ausführlich *Börstinghaus*, NZM 2014, 689 ff.
352 *LG Berlin* 3.12.2004 – 63 S 273/04; aA *Dickersbach*, Lützenkirchen/Mietrecht, § 559 BGB Rn. 115.
353 *LG Berlin* 17.10.2018 – 65 S 105/18; *Börstinghaus*, Miethöhe-Handbuch, Kap. 15 Rn. 134 ff.; Bub/Treier/*Schultz*, Kap. III Rn. 1631; *Lehmann-Richter* WuM 2013, 511 (514); Staudinger/*Emmerich*, § 559 BGB Rn. 34 a.
354 *Abramenko*, Das neue Mietrecht in der anwaltlichen Praxis, § 2 Rn. 166.
355 Vgl. BT-Drs. 17/10485, 24.
356 *LG Berlin* 19.1.2010 – 65 S 285/09; ebenso *Börstinghaus* in Schmidt Futterer, § 559 BGB Rn. 105.
357 *LG Berlin* 9.7.2013 – 63 S 438/12.

346 Tatsächlich kann aufgrund rein schematischer Betrachtungen die Unzumutbarkeit einer Mieterhöhung nicht sachgerecht beurteilt werden – maßgeblich können vielmehr nur die **konkreten Lebensumstände** des Mieters sein.[358] Der Umstand, dass die Miete um fast 35 Prozent steigen soll, kann für sich allein also keine Härte begründen.[359]

347 Die individuelle Belastungsgrenze ist vielmehr erst überschritten, wenn das verbleibende Einkommen nach Abzug der Miete einschließlich der Betriebskosten es dem Mieter nicht mehr ermöglicht, im Wesentlichen an seinem bisherigen **Lebenszuschnitt** festzuhalten.[360] Das bedeutet aber nicht, dass dem Mieter keine Ausgabenkürzungen zuzumuten wären. Sie können dem Mieter umso mehr abverlangt werden, je höher sein Einkommen und sein Lebensstandard sind. Der Mieter soll aber *nicht* verpflichtet sein, zur Verbesserung seiner Einkommenssituation einen Teil der Wohnung **unterzuvermieten.**[361]

348 So ist der Einwand eines Mieters mit höherem Einkommen unbeachtlich, er könne aufgrund der Mieterhöhung künftig nicht mehr so häufig wie bisher in den Urlaub fahren oder ein Konzert oder Restaurant besuchen.[362] Bei einem Mieter mit geringem Einkommen ist die Zumutbarkeitsgrenze andererseits aber nicht erst dann überschritten, wenn der Mieter mit seinem verbleibenden Einkommen nur noch sein **Existenzminimum** bestreiten könnte.[363] Demnach soll die Erhöhung der Nettokaltmiete um 44 Prozent einem Mieter nicht zumutbar sein, wenn ihm daraufhin lediglich 852,76 EUR für seinen Lebensunterhalt verbleiben würde.[364]

349 Prinzipiell kann einem Mieter eine Mieterhöhung nicht unzumutbar sein, wenn er für sie nicht selbst aufzukommen hat. So ist einem Arbeitslosengeld II („**Hartz IV**") beziehenden Mieter die Mieterhöhung immer zumutbar, wenn davon ausgegangen werden kann, dass die Wohnkosten auch nach einer modernisierungsbedingten Mieterhöhung durch die Sozialleistungen abgedeckt werden.[365] Hält sich die neue Miete im Rahmen der Wohngeldgewährung, ist sie für den Mieter folglich zumutbar, da nicht er, sondern die **öffentliche Hand die Mehrbelastung trägt.**[366]

350 **Hinweis:** Der Vermieter ist nicht verpflichtet, die Mieterhöhung in vollem Umfang geltend zu machen. Es bleibt ihm unbenommen, durch einen teilweisen Verzicht auf die Mieterhöhung dem Einwand finanzieller Härte vorzubeugen bzw. ihm Substanz zu entziehen. Zulässig ist es auch, eine Mieterhöhung in mehreren Schritten geltend zu machen, um den Mieter (zunächst) zu schonen. Dies kommt in der Wirkung einer Staffelmiete gleich, obschon es sich tatsächlich um einen teilweisen bzw. zeitweisen Verzicht auf eine dem Vermieter zustehende Mieterhöhung handelt.

4. Darlegungs- und Beweislast

351 Der Mieter, der sich auf eine finanzielle Härte durch die zu erwartende Mieterhöhung beruft, hat dazu seine Einkommensverhältnisse vollständig darlegen und nötigenfalls durch Vorlage aller relevanten Unterlagen – etwa des **Einkommensteuerbescheides** – zu beweisen.[367] Es genügt nicht, wenn der Mieter allein ein prozentuales Verhältnis der erhöhten Miete in Bezug auf das Einkommen behauptet.[368]

358 *BGH* 10.12.2013 – VIII ZR 174/13, NZM 2014, 193.
359 *BGH* 2.3.2011 – VIII ZR 164/10, NJW 2011, 1220.
360 *LG Berlin* 17.10.2018 – 65 S 105/18; KG 10.5.2007 – 8 U 166/06; *Hinz* NZM 2013, 209 (224).
361 *LG Berlin* 17.10.2018 – 65 S 105/18.
362 *Dickersbach*, Lützenkirchen/Mietrecht, § 559 BGB Rn. 117.
363 *LG Berlin* 26.4.2016 – 67 S 78/16; *Hinz* NZM 2013, 209 (224).
364 *AG Berlin-Mitte* 6.8.2013 – 5 C 366/12.
365 *KG* 10.5.2007 – 8 U 166/06.
366 *LG Berlin* 3.12.2004 – 63 S 273/04.
367 *KG* 10.5.2007 – 8 U 166/06.
368 *LG Berlin* 10.9.2007 – 67 S 90/07.

Hat der Mieter seine Einkommensverhältnisse dargelegt, braucht er keinen weiteren Beweis für das Negativum zu führen, weitere Einkünfte nicht zu haben.[369] Bewohnt der Mieter zusammen mit seinem Lebensgefährten die Wohnung, hat er allerdings auch dessen Einkommen offenzulegen.[370] Bestehen *objektive* Anhaltspunkte für nicht unerhebliche **Vermögenswerte** des Mieters, hat er sich hierzu zu erklären, da sie gegebenenfalls in die Abwägung einzubeziehen sind. 352

III. Rechtsfolgen

Die Mieterhöhung ist ausgeschlossen, soweit sie für den Mieter eine Härte bedeutet (§ 559 Abs. 4 S. 1 BGB). Ein begründeter Härteeinwand schließt die Mieterhöhung also nicht automatisch *vollständig* aus, sondern nur *insoweit*, als sie dem Mieter unzumutbar ist. Im Streitfall kann das Gericht die Mieterhöhung daher auf das zumutbare Maß reduzieren und festsetzen. 353

Nur wenn selbst eine geringe Mieterhöhung als eine für den Mieter nicht zu rechtfertigende Härte angesehen werden muss, wird die Mieterhöhung in Gänze ausgeschlossen sein. Dies dürfte allerdings nur im Einzelfall gerechtfertigt sein, da ein vollständiger Ausschluss der Mieterhöhung der gesetzgeberischen Intention zuwiderläuft, Vermieter zur Durchführung von Modernisierungsmaßnahmen zu animieren.[371] Insofern ist einem Mieter das ihm Zumutbare stets auch abzuverlangen. 354

IV. Geltendmachung des Härteeinwandes

Der Härteeinwand muss vom Mieter form- und fristgerecht erhoben worden sein, damit er beachtlich ist. Hierzu hat der Mieter alle seinen Einwand stützenden Tatsachen und Umstände dem Vermieter **rechtzeitig mitzuteilen**. Erfolgt dies nicht, schuldet der Mieter die erhöhte Miete auch dann, wenn sie für ihn wirtschaftlich unzumutbar ist. Die Einhaltung der Frist ist für den Mieter damit eine Obliegenheit, deren Einhaltung in seinem eigenen Interesse liegt. 355

1. Form und Frist

Der Härteeinwand des Mieters muss in **Textform** erfolgen (§ 555 d Abs. 3 S. 1 BGB). **Adressat** des Härteeinwandes ist der Vermieter bzw. sein bevollmächtigter Vertreter, im Regelfall seine Hausverwaltung. 356

Umstände, die eine wirtschaftliche Härte des Mieters begründen, sind vom Vermieter nur zu berücksichtigen, wenn sie rechtzeitig mitgeteilt worden sind (§ 559 Abs. 5 S. 1 BGB). Es gelten somit **Ausschlussfristen**, nach deren Ablauf Einwendungen des Mieters unbeachtlich sind. 357

Die Berechnung der Ausschlussfrist hat vier Anknüpfungspunkte: 358

- Die Modernisierungsankündigung,
- die Belehrung über den Härteeinwand,
- die Höhe der künftigen Miete und
- den Fall der schuldlosen Nichteinhaltung der Frist.

a) Ordnungsgemäße Modernisierungsankündigung mit Belehrung

Eine Härte hat der Mieter spätestens bis zum Ablauf des Monats mitzuteilen, der auf den Zugang der Modernisierungsankündigung folgt (§ 555 d Abs. 3 S. 1 BGB). Der Lauf dieser Frist beginnt nur, wenn die Modernisierungsankündigung in jeder Hinsicht ordnungsge- 359

369 *LG Berlin* 3.12.1984 – 61 S 174/84.
370 *LG Berlin* 8.3.2011 – 65 S 19/11.
371 *Dickersbach*, Lützenkirchen/Mietrecht, § 559 BGB Rn. 119 b.

mäß iSv § 555 c Abs. 1 BGB gewesen ist und der Mieter auf Form und Frist seines Härteeinwandes gemäß § 555 c Abs. 2 BGB hingewiesen worden ist (§ 555 d Abs. 3 S. 2, Abs. 5 S. 1 BGB).

360 Damit hat der Mieter für seinen Härteeinwand gegen die Mieterhöhung die gleiche Frist zu beachten wie für den Härteeinwand gegen seine Pflicht, die Modernisierungsmaßnahmen zu dulden, sowie für die Ausübung seines Sonderkündigungsrechts (§ 555 e Abs. 1 S. 2 BGB). Durch diese Ausschlussfrist soll der Vermieter vor Baubeginn abschätzen können, ob er die Modernisierung durch Mieterhöhung refinanzieren kann.[372] Hat der Mieter eine Härte eingewendet, erfolgt die endgültige Klärung von Zulässigkeit und Umfang der Mieterhöhung gleichwohl erst dann, wenn die Modernisierungsmaßnahmen abgeschlossen sind.

361 **Hinweis:** Hat der Mieter rechtzeitig und formwirksam den Einwand wirtschaftlicher Härte erhoben, kann der Vermieter dessen Begründetheit durch eine Feststellungsklage gemäß § 256 ZPO klären lassen.[373] Das Feststellungsinteresse besteht für den klagenden Vermieter darin, vor Modernisierungsbeginn Klarheit darüber zu haben, inwieweit er die Modernisierungskosten im Wege der Mieterhöhung refinanzieren kann. Um die sich daraus für beide Mietvertragsparteien ergebenden Unsicherheiten und Unannehmlichkeiten zu vermeiden, ist der Abschluss einer Modernisierungsvereinbarung freilich vorzugswürdig.

362 Ist die Modernisierung **nicht oder nicht ordnungsgemäß** iSv § 555 c Abs. 1 BGB angekündigt worden, so ist der Mieter (auch) für seinen Einwand wirtschaftlicher Härte an keine Frist gebunden (§ 559 Abs. 5 iVm § 555 d Abs. 3 S. 2 BGB). Es gilt also auch *nicht* die **Schranke des Baubeginns,** da diese Schranke gemäß § 555 d Abs. 4 S. 2 BGB gesetzessystematisch eine mit ordnungsgemäßer Ankündigung in Lauf gesetzte und (schuldlos) abgelaufene Mitteilungsfrist nach § 555 d Abs. 4 S. 1 BGB voraussetzt.[374] Dies ist richtig, denn auf den Zeitpunkt des Baubeginns kann es nicht ankommen, weil die Arbeitsaufnahme außerhalb der Wohnung vom Mieter häufig unbemerkt bleibt und für ihn – ohne ordnungsgemäße Ankündigung – nicht erkennbar ist, welchem Zweck die Arbeiten dienen (Instandsetzung oder Modernisierung).[375]

b) Ordnungsgemäße Modernisierungsankündigung ohne Belehrung

363 Ist die Modernisierungsankündigung zwar ordnungsgemäß iSv § 555 c Abs. 1 BGB erfolgt, wurde der Mieter darin aber nicht auf Form und Frist seines Härteeinwandes gemäß § 555 c Abs. 2 BGB hingewiesen, muss der Mieter seinen Härteeinwand bis **spätestens zum Beginn der Modernisierungsarbeiten** mitgeteilt haben (§ 555 d Abs. 5 S. 2 iVm § 555 d Abs. 4 S. 2 BGB). Diese verlängerte Ausschlussfrist gilt aber nur für wirtschaftliche Härtegründe. Einwendungen gegen seine Duldungspflicht darf der Mieter im Falle einer unterbliebenen Belehrung noch nach Baubeginn mitteilen (§ 555 Abs. 5 S. 1 BGB iVm § 555 d Abs. 4 S. 2 BGB). Dass diese zeitliche Schranke für den Härteeinwand Anwendung findet, zeigt, dass das Gesetz die wegen fehlenden Hinweises in Unkenntnis von der Frist verspätete Mitteilung als einen Fall der schuldlos versäumten Frist iSv § 555 d Abs. 4 S. 1 BGB ansieht.[376]

c) Anknüpfung an die Mieterhöhung

364 Übersteigt die tatsächliche Mieterhöhung die dem Mieter gemäß § 555 c Abs. 1 Nr. 3 BGB angekündigte voraussichtliche Mieterhöhung um mehr als 10 Prozent, braucht er für seinen Einwand wirtschaftlicher Härte keine Frist zu beachten (§ 559 Abs. 5 S. 2 BGB). Ob

372 BT-Drs. 17/10485, 21.
373 *KG* 16.7.2012 – 8 W 36/12; Bub/Treier/*Schultz*, Kap. III Rn. 2698.
374 *Hinz* NZM 2013, 209 (226); siehe auch *Dickersbach*, Lützenkirchen/Mietrecht, § 555 d BGB Rn. 57 f.
375 *Börstinghaus*, NZM 2013, 449 (459); *Hinz*, NZM 2013, 209 (226).
376 *Dickersbach*, Lützenkirchen/Mietrecht, § 555 d BGB Rn. 53.

die Modernisierungsankündigung im Übrigen ordnungsgemäß und mit Hinweis auf den Härteeinwand erfolgt ist, spielt keine Rolle.

Um der für den Vermieter hierin liegenden Ungewissheit zu entgehen, kann er auf einen 365
Teil der Mieterhöhung verzichten. Dies kann für ihn auch wirtschaftlich sinnvoll sein, da eine die Ankündigung um mehr als 10 Prozent übersteigende Mieterhöhung erst mit sechsmonatiger Verspätung fällig wird (§ 559 b Abs. 2 S. 2 Nr. 2 BGB).

Anknüpfungspunkt ist der um 10 Prozent höher ausfallende Mieterhöhungsbetrag. In die 366
Toleranzgrenze einzubeziehen sind auch **Betriebskostensteigerungen** durch Erhöhung bestehender oder durch modernisierungsbedingt ganz neu entstehende Posten.[377] Bei Überschreiten der **Toleranzgrenze** konnte der Mieter nicht früher wissen, dass er mit einer Mieterhöhung konfrontiert wird, die er wirtschaftlich nicht tragen kann. Dies rechtfertigt einen Härteeinwand auch erst nach erfolgter Modernisierung. Ob die um 10 Prozent höhere Abweichung vorhersehbar war oder vom Vermieter zu vertreten ist, ist hierfür unerheblich.[378]

Umstritten ist, ob der Mieter die Härte gegen die Mieterhöhung insgesamt oder nur inso- 367
weit geltend machen kann, als sie über die Toleranzgrenze von 10 Prozent hinausgeht. Zum Teil wird Ersteres befürwortet und verlangt, der Mieter müsse so gestellt werden, als wenn die neue Miete von Anfang an korrekt „im Rahmen" angegeben worden wäre. Mit der Möglichkeit eines **umfänglichen Härteeinwandes** sei der Vermieter zu sanktionieren, was sich dadurch rechtfertige, dass er den Mieter mit untersetzter Angabe der Miethöhe zur Duldung der Modernisierung veranlasst habe.[379]

Diese Auffassung erscheint jedoch zweifelhaft, denn der Mieter konnte die angekündigte 368
Mieterhöhung sehr wohl darauf überprüfen, ob sie für ihn zumutbar ist.[380] Macht er keine Härte geltend, muss der Vermieter darauf vertrauen dürfen, dass insoweit die Mieterhöhung für ihn zumutbar ist. Denn es entspricht dem Zweck der Ausschlussfristen, dem Vermieter **Rechts- und Planungssicherheit** zu geben, wozu ihm sogar ein Toleranzrahmen von immerhin 10 Prozent eingeräumt wird.[381] Wird dieser Rahmen überschritten, ist der Mieter dadurch geschützt, dass er *insoweit* – also auf die Überschreitung der Toleranzgrenze bezogen und beschränkt – die Frage der Zumutbarkeit neu stellen kann.[382] Ein Bedürfnis, den Vermieter zu sanktionieren, ist nicht gegeben, zumal der Mieter die zu erwartende Mieterhöhung seiner Duldungspflicht ohnedies nicht (mehr) entgegenhalten kann (§ 555 d Abs. 2 S. 2 BGB).

Die Rolle einer Sanktion des Vermieters für diesen Fall kommt ohnedies einer anderen 369
Vorschrift zu: Gemäß § 559 b Abs. 2 S. 2 Nr. 2 BGB wird eine die Ankündigung um mehr als 10 Prozent übersteigende Mieterhöhung erst mit sechsmonatiger Verspätung fällig. Damit schuldet der Mieter die erhöhte Miete erst mit Beginn des neunten Monats nach Zugang der Mieterhöhungserklärung.

d) Anknüpfung an die schuldlose Fristversäumnis

Ist dem Mieter die Modernisierung ordnungsgemäß angekündigt worden, hat er für seinen 370
Einwand wirtschaftlicher Härte bis zum Ablauf des Monats Zeit, der auf den Zugang der Modernisierungsankündigung folgt (§ 555 d Abs. 3 BGB). Nach Ablauf dieser Frist ist der Einwand noch zu berücksichtigen, wenn der Mieter ohne Verschulden an der Einhaltung der Frist gehindert war und er dem Vermieter die Härte sowie die Gründe der Verzögerung **unverzüglich in Textform** mitteilt (§ 555 d Abs. 4 S. 1 BGB).

377 *Börstinghaus* in Schmidt-Futterer, § 559 BGB Rn. 127; Bub/Treier/*Schultz*, Kap. III Rn. 1481.
378 H/K/*Both*, § 559 BGB Rn. 49.
379 *Börstinghaus* in Schmidt-Futterer, § 559 BGB Rn. 127; Staudinger/*Emmerich*, § 559 BGB Rn. 42.
380 *AG Dortmund* 26.11.2013 – 425 C 7773/12; BeckFormB MietR/*Flintrop* C. V. 3 (Anm. 2).
381 *Dickersbach*, Lützenkirchen/Mietrecht, § 559 BGB Rn. 126.
382 Ebenso BeckFormB MietR/*Flintrop* C. V. 3 (Anm. 2); *Dickersbach*, Lützenkirchen/Mietrecht, § 559 BGB Rn. 126.

371 Das Recht, bei **fehlendem Verschulden** eine Härte verspätet einwenden zu können, ist hinsichtlich der wirtschaftlichen Härte eingeschränkt: Umstände, die eine Härte im Hinblick auf die Mieterhöhung begründen, sind vom Vermieter nur zu berücksichtigen, wenn der Mieter sie **spätestens bis zum Beginn der Modernisierung** mitgeteilt hat (§ 559 Abs. 5 S. 1 iVm § 555 d Abs. 4 S. 2 BGB). Also auch, wenn der Mieter an der rechtzeitigen Geltendmachung schuldlos gehindert war, kann er über diese zeitliche Schranke hinaus keine wirtschaftliche Härte mehr einwenden (wohl aber eine Härte gegen seine Duldungspflicht). Die Ausschlussfrist dient der Planungssicherheit: Der Vermieter soll bis zum Beginn der Baumaßnahmen wissen, ob er deren Kosten später auf den Mieter umlegen kann.[383]

372 Unverschuldet ist die Fristversäumnis zum einen, wenn die den Härteeinwand begründenden Umstände erst nach regulärem Fristablauf entstanden sind. Dies betrifft alle **sachlichen Umstände**, nach denen sich das Haushaltseinkommen des Mieters verringert hat bzw. in absehbarer Zeit verringern wird.

Beispiele: Der Arbeitsvertrag des Mieters wurde gekündigt; das Arbeitseinkommen verringert sich wegen Teilzeit; das Arbeitseinkommen eines Elternteils entfällt oder ermäßigt sich wegen der Geburt eines Kindes; das Wohngeld wird gestrichen bzw. gekürzt.

373 Zum anderen kann der Mieter aus **persönlichen Gründen** an der Einhaltung der Frist unverschuldet gehindert gewesen sein. Beispielsweise dadurch, dass er wegen einer längeren Reise oder eines Kur- oder Krankenhausaufenthalts von der Modernisierungsankündigung keine Kenntnis nehmen konnte.

e) Anknüpfung an die Unerheblichkeit der Modernisierung

374 Modernisierungsmaßnahmen, die mit einer nur unerheblichen Einwirkung auf die Mietsache verbunden sind und nur zu einer unerheblichen Mieterhöhung führen, brauchen nicht angekündigt zu werden (§ 555 c Abs. 4 BGB). Hält der Mieter die unerhebliche Mieterhöhung für unzumutbar, kann er diese Härte fristungebunden einwenden, da ohne Modernisierungsankündigung hierfür keine Frist in Lauf gesetzt wird.

375 Stellt sich später heraus, dass die Voraussetzungen einer **Bagatellmodernisierung** *nicht gegeben* sind, ist die Modernisierungsankündigung pflichtwidrig unterblieben. Der Mieter ist deshalb für seinen Härteeinwand an keine Frist gebunden (§ 559 Abs. 5 S. 1 iVm § 555 d Abs. 3 S. 2 BGB).

376 Macht der Vermieter eine Mieterhöhung geltend, die nicht angekündigt worden war, gilt für den Härteeinwand ebenfalls keine Ausschlussfrist (§ 559 Abs. 5 S. 2 BGB). Denn gegenüber einer nicht angekündigten Mieterhöhung ist jede geltend gemachte Mieterhöhung um 10 Prozent höher.[384]

2. Übersicht: Fristen für die Mitteilung von Härtegründen

377

Ordnungsgemäße Ankündigung der Modernisierung mit/ohne Belehrung über den Härteeinwand		
Mieter geht ordnungsgemäße Ankündigung **mit** Belehrung über Härteeinwand zu	Härte muss bis zum Ablauf des Monats mitgeteilt werden, der auf den Zugang der Ankündigung folgt	§ 555 d Abs. 3 BGB
Mieter geht ordnungsgemäße Ankündigung **ohne** Belehrung über Härteeinwand zu	Härte muss bis spätestens zum Baubeginn mitgeteilt werden	§ 555 d Abs. 5 S. 2 BGB

383 BT-Drs. 17/10485, 21.
384 *Börstinghaus*, NZM 2013, 449 (451).

Fehlende oder nicht ordnungsgemäße Ankündigung der Modernisierung		
Fehlende oder nicht ordnungsgemäße Ankündigung der Modernisierung	Für den Härteeinwand gilt keine Frist	§ 555 d Abs. 3 S. 2 BGB
Tatsächliche Mieterhöhung übersteigt die angekündigte um mehr als 10 Prozent		
Ordnungsgemäße Ankündigung **mit/ohne** Belehrung	Für den Härteeinwand gilt keine Frist	§ 559 Abs. 5 S. 2 BGB
Keine ordnungsgemäße Ankündigung **mit/ ohne** Belehrung	Für den Härteeinwand gilt keine Frist	§ 559 Abs. 5 S. 2 BGB
Mieter versäumt schuldlos den Härteeinwand		
Ordnungsgemäße Ankündigung **mit/ohne** Belehrung. Angekündigte Mieterhöhung übersteigt die tatsächliche Mieterhöhung **nicht** um mehr als 10 Prozent	Härte muss bis spätestens zum Baubeginn mitgeteilt werden	§ 555 d Abs. 4 S. 2 BGB
Ordnungsgemäße Ankündigung **mit/ohne** Belehrung. Angekündigte Mieterhöhung übersteigt die tatsächliche Mieterhöhung um **mehr** als 10 Prozent	Für den Härteeinwand gilt keine Frist	§ 559 Abs. 5 S. 2 BGB
Bagatellmodernisierungen		
Keine ordnungsgemäße Ankündigung (nicht erforderlich gemäß § 555 c Abs. 4 BGB). Keine Mieterhöhung	Für den Härteeinwand gilt keine Frist, weil es ohne Ankündigung keinen Fristbeginn gibt (aber Härteeinwand unbegründet)	§ 555 d Abs. 3 S. 2 BGB
Keine ordnungsgemäße Ankündigung (nicht erforderlich gemäß § 555 c Abs. 4 BGB). Mieterhöhung wird geltend gemacht	Für den Härteeinwand gilt keine Frist, da eine Mieterhöhung von mehr als 10 Prozent gegenüber einer nicht angekündigten Mieterhöhung erheblich ist	§ 559 Abs. 5 S. 2 BGB

V. Gesetzlicher Ausschluss des Härteeinwandes

In drei Fällen ist es dem Mieter gesetzlich verwehrt, gegen die Mieterhöhung eine Härte einzuwenden. Zum einen findet eine Härtefallabwägung nicht statt, wenn die Mietsache lediglich in einen **allgemein üblichen Zustand** versetzt worden ist. Zum anderen ist dem Mieter der Härteeinwand versagt, wenn die Modernisierungsmaßnahme aus nicht **vom Vermieter zu vertretenden Umständen** durchgeführt worden ist (§ 559 Abs. 4 S. 2 BGB). Und schließlich ist der Mieter auch im **vereinfachten Verfahren** prinzipiell mit dem Einwand wirtschaftlicher Härte ausgeschlossen (§ 559 c Abs. 1 S. 3 BGB). In allen drei Fällen bleibt dem Mieter nur, von seinem **Sonderkündigungsrecht** (§ 561 BGB) Gebrauch zu machen, wenn er meint, die Belastung der Mieterhöhung nicht tragen zu können. 378

1. Allgemein üblicher Zustand

Ist die Mietsache durch die Modernisierung in einen allgemein üblichen Zustand versetzt worden, so ist der Mieter von vornherein nicht berechtigt, gegenüber der aus dieser Maßnahme folgenden Mieterhöhung eine Härte einzuwenden (§ 559 Abs. 4 S. 2 Nr. 2 BGB). Mit dieser Regelung soll im Interesse der **Verbesserung der allgemeinen Wohnverhältnisse** 379 sichergestellt werden, dass an zahlungsschwachen Mietern solche Modernisierungen nicht scheitern, die sich bereits als allgemeiner Standard durchgesetzt haben.[385]

380 Ob dieser Ausschlusstatbestand vorliegt, ist für jede einzelne Modernisierungsmaßnahme gesondert zu prüfen. Somit kann der Mieter bei *mehreren* gleichzeitig durchgeführten Modernisierungsmaßnahmen mit seinem Härteeinwand bezogen auf nur einen Teil der Mieterhöhung ausgeschlossen sein, weil sie auf einer Maßnahme fußt, mit welcher ein allgemein üblicher Zustand hergestellt worden ist.

381 Nach Auffassung des BGH werden Mieträume in einen allgemein üblichen Zustand versetzt, wenn ihr Ausstattungsstand bei der überwiegenden Mehrzahl von Mieträumen in Gebäuden gleichen Alters innerhalb der Region angetroffen wird.[386] Zum Vergleich heranzuziehen ist der Zustand, der tatsächlich vorhanden ist (**Ist-Standard**). Es kommt somit *nicht* auf den Zustand von Mietobjekten an, der wohnungspolitisch angestrebt wird oder der anhand geltender Normen oder Vorgaben zu ermitteln ist (Soll-Standard).[387]

382 Maßgeblich ist der **gegenwärtige** Zustand des Mietobjekts. Vom Mieter *rechtmäßig* geschaffene Ausstattungsmerkmale, mit denen ein üblicher Wohnungsstandard bereits erreicht worden ist, sind also beachtlich.[388]

Beispiel: Die Wohnung verfügte bei Anmietung über einen Einzelofen und ein *Gamat*-Heizgerät; 1991 baute der Mieter im Einverständnis mit dem Vermieter auf eigene Kosten eine Gasetagenheizung ein. Nun hat der Vermieter die Wohnung an die im Gebäude inzwischen vorhandene Zentralheizung angeschlossen. Der Härteeinwand des Mieters ist nicht ausgeschlossen. Sein Ausschluss kann nicht damit begründet werden, dass die *früher* vorhandenen Einzelöfen dem heutigen allgemein üblichen Zustand nicht entsprechen. Denn auf den *damaligen* Zustand kommt es *nicht* an. Somit kann nicht angenommen werden, dass die Wohnung erst mit dem Anschluss an die Zentralheizung in einen allgemein üblichen Zustand versetzt worden ist.

383 Ein bestimmter Ausstattungsstandard ist dann „überwiegend vorhanden", wenn mindestens **zwei Drittel** der Mietobjekte innerhalb der Region ihn aufweisen.[389] Für diesen Vergleich können nur Mietwohnungen in Gebäuden gleichen Alters herangezogen werden. Erfasst sind vor allem **Altbauwohnungen**, denn der Ausschluss des Härteeinwands bezweckt gerade die sachgerechte Verbesserung von älteren Wohnungen. Für die Vergleichbarkeit hinsichtlich des Gebäudealters bietet es sich an, die Baualtersklassen der **Mietspiegel** zur Ermittlung der ortsüblichen Vergleichsmiete heranzuziehen.

384 Der Begriff der **Region** ist großzügig zu sehen.[390] Eine zu große Aufsplitterung in einzelne regionale Bereiche wird der gesetzgeberischen Intention nicht gerecht, verbreitete bauliche Standards weiter zu verbreiten. Denn je enger das Vergleichsgebiet gefasst würde, desto weniger repräsentativ wären die Ergebnisse zum baulichen Standard, und desto weniger wäre die Möglichkeit des Härteeinwands für den Vermieter vorhersehbar. Es verbietet sich daher, auf örtliche oder sogar innerörtliche Verhältnisse abzustellen.[391]

385 Bei der Verbreitung baulicher Standards ist nicht (mehr) zwischen den neuen und den alten Bundesländern zu unterscheiden. Als **Mindeststandard** gilt für alle Bundesländer zumindest Folgendes:[392]

385 BT-Drs. 9/2079, 9; *BGH* 10.10.2012 – VIII ZR 25/12, NZM 2013, 141.

386 *BGH* 19.2.1992 – VIII ARZ 5/91, NJW 1992, 1386.

387 *BGH* 19.2.1992 – VIII ARZ 5/91, NJW 1992, 1386; *Hinz* NZM 2013, 209 (226).

388 *BGH* 10.10.2012 – VIII ZR 25/12, NZM 2013, 141.

389 *BGH* 19.2.1992 – VIII ARZ 5/91, NJW 1992, 1386; das KG ging zuvor noch von 90 Prozent aus, vgl. *KG* 19.9.1985 – 8 RE-Miet 1661/85.

390 Bub/Treier/*Schultz*, Kap. III Rn. 1626; aA *Hinz* NZM 2013, 209 (226).

391 *Börstinghaus* in Schmidt-Futterer, § 559 BGB Rn. 116; Bub/Treier/*Schultz*, Kap. III Rn. 1626; Spielbauer/*Schneider*, § 559 BGB Rn. 63.

392 Vgl. weitgehend ebenso BeckFormB MietR/*Wetekamp* B. IV. 7 (Anm. 1).

- Beheizbarkeit der Wohnung
- Eigener Wohnungswasseranschluss- und -abfluss
- WC innerhalb der Wohnung
- Stromversorgung im Bad
- Für den gleichzeitigen Betrieb zweier Großgeräte (Herd, Spül- und Waschmaschine, Trockner) ausreichende Stromversorgung
- Beleuchtungsmöglichkeit und Kochgelegenheit
- Einfachverglasung

Hinsichtlich speziellerer Ausstattungsmerkmale ist es mangels anderer geeigneter Abgrenzungskriterien sachgerecht, zum Vergleich auf das **Bundesland** abzustellen, in dem sich die Mietwohnung befindet.[393] Dabei kann in Berlin nicht mehr zwischen dem ehemaligen West- und Ostteil der Stadt unterschieden werden; maßgeblich ist das gesamte Stadtgebiet.[394] Insofern ist in (ganz) Berlin der Einbau neuer lackierter Holzfenster mit Doppelfalz und Zweifach-Isolierverglasung allgemein üblich[395] wie auch – unabhängig von der Baualtersklasse – die Ausstattung mit einer Sammelheizung,[396] nicht aber der Einbau eines Aufzugs.[397] In einem Flächenland kann die Installation einer Gas-Etagenheizung anstelle vorhandener Gas-Einzelöfen der Herbeiführung eines allgemein üblichen Standards der Mietwohnung dienen.[398] 386

Der Vermieter trägt die **Beweislast** dafür, dass die Mietsache mit der Modernisierung in einen allgemein üblichen Zustand versetzt worden ist, so dass der Mieter den Einwand wirtschaftlicher Härte nicht geltend machen kann.[399] Im Streitfall wird dies in aller Regel nur durch ein Sachverständigengutachten zu klären sein. 387

2. Nicht zu vertretende Umstände

Der Einwand wirtschaftlicher Härte ist dem Mieter versagt, wenn die Mieterhöhung auf solchen Modernisierungsmaßnahmen gründet, die der Vermieter nicht zu vertreten hat iSv § 555 b Nr. 6 BGB (§ 559 Abs. 4 S. 2 Nr. 2 BGB). Unberührt hiervon ist auch bei diesem Modernisierungstatbestand das Recht des Mieters, gegen seine Pflicht zur Duldung eine Härte einzuwenden. 388

Eine nicht zu vertretende rechtliche Verpflichtung zum Modernisieren kann sich für den vermietenden Eigentümer aus gesetzlichen Vorgaben und aus bestandskräftigen Bescheiden (etwa einem Modernisierungsgebot nach § 177 BauGB) ergeben. Angeordnet sein können beispielsweise die Umstellung von Stadt- auf Erdgas, der Einbau von Öltanksicherungen oder die Ersetzung von Freileitungen durch Erdleitungen. Eine gesetzliche Verpflichtung besteht in mehreren Bundesländern zur Installation von **Kaltwasserzählern.**[400] 389

Ausweislich der Gesetzesbegründung besteht eine Rechtspflicht insbesondere auch bei Modernisierungsmaßnahmen, die der Erfüllung von **Nachrüstpflichten** nach der **Energieeinsparverordnung 2016** dienen.[401] Von besonderer Bedeutung ist hier die Pflicht zum Austausch bestimmter alter **Heizkessel** (Jahrgänge älter als 1985 bzw. älter als 30 Jahre, vgl. § 10 Abs. 1 EnEV 2016). 390

393 *BGH* 19.2.1992 – VIII ARZ 5/91, NJW 1992, 1386; aA *Börstinghaus* in Schmidt-Futterer, § 559 BGB Rn. 116.
394 *AG Berlin-Mitte* 6.8.2013 – 5 C 366/12.
395 *LG Berlin* 30.5.2013 – 67 S 577/12.
396 *LG Berlin* 10.1.2012 – 63 S 136/11.
397 *LG Berlin* 8.3.2011 – 65 S 19/11.
398 *AG Langenfeld* 12.6.1998 – 25 C 315/97.
399 *BGH* 10.12.2013 – VIII ZR 174/13, NZM 2014, 193; *AG Berlin-Mitte* 15.9.2009 – 8 C 63/09.
400 Vgl. *BGH* 17.12.2008 – VIII ZR 41/08, NZM 2009, 150.
401 BT-Drs. 17/10485, 25.

391 Gerade in diesen Fällen ist besonders darauf zu achten, dass vom Härteausschlusstatbestand nur Modernisierungsmaßnahmen erfasst sind und nicht auch solche der **modernisierenden Instandsetzung**. Zwar sind hier die Kosten ersparter (fiktiver) Erhaltungsmaßnahmen von den zur Modernisierung aufgewendeten Kosten abzuziehen (§ 559 Abs. 2 BGB). Gegenüber der (verbleibenden) Mieterhöhung nach Modernisierung ist dem Mieter der Einwand wirtschaftlicher Härte aber eröffnet.

392 Wie bei der Schaffung eines allgemein üblichen Zustandes ist auch dieser Ausschlusstatbestand für jede Modernisierungsvariante iSv § 555 b BGB getrennt zu prüfen. Bei einem **Maßnahmenbündel** ist der Härteeinwand nur ausgeschlossen, soweit er einen vom Vermieter nicht zu vertretenden Modernisierungstatbestand betrifft.[402]

Beispiel: Der Vermieter ist zum Einbau von Kaltwasserzählern landesgesetzlich verpflichtet. Er kommt dieser Verpflichtung nach und modernisiert bei diesem Anlass zugleich das Bad. Gegenüber dem Teil der Mieterhöhung, der auf die Badmodernisierung als Gebrauchswerterhöhung iSv § 555 b Nr. 4 BGB entfällt, steht dem Mieter der Härteeinwand offen.

3. Vereinfachtes Verfahren

393 Führt der Vermieter die Modernisierung im vereinfachten Verfahren gemäß § 559 c BGB durch, ist der Mieter mit dem Einwand wirtschaftlicher Härte ausgeschlossen (§ 559 c Abs. 1 S. 3 BGB).

J. Gerichtliche Durchsetzung der Mieterhöhung

I. Mieterhöhung wegen Modernisierung

394 Aufgrund einer durchgeführten Modernisierungsmaßnahme iSv § 555 b BGB und einem gemäß § 559 b Abs. 1 BGB ordnungsgemäßen Mieterhöhungsverlangen schuldet der Mieter die erhöhte Miete. Zahlt er sie bei Fälligkeit nicht, kann der Vermieter direkt auf Zahlung klagen.

1. Zahlungsklage des Vermieters

395 Die Klage auf Zahlung der erhöhten Miete ist an **keine Frist** gebunden. Der Vermieter kann bei Säumnis des ersten Erhöhungsbetrages Klage erheben, aber auch abwarten, bis der Rückstand größer geworden ist, damit der Zahlungsantrag die für eine eventuelle Berufung erforderliche Beschwer von mehr als 600 EUR erreicht (vgl. § 511 Abs. 2 Nr. 1 ZPO).

396 Im Blick zu behalten hat der Vermieter die **Verjährung**. Der Anspruch auf Zahlung des Modernisierungszuschlags unterliegt – wie alle Mietforderungen – der regelmäßigen Verjährungsfrist von drei Jahren (§ 195 BGB). Diese Frist beginnt mit dem Schluss des Jahres zu laufen, in dem der Anspruch auf Mietzahlung *fällig* geworden ist (vgl. § 199 Abs. 1 BGB).

397 Sachlich **zuständiges Gericht** für die Klage auf Mietforderungen ist – unabhängig vom Streitwert – das Amtsgericht (§ 23 Nr. 2 a GVG). Örtlich zuständig ist dasjenige Amtsgericht, in dessen Bezirk sich die Mieträume befinden (§ 29 a Abs. 1 ZPO). In Verfahren vor dem Amtsgericht ist die Vertretung durch einen Rechtsanwalt nicht vorgeschrieben. Der **Gebührenstreitwert**, nach dem sich die Gerichtsgebühren und die Anwaltsgebühren gegebenenfalls berechnen, bemisst nach der Höhe des eingeklagten Betrages gemäß Zahlungsantrag. Der Rechtsmittelstreitwert richtet gemäß § 9 ZPO nach dem Dreieinhalbfachen des jährlichen Mieterhöhungsbetrages.[403]

402 *Börstinghaus* in Schmidt-Futterer, § 559 BGB Rn. 119.
403 *BGH* 21.5.2003 – VIII ZB 10/03, NJOZ 2003, 3008.

Früher musste vor Zahlungsklagen gegen den Mieter in einer Höhe von bis zu 750 EUR in zahlreichen Bundesländern eine **vorgerichtliche Streitschlichtung** durchgeführt werden. Eine ohne diese **Prozessvoraussetzung** erhobene Klage war unzulässig; das Schlichtungsverfahren konnte nicht nachgeholt werden.[404] Diese streitwertabhängige Schlichtungspflicht für vermögensrechtliche Streitigkeiten gibt es mittlerweile jedoch in keinem Bundesland mehr.[405] Zwar haben viele Bundesländer entsprechend ihrer weiteren Ermächtigung gemäß § 15 a Abs. 1 Nr. 2 EGZPO eine obligatorische Streitschlichtung für Streitigkeiten über Ansprüche aus dem **Nachbarrecht** zur Voraussetzung einer Klage gemacht, jedoch zählt das Mietrecht hierzu nicht. 398

Wird der Zahlungsklage vom Gericht stattgegeben, ist damit nur festgestellt, dass der Mieter die in der Vergangenheit fälligen Mieterhöhungsbeträge schuldet. Die Rechtskraft des Urteils erstreckt sich nicht auf die Verpflichtung des Mieters, *künftige* Mieterhöhungsbeträge zu zahlen. Hinsichtlich dieser Verpflichtung könnte ein anderes Gericht zu einer abweichenden Einschätzung kommen. 399

Vor diesem Hintergrund ist es für Vermieter empfehlenswert, die Rückstandsklage mit einer **Feststellungsklage** zu verbinden, wonach die Verpflichtung zur Zahlung der Mieterhöhung gemäß § 256 ZPO festgestellt wird, mit Wirkung auch für die Zukunft. Das Gericht muss dann entscheiden, ob der Mieter die geltend gemachte Mieterhöhung schuldet und sie nicht etwa wegen begründeter **Härte** ganz oder teilweise ausgeschlossen ist.[406] Das erforderliche Feststellungsinteresse entfällt nicht deshalb, weil dem Vermieter eine Klage auf künftige Leistung möglich ist (dazu im Anschluss).[407] 400

Der Vermieter kann seine Klage auf Zahlung der rückständigen Miete auch mit einer **Klage auf künftige Leistung** gemäß § 259 ZPO verbinden. Bei dem Anspruch auf Miete handelt es sich um einen Anspruch auf wiederkehrende Leistung, der dem Grunde nach bereits entstanden ist. Die erforderliche Besorgnis, dass sich der Mieter der rechtzeitigen Leistung entziehen werde, ist gegeben, wenn er auch für die Zukunft seine Verpflichtung zur Zahlung der erhöhten Miete ernstlich bestreitet oder sie in der Vergangenheit unter Berufung auf eine unwirksame Mieterhöhung nach § 559 BGB nur teilweise erfüllt hat.[408] 401

Befindet sich der Mieter in Zahlungsverzug, besteht für den Vermieter durch die Dauer eines Rechtsstreits die Gefahr, dass er die betreffende Forderung nicht realisieren kann. Aus diesem Grund ist mit dem **Mietrechtsänderungsgesetz** die Möglichkeit einer **Sicherungsanordnung** geschaffen worden (§ 283 a ZPO). Mit diesem Instrument kann allgemein – also nicht auf das Mietrecht beschränkt – unter strengen Voraussetzungen die Klageforderung schon vor Abschluss des Klageverfahrens gesichert werden. Allerdings ist eine Sicherungsanordnung für Zahlungsrückstände ausgeschlossen, die sich aus Mieterhöhungen ergeben (§ 283 a Abs. 1 S. 2 ZPO). Denn die Klärung der häufig komplizierten Fragen einer Mieterhöhung soll im Rahmen vorläufiger Rechtssicherung vermieden werden.[409] 402

2. Darlegungs- und Beweislast

Macht der Vermieter eine Mieterhöhung geltend, müssen deren Voraussetzungen gemäß den §§ 559 ff. BGB gegeben sein. Die hierzu in der **Mieterhöhungserklärung** gemachten Angaben müssen stimmen, da sie den Rechtsgrund für die Mieterhöhung bilden. 403

---

404 Vgl. *BGH* 20.11.2009 – V ZR 94/09, NJW-RR 2010, 357; *BGH* 13.12.2006 – VIII ZR 64/06, NJW 2007, 519; *BGH* 23.11.2004 – VI ZR 336/03, NJW 2005, 437.

405 Überholt ist weiterhin die diesbezügliche Darstellung bei *Börstinghaus* in Schmidt-Futterer, § 559 b BGB Rn. 64.

406 *KG* 16.7.2012 – 8 W 36/12; *AG Hamburg* 28.10.2010 – 44 C 113/10.

407 *BGH* 21.1.2004 – VIII ZR 101/03, IBRRS 2004, 0605.

408 Vgl. *BGH* 20.6.1996 – III ZR 116/94, NVwZ 1997, 99; *Börstinghaus*, Miethöhe-Handbuch, Kap. 17 Rn. 4.

409 BT-Drs. 17/10485, 28.

404 Die Darlegungslast für alle im Mieterhöhungsverlangen mitgeteilten Tatsachen liegt beim Vermieter.[410] Diese beinhaltet zunächst den Rechtsgrund der Mieterhöhung, also dass eine Modernisierungsmaßnahme gemäß § 555 b Nr. 1, 3–6 BGB durchgeführt worden ist, welche den gesetzlich beschriebenen **Modernisierungserfolg** herbeigeführt hat.

405 Ferner hat der Vermieter darzulegen, dass die Modernisierungskosten entsprechend den Angaben in der Mieterhöhungserklärung korrekt nach den Vorgaben der §§ 559, 559 a BGB berechnet worden sind. Dies beinhaltet Vortrag dazu, dass nur die für die Modernisierung notwendigen Kosten in die Berechnung der Mieterhöhung eingeflossen sind[411] und gegebenenfalls Kosten für ersparte Erhaltungsmaßnahmen in Abzug gebracht (§ 559 Abs. 2 BGB) bzw. gewährte **Drittmittel** angerechnet worden sind (§ 559 a BGB).

406 Bestreitet der Mieter die Richtigkeit der Angaben des Vermieters, muss der Vermieter sie beweisen. Stellt der Mieter gar in Abrede, dass eine zur Mieterhöhung berechtigende Modernisierungsmaßnahme durchgeführt worden ist, hat der Vermieter den Modernisierungserfolg zu beweisen.[412] Im Falle einer **energetischen Modernisierung** verlangt dies beispielsweise den Beweis, dass in Bezug auf die Mietsache nachhaltig Endenergie eingespart worden ist. Nicht selten bedarf es hierzu eines Sachverständigengutachtens.

407 Wenn der Mieter nur pauschal die Richtigkeit der vom Vermieter angesetzten Modernisierungskosten bestreitet, ist dies unbeachtlich. Der Mieter ist gehalten, seine Zweifel und Beanstandungen zu substantiieren, was die vorherige Einsichtnahme in die Belege voraussetzt. Kommt der Mieter dieser **Obliegenheit** nicht nach, hat ein Gericht ihn zur Zahlung der Mieterhöhung zu verurteilen, weil seine unsubstantiierten Einwendungen prozessual unbeachtlich sind (vgl. § 138 Abs. 2 ZPO).

408 Bestreitet der Mieter, dass dem Vermieter *keine* anrechnungsbedürftigen **Drittmittel** gewährt worden sind, ist dies nicht ausreichend. Der Mieter muss vielmehr im Rahmen der **sekundären Darlegungslast** vortragen, welche Zahlungen bzw. Leistungen der Vermieter erhalten haben soll. Werden vom Mieter konkrete Zahlungen behauptet, muss der Vermieter wiederum beweisen, dass es diese Zahlungen nicht gegeben hat.[413] Ist die Gewährung von Drittmitteln unstreitig, bestreitet der Mieter aber deren korrekte Anrechnung, muss der Vermieter das Gegenteil beweisen.

409 Zu den Haupteinwänden von Mietern gehört, dass eine **modernisierende Instandsetzung** erfolgt sei und die fiktiven Instandsetzungskosten nicht hinreichend berücksichtigt worden seien. In prozessualer Hinsicht bestreitet der Mieter damit den Modernisierungsaufwand des Vermieters.[414] Denn der Vermieter ist gemäß § 559 Abs. 2 BGB verpflichtet, die (fiktiven) Kosten für die mit der Modernisierung ersparten Erhaltungsmaßnahmen von den angefallenen Modernisierungskosten abzuziehen.[415]

410 Damit das Bestreiten des Mieters beachtlich – also vom Gericht zu prüfen – ist, muss der Mieter für den behaupteten Instandsetzungsbedarf konkrete Tatsachen vortragen (sog **qualifiziertes Bestreiten**).[416] Diese **Substantiierungspflicht** des Mieters hat in der Praxis häufig Bedeutung bei Baumaßnahmen zur Fassadendämmung.

411 Dementsprechend hat der BGH die Behauptung des Mieters nicht ausreichen lassen, der Putz sei rissig, schmutzig und ohnedies schon 30 Jahre alt gewesen, weshalb die Fassadenarbeiten als Maßnahmen der Instandsetzung und nicht der Modernisierung anzusehen sei-

410 *BGH* 17.12.2014 – VIII ZR 88/13, NJW 2015, 934; *Börstinghaus* in Schmidt-Futterer, § 559 b BGB Rn. 67.

411 Voraussetzung nach *BGH* 17.12.2008 – VIII ZR 41/08, NZM 2009, 150.

412 *KG* 20.4.2006 – 8 U 204/05; *Börstinghaus*, Miethöhe-Handbuch, Kap. 17 Rn. 9.

413 *Börstinghaus* in Schmidt-Futterer, § 559 b BGB Rn. 69.

414 *BGH* 3.3.2004 – VIII ZR 149/03, NJW 2004, 1738; *LG Berlin* 27.3.2014 – 67 S 421/13.

415 Siehe hierzu unter → § 6 Rn. 134 ff.

416 *AG Berlin-Tempelhof-Kreuzberg* 14.11.2017 – 13 C 131/17; *KG* 20.4.2006 – 8 U 204/05; *LG Berlin* 5.12.2008 – 63 S 149/08; *LG Halle* 8.8.2002 – 2 S 42/01.

en.[417] Ungenügend ist es ebenfalls, wenn der Mieter den vom Vermieter angesetzten Instandsetzungskostenanteil von 10 Prozent der Baukosten nur bestreitet, denn für einen höheren Kostenanteil muss er das Ausmaß der von ihm behaupteten Schäden **näher konkretisieren.**[418]

Hat der Mieter diesen Anforderungen entsprochen und **konkrete Tatsachen** vorgetragen, 412
nach denen ersparte Instandsetzungskosten von den Modernisierungskosten abzusetzen sind, liegt die Beweislast nun beim Vermieter. Jetzt hat er darzulegen und zu beweisen, dass er seiner Verpflichtung zum Abzug von Kosten erforderlicher oder ersparter Erhaltungsmaßnahmen entsprochen hat und Grundlage seiner Mieterhöhung ausschließlich Modernisierungskosten sind.[419]

Bestreitet der Mieter die **Fälligkeit der Mieterhöhung,** ist zu differenzieren: Weil die Fällig- 413
keit an den Zugang der Mieterhöhungserklärung beim Mieter anknüpft, hat der Vermieter diesen Zugang zu beweisen, wenn der Mieter ihn bestreitet. Meint der Mieter, die Fälligkeit sei um sechs Monate verzögert, hat er den Verzögerungstatbestand zu begründen. Hierzu hat er konkret vorzutragen, warum die Modernisierungsankündigung nicht den gesetzlichen Vorgaben des § 555 c BGB entspricht oder die tatsächliche Mieterhöhung die angekündigte um mehr als 10 Prozent übersteigt (vgl. § 559 b Abs. 2 S. 2 BGB).

Zeigt sich im Zahlungsrechtsstreit, dass die Mieterhöhungserklärung formell nicht ord- 414
nungsgemäß begründet ist, kann sie **nicht nachgebessert** werden.[420] Wohl aber kann der Vermieter eine fehlerhafte Mieterhöhungserklärung durch eine korrekte ersetzen; in diesem Fall richtet sich die Fälligkeit der Mieterhöhung nach dem Zugang der zweiten, ordnungsgemäßen Erklärung.

Ist die Mieterhöhungserklärung zwar ordnungsgemäß begründet, der Erhöhungsbetrag 415
aber zu hoch angesetzt, führt dies *nicht* zur Unwirksamkeit des Erhöhungsverlangens insgesamt. Es ist inhaltlich (materiell) falsch und kann berichtigt werden. Die Mieterhöhung ist nur insoweit unwirksam, als sie über die gemäß §§ 559, 559 a BGB zulässige Höhe hinausgeht.[421] Berichtigt werden kann demnach auch der Fehler, dass irrtümlich Erhaltungskosten als Modernisierungskosten angesetzt wurden; im reduzierten Umfang bleibt das ursprüngliche Mieterhöhungsverlangen wirksam.[422] Ist das Mieterhöhungsverlangen des Vermieters dem Grunde nach begründet, enthält sein Vortrag zur Höhe aber Lücken oder Unklarheiten, hat hierüber das Gericht nach freier Überzeugung unter Würdigung aller Umstände gemäß § 287 Abs. 2 iVm Abs. 1 ZPO zu entscheiden.[423] In aller Regel ist es somit *nicht* gerechtfertigt, dem jedenfalls in irgendeiner Höhe berechtigten Mieterhöhungsverlangen gänzlich die Berechtigung abzusprechen.[424]

Hat der Mieter nicht geschuldete Zahlungen (Überzahlungen) geleistet, kann er diese Zah- 416
lungen grundsätzlich zurückverlangen.[425] Ausgeschlossen ist die **Rückforderung,** wenn der Mieter um seine fehlende Zahlungsverpflichtung wusste (§ 814 BGB). Dies verlangt positive Kenntnis.[426] Sie ist nicht gegeben, wenn der Mieter bloß Zweifel an der Berechtigung der Mieterhöhung hat. Diese Zweifel kommen auch zum Ausdruck, wenn der Mieter „unter Vorbehalt" gezahlt hat. Der Irrtum des Mieters über die Rechtslage schließt die Kenntnis seiner fehlenden Zahlungspflicht im Einzelfall aus.[427]

417 *BGH* 12.3.2003 – VIII ZR 175/02, IBRRS 2003, 1148.
418 *BGH* 3.3.2004 – VIII ZR 149/03, NJW 2004, 1738.
419 *KG* 20.4.2006 – 8 U 204/05; *AG Berlin-Tempelhof-Kreuzberg* 14.11.2017 – 13 C 131/17.
420 *BGH* 25.1.2006 – VIII ZR 47/05, NZM 2006, 221.
421 *Dickersbach*, Lützenkirchen/Mietrecht, § 559 b BGB Rn. 69.
422 *Dickersbach*, Lützenkirchen/Mietrecht, § 559 b BGB Rn. 72.
423 *BGH* 17.12.2014 – VIII ZR 88/13, NJW 2015, 934.
424 *BGH* 17.12.2014 – VIII ZR 88/13, NJW 2015, 934.
425 *LG Dresden* 14.10.1997 – 15 S 316/97.
426 *BGH* 11.11.2008 – VIII ZR 265/07, NJW 2009, 580.
427 *BGH* 4.9.2018 – VIII ZR 100/18, NZM 2018, 1018, zum Fall einer vom Mieter in Unkenntnis seiner Minderungsmöglichkeit überzahlten Miete.

417 In einem Rechtsstreit hat der Mieter die Tatsachen zu beweisen, derentwegen das Mieterhöhungsverlangen, auf das er seine Zahlungen erbracht hat, unwirksam gewesen sein soll.[428] Der Anspruch auf Rückforderung unterliegt der dreijährigen **Regelverjährung**; sie beginnt am Ende des Jahres zu laufen, in dem der Mieter von der Unwirksamkeit der Mieterhöhungserklärung Kenntnis erlangt hat (§§ 195, 199 Abs. 1 BGB).

418 Im Einzelfall kann der Rückforderungsanspruch verwirkt sein. Für eine **Verwirkung** reicht die wiederholte Zahlung des Mieters über eine längere Dauer aber nicht aus; erforderlich ist neben diesem Zeitmoment auch ein Umstandsmoment. Das bedeutet: Der Vermieter muss sich darauf eingerichtet haben, dass der Mieter sein Rückforderungsrecht nicht ausüben werde, wobei er nach den Gesamtumständen und dem Verhalten des Mieters hierauf auch vertrauen durfte.[429]

419 Zum Teil wird jedoch in der mehrfachen vorbehaltlosen Zahlung auf ein formell unwirksames Mieterhöhungsverlangen der konkludente Abschluss eines **Abänderungsvertrages** gemäß § 557 Abs. 1 BGB gesehen.[430] Dies ist aber abzulehnen, weil die Mieterhöhungserklärung ein einseitiges Gestaltungsrecht ist und diese Erklärung im Falle ihrer Unwirksamkeit nur dann als Angebot zum Abschluss einer Miethöhevereinbarung umgedeutet werden kann, wenn der Mieter um die Unwirksamkeit wusste.[431]

3. Vorteilsanrechnung/Bereicherungsausgleich

420 Zahlt ein Mieter den geschuldeten Modernisierungszuschlag nicht, darf er dennoch von der Modernisierung profitieren. Denn eine ordnungsgemäß angekündigte und durchgeführte Modernisierungsmaßnahme verändert zulässigerweise die Mietsache, an der – in ihrer neuen Form – alle Mieter ein **Nutzungsrecht** haben.[432]

Beispiel: Das Mietgebäude wurde mit einem Fahrstuhl ausgestattet. Zahlt ein Mieter die daraufhin rechtmäßig erhöhte Miete nicht, kann er dennoch nicht von der Nutzung des Fahrstuhls ausgeschlossen werden.

Auch der Mieter, der eine Modernisierungsvereinbarung wirksam widerrufen hat, schuldet nicht allein schon wegen der durch die nachfolgende Modernisierungsmaßnahme eingetretenen Steigerung des bisherigen Wohnwerts einen Wertersatz in Gestalt einer nunmehr höheren Miete. Dazu bedarf es vielmehr einer – lediglich für die Zukunft wirkenden – Nachholung des gesetzlichen Verfahrens zur Mieterhöhung bei Modernisierung.[433]

421 In diesem Fall schuldet der Mieter keinen Wertersatz nach Bereicherungsrecht (§§ 812, 818 Abs. 2 BGB). Denn die Vorschriften zur Mieterhöhung nach erfolgter Modernisierung regeln abschließend die Voraussetzungen, unter denen der Vermieter die Kosten einer Modernisierungsmaßnahme auf den Mieter abwälzen kann.[434]

4. Rechtsschutz des Mieters

422 Besteht für den Mieter die Besorgnis, dass der Vermieter ihn auf Zahlung einer Mieterhöhung nach Modernisierung verklagt, kann er seinerseits gegen den Vermieter **Feststellungsklage** erheben.[435] So kann der Mieter gerichtlich feststellen lassen, dass dem Vermieter der (außergerichtlich) geltend gemachte Anspruch auf Mieterhöhung nicht zusteht (negative Feststellungsklage). Hält der Mieter das Mieterhöhungsverlangen dagegen nur für teilwei

428 *Börstinghaus* in Schmidt-Futterer, § 559 b BGB Rn. 71.
429 Vgl. zur Verwirkung mietrechtlicher Ansprüche *BGH* 19.10.2005 – XII ZR 224/03, NZM 2006, 58.
430 *LG Berlin* 26.10.2004 – 65 S 243/04; *LG Leipzig* 23.7.1999 – 01 S 2989/99.
431 *OLG Karlsruhe* 26.3.1986 – 3 REMiet 1/86; *LG Berlin* 14.4.2003 – 61 S 341/02; *Börstinghaus* in Schmidt-Futterer, § 559 b BGB Rn. 71.
432 *AG München* 7.4.2000 – 431 C 1948/00.
433 *BGH* 17.5.2017 – VIII ZR 29/16, NJW 2017, 2823.
434 *BGH* 17.5.2017 – VIII ZR 29/16, NJW 2017, 2823.
435 *BGH* 17.12.2014 – VIII ZR 89/13; KG 16.7.2012 – 8 W 36/12.

se unbegründet, kann er auch nur *insoweit* die Feststellung bei Gericht beantragen (positive Feststellungsklage).[436]

Hat der Mieter die beanspruchte Mieterhöhung zunächst (ganz oder teilweise) gezahlt, kann er Klage auf Rückzahlung gegen den Vermieter gemäß § 812 Abs. 1 S. 1 Alt. 1 BGB erheben, wenn er dessen Anspruch im Nachhinein als (teilweise) unbegründet ansieht.[437] Seine bisher geleisteten Zahlungen stehen dem nicht entgegen, selbst wenn sie nicht unter Vorbehalt erfolgten.[438] 423

II. Mieterhöhung auf Ortsniveau

Stimmt der Mieter der geltend gemachten Mieterhöhung auf Ortsniveau nicht zu, kann der Vermieter den Mieter auf Zustimmung verklagen (§ 558 b Abs. 2 S. 1 BGB). Zu beachten ist, dass die Zustimmung auch durch **schlüssiges Verhalten** erfolgen kann und insofern jedenfalls eine mehrmalige vorbehaltlose Zahlung des erhöhten Mietzinses als schlüssig erklärte Zustimmung des Mieters gewertet werden kann.[439] Ein **Mietänderungsvertrag** kommt trotz Zahlungen des Mieters konkludent aber nicht zustande, wenn der Vermieter explizit eine *schriftliche* Zustimmung zur Mietänderung verlangt hat.[440] 424

Sachlich **zuständiges Gericht** für die Klage auf Zustimmung zur Mieterhöhung ist – unabhängig vom Streitwert – das Amtsgericht (§ 23 Nr. 2 a GVG). Örtlich zuständig ist dasjenige Amtsgericht, in dessen Bezirk sich die Mieträume befinden (§ 29 a Abs. 1 ZPO). In Verfahren vor dem Amtsgericht ist die Vertretung durch einen Rechtsanwalt nicht vorgeschrieben. Eine außergerichtliche **Streitschlichtung** muss nicht vor Klageerhebung unternommen worden sein, sie ist mithin keine Prozessvoraussetzung. Der **Gebührenstreitwert**, nach dem die Gerichtsgebühren und gegebenenfalls die Anwaltsgebühren errechnet werden, bemisst sich nach dem 12-fachen Jahresbetrag der begehrten Mieterhöhung (§ 41 Abs. 5 GKG). 425

Die Klage ist gegen alle Mieter des betroffenen Wohnraums zu richten. Es liegt ein Fall notwendiger **Streitgenossenschaft** gemäß § 62 Abs. 2 ZPO vor, da die Zustimmung nur gemeinschaftlich erteilt werden kann.[441] Dies gilt auch dann, wenn sich die Mieter im Vertrag gegenseitig zur Empfangnahme der Mieterhöhungserklärung bevollmächtigen. Die nur gegen einen Mieter oder einen Teil von mehreren Mietern desselben Mietverhältnisses erhobene Klage des Vermieters ist unzulässig.[442] 426

Die Klage auf Zustimmung zur Mieterhöhung verlangt als besondere Prozessvoraussetzung die **Einhaltung einer Klagefrist**. Die Klage kann frühestens mit Beginn des dritten Monats nach dem Zugang des Mieterhöhungsverlangens beim Mieter erhoben werden; nach Ablauf dreier weiterer Monate läuft die Klagefrist ab (§ 558 b Abs. 2 BGB). 427

Übersicht: Ermittlung der Klagefrist 428

Das Mieterhöhungsverlangen geht dem Mieter zu im Monat	Klagefrist	
	Beginn	Ablauf
Januar	1. April	30. Juni
Februar	1. Mai	31. Juli
März	1. Juni	31. August

436 *Börstinghaus*, Miethöhe-Handbuch, Kap. 17 Rn. 11.
437 *LG Berlin* 16.7.2015 – 67 S 130/15.
438 *LG Berlin* 14.4.2003 – 61 S 341/02; *Börstinghaus*, Miethöhe-Handbuch, Kap. 17 Rn. 12.
439 *BGH* 30.1.2018 – VIII ZB 74/16, NZM 2018, 279.
440 *LG Berlin* 13.11.2007 – 63 S 154/07; *AG München* 14.8.2013 – 452 C 11426/13.
441 *BGH* 3.3.2004 – VIII ZR 124/03, NZM 2004, 419.
442 *BGH* 3.3.2004 – VIII ZR 124/03, NZM 2004, 419.

Das Mieterhöhungsverlangen geht dem Mieter zu im Monat	Klagefrist	
	Beginn	Ablauf
April	1. Juli	30. September
Mai	1. August	31. Oktober
Juni	1. September	30. November
Juli	1. Oktober	31. Dezember
August	1. November	31. Januar
September	1. Dezember	28./29. Februar
Oktober	1. Januar	31. März
November	1. Februar	30. April
Dezember	1. März	31. Mai

429 Entspricht das Mieterhöhungsverlangen nicht den Anforderungen des § 558 a BGB, kann es der Vermieter im Prozess nachbessern und die Mängel beheben.[443] In diesem Fall beginnt für den Mieter die Frist zur Zustimmung zur Mieterhöhung aber neu zu laufen (§ 558 b Abs. 3 S. 2 BGB).

430 Unterliegt der Vermieter im **Zustimmungsprozess** oder wird der Mieter auf Zustimmung zur Mieterhöhung verurteilt, können beide Seiten das Rechtsmittel der **Berufung** einlegen, wenn der Wert des Beschwerdegegenstandes 600 EUR übersteigt (§ 511 Abs. 2 Nr. 1 ZPO). Dieser **Rechtsmittelstreitwert** für eine zulässige Berufung errechnet sich nach dem 42-fachen Betrag der begehrten Mieterhöhung (§ 9 ZPO analog).[444] Die Berufung ist demnach möglich, wenn eine Mieterhöhung um 14,29 EUR (= Streitwert 600,18 EUR) oder mehr begehrt wird.

431 Mit der rechtskräftigen Verurteilung des Mieters zur Zustimmung zur Mieterhöhung gerät er *nicht* rückwirkend mit der Zahlung der Erhöhungsbeträge in Verzug.[445] Um **Verzugszinsen** nach § 288 BGB geltend machen zu können, bedarf es einer separaten Mahnung im Hinblick auf die nach Rechtskraft der Entscheidung fällig gewordenen Erhöhungsbeträge.[446] Zahlt der Mieter die erhöhte Miete nicht, obwohl er auf Zustimmung zur Mieterhöhung verurteilt worden ist, muss der Vermieter hinsichtlich des Zahlungsrückstandes eine gesonderte Zahlungsklage erheben; aus dem Zustimmungsurteil kann nicht wegen aufgelaufener Rückstände vollstreckt werden.

III. Kündigung wegen nicht gezahlter Mieterhöhung

432 Zahlt der Mieter die Modernisierungsmieterhöhung nicht, ist der Vermieter zur fristlosen **Kündigung wegen Zahlungsverzugs** berechtigt. Hierzu muss der aufgelaufene Zahlungsrückstand zum Zeitpunkt der Kündigung mindestens die Höhe zweier Mieten erreicht haben (§ 543 Abs. 2 Nr. 3 b BGB).

433 Der Kündigung steht § 569 Abs. 3 Nr. 3 BGB nicht entgegen. Nach dieser Vorschrift kann einem Mieter wegen nicht gezahlter Miete erst nach einer **Sperrfrist** von zwei Monaten gekündigt werden, nachdem dessen Verurteilung zur Zahlung des Mietrückstandes aus der Mieterhöhung rechtskräftig geworden ist. Allerdings muss der Vermieter nicht zunächst diesen Rückstand eingeklagt haben, um zur Kündigung überhaupt berechtigt zu sein.

443 Hierzu eingehend *Paschke* NZM 2008, 705 ff.

444 *BVerfG* 30.1.1996 – 1 BvR 2388/95, NJW 1996, 1531; *BGH* 28.11.2006 – VIII ZB 9/06, IBRRS 2007, 0473; *Blank/Börstinghaus*, Miete, § 558 b BGB Rn. 34; ebenso und die abweichenden Auffassungen hierzu darstellend: *Börstinghaus*, Miethöhe-Handbuch, Kap. 8 Rn. 101.

445 *BGH* 4.5.2005 – VIII ZR 94/04, NJW 2005, 2310.

446 BeckFormB MietR/*Flintrop* C. VI. 11 (Anm. 3).

Wird dementsprechend ohne vorangegangene Zahlungsklage dem Mieter sogleich wegen Zahlungsverzugs fristlos gekündigt, ist diese Vorschrift also gar nicht einschlägig.[447]

Darüber hinaus ist der Vermieter zur **ordentlichen Kündigung** wegen schuldhafter nicht unerheblicher Pflichtverletzung gemäß § 573 Abs. 2 Nr. 1 BGB berechtigt, wenn der Mietrückstand eine Monatsmiete übersteigt und die Verzugsdauer mindestens einen Monat beträgt.[448] Diese Kündigung setzt grundsätzlich *keine* vorherige Abmahnung voraus.[449] 434

K. Sonderkündigungsrecht des Mieters nach Mieterhöhung

I. Allgemeines

Macht der Vermieter eine Mieterhöhung nach § 558 BGB oder § 559 BGB geltend, kann der Mieter das Mietverhältnis außerordentlich zum Ablauf des zweiten Monats nach dem Zugang des Erhöhungsverlangens kündigen (§ 561 Abs. 1 S. 1 BGB). Kündigt der Mieter, so **tritt die Mieterhöhung nicht ein** (§ 561 Abs. 1 S. 2 BGB). Eine hiervon zum Nachteil des Mieters abweichende Vereinbarung ist unwirksam (§ 561 Abs. 2 BGB). Der Vermieter ist *nicht* gehalten, in der Mieterhöhungserklärung den Mieter auf sein Kündigungsrecht hinzuweisen. 435

Weil Mieter ohnedies generell mit dreimonatiger Kündigungsfrist ordentlich kündigen dürfen, kommt dem Sonderkündigungsrecht praktische Relevanz nur zu, wenn dem Mieter diese ordentliche Kündigung ausnahmsweise deshalb nicht möglich ist, weil ein **Zeitmietvertrag** (§ 575 BGB) geschlossen oder im Mietvertrag ein **Kündigungsverzicht** vereinbart worden ist. Mit dem Sonderkündigungsrecht hat der Mieter auch in diesen beiden Fällen die Möglichkeit, seinen Mietvertrag aus Anlass einer Mieterhöhung zu beenden. Hat der Mieter der Erhöhung bereits zugestimmt, kann er nicht mehr nach § 561 BGB kündigen. 436

Hinweis: Die Existenz des Sonderkündigungsrechts kann den Vermieter zur Vorsicht mahnen. Er muss bedenken, dass er einen langjährigen, ihm bekannten und genehmen Mieter trotz eines befristeten Mietverhältnisses wegen einer Mieterhöhung verlieren kann, oft ohne die Gewissheit, die geforderte Miete auch am Markt erzielen zu können, wenn der Mieter wegen der Mieterhöhung außerordentlich kündigen sollte.[450] 437

Das Sonderkündigungsrecht wegen Mieterhöhung ist zu unterscheiden von dem weiteren Sonderkündigungsrecht gemäß § 555 e BGB. Jenes berechtigt den Mieter, wegen einer *angekündigten* Modernisierung außerordentlich mit gesetzlicher Frist zu kündigen.[451] 438

II. Form und Frist

Die Kündigung muss zu ihrer Wirksamkeit von *allen* Mietern gegenüber *allen* Vermietern des Mietvertrages erklärt werden. Eine **Vertretung** bei Ausspruch und Entgegennahme der Kündigungserklärung ist zulässig, wenn diese deutlich zum Ausdruck kommt. Kündigt ein Dritter für den Mieter, ohne der Erklärung eine Originalvollmacht beizufügen, kann der Vermieter die Kündigung unverzüglich zurückweisen (§ 174 BGB); die Kündigung ist dann unwirksam. 439

Die Kündigung muss zu ihrer Wirksamkeit **schriftlich** erfolgen (§ 568 Abs. 1 BGB). Erforderlich ist damit die eigenhändige Unterschrift des Mieters auf der Original-Urkunde. Folglich ist die Kündigung nicht per Fax oder E-Mail möglich. 440

447 *BGH* 18.7.2012 – VIII ZR 1/11, NJW 2012, 3089 (zur parallelen Fallgestaltung einer fristlosen Kündigung wegen Zahlungsverzug bei nicht gezahlten Betriebskosten-Vorauszahlungen).
448 *BGH* 10.10.2012 – VIII ZR 107/12, NJW 2013, 159.
449 *BGH* 28.11.2007 – VIII ZR 145/07, NJW 2008, 508.
450 MüKo/*Artz*, § 561 BGB Rn. 9.
451 Siehe hierzu unter → § 5 Rn. 94 ff.

441 Eine Begründung der Kündigung ist nicht erforderlich.[452] Das Sonderkündigungsrecht besteht auch, wenn das Mieterhöhungsverlangen formell oder inhaltlich unwirksam ist.[453]

442 Die Ausübung des Sonderkündigungsrechts ist an eine **Frist** gebunden. Der Mieter kann seinen Mietvertrag außerordentlich zum Ablauf des – gerechnet ab dem Zugang der Mieterhöhungserklärung – vierten Folgemonats kündigen, wobei er die Kündigung bis zum Ablauf des zweiten Folgemonats erklären muss (§ 561 Abs. 1 S. 1 BGB). Das Gesetz regelt also eine

- **Überlegungsfrist** und eine
- **Kündigungsfrist.**

443 Die **Überlegungsfrist** ist die Zeit, innerhalb derer der Mieter die Kündigung erklären kann. Deshalb wird sie auch **Kündigungserklärungsfrist** genannt. Die Überlegungsfrist beginnt mit dem Zugang der Mieterhöhungserklärung beim Mieter. Zugegangen ist die Erklärung, wenn der Mieter von ihr Kenntnis genommen hat oder unter gewöhnlichen Umständen von ihr hätte Kenntnis nehmen können (§ 130 BGB). Bei einer **Mietermehrheit** beginnt die Überlegungsfrist mit dem Zugang der Mieterhöhungserklärung beim letzten Mieter zu laufen.

444 Mit Ablauf des auf den Zugang der Mieterhöhung folgenden zweiten Monats endet die Überlegungsfrist. Bei einer Mieterhöhung auf Ortsniveau entspricht die Überlegungsfrist damit der Zustimmungsfrist (vgl. § 558 b Abs. 2 S. 1 BGB). Der Mieter kann also *nicht* zunächst abwarten, ob der Vermieter die Zustimmung zur Mieterhöhung gerichtlich durchsetzt, um gegebenenfalls erst nach Rechtskraft eines für den Vermieter günstigen Urteils nach § 561 BGB kündigen.

445 Eine Kündigung, die der Mieter erst nach Ablauf der Überlegungsfrist ausspricht, ist unwirksam.[454] Sie kann aber in eine ordentliche Kündigung umzudeuten sein, wenn diese nicht ausgeschlossen und erkennbar ist, dass der Mieter den Mietvertrag in jedem Fall beenden möchte.[455] Je nach Zugang der Mieterhöhungserklärung beträgt die Frist zur Erklärung der Kündigung minimal zwei Monate und maximal knapp drei Monate.

Beispiel: Ist dem Mieter die Mieterhöhungserklärung am 1.9. zugegangen, kann er die Kündigung bis zum 30.11. erklären. Dasselbe gilt, wenn dem Mieter die Ankündigung am 30.9. zugegangen ist.

446 Eine Kündigung des Mieters innerhalb der Überlegungsfrist beendet den Mietvertrag mit Ablauf der **Kündigungsfrist**. Die Kündigungsfrist endet zwei Monate nach Ablauf der Überlegungsfrist. Es ist unerheblich, wann genau der Mieter im Laufe seiner Überlegungsfrist gekündigt hat, also ob der Mieter in dem Monat kündigt, in dem er die Modernisierungsankündigung erhalten hat, oder erst in einem der beiden darauf folgenden Monate.

Beispiel: Ist dem Mieter die Mieterhöhungserklärung am 10.6. zugegangen, endet der Mietvertrag am 31.10. unabhängig davon, ob die Kündigung des Mieters dem Vermieter im Juni, Juli oder August zugeht.

447 Verzögert sich die Fälligkeit einer Modernisierungsmieterhöhung um sechs Monate, verändert sich hierdurch weder die Überlegungsfrist noch die Kündigungsfrist.[456] Zu einer Verzögerung der Fälligkeit kommt es, wenn die Modernisierung nicht ordnungsgemäß ange-

---

452 *Dickersbach*, Lützenkirchen/Mietrecht, § 561 BGB Rn. 9.

453 *LG Berlin* 20.6.1997 – 64 S 527/96; *Börstinghaus* in Schmidt-Futterer, § 561 BGB Rn. 12 ff.; Bub/Treier/*Schultz*, Kap. III Rn. 1660; Palandt/*Weidenkaff*, § 561 BGB Rn. 4; zweifelnd: *Sternel*, Mietrecht aktuell, Kap. IV Rn. 285.

454 *AG Berlin-Tempelhof-Kreuzberg* 19.11.1998 – 16 C 268/98.

455 *BGH* 12.1.1981 – VIII ZR 332/79, NJW 1981, 976.

456 *Börstinghaus* in Schmidt-Futterer, § 561 BGB Rn. 38; *Dickersbach*, Lützenkirchen/Mietrecht, § 561 BGB Rn. 17.

kündigt worden ist oder die tatsächliche Mieterhöhung die angekündigte um mehr als 10 Prozent übersteigt (§ 559 b Abs. 2 S. 2 BGB).

Übersicht: Kündigungskalender für die Ausübung des Sonderkündigungsrechts 448

Zugang Mieterhöhungs-erklärung	Überlegungsfrist (Kündigungserklärungsfrist)	Ablauf Kündigungsfrist
1.–31. Januar	Zugang bis 31. März	31. Mai
1.–28./29. Februar	Zugang bis 30. April	30. Juni
1.–31. März	Zugang bis 31. Mai	31. Juli
1.–30. April	Zugang bis 30. Juni	31. August
1.–31. Mai	Zugang bis 31. Juli	30. September
1.–30. Juni	Zugang bis 31. August	31. Oktober
1.–31. Juli	Zugang bis 30. September	30. November
1.–31. August	Zugang bis 31. Oktober	31. Dezember
1.–30. September	Zugang bis 30. November	31. Januar
1.–31. Oktober	Zugang bis 31. Dezember	28./29. Februar
1.–30. November	Zugang bis 31. Januar	31. März
1.–31. Dezember	Zugang bis 28./29. Februar	30. April

Hinweis: Selbst eine unmittelbar nach Zugang der Mieterhöhung erklärte Kündigung beendet den Mietvertrag folglich erst mit Ablauf des folgenden vierten Monats. Ist dem Mieter eines unbefristeten Mietvertrages die ordentliche Kündigung möglich, kann er damit den Mietvertrag zu einem früheren Zeitpunkt beenden als mit der außerordentlichen Kündigung gemäß § 561 Abs. 1 BGB. 449

Beispiel: Der Mieter erhält ein Mieterhöhungsschreiben am 18.8. und nimmt es zum Anlass, den Mietvertrag ordentlich zu kündigen. Wird die Kündigung bis zum 3. Werktag des Septembers erklärt, endet der Mietvertrag zum 30.11. (§ 573 c Abs. 1 S. 1 BGB). Macht der Mieter in diesem Fall hingegen von seinem Sonderkündigungsrecht Gebrauch, endet der Mietvertrag erst zum 31.12.

Weil der Mieter in beiden Fällen seine Kündigung nicht zu begründen braucht, ist häufig unklar, von welchem Kündigungsrecht er gegebenenfalls Gebrauch macht. Fehlen hierfür objektive Anhaltspunkte dürfte eine (widerlegliche) Vermutung dafür sprechen, dass die in einem engen zeitlichen Zusammenhang mit der Mieterhöhung erklärte Kündigung des Mieters eine solche gemäß § 561 BGB ist. 450

III. Rechtsfolgen

Hat der Mieter von seinem Sonderkündigungsrecht wirksam Gebrauch gemacht, endet der Mietvertrag mit Ablauf der Kündigungsfrist. Anders als bei einer ordentlichen Kündigung kann der Mieter keine längere Kündigungsfrist bestimmen.[457] 451

Aufgrund der Kündigung tritt die Mieterhöhung nicht ein (§ 561 Abs. 1 S. 2 BGB). Die Mieterhöhungserklärung wird rückwirkend unwirksam und entfaltet keine Rechtswirkungen. Dies gilt nicht, wenn ordentlich gekündigt wurde bzw. die Kündigungserklärung wirksam in eine ordentliche Kündigung umgedeutet worden ist. In diesem Fall bleibt das Mieterhöhungsverlangen wirksam.[458] 452

457 *Börstinghaus* in Schmidt-Futterer, § 561 BGB Rn. 44.
458 *Dickersbach*, Lützenkirchen/Mietrecht, § 561 BGB Rn. 23.

453 **Hinweis:** Zieht der Mieter nach Ablauf der Kündigungsfrist nicht aus, verlängert sich der Mietvertrag stillschweigend, sofern nicht eine Vertragspartei der Verlängerung widerspricht (§ 545 S. 1 BGB). Das Mietverhältnis besteht also unbefristet weiter, ohne dass die verlangte Mieterhöhung wirksam geworden wäre.

§ 7 Vereinfachtes Verfahren bei Modernisierungen bis 10.000 EUR

Belaufen sich die für die Modernisierungsmaßnahme geltend gemachten Kosten inklusive der hierfür erforderlichen Instandsetzung auf maximal 10.000 EUR für eine Wohnung, kann der Vermieter die Mieterhöhung in einem vereinfachten Verfahren gemäß § 559 c BGB berechnen. Die Vorteile zinsverbilligter oder zinsloser Darlehen aus öffentlichen Haushalten sind nicht von den Modernisierungskosten abzuziehen. Der Mieter ist mit dem Einwand wirtschaftlicher Härte ausgeschlossen.

A. Voraussetzungen des vereinfachten Verfahrens

I. Modernisierungsmaßnahme

Das vereinfachte Verfahren findet Anwendung bei Modernisierungsmaßnahmen, die den Vermieter gemäß § 559 Abs. 1 BGB zur Mieterhöhung berechtigen; dies sind Maßnahmen iSv § 555 b Nr. 1, 3 bis 6 BGB. Hierzu zählen auch **modernisierende Instandsetzungen**. 1

II. 10.000 EUR Kostengrenze/Instandsetzungspauschale

Die Kosten für die **Gesamtmaßnahme** (Modernisierung und Instandsetzung) dürfen innerhalb von fünf Jahren 10.000 EUR nicht übersteigen. Anders als im regulären Verfahren muss der Vermieter die Kosten für ersparte Instandsetzung im Rahmen der Modernisierung gemäß § 559 Abs. 2 BGB nicht konkret ermitteln, sondern er hat diese Kosten mit einem Abschlag von 30 Prozent pauschal zu berücksichtigen (§ 559 c Abs. 1 S. 2 BGB). Im Höchstbetrag von 10.000 EUR muss die **Umsatzsteuer** enthalten sein. Nur bei **Eigenleistungen** des Vermieters sind die Beträge ohne Umsatzsteuer anzusetzen, und zwar in der Höhe, in der sonst bei Beauftragung eines Handwerkers Kosten ortsüblich angefallen wären.[1] 2

Der pauschale Abzug von 30 Prozent für Erhaltungsmaßnahmen ist zwingend und keine **widerlegliche Vermutung**. Der Vermieter kann sich also nicht darauf berufen, dass in seinem Fall die Kosten geringer seien bzw. eine Instandsetzung nicht erfolgte.[2] In diesem Fall bleibt dem Vermieter nur die Möglichkeit, das reguläre Verfahren zu wählen und gemäß § 559 Abs. 2 BGB die Kosten für die Instandsetzung konkret auszuweisen. 3

Der Kostenrahmen von 10.000 EUR bezieht sich auf einen **Fünf-Jahres-Zeitraum** (§ 559 Abs. 2 BGB). Während dieser Zeit sind **alle vorherigen** Modernisierungsmieterhöhungen auf die Mieterhöhung im vereinfachten Verfahren anzurechnen und diese entsprechend zu mindern (§ 559 c Abs. 2 BGB). Die Frist beginnt mit dem Tag, an dem der Mieter das erste Mieterhöhungsverlangen gemäß § 559 b BGB erhalten hat.[3] 4

Beispiel: 2017 erfolgte eine Modernisierung mit Kosten von 6.000 EUR, die zu einer Mieterhöhung führte. 2019 ist eine weitere Modernisierung mit Kosten von 7.000 EUR beabsichtigt.

a. Um die Modernisierung im Jahr 2019 im vereinfachten Verfahren durchzuführen, können deren Kosten nur bis zur Höchstgrenze von 10.000 EUR, mithin iHv 4.000 EUR berücksichtigt werden. Dieser Betrag ist um 30 Prozent Instandsetzungsanteil zu kürzen, so dass sich die Mieterhöhung aus Kosten iHv 2.800 EUR errechnet.

b. Wählt der Vermieter 2019 das reguläre Verfahren, ist die Modernisierung aus 2017 nicht zu berücksichtigen, und die Mieterhöhung errechnet sich nach Maßgabe von § 559 BGB.

Beim **Übergang vom vereinfachten zum regulären Verfahren** ist zu beachten, dass die Modernisierungsankündigung regelmäßig nicht ordnungsgemäß ist, weil dem Mieter die 5

1 *Börstinghaus* in Schmidt-Futterer, § 559 Rn. 58; siehe hierzu unter → § 6 Rn. 112.
2 *Artz/Börstinghaus*, NZM 2019, 12 (20).
3 BeckOK MietR/*Schultz*, § 559 c Rn. 5.

künftigen Betriebskosten nicht mitgeteilt wurden, diese Angabe aber nur im vereinfachten Verfahren entbehrlich ist (§ 559 c Abs. 5 Nr. 2 BGB). Ist die Ankündigung fehlerhaft, schuldet der Mieter die Mieterhöhung erst sechs Monate später; das Gleiche gilt, wenn die tatsächliche Mieterhöhung die angekündigte um mehr als 10 Prozent übersteigt (§ 559 Abs. 2 BGB). Anders als im vereinfachten Verfahren (§ 559 c Abs. 1 S. 3 BGB) kann der Mieter gegen die Mieterhöhung im regulären Verfahren noch eine wirtschaftliche Härte einwenden (§§ 555 d Abs. 1 S. 2, Abs. 3 S. 2 BGB).

III. 5 Jahre Sperrfrist

6 Die Durchführung des vereinfachten Verfahrens entfaltet eine **Sperrwirkung**: Innerhalb von fünf Jahren nach Zugang der Mieterhöhungserklärung im vereinfachten Verfahren kann der Vermieter keine Mieterhöhung im regulären Verfahren nach § 559 BGB geltend machen, sondern nur im vereinfachten Verfahren und insofern unter Berücksichtigung der Kostengrenze von 10.000 EUR (§ 559 Abs. 4 S. 1 BGB).[4] Grundsätzlich unbenommen ist dem Vermieter aber, nach Ablauf der Sperrfrist eine Mieterhöhung aufgrund von Modernisierungsmaßnahmen geltend zu machen, die schon während der Sperrfrist durchgeführt wurden.[5] **Zwei Ausnahmen von der Sperrfrist** sieht das Gesetz vor (§ 559 Abs. 4 S. 2 BGB):

7 1. Muss der Vermieter in den fünf Jahren nach Zugang der Mieterhöhung im vereinfachten Verfahren **aufgrund gesetzlicher Verpflichtung modernisieren**[6], so darf er diese Modernisierung zur Grundlage einer Mieterhöhung gemäß § 559 BGB machen, wenn er die entsprechende gesetzliche Verpflichtung zur Modernisierung bei Geltendmachung der Mieterhöhung im vereinfachten Verfahren weder kannte noch kennen musste.

   Nicht erfasst werden von dieser Ausnahme Modernisierungen, die für den Vermieter gesetzlich zwar verpflichtend sind, die aber nicht schon innerhalb der Sperrfrist durchgeführt werden müssen.[7] Entspricht der Vermieter seiner gesetzlichen Pflicht vorzeitig, kommt die Sperrfrist also zum Tragen und er ist mit einer Mieterhöhung gemäß § 559 Abs. 1 BGB *während* ihrer Laufzeit ausgeschlossen.[8]

8 2. Zum anderen gilt die Sperrfrist nicht für Modernisierungsmaßnahmen, die aufgrund **Beschlusses von Wohnungseigentümern** durchgeführt werden, wenn der Beschluss frühestens zwei Jahre nach Zugang der Mieterhöhungserklärung im vereinfachten Verfahren beim Mieter gefasst worden ist. Ob der Beschluss später *angefochten* wurde, ist unerheblich.[9]

B. Durchführung des vereinfachten Verfahrens

I. Modernisierungsankündigung

9 Die Ankündigung der Modernisierung hat gemäß § 555 c BGB zu erfolgen.[10] Eine Erleichterung für den Vermieter besteht aber darin, dass dem Mieter entgegen § 555 c Abs. 1 Nr. 3 BGB in der Modernisierungsankündigung **keine Angaben zu den voraussichtlichen künftigen Betriebskosten** gemacht werden müssen (§ 559 c Abs. 5 Nr. 2 BGB). Damit der Mieter die fehlende Information nicht für ein Versäumnis hält, muss er in der Ankündi-

4 BT-Drs. 19/4672, 33. An einer Mieterhöhung auf Ortsniveau auf Grundlage des mit der Modernisierung geschaffenen Zustandes ist der Vermieter nicht gehindert.
5 *Artz/Börstinghaus,* NZM 2019, 12 (21); HdM/*Emmert,* § 12 Rn. 428.
6 Hierzu unter → § 1 Rn. 86 ff.
7 BT-Drs. 19/4672, 33.
8 *Artz/Börstinghaus,* NZM 2019, 12 (21); BeckOK MietR/*Schultz,* § 559 c Rn. 11.
9 *Artz/Börstinghaus,* NZM 2019, 12 (21); BeckOK MietR/*Schultz,* § 559 c Rn. 12.
10 Zur Modernisierungsankündigung unter → § 3 Rn. 1 ff.

gung darauf hingewiesen werden, dass der Vermieter **Gebrauch vom vereinfachten Verfahren** macht (§ 559 c Abs. 5 Nr. 1 BGB). Der fehlende Hinweis auf das vereinfachte Verfahren ist somit unbeachtlich, wenn der Vermieter auf die Erleichterung verzichtet und die voraussichtlichen künftigen Betriebskosten angibt. Ansonsten führt der fehlende Hinweis auf das vereinfachte Verfahren bei durchgeführten Modernisierungsmaßnahmen dazu, dass der Mieter die Mieterhöhung erst sechs Monate später schuldet (§ 559 b Abs. 2 S. 2 Nr. 1 BGB).[11]

Weil der Mieter im vereinfachten Verfahren mit dem **Einwand wirtschaftlicher Härte** (§ 555 d Abs. 3, 559 Abs. 4 BGB) ausgeschlossen ist, braucht er in der Modernisierungsankündigung über dieses Recht entgegen § 555 c Abs. 2 BGB **nicht belehrt** zu werden (§ 559 c Abs. 1 S. 3 BGB).[12] Unbenommen ist dem Mieter aber, sich auch im vereinfachten Verfahren gegenüber seiner Duldungspflicht auf Härtegründe zu berufen, weshalb er insoweit vom Vermieter auf Form und Frist des Härteeinwandes hingewiesen werden soll (§§ 555 c Abs. 2, § 555 d Abs. 3 BGB). 10

II. Mieterhöhungserklärung

Die Vorgaben zur Geltendmachung und Wirksamkeit der Mieterhöhung im regulären Verfahren gelten für das vereinfachte Verfahren *entsprechend* (§ 559 c Abs. 3 S. 1 BGB).[13] Somit ist dem Mieter anzugeben, welche Baumaßnahme mit welchem Modernisierungserfolg durchgeführt wurde, wie hoch die Kosten hierfür insgesamt sind und wie sie auf die einzelnen Wohnungen ggf. verteilt werden. Angaben zu Art und Höhe der pauschalierten Erhaltungskosten (siehe sogleich) brauchen dem Mieter nicht mitgeteilt zu werden; der Mieter darf jedoch Einsicht in die Unterlagen nehmen. 11

Zusätzlich muss der Vermieter angeben, dass er die Mieterhöhung nach dem vereinfachten Verfahren berechnet hat (§ 559 c Abs. 3 S. 2 BGB). Anderenfalls ist die Mieterhöhungserklärung unwirksam, wobei der Vermieter nicht gehindert ist, die Erklärung mit dem ausdrücklichen Hinweis auf das vereinfachte Verfahren zu wiederholen.[14] Seiner Hinweispflicht kommt der Vermieter auch nach, wenn er auf den entsprechenden Hinweis in der Modernisierungsankündigung ausdrücklich Bezug nimmt, der dort ebenfalls vorgeschrieben ist (§ 559 c Abs. 5 Nr. 1 BGB).[15] 12

III. Berechnung der Mieterhöhung

Im vereinfachten Verfahren muss der Vermieter die mit der Modernisierung ersparte Instandsetzung nicht konkret ermitteln und ausweisen, sondern er hat von den Kosten der Gesamtmaßnahme eine **Pauschale von 30 Prozent für ersparte Erhaltungsmaßnahmen** abzuziehen (§ 559 c Abs. 1 BGB). Die Pauschale ist in jedem Fall zur Anwendung zu bringen, also auch dann, wenn die Kosten für die ersparte Instandsetzung tatsächlich geringer oder höher sein sollten. Nur wenn voneinander abtrennbare Maßnahmen *gleichzeitig* durchgeführt werden, wobei es sich bei einem Teil der Maßnahmen um reine Instandhaltungsmaßnahmen iSv § 555 a BGB handelt, müssen die Kosten, die auf diese Maßnahmen entfallen, zunächst herausgerechnet werden.[16] 13

Nach dieser Vorgabe ergibt sich im vereinfachten Verfahren eine **maximal mögliche Mieterhöhung von 560 EUR/Jahr** (7.000 EUR Modernisierungskosten × 8 Prozent Mieterhö- 14

11 Bub/Treier/*Schultz*, Kap. III Rn. 1528.3
12 *Artz/Börstinghaus*, NZM 2019, 12 (20); Bub/Treier/*Schultz*, Kap. III Rn. 1528.3.
13 Siehe hierzu unter → § 6 Rn. 226 ff.
14 Bub/Treier/*Schultz*, Kap. III Rn. 1528.3.
15 Vgl. *BGH* 7.1.20014 – VIII ZR 156/03, NJW-RR 2004, 658; BeckOK MietR/*Schultz*, § 559 c Rn. 9.
16 BT-Drs. 19/4672, 33; *Artz/Börstinghaus*, NZM 2019, 12 (20); BeckOK MietR/*Schultz*, § 559 c Rn. 2.

hung, § 559 Abs. 1 BGB), mithin 46,67 EUR/Monat, die bei sehr kleinen Wohnungen gemäß der Kappungsgrenze noch zu reduzieren ist.[17]

15 Eine weitere Erleichterung für den Vermieter besteht darin, dass er im vereinfachten Verfahren von den Kosten der Modernisierungsmaßnahme *nicht* den **Zinsvorteil zinsvergünstigter oder zinsloser Darlehen** gemäß § 559 a Abs. 2 S. 1–3 BGB in Abzug bringen muss (§ 559 c Abs. 1 S. 3 BGB).[18] Diese Erleichterung umfasst aber *nicht* Zuschüsse aus öffentlichen Haushaltsmitteln oder vom Mieter bzw. für den Mieter übernommene Kosten, die dem Mieter auch im vereinfachten Verfahren zu Gute kommen sollen.[19] Hierzu zählen insbesondere auch Tilgungszuschüsse der Kreditanstalt für Wiederaufbau (KfW).

IV. Übersicht

16

	Reguläres Verfahren	Vereinfachtes Verfahren
Gesetzlich geregelt	§§ 555 b ff., 559 ff. BGB	§ 559 c BGB
Anwendung	■ Jede Modernisierung iSv § 555 b Nr. 1, 3, 4, 5 oder 6 BGB	■ Jede Modernisierung iSv § 555 b Nr. 1, 3, 4, 5 oder 6 BGB ■ Modernisierung mit Kosten von maximal 10.000 EUR pro Wohnung ■ Kostengrenze gilt für einen 5-Jahres-Zeitraum und beinhaltet Kosten für ersparte Erhaltungsmaßnamen
Modernisierungsankündigung		
Frist	Spätestens 3 Monate vor Beginn der Arbeiten	
Form	Ankündigung in Textform	
Inhalt	Angaben über ■ Art und Umfang der Modernisierungsmaßnahme ■ Beginn und Dauer ■ Betrag der zu erwartenden Mieterhöhung	
Erläuterung	Vermieter hat Art und Erfolg der Modernisierung iSv § 555 b BGB darzulegen. Zur Begründung einer energetischen Modernisierung darf hinsichtlich der Qualität von Bauteilen auf allgemein anerkannte Pauschalwerte Bezug genommen werden (§ 555 c Abs. 3 BGB).	
Weiterer Inhalt	■ Angabe der voraussichtlichen künftigen Betriebskosten	■ Keine Angabe der voraussichtlichen künftigen Betriebskosten erforderlich (§ 559 c Abs. 5 Nr. 2 BGB) ■ Angabe erforderlich, dass vom vereinfachten Verfahren Gebrauch gemacht wird (§ 559 c Abs. 5 Nr. 1 BGB)

17 Zur Kappungsgrenze unter → § 6 Rn. 219 ff.
18 Hierzu näher unter → § 6 Rn. 180 ff.
19 BT-Drs. 19/4672, 33.

Härteeinwand des Mieters	Ein Härteeinwand ist dem Mieter gegen die Duldung der Maßnahme und gegen die Mieterhöhung möglich. Hierauf soll der Mieter hingewiesen werden (§ 555 c Abs. 2 BGB)	Ein Härteeinwand ist dem Mieter nur gegen die Duldung der Maßnahme möglich, gegen die Mieterhöhung ist er ausgeschlossen (§ 559 c Abs. 1 S. 3 BGB). Dementsprechend ist der Hinweis zu reduzieren.
	Mieterhöhung	
Form	■ Textform	■ Textform ■ Angabe, dass die Mieterhöhung nach dem vereinfachten Verfahren berechnet wird (§ 559 c Abs. 3 S. 2 BGB).
Erläuterung	Art der Modernisierung und Modernisierungserfolg. Bezugnahme auf die Modernisierungsankündigung ist möglich	
Umlagesatz	8 Prozent (§ 559 Abs. 1 BGB)	
Kappungsgrenze	■ Die Miete darf innerhalb von sechs Jahren um maximal 3 EUR/m² monatlich steigen. ■ Beträgt die monatliche Miete vor der Mieterhöhung weniger als 7 EUR/m², darf die Miete maximal 2 EUR/m² steigen.	
Berechnung der Kosten	Kosten, die für Erhaltungsmaßnahmen erforderlich gewesen wären, sind konkret zu ermitteln und abzuziehen. Unter Umständen können dieses Kosten auf der Basis konkreter Tatsachen geschätzt werden (§ 559 Abs. 2 BGB).	Kosten, die für Erhaltungsmaßnahmen erforderlich gewesen wären, werden nicht konkret ermittelt. Diese Kosten sind zwingend mit 30 Prozent der geltend gemachten Modernisierungskosten pauschal (§ 559 c Abs. 1 S. 2 BGB) anzusetzen.
Anrechnung von Zuschüssen	Zuschüsse aus öffentlichen Haushalten oder Kosten, die der Mieter übernommen hat, zählen nicht zu den Modernisierungskosten (§ 559 a Abs. 1 BGB)	
Berücksichtigung von zinsverbilligten Darlehen und Zuschüssen zur Deckung laufender Aufwendungen	Der Jahresbetrag der Mieterhöhung reduziert sich um den Jahresbetrag der Zinsermäßigung bzw. den Jahresbetrag des Zuschusses (§ 559 a Abs. 2 S. 1 bis 3 BGB).	Derartige Geldmittel aus öffentlichen Haushalten brauchen bei Berechnung der Mieterhöhung nicht berücksichtigt werden (§ 559 c Abs. 1 S. 3 BGB).
Kostenverteilung	Bei Modernisierungsmaßnahmen, die mehrere Wohnungen betreffen, sind die Kosten angemessen auf die einzelnen Wohnungen aufzuteilen (§ 559 Abs. 3 BGB).	

Auswirkung auf künftige Modernisierungsmieterhöhungen	Keine Auswirkungen	Innerhalb von 5 Jahren nach Zugang der Mieterhöhungserklärung kann der Vermieter keine Mieterhöhung im regulären Verfahren geltend machen, sondern nur im vereinfachten Verfahren und insofern unter Berücksichtigung der Kostengrenze von 10.000 EUR (§ 559 Abs. 4 S. 1 BGB). Ausnahmen: Es besteht eine gesetzliche Modernisierungsverpflichtung, die der Vermieter weder kannte noch kennen musste. Eine Modernisierung erfolgt aufgrund eines WEG-Beschlusses, der frühestens 2 Jahre nach der Mieterhöhungserklärung gefasst wurde.

§ 8 Vorschriften gegen das „Herausmodernisieren" von Mietern

Zwei Vorschriften sollen Vermieter nach Vorstellung des Gesetzgebers vom „Herausmodernisieren" ihrer Mieter abhalten (§ 6 WiStrG) bzw. den Mietern die Durchsetzung von Schadensersatzansprüchen erleichtern (§ 559 d Abs. 4 BGB). Beide Vorschriften finden Anwendung auf Modernisierungsmaßnahmen, die nach dem 31.12.2018 angekündigt worden sind.[1]

A. Missbräuchliches Modernisieren als Ordnungswidrigkeit

I. Allgemeines

Im Bestreben, Mieter vor dem „**Herausmodernisieren**" durch unredliche Vermieter zu schützen, ist mit dem MietAnpG seit 2019 der Tatbestand der „Durchführung einer baulichen Veränderung in missbräuchlicher Weise" in § 6 WiStrG neu geschaffen worden. Der wohnungspolitisch unerwünschten **Gentrifizierung** eines Wohngebiets soll mit dieser Vorschrift entgegengewirkt, auch umfangreiche Modernisierungen aber weder erschwert noch verhindert werden.[2] Nach Vorstellung des Gesetzgebers ist hinsichtlich des Umfangs des vom Mieter Hinzunehmenden zugunsten des Vermieters „ein großzügiger Maßstab" anzulegen; lediglich ein „schikanöses, vernünftigerweise nicht mehr vertretbares Verhalten" des Vermieters (oder seiner Erfüllungsgehilfen) soll geächtet werden.[3] 1

Nach § 6 Abs. 1 WiStrG handelt **ordnungswidrig**, wer in der Absicht, einen Mieter von Wohnraum hierdurch zur **Kündigung** oder zur Mitwirkung an der **Aufhebung des Mietverhältnisses** zu veranlassen, eine bauliche Veränderung in einer Weise durchführt oder durchführen lässt, die geeignet ist, zu erheblichen, objektiv nicht notwendigen Belastungen des Mieters zu führen. Dass der Täter sein Ziel erreicht, ist nicht erforderlich, so dass der Tatbestand auch verwirklicht werden kann, wenn der Mieter von den baulichen Maßnahmen unbeeindruckt an seinem Mietvertrag festhält. Täter kann nicht nur der Vermieter, sondern auch die von ihm beauftragte **Hausverwaltung** sein; auch ist ein Bußgeld gegen eine **juristische Person** möglich.[4] 2

II. Durchführung einer baulichen Veränderung

Der Begriff der „baulichen Veränderung" ist weit zu verstehen. Er beinhaltet nicht nur Erhaltungs- und Modernisierungsmaßnahmen, sondern **jegliche Baumaßnahmen** am Mietgebäude sowie **Eingriffe in die Anlagentechnik.**[5] Mit der baulichen Veränderung muss begonnen worden sein, was *regelmäßig* mit der Einrichtung der Baustelle sowie bei Sicherungsmaßnahmen der Fall ist.[6] 3

III. Erhebliche, nicht notwendige Belastung

Die bauliche Veränderung muss geeignet sein, zu erheblichen, **objektiv nicht notwendigen Belastungen** des Mieters zu führen. Die Gesetzesbegründung[7] nennt hierfür beispielhaft: 4

- Einrichtung einer Baustelle mit einer dauerhaften Verhängung/Verdunkelung der Fenster, ohne dass in absehbarer Zeit mit der eigentlichen Baumaßnahme begonnen wird;

1 Art. 229 § 49 Abs. 1 S. 3 EGBGB.
2 BT-Drs. 19/4672, 36.
3 BT-Drs. 19/4672, 37.
4 *Artz/Börstinghaus,* NZM 2019, 12 (24).
5 BT-Drs. 19/4672, 37.
6 BT-Drs. 19/4672, 37.
7 BT-Drs. 19/4672, 37.

- Besonders lärmintensive Maßnahmen, die ohne erkennbaren Grund überwiegend zur Unzeit (sehr früh morgens, spät abends) ausgeführt werden;
- Längerfristiges, nicht erforderliches Abstellen der Wasserversorgung;
- Beeinträchtigung grundlegendster Sicherheitsstandards, wie das nicht bloß kurzfristige Aushängen der Haustür ohne erkennbaren Anlass.

Die Beispiele zeigen, dass an das Tatbestandsmerkmal der „erheblichen, objektiv nicht notwendigen Belastungen des Mieters“ hohe Anforderungen gestellt werden.[8]

Weitere **Beispiele** könnten sein[9]:

- Vom Bauherrn geduldetes rüpelhaftes Benehmen der Bauarbeiter;
- Grundloses Abstellen von Strom;
- Lagern von Bauschutt über längere Zeit in der Mietwohnung oder in ihrem Zugangsbereich;
- Bewusstes Missachten von behördlich angeordneten Schutzmaßnahmen zugunsten der Mieter.

IV. Vorsatz des Vermieters

5 Der Vermieter bzw. ein von ihm beauftragter Dritter muss in der Absicht handeln, den Mieter durch die bauliche Veränderung zur Kündigung oder zur Mitwirkung an der Aufhebung seines Mietvertrages zu veranlassen. Erforderlich ist mithin die **direkte Absicht,** den Mieter zum Auszug aus der Wohnung zu bewegen, wofür sich Anhaltspunkte auch aus den **Begleitumständen,** namentlich aus der Vorgeschichte des Mietverhältnisses, ergeben können.[10] Hinsichtlich des weiteren Tatbestandes der erheblichen, objektiv nicht notwendigen Belastungen des Mieters durch die baulichen Veränderungen ist der einfache bzw. auch bedingte Vorsatz des Täters ausreichend; Absicht (*dolus directus* 1. Grades) ist hierfür also nicht erforderlich (§ 10 OWiG).

V. Rechtsfolgen

6 Die Ordnungswidrigkeit kann mit einer **Geldbuße von bis zu 100.000 EUR** geahndet werden (§ 6 Abs. 2 WiStrG). Bei der zeitgleichen missbräuchlichen Durchführung von baulichen Maßnahmen hinsichtlich mehrerer Wohnungen in einem Haus oder in einem Gebäudekomplex liegt jeweils nur eine Tat vor; diesem Umstand trägt die beträchtliche, maximal mögliche Geldbuße Rechnung.[11]

B. Beweiserleichterungen für den Mieter

I. Allgemeines

7 Als weitere Maßnahme gegen das „**Herausmodernisieren**“ versteht sich die mit dem MietAnpG zum 1.1.2019 neu in das BGB eingefügte Vorschrift § 559 d, die Mietern die Durchsetzung von Schadensersatzansprüchen für „Pflichtverletzungen bei Ankündigung oder Durchführung einer baulichen Veränderung“ erleichtern soll.[12] Dabei rechnen zu den baulichen Veränderungen sowohl Modernisierungs- als auch Erhaltungsmaßnahmen.[13] Anspruchsgrundlage der Schadensersatzansprüche ist vor allem § 280 Abs. 1 BGB; daneben

8 *Blank*, NZM 2019, 73 (74).
9 Nach *Blank*, NZM 2019, 73 (74).
10 BT-Drs. 19/4672, 37, *Blank* NZM 2019, 73 (74), zur Würdigung einer Eigenbedarfskündigung vor dem Hintergrund eines zerrütteten Mietverhältnisses vgl. *BGH* 23.10.2018 – VIII ZR 61/18, NZM 2018, 988.
11 BT-Drs. 19/4672, 37.
12 BT-Drs. 19/4672, 34.
13 *Selk* NJW 2019, 329 (334); BeckOK BGB/*Schüller*, § 559 d Rn. 13.

kommt § 823 Abs. 2 BGB iVm § 6 WiStrG in Fällen nachgewiesener „Herausmodernisierungs-Absicht" in Betracht.

Das Gesetz stellt zum **Zweck der Beweiserleichterung** im Zivilprozess vier Verhaltensweisen abschließend auf, die die Vermutung *typischerweise* nahelegen, der Vermieter wolle den Mieter aus seiner Wohnung „herausmodernisieren" (§ 559 d Abs. 1 BGB). Anders als im Bußgeldverfahren zu § 6 WiStrG ist die Absicht des Vermieters, den Mieter zur Beendigung des Mietvertrages zu bewegen, für die Annahme einer Pflichtverletzung nach § 559 d BGB *nicht* erforderlich. 8

II. Die Vermutungstatbestände für eine Pflichtverletzung

Nach § 559 d Abs. 1 BGB besteht in vier Fällen eine **gesetzliche Vermutung**, dass der Vermieter eine zum Schadensersatz verpflichtende Pflichtverletzung begangen hat. Die Vermutungsregelung gilt auch bei **Unterlassungsansprüchen** des Mieters gegen den Vermieter gemäß § 1004 BGB.[14] Die Vermutung gilt nicht, wenn der Vermieter sie widerlegt, er also darlegen und nötigenfalls beweisen kann, dass für das betreffende Verhalten im Einzelfall ein nachvollziehbarer objektiver Grund gegeben ist (§ 559 d Abs. 2 BGB). 9

Nr. 1. Der Vermieter hat mit der baulichen Veränderung nicht innerhalb von zwölf Monaten nach angekündigtem Beginn begonnen. Ist der Beginn dem Mieter (entgegen § 555 c Abs. 1 Nr. 2 BGB) nicht mitgeteilt worden, beginnen die zwölf Monate mit Zugang der Modernisierungsankündigung beim Mieter. 10

Widerlegt[15] werden kann die gesetzliche Vermutung etwa damit, dass

- der Vermieter aufgrund einer Veränderung seiner eigenen finanziellen Situation von der zuvor ernsthaft geplanten Maßnahme Abstand genommen hat,
- sich die bauliche Maßnahme aufgrund von Verzögerungen im Genehmigungsverfahren oder der schlechten Verfügbarkeit von Handwerkern zeitlich verschoben hat,
- beauftragte Firmen ihre Fristen nicht eingehalten haben oder in Insolvenz geraten sind,
- sich bei der Bauausführung unvorhergesehene Schwierigkeiten, etwa nicht vorhersehbare Mängel oder Schäden, ergeben haben.

Nr. 2. In der Modernisierungsankündigung nach § 555 c Abs. 1 BGB ist ein Betrag für die zu erwartende Mieterhöhung angegeben, durch den die monatliche Miete mindestens verdoppelt würde.[16] 11

Die Vermutung kann vom Vermieter widerlegt werden mit der Begründung, dass die angekündigte Maßnahme tatsächlich die Kosten erfordert, die zu einer solchen Mieterhöhung führen können.[17] Dies betrifft vor allem die Fälle, in denen die Ausgangsmiete extrem niedrig ist, aber ein **erheblicher Modernisierungsbedarf** besteht, und infolgedessen eine Mieterhöhung die Miete zwar verdoppelt, dies bis zur Kappungsgrenze von 2 EUR/m² gemäß § 559 Abs. 3 a BGB aber gerade zulässig ist.

Nr. 3. Die bauliche Veränderung wird in einer Weise durchgeführt, die geeignet ist, zu erheblichen, objektiv nicht notwendigen Belastungen des Mieters zu führen. 12

Dieser Vermutungstatbestand stellt einen Gleichklang zum Tatbestand des § 6 WiStrG her, so dass bei Nachweis der entsprechenden Absicht des Vermieters diese Ordnungswidrigkeit zugleich gegeben ist.[18] Auch in diesem Fall wird vermutet, dass der Vermieter in be-

14 *Artz/Börstinghaus,* NZM 2019, 12 (23).
15 Vgl. BT-Drs. 19/4672, 35. So etwa in *LG Frankfurt/Main* 2.8.2016 – 2–17 S 13/16.
16 Zum Fall einer angekündigten Mieterhöhung um über 450 Prozent („Mietexplosion") siehe *BGH* 21.11.2017 – VIII ZR 28/17, NJW 2018, 1008. Zur Rolle des Staates und seinen Möglichkeiten, die Belastungen für die Mieter zu reduzieren, vgl. *Kornemann* DWW 2018, 324.
17 BT-Drs. 19/4672, 35; Bub/Treier/*Schultz*, Kap. III Rn. 1568.1.
18 Siehe hierzu oben unter → § 8 1 ff.

stimmter Weise agiert, um den Mieter zur Aufgabe des Mietverhältnisses zu bewegen. Widerlegt werden kann die Vermutung durch den Beweis, dass die erheblichen Belastungen Folge *objektiv notwendiger* Bauplanung und -ausführung sind, worüber *regelmäßig* nur ein gerichtliches Sachverständigengutachten Auskunft geben kann.

13 **Nr. 4.** Die Arbeiten ruhen nach Beginn der baulichen Veränderung mehr als zwölf Monate.

Die gesetzliche Vermutung, der Vermieter wolle den Mieter auf diese Weise aus seiner Wohnung „herausmodernisieren“, kann von ihm mit der Begründung widerlegt werden, dass die Unterbrechung nach Baubeginn von ihm **nicht zu vertreten** ist. Denkbar ist, die Bauunterbrechung entsprechend Ziffer 1 etwa damit zu begründen, dass es zu (Rechts-)Streitigkeiten mit Bauausführern gekommen ist, diese vertragsuntreu oder insolvent geworden oder auf eigener Seite unvorhergesehene Finanzierungsprobleme entstanden sind.

14 Auch abseits dieser vier Vermutungstatbestände kann der Vermieter dem Mieter im Zusammenhang mit der Ankündigung und der Durchführung von Modernisierungsmaßnahmen haften. Allerdings gelten dann die allgemeinen Regeln zur Darlegungs- und Beweislast, so dass beides Aufgabe des Mieters ist, der eine Pflichtverletzung seines Vermieters behauptet.[19]

III. Rechtsfolgen

15 Greift im Zivilprozess zugunsten des Mieters die gesetzliche Vermutung einer Pflichtverletzung des Vermieters, wird es beim **Schaden** vor allem um den Ersatz von Kosten gehen, die dem Mieter entstanden sind, weil er aus Furcht vor den Folgen der baulichen Veränderung seine Wohnung verlassen hat.[20] Zu klären sind dann – wie in den Fällen vorgetäuschten Eigenbedarfs[21] – die häufig schwierigen Fragen zur Beweislast, zur haftungsbegründenden Kausalität und zur Ersatzfähigkeit der vom Mieter aufgewendeten Kosten etwa für Wohnungssuche, Makler, Umzug und Mietdifferenz. Ebenso kommen Kosten für anwaltliche Beratung oder den Auszug in eine Ersatzunterkunft als Schaden in Betracht.[22]

---

19 HdM/*Emmert*, § 19 Rn. 81.

20 Zu zwei Fällen, die ua Anlass für den Gesetzgeber zur Schaffung dieser Vorschriften wider das „Herausmodernisieren“ waren, *BGH* 21.11.2017 – VIII ZR 28/17, NJW 2018, 1008, sowie *BGH* 30.5.2017 – VIII ZR 199/16, NJW 2017, 2907, mit Vorinstanz *LG Frankfurt/Main* 2.8.2016 – 2-17 S 13/16.

21 Vgl. *BGH* 29.3.2017 – VIII ZR 44/16, NJW 2017, 2819; *BGH* 11.10.2016 – VIII ZR 300/15, NZM 2017, 23; *BGH* 18.5.2005 – VIII ZR 368/03, NZM 2005, 580; *BGH* 15.3.2000 – XII ZR 81/97, NJW 2000, 2342; *AG München* 29.3.2018 – 432 C 1222/18; *Siegmund,* WuM 2017, 613.

22 *Artz/Börstinghaus,* NZM 2019, 12 (24).

§ 9 Bauliche Veränderungen durch den Mieter

In der Praxis kommt es häufig vor, dass der Mieter bauliche Veränderungen in Eigenregie und auf eigene Kosten durchführen möchte. In diesem Fall stellt sich – spiegelbildlich zum Modernisierungsrecht des BGB – die Frage, unter welchen Voraussetzungen der Vermieter bauliche Veränderungen des Mieters zu dulden hat.

Geregelt ist lediglich, dass der Mieter vom Vermieter die Zustimmung für einen behindertengerechten Umbau der Mietwohnung und ihres Zugangs verlangen kann (§ 554 a BGB). Darüber hinaus kann der Vermieter nach Treu und Glauben (§ 242 BGB) verpflichtet sein, auch anderen Zwecken dienenden Baumaßnahmen zuzustimmen.

A. Anspruch des Mieters auf Barrierefreiheit

I. Allgemeines

Der Mieter kann gemäß § 554 a Abs. 1 S. 1 BGB vom Vermieter die Zustimmung[1] zu baulichen Veränderungen und sonstigen Einrichtungen verlangen, die für eine behindertengerechte Nutzung der Mietsache oder den Zugang zu ihr erforderlich sind (Schaffung sog **Barrierefreiheit**). Der Vermieter darf seine Zustimmung verweigern, wenn sein Interesse an der unveränderten Erhaltung der Mietsache oder des Gebäudes das Interesse des Mieters an einer behindertengerechten Nutzung überwiegt. Dabei sind auch die berechtigten Interessen anderer Mieter in dem Gebäude zu berücksichtigen (§ 554 a Abs. 1 S. 2, 3 BGB). Eine von diesen Regelungen zum Nachteil des Mieters abweichende Vorschrift ist unwirksam (§ 554 a Abs. 3 BGB). Der Vermieter kann seine Zustimmung zum behindertengerechten Umbau davon abhängig machen, dass der Mieter ihm eine angemessene Sicherheit für die Wiederherstellung des ursprünglichen Zustandes leistet (§ 554 a Abs. 2 BGB). 1

Einen Anspruch auf Barrierefreiheit kann nur der Mieter von Wohnraum haben. Er besteht auch bei Wohnungen, die nur zum vorübergehenden Gebrauch vermietet sind, ebenso bei **Einliegerwohnungen** sowie Wohnraum in einem **Studenten- oder Jugendwohnheim** (§ 549 Abs. 2 Nr. 1–3 BGB). 2

II. Verlangen des Mieters

Der Mieter benötigt für seinen Anspruch ein berechtigtes Interesse an der Schaffung von Barrierefreiheit. Erforderlich ist eine Behinderung des **Mieters oder einer mit ihm einen gemeinsamen Hausstand führenden Person.**[2] Darüber hinaus soll ein behindertengerechter Umbau auch für regelmäßige Besucher des Mieters geltend gemacht werden können.[3] 3

Eine Behinderung liegt vor, wenn die körperliche Funktion, die geistige Fähigkeit oder die seelische Gesundheit eines Menschen länger als sechs Monate von dem für das Lebensalter typischen Zustand abweicht und daher seine Teilhabe am Leben in der Gesellschaft beeinträchtigt ist (§ 3 BGG).[4] Diese Definition dient aber nur der Orientierung, denn der Begriff der Behinderung ist auf dieses enge Verständnis des Sozialrechts *nicht* beschränkt; ausreichend ist vielmehr jede erhebliche und dauerhafte Einschränkung der **Bewegungsfreiheit.**[5] Die Art und der Grad der Behinderung sind demnach nicht ausschlaggebend, ebenso wenig der Entstehungsgrund. Auch eine amtliche Anerkennung der Behinderung ist nicht erforderlich. 4

---

1 Gemeint ist die vorherige Zustimmung, also die Einwilligung des Vermieters (vgl. § 183 BGB).

2 *Blank/Börstinghaus*, Miete, § 554 a BGB Rn. 8; *Eisenschmid* in Schmidt-Futterer, § 554 a BGB Rn. 31.

3 *Eisenschmid* in Schmidt-Futterer, § 554 a BGB Rn. 32; aA *Dickersbach*, Lützenkirchen/Mietrecht, § 554 a BGB Rn. 11; FA-MietRWEG/*Schmid*, Kap. 8 Rn. 448.

4 Behindertengleichstellungsgesetz (BGG) vom 27.4.2002; vgl. auch § 2 SGB IX.

5 H/K/*Both*, § 554 a BGB Rn. 13; Palandt/*Weidenkaff*, § 554 a BGB Rn. 5.

5 Unerheblich ist, ob die Behinderung schon vor Abschluss des Mietvertrages bestand.[6] Im Rahmen der Interessenabwägung kann aber gegebenenfalls zulasten des Mieters berücksichtigt werden, dass er den Vermieter bei **Vertragsschluss** nicht über seine Behinderung informiert hat. Denn wenn sich ein Mieter in Kenntnis seiner Behinderung für die Anmietung einer nicht barrierefreien Wohnung entscheidet, bringt er damit zum Ausdruck, dass er diese Wohnung für sich als geeignet ansieht.[7]

6 In der Praxis stehen altersbedingte Einschränkungen der **Bewegungsfreiheit** im Vordergrund. In Betracht kommen aber auch Seh- und Hörbeeinträchtigungen und geistige Behinderungen. Ein typischer Anwendungsfall des § 554 a BGB ist der Mieter, der seine Wohnung altersbedingt umgestalten möchte, um nicht in ein **Pflegeheim** ziehen zu müssen.[8]

7 Die gewünschte Baumaßnahme muss für die behindertengerechte Nutzung der Mietsache und den behindertengerechten Zugang zu ihr erforderlich sein. Von der **Erforderlichkeit** ist auszugehen, wenn dem Mieter oder seinem Haushaltsangehörigen die vertragsgemäße Nutzung der Wohnung und ihrer Außenanlagen durch die Baumaßnahme ermöglicht, zumindest aber erleichtert wird.[9]

Beispiele: Für Rollstuhlfahrer und Gehbehinderte die Verbreiterung der Haus- oder Wohnungstüren, die Entfernung von Türschwellen, die Tiefersetzung von Lichtschaltern und Armaturen (etwa im Bad und in der Küche), der Einbau einer behindertengerechten Nasszelle, einer „Step-in-Badewanne", die Montage von Stützstangen oder Gehhilfen sowie das Verlegen eines rutschsicheren Bodenbelags; Installation eines Treppenlifts oder weiterer Haltegriffe im Treppenhaus, die Installation einer Auffahrtrampe zum Hauseingang, die Schaffung eines ebenerdigen Zugangs zu den Grünanlagen, wenn diese sonst nur über Treppen zu erreichen sind; für schwerhörige oder taube Mieter die Installation einer Lichtklingel; die Sicherung von Fenstern zum Schutz geistig behinderter Mieter.

8 Auf lediglich nützliche bzw. der **Annehmlichkeit** dienende Veränderungen hat der Mieter keinen Anspruch.[10] Allerdings ist ein behindertengerechter Umbau nicht weniger erforderlich, weil die Maßnahme den Gebrauch der Mietsache auch angenehmer macht. Denn einer Person mit Behinderung darf nicht das größtmögliche Opfer an Anstrengung abverlangt werden, ehe sie einen Anspruch auf barrierefreies Wohnen umsetzen kann.[11] So hat der Vermieter die Drehung eines Rollstuhl-Containers aus Waschbeton auch zu gestatten, wenn die behinderte Mieterin anschließend vom Hauseingang in vier statt bisher elf Schritten zu ihrem Rollstuhl gelangen kann.[12]

9 Kein Anwendungsfall der Barrierefreiheit, sondern eine Frage des **zulässigen Mietgebrauchs** ist gegeben, wenn Erleichterungen des Mieters nicht fester Bestandteil der Mietsache werden. Insoweit soll es nicht zu beanstanden sein, wenn eine betagte Mieterin ihren **Rollator** an geeigneter Stelle im Eingangsbereich des Mietshauses abstellt.[13]

10 § 554 a BGB enthält keine Vorgaben, in welcher **Form und Frist** der Mieter die Zustimmung verlangen kann. Da die Interessenlage auf Seiten des Vermieters dieselbe ist wie die des Mieters bei beabsichtigter Vermietermodernisierung, gilt spiegelbildlich § 555 c Abs. 1 S. 1, 2 Nr. 1, 2 BGB. In analoger Anwendung dieser Vorschrift hat der Mieter dem Vermieter spätestens drei Monate vor Beginn der von ihm gewünschten Maßnahme deren Art sowie voraussichtlichen Umfang, Beginn und Dauer in Textform mitzuteilen.

6 *Blank/Börstinghaus*, Miete, § 554 a BGB Rn. 4.
7 *Dickersbach*, Lützenkirchen/Mietrecht, § 554 a BGB Rn. 24; *Drasdo*, NJW-Spezial 2006, 433; aA *Eisenschmid* in Schmidt-Futterer, § 554 a BGB Rn. 19.
8 BT-Drs. 14/5663, 165.
9 *AG München* 25.11.2010 – 453 C 27330/10; *Dickersbach*, Lützenkirchen/Mietrecht, § 554 a BGB Rn. 19.
10 *KG* 15.6.2009 – 8 U 245/08; *Drasdo*, NJW-Spezial 2006, 433; FA-MietRWEG/*Schmid*, Kap. 8 Rn. 453.
11 *Dickersbach*, Lützenkirchen/Mietrecht, § 554 a BGB Rn. 19; *Streyl*, NZM 2017, 785 (790).
12 *LG Hamburg* 29.4.2004 – 307 S 159/03.
13 *AG Hannover* 13.5.2005 – 503 C 3987/05.

III. Zustimmungspflicht/Verweigerungsbefugnis des Vermieters

11 Der Vermieter kann dem behindertengerechten Umbau seine Zustimmung verweigern, wenn sein Interesse an der unveränderten Erhaltung der Mietsache oder des Gebäudes *überwiegt*. Geschützt ist nur das Interesse des Vermieters am Bestand des Gebäudes und nicht auch sein Interesse, in noch unbestimmter Zukunft selbst Baumaßnahmen vornehmen zu wollen, denen die vom Mieter gewünschten Veränderungen zuwiderlaufen.[14]

12 Bei der Abwägung der widerstreitenden Interessen stehen auf beiden Seiten durch Art. 14 Abs. 1 GG geschützte Rechtspositionen einander gegenüber: Das Eigentumsrecht des Vermieters, sofern er Eigentümer ist, und das **Besitzrecht** des Mieters.[15] Der Mieter kann sich zusätzlich auf Art. 3 Abs. 3 S. 2 GG berufen, dessen Verbot der Benachteiligung behinderter Menschen in die Auslegung des Privatrechts und damit auch in die Interessenabwägung einfließt.[16]

13 Allgemeine Abwägungsgründe sind zum Beispiel Art, Dauer (Heilungschancen) und Schwere der Behinderung, erforderlicher Umfang der Maßnahme, Dauer der Bauzeit, Möglichkeit des Rückbaus, bauordnungsrechtliche Genehmigungsfähigkeit, Beeinträchtigung der Mitmieter während der Bauzeit sowie mögliche Haftungsrisiken des Vermieters aufgrund der ihm obliegenden **Verkehrssicherungspflicht**.[17] Auch die Dauer der Mietzeit spielt eine wichtige Rolle bei der Abwägung; je kürzer die Mietdauer ist, desto eher kann dem Mieter ein Umzug in eine bereits barrierefrei ausgebaute Wohnung abverlangt werden.[18]

14 Die Belange des Vermieters haben in der Interessenabwägung umso mehr Gewicht, je schwerer der bauliche Eingriff und je geringer die Behinderung ist. Umgekehrt ist dem Interesse des Mieters umso stärker Rechnung zu tragen, je schwerwiegender seine Behinderung ist und je weniger der Vermieter an berechtigten Einwänden geltend machen kann.[19] Bei **Gleichrangigkeit der widerstreitenden Interessen** haben die Interessen des Mieters Vorrang. Denn nach dem Wortlaut des § 554 Abs. 1 BGB darf der Vermieter seine Zustimmung nur verweigern, wenn sein Interesse *überwiegt*.

15 Prinzipiell braucht der Vermieter den gewünschten Baumaßnahmen nur zuzustimmen, wenn gewährleistet ist, dass sie sach- und fachgerecht sowie im Einklang mit den Regeln der Technik ausgeführt werden. Auch muss sichergestellt sein, dass sämtliche Baumaßnahmen nur in Übereinstimmung mit den für sie geltenden Vorschriften erfolgen.[20] Deshalb kann der Mieter solche Umbauten nicht verlangen, die den Vorschriften und Auflagen des **Denkmalschutzes** zuwiderlaufen.[21] Ebenso wenig braucht der Vermieter Maßnahmen zu gestatten, durch die der Fluchtweg bauordnungswidrig eingeengt oder gar die Statik des Gebäudes beeinträchtigt wird, beispielsweise durch den Einbau eines Aufzugs oder Treppenlifts.

16 Neben dem Erhaltungsinteresse sind die Dauer der Bauzeit, Beeinträchtigungen der Mitmieter während der Bauzeit, Einschränkungen durch die Maßnahme selbst sowie mögliche **Haftungsrisiken** des Vermieters aufgrund der ihm obliegenden Verkehrssicherungspflicht zu berücksichtigen.[22] Diese Nachteile sind aber von geringerem Gewicht, wenn sie durch sachgerechte Auflagen gemildert werden können.

17 So kann der Vermieter Auflagen erteilen, wie die Maßnahmen durchgeführt werden sollen, wenn der Zweck und der Nutzen für den Mieter bzw. die behinderte Person erhalten

14 *AG Berlin-Pankow/Weißensee* 11.10.2012 – 3 C 181/12.
15 *BVerfG* 28.3.2000 – 1 BvR 1460/99, NJW 2000, 2658 („Treppenliftentscheidung").
16 *BVerfG* 28.3.2000 – 1 BvR 1460/99, NJW 2000, 2658.
17 Vgl. *Eisenschmid* in Schmidt-Futterer § 554 a BGB Rn. 34.
18 *AG Berlin-Neukölln* 10.6.2004 – 8 C 71/04; *Dickersbach*, Lützenkirchen/Mietrecht, § 554 a BGB Rn. 23.
19 *Eisenschmid* in Schmidt-Futterer, § 554 a BGB Rn. 33.
20 Palandt/*Weidenkaff*, § 554 a BGB Rn. 7.
21 *BVerfG* 21.6.1994 – 1 BvR 641/94, NJW-RR 1994, 1232.
22 Bericht BT-Rechtsausschuss, BT-Drs. 14/5663, 78.

bleiben. Kommen mehrere gleich taugliche und gleich teure Maßnahmen in Betracht, so ist diejenige Maßnahme auszuwählen, die den Vermieter und die übrigen Hausbewohner am wenigsten stört.[23] Möglich sind auch Vorgaben über Art und Umfang oder über den Zeitpunkt einzelner Maßnahmen, um die Beeinträchtigungen für die anderen Hausbewohner gering zu halten.[24]

18 Um die Eingriffe in die Bausubstanz seiner Immobilie so gering als möglich zu halten, darf der Vermieter seine Zustimmung auch daran knüpfen, dass die Maßnahmen durch einen ausgewiesenen Fachbetrieb ausgeführt werden. In Eigenleistung darf der Mieter nur tätig werden, wenn er durch eine einschlägige **Berufsausbildung** über die notwendige Fachkunde verfügt.[25]

19 Zur Abdeckung eines aus den Baumaßnahmen erwachsenden Schadensrisikos kann dem Mieter der Abschluss und die Unterhaltung einer **Haftpflichtversicherung** zur Auflage gemacht werden. Eine Haftungsübernahmeerklärung des Mieters befriedigt das Sicherungsbedürfnis des Vermieters hingegen nicht ausreichend, weil sie nicht gewährleistet, dass jederzeit ausreichende Mittel zur Behebung eines Schadens zur Verfügung stehen.[26]

20 Nicht in die Abwägung einzubeziehen sind **Mietausfälle** infolge von Baumaßnahmen gemäß § 554 a BGB. Denn die übrigen Mieter des Hauses haben grundsätzlich kein Minderungsrecht, wenn während der Umbauarbeiten oder durch die behindertengerechte Einrichtung selbst der Gebrauchswert der Mietsache beeinträchtigt wird.[27] Dies folgt aus der Erwägung, dass der Mitbesitz ebenfalls der **Sozialpflichtigkeit** unterworfen ist.[28]

21 Aus diesem Grund dürfen die anderen Mieter auch nicht **fristlos kündigen,** selbst wenn die mit der baulichen Maßnahme verbundene Gebrauchsbeeinträchtigung hierzu eigentlich nach § 543 Abs. 2 S. 1 Nr. 1 BGB berechtigen würde.[29] Eine Ausnahme kann nur bei sehr erheblichen und dauerhaft angelegten Beeinträchtigungen in Betracht kommen. Gegebenenfalls ist der behinderte Mieter dann verpflichtet, den Vermieter von den insoweit auftretenden finanziellen Belastungen freizustellen.[30]

22 **Hinweis:** Die Zustimmung des Vermieters verlangt keine bestimmte Form. Schon aus Gründen der Beweisbarkeit sollte möglichst eine umfängliche Vereinbarung zwischen den Vertragsparteien geschlossen werden. Bei Mietverträgen mit einer Laufzeit von mehr als einem Jahr hat diese Vereinbarung zur Wahrung der Laufzeit in Schriftform iSv § 550 BGB zu erfolgen. Dies betrifft auch den Fall, dass im Mietvertrag für länger als ein Jahr der Ausschluss der ordentlichen Kündigung vereinbart worden ist.[31]

IV. Zusätzliche Sicherheit des Mieters

23 Geschützt ist des Weiteren das Interesse des Vermieters, dass die Mietsache bei Beendigung des Mietverhältnisses wieder in den ursprünglichen Zustand versetzt wird. Zur Sicherung dieses Anspruchs kann der Vermieter seine Zustimmung davon abhängig machen, dass ihm eine **angemessene zusätzliche Sicherheit** geleistet wird (§ 554 a Abs. 2 BGB).

24 Führt die Maßnahme zur Schaffung von Barrierefreiheit zu einer dauerhaften, über das Mietverhältnis hinausgehenden Wertverbesserung, soll dem Vermieter ein Rückbauanspruch aber nicht zustehen, dessen Sicherung er somit auch nicht verlangen kann.[32] Diese

---

23 *Mersson,* NZM 2002, 313 (315).
24 *Eisenschmid* in Schmidt-Futterer, § 554 a BGB Rn. 37.
25 *Eisenschmid* in Schmidt-Futterer, § 554 a BGB Rn. 38.
26 *Eisenschmid* in Schmidt-Futterer, § 554 a BGB Rn. 39.
27 *Eisenschmid* in Schmidt-Futterer, § 554 a BGB Rn. 50; *Mersson,* NZM 2002, 313 (318); aA *Dickersbach,* Lützenkirchen/Mietrecht, § 554 a BGB Rn. 35; MüKo/*Artz,* § 554 a BGB Rn. 12.
28 Staudinger/*Rolfs,* § 554 a BGB Rn. 20; *Mersson,* NZM 2002, 313 (318).
29 *Eisenschmid* in Schmidt-Futterer § 554 a BGB Rn. 52.
30 *Blank*/Börstinghaus, Miete, § 554 a BGB Rn. 22.
31 *BGH* 4.4.2007 – VIII ZR 223/06, NJW 2007, 1742.
32 *AG Berlin-Charlottenburg* 6.10.2015 – 233 C 553/14.

Auffassung steht jedoch im Widerspruch dazu, dass der Vermieter über die Durchführung von Modernisierungsmaßnahmen allein entscheidet, er sich diese vom Mieter nicht aufdrängen lassen muss.[33]

25 Die zusätzliche Sicherheit ist vom Bestand einer mietvertraglich geschuldeten Sicherheit gemäß § 551 BGB unabhängig. Die weitere Sicherheit hat der Mieter nur zu leisten, wenn der Vermieter sie zur Voraussetzung seiner Zustimmung gemacht hat – im Nachhinein kann sie nicht vom Mieter verlangt werden.

26 Angemessen ist eine Sicherheit, wenn sie die Rückbau- und Entsorgungskosten deckt. Diese sind zweckmäßigerweise mittels **Kostenvoranschlag** oder durch einen Sachverständigen zu ermitteln. Fallen bereits hierfür Kosten an, hat sie der Mieter zu tragen.[34] Zu den ermittelten Kosten ist dem Vermieter ein Aufschlag von bis zu 10 Prozent zuzubilligen, damit auch künftigen Preiserhöhungen Rechnung getragen werden kann.[35] Dass die verlangte Sicherheit von angemessener Höhe ist, hat im Streitfall der Vermieter zu **beweisen.**[36]

27 Der Vermieter hat keinen Anspruch auf eine bestimmte **Form der Sicherheit**, vielmehr liegt die Wahl des Sicherungsmittels grundsätzlich beim Mieter.[37] Riskante Sicherheiten kann der Vermieter aber ablehnen (etwa Wertpapiere mit Verlustprognose oder die Stellung eines Bürgen in ungesicherten Vermögensverhältnissen). Auf die Zusage des Mieters, bestimmte Firmen würden den Rückbau kostenlos vornehmen, braucht sich der Vermieter ebenfalls *nicht* verweisen zu lassen.[38]

28 Ist keine Fälligkeit vereinbart, hat der Mieter *kein* Recht zur **Ratenzahlung**, sondern muss die Sicherheit vollständig vor Beginn der Baumaßnahmen leisten. Denn § 554 a BGB verweist nur auf § 551 Abs. 3 und 4 BGB.[39] Der Verweis stellt aber immerhin klar, dass für die zusätzliche Sicherheit hinsichtlich der **Anlage und Verzinsung** die Regeln über die allgemeine Kaution gelten, also eine Barkaution verzinst und getrennt vom Vermögen des Vermieters angelegt werden muss.

29 Die Rückbausicherheit ist zweckgebunden; die **Zweckbindung** ergibt sich aus dem Wortlaut des § 554 a Abs. 2 BGB („für die Wiederherstellung").[40] Hat der Mieter die Mietsache bei Mietende in den ursprünglichen Zustand versetzt, hat der Vermieter ihm die Sicherheit daher zurückzugeben. Wenn der Vermieter dann andere Ansprüche gegen den Mieter hat, kann er diese nicht gegen dessen Anspruch auf Rückzahlung der zusätzlichen Sicherheit aufrechnen; aus der gesetzlichen Zweckbindung folgt zugleich ein **Aufrechnungsverbot.**[41]

V. Interessen anderer Mieter/Wohnungseigentümer

30 Bei der Abwägung sind auch die Interessen der anderen Mieter in dem Gebäude zu berücksichtigen (§ 554 a Abs. 1 S. 3 BGB). Es sind die Interessen der einzelnen Mieter zu prüfen; eine Mehrheitsentscheidung der restlichen Mieter gibt es nicht.[42]

31 Die Interessen anderer Mieter können regelmäßig nur betroffen sein, wenn Veränderungen außerhalb der Wohnung des Behinderten vorgenommen werden. Denn es kommt darauf an, dass der Mieter in seinen vertragsgemäßen Nutzungsrechten beeinträchtigt ist. Dies

33 Vgl. *BGH* 14.9.2011 – VIII ZR 10/11, NJW-RR 2012, 262; siehe hierzu unter → § 1 Rn. 118 ff.

34 BeckFormB MietR/*Wetekamp* A. III. 18 (Anm. 7); *Dickersbach*, Lützenkirchen/Mietrecht, § 554 a BGB Rn. 46; *Mersson*, NZM 2002, 313 (317).

35 *Blank*/Börstinghaus, Miete, § 554 a BGB Rn. 16; *Streyl*, NZM 2017, 785 (791).

36 Palandt/*Weidenkaff*, § 554 a BGB Rn. 4; aA HdM/*Emmert*, § 19 Rn. 171.

37 *Blank*/Börstinghaus, Miete, § 554 a BGB Rn. 15; MüKo/*Bieber*, § 554 a BGB Rn. 18; aA *Dickersbach*, Lützenkirchen/Mietrecht, § 554 a BGB Rn. 48; *Streyl*, NZM 2017, 785 (790).

38 *AG Berlin-Pankow/Weißensee* 11.10.2012 – 3 C 181/12.

39 *Mersson*, NZM 2002, 313 (317).

40 *Blank*/Börstinghaus, Miete, § 554 a BGB Rn. 20; *Eisenschmid* in Schmidt-Futterer, § 554 a BGB Rn. 64.

41 *Streyl*, NZM 2017, 785 (791); vgl. *BGH* 11.7.2012 – VIII ZR 36/12, NJW 2012, 3300.

42 *Eisenschmid* in Schmidt-Futterer, § 554 a BGB Rn. 48.

betrifft vor allem Fragen der Sicherheit und des Gebrauchs der allen Mietern zur Verfügung stehenden Einrichtungen/Zuwegungen.

32 Um die Barrierefreiheit zur Geltung zu bringen, sind gewisse Einschränkungen von den anderen Mietern aber prinzipiell hinzunehmen.[43] Rein **optische Beeinträchtigungen** sind unbeachtlich, da sie allein nach subjektiven Kriterien zu beurteilen und einer Interessenabwägung somit nicht zugänglich sind. Insofern liegen sie häufig auch unter der Erheblichkeitsschwelle des § 536 Abs. 1 S. 3 BGB und berechtigen Mieter folglich nicht zur Mietminderung.[44]

33 Das Interesse des einzelnen Mieters kann in der Beibehaltung des baulichen Zustandes liegen, aber auch im gewünschten Umbau, beispielsweise wenn dieser **Mieter ebenfalls körperlichen Einschränkungen** unterliegt oder dies infolge fortgeschrittenen Alters für die nahe Zukunft erwartet. Wohnen mehrere Menschen mit Behinderungen in dem Haus, dürfen die Maßnahmen des einen nicht die Erleichterungen des anderen zunichtemachen.

34 Unberücksichtigt lässt das Gesetz die Interessen der **Eigentümergemeinschaft**, wenn von dem behindertengerechten Umbau das Gemeinschaftseigentum betroffen ist, der Mieter also in einer Eigentumswohnung wohnt. Weil die (Eigentums-)Interessen der anderen Eigentümer nicht weniger, sondern gar in stärkerem Maße berührt werden als die von Mitmietern, sind auch die Interessen der anderen Eigentümer (und deren Mieter) in die Abwägung einzubeziehen.[45]

35 Im Regelfall bedürfen die vom Mieter gewünschten Maßnahmen als bauliche Veränderungen der Zustimmung aller Miteigentümer, deren Beeinträchtigung über das in § 14 Nr. 1 WEG bestimmte Maß hinausgeht (§ 22 Abs. 1 WEG). Der betroffene Vermieter kann also nicht allein entscheiden, sondern hat zwingend **die Zustimmung seiner Miteigentümer** einzuholen.

36 Bei ihrer Beschlussfassung hat die Eigentümergemeinschaft das Verbot der Diskriminierung behinderter Menschen zu berücksichtigen (Art. 3 Abs. 3 S. 2 GG). Deshalb kann auch ein behinderter Wohnungseigentümer einen Anspruch gegen die Gemeinschaft darauf haben, dass die zur Schaffung von Barrierefreiheit erforderlichen Baumaßnahmen beschlossen werden.[46]

37 Ebenso kann der Mieter von seinem Vermieter fordern, dass er zur Umsetzung seines Anspruchs auf behindertengerechten Umbau gemäß § 554 a BGB die Zustimmung der übrigen Wohnungseigentümer einholt, soweit dies erforderlich ist.[47] Wenn nach pflichtgemäßer Abwägung das gegenläufige Interesse der Gemeinschaft überwiegt, kann dem Mieter die begehrte Zustimmung versagt werden. Denn der Anspruch des Mieters gegen seinen Vermieter kann nicht weiter reichen als dessen Anspruch gegenüber der Wohnungseigentümergemeinschaft.[48]

VI. Rechtsfolgen

38 Überwiegt das Interesse des Mieters am behindertengerechten Umbau, darf er hierfür die Zustimmung seines Vermieters fordern. Nicht verlangen kann der Mieter hingegen, dass der Vermieter die betreffenden Maßnahmen für ihn vornimmt.[49]

39 Sämtliche Kosten für den Umbau gehen zulasten des Mieters. Eingeschlossen sind demnach Kosten für Genehmigungen, Betriebsprüfungen etc. Entstehen infolge der baulichen

43 *Drasdo*, NJW-Spezial 2006, 433.
44 Vgl. *LG Berlin* 15.10.2013 – 63 S 286/13.
45 *AG München* 25.11.2010 – 453 C 27330/10; *Derleder*, ZWE 2004, 118 (120); *Eisenschmid* in Schmidt-Futterer, § 554 a BGB Rn. 45; FA-MietRWEG/*Harsch*, Kap. 8 Rn. 241.
46 *OLG München* 12.7.2005 – 32 Wx 51/05; *Schmid*, NJW 2014, 1201 ff.
47 *AG München* 25.11.2010 – 453 C 27330/10; Bub/Treier/*Drasdo*, Kap. VII Rn. 178 mwN.
48 Bub/Treier/*Drasdo*, Kap. VII Rn. 178 mwN; MüKo/*Bieber*, § 554 a BGB Rn. 16.
49 *KG* 15.6.2009 – 8 U 245/08.

Maßnahme höhere oder neue Betriebskosten, zum Beispiel für Strom und Wartung von Aufzügen und Treppenliften, hat der Mieter sie zu tragen.[50] Notwendige Reparaturen muss der Mieter auf eigene Kosten fachgerecht veranlassen.[51]

Bei Vertragsende ist der Mieter verpflichtet, die Baumaßnahmen rückgängig zu machen und den **ursprünglichen Zustand** wiederherzustellen. Daran ändert die Stellung einer Sicherheit nichts, da diese nur den Rückbauanspruch des Vermieters sichern, nicht aber die Rückbaupflicht des Mieters ersetzen soll. Fällt die Behinderung schon vor Mietende weg bzw. entfällt der Bedarf an dem behindertengerechten Umbau, kann der Mieter schon dann zum Rückbau verpflichtet sein (bei Wegfall der Behinderung durch Heilung, bei Auszug der behinderten Person oder auch bei deren Tod).[52] 40

Der Mieter ist zum **Rückbau** nicht nur verpflichtet, sondern auch berechtigt (§ 539 Abs. 2 BGB). Der Vermieter kann das **Wegnahmerecht** des Mieters abwenden, wenn er dafür einen angemessenen Ausgleich leistet und der Mieter an der Entfernung kein berechtigtes Interesse hat (§ 552 Abs. 1 BGB). 41

Für den Vermieter kann der Verbleib der behindertengerechten Ausstattung interessant sein, wenn sie den Mietwert erhöht oder die Vermietbarkeit steigert. Möchte der Vermieter künftige Mieter von der Nutzung der barrierefreien Einrichtungen in den Gemeinschaftsflächen ausschließen, zum Beispiel von der Nutzung eines **Treppenlifts**, muss er dies mit den Mietern vereinbaren, sonst sind sie zur Nutzung berechtigt. 42

B. Sonstige bauliche Änderungen und Einrichtungen

I. Allgemeines

Über die Schaffung der Barrierefreiheit hinaus kann der Vermieter nach Treu und Glauben (§ 242 BGB) zur Duldung weiterer Baumaßnahmen des Mieters verpflichtet sein. Dies war schon vor Schaffung der Vorschrift des § 554 a BGB im Jahr 2001 anerkannt, hieran wollte der Gesetzgeber nichts ändern.[53] Wohl aber macht die Vorschrift deutlich, dass der Mieter für bauliche Veränderungen die Zustimmung des Vermieters benötigt, wenn sie über den vertragsgemäßen Gebrauch hinausgehen.[54] 43

Vom Gesetz ist vorausgesetzt, dass der Mieter die Mietsache mit Einrichtungen versehen darf, denn es berechtigt ihn, seine Einrichtungen später wieder wegzunehmen (§ 539 Abs. 2 BGB). Weil die vom Mieter gewünschten Baumaßnahmen in aller Regel der Herbeiführung eines Modernisierungserfolgs iSv § 555 b BGB dienen, werden sie häufig als **Mietermodernisierung** bezeichnet.[55] Unter welchen Voraussetzungen der Mieter hierzu berechtigt ist, regelt das Gesetz nicht. 44

II. Anspruch des Mieters

Im Ausgangspunkt hat der Mieter die Mietsache in dem Zustand zu akzeptieren, in dem sie sich bei Anmietung befindet. Ohne ausdrückliche Vereinbarung ist der Vermieter grundsätzlich nicht zu baulichen Veränderungen zum Zwecke der Modernisierung verpflichtet.[56] 45

50 *Dickersbach*, Lützenkirchen/Mietrecht, § 554 a BGB Rn. 30.
51 *Eisenschmid* in Schmidt-Futterer, § 554 a BGB Rn. 44.
52 *Drasdo*, WuM 2002, 123 (128); *Eisenschmid* in Schmidt-Futterer, § 554 a BGB Rn. 16.
53 BT-Drs. 14/5663, 78; *BGH* 26.6.1974 – VIII ZR 43/73, NJW 1974, 1463; *BGH* 8.5.1963 – VIII ZR 252/61, NJW 1963, 1539.
54 *BGH* 5.12.2018 – VIII ZR 271/17, NJW 2019, 507.
55 Näher hierzu auch *Streyl*, NZM 2017, 785.
56 *BGH* 18.12.2013 – II ZR 80/12, NJW 2014, 685; *BGH* 14.9.2011 – VIII ZR 10/11, NJW-RR 2012, 262; *BGH* 10.2.2010 – VIII ZR 343/08, NJW-RR 2010, 737; *BGH* 26.7.2004 – VIII ZR 281/03, NJW 2004, 3174.

46 Spiegelbildlich dazu hat der Mieter grundsätzlich keinen Anspruch, dass der Vermieter ihm gestattet, selbst bauliche Veränderungen an der Wohnung mit dem Ziel einer Modernisierung oder einer Erhöhung des Wohnkomforts **in Eigenregie und auf eigene Kosten** vorzunehmen. Denn über Art, Umfang und Zeitpunkt einer Modernisierung entscheidet allein der Vermieter.[57]

47 Der Vermieter darf seine Erlaubnis aber nicht grundlos verweigern, sondern nur im Rahmen pflichtgemäßen Ermessens.[58] Dies folgt daraus, dass das **Besitzrecht** des Mieters ebenso von Art. 14 GG geschützt ist wie das **Eigentumsrecht** des vermietenden Eigentümers.[59] Ob der Vermieter Modernisierungsmaßnahmen des Mieters nach Treu und Glauben (§ 242 BGB) zu dulden hat, ist somit aufgrund einer umfassenden **Abwägung** der widerstreitenden Interessen unter Wahrung der schutzwürdigen Belange beider Vertragsparteien zu ermitteln.[60]

48 Wenn die folgenden Voraussetzungen kumulativ vorliegen, kann der Mieter einen Anspruch gegen seinen Vermieter auf Zustimmung/Duldung von Modernisierungsmaßnahmen haben:

- Der Mieter hat ein berechtigtes Interesse an den Modernisierungsmaßnahmen.
- Das Modernisierungsinteresse überwiegt das Interesse des Vermieters an der Unversehrtheit der Bausubstanz und des Erscheinungsbildes des Gebäudes.
- Die Modernisierungsmaßnahme hat eine erhebliche Verbesserung der Wohnqualität zur Folge.
- Die notwendigen Eingriffe in die Bausubstanz sind gering und können mit geringen Mitteln wieder beseitigt werden (je nachhaltiger mit der Modernisierung in die Bausubstanz eingegriffen würde, desto eher ist der Vermieter berechtigt, ihr die Zustimmung zu versagen).[61]

49 Eingeschränkt ist das Ermessen des Vermieters, wenn in einer Altbauwohnung mit der Modernisierung ein **Mindeststandard** für ein zeitgemäßes Wohnen geschaffen werden soll. Hierauf hat der Mieter nämlich einen Anspruch.[62] Beispielsweise kann der Mieter verlangen, dass in seiner Wohnung der gleichzeitige Betrieb mehrerer haushaltstypischer Geräte möglich ist[63] und das Bad über mindestens eine Steckdose verfügt[64] und die Küchenwände Hängeschränke für Geschirr tragen können.[65]

50 Kann der Mieter nach umfassender Abwägung die Zustimmung zur baulichen Veränderung verlangen, so kann diesem Anspruch *nicht* ein **formularmietvertragliches Verbot** entgegengehalten werden. Das Verbot benachteiligt den Mieter unangemessen in seinen Rechten, weshalb es gemäß § 307 BGB unwirksam ist.[66]

51 Die Zustimmung des Vermieters ist auch dann erforderlich, wenn im Mietvertrag kein **Erlaubnisvorbehalt** für bauliche Veränderungen vereinbart worden ist.[67] Stehen bauliche Veränderungen nach dem Mietvertrag dagegen unter **Erlaubnisvorbehalt**, ist die Versa-

57 *BGH* 14.9.2011 – VIII ZR 10/11, NJW-RR 2012, 262; *Streyl*, NZM 2017, 785 f.
58 *BGH* 14.9.2011 – VIII ZR 10/11, NJW-RR 2012, 262; *BGH* 25.3.1964 – VIII ZR 211/62, MDR 1964, 749.
59 *BVerfG* 16.1.2004 – 1 BvR 2285/03, NJW-RR 2004, 440.
60 *BVerfG* 28.3.2000 – 1 BvR 1460/99, NJW 2000, 2658; *BGH* 25.3.1964 – VIII ZR 211/62, MDR 1964, 749; *BGH* 8.5.1963 – VIII ZR 252/61, NJW 1963, 1539; *VerfGH Berlin* 13.6.2003 – 59/02; *OLG Brandenburg* 21.1.2014 – 6 U 116/12.
61 *BGH* 26.6.1974 – VIII ZR 43/73, NJW 1974, 1463; *LG Berlin* 13.12.1994 – 64 S 266/94.
62 Hierzu unter → § 1 Rn. 124 ff.
63 *BGH* 10.2.2010 – VIII ZR 343/08, NJW-RR 2010, 737.
64 *BGH* 26.7.2004 – VIII ZR 281/03, NJW 2004, 3174.
65 *LG Berlin* 24.2.15 – 67 S 355/14.
66 *Eisenschmid* in Schmidt-Futterer, § 535 BGB Rn. 422.
67 *BGH* 26.6.1974 – VIII ZR 43/73, NJW 1974, 1463.

gung der Erlaubnis rechtsmissbräuchlich, wenn sie ohne einen objektiv-sachlichen Grund erfolgt.[68]

Damit der Vermieter prüfen kann, ob er den gewünschten Baumaßnahmen zustimmen muss, hat sie der Mieter analog § 555 c Abs. 1 BGB spätestens drei Monate vor ihrem Beginn in Textform **anzukündigen**. Dem Vermieter ist mitzuteilen, welcher Modernisierungserfolg erstrebt wird und welche konkreten Baumaßnahmen hierzu im Einzelnen erforderlich sind. Auch ist er über den voraussichtlichen Beginn und die voraussichtliche Dauer der Arbeiten zu informieren.[69] 52

Die Ankündigung muss so umfassend und detailliert sein, dass der Vermieter auf ihrer Grundlage einschätzen kann, ob er zur Erteilung der Zustimmung verpflichtet ist.[70] Dies wird regelmäßig mehr als die Angabe in „wesentlichen Zügen" erfordern. Jedenfalls hat der Mieter durch geeignete Unterlagen wie etwa einen detaillierten Kostenvoranschlag, eine **Baubeschreibung** oder eine zeichnerische Darstellung nachzuweisen, wo und in welcher Weise die Mietsache baulich verändert werden soll.[71] 53

III. Zustimmungspflicht/Verweigerungsbefugnis des Vermieters

Ob der Vermieter den Baumaßnahmen des Mieters zustimmen muss, beurteilt sich aufgrund umfassender Abwägung der widerstreitenden Interessen im Einzelfall.[72] Anders als bei der Barrierefreiheit ist auf Seiten des Vermieters nicht nur sein Interesse an der unveränderten Erhaltung der Mietsache zu berücksichtigen, sondern **jedes objektiv-vernünftige Interesse** des Vermieters. 54

Dementsprechend kann der Vermieter berechtigt sein, einem gewünschten **Heizungsaustausch** die Zustimmung mit der Begründung zu versagen, dass er mit einer eigenen Modernisierung eine **höhere Miete** erzielen kann.[73] Denn es ist legitim, den eigenen finanziellen Interessen als vermietender Immobilieneigentümer Vorrang gegenüber dem Interesse des Mieters zu geben, seinen Wohnkomfort zu erhöhen.[74] 55

Ebenso wie bei der Barrierefreiheit sind bei der Abwägung auch die Interessen der **anderen Mieter bzw. Bewohner** in dem Gebäude zu berücksichtigen. Würden diese infolge der gewünschten Baumaßnahme auf Dauer mehr als unerheblich gestört bzw. in ihren Gebrauchsrechten beeinträchtigt, darf der Vermieter ihr schon deshalb die Zustimmung verweigern. Ist dies nicht der Fall und ist der Vermieter zur Duldung der Mietermodernisierung auch im Übrigen verpflichtet, hat er die Baumaßnahmen den anderen hiervon betroffenen Mietern im Gebäude gemäß § 555 c Abs. 1 BGB anzukündigen. Diese Vorschrift kommt auch dann zur Anwendung, wenn nicht der Vermieter selbst modernisieren möchte, sondern er die Modernisierung seines Mieters billigt.[75] Wird eine **Eigentumswohnung** vermietet, ist zu beachten, dass für bauliche Veränderungen die Zustimmung der hiervon beeinträchtigten Wohnungseigentümer erforderlich ist, die hierzu aber nicht verpflichtet sind (§ 22 Abs. 1 WEG).[76] 56

Erteilt der Vermieter die Zustimmung zu baulichen Maßnahmen des Mieters, darf er diese an **Bedingungen** knüpfen. Der Vermieter muss sicherstellen können, dass die Baumaßnahmen des Mieters sich mit den von ihm beabsichtigten Investitionen in Übereinstimmung 57

68 *BGH* 26.6.1974 – VIII ZR 43/73, NJW 1974, 1463; *BGH* 8.5.1963 – VIII ZR 252/61, NJW 1963, 1539.
69 Vgl. *BGH* 26.6.1974 – VIII ZR 43/73, NJW 1974, 1463; *LG Berlin* 6.5.1999 – 62 S 432/98.
70 *LG Berlin* 6.5.1999 – 62 S 432/98.
71 *KG* 5.11.2001 – 8 U 76/01; *Dickersbach*, Lützenkirchen/Mietrecht, § 555 d BGB Rn. 115.
72 *Lützenkirchen*/Mietrecht, § 535 BGB Rn. 755; *Streyl*, NZM 2017, 785 f.
73 *BGH* 14.9.2011 – VIII ZR 10/11, NJW-RR 2012, 262.
74 *BGH* 14.9.2011 – VIII ZR 10/11, NJW-RR 2012, 262.
75 *Eisenschmid* in Schmidt-Futterer, § 555 c BGB Rn. 21.
76 So erfordert auch die Installation eines Aufzugs, auf den ein gehbehinderter Eigentümer angewiesen ist, als bauliche Veränderung regelmäßig die Zustimmung der Miteigentümer, *BGH* 13.1.2017 – V ZR 96/16, NZM 2017, 447.

bringen lassen und – falls vom Vermieter gewünscht – dauerhaft in der Wohnung verbleiben.[77]

58 Ebenso wie im Rahmen eines behindertengerechten Umbaus gemäß § 554 a BGB braucht der Vermieter Baumaßnahmen generell nur zuzustimmen, wenn gewährleistet ist, dass sie sach- und fachgerecht sowie im Einklang mit den **Regeln der Technik** ausgeführt werden. Es muss sichergestellt sein, dass alle geltenden Vorschriften eingehalten werden – anderenfalls darf der Vermieter seine Zustimmung verweigern. Steht das Mietgebäude unter **Denkmalschutz**, braucht der Vermieter Substanz verletzende Eingriffe schon deshalb nicht zu dulden, weil die Denkmalschutzbehörde Wiederherstellungsanordnungen treffen kann.[78]

59 Des Weiteren muss gewährleistet sein, dass keine vermeidbaren nachteiligen Folgewirkungen aufgrund der Baumaßnahme eintreten können. Deshalb braucht einem Mieter nicht erlaubt zu werden, **Brunnenwasser** zur Toilettenspülung zu verwenden, wenn damit die Gefahr einer Verunreinigung des Trinkwassers im öffentlichen Netz besteht.[79]

60 Zur Sicherung dieser qualitativen Anforderungen darf der Mieter bauliche Veränderungen prinzipiell nur durch einen Fachbetrieb ausführen lassen. In **Eigenleistung** darf der Mieter nur tätig werden, wenn er aufgrund einer entsprechenden Berufsausbildung die erforderliche Fachkunde speziell für die beabsichtigten Maßnahmen besitzt; auf Verlangen hat er dem Vermieter seine Qualifikation nachzuweisen.[80]

61 Bauliche Veränderungen muss der Mieter bei Mietende auf seine Kosten auch dann rückgängig machen, wenn er sie mit Einwilligung des Vermieters vorgenommen hat (§ 546 Abs. 1 BGB).[81] Dies kann anders zu beurteilen sein, wenn die bauliche Veränderung des Mieters die Mietsache überhaupt erst in einen vertragsgemäßen Zustand versetzt hat.[82] Insofern kann der Vermieter seine Zustimmung zur Baumaßnahme aber prinzipiell davon abhängig machen, dass er vom Mieter im Gegenzug eine **zusätzliche Kaution** zur Sicherung seiner Ansprüche erhält.[83] Denn der Vermieter braucht Baumaßnahmen nicht zuzustimmen, deren Rückbau nicht gesichert ist.[84] Dieser Rechtsgedanke ist für die behindertengerechte Anpassung der Mietwohnung normiert (§ 554 a Abs. 2 BGB), auf derartige Baumaßnahmen aber nicht beschränkt. Die zusätzliche Sicherheit besteht neben der Kaution gemäß § 551 BGB, welche – wenn mietvertraglich vereinbart – vor allem Zahlungsansprüche und Forderungen wegen Veränderungen und Verschlechterungen der Mietsache absichert, die der kurzen **Verjährung** gemäß § 548 Abs. 1 BGB unterliegen.

62 Bei den zusätzlich zu sichernden Ansprüchen handelt es sich um **Rückbaukosten** für den Fall, dass der Mieter seiner entsprechenden Verpflichtung nicht nachkommt, sowie um den Anspruch auf Schadensersatz wegen etwaiger Beschädigung der Mietsache bei den Ein- und Ausbauarbeiten. Zudem soll die Kaution das Haftungsrisiko des Vermieters gegenüber Dritten abdecken, zum Beispiel für den Fall, dass eine nicht fachgerecht angebrachte **Parabolantenne** Schäden verursacht.[85]

63 Die Höhe der zusätzlichen Kaution ist begrenzt auf die Höhe der zu sichernden Forderung. Insoweit kann eine bestehende **Haftpflichtversicherung** des Mieters berücksichtigt werden. Zwar sichert sie keine Rückbaukosten ab, wohl aber Schäden infolge schuldhaft nicht fachgerechter Installationen (Wasseranschlüsse, Stromleitungen, Parabolantennen

77 *BGH* 20.6.2012 – VIII ZR 110/11, NZM 2012, 679.
78 *OLG Brandenburg* 21.1.2014 – 6 U 116/12.
79 *LG Gießen* 1.6.1994 – 1 S 507/93.
80 *Eisenschmid* in Schmidt-Futterer, § 535 BGB Rn. 435.
81 *LG Bochum* 22.2.2019 – I-10 S 26/18; HdM/*Emmert*, § 30 Rn. 17.
82 *AG Paderborn* 8.1.2019 – Az. 51 a C 78/18; *Lützenkirchen*/Mietrecht, § 541 BGB Rn. 175.
83 *Börstinghaus*, NZM 2008, 558 (562); *Streyl*, NZM 2017, 785 (788).
84 Bub/Treier/*Kraemer*/*von der Osten*, Kap. III Rn. 2424.
85 *OLG Karlsruhe* 24.8.1993 – 3 REMiet 2/93; *OLG Stuttgart* 8.9.1983 – 8 REMiet 1/93; *OLG Hamm* 3.9.1983 – 30 REMiet 6/92; *LG Dortmund* 11.1.2000 – 1 S 25/99.

etc). Weil Schäden im Zusammenhang mit baulichen Veränderungen durch den Mieter beträchtlich sein können, sie der Höhe nach mit einer Mietkaution aber nicht ausreichend abgesichert werden können, ist der Abschluss einer Haftpflichtversicherung für beide Seiten empfehlenswert.

Der Vermieter kann den Abschluss und den Bestand einer Haftpflichtversicherung einschließlich der zusätzlichen Freistellung von berechtigten Drittansprüchen zur Bedingung dafür machen, dass er der vom Mieter gewünschten baulichen Veränderung seine Zustimmung gibt.[86] Eine **Haftungsübernahmeerklärung** des Mieters ist für das Sicherungsbedürfnis des Vermieters – ebenso wie im Rahmen von § 554 a BGB – nicht ausreichend, weil hierdurch nicht gewährleistet ist, dass jederzeit ausreichende Mittel zur Behebung eines Schadens zur Verfügung stehen.[87] 64

Die Höhe der **Rückbaukosten** ist sinnvollerweise durch einen Kostenvoranschlag zu ermitteln. Die zusätzliche Kaution besteht unabhängig von der Mietsicherheit gemäß § 551 BGB, die ein Mieter nach seinem Mietvertrag bereits geleistet hat.[88] Wird sie vom Mieter nicht oder nicht in höchstzulässigem Umfang von drei Nettokaltmieten geschuldet, kann der Vermieter auch deren Beibringung im Rahmen des § 554 Abs. 2 BGB verlangen, soweit dies seinem **objektiv-vernünftigem Sicherungsinteresse** entspricht. 65

Möchte bzw. muss der Vermieter der beabsichtigen Baumaßnahme zustimmen, so ist hierfür keine bestimmte **Form** vorgeschrieben. Schon aus Gründen der Beweisbarkeit sollte eine umfängliche Vereinbarung zwischen den Vertragsparteien geschlossen werden.[89] Bei Mietverträgen mit einer Laufzeit von mehr als einem Jahr hat diese Vereinbarung zur Wahrung der Laufzeit in Schriftform iSv § 550 BGB zu erfolgen. Dies betrifft auch den Fall, dass im Mietvertrag für länger als ein Jahr der Ausschluss der ordentlichen Kündigung vereinbart worden ist.[90] 66

IV. Rechtsprechungsübersicht

67

Der Mieter darf die Zustimmung des Vermieters für die Montage einer **Markise** auf dem Balkon verlangen, wenn die Gebäudefassade optisch nicht beeinträchtigt wird. Der Schutz vor Sonne auf dem Balkon gehört als sozial übliches Verhalten zum berechtigten Wohngebrauch des Mieters. Auf den Gebrauch von Sonnenschirmen muss sich der Mieter nicht verweisen lassen.	AG München 7.6.2013 – 411 C 4836/13
Der Mieter darf auf dem Balkon der Wohnung eine **Außensteckdose** für Elektrizität installieren (ob dies überhaupt eine Genehmigung erfordert, hat das Gericht offengelassen).	AG Hamburg 18.10.2006 – 39 a C 118/05
Der Mieter einer Erdgeschosswohnung kann die Zustimmung verlangen, **Außenrollläden** inklusive Außenrollladenkästen anzubringen. Dies erfordert das Bedürfnis des Mieters, sich und die Wohnung schützen zu wollen.	LG Hamburg 2.2.2006 – 334 S 39/05
Der Mieter darf an der Wohnungseingangstür zusätzliche **Sicherheitsschlösser** anbringen, um sich und seine Wohnung zu schützen.	LG Karlsruhe 13.12.1996 – 9 S 271/96

86 *Börstinghaus,* NZM 2008, 558 (562).
87 *Eisenschmid* in Schmidt-Futterer, § 535 BGB Rn. 433.
88 *LG Dortmund* 11.1.2000 – 1 S 25/99; *Börstinghaus,* NZM 2008, 558 (563).
89 Die Gesetzesbegründung zum Mietrechtsänderungsgesetz betont, dass Vereinbarungen über mieterfinanzierte Modernisierungen weiterhin zulässig sind, vgl. BT-Drs. 17/10485, 22.
90 *BGH* 4.4.2007 – VIII ZR 223/06, NJW 2007, 1742.

Der Mieter darf nicht die Zustimmung für den Austausch von Doppelkastenfenstern durch **Isolierglasfenster** mit abweichenden Fensterflügeln verlangen, da dies einen erheblichen Eingriff in die Bausubstanz mit Außenwirkung darstellt.	AG Berlin-Schöneberg 29.3.2000 – 7 C 521/99
Der Mieter kann nicht die Zustimmung des Vermieters verlangen, um den Balkon mit einem **Katzennetz** zu versehen, die das Entschwinden seiner wertvollen Rassekatze verhindern soll.	LG Wiesbaden 14.4.2000 – 3 S 10/00
Der Mieter darf nicht die Zustimmung für die **Kürzung von Zimmertüren** verlangen, um einen Laminat-Fußboden verlegen zu können.	AG Berlin-Lichtenberg 9.6.2011 – 111 C 319/09
Der Mieter mit funktionstüchtigen Kachelöfen und *Gamat*-Außenwandheizgeräten kann nicht die Zustimmung zur Installation einer **Gasetagenheizung** verlangen, weil die baulichen Folgen zu weitreichend sind.	LG Berlin 21.12.2010 – 63 S 208/10
Für das Aufstellen einer **Sauna** in der Loggia seiner Wohnung benötigt der Mieter die Zustimmung des Vermieters, die dieser nicht erteilen muss.	LG Hannover 22.12.1983 – 3 S 319/83
Der Mieter kann nicht die Zustimmung für das Errichten eines **Gartenhauses** verlangen, auch wenn er zur gärtnerischen Gartenbenutzung berechtigt ist.	AG Brühl 7.3.1989 – 2 a C 710/88
Der Mieter kann für das Anbringen von **Deckenstyroporplatten** keine Zustimmung verlangen, weil von diesen Platten erhebliche Gefährdungen ausgehen (giftige Gase im Brandfall).	LG Braunschweig 24.4.1985 – 12 S 231/84
Der Mieter kann nicht die Zustimmung für den Ausbau des **Dachbodens** zu Wohnzwecken verlangen.	LG Hamburg 26.4.1991 – 311 S 1/91
Der Mieter kann nicht die Zustimmung für den Einbau einer **Dusche**, eines **Handwaschbecken** und einer **Toilettenschüssel** verlangen, wenn diese Einrichtungen schon vorhanden sind, also mitvermietet wurden.	AG Berlin-Tiergarten 16.11.1999 – 2 C 394/98
Einem körperlich beeinträchtigten Mieter braucht nicht gestattet zu werden, auf eigene Kosten einen in die zweite Etage fahrenden **Treppenlift** einzubauen, wenn der Einbau eine nachhaltige Verschlechterung der Bausubstanz nach sich zieht.	LG Köln 30.10.1997 – 6 T 472/97
Der Mieter hat keinen Anspruch auf Zustimmung zum Ausbau einer mitvermieteten **Küche** und zum Einbau einer eigenen Küche.	LG Berlin 19.9.1996 – 62 S 115/96
Der Mieter kann die Zustimmung zur Installation einer **Dusche** verlangen, wenn er aus physischen Gründen (Fettleibigkeit, Kreislaufbeschwerden) nicht in der Lage ist, die vorhandene Badewanne zu nutzen.	AG Hamburg 17.5.1995 – 40 a C 1309/94
Der Mieter benötigt die Zustimmung des Vermieters, anstelle der mitvermieteten Tapeten die Wände mit **Rauhputz** zu versehen.	AG Kerpen 28.6.1989 – 3 C 199/89
Der Mieter in einem Mehrfamilienhaus darf die Zustimmung für den nachträglichen Einbau eines **Kaltwasserzählers** in der Wohnung auf eigene Kosten verlangen.	AG Berlin-Tiergarten 12.2.2003 – 4 C 346/02

V. Sonderfall: Parabolantennen

68 Von besonderer Bedeutung ist in der Praxis häufig die Frage, unter welchen Voraussetzungen der Mieter vom Vermieter die Zustimmung zur Errichtung einer Parabolantenne verlangen kann. Dabei ist im Ausgangspunkt dem Grundrecht des Mieters auf Informationsfreiheit aus Art. 5 Abs. 1 S. 1 GG Rechnung zu tragen.[91] Ebenso ist aber auch zu berücksichtigen, dass das – gleichrangige – Grundrecht des Vermieters aus Art. 14 Abs. 1 S. 1 GG berührt ist, wenn von ihm verlangt wird, die Empfangsanlage an seinem Eigentum zu dulden. Erforderlich ist damit eine **Abwägung** dieser widerstreitenden Rechtspositionen im Einzelfall.[92]

69 Für den **deutschen Mieter** ist anerkannt, dass seinem geschützten Informationsbedürfnis in der Regel hinreichend Rechnung getragen wird, wenn der Vermieter einen rückkanalfähigen **Breitbandkabelanschluss** zur Verfügung stellt.[93] Dann rechtfertigt auch der Wunsch des Mieters nach einem Fernsehempfang in **HD-Qualität** *nicht* die Anbringung einer Parabolantenne.[94]

70 Die Pflicht zur Duldung einer Parabolantenne lässt sich also nicht schon damit begründen, dass durch sie mehr Programme als über das Kabelnetz empfangen werden können. Es kommt lediglich darauf an, ob der vorhandene Kabelanschluss geeignet ist, das **geschützte Informationsbedürfnis** des Mieters hinreichend zu befriedigen.[95]

71 **Ausländische Mieter** haben regelmäßig ein Interesse daran, ihre Heimatsender zu empfangen. Der Empfang ausländischer Programme und Rundfunksender in Deutschland unterfällt ebenfalls der grundrechtlich geschützten **Informationsfreiheit.**[96] Auch ausländischen Mietern ist aber regelmäßig zuzumuten, die Kabelanlage statt einer Satellitenempfangsanlage zu nutzen, wenn sie damit Zugang zu Programmen in ihrer Muttersprache bzw. aus ihrem Herkunftsland haben.[97]

72 Nach früheren Entscheidungen soll es nicht ausreichen, wenn lediglich zwei ausländische Sender in das Kabelnetz eingespeist sind.[98] Andererseits soll das Eigentumsrecht Vorrang haben, wenn die Parabolantenne das Erscheinungsbild des Gebäudes beeinträchtigt, der (russische) Mieter dadurch aber nur fünf **Heimatprogramme** mehr empfangen kann.[99] Dem Informationsbedürfnis des Mieters kann jedenfalls umso eher zu entsprechen sein, je geringer die Substanzverletzung und die optische Beeinträchtigung durch die Installation sind.[100]

73 Welche Anzahl von muttersprachlichen Sendern dem schutzwürdigen Informationsbedürfnis des Mieters entspricht, lässt sich nicht allgemein festlegen. Für sein Informationsgrundrecht kommt es **nicht allein auf die Quantität,** sondern auf die **inhaltliche Ausrichtung** der über einen vorhandenen Kabelanschluss bereits zu empfangenden Sender an.[101]

74 Dabei ist auch das Angebot von über das Internet zu beziehenden Fernsehsendern zu berücksichtigen. So kann dem Mieter zumutbar sein, sein über die vorhandene Breitbandkabelversorgung hinausgehendes Informationsinteresse (etwa an **Sportsendern**) über kostenpflichtiges **Internetfernsehen** abzudecken.[102] Denn der Vermieter muss eine Beeinträchti-

---

91 *BVerfG* 9.2.1994 – 1 BvR 1687/92, NJW 1994, 1147.
92 *BGH* 16.5.2007 – VIII ZR 207/04, NJW-RR 2007, 1243.
93 *BVerfG* 9.2.1994 – 1 BvR 1687/92, NJW 1994, 1147; *LG München I* 19.2.2014 – 15 S 4624/13.
94 *BGH* 21.9.2010 – VIII ZR 275/09, BeckRS 2010, 27624.
95 *BVerfG* 24.1.2005 – 1 BvR 1953/00, NJW-RR 2005, 661.
96 *BVerfG* 9.2.1994 – 1 BvR 1687/92, NJW 1994, 1147.
97 *BVerfG* 24.1.2005 – 1 BvR 1953/00, NJW-RR 2005, 661.
98 Vgl. *LG Nürnberg-Fürth* 1.3.1996 – 7 S 10233/95; *LG Heidelberg* 2.7.1993 – 5 S 27/93.
99 *BGH* 2.3.2005 – VIII ZR 118/04, NJW-RR 2005, 596.
100 *BGH* 16.5.2007 – VIII ZR 207/04, NJW-RR 2007, 1243.
101 *BGH* 14.5.2013 – VIII ZR 268/12, NJW-RR 2013, 1168.
102 *BGH* 14.5.2013 – VIII ZR 268/12, NJW-RR 2013, 1168; *BGH* 16.9.2009 – VIII ZR 67/08, NZM 2010, 119; *LG Wuppertal* 26.1.2012 – 9 S 28/11; *AG Frankfurt/Main* 26.9.2014 – 33 C 2232/14; *AG Hamburg-Harburg* 11.4.2013 – 650 C 356/12.

gung seines Eigentums nicht für jedes Hobbyinteresse seines Mieters, für das es spezielle TV-Sender gibt, hinnehmen.[103]

75 Nach der Rechtsprechung setzt der Anspruch des Mieters auf Anbringung einer Parabolantenne zusätzlich zu seinem schutzwürdigen Informationsbedürfnis, das nicht anderweitig befriedigt werden kann (Kabelfernsehen, Internet), voraus:[104]

1. Die Parabolantenne ist baurechtlich zulässig und vom Vermieter zu beachtende Rechte Dritter stehen der Anbringung nicht entgegen.
2. Die Parabolantenne ist technisch geeignet, das geltend gemachte Informationsbedürfnis zu befriedigen.
3. Der Mieter folgt bei der Wahl des Aufstellungsortes der Vorgabe des Vermieters, die er unter Beachtung der empfangstechnischen Eignung danach trifft, wo ihm die Anlage am wenigsten störend erscheint.
4. Eine auch nach allgemeiner Verkehrsanschauung erhebliche Verunzierung durch die Antennenanlage tritt nicht ein.
5. Die Antenne wird (zur weitgehenden Sicherung vor denkbaren Schäden) durch einen Fachmann angebracht.
6. Erhebliche nachteilige Eingriffe in die Bausubstanz sind ausgeschlossen.
7. Der Mieter stellt den Vermieter von allen im Zusammenhang mit der Installation entstehenden Kosten und Gebühren frei. Gleiches gilt hinsichtlich der Haftung für durch die Antenne verursachte Schäden und des Aufwandes für die Beseitigung der gesamten Antennenanlage nach Beendigung des Mietverhältnisses.
8. Auf Verlangen des Vermieters hat der Mieter das Haftungsrisiko durch Abschluss einer Versicherung und die Rückbaukosten in sonstiger Weise (zB Kaution) abzusichern.

VI. Rechtsfolgen

76 Hat der Mieter mit Zustimmung des Vermieters Baumaßnahmen fachgerecht durchgeführt, so hat der Mieter an dem geschaffenen Zustand ein **Nutzungsrecht.** Sofern nicht abweichend geregelt, liegt die **Erhaltungspflicht** der baulichen Veränderung beim Mieter, der also für erforderliche Reparaturen und Wartungsmaßnahmen aufkommen muss.[105] Neu entstehende **Betriebskosten** sind vom Mieter zu tragen.

1. Mieterhöhung

77 Hat der Mieter Modernisierungsmaßnahmen durchgeführt, ist der Vermieter nicht zu einer Mieterhöhung gemäß § 559 BGB berechtigt, weil nicht er, sondern der Mieter Bauherr der Maßnahme ist. Daran ändert sich auch nichts, wenn der Vermieter dem Mieter bestimmte Kosten der Modernisierung erstattet.[106]

78 Hat der Mieter im Einvernehmen mit dem Vermieter auf eigene Kosten eine Modernisierung durchgeführt, ist der hierdurch geschaffene Zustand Ausgangspunkt für die Frage, ob weitere Baumaßnahmen als Modernisierungsmaßnahmen gelten können. Denn hierzu bedarf es eines Modernisierungserfolgs, der durch einen **Abgleich der baulichen Gegebenheiten** vor der Modernisierung mit jenen nach deren Abschluss zu ermitteln ist.[107]

103 So zutreffend *Streyl*, NZM 2017, 785 (793).
104 Vgl. *OLG Karlsruhe* 24.8.1993 – 3 REMiet 2/93; *OLG Frankfurt* 22.7.1992 – 20 REMiet 1/91.
105 *Kinne*, Miet- und Mietprozessrecht, § 555 f BGB Rn. 18.
106 *BGH* 30.3.2011 – VIII ZR 173/10, NZM 2011, 358.
107 *BGH* 20.6.2012 – VIII ZR 110/11, NZM 2012, 679.

Beispiel: Hat der Mieter in seiner bisher nur mit Öfen ausgestatteten Wohnung selbst und auf eigene Kosten eine Gasetagenheizung installiert, so braucht er später den Anschluss seiner Wohnung an eine zentrale Gaszentralheizung nicht zu dulden. Denn der erforderliche Modernisierungserfolg der Gebrauchswerterhöhung bzw. Endenergieeinsparung ergibt sich nur bei Gegenüberstellung von Ofenheizung zu Gaszentralheizung und nicht bei Gegenüberstellung von Gasetagenheizung zu Gaszentralheizung.

Für eine Mieterhöhung auf die **ortsübliche Vergleichsmiete** gemäß § 558 BGB bleibt die vom Mieter auf eigene Kosten geschaffene Ausstattung der Mietsache jedenfalls so lange unberücksichtigt, bis sie abgewohnt bzw. abgegolten ist.[108] Anders ist es, wenn der Vermieter dem Mieter die Kosten erstattet hat oder die Parteien eine konkrete anderweitige Vereinbarung getroffen haben; diese Vereinbarung kann aber nicht schon darin gesehen werden, dass sich der Mieter bei Abschluss des Mietvertrags zum Einbau der Ausstattung verpflichtet hat.[109] 79

Ebenso haben **Ausstattungsmerkmale** bzw. **Einrichtungsgegenstände** bei Ermittlung der ortsüblichen Vergleichsmiete unberücksichtigt zu bleiben, die der Mieter vom Vormieter erworben und übernommen hat, die also nicht vom Vermieter mitvermietet worden sind.[110] Ist zwischen den Mietvertragsparteien streitig, welche konkrete Einrichtung der Mieter von seinem Vormieter übernommen hat, hat das Gericht bei entsprechendem Beweisangebot den Vormieter als Zeugen zu vernehmen.[111] 80

2. Wegnahmerecht des Mieters und Rückbauanspruch des Vermieters

Der Mieter ist berechtigt, Einrichtungen wegzunehmen, mit denen er die Mietsache versehen hat (§ 539 Abs. 2 BGB). Damit hat der Mieter einen **Duldungsanspruch** gegen den Vermieter.[112] 81

Das **Wegnahmerecht** besteht nicht an Sachen, an denen der Vermieter sein **Pfandrecht** ausgeübt hat (§ 562 Abs. 1 BGB). In einer Vereinbarung kann das Wegnahmerecht nur ausgeschlossen werden, wenn diese für den Mieter einen angemessenen Ausgleich vorsieht (§ 552 Abs. 2 BGB). 82

Die Ausübung des Wegnahmerechts kann der Vermieter durch Zahlung einer angemessenen Entschädigung abwenden, wenn der Mieter kein berechtigtes Interesse an der Wegnahme hat (§ 552 Abs. 1 BGB). Die Entschädigung muss dem **Verkehrswert** entsprechen und vom Mieter bestimmt werden (§ 316 BGB), wobei gegebenenfalls zu berücksichtigen ist, dass durch den Ausbau Kosten oder ein Wertverlust entstehen. 83

Ebenso sind die Kosten zu berücksichtigen, die der Mieter anderenfalls für die **Wiederherstellung** des ursprünglichen Zustandes aufzubringen hätte.[113] Die Abwendungsbefugnis des Vermieters erlischt, sobald die Einrichtung ausgebaut und der frühere Zustand wiederhergestellt worden ist, selbst wenn sich die Einrichtung dann noch in der Wohnung befindet.[114] 84

Wünscht der Vermieter den Verbleib der Einrichtung in der Mietsache nicht, kann er vom Mieter den **Rückbau** verlangen. Denn bei Mietende ist der Mieter verpflichtet, die Mietsache in dem baulichen Zustand zurückzugeben, in dem er sie bei Mietbeginn übernommen hat. Dies ergibt sich aus § 546 BGB.[115] Hat der Mieter von seinem Vormieter Einrichtungen übernommen, so hat er diese ebenfalls zu entfernen. Die mit der Veränderung der 85

108 *AG Berlin-Mitte* 14.7.2006 – 6 C 107/06.
109 *BGH* 7.7.2010 – VIII ZR 315/09.
110 *BGH* 6.7.2011 – VIII ZR 337/10, NJW-RR 2011, 1307.
111 *BGH* 6.7.2011 – VIII ZR 337/10, NJW-RR 2011, 1307.
112 Schach/Riecke/*Duijn*, Mietrecht, § 3 Rn. 54.
113 *Gramlich*, Mietrecht, § 552 BGB Rn. 1.
114 *Gramlich*, Mietrecht, § 552 BGB Rn. 1; Palandt/*Weidenkaff*, § 552 BGB Rn. 2.
115 *BGH* 11.4.2019 – IX ZR 79/18, NJW 2019, 1877; *LG Bochum* 22.2.2019 – I-10 S 26/18.

Mietsache und bei ihrem Rückbau entstandenen Schäden hat der Mieter auf eigene Kosten zu beseitigen bzw. zu ersetzen.

86 Ohne eine eindeutige anderslautende Vereinbarung hat der Mieter bei Mietende auch solche Einrichtungen zu entfernen und bauliche Veränderungen zurückzubauen, die er mit **Zustimmung des Vermieters** eingebracht bzw. vorgenommen hat.[116] Etwas anderes gilt, wenn der Mieter mit Zustimmung des Vermieters eine erhebliche Wertverbesserung vorgenommen hat, die nur mit sehr hohem Aufwand an Kosten wieder zu entfernen wäre und deren Beseitigung die Mietsache in einen schlechteren Zustand als zuvor versetzen würde.[117]

87 Darüber hinaus kann der Rückbauforderung des Vermieters im Einzelfall der Einwand unzulässiger Rechtsausübung entgegenstehen. Hier kommt insbesondere das **Schikaneverbot** (§ 226 BGB) in Betracht, wenn der Rückbau für den Vermieter aus wirtschaftlicher Sicht keinen Sinn macht und ihm durch die baulichen Veränderungen keine Nachteile entstehen.[118] Ausgeschlossen soll das Rückbauverlangen auch dann sein, wenn der Vermieter in der Vergangenheit nur in Ausnahmefällen den Rückbau verlangt hat, er in diesen Fällen aber stets eine schriftliche Vereinbarung mit den betreffenden Mietern geschlossen hatte.[119]

C. Rechtsfolgen rechtswidriger baulicher Veränderungen

88 Nimmt der Mieter bauliche Änderungen ohne die erforderliche Zustimmung des Vermieters vor, verhält er sich vertragswidrig.[120] Dies kann im Einzelfall anders zu beurteilen sein, wenn der Vermieter zur Erteilung der Zustimmung verpflichtet gewesen wäre, hätte der Mieter hierum rechtzeitig nachgesucht.[121]

89 Genehmigungsbedürftige, aber nicht genehmigte und nicht zu genehmigende Veränderungen der Mietsache braucht der Vermieter nicht zu dulden und kann deren Rückbau verlangen.[122] Dieser **Beseitigungsanspruch** ist im Mietrecht allein auf § 541 BGB zu stützen, da diese Vorschrift mieterschützenden Charakter hat.[123] Im Unterschied zu § 1004 BGB verlangt § 541 BGB nämlich eine vorherige Abmahnung des Mieters, um ihm eine (letzte) Gelegenheit zu geben, sich vertragstreu zu verhalten. Nur wenn die Abmahnung ohne Erfolg geblieben ist, darf der Mieter wegen vertragswidrigen Gebrauchs auf Unterlassung verklagt werden.[124]

90 Der Rückbauanspruch kann aber ausgeschlossen sein, wenn der Vermieter die Mietwohnung umbauen möchte und dafür die Wiederherstellungsarbeiten des Mieters wieder beseitigt werden müssten. In einem solchen Fall steht dem Vermieter auch **kein finanzieller Ausgleichsanspruch** zu.[125]

91 Der Anspruch aus § 541 BGB umfasst auch die fachgerechte Beseitigung aller durch die Baumaßnahme entstandenen Schäden, zum Beispiel auch anlässlich der Demontage einer

116 *OLG Düsseldorf* 3.5.2011 – 24 U 197/10; *KG* 17.6.2010 – 12 U 51/09; *OLG Düsseldorf* 8.2.1990 – 10 U 127/89; *AG Hamburg-Altona* 18.5.2006 – 318 C 283/05; *Börstinghaus*, NZM 2008, 558 (562); *Lützenkirchen*/Mietrecht, § 535 BGB Rn. 762.

117 *LG Berlin* 6.7.2010 – 65 S 355/09; *Kinne*, Miet- und Mietprozessrecht, § 555 f BGB Rn. 22.

118 *Streyl* in Schmidt-Futterer, § 546 BGB Rn. 38; MAH MietR/*Lutz*, § 20 Rn. 219.

119 *LG Berlin* 6.8.2013 – 67 S 150/12.

120 *OLG Brandenburg* 21.1.2014 – 6 U 116/12; *LG Wiesbaden* 14.4.2000 – 3 S 10/00.

121 *BGH* 26.6.1974 – VIII ZR 43/73, NJW 1974, 1463.

122 *BGH* 26.6.1974 – VIII ZR 43/73, NJW 1974, 1463; *KG* 15.6.2009 – 8 U 245/08; *LG München I* 19.2.2014 – 15 S 4624/13.

123 *BGH* 17.4.2007 – VIII ZB 93/06, NJW 2007, 2180; *AG Hamburg-Harburg* 11.4.2013 – 650 C 356/12.

124 *BGH* 17.4.2007 – VIII ZB 93/06, NJW 2007, 2180.

125 *BGH* 23.10.1985 – VIII ZR 231/84, NJW 1986, 309. Für geschuldete, wegen Baumaßnahmen des Vermieters aber sinnlose Schönheitsreparaturen hat der Mieter aber einen finanziellen Ausgleich zu leisten, vgl. *BGH* 30.10.1984 – VIII ARZ 1/84, NJW 1985, 480.

vom Vermieter nicht zu duldenden Parabolantenne.[126] Der Vermieter kann vom Mieter den Nachweis verlangen, dass die Demontage nicht zu duldender Baumaßnahmen fachgerecht erfolgt, zum Beispiel durch Bestätigung einer Fachfirma, nicht aber durch Vorlage von deren Rechnung.[127]

Des Weiteren ist der Vermieter zur **fristlosen Kündigung** berechtigt, wenn der Mieter die rechtswidrige Veränderung der Mietsache trotz Abmahnung bzw. Fristsetzung nicht rückgängig macht (§ 543 Abs. 1, 2 Nr. 2, 3 BGB).[128] Vor der Kündigung muss der Vermieter den Mieter nicht zunächst mit einer Unterlassungsklage auf Rückbau in Anspruch genommen haben.[129] 92

Die erfolglose Abmahnung vor der fristlosen Kündigung ist gemäß § 543 Abs. 3 S. 2 Nr. 2 BGB ausnahmsweise entbehrlich, wenn der ungenehmigte Eingriff des Mieters in die Bausubstanz so erheblich ist, dass er sich negativ auf die **Statik des Gebäudes** auswirken kann.[130] Dies gilt ebenso, wenn der Eingriff die Gefahr eines **Feuchtigkeitsschadens** (etwa durch Arbeiten an der Dachabdichtung) möglich macht und der Mieter seine Urheberschaft wahrheitswidrig in Abrede stellt.[131] 93

Erfolgt die Baumaßnahme zwar mit Zustimmung des Vermieters, aber **unsachgemäß**, weil der Mieter die Mietsache beschädigt oder in ihrem Substanz- bzw. Wohnwert verschlechtert, ergeben sich hieraus für den Vermieter **Schadensersatzansprüche** gegen den Mieter insbesondere aus § 280 Abs. 1 iVm §§ 535, 241 Abs. 2 BGB sowie aus § 823 BGB. Für Schädigungen durch von ihm beauftragte Dritte, vor allem **Handwerker**, hat der Mieter gleichfalls einzustehen (§§ 278, 276 BGB). 94

D. Zustimmungsfreie Gebrauchsrechte des Mieters

I. Allgemeines/Grundsätze

Der Mieter darf im Rahmen seines **Gebrauchsrechts** die Mietsache in gewissen Grenzen auch ohne Zustimmung des Vermieters verändern. Der Umfang der Veränderungsbefugnis richtet sich nach dem vereinbarten **Vertragszweck**. Im Rahmen des Vertragszwecks darf der Mieter die Mieträume einrichten und verändern. Der Erlaubnis des Vermieters bedarf es nicht, wenn die Veränderungen 95

- die Wohnung nicht grundlegend umgestalten,
- keine Eingriffe in die Bausubstanz erforderlich machen,
- keine nachteiligen Auswirkungen auf die Mitbewohner haben und
- sich bei Mietende leicht wieder beseitigen lassen.

Unter diesen Voraussetzungen liegt im Regelfall *keine* bauliche Veränderung vor, die jede Modernisierungsmaßnahme iSv §§ 555 b BGB auszeichnet, obschon es dem Mieter mit seinen Einrichtungen darum geht, den Gebrauchswert der Wohnung für sich zu verbessern. Derartige Veränderungen der Mietsache im Rahmen der vertragsgemäßen Nutzung dürfen dem Mieter nicht untersagt werden. 96

126 *AG Hamburg-Harburg* 11.4.2013 – 650 C 356/12.
127 *AG Hamburg-Harburg* 11.4.2013 – 650 C 356/12.
128 *BGH* 17.4.2007 – VIII ZB 93/06, NJW 2007, 2180; *AG Berlin-Tiergarten* 16.11.1999 – 2 C 394/98; MüKo/*Bieber*, § 554 a BGB Rn. 17.
129 *AG Berlin-Neukölln* 10.6.2004 – 8 C 71/04; aA *AG München* 14.9.2011 – 413 C 25938/10.
130 *AG Berlin-Mitte* 26.9.2013 – 6 C 68/13 (Vergrößerung des Türausschnitts mit Betonsäge).
131 *OLG Brandenburg* 21.1.2014 – 6 U 116/12 (Installation einer Klima- und Entlüftungsanlage).

II. Rechtsprechungsübersicht

97

Der Mieter darf ohne Einwilligung des Vermieters	Entscheidung
seine Wohnung mit den **üblichen Einrichtungsgegenständen** ausstatten (Gardinenstangen, Lampen, Regale, Küchengeräte) und hierzu auch **Dübel** im erforderlichen Umfang verwenden.	BGH 20.1.1993 – VIII ZR 10/92
in der Küche eine transportable **Duschkabine** aufstellen.	LG Berlin 26.1.1990 – 63 S 216/89
seinen Balkon mit einem **Plexiglas-Vordach** verkleiden, wenn der Vermieter die Anbringung von Markisen und Außenvorhängen auf den Balkonen des Anwesens geduldet hat und die Montage nicht in die Substanz der Mietsache eingreift.	LG Nürnberg-Fürth 6.7.1990 – 7 S 1401/90
am Balkongeländer einen **Sichtschutz** bis zur Höhe des Handlaufs anbringen, wenn die Außenfassade dadurch nicht optisch verunstaltet wird.	AG Köln 15.9.1998 – 212 C 124/98
eine haushaltstypische **Einbauküche** installieren, wenn die Wohnung ohne Küche vermietet worden ist.	LG Konstanz 14.10.1988 – 1 S 216/88
ein **Hochbett** aufstellen bzw. einbauen.	AG Köln 19.12.1986 – 205 C 443/86
vor den Fenstern **Außenjalousien** anbringen, wenn das Erscheinungsbild des Gebäudes nicht beeinträchtigt wird.	AG Zeitz 16.9.1997 – 4 C 297/97
die Wände und Decken der Mietwohnung mit einer **Holzvertäfelung** auskleiden.	LG Osnabrück 11.2.1976 – 1 S 343/75
Leichtbauwände aufstellen und **Fußbodenplatten** verkleben.	LG Essen 22.4.1987 – 10 S 633/86
eigene **Fliesen** im Bad anbringen.	AG Berlin-Schöneberg 29.3.2000 – 7 C 521/99

Nach Ablauf der Mietzeit ist der Mieter grundsätzlich berechtigt und verpflichtet, seine Einrichtungen auf seine Kosten wegzunehmen. Er ist verpflichtet, den ursprünglichen Zustand der Wohnung wiederherzustellen (§ 258 S. 1 BGB).

§ 10 Vereinbarungen über Baumaßnahmen

Die Vertragsparteien können gemäß § 555 f BGB nach Abschluss des Mietvertrages aus Anlass von Erhaltungs- und Modernisierungsmaßnahmen Vereinbarungen treffen, insbesondere über die zeitliche und technische Durchführung, die Gewährleistungsrechte und Aufwendungsersatzansprüche des Mieters und die künftige Höhe der Miete. Die Vorschrift des § 555 f BGB ist 2013 neu geschaffen worden. Ihr kommt kein eigener Regelungsgehalt zu, sie hat rein deklaratorischen Charakter.[1] Denn schon nach dem zuvor geltenden Recht waren im konkreten Einzelfall Vereinbarungen zulässig.[2] So konnte der Mieter auf eine Minderung wegen der Beeinträchtigung durch bestimmte Modernisierungsmaßnahmen verzichten, wenn der Vermieter im Gegenzug auf eine Mieterhöhung verzichtet hat.[3] Laut Gesetzesbegründung soll diese Praxis durch § 555 f BGB gestärkt werden, denn „von sachgerechten Vereinbarungen profitieren sowohl Mieter als auch Vermieter".[4] Die Vorschrift ist auch anzuwenden auf Modernisierungsmaßnahmen, die der Mieter durchführt.[5]

A. Wirksamkeitsvoraussetzungen

I. Ausgangssituation: Rechts- und Planungsunsicherheit

1 Die Rechte von Vermietern und Mietern zur Modernisierung von Mietwohnungen sind vom Gesetzgeber umfänglich und im Versuch eines Interessensausgleichs geregelt. Gleichwohl besteht für Vermieter und Mieter häufig eine erhebliche Unsicherheit, vor Gericht die jeweiligen Ansprüche durchsetzen zu können. Diese **beiderseitige Rechtsunsicherheit** ist in der Praxis der Hauptgrund dafür, eine Modernisierungsvereinbarung zu schließen.

2 Für den Vermieter kann schon zweifelhaft sein, ob eine Baumaßnahme vom Mieter als **Modernisierungsmaßnahme** iSv § 555 b BGB zu dulden ist (§ 555 d Abs. 1 BGB). Manche Baumaßnahmen dienen weder dem Zweck, die Mietsache zu erhalten iSv § 555 a BGB, noch führen sie zu einem Modernisierungserfolg iSv § 555 b BGB. Derartige Baumaßnahmen kann der Mieter nur *freiwillig* ermöglichen; eine gesetzliche Duldungspflicht trifft ihn in solchen Fällen nicht.

Beispiele: Verschönerungsmaßnahmen (etwa ein neuer Anstrich der Hausfassade); Austausch eines funktionstüchtigen Heizöltanks gegen einen solchen mit größerem Fassungsvermögen; Austausch eines einwandfreien Gasherdes gegen einen Elektroherd; Abhängung von Zimmerdecken zur Verdeckung von Rohrleitungen; Umwandlung einer Loggia in einen Wintergarten; Verstärkung der elektrischen Leitungen ohne Erhöhung der Anschlusswerte; Austausch einer Holztür gegen eine Metalltür; Maßnahme zur Energieeinsparung, die *nicht* nachhaltig iSv § 555 b Nr. 1 BGB ist.

3 Die Duldungspflicht des Mieters setzt des Weiteren voraus, dass ihm die Modernisierung gemäß § 555 c BGB angekündigt worden ist, woran nicht selten Zweifel bestehen. Dabei reicht für die **Fehlerhaftigkeit der Ankündigung,** wenn nur ein Bestandteil der Modernisierungsankündigung fehlerhaft ist, etwa wenn die voraussichtliche Mieterhöhung[6] oder die künftigen Betriebskosten pflichtwidrig nicht angegeben wurden.[7] Ob die Modernisie-

1 *Eisenschmid* in Schmidt-Futterer, § 555 f BGB Rn. 1; *Flatow*, NJW 2013, 1185 (1188).
2 BT-Drs. 17/10485, 22; vgl. etwa *LG München* 9.12.11 – 14 S 9823/11.
3 *BGH* 14.10.2009 – VIII ZR 159/08, NJW-RR 2010, 226.
4 BT-Drs. 17/10485, 22.
5 BeckOK BGB/*Schlosser*, § 555 f Rn. 2; *Eisenschmid* in Schmidt-Futterer, § 555 f BGB Rn. 27; aA Staudinger/*Emmerich* § 555 f BGB Rn. 7.
6 *Dickersbach*, Lützenkirchen/Mietrecht, § 555 c BGB Rn. 60; Langenberg/Zehelein, Betriebskosten- und Heizkostenrecht, 8. Aufl., Kap. C Rn. 69; *Kossmann/Meyer-Abich*, § 44 Rn. 80.
7 *Dickersbach*, Lützenkirchen/Mietrecht, § 555 c BGB Rn. 39 b f.; *Langenberg/Zehelein*, Betriebskosten- und Heizkostenrecht, 8. Aufl., Kap. C Rn. 69.

rungsankündigung noch ausreichend oder schon fehlerhaft ist, ist aber häufig nicht sicher abzuschätzen, etwa wenn

- in der Ankündigung nicht für jedes Zimmer die neuen Heizkörper angegeben sind,
- sich bei der Planung für den Ausbau des Dachgeschosses zu Wohnungen später herausstellt, dass – anders als bisher angenommen – die Leitungsstränge erweitert werden müssen, was zu einer deutlichen Verkleinerung der Abstellkammer in einer Mietwohnung führt,
- sich der Beginn der Modernisierung um mehre Wochen verschiebt.

4 Und schließlich ist für den Vermieter kaum verlässlich absehbar, ob bzw. inwieweit die Duldungspflicht des Mieters und die beabsichtigte Mieterhöhung bei wirksam vorgebrachter **Härte** iSv § 555 d Abs. 2 BGB durchsetzbar sind.

5 **Die Risiken des Mieters** sind hinsichtlich der Beurteilung seiner Duldungspflicht spiegelbildlich zu den Risiken des Vermieters: Liegt eine Modernisierungsmaßnahme vor und ist die Modernisierungsankündigung korrekt? Hat der Mieter gegen seine Duldungspflicht eine Härte eingewendet, so hat er die diesem Einwand zugrunde liegenden **Tatsachen darzulegen und zu beweisen.**[8]

6 Selbst wenn dem Mieter dies gelingt, entfällt damit nicht automatisch seine Pflicht zur Duldung der Modernisierung. Dies ist vielmehr nur der Fall, wenn die Modernisierungsmaßnahme unter Würdigung der berechtigten Interessen sowohl des Vermieters als auch anderer Mieter in dem Gebäude sowie von Belangen der Energieeinsparung und des Klimaschutzes nicht zu rechtfertigen ist (§ 555 d Abs. 2 S. 1 BGB). Eine diesbezügliche **Prognose** ist für den Mieter regelmäßig mit **Unsicherheiten** behaftet.

Beispiel: Beabsichtigt der Vermieter, in das Mietgebäude einen Fahrstuhl einbauen zu lassen, so stärkt es das Interesse des Vermieters, wenn alle anderen Mieter die Installation gutheißen und sie bereitwillig dulden.

7 Auch hinsichtlich seines Einwandes **wirtschaftlicher Härte** bleiben für den Mieter Risiken, da er sich nicht sicher sein kann, ob sein Netto-Haushaltseinkommen eine Härte begründet bzw. wo ein Gericht die individuelle Belastbarkeitsgrenze in seinem Fall ansetzen würde.

8 Überdies kann der Mieter mit einer pflichtwidrigen, beharrlichen Nichtduldung sogar seinen Mietvertrag riskieren. Denn eine **Kündigung** des Vermieters wegen Verletzung der Duldungspflicht des Mieters hat nicht prinzipiell zur Voraussetzung, dass der Vermieter zuvor gegen den Mieter einen rechtskräftigen Duldungstitel erstritten hat. Vielmehr kann die verweigerte Duldung des Mieters unmittelbar eine fristlose Kündigung (§ 543 Abs. 1 BGB) oder eine ordentliche Kündigung (§ 573 Abs. 2 Nr. 1 BGB) rechtfertigten.[9] Das Risiko eines **Irrtums** über seine Duldungspflicht trägt somit der Mieter.[10]

II. Anwendungsbereich/Vorteile

9 Sowohl zu Erhaltungsmaßnahmen iSv § 555 a BGB als auch zu Modernisierungsmaßnahmen iSv § 555 b BGB können die Mietvertragsparteien eine konkrete Vereinbarung treffen. Zu diesem Zweck wird die Unabdingbarkeit zahlreicher **mieterschützender Vorschriften außer Kraft** gesetzt, deren Vorgaben für das förmliche Verfahren sonst zwingend gelten. Vom Gesetz abweichende Vereinbarungen sind zum Beispiel möglich für die Ankündigung der Baumaßnahmen (§§ 555 a Abs. 4, 555 c Abs. 5 BGB), zur Duldungspflicht des Mieters (§ 555 d Abs. 7 BGB) oder für die Erhöhung der Miete (§ 559 Abs. 6 BGB). Auch

8 *Eisenschmid* in Schmidt-Futterer, § 555 d BGB Rn. 90.
9 *BGH* 15.4.2015 – VIII ZR 281/13, NJW 2015, 2417.
10 *BGH* 15.4.2015 – VIII ZR 281/13, NJW 2015, 2417; *BGH* 11.6.2014 – VIII ZR 349/13, NJW 2014, 2717.

die Möglichkeit einer Mietminderung kann im Anwendungsbereich von § 555 f BGB (entgegen § 536 Abs. 4 BGB) eingeschränkt werden. Das jeweils geltende gesetzliche Verbot einer für den Mieter nachteiligen Abrede gilt also nur außerhalb des Anwendungsbereichs von § 555 f BGB.[11]

Die Vorteile einer Vereinbarung liegen im **Gewinn an Planungs- und Rechtssicherheit** für *beide* Seiten. Zwar muss im Streitfall der Inhalt der Vereinbarung eingeklagt werden, doch ist die Befolgungsbereitschaft bei Vereinbarungen üblicherweise hoch. In einer Vereinbarung können die beabsichtigten Arbeiten besser auf die wechselseitigen Interessen abgestimmt und vom Vermieter sodann verlässlich terminiert und koordiniert werden. Hiervon profitiert auch der Mieter, der mit Sicherheit weiß, welche baulichen Belastungen auf ihn zukommen. Rechtliche Unwägbarkeiten bei der Ankündigung der Arbeiten, ihren baulichen Folgen sowie bei der Duldung durch den Mieter können so vermieden werden. 10

Der Vermieter kann mit einer **Mieterhöhung planen,** auf die man sich geeinigt hat. Er muss nicht den Einwand wirtschaftlicher Härte befürchten, dessen Begründetheit er schon deshalb nicht abschätzen kann, weil er die wirtschaftlichen Verhältnisse seines Mieters regelmäßig kaum kennt. Rechtliche Unwägbarkeiten bei der Berechnung und Durchsetzbarkeit einer Mieterhöhung können vermieden werden. Hiervon profitiert auch der Mieter, der verlässlich weiß, was an wirtschaftlicher Belastung auf ihn zukommt. Dass Streit über die in der Praxis besonders konfliktträchtige Begründetheit von Mietminderungen und Aufwendungsersatzansprüchen vermieden wird, kommt beiden Seiten und dem Mietverhältnis als solchem zugute. 11

III. Nach Abschluss des Mietvertrages

In zeitlicher Hinsicht sind nur Vereinbarungen zulässig, die nach Abschluss des Mietvertrages getroffen wurden. Hierdurch soll verhindert werden, dass der Vermieter den Mietvertrag von der Zustimmung des Mieters zu bestimmten Baumaßnahmen abhängig macht.[12] Somit kann selbst eine konkrete und schon kurze Zeit nach Mietbeginn beabsichtigte Baumaßnahme nicht im Mietvertrag geregelt werden. Eine **Mindestzeit** muss zwischen dem Abschluss des Mietvertrages und dem Abschluss der Vereinbarung aber *nicht* liegen. Eine Vereinbarung kann auch (noch) im Duldungsprozess geschlossen werden, auch als gerichtlicher Vergleich iSv § 278 Abs. 1, 6 ZPO. 12

Kommt es zwischen dem Abschluss der Vereinbarung und dem Beginn der Baumaßnahmen zu einem **Vermieterwechsel,** so bindet die Vereinbarung den späteren Vermieter bei rechtsgeschäftlichem Erwerb (§ 566 BGB) oder bei einem Erwerb im Wege der Zwangsversteigerung (§ 57 ZVG). Setzt der Erwerber als neuer Vermieter den bestehenden Mietvertrag nicht fort, sondern schließt mit dem Mieter einen neuen Mietvertrag, so entfaltet die frühere Vereinbarung dagegen für keine Vertragsseite Bindungswirkung.[13] 13

IV. Konkrete Baumaßnahmen

In sachlicher Hinsicht dürfen die Vertragsparteien eine Vereinbarung nur „aus Anlass" von Erhaltungs- oder Modernisierungsmaßnahmen treffen. Damit wird klar- und sichergestellt, dass abstrakt-generelle Regelungen für unbestimmte Baumaßnahmen in der Zukunft nicht von § 555 f BGB gedeckt sind.[14] Sofern die Maßnahmen nur hinreichend konkret sind und die Vereinbarung nach Abschluss des Mietvertrages erfolgt, können die Parteien sie aber auch mit großem **zeitlichem Vorlauf** planen. 14

---

11 Hannemann/*Horst*, Das neue Mietrecht, § 2 Rn. 341.

12 Spielbauer/Schneider/*Ettl*, § 555 f BGB Rn. 4; Diesem Gesetzeszweck liefe es zuwider, schon im Mietvertrag konkrete Bauvorhaben zu regeln, wie es Bub/Treier/*Schultz*, Kap. III Rn. 768, „entgegen dem Gesetzeswortlaut" von § 555 f BGB für zulässig hält.

13 *Dickersbach*, Lützenkirchen/Mietrecht, § 555 f BGB Rn. 12.

14 Schach/Schultz/Schüller/*Müller*, § 555 f BGB Rn. 2.

V. Form/Einbeziehung als AGB

15 Das Gesetz schreibt **keine bestimmte Form** für die Wirksamkeit der Vereinbarung vor. Demnach wäre auch eine mündliche Absprache oder sogar eine konkludente Einigung möglich. Ratsam ist dies natürlich nicht; vielmehr sollten die Vertragsparteien ihre Vereinbarung schon aus Beweisgründen stets schriftlich fixieren. Die Vereinbarung sollte auf den bestehenden Mietvertrag Bezug nehmen und dessen Vertragsparteien sollten zur Klarstellung (nochmals) angegeben werden.

16 Ist ein Mietvertrag über eine Laufzeit von mehr als einem Jahr geschlossen, muss die Vereinbarung zur Wahrung dieser vereinbarten Laufzeit der **Schriftform** entsprechen (§ 550 BGB). Dies gilt jedenfalls dann, wenn die Vereinbarung nach Abschluss der Baumaßnahme Bedeutung für die weitere Vertragsdurchführung hat, was insbesondere bei einer Regelung zur künftigen Höhe der Miete der Fall ist. Zu beachten ist, dass das Schriftformerfordernis des § 550 BGB auch für Mietverträge gilt, die zwar auf unbestimmte Zeit geschlossen wurden, bei denen aber für länger als ein Jahr der Ausschluss der ordentlichen Kündigung vereinbart worden ist, also ein **Kündigungsverzicht vorliegt.**[15]

17 Sowohl zur sachlich-technischen als auch zur räumlichen Beschreibung der beabsichtigten Baumaßnahmen wird es sich vielfach anbieten, in der Vereinbarung konkretisierend auf **externe Anlagen** (Baupläne, Grundrisse, Datenblätter etc) zu verweisen. In diesem Fall ist die Schriftform nur gewahrt, wenn die betreffenden Anlagen so genau bezeichnet werden, dass ihre **zweifelsfreie Zuordnung** möglich ist.[16]

18 Eine Vereinbarung in **Allgemeinen Geschäftsbedingungen** (AGB) iSv § 305 BGB ist möglich. Bei umfangreichen Maßnahmen in Mehrfamilienhäusern, die von gewerblichen Vermietern vermietet werden, wird dies sogar regelmäßig der Fall sein. Auch wenn für die Vereinbarung ein vorformulierter Vertragstext des Mieters verwendet wird – zum Beispiel von einem **Mieterverein** – handelt es sich um Allgemeine Geschäftsbedingungen, die den gleichen Prüfungsvoraussetzungen und Beschränkungen unterliegen wie solche des Vermieters.[17] Denn AGB können auch vom Mieter gestellt werden.[18] Auf die Unwirksamkeit kann sich dann jedoch nur der Vermieter berufen.

19 Ein Abweichen von den wesentlichen Grundgedanken der §§ 555 a ff. BGB begründet stets die Gefahr, dass die Regelung nach § 307 Abs. 2 Nr. 1 BGB unwirksam ist.[19] So dürfte durch **Formularklausel** weder die Duldungspflicht des Mieters noch eine Beschränkung der Mitteilungserfordernisse gemäß § 555 c BGB wirksam vereinbart werden können.[20] Überdies sind Vereinbarungen unwirksam, die dem **Transparenzgebot** zuwider laufen, die also nicht hinreichend klar und verständlich gefasst sind (§ 307 Abs. 1 S. 2 BGB).

20 Mieterhöhungsvereinbarungen unterfallen § 312 BGB, weshalb die in einer „**Haustürsituation**“ geschlossene Modernisierungsvereinbarung vom Mieter widerrufen werden kann. In diesem Fall hat der Vermieter keinen aufrechnungsfähigen Gegenanspruch auf **Wertersatz** infolge der Modernisierung, da er eine Mieterhöhung nur unter den Voraussetzungen der mieterschützenden Vorschriften der §§ 559 ff. BGB für die Zukunft erklären und verlangen kann.[21]

15 *BGH* 4.4.2007 – VIII ZR 223/06, NJW 2007, 1742.

16 Vgl. *BGH* 15.11.2006 – XII ZR 92/04, NZM 2007, 127; *BGH* 14.7.2004 – XII ZR 68/02, NJW 2004, 2962.

17 *LG Berlin* 31.1.2012 – 63 S 233/11.

18 Vgl. *BGH* 24.5.1995 – XII ZR 172/94, NJW 1995, 2034.

19 *Abramenko*, Das neue Mietrecht in der anwaltlichen Praxis, § 3 Rn. 13.

20 *LG Leipzig* 20.2.2009 – 8 O 3429/08; *Eisenschmid* in Schmidt-Futterer, § 555 f BGB Rn. 4 f.

21 *BGH* 17.5.2017 – VIII ZR 29/16, NJW 2017, 2823 (aber kein Widerruf seiner Zustimmung zum Mieterhöhungsverlangen auf die Vergleichsmiete des Mieters nach Fernabsatzrecht, *BGH* 17.10.2018 – VIII ZR 94/17, NZM 2018, 1011).

VI. Rechtsfolgen

Aus einer **wirksamen Vereinbarung** ergeben sich die Rechtsfolgen unmittelbar. Hat sich der Mieter in einer Vereinbarung zur Duldung einer bestimmten Modernisierungsmaßnahme und zur Zahlung einer erhöhten Miete bereit erklärt, kann der Vermieter den Mieter hierauf jeweils gerichtlich in Anspruch nehmen, wobei die Vereinbarung den Rechtsgrund für die Verpflichtungen des Mieters bildet. Dies gilt freilich umgekehrt genauso für Vereinbarungsinhalte, die den Mieter begünstigen. 21

Haben die Mietvertragsparteien aus Anlass einer Modernisierung eine Mieterhöhung wirksam vereinbart, ist der Vermieter durch diese Vereinbarung nicht gehindert, einem späteren Mieterhöhungsverlangen auf die ortsübliche Vergleichsmiete nach § 558 BGB den modernisierten Zustand der Wohnung zu Grunde zulegen.[22] Dabei braucht der Vermieter die einjährige **Wartefrist** gemäß § 558 Abs. 1 S. 2 BGB *nicht* einzuhalten, wenn er die erhöhte Miete kraft der Vereinbarung *einseitig* vom Mieter verlangen kann.[23] 22

Wann eine Vereinbarung unwirksam ist und welche Rechtsfolgen sich aus einer **unwirksamen Vereinbarung** ergeben, bestimmt § 555 f BGB nicht. Weil nur mit einer wirksamen Vereinbarung zu Lasten des Mieters von den gesetzlichen Schutzvorschriften abgewichen werden kann, gilt jedoch im Umkehrschluss, dass das jeweilige **Nachteilsverbot** auflebt, wenn und soweit die Vereinbarung unwirksam ist.[24]

Beispiel: Ist nach Abschluss des Mietvertrages geregelt worden, dass Modernisierungsmaßnahmen generell mit einer Frist von sechs Wochen anzukündigen sind, ist diese Vereinbarung nicht von § 555 f BGB gedeckt, weil sie nicht *aus Anlass* einer (bestimmten) Modernisierung getroffen wurde. Weil eine Verkürzung der dreimonatigen Ankündigungsfrist (§ 555 c Abs. 1 BGB) nicht vereinbart werden kann, da sie für den Mieter nachteilig wäre, folgt die Unwirksamkeit dieser anderslautenden Vereinbarung aus § 555 c Abs. 5 BGB.

Von Bedeutung ist damit stets die Frage, inwieweit eine unwirksame Vereinbarung für den Mieter nachteilig ist. Denn für den Mieter vorteilhafte Regelungen sind auch abseits von § 555 f BGB möglich. 23

Beispiel: Wurde im Mietvertrag vereinbart, dass drei Monate nach Mietbeginn die Außenjalousien repariert werden und der Mieter zum Ausgleich für die damit verbundenen Gebrauchsbeeinträchtigungen einen angemessenen Mietnachlass in Höhe von 10 Prozent der betreffenden Monatsmiete erhält, verstößt diese Regelung gegen § 555 f BGB, da sie nicht „nach Abschluss des Mietvertrags" getroffen wurde. Weil die Erhaltungsvereinbarung aber nicht gegen zwingendes Recht verstößt, die Ankündigung insbesondere auch „rechtzeitig" iSv § 555 a Abs. 2 BGB ist, folgt ihre Unwirksamkeit nicht aus § 555 a Abs. 4 BGB.

Enthält eine von § 555 f BGB nicht gedeckte Vereinbarung für den Mieter **sowohl vorteilhafte als auch nachteilige Regelungen**, sollen diese zu saldieren sein. Nur wenn nach wertender Gesamtbetrachtung der Nachteil für den Mieter überwiege, führe dies zur Unwirksamkeit der Vereinbarung insgesamt.[25] Eine solche Vorgehensweise erscheint aber zweifelhaft, weil sich Vor- und Nachteile nicht objektiv losgelöst vom Vorstellungsbild des Mieters bewerten lassen. Überzeugender ist es daher, auf den **Willen der Vertragsparteien** abzustellen und nach § 139 BGB zu prüfen, ob sie die konkrete Vereinbarung auch ohne die nichtige Regelung getroffen hätten.[26] 24

Beispiel:[27] Verpflichtet sich der Vermieter *schon im Mietvertrag* zum Einbau einer neuen Heizung, der vom Mieter zu dulden ist, und verzichtet der Mieter daraufhin auf sein Minderungs-

22 *LG Berlin* 6.3.2012 – 63 S 381/11.
23 *BGH* 9.4.2008 – VIII ZR 286/06, IBRRS 2008, 1572; *BGH* 18.7.2007 – VIII ZR 285/06, NZM 2007, 727.
24 *Dickersbach*, Lützenkirchen/Mietrecht, § 555 f BGB Rn. 45 ff.; Schach/Schultz/Schüller/*Müller*, § 555 f BGB Rn. 7.
25 *LG München I* 9.12.2011 – 14 S 9823/11; *Lehmann-Richter*, WuM 2010, 3 ff.
26 So schon *Abramenko*, Das neue Mietrecht in der anwaltlichen Praxis, § 3 Rn. 11.
27 In Anlehnung an *Abramenko*, Das neue Mietrecht in der anwaltlichen Praxis, § 3 Rn. 11.

recht, so ist diese Vereinbarung nicht von § 555 f BGB gedeckt. Die Verpflichtung des Vermieters ist für sich wirksam, die Verzichtserklärung des Mieters ist hingegen wegen § 536 Abs. 4 BGB unwirksam. Hätte der Vermieter die Heizung in jedem Fall einbauen wollen, bleiben seine diesbezügliche Verpflichtung und die des Mieters zur Duldung des Einbaus wirksam. Der Mieter ist dann aber gleichwohl zur Minderung berechtigt. Kann dagegen nicht angenommen werden, dass der Vermieter seine Verpflichtung auch ohne den Minderungsverzicht eingegangen wäre, ist die gesamte Vereinbarung nichtig.

B. Gebotene Inhalte der Vereinbarung

I. Allgemeines

25 Nach § 555 f BGB können Vereinbarungen insbesondere getroffen werden über die **zeitliche und technische Durchführung** der Maßnahmen, über die Gewährleistungsrechte und Aufwendungsersatzansprüche des Mieters sowie zur künftigen Höhe der Miete. Damit die Vereinbarung ihrem Zweck gerecht wird, den Parteien Planungs- und Rechtssicherheit zu geben, sollte sie so umfassend wie nur möglich geschlossen werden. Denn im Zweifel hat die Vereinbarung abschließende Wirkung.[28]

II. Zeitliche und technische Durchführung der Maßnahmen

26 Es empfiehlt sich, die Vereinbarung entsprechend dem Inhalt der Modernisierungsankündigung nach § 555 c Abs. 1 BGB zu gestalten. Zu regeln sind die **durchzuführenden Arbeiten** und der **Ablauf des Bauvorhabens.**[29] Ist eine Modernisierungsmaßnahme beabsichtigt, bilden die an sie gesetzlich geknüpften Rechte und Pflichten – insbesondere das Recht des Vermieters auf Mieterhöhung – die (Geschäfts-)Grundlage der Vereinbarung. Daher kann nicht vereinbart werden, dass als Modernisierungsmaßnahme zu gelten hat, was nach § 555 b BGB keine Modernisierungsmaßnahme ist.[30] Konkretisiert werden sollte der Modernisierungserfolg bzw. der Zweck der Erhaltungsmaßnahme, wobei es sinnvoll ist, **Baupläne** etc zum Bestandteil der Vereinbarung zu machen.

27 Damit der Vermieter die Maßnahme planen und sich der Mieter auf sie einstellen kann, sind Vereinbarungen zu **Beginn und Dauer** hilfreich; für Maßnahmen innerhalb der Mietwohnung wird ein **Zeitplan** bzw. die Festlegung bestimmter Arbeitszeiten unerlässlich sein. Berücksichtigt werden sollten auch Maßnahmen der **Bauvorbereitung** und etwaige hieran anknüpfende Pflichten, zum Beispiel zur Schaffung von Baufreiheit.

Für den Beginn der Arbeiten kann fristungebunden jeder Termin vereinbart werden. Statt eines Termins können auch die **Modalitäten der Ankündigung** näher geregelt werden, etwa mit welchem zeitlichen Vorlauf und in welcher Weise/Form der Baubeginn anzukündigen ist. So genau als möglich sollte bestimmt werden, welche **Nutzungseinschränkungen** der Mieter zu erwarten hat, damit er sich hierauf einstellen kann. Zudem sind diese Angaben Grundlage der Bemessung einer zu vereinbarenden **Mietminderung.**

28 Weiterhin empfiehlt sich die Regelung **technischer Aspekte**. Ratsam sind beispielweise Vereinbarungen zur **Ausführungsart** (etwa räumlich-örtliche Festlegungen bei Installationen), zur **Ausführungsweise** (Festlegung der zu verwendenden Werkstoffe und technischen Geräts etc) sowie zum (Modernisierungs-)Erfolg der Maßnahme (Festlegung von bestimmten Leistungsstandards und Bedien- bzw. Nutzungsmöglichkeiten, von Typen- bzw. Herstellerbezeichnungen, von Maßen, Farben und höchstzulässigen Immissionen etc).

29 Auf Grundlage der getroffenen Regelungen ist die **Duldungspflicht** des Mieters zu vereinbaren, was beinhaltet, dass der Mieter auf einen ihm möglichen **Härteeinwand** gegebenen-

28 *Kinne*, Miet- und Mietprozessrecht, § 555 f BGB Rn. 5.
29 Vgl. BT-Drs. 17/10485, 22.
30 Bub/Treier/*Schultz*, Kap. III Rn. 772; aA *Abramenko*, Das neue Mietrecht in der anwaltlichen Praxis, § 3 Rn. 34.

falls verzichtet. Beinhaltet die Vereinbarung die Zusicherung des Vermieters, dass er weitere Modernisierungsmaßnahmen für eine bestimmte Dauer nicht durchführen werde, ist dies bindend und der Mieter während dieser Zeit nicht nach den §§ 555 b ff. BGB zur Duldung verpflichtet.[31]

III. Gewährleistungsrechte und Aufwendungsersatz des Mieters

Die Vertragsparteien können die Gewährleistungsrechte des Mieters bestimmen bzw. modifizieren. 30 Hierbei hat die **Mietminderung** die sicher größte Bedeutung. Ihre Höhe und Dauer bilden – neben der Mieterhöhung – das wohl wichtigste Regulativ zur Durchsetzung gegenläufiger Interessen im Zusammenhang mit Art und Ausführung der Maßnahme. Für den Vermieter kann es ratsam sein, auch einer auf Zeit reduzierten Miete, also einem **Mietnachlass** zuzustimmen, weil damit die Höhe der geschuldeten Betriebskosten-Vorauszahlungen ungemindert bleibt, was dem Vermieter den Mehraufwand erspart, der mit der Abrechnung zulässig geminderter Betriebskosten sonst häufig verbunden ist.[32]

Festgelegt werden können eine bestimmte **pauschale Höhe** der Mietminderung sowie Beginn 31 und Dauer ihrer Berechtigung. Eine Staffelung nach **Bauphasen** und den damit jeweils zu erwartenden Beeinträchtigungen kann gegebenenfalls sinnvoll sein. Bei (auch) **energetischen Modernisierungen** wird zu berücksichtigen sein, dass hierfür ein dreimonatiger Minderungsausschluss gilt (§ 536 Abs. 1 a BGB).

Stets sollte die **Reichweite der Vereinbarung** eindeutig bestimmt werden, um Streit über das Minderungsrecht bei unvorhergesehenen oder länger andauernden Beeinträchtigungen vorzubeugen. Enthält die Vereinbarung nur die Abrede einer Minderung „von bis zu 100 Prozent", wird damit lediglich der Minderungsrahmen festgelegt; die Höhe der Minderung bemisst sich dann (weiterhin) nach der konkreten Beeinträchtigung des Mietgebrauchs.[33] Des Weiteren sind Regelungen zu möglichen **Schadensersatzansprüchen** des Mieters denkbar, etwa zu Begrenzungen der Höhe sowie pauschale Abgeltungsregelungen für bestimmte Schadensursachen. Wegen § 307 BGB dürfte sich der Vermieter aber nicht ganz von Schadensersatzansprüchen freistellen lassen können, selbst dann nicht, wenn aufseiten des Vermieters bzw. seiner Erfüllungsgehilfen nur leichte Fahrlässigkeit vorliegt.[34]

Nach dem Gesetz ist der Vermieter verpflichtet, dem Mieter **Aufwendungen** zu ersetzen, 32 die dieser infolge einer Erhaltungs- oder Modernisierungsmaßnahme machen musste (§§ 555 a Abs. 4, 555 d Abs. 6 BGB). Weil die Erforderlichkeit der Aufwendungen und die Höhe der daraus resultierenden Kosten häufig sehr streitig sind, sind (Rahmen-)Vereinbarungen hierzu hilfreich, zum Beispiel zur Höhe des dem Mieter zu erstattenden Stundensatzes, zu Nachweismodalitäten (Stundenzettel etc) oder zur Festlegung bestimmter Pauschal- oder Höchstbeträge. Wiederum sollte die Vereinbarung möglichst abschließend sein. Denn ist die Höhe des vom Vermieter zu leistenden Aufwendungsersatzes abschließend vereinbart, kann sich der Mieter später nicht mehr auf tatsächlich höhere Kosten berufen.[35]

IV. Künftige Höhe der Miete

Als dritten Regelungspunkt nennt § 555 f BGB die künftige Höhe der Miete. Eine Miet- 33 erhöhung wird in aller Regel nur **Modernisierungsmaßnahmen** betreffen, da Erhaltungs-

31 *LG Berlin* 18.12.2008 – 67 S 324/08.
32 Die Minderung erfasst auch die Betriebskosten (*BGH* 6.4.2005 – XII ZR 225/03, NZM 2005, 455), weshalb sie in der Betriebskostenabrechnung als nicht geschuldet zu behandeln sind (*BGH* 13.4.2011 – VIII ZR 223/10, NJW 2011, 1806).
33 *LG Berlin* 18.2.2002 – 67 S 54/00.
34 Vgl. *BGH* 24. 10.2001 – VIII ARZ 1/01, NJW 2002, 673.
35 *LG Berlin* 18.2.2002 – 67 S 54/00; *Kinne*, Miet- und Mietprozessrecht, § 555 f BGB Rn. 8.

maßnahmen den Vermieter nicht zur Mieterhöhung berechtigen und kaum ein Mieter bereit sein dürfte, von dieser gesetzlichen Grundentscheidung abzuweichen. Möglich wäre eine solche Vereinbarung aber.[36]

34 Weil im Rahmen von § 555 f BGB sämtliche Mieterbegünstigungsklauseln der §§ 555 a ff. BGB nicht gelten, dürfen die Parteien eine Mieterhöhung vereinbaren, die über das nach § 559 Abs. 1 BGB **höchstzulässige Maß** hinausgeht.[37] Auch kann der Verzicht auf die Anrechnung von **Drittmitteln** entgegen § 559 a BGB vereinbart werden.[38] Genauso möglich ist natürlich auch, keine Mieterhöhung oder sogar die Absenkung der Miete zu regeln. Dies ist oftmals der Fall, da Vermieter häufig sogar zu deutlichen Abschlägen bei der Mieterhöhung bereit sind, wenn im Gegenzug der Mieter die Duldung der Baumaßnahmen erklärt.

35 Die Mieterhöhung sollte nach **Betrag und Fälligkeit** *unzweifelhaft* bestimmt sein. Weil Modernisierungskosten auf mehrere Wohnungen angemessen zu verteilen sind (§ 559 Abs. 3 BGB), ist es Vermietern aber nicht gestattet, Modernisierungsvereinbarungen mit einzelnen Mietern zu schließen, die dazu führen, dass andere Mieter ohne sachlichen Grund bei der Mieterhöhung stärker belastet werden.

36 Bei der Festlegung der künftigen Miethöhe können die individuellen Gebrauchsvorteile sowie Nachteile (zum Beispiel eine Verringerung der Wohnfläche) des Mieters berücksichtigt werden. Die künftige Miete kann als **Staffelmiete** vereinbart werden. Die Vereinbarung der **Fälligkeit** ist unerlässlich. Sowohl die Mieterhöhung als auch die neue geschuldete Miete sind als **Euro-Betrag** anzugeben. Haben die Parteien eine Vereinbarung über die künftige Höhe der Miete geschlossen, liegt darin zugleich der Verzicht des Mieters auf einen möglichen Härteeinwand gegen die Mieterhöhung.

V. Weitere Inhalte/Gestaltungsmöglichkeiten

37 Die in § 555 f BGB genannten Regelungspunkte haben keinen abschließenden Charakter.[39] Im **Einzelfall** kann die Vereinbarung weiterer Inhalte sinnvoll sein. In Betracht kommen vor allem die folgenden Punkte:

- **Mitwirkungspflichten des Mieters** sind gegebenenfalls zu spezifizieren (Schaffung von Baufreiheit, Demontage von Möbeln, Sicherungsmaßnahmen für den Hausrat, Anwesenheitszeiten etc); ebenso die **Wiederherstellungspflichten des Vormieters** nach Abschluss der Arbeiten (Renovierung, Montage von Gardinenstangen etc).
- Das **Sonderkündigungsrecht** wegen der Modernisierungsmaßnahmen gemäß § 555 e BGB kann abbedungen werden; dasjenige wegen Mieterhöhung nach § 561 BGB braucht nicht ausgeschlossen zu werden, weil es für eine vereinbarte Mieterhöhung nicht gilt.
- Sachgerecht sind Vereinbarungen zu den sich infolge einer Modernisierungsmaßnahme gegebenenfalls verändernden bzw. neu ergebenden **Betriebskosten**. Werden hierfür Vorauszahlungen vereinbart (§ 560 Abs. 4 BGB), ist die einmalige einvernehmliche Verlängerung der jährlichen **Abrechnungsperiode** zum Zwecke der Umstellung auf eine kalenderjährliche Abrechnung möglich.[40]
- Der Abschluss einer **Haftpflichtversicherung** durch den Vermieter kann sinnvoll sein, um mögliche Schäden am Hausrat des Mieters umfassend abzudecken.

---

36 *Dickersbach*, Lützenkirchen/Mietrecht, § 555 f BGB Rn. 27.
37 *Dickersbach*, Lützenkirchen/Mietrecht, § 555 f BGB Rn. 28; *Kinne*, Miet- und Mietprozessrecht, § 555 f BGB Rn. 9; aA Bub/Treier/*Schultz*, Kap. III Rn. 772.
38 Bub/Treier/*Schultz*, Kap. III Rn. 772.
39 BT-Drs. 17/10485, 22; Palandt/*Weidenkaff*, § 555 f BGB Rn. 2.
40 *BGH* 27.2011 – VIII ZR 316/10, NJW 2011, 2878.

- Die Vereinbarung eines beiderseitigen **Kündigungsverzichts** von bis zu 4 Jahren[41] kann sinnvoll sein, um dem Mieter mit relativer Sicherheit die modernisierte Wohnung für eine gewisse Zeit zu erhalten sowie auch dem Vermieter für die Amortisation seiner Modernisierungsaufwendungen ebenfalls relative Planungssicherheit zu geben. Mit einer Individualvereinbarung kann ein Kündigungsausschluss darüber hinaus jedenfalls für bis zu 30 Jahren Dauer geregelt werden.[42] Ist ein Kündigungsausschluss vereinbart, erfasst er zugleich das Sonderkündigungsrecht des Mieters gemäß § 555 e BGB. Ein konkludent vereinbarter Kündigungsausschluss ist anzunehmen, wenn sich der Mieter zur Duldung der Modernisierung verpflichtet.[43]
- Machen die Baumaßnahmen einen zeitweisen Auszug des Mieters aus der Mietwohnung in eine **Ersatzwohnung** erforderlich, sind die entsprechenden Modalitäten zu regeln (Dauer des Zwischenumzugs; Art, Lage, Größe und Ausstattung der Ersatzwohnung; Umzugskosten etc).
- Ist beabsichtigt, dass sich der Mieter an der Baumaßnahme **finanziell beteiligt,** etwa in Form eines verlorenen **Baukostenzuschusses,** sind konkrete Regelungen hierzu unerlässlich.
- Der Vermieter kann erklären, für bestimmte Zeit auf weitere bzw. bestimmte **Modernisierungsmaßnahmen zu verzichten.** Möglich ist auch, insoweit einen **Zustimmungsvorbehalt des Mieters** zu vereinbaren.[44]

C. Geeignetes Vorgehen

Zunächst hat der Vermieter eine **Modernisierungsankündigung** zu fertigen und an den Mieter zu richten. Denn sie bildet den Verhandlungsgegenstand. Dabei ist es sinnvoll, wenn der Vermieter seine Modernisierung nicht mit der Minimalfrist von drei Monaten an ankündigt, sondern mit größerem Vorlauf. Dies vermeidet **Zeitdruck.** Denn langwierige Verhandlungen mit dem Mieter können dazu führen, dass die Maßnahmen aufs Neue angekündigt werden müssen. Das aber senkt die Bereitschaft des Vermieters zum Abschluss einer Vereinbarung und erhöht vielmehr die Wahrscheinlichkeit dafür, dass er alsbald eine (Duldungs-)Klage gegen seinen Mieter erhebt. 38

Mietern ist zu raten, fristgemäß eine **Härte** einzuwenden, um Rechtsnachteile zu vermeiden, falls die Vereinbarung nicht zustande kommt. Außerdem skizziert der Mieter mit seinem Härteeinwand den für ihn persönlich wichtigen **Verhandlungsgegenstand.** 39

Um eine Modernisierungsvereinbarung möglich zu machen, ist es zunächst ratsam, dass der – kooperationsbereite – Vermieter den Mietern alsbald nach seiner Modernisierungsankündigung eine **Informationsveranstaltung** anbietet bzw. durchführt. Der Vermieter bekommt auf diese Weise „ein Gesicht", die Mieter können ihre Belange vortragen, auch gemeinsam. Feindbilder können abgebaut und Probleme versachlicht werden. Die Bereitschaft zu einer Vereinbarung kann ausgelotet und es kann über das Modernisierungsvorhaben gesprochen werden, da in der Regel *beide Seiten* ein Interesse an Erläuterung haben. 40

So haben Mieter naturgemäß Fragen zum Modernisierungsvorhaben, die über die Informationen hinausgehen, die der Vermieter in seiner Ankündigung mitzuteilen hat. Aber auch Vermieter benötigen nicht selten noch nähere Informationen zur Ausstattung der Mietwohnung. Dies gilt insbesondere für Vermieter, die recht bald nach einem **Kauf des Mietobjekts** ein Modernisierungsvorhaben anstrengen, die also gemäß § 566 Abs. 1 BGB 41

41 Vgl. *BGH* 14.6.2006 – VIII ZR 257/04, NJW 2006, 2696; *BGH* 6.4.2005 – VIII ZR 27/04, NJW 2005, 1574.
42 *BGH* 8.5.2018 – VIII ZR 200/17, NZM 2018, 556.
43 *Blank*/Börstinghaus, Miete, § 555 f Rn. 26.
44 Zur Abgrenzung: *LG Berlin* 14.6.2016 – 67 S 19/16.

in den Mietvertrag eingetreten sind. Mitunter hängt von diesen Informationen sogar ab, ob die beabsichtigte Baumaßnahme überhaupt als Modernisierung iSv § 555 b BGB qualifiziert werden kann. Denn hierfür sind **Einbauten des Mieters** zu berücksichtigen, wenn der Einbau im Einvernehmen mit dem Vermieter und auf Kosten des Mieters erfolgt ist.[45]

Beispiel: Hat der Mieter in seiner bisher nur mit Öfen ausgestatteten Wohnung selbst und auf eigene Kosten eine Gasetagenheizung installiert, so braucht er später den Anschluss seiner Wohnung an eine zentrale Gaszentralheizung nicht zu dulden. Denn der erforderliche Modernisierungserfolg der Gebrauchswerterhöhung bzw. Endenergieeinsparung ergibt sich nur bei Gegenüberstellung von Ofenheizung zu Gaszentralheizung und nicht bei der Gegenüberstellung von Gasetagenheizung zu Gaszentralheizung.

42 Überdies können **Rechtsirrtümer** aufgelöst werden: So etwa der verbreitete (Irr-)Glaube des Mieters, der Härteeinwand unzumutbarer Mieterhöhung hindere seine Duldungspflicht, oder der Irrtum, dass der Vermieter zur Durchführung einer energetischen Modernisierung eine Wärmebedarfsberechnung vorzulegen habe.[46] Erörtert werden kann, dass und warum der Gesetzgeber eine nachhaltige Gebrauchswertverbesserung oder eine nachhaltige Endenergieeinsparung anders beurteilt, als es viele Mieter tun.

43 Freilich kann die **Initiative** zum Abschluss einer Vereinbarung auch vom Mieter ausgehen. Damit eine Modernisierungsvereinbarung abgeschlossen werden kann, muss sie verhandelt werden. Dies geschieht idealerweise in direktem Kontakt zwischen Mieter und Vermieter. Auf Vermieterseite sollte es einen sachkundigen, verantwortlichen und erreichbaren Ansprechpartner geben.

44 Der Abschluss einer Modernisierungsvereinbarung ist nur *realistisch*, wenn Vermieter *und* Mieter von der Vereinbarung profitieren. Mögliche Kompromisslösungen können zum **Beispiel** sein, dass

- trotz Heizungsmodernisierung der Kachelofen in der Mietwohnung verbleibt,
- die Arbeiten in der Wohnung des Mieters während seines Urlaubes erfolgen,
- der Mieter einen Ausgleich für seine Investitionen in die Mietwohnung erhält, wenn diese durch die Modernisierungsmaßnahmen nutzlos werden,
- die Mieterhöhung geringer ausfällt, wenn der Mieter im Gegenzug die Duldung erklärt.

45 Bei der Verhandlung können eingeschaltete Dritte (Anwälte, Mietervereine) hilfreich sein, allerdings nur, wenn sie kooperativ und zielgerichtet wechselseitige Interessen erörtern und nicht nur über Rechtspositionen streiten. Denn eine Vereinbarung kann nur gelingen, wenn sich Vermieter und Mieter nicht als Gegner, sondern als Partner sehen.

46 Da viele Mietparteien von ihren Vertretern nach herkömmlichem Verständnis ein konfrontatives Eintreten für ihre Rechtspositionen geradezu erwarten, haben die Vertreter diese kooperative Vorgehens- und Herangehensweise zunächst mit ihrer Mietpartei abzustimmen. Anderenfalls laufen sie Gefahr, von dieser als illoyal wahrgenommen zu werden.

47 Zweckdienlich kann auch die Einschaltung eines neutralen Mediators sein, sowohl vorgerichtlich, als auch während eines bereits rechtshängigen Verfahrens durch Verweisung an einen **Güterichter** (§ 278 Abs. 5 ZPO) oder im Rahmen einer vom Gericht vorgeschlagenen **außergerichtlichen Mediation** (§ 278 a ZPO).

---

45 *BGH* 20.6.2012 – VIII ZR 110/11, NZM 2012, 679. Folgerichtig ist der gegenwärtige Ausstattungsstand ebenfalls maßgeblich für die Frage, ob eine Härte gegen die Mieterhöhung wegen einer Modernisierung auf nur allgemein üblichen Zustand gemäß § 559 Abs. 2 Nr. 1 BGB ausgeschlossen ist, vgl. *BGH* 10.10.2012 – VIII ZR 25/12, NZM 2013, 141.

46 Hierzu ist ein Vermieter nicht verpflichtet, vgl. BT-Drs. 17/10485; *BGH* 12.3.2003 – VIII ZR 175/02, IBRRS 2003, 1148.

§ 11 Exkurs: Modernisierung in der Geschäftsraummiete

Für die Vermietung von Geschäftsräumen gelten grundsätzlich die „Allgemeinen Vorschriften über Mietverhältnisse“ (§§ 535–548 BGB). Gemäß § 578 Abs. 2 BGB sind aber nur bestimmte Vorschriften der „Mietverhältnisse über Wohnraum“ (§§ 549–562 d BGB) anzuwenden. Zu diesen zählt auch das Modernisierungsrecht.

Der Vermieter von Geschäfts- bzw. Gewerberäumen kann wie der Vermieter von Wohnraum Modernisierungsmaßnahmen (§ 555 b BGB) durchführen, die er dem Mieter **ordnungsgemäß anzukündigen** hat (§ 555 c BGB) und die von ihm zu dulden sind, sofern keine Härte vorliegt (§ 555 d BGB). Wegen der Modernisierungsmaßnahmen hat der Mieter einen Aufwendungserstattungsanspruch (§ 555 d Abs. 6 BGB) sowie ein **Sonderkündigungsrecht** (§ 555 e BGB). Im Gegensatz zur Wohnraummiete dürfen in der Geschäftsraummiete von diesen gesetzlichen Vorgaben aber abweichende Vereinbarungen auch zum Nachteil des Mieters getroffen werden, denn § 578 Abs. 2 BGB nimmt das jeweils geltende **Nachteilsverbot** von der entsprechenden Anwendung aus. 1

Die den Mietvertragsparteien durch § 578 Abs. 2 BGB eingeräumte Befugnis, abweichende Regelungen zu vereinbaren, betrifft Mietverhältnisse über Räume, die keine Wohnräume sind. Bei einem sog **Mischmietverhältnis**, also wenn Räume sowohl zu Wohn- als auch zu Geschäftszwecken vermietet worden sind, kommt es auf den **Schwerpunkt des Mietverhältnisses** an.[1] Liegt der Schwerpunkt sowohl nach dem vereinbarten Vertragszweck als auch nach der konkreten Nutzung im Wohnen, gilt das Wohnraummietrecht. Überwiegt die geschäftliche Nutzung der Räume, kommt § 578 Abs. 2 BGB zur Anwendung mit der Folge, dass abweichende Vereinbarungen grundsätzlich zulässig sind. Der Umstand, dass der Mieter in den gemischten Mieträumen mit seiner gewerblichen/freiberuflichen Tätigkeit seinen Lebensunterhalt bestreitet, lässt für sich allein aber keinen Rückschluss auf einen in der Geschäftsraummiete liegenden Vertragsschwerpunkt zu.[2] 2

Beispielsweise können bestimmte Mitwirkungspflichten vereinbart werden wie etwa die Räumung des Mietobjekts.[3] Möglich ist auch die Verkürzung der **Ankündigungsfrist**, wobei auf die Ankündigung der Arbeiten als solche nach Maßgabe der § 555 c Abs. 1–4 BGB auch gegenüber einem Geschäftsraummieter nicht verzichtet werden kann. Wird ein vollständiger Ausschluss der Modernisierungsankündigung formularvertraglich vereinbart, ist die entsprechende Klausel wegen § 307 BGB unwirksam. Aber auch individualvertraglich dürfte der Vermieter wegen §§ 241 Abs. 2, 242 BGB nicht wirksam von der Pflicht zur Ankündigung entbunden werden können. Denn der Geschäftsraummieter muss gleichermaßen hinreichend prüfen können, ob er eine Härte einwenden bzw. von seinem Sonderkündigungsrecht Gebrauch machen möchte. Zudem muss der Mieter auch über die Bauarbeiten in wenigstens groben Umrissen rechtzeitig informiert werden, damit er sich einen Eindruck von den beabsichtigten Änderungen und ihren Auswirkungen auf seinen Mietgebrauch machen und sich und seinen Geschäftsbetrieb hierauf einstellen kann.[4] 3

Auch der Geschäftsraummieter soll auf die Möglichkeit eines **Härteeinwandes** hingewiesen werden (§ 555 c Abs. 2 iVm § 578 Abs. 2 BGB). Für seinen Härteeinwand hat er die gleichen Fristen und die Textform zu beachten wie der Wohnungsmieter (§ 555 d Abs. 1–5 BGB iVm § 578 Abs. 2 BGB). Jedoch sind Vereinbarungen möglich, wonach sich die Abwägungskriterien verändern oder einzelnen Kriterien eine stärkere Gewichtung zukommen soll.[5] 4

---

1 *BGH* 16.4.1986 – VIII ZR 60/85, NJW-RR 1986, 877; *KG* 17.6.2010 – 12 U 51/09.
2 *BGH* 9.7.2014 – VIII ZR 376/13, NJW 2014, 2864.
3 *BGH* 13.11.2002 – XII ZR 310/99, NJW-RR 2003, 584.
4 *BGH* 4.3.2009 – VIII ZR 110/08, NJW 2009, 1736.
5 *Eisenschmid* in Schmidt-Futterer, § 555 d BGB Rn. 65.

5 Die Grenzen der vom Gesetz abweichenden Regelungen ergeben sich formularvertraglich wiederum aus § 307 BGB; die §§ 308, 309 BGB finden gemäß § 310 Abs. 1 BGB keine Anwendung auf **Allgemeine Geschäftsbedingungen**, die gegenüber einem Unternehmer verwendet werden. Individualvertraglich sind Vereinbarungen bis zu den durch die §§ 138, 242 BGB gezogenen Grenzen zulässig.[6]

6 Eine **unzumutbare Härte** ist für den Geschäftsraummieter jedenfalls dann gegeben, wenn ihm die Nutzung der Mieträume wegen der Baumaßnahmen unmöglich ist, so dass seinem Geschäftsbetrieb weitgehend die wirtschaftliche Grundlage entzogen wird. Dann ist der Mieter zur Duldung *nicht* verpflichtet und kann das Mietverhältnis wegen **Gebrauchsentziehung** gemäß § 543 Abs. 2 S. 1 Nr. 2 BGB fristlos kündigen.[7] Zuvor muss er den Vermieter jedoch grundsätzlich abmahnen, ihm also die **fristlose Kündigung** für den Fall der Durchführung der Arbeiten androhen. Lässt der Vermieter keinen Zweifel daran, dass er die vom Mieter nicht zu duldenden Arbeiten in jedem Fall vornehmen werde, braucht der Mieter für seine fristlose Kündigung weder den Beginn der Arbeiten abzuwarten noch muss er den Vermieter zuvor abgemahnt haben.[8] Statt zu kündigen, kann der Mieter in einem solchen Fall freilich auch seine **Besitzschutzansprüche** geltend machen (§§ 858 ff. BGB).[9]

7 Sind die Modernisierungsmaßnahmen dem Geschäftsraummieter zumutbar, hat er sie zu dulden. Mieter von Geschäftsräumen haben ihre Duldungspflicht besonders genau zu prüfen und müssen im Zweifel eine verlässliche Rechtsauskunft einholen. Kommen sie ihrer **gesteigerten Prüfungspflicht** nicht nach und verweigern sie die Duldung, ohne zuvor verlässliche Rechtsauskunft eingeholt zu haben, haften sie dem Vermieter für die ihm durch die Weigerung entstandenen Schäden.[10]

8 Auch dem Geschäftsraummieter sind Aufwendungen, die er infolge einer Modernisierungs- oder Erhaltungsmaßnahme machen muss, vom Vermieter in angemessenem Umfang zu ersetzen; auf Verlangen hat der Vermieter Vorschuss zu leisten (§ 555 a Abs. 3, 555 d Abs. 6 BGB). Hiervon abweichende Regelungen sind auch zum Nachteil des Mieters möglich, nicht aber solche, mit denen sein **Aufwendungsersatzanspruch** in Gänze ausgeschlossen wird.[11]

9 In der Geschäftsraummiete eröffnet das Gesetz dem Vermieter *nicht* die Möglichkeit, eine **Mieterhöhung** wegen Modernisierung oder bis zur ortsüblichen Vergleichsmiete zu verlangen; die Vorschriften der §§ 558 ff. und §§ 559 ff. BGB gelten nicht entsprechend (§ 578 Abs. 2 BGB). Möglich ist aber die mietvertragliche Vereinbarung einer Mieterhöhungsmöglichkeit, wobei wiederum vor allem die durch §§ 307, 138, 242 BGB gezogenen Grenzen zu beachten sind.[12] So dürfte es beispielsweise zulässig sein, die Berechnungsgrundlage für eine Mieterhöhung auf 14 Prozent der für die Modernisierungsmaßnahme aufgewendeten Kosten anzuheben.[13] Bei der Regelung in einem Formularmietvertrag ist darauf zu achten, dass die entsprechende Klausel nicht überraschend iSv § 305 c BGB gestaltet ist und dem Transparenzgebot nach § 307 Abs. 1 S. 2 BGB standhält. Mit dem Mieterhöhungsrecht ist auch die Fälligkeit zu vereinbaren, weil die den Wirkzeitpunkt der Mieterhöhung regelnde Vorschrift des § 559 b Abs. 2 BGB ebenfalls keine entsprechende Anwendung findet.

10 Auch dem Geschäftsraummieter steht das Recht zu, nach Zugang der Modernisierungsankündigung den Mietvertrag außerordentlich zum Ablauf des übernächsten Monats zu

6 Lindner-Figura/Oprée/Stellmann/*Hübner*, Geschäftsraummiete, Kap. 13 Rn. 145.
7 *BGH* 31.10.2012 – XII ZR 126/11, NJW 2013, 223.
8 *BGH* 31.10.2012 – XII ZR 126/11, NJW 2013, 223.
9 *OLG Frankfurt/Main* 12.3.2019 – 2 U 3/19.
10 *Eisenschmid* in Schmidt-Futterer, § 555 c BGB Rn. 73.
11 *Baer* ZMR 2012, 676 (677); wohl auch *BGH* 31.10.2012 – XII ZR 126/11, NJW 2013, 223.
12 *Fritz* NJW 2014, 1067.
13 Hannemann/*Horst*, Das neue Mietrecht, § 2 Rn. 354.

kündigen, es sei denn, es handelt sich um eine Bagatellmodernisierung (§ 578 Abs. 2 iVm § 555 e Abs. 2 BGB). Das **Sonderkündigungsrecht** kann aber – auch formularvertraglich – abbedungen werden.[14]

Möchte der Vermieter von Eigenenergieversorgung auf **gewerbliche Wärmelieferung** umstellen, kann er die hierfür anfallenden Betriebskosten unter den Voraussetzungen von § 556 c Abs. 1, 2 BGB sowie der konkretisierenden Wärmelieferungsverordnung auf den Geschäftsraummieter umlegen; hiervon abweichende Vereinbarungen sind möglich (§ 578 Abs. 2 S. 2 BGB). Fallen infolge der Modernisierungsmaßnahme neue **Betriebskosten** an, sind sie auch vom Geschäftsraummieter zu tragen.[15] 11

Dient die Baumaßnahme einer energetischen Modernisierung iSv § 555 b BGB,[16] gilt der dreimonatige **Minderungsausschluss** gemäß § 536 Abs. 1 a BGB ebenfalls. 12

Gemäß § 578 Abs. 2 BGB ist § 555 f BGB entsprechend anwendbar, was verdeutlicht, dass konkrete **Vereinbarungen** über Erhaltungs- und Modernisierungsmaßnahme getroffen werden können. Da die Unabdingbarkeitsregeln der §§ 555 a ff. BGB ohnedies nicht gelten, können in Grenzen auch generelle Vereinbarungen selbst zum Nachteil des Mieters getroffen werden, auch schon im (Formular-)Mietvertrag. 13

Schließlich hat auch der Geschäftsraummieter *keinen* mietvertraglichen **Anspruch auf Modernisierung** unwirtschaftlicher technischer Anlagen, wenn diese funktionstüchtig sind.[17] Das Interesse des Mieters, Energie- bzw. Heizkosten zu sparen, begründet einen solchen Anspruch nicht. Daher kann der Mieter von seinem Vermieter auch nicht die Zustimmung verlangen, die betreffende Modernisierung in Eigenregie und auf eigene Kosten durchführen zu dürfen.[18]

14 *LG Köln* 5.10.2004 – 5 O 200/04; *Neuhaus*, ZMR 2013, 686 (688); aA Bub/Treier/*Grapentin*, Kap. IV Rn. 426; *Oprée*, Lindner-Figura/*Oprée*/Stellmann, Geschäftsraummiete, Kap. 15 Rn. 140.
15 *Langenberg/Zehelein*, Betriebskosten- und Heizkostenrecht, Kap. C Rn. 71.
16 Zur energetischen Modernisierung in der Gewerberaummiete: *Leo/Ramm*, NZM 2014, 63 ff.
17 *BGH* 18.12.2013 – XII ZR 80/12, NJW 2014, 685.
18 *BGH* 14.9.2011 – VIII ZR 10/11, NJW-RR 2012, 262.

Anhang 1: Rechtsprechungsübersicht zu Modernisierungsmaßnahmen von A bis Z

Nr.	Maßnahme	Modernisierung?	Gericht und Aktenzeichen
Allgemein			
1	Briefkasten DIN-A-4-gerecht vergrößern	Nein (Mieter hat hierauf einen Anspruch)	AG Berlin-Charlottenburg 16.5.2001 – 27 C 262/00
2	Briefkastenanlage mit höherem Vandalismusschutz errichten	Ja (auch wenn es keinen Vandalismus gab)	AG Berlin-Mitte 20.12.2018 – 25 C 229/17
3	Kellerdecke dämmen	Ja	LG Halle/Saale 8.8.2002 – 2 S 42/01
4	Kosten für Architekten- und Ingenieurleistungen, auch entsprechende Eigenleistungen	Ja	LG Halle/Saale 8.8.2002 – 2 S 42/01
5	Maßnahme nützt nur dem Vermieter, der die Wohnung später selbst beziehen will	Nein	AG Fritzlar 31.3.2000 – 8 C 43/00
6	Rauchmelder einbauen	Ja	BGH 17.6.2015 – VIII ZR 216/14; AG Berlin-Mitte 20.12.2018 – 25 C 229/17; AG Neustadt/Rübenberge 27.2.2017 – 44 C 1243/16; AG Lübeck 5.11.2007 – 21 C 1668/07
		Ja (auch bei fehlender Einbaupflicht)	LG Berlin 14.1.2015 – 65 S 267/14; AG Burgwedel 1.7.2010 – 73 C 2517/09 (sogar bei Selbstinstallation durch Mieter)
		Nein	AG Berlin-Charlottenburg 31.1.2019 – 210 C 272/18 (wenn die Mietwohnung bereits mit normgerechten Geräten ausgestattet ist, die jährlich gewartet werden)
7	Wohnungstrennwand zur Nachbarwohnung verstärken	Ja	AG Berlin-Pankow/Weißensee 19.12.2012 – 7 C 222/12

Nr.	Maßnahme	Modernisierung?	Gericht und Aktenzeichen
8	Einbau einer zentralen Wohnraumlüftungsanlage	Ja	AG Berlin-Mitte 12.3.2015 – 122 C 106/13
		Ja, auch wenn dafür Decke in Altbauwohnung um 20 cm abgehängt werden muss	LG Berlin 25.2.2016 – 67 S 145/15
		Nein, wenn dafür Decke in Altbauwohnung um 20 cm abgehängt werden muss	LG Berlin 15.2.2016 – 67 S 193/15
9	Erneuerung von Fliesen/Bodenbelägen	Nein (ist Instandsetzung ohne Gebrauchswerterhöhung)	AG Lichtenberg 4.1.2018 – 16 C 135/17
Antenne, Kabelfernsehen			
10	Antennenanlage einbauen	Ja (aber nicht, wenn der Mieter zuvor eine eigene Antenne hatte)	LG Berlin 14.11.2000 – 64 S 265/00; LG Berlin 19.11.1984 – 61 S 37/84; AG Berlin-Wedding 4.12.1986 – 2 C 550/86
11	Gemeinschaftsantennen-Anlage einbauen	Ja	LG München I 29.7.1987 – 14 S 7397/87
12	Vorhandene Antennenanlage durch höherwertige ersetzen	Nein	LG Berlin 9.8.1983 – 63 S 230/82
13	Anschluss an Kabelfernsehen bei bestehender Gemeinschaftsantenne	Nein	LG Berlin 13.9.1985 – 64 S 239/84
14	Neuanschluss an das Breitbandkabelnetz	Ja	BGH 20.7.2005 – VIII ZR 253/04; AG Frankfurt/Main 19.1.2018 – 33 C 2941/17
15	Einbau von Multimediaanschlüssen, obwohl Internet- und Kabelanschluss schon vorhanden ist	Nein	LG Berlin 14.1.2015 – 65 S 267/14
Aufzug: siehe Fahrstuhl			
Außenanlagen			
16	Erholungsflächen erneuern	Ja	AG Hamburg-Altona 14.4.2005 – 318 C 120/03
17	Neue Feuerwehrzufahrt schaffen	Ja (wenn die Sicherheit der Bewohner erhöht wird)	AG Hamburg-Altona 14.4.2005 – 318 C 120/03

Nr.	Maßnahme	Modernisierung?	Gericht und Aktenzeichen
18	Kinderspielplatz erstmals errichten	Ja	LG Berlin 25.4. 1991 – 61 S 344/90; AG Berlin-Mitte 20.12.2018 – 25 C 229/17
19	Mülltonnen aus dem Keller in Müllboxen vor dem Haus verlagern	Ja	AG Hamburg 5.2.2002 – 48 C 322/01
20	Mülltonnenumhausung anbringen	Ja	BGH 17.12.2014 – VIII ZR 86/13, 87/13, 88/13 und 89/13; LG Berlin 14.1.2015 – 65 S 267/14; AG Berlin-Mitte 20.12.2018 – 25 C 229/17
Bad			
21	Erstmals Bad einbauen (= bisher keine Dusche, keine Wanne, kein WC usw vorhanden)	Ja	LG Berlin 24.11.1989 – 63 S 268/89; AG Berlin-Schöneberg 28.5.1991 – 11 C 541/90; AG Baden-Baden 15.11.1976 – 1 C 420/76
		Ja (auch wenn dadurch die Wohnfläche kleiner wird)	LG Berlin 28.10.1991 – 66 S 78/91
22	Erstmals Duschbad einbauen	Ja	LG Berlin 12.5.2005 – 67 S 19/05; LG Berlin 28.10.1991 – 66 S 78/91
23	Erstmals Innentoilette einbauen	Ja	LG Berlin 15.4.2000 – 67 S 446/08
		Ja (aber nicht, wenn dadurch die nutzbare Wohnfläche erheblich verkleinert wird)	AG Berlin-Schöneberg 15.4.1993 – 11 C 68/93
24	Sanitärfläche vergrößern, WC und Bad trennen	Ja	BGH 13.2.2008 – VIII ZR 105/07; VG Berlin 30.8.1982 – 14 A 220.81
		Nein (wenn dadurch ein anderer Raum verlorengeht)	AG Berlin-Mitte 14.10.1999 – 4 C 263/99
25	Stand-WC durch wandhängendes WC ersetzen	Ja	LG Berlin 22.3.2011 – 65 S 321/10; LG Berlin 21.12.2010 – 65 S 318/09; LG Berlin 12.5.2005 – 62 S 91/05; AG Pankow/Weißensee 28.1.2015 – 7 C 52/14 (auch wenn dafür der Grundriss des Bades geändert werden muss)
26	Anbringung eines Hänge-WCs an einer Vorwandinstallation	Ja	LG Berlin 5.1.2018 – 65 S 100/17

Nr.	Maßnahme	Modernisierung?	Gericht und Aktenzeichen
27	Vorhandene (mangelfreie) Einrichtungsgegenstände (Waschbecken, WC etc, auch Fliesen) austauschen	Nein	LG Berlin 12.11.1993 – 65 S 15/93; VG Berlin 4.10.1984 – 14 A 269.83; VG Berlin 31.8.1981 – 14 A 444/80; AG Köln 26.6.2002 – 220 C 275/01; AG Berlin-Mitte 14.10.1999 – 4 C 263/99; AG Köln 13.6.1984 – 207 C 49/84
		Nein (auch nicht, wenn die Sanitärinstallationen jahrzehntealt sind)	AG Münster 1.8.2012 – 48 C 4169/10
28	Wände und Fußboden erstmals fliesen, Badewanne verkleiden, FE-Schutzschalter einbauen	Ja	LG Berlin 14.11.2000 – 64 S 265/00; LG Berlin 12.11.1993 – 65 S 15/93; LG Hamburg 26.4.1984 – 7 S 311/83
29	Fliesenspiegel von 1,60 auf 2 m erhöhen, Fußboden erstmals fliesen, Fußbodenentwässerung einbauen	Nein	LG Berlin 31.10.1988 – 61 S 96/88
30	Fliesenspiegel im Bad von 1,45 m bis zur Decke erhöhen, Vollverfliesung des zuvor nur teilweise verfliesten Fußbodens	Ja	LG Berlin 2.12.2003 – 64 S 196/03
31	Verfliesung bis zur Decke hinauf ergänzen	Ja	LG Hamburg 26.4.1984 – 7 S 311/83
32	Freistehende Badewanne durch Einbauwanne ersetzen	Ja	OVG Berlin 4.3.1986 – 4 B 54.83
		Nein	VG Berlin 5.7.1984 – 14 A 69.83
33	Einbau einer styroporgetragenen Einbaubadewanne	Ja	LG Berlin 5.1.2018 – 65 S 100/17
34	Dusche durch Badewanne ersetzen	Nein	AG Berlin-Schöneberg 18.4.1989 – 16 C 38/89
35	Wasserspülkästen (ohne Dosiermöglichkeit) statt Druckspüler einbauen	Nein	OVG Berlin 4.3.1986 – 4 B 54.83; AG Halle-Saalkreis 21.10.1992 – 24 C 194/92
36	Einhebelmischbatterie einbauen (Wasserersparnis)	Ja	LG Berlin 21.12.2010 – 65 S 318/09; AG Berlin-Pankow/Weißensee 19.12.2012 – 7 C 222/12

Nr.	Maßnahme	Modernisierung?	Gericht und Aktenzeichen
37	Einhebelmischbatterie, Wannenbatterie und Batterie der Spüle anbauen	Ja	LG Berlin 2.12.2013 – 64 S 196/03
38	Bad durch Grundrissänderung vergrößern (zulasten der Küchengröße)	Nein	KG 10.5.2007 – 8 U 166/06
39	Erstmals direkte Belüftung des Bades schaffen durch Abriss einer Trennwand zur Kammer, die ein Fenster hat	Ja	AG Berlin-Pankow/Weißensee 19.12.2012 – 7 C 222/12
40	Badezimmer um 1 m² vergrößern, Dusche einbauen	Ja	LG Itzehoe 25.11.2011 – 9 S 81/10
41	Größeres Handwaschbecken einbauen	Ja	LG Berlin 22.3.2011 – 65 S 321/10
42	Heizkörper durch Handtuch-Heizkörper ersetzen	Ja	LG Berlin 22.3.2011 – 65 S 321/10; AG Berlin-Pankow/Weißensee 19.12.2012 – 7 C 222/12 LG Berlin 5.1.2018 – 65 S 100/17
Balkon, Loggia, Wintergarten			
43	Ersten Balkon anbauen	Ja	LG Berlin 8.10.2018 – 64 S 37/18; LG Berlin 12.8.2016 – 65 S 108/16; LG Berlin 12.11.2007 – 67 S 16/07; LG Berlin 23.12.2003 – 65 S 179/03; LG München I 29.7.1987 – 14 S 7397/87; AG Berlin-Mitte 20.12.2018 – 25 C 229/17 AG Brandenburg 31.8.2018 – 31 C 298/17
		Nein (wenn dieser zu einer vielbefahrenen Straße hin liegt und auch als zusätzliche Abstellfläche nicht erforderlich ist)	LG Berlin 12.11.1993 – 65 S 15/93
		Nein (wenn die Miete dadurch unverhältnismäßig steigt, *in casu*: um ein Drittel)	AG Wiesbaden 28.3.2002 – 93 C 4042/01

Nr.	Maßnahme	Modernisierung?	Gericht und Aktenzeichen
44	Balkon an Wintergarten anbauen	Nein	LG Berlin 12.3.2007 – 67 S 389/06
45	Balkon zu Wintergarten umbauen	Nein	LG Berlin 23.5.1997 – 64 S 507/96
46	Zweiten Balkon anbauen	Ja	LG Berlin 13.11.2013 – 18 S 99/13; LG Leipzig 7.5.2013 – 2 S 385/12; AG Hamburg 29.7.2009 – 40 b C 42/09
47	„Austritt" aus der Wohnung durch Balkon ersetzen	Nein	LG Frankfurt/Main 19.4.2012 – 2-11 S 348/11
48	Loggia zu Wintergarten umbauen	Nein	AG Hamburg-Altona 7.8.2007 – 316 C 425/06
49	Loggia zu Wohnraum umbauen	Ja	LG Berlin 13.12.2016 – 63 S 195/16
50	Intakten Balkon durch Dachterrasse ersetzen	Nein	AG Konstanz 13.6.1996 – 9 C 151/96
51	Anbau eines südlich und zur Straße ausgerichteten Balkons zusätzlich zu bereits vorhandenem größeren Balkon	Ja	LG Leipzig 7.5.2013 – 2 S 385/12
52	Terrasse anbauen	Ja	LG Berlin 12.11.2007 – 67 S 16/07; LG Berlin 14.11.2000 – 64 S 265/00
		Nein (wenn bereits ein großer Wintergarten vorhanden ist)	LG Berlin 15.4.1986 – 64 S 387/85
Dach			
53	Dach dämmen (Wärmedämmung)	Ja	LG Berlin 14.1.2015 – 65 S 267/14; LG Berlin 15.4.1986 – 64 S 387/85; AG Münster 15.7. 1997 – 5 C 596/96; FG Berlin 8.2.1985 – III 376/84
54	Dach neu eindecken	Nein	AG Halle-Saalkreis 21.10.1992 – 24 C 194/92
55	Schornstein und Dachrinnen erneuern	Nein	AG Halle-Saalkreis 21.10.1992 – 24 C 194/92
56	Dachgeschossausbau zur Schaffung neuen Wohnraums	Ja	AG Berlin-Mitte 20.12.2018 – 25 C 229/17

Nr.	Maßnahme	Modernisierung?	Gericht und Aktenzeichen
Elektrik (siehe auch Nr. 152 ff., 166)			
57	Alte Leitungen modernisieren	Nein (ist Instandsetzung)	AG Gera 4.8.1994 – 4 C 18/94
		Ja	VG Berlin 21.9.1981 – 14 A 29/81
58	Elektrische Steigleitung verstärken	Ja	BGH 17.12.2014 – VIII ZR 86/13; KG 17.5.1984 – 20 U 1306/83; LG Berlin 21.12.2010 – 65 S 318/09; LG Berlin 2.12.2003 – 64 S 196/03 (Verstärkung von 9 auf 26 kW); AG Berlin-Mitte 20.12.2018 – 25 C 229/17; AG Berlin-Schöneberg 2.4.1985 – 15 C 55/85
		Nein (wenn kein Nutzeffekt (zB bei Kleinstwohnung)	AG Berlin-Schöneberg 15.4.1993 – 11 C 68/93
		Nein (auch nicht, wenn dadurch Dachgeschossausbau ermöglicht wird)	LG Berlin 27.10.1998 – 65 S 224/98
59	Doppelsteckdose im Badezimmer einbauen	Ja	AG Berlin-Pankow/Weißensee 19.12.2012 – 7 C 222/12
60	Verstärkung des Elektrohausanschlusses; Installation einer Doppelsteckdose	Ja	LG Berlin 5.1.2018 – 65 S 100/17
61	FI-Schutzschalter einbauen	Ja	LG Berlin 14.1.2015 – 65 S 267/14; AG Berlin-Mitte 25.2.2016 – 67 S 145/15; AG Berlin-Pankow/Weißensee 19.12.2012 – 7 C 222/12 (auch bei einer Installation nur im Bad)
62	Bisherige zweipolige Stromleitungen erneuern, FI-Schalter einbauen	Ja	AG Köln 26.6.2002 – 220 C 275/01
63	Zentrales Strom-Ablesegerät einbauen	Nein	LG Berlin 12.11.1993 – 65 S 15/93
64	Außenbeleuchtung auf Balkon herstellen	Ja	LG Berlin 14.1.2015 – 65 S 267/14
65	Zentralisation der Wohnungsstromzähler	Ja	BGH 17.12.2014 – VIII ZR 86/13

Nr.	Maßnahme	Modernisierung?	Gericht und Aktenzeichen
66	2- durch 3-adrige Elektroleitungen ersetzen, zusätzliche Steckdosen schaffen, Fehlstrom-Schutzschalter anbringen, Stromzähler in Keller verlegen	Ja	AG München 30.12.2016 – 453 C 22061/15
67	Installation Außenbeleuchtung auf dem Balkon	Ja	LG Berlin 14.1.2015 – 65 S 267/14
Fahrstuhl			
68	Fahrstuhl erstmals einbauen	Ja	BGH 19.9.2007 – VIII ZR 6/07
69	Fahrstuhl in ein 4-geschossiges Gebäude einbauen	Ja	LG Berlin 19. 4.2002 – 63 S 239/01
70	Fahrstuhl einbauen, der „zwischen den Etagen“ hält	Ja	LG Berlin 14.1.2015 – 65 S 267/14; AG Berlin-Mitte 14.6.2017 – 17 C 158/16
		Nicht für die Mieter des Hochparterres (keine Wohnwertsteigerung)	VG Berlin 21.4.1989 – 14 A 241.88; AG Berlin-Charlottenburg 19.3.1987 – 14 C 607/86;
Fassade (siehe auch Nr. 161 ff.)			
71	Fassade (zur Straßenseite hin) erneuern	Nein	AG Halle-Saalkreis 21.10.1992 – 24 C 194/92
72	Fassade dämmen (Wärmedämmung)	Ja	LG Berlin 14.1.2015 – 65 S 267/14; LG Düsseldorf 12.11.1998 – 21 S 433/98; LG Berlin 9.11.1987 – 62 T 111/87 LG Berlin 5.1.2018 – 65 S 100/17
73	Fassade verklinkern (Energieeinsparung)	Ja	LG Paderborn 19.11.1992 – 1 S 135/92
74	Außenfassade eines Altbaus renovieren	Nein	AG Köln 5.12.1985 – 214 C 322/85
Fenster			
75	Zusätzliche Fenster einbauen	Nein (wenn benötigte Stellfläche dadurch entfällt)	VG Berlin 25.8.1980 – 14 A 92.80

Nr.	Maßnahme	Modernisierung?	Gericht und Aktenzeichen
76	Isolierglasfenster einbauen	Nein (wenn Feuchtigkeitsschäden wegen der Gebäudebeschaffenheit drohen)	LG Hamburg 28.7.1994 – 334 S 35/94
		Ja	LG Berlin 5.1.2018 – 65 S 100/17
77	Isolierglasfenster einbauen in einer Wohnung ohne Zentralheizung	Nein (keine Energieersparnis)	AG Tiergarten 5.10.1994 – 8 C 450/93 c
78	Isolierglasfenster in Nebenräume einbauen	Ja	LG Berlin 4.2.1992 – 64 S 245/91; LG Berlin 23.5.1991 – 62 S 350/90; LG Berlin 24.11.1989 – 63 S 268/89; LG Berlin 14.6.1985 – 63 S 317/84; LG Berlin 19.11.1984 – 61 S 37/84; VG Berlin 20.2.1986 – 14 A 196.84; AG Berlin-Charlottenburg 10.6.1988 – 12 b C 97/88
		Nein	LG Berlin 5.10.1990 – 67 S 69/90; LG Berlin 26.9.1989 – 65 S 329/88; VG Berlin 5.12.1983 – 14 A 133.83
79	Isolierglasfenster in beheizbares Treppenhaus einbauen	Nein (im Verhältnis zum gesamten Gebäude unerheblich)	VG Berlin 23.7.1991 – 16 A 268.88
		Nein	OVG Berlin 5.2.1985 – 4 B 44.83
		Ja	LG Hannover 22.12.1981 – 8 S 147/81; VG Berlin 20.2.1986 – 14 A 196.84
80	Alte, doppelt verglaste Isolierglasfenster gegen neue, doppelt verglaste Isolierglasfenster austauschen	Nein	AG Wernigerode 13.4.1995 – 10 C 48/95
81	Isolierglasfenster in Wintergarten einbauen	Ja	VG Berlin 5.12.1983 – 14 A 133.83

Nr.	Maßnahme	Modernisierung?	Gericht und Aktenzeichen
82	Einfachfenster gegen Isolierglasfenster austauschen	Ja	BGH 7.1.2004 – VIII ZR 156/03
		Nein (wenn dadurch mehr gelüftet werden muss, so dass keine Heizenergie gespart wird)	AG Berlin-Charlottenburg 17.2.1988 – 13 C 688/87
		Nein (wenn nur 2,5 % Energie eingespart werden)	VG Berlin 23.7.1991 – 16 A 168/88
		Nein (wenn Fensterfläche verkleinert und Lichteinfall reduziert wird)	LG Berlin 8.4.2010 – 67 S 312/01
83	Einfachfenster in Küche, Toilette und Kammer durch Kunststofffenster mit Wärmedämmverglasung ersetzen	Ja	LG Berlin 6.5.2011 – 63 S 439/10
84	Einfachverglaste Fenster zur Straßenseite durch Schallschutzfenster austauschen	Ja	AG Köln 7.1.1986 – 217 C 538/85
85	Einfachverglaste Fenster im Keller durch Kunststofffenster mit Wärmedämmverglasung ersetzen	Nein	AG Köln 22.2.2011 – 224 C 327/10
86	Einfachverglaste Fenster im Treppenhaus durch Isolierglasfenster ersetzen	Ja	LG Hannover 22.12.1981 – 8 S 147/81
87	Kastenfenster gegen Isolierglasfenster austauschen	Ja	AG Rostock 31.1.1996 – 41 C 425/95
		Nein	LG Berlin 30.4.2002 – 63 S 263/01
88	Doppelkastenfenster gegen Isolierglasfenster austauschen	Nein (außer bei Verbesserung des Schallschutzes)	OVG Berlin 4.3.1986 – 4 B 54.83; VG Berlin 7.2.1983 – 14 A 196.82, 199.82; VG Berlin 4.10.1982 – 14 A 236.81; AG Berlin-Mitte 14.10.1999 – 4 C 263/99
		Ja	LG Berlin 14.1.2015 – 65 S 267/14; LG Berlin 27.10.1998 – 65 S 224/98

Nr.	Maßnahme	Modernisierung?	Gericht und Aktenzeichen
89	Aluprofilfenster einbauen	Nein (kein besserer Schall- und Wärmeschutz)	LG Berlin 21.12.1992 – 61 S 163/91
90	Holzrahmen durch Kunststoffrahmen ersetzen	Nein (aber: Kosten der Isolierglasscheiben sind umlagefähig)	LG Oldenburg 8.8.1979 – 9 C 131/79
91	Verbundfenster gegen Isolierglasfenster austauschen	Ja	LG Berlin 10.7.2003 – 62 S 101/03; LG Berlin 16.7.2001 – 67 S 527/00
		Nein	LG Berlin 10.9.2007 – 67 S 90/07
92	Vorhandene Isolierglasfenster durch neue Fenster ersetzen	Ja (wenn der Energiespar-Effekt erläutert wird)	BGH 25.1.2006 – VIII ZR 47/05
93	Fenster mit geringerem U-Wert einbauen	Ja	LG Berlin 19.12.2014 – 63 S 103/14 (von > 2,17 auf 1,3 W/m²K); AG Berlin-Mitte 25.2.2016 – 67 S 145/15 (von > 2,6 auf 0,93 W/m²K)
94	Zweifach isolierverglaste Fenster werden gegen dreifach isolierverglaste Fenster ausgetauscht	Ja	AG München 30.12.2016 – 453 C 22061/15
Fernwärme (siehe auch Nr. 109 ff., 169)			
95	Anschluss an die Fernheizung	Ja (auch bei nur teilweiser Kraft-Wärmekopplung)	LG Berlin 5.1.2018 – 65 S 100/17
Fliesen: siehe Nr. 9, 27 ff.			
Haustür, Wohnungstür, Klingel-/Gegensprechanlage			
96	Schwere Haustür durch leichtere ersetzen	Nein	OVG Berlin 3.10.1980 – 2 B 47.80
97	Wohnungstür durch einbruchhemmende Wohnungstür ersetzen	Ja	LG Berlin 2.12.2003 – 64 S 196/03; LG Köln 30.4.1992 – 1 S 385/91; LG Halle/Saale 8.8.2002 – 2 S 42/01
98	Neue Schließzylinder mit Aufbohrschutz in die Hauseingangstür einbauen	Ja	AG Berlin-Pankow/Weißensee 19.12.2012 – 7 C 222/12
99	Wabentür durch massive Wohnungstür ersetzen	Ja	AG Berlin-Hohenschönhausen 13.4. 2000 – 7 C 66/00

Nr.	Maßnahme	Modernisierung?	Gericht und Aktenzeichen
100	Bartschloss gegen Ikonschloss austauschen	Ja	VG Berlin 28.4.1988 – 14 A 95.87
101	Türöffnungs- und Gegensprechanlage erstmals einbauen	Ja	LG Berlin 21.12.2010 – 65 S 318/09 (zumindest wenn abhörsicher); LG Berlin 14.11.2000 – 64 S 265/00; LG Berlin 14.6.1985 – 63 S 317/84; LG Berlin 19.11.1984 – 61 S 37/84; AG Berlin-Mitte 20.12.2018 – 25 C 229/17; AG Köln 26.6.2002 – 220 C 275/01; AG Hamburg 9.11.1989 – 48 C 1257/89; AG Berlin-Wedding 11.1.1989 – 6 C 632/88; AG Berlin-Schöneberg 2.4.1985 – 15 C 55/85
		Ja (auch, wenn Gegensprechanlage nicht abhörsicher ist)	LG Berlin 20.10.1988 – 61 S 202/88
102	Türöffnungsanlage um Gegensprechanlage erweitern	Nein	LG Berlin 9.8.1983 – 63 S 230/82
103	Videogegensprechanlage einbauen	Ja	AG Berlin-Mitte 25.2.2016 – 67 S 145/15
104	Gegensprechanlage durch eine solche mit Videofunktion ersetzen	Nein	AG Düsseldorf 14.11.2017 – 13 c C 24/17
105	Vorhandenen Türöffner durch mithörgesperrte Klingel- und Gegensprechanlage ersetzen	Ja	AG Berlin-Pankow/Weißensee 19.12.2012 – 7 C 222/12
106	Klingelanlage erstmals einbauen	Ja	LG Berlin 14.6.1985 – 63 S 317/84; AG Berlin-Wedding 11.1.1989 – 6 C 632/88; AG Berlin-Schöneberg 2.4.1985 – 15 C 55/85
107	Klingelanlage mit besserem Vandalismusschutz einbauen	Ja	LG Berlin 14.1.2015 – 65 S 267/14; AG Berlin-Mitte 20.12.2018 – 25 C 229/17 (auch wenn es keinen Vandalismus gab)
108	Einbau einer zentralen Schließanlage	Ja	LG Berlin 2.12.2003 – 64 S 196/03 AG Berlin-Mitte 20.12.2018 – 25 C 229/17

Nr.	Maßnahme	Modernisierung?	Gericht und Aktenzeichen
Heizung: Umstellung von … → auf …			
109	Öl → Gas	Ja (wenn Energie gespart wird)	AG Rheine 3.2.1987 – 14 C 744/85
110	Kohle → Zentralheizung	Ja	AG Bochum 19.5.1982 – 42 C 30/82
111	Einzelheizung → Zentralheizung	Ja (energetische Modernisierung)	LG Berlin 2.12.2003 – 64 S 196/03
112	Ofenheizung → Fernwärme	Ja	BGH 12.3.2014 – VIII ZR 147/13
113	Einzelöfen/Gas-Außenwandheizung → Fernwärme/Fernwarmwasser	Ja	LG Berlin 21.12.2010 – 65 S 318/09; LG Berlin 13.3.1998 – 64 S 35/97; LG Berlin 19.11.1984 – 61 S 37/84
114	Einzelöfen → Gas-Etagenheizung	Ja	LG Frankenthal 12.5.1993 – 2 S 3/93
115	Kachelöfen → Gas-Etagenheizung	Ja	LG Berlin 20.2.2013 – 65 S 209/12
116	Gas-Einzelöfen → Gas-Etagenheizung	Ja	AG Langenfeld – 12.6.1998, 25 C 315/97
117	Gas-Einzelöfen → Zentralheizung	Ja	LG Berlin 14.1.2015 – 65 S 267/14; LG Frankfurt/Main – 9.8.2000, 2-11 S 51/00, 2/11 S 51/00
		Ja (auch ohne Prüfung der Energie-Ersparnis)	LG Berlin 14.1.2003 – 64 S 49/02
118	Gas-Außenwandheizer → Gas-Etagenheizung	Ja	AG Berlin-Tempelhof-Kreuzberg 14.3.2001 – 2 C 350/00; AG Berlin-Lichtenberg 23.5.1996 – 3 C 350/95
119	Gas-Etagenheizung → Zentralheizung, keine Primärenergie-Einsparung	Nein	BGH 10.10.12 – VIII ZR 25/12
120	Gas-Etagenheizung → Gas-Zentralheizung	Nein	BGH 10.10.2012 – VIII ZR 25/12; BGH 10.10.2012 – VIII ZR 56/12
		Ja	AG Pankow/Weißensee 28.1.2015 – 7 C 52/14
121	Gas-Etagenheizung → Ölzentralheizung	Nein	OVG Berlin 7.2.1989 – 7 B 72.88
122	Gas-Etagenheizung → Fernwärme	Ja (energetische Modernisierung)	BGH 24.9.2008 – VIII ZR 275/07
		Nein	LG Hamburg 8.1.2002 – 316 S 136/01
123	Kohle-Einzelöfen → Gasetagenheizung	Ja	LG Berlin 29.7.2015 – 65 S 144/15; LG Berlin 1.8.1991 – 62 S 93/91

Nr.	Maßnahme	Modernisierung?	Gericht und Aktenzeichen
124	Kohle-Einzelöfen → Gas-Zentralheizung	Ja	LG Berlin 9.8.1983 – 29 S 53/83; AG Berlin-Mitte 25.2.2016 – 67 S 145/15
125	Kohle-Einzelöfen → Nachtspeicher-therme	Nein (keine Gebrauchswertverbesserung)	AG Dortmund 26.7.1983 – 118 C 373/83
126	Koks-Etagenheizung → Gas-Etagenheizung	Ja	VG Berlin 5.2.1981 – 3 A 42.80
127	Koks-Zentralheizung → Öl-Zentralheizung	Ja	LG Düsseldorf 20.11.1969 – 12 S 333/68
128	Koks-/Öl-Zentralheizung → Fernwärme	Ja (energetische Modernisierung)	LG Berlin 9.8.2000 – 11 O 624/99; LG Berlin 30.11.1992 – 66 S 77/92
		Nein (wenn Heizkosten um 62 % steigen)	LG Berlin 17.3.2000 – 65 S 352/99
129	Nachtspeicheröfen → Gas-Zentralheizung	Ja	LG Hamburg 6.10.1989 – 11 S 125/89; LG Berlin 27.10.1998 – 65 S 224/98; AG Münster 27.2.1996 – 5 C 633/95; AG Siegburg 8.12.1993 – 10 C 282/93; AG Hamburg 6.1.1988 – 44 C 1519/88
130	Nachtspeicheröfen → Gas-Etagenheizung	Ja	LG Berlin 27.8.2010 – 63 S 171/09
131	Nachtspeicheröfen → Fernwärme	Ja	LG Berlin 17.3.2000 – 65 S 352/99
132	Öl-Etagenheizung → Öl-Zentralheizung	Nein	OVG Berlin 8.10.1985 – 4 B 127.84
133	Öl-Zentralheizung → Gas-Zentralheizung, nachhaltige Energieeinsparung	Ja	AG Rheine 3.2.1987 – 14 C 744/85
134	Öl-Zentralheizung → Erdgas-Zentralheizung	Ja (energetische Modernisierung)	OLG Celle 22.11.92 – 4 W 47/92
Heizung (siehe auch Nr. 42, 109 ff.)			
135	TÜV-Prüfung und -Abnahme einer erstmals eingebauten Zentralheizung	Ja	LG Berlin 14.11.2000 – 64 S 265/00

Nr.	Maßnahme	Modernisierung?	Gericht und Aktenzeichen
136	Heizkostenzähler einbauen	Nein	LG Berlin 14.11.2000 – 64 S 265/00; LG München I 29.7.1987 – 14 S 7397/87; AG Berlin-Pankow/Weißensee 19.12.2012 – 7 C 222/12
137	Alte Ablesegeräte durch moderne, elektronische Funkablesegeräte austauschen	Ja	BGH 28.9.2011 – VIII ZR 326/10
138	Funkablesbare Kalt- und Warmwasserzähler einbauen	Ja	AG Berlin-Pankow/Weißensee 19.12.2012 – 7 C 222/12
139	Wasser- und Heizungsrohre isolieren	Ja	VG Berlin 9.2.1981 – 14 A 232/80
140	Heizkessel austauschen	Nein (außer bei Energieeinsparung)	VG Berlin 6.10.1980 – 14 A 93.80
141	Vorhandene Heizkörper durch neue ersetzen	Ja (wenn Energieeinsparung eintritt)	LG Berlin 29.4.1997 – 64 S 552/96
142	Heizung in Treppenhaus einbauen	Nein (keine Gebrauchswertverbesserung)	AG Berlin-Tiergarten 25.7.1988 – 5 C 246/88
		Ja	VG Berlin 2.3.1981 – 14 A 310/80, 14 A311/80, 14 A 312/80, 14 A 313/80
143	Alte Heizkörperventile durch neue Thermostatventile ersetzen	Ja	LG Berlin 15.4.1986 – 64 S 387/85
144	Thermostatventil an Heizkörpern anbringen, die außer Betrieb gesetzt wurden	Nein	LG Berlin 14.5.1982 – 63 S 406/81
145	Zentralheizungsanlage um eine Fußleistenheizung erweitern	Ja	AG Köln 10.12.1985 – 208 C 372/85
146	Anschluss an Fernheiznetz	Ja	LG Berlin 17.3.2000 – 65 S 352/99
147	Heizungsrohrstränge durch die Wohnung verlegen (bei Einbau einer Zentralheizung)	Ja	LG Berlin 1.2.1994 – 64 S 242/93

Nr.	Maßnahme	Modernisierung?	Gericht und Aktenzeichen
148	Schornstein ausbrennen (bei Umstellung von Kohle auf Öl)	Nein	VG Berlin 5.7. 1984 – 14 A 69.83
149	Stilllegung von Schornsteinen im Zusammenhang mit der Änderung der Beheizung	Ja	LG Berlin 5.1.2018 – 65 S 100/17
150	Anschluss an zentrale Warmwasserversorgung ohne Energieeinsparung	Nein	LG Berlin 4.12.2012 – 63 S 220/12
		Ja	LG Berlin 14.1.2015 – 65 S 267/14 AG Berlin-Mitte 20.12.2018 – 25 C 229/17
151	Einbau einer Fußbodenheizung in eine kleine Wohnung	Ja	LG Berlin 17.5.2018 – 64 S 145/17
Kabelfernsehen: siehe Antenne, Kabelfernsehen			
Kinderspielplatz: siehe Außenanlagen			
Küche (siehe auch Nr. 170)			
152	Geschirrspülmaschinenanschluss in der Küche schaffen	Ja	AG Berlin-Pankow/Weißensee 19.12.2012 – 7 C 222/12
153	Gasherd durch Elektroherd ersetzen	Nein	LG Berlin 21.12.2010 – 65 S 318/09; LG Berlin 26.9.2002 – 67 S 84/02; LG Berlin 14.2.2000 – 62 S 465/99; AG Berlin-Mitte 14.10.1999 – 4 C 263/99
		Ja (zumindest bei Induktionsherd)	AG Berlin-Schöneberg 2.11.2016 – 103 C 196/16
154	Dreiflammigen Gasherd durch elektrischen Vierplattenherd ersetzen	Ja	LG Berlin 13.3.1998 – 64 S 35/97
155	Doppelspüle, Gasherd und Gassteckdose erneuern	Nein	VG Berlin 31.8.1981 – 14 A 445/80
156	Einbauküche erstmals einbauen	Ja (wenn der Gebrauchswert sich konkret erhöht)	AG Berlin-Charlottenburg 18.12.1992 – 12 b C 225/92
157	Elektroherd mit Backofenteil, Nirostaspüle und Waschmaschinenanschluss erstmals einbauen	Ja	LG Berlin 1.12.1988 – 62 S 176/88
158	Plattenherd durch Herd mit Cerankochfeld ersetzen	Ja	AG Neukölln 19.12.2016 – 10 C 391/16

Nr.	Maßnahme	Modernisierung?	Gericht und Aktenzeichen
Schornstein: siehe Nr. 55, 148 f.			
Treppenhaus (siehe auch Nr. 79, 86, 142, 162)			
159	Erstmals beleuchtete Lichtschalter einbauen	Ja	OVG Berlin 12.2.1985 – 4 B 48.83
160	Verbesserung der Beleuchtung; neuer Bodenbelag mit besserer Rutschfestigkeit	Ja	AG Berlin-Mitte 20.12.2018 – 25 C 229/17
Wärmedämmung (siehe auch Nr. 3, 53, 72, 85 ff.)			
161	Wärmedämmung anbringen	Ja	AG Berlin-Mitte 6.8.2013 – 5 C 366/12
162	Treppenhaus dämmen	Ja	VG Berlin 2.3.1981 – 14 A 310/80, 14 A 311/80, 14 A 312/80, 14 A 313/80
163	Vollwärmeschutz anbringen	Ja (wenn mindestens 10 Prozent Heizenergie-Ersparnis zu erwarten sind)	LG Berlin 29.4.1997 – 64 S 552/96
		Ja	LG Berlin 2.12.2003 – 64 S 196/93
164	Wärmegedämmte Steigestränge verlegen	Ja	AG Berlin-Pankow/Weißensee 19.12.2012 – 7 C 222/12
165	Innendämmung zwecks Energieeinsparung	Ja (auch bei geringfügiger Verringerung der Wohnfläche)	AG Berlin-Mitte 25.2.2016 – 67 S 145/15
Warmwasser			
166	Durchlauferhitzer: von Gas- auf Elektrobetrieb umstellen	Nein	LG Berlin 27.1.2000 – 61 T 3/00
		Ja (wenn Energieeinsparung)	LG Berlin 29.4.1997 – 64 S 552/96
167	Gasdurchlauferhitzer durch zentrale Warmwasserversorgung ersetzen	Nein	LG Berlin 5.10.1990 – 67 S 69/90; AG Berlin-Charlottenburg 4.7.1990 – 13 C 116/90
168	Koks-/ölbefeuerte Warmwasserbereitungsanlage auf Fernwärme umstellen	Ja	LG Berlin 30.11.1992 – 66 S 77/92
169	Anschluss an zentrale Fernwärme-Warmwasserversorgung	Ja	LG Berlin 14.2.2000 – 62 S 465/99

Nr.	Maßnahme	Modernisierung?	Gericht und Aktenzeichen
170	Einbau von Einhandmischbatterien mit Durchflussmengenbegrenzern in Bad und Küche	Ja	LG Berlin 5.1.2018 – 65 S 100/17
Wasserrohre			
171	Kalt-, Warm- und Abwasserleitungen aus Blei und Guss ersetzen	Nein	AG Halle-Saalkreis 15.9.1992 – 22 (49) C 196/92
		Ja	LG Berlin 14.1.2015 – 65 S 267/14 LG Berlin 4.2.1992 – 64 S 245/91
172	Rohre mit größerem Querschnitt einbauen	Ja	LG Berlin 14.11.2000 – 64 S 265/00
173	Kaltwasserleitungen durch neue, isolierte ersetzen	Ja	LG Berlin 13.12.2016 – 63 S 195/16
Wasserzähler			
174	Kaltwasserzähler einbauen	Ja	BGH 30.3.2011 – VIII ZR 173/10
175	Vorhandene Kaltwasserzähler durch funkbasiertes Ablesesystem ersetzen	Ja	BGH 28.9.2011 – VIII ZR 326/10; LG Berlin 5.1.2018 – 65 S 100/17; AG Berlin-Mitte 20.12.2018 – 25 C 229/17
176	Warmwasserzähler einbauen	Ja	BGH 28.9.2011 – VIII ZR 326/10
177	Funktionstüchtige Erfassungsgeräte für Heizwärme und Warmwasser gegen ein zur Funkablesung geeignetes System ersetzen	Ja	BGH 28.9.2011 – VIII ZR 326/10; AG Berlin-Mitte 20.12.2018 – 25 C 229/17
Wintergarten: siehe Balkon, Loggia, Wintergarten			
Wohnfläche, Zimmer (siehe auch Nr. 21, 23 f., 49)			
178	Weiteres Zimmer (beheizbar) an eine 1 ½-Zimmer-Wohnung anbauen	Ja	AG Berlin-Pankow/Weißensee 30.1.2008 – 7 C 366/07
179	Erweiterung einer 3-Zimmer-Wohnung um ein weiteres Zimmer	Nein	LG Berlin 20.12.2018 – 64 S 37/18

Anhang 2: Musterschreiben Modernisierungsankündigung

... (Vermieter)

Datum (...)

an

... (Mieter)

Sehr geehrte(r) ...,

nach § 555 c Abs. 1 BGB bin ich verpflichtet, Ihnen beabsichtigte Modernisierungsmaßnahmen iSv § 555 b BGB anzukündigen. Dieser Verpflichtung komme ich hiermit nach:

1. **Art, voraussichtlicher Umfang, Beginn und voraussichtliche Dauer der Maßnahme:**

a) In allen Wohnungen des Gebäudes – mithin auch in der von Ihnen innegehaltenen Wohnung – sollen die vorhandenen Fenster mit Einfachverglasung durch Fenster mit Isolierglas ausgetauscht werden.

Bei dieser Baumaßnahme handelt es sich um eine energetische Modernisierung, da sie dazu dient, in Bezug auf die Mietsache nachhaltig Endenergie einzusparen (§ 555 b Nr. 1 BGB). Dies ergibt sich aus Folgendem:

Die vorhandenen Fenster haben eine Dicke von 4 mm und weisen einen Wärmedurchgangskoeffizienten von 5,9 (U-Wert in $W/(m^2K)$) aus. Diese Angabe stammt aus der „Bekanntmachung der Regeln zur Datenaufnahme und Datenverwendung im Wohnungsbestand" des Bundesministeriums für Wirtschaft und Energie und des Bundesministeriums für Umwelt, Naturschutz, Bau und Reaktorsicherheit vom 7.4.2015. Ich weise darauf hin, dass ich hinsichtlich der energetischen Qualität von Bauteilen auf derlei anerkannte Pauschalwerte Bezug nehmen kann (§ 555 c Abs. 3 BGB). Die neuen Fenster aus Isolierglas haben eine Dicke von 2,4 cm und weisen einen Wärmedurchgangskoeffizienten von 2,8–3,0 (U-Wert in $W/(m^2K)$) auf. Der deutlich verringerte Wärmedurchgangskoeffizient zeigt, dass mit dem Fensteraustausch nachhaltig Endenergie eingespart wird.

Darüber hinaus wird mit dem Fensteraustausch der Schallschutz beträchtlich verbessert.

2. **Voraussichtlicher Beginn und voraussichtlicher Umfang der Modernisierungsmaßnahme**

a) Die Arbeiten beginnen voraussichtlich am (...) damit, dass das Baugerüst angeliefert und aufgebaut wird. Am gleichen Tag werden die Fenster angeliefert und auf dem Parkplatz (...) gelagert, wodurch es zu Einschränkungen beim Parken und Rangieren mit dem Pkw kommen kann. Mit der Installation der Fenster wird voraussichtlich am (...) begonnen.

In der (...) Kalenderwoche werden sämtliche Fenster in Ihrer Wohnung ausgetauscht, beginnend am (...) um (...) Uhr. Bitte sorgen Sie dafür bzw. stellen sicher, dass Ihre Wohnung während dieser Zeit durch uns bzw. durch die Mitarbeiter des Handwerkerbetriebs (...) betreten werden kann, und zwar jeweils in der Zeit von (...) bis (...). Vorsorglich mache ich darauf aufmerksam, dass Sie sich anderenfalls schadensersatzpflichtig machen, beispielsweise für hierdurch bedingte Bauverzögerungskosten.

b) Die Arbeiten insgesamt dauern voraussichtlich bis zum (...).

3. **Der Betrag der zu erwartenden Mieterhöhung sowie die voraussichtlichen künftigen Betriebskosten**

a) Nach Abschluss der Modernisierungsmaßnahme kann ich die jährliche Miete um 8 Prozent der für die Wohnung aufgewendeten Kosten erhöhen, wobei die Kosten angemessen auf die einzelnen Wohnungen zu verteilen sind (§ 559 Abs. 1, 3 BGB). Hier ergibt sich folgende Berechnung:

Die Gesamtkosten belaufen sich nach den Angeboten der ausführenden Firmen für das Gebäude insgesamt auf circa 39.500 EUR. Auf Ihre Wohnung entfallen Kosten in Höhe von 4.937,50 EUR. Dies ergibt bei einer Mieterhöhung von 8 Prozent einen Jahresbetrag von 395 EUR Die Mieterhöhung beträgt damit voraussichtlich 32,92 EUR pro Monat, wobei dieser Betrag unter der gesetzlichen Kappungsgrenze (§ 559 Abs. 3 a BGB) liegt.

Nach Fertigstellung der Baumaßnahmen erhalten Sie nach § 559 b Abs. 1 BGB eine gesonderte Mitteilung über die Mietanpassung, aus der Sie die Mieterhöhung aufgrund der tatsächlich entstandenen Kosten und den auf Ihre Wohnung entfallenden Betrag ersehen können.

b) Laut Angaben des Herstellers der Isolierglasfenster führt eine Verringerung des Wärmedurchgangskoeffizienten um wie beabsichtigt circa 3,0 zu einer Ersparnis der Heizkosten von circa 17 Prozent. Da diese Ersparnis vom individuellen Verbrauchsverhalten des Nutzers abhängig ist, handelt es sich hierbei um einen unverbindlichen Richtwert. Diesen Richtwert zugrunde gelegt, werden sich Ihre künftigen Heizkosten auf circa 64,00 EUR pro Monat belaufen.

4. Hinweise

a) Duldungsverpflichtung

Gemäß § 555 d Abs. 1 BGB sind Sie verpflichtet, die geplante Modernisierungsmaßnahme zu dulden. Dies schließt die Pflicht ein, dem Vermieter und den von ihm beauftragten Handwerkern den Zutritt zur Wohnung und ihren Einrichtungen zu gewähren (BGH v. 28.9.2011, VIII ZR 326/10).

Ich bitte Sie, die anliegende Duldungserklärung unterschrieben bis spätestens (...) an mich zurückzusenden. Anderenfalls befinden Sie sich in Verzug und geben Anlass für eine Klage auf Duldung der Modernisierungsmaßnahme (vgl. LG Berlin v. 25.1.2018, 67 T 9/18). Sollten einzelne Punkte unklar sein, bitte ich um Rückmeldung. Ich bin gerne bereit, Ihnen weitere Erläuterungen zu geben.

b) Minderungsausschluss

Ich weise darauf hin, dass Sie für die Dauer von 3 Monaten nicht zur Mietminderung berechtigt sind, weil die Baumaßnahmen einer energetischen Modernisierung iSv § 555 b Nr. 1 BGB dienen (§ 536 Abs. 1 a BGB).

c) Härteeinwand

Ich weise ferner darauf hin, dass Sie gegenüber der beabsichtigten Modernisierung eine Härte einwenden können. Umstände, die eine Härte im Hinblick auf die Duldung oder die Mieterhöhung begründen, haben Sie bis zum Ablauf des Monats, der auf den Zugang dieser Modernisierungsankündigung folgt, in Textform mitzuteilen (§ 555 d Abs. 3 S. 1 BGB).

d) Geändertes Heiz- und Lüftungsverhalten

Schließlich weise ich darauf hin, dass der erstmalige Einbau isolierverglaster Fenster es erforderlich macht, das Heiz- und Lüftungsverhalten zu verändern. Infolge des verringerten Luftaustauschs und der verbesserten Wärmedämmung ist es notwendig, dass Sie häufiger als bisher lüften und mindestens dreimal am Tag eine sog. „Stoßlüftung" von wenigstens je 3Minuten vornehmen. Nur auf diese Weise kann Feuchtigkeitsschäden wirksam vorgebeugt werden, weshalb Sie hierzu verpflichtet sind. Kommen Sie Ihrer Verpflichtung nicht nach und treten infolgedessen Feuchtigkeitsschäden auf, haften Sie auf Schadenersatz.

Mit freundlichen Grüßen

...

(Vermieter)

Anhang 3: Musterschreiben Mieterhöhungserklärung

... (Vermieter)

Datum (...)

an

... (Mieter)

Sehr geehrte(r) ...,

mit meinem Schreiben vom (...) hatte ich Ihnen eine Modernisierungsmaßnahme angekündigt. Insofern hatte ich Ihnen bereits dargelegt, dass der Fensteraustausch und die damit verbundene Verbesserung der Wärmedurchgangskoeffizienten von 5,9 auf 2,8–3,0 (U-Wert in $W/(m^2K)$) zu einer nachhaltigen Einsparung von Endenergie iSv § 555 b Nr. 1 BGB führt. Auf meine diesem Schreiben nochmals in Kopie beigefügte Modernisierungsankündigung nehme ich Bezug.

Der Fensteraustausch ist abgeschlossen. Gemäß § 559 Abs. 1 BGB bin ich nun berechtigt, die jährliche Miete um 8 Prozent der für die Wohnung aufgewendeten Kosten zu erhöhen. Kosten, die für Erhaltungsmaßnahmen notwendig gewesen wären, sind hiervon abzusetzen (§ 559 Abs. 2 BGB). Werden Modernisierungsmaßnahmen für mehrere Wohnungen durchgeführt, so sind die Kosten angemessen auf die einzelnen Wohnungen zu verteilen (§ 559 Abs. 1, 3 BGB). Drittmittel sind nach Maßgabe von § 559 a BGB anzurechnen, wenn sie für die Modernisierungsmaßnahme gewährt wurden. Hiernach mache ich folgende Mieterhöhung gemäß § 559 b Abs. 1 BGB geltend:

I. Modernisierungskosten

Der Austausch der Fenster hat insgesamt 46.992,93 EUR verursacht. Dieser Betrag setzt sich wie folgt zusammen:

a)	Materialkosten für Fenster	31.327,03 EUR
b)	Kosten für Baugerüst (Auf- und Abbau)	4.420,28 EUR
c)	Entsorgungskosten (alte Fenster, Kartonage, Bauschutt)	1.712,22 EUR
d)	Glaserarbeiten	5.823,43 EUR
e)	Maurerarbeiten	2.210,56 EUR
f)	Maler- und Tapezierkosten	1.499,41 EUR
	Gesamtkosten	**46.992,93 EUR**

Die Kostenbelege können Sie nach vorheriger Terminabsprache zu den üblichen Geschäftszeiten bei mir einsehen.

II. Kosten ersparter Erhaltungsmaßnahmen

Die bisher vorhandenen Fenster mit Einfachverglasung waren zum Zeitpunkt ihrer Erneuerung 18 Jahre alt. Nach Prüfung des beauftragten Handwerksbetriebs war zum Zeitpunkt des Austauschs ein Neuanstrich an allen Fenstern erforderlich. Laut Kostenvoranschlag der Firma (...) vom (...) sind mit dem Austausch der Fenster insoweit Erhaltungskosten in Höhe von 3.210,32 EUR erspart worden; dieser Betrag ist von den für die Modernisierung aufgewendeten Kosten abzusetzen (§ 559 Abs. 2 BGB).

Modernisierungskosten	46.992,93 EUR
Ersparte Aufwendungen	./. 3.210,32 EUR
Gesamtkosten der Modernisierungsmaßnahme	43.782,61 EUR
8 Prozent dieser Gesamtkosten bilden den vorläufigen Betrag der jährlich zulässigen Mieterhöhung, also	3.502,61 EUR

III. Berücksichtigung von Drittmitteln

Die Landeseigene Investitionsbank hat den Fensteraustausch als energetische Modernisierungsmaßnahme mit einem zinsverbilligtem Darlehen gefördert. Gemäß Bescheid vom (...) erhielt ich ein Darlehen in Höhe von 40.000 EUR zu einem Zinssatz von 1,4 Prozent bewilligt. Der bei Abschluss der Baumaßnahme übliche Zinssatz für erstrangig abgesicherte (Hypotheken-)Darlehen beträgt laut Mitteilung der (...) vom (...) 2,1 Prozent.

Gemäß § 559 a Abs. 2 iVm Abs. 3 S. 2 BGB verringert sich der jährliche Mieterhöhungsbetrag nach § 559 Abs. 1 BGB um den Jahresbetrag der Zinsermäßigung. Der Zinsvorteil liegt bei 0,7 Prozent (2,1 Prozent abzüglich 1,4 Prozent). 0,7 Prozent von 40.000 EUR betragen 280 EUR. Um diesen Betrag ist die jährlich zulässige Mieterhöhung iHv 3.502,61 EUR gemäß § 559 a Abs. 2 BGB zu kürzen.

Zulässiger Gesamtmieterhöhungsbetrag im Jahr	3.222,61 EUR

IV. Kostenverteilung

Ihre Wohnung liegt in einem Gebäude mit acht Wohnungen, die gleich groß sind und den gleichen Grundriss haben. Angemessen iSv § 559 Abs. 3 BGB ist daher die gleichmäßige Verteilung der Gesamtkosten auf die Anzahl der Wohnungen. Hieraus folgt, dass die jährliche Gesamtmieterhöhung durch acht zu dividieren ist. Das Ergebnis macht den auf Sie entfallenden jährlichen Mieterhöhungsbetrag aus.

Die auf Sie jährlich entfallende Mieterhöhung	402,83 EUR
Die auf Sie monatlich entfallende Mieterhöhung	33,57 EUR

V. Mieterhöhung

Ihre bisherige monatliche Nettomiete	754,00 EUR
Mieterhöhung gemäß § 559 Abs. 1 BGB	33,57 EUR
Neue Miete	**787,57 EUR**

Ich weise vorsorglich darauf hin, dass die Mieterhöhung die Kappungsgrenze gemäß § 559 Abs. 3 a BGB wahrt. Danach darf sich die monatliche Miete innerhalb von sechs Jahren nicht um mehr als 3 EUR/m² erhöhen, wenn sie vor der Erhöhung mindestens 7 EUR/m² betrug. Dies ist hier der Fall: Gemäß unserem Mietvertrag hat Ihre Wohnung eine Wohnfläche von 92,65 m², woraus sich eine Ausgangsmiete von 8,14 EUR/m² und eine Mieterhöhung von 0,36 EUR/m² ergibt.

Gemäß § 559 b Abs. 2 S. 1 BGB schulden Sie die erhöhe Miete mit Beginn des dritten Monats nach dem Zugang dieser Mieterhöhungserklärung, also ab dem (...).

Hinzu kommen die Vorauszahlungen für Betriebskosten. Gemäß Modernisierungsankündigung sind Sie berechtigt, die Vorschüsse für die Heizkosten mit Zahlung der neuen Miete auf monatlich 64 EUR zu reduzieren.

Mit freundlichen Grüßen

...

(Vermieter)

Anhang 4: Muster Modernisierungsvereinbarung

Zwischen ...

– Vermieter –

und ...

– Mieter –

wird die folgende Modernisierungsvereinbarung iSv § 555 f BGB, die Bestandteil ihres Mietvertrages vom (...) wird, getroffen.

§ 1 Gegenstand und Zweck der Arbeiten

Der Vermieter strebt die energetische Modernisierung des Mietgebäudes an. Hierzu sollen in allen Wohnungen des Gebäudes – mithin auch in der vom Mieter innegehaltenen Wohnung – die vorhandenen Fenster mit Einfachverglasung und einer Dicke von circa 4 mm durch Fenster mit Isolierglas in einer Dicke von circa 2,4 cm ausgetauscht werden. Hierdurch wird der Wärmedurchgangskoeffizient der bisherigen Fenster von circa 5,9 auf circa 2,8–3,0 vermindert (U-Wert in $W/(m^2K)$). Hieraus folgt, dass in Bezug auf die Mietsache nachhaltig Endenergie eingespart wird, weshalb es sich um eine energetische Modernisierung iSv § 555 b Nr. 1 BGB handelt.

§ 2 Beginn und Dauer der Modernisierungsmaßnahmen

Die Bauarbeiten werden entsprechend dem als Anlage 1 beigefügten Bauzeitenplan am (...) beginnen und bis zum (...) beendet sein. Innerhalb der Mietwohnung des Mieters werden sämtliche Fenster in der (...) Kalenderwoche ausgetauscht, beginnend am (...) um (...) Uhr.

§ 3 Duldungspflicht des Mieters/Verzicht auf Härteeinwand

Der Mieter duldet alle für den Fensteraustausch erforderlichen Baumaßnahmen und verpflichtet sich, dafür zu sorgen bzw sicherzustellen, dass seine Wohnung durch die Mitarbeiter des Handwerkerbetriebs (...) betreten werden kann und darin ein ungehindertes Arbeiten möglich ist, und zwar in der vereinbarten Zeit täglich von (...) bis (...).

Gesetzliche Gründe, die die Maßnahmen für ihn, seine Familie oder einen anderen Angehörigen seines Haushaltes als Härte erscheinen lassen und die eine Duldungspflicht des Mieters hindern würden, liegen nicht vor. Vorsorglich erklärt der Mieter, dass er auch auf einen etwaig künftig entstehenden Härteeinwand im Hinblick auf die Duldung oder die Mieterhöhung verzichtet.

§ 4 Bau- und Produktunterlagen

Neben dem Bauzeitenplan (Anlage 1) erhält der Mieter eine Produktinformation des Herstellers (...) der neuen Fenster (Anlage 2), aus der sich die Energieeinspareigenschaften erschließen.

§ 5 Pflicht zu verändertem Heiz- und Lüftungsverhalten

Aus der dem Mieter ausgehändigten Produktinformation (Anlage 2) ist ersichtlich, dass und in welcher Wiese der erstmalige Einbau isolierverglaster Fenster ein verändertes Heiz- und Lüftungsverhalten in der Wohnung erforderlich macht. Infolge des verringerten Luftaustauschs und der verbesserten Wärmedämmung ist es notwendig, häufiger als bisher für einen vollständigen Luftaustausch zu sorgen und mindestens dreimal am Tag eine sog. „Stoßlüftung" von mindestens je 3 Minuten vornehmen. Nur auf diese Weise kann Feuchtigkeitsschäden wirksam vorgebeugt werden. Der Mieter verpflichtet sich daher, sein Heiz- und Lüftungsverhalten dementsprechend anzupassen. Er ist darüber informiert, dass er sich schadensersatzpflichtig machen kann, wenn infolge der Verletzung dieser Pflicht Feuchtigkeitsschäden innerhalb seiner Mietwohnung auftreten.

§ 6 Bauvorbereitung und Baureinigung

Der Mieter stellt sicher, dass rechtzeitig vor Baubeginn störende Möbel, Ausstattungen und sonstige Einrichtungsgegenstände – insbesondere Gardinenstangen und Jalousien – auf seine Kosten abgebaut, weggerückt und abgedeckt sind, um eine freie Zugänglichkeit der Baustelle sowie ein ungestörtes Arbeiten zu ermöglichen. Soweit notwendig und/oder veranlasst, sichert der Mieter seinen Hausrat, insbesondere wertvolle Haushaltsgegenstände, und schützt ihn durch Abdeckung vor Verschmutzung und Beschädigung durch Stoß oder Schlag. Die Baustelle in der Wohnung wird durch die bauausführende Person täglich nach Arbeitsende besenrein gereinigt. Darüber hinausgehend notwendig werdende Putzarbeiten werden vom Mieter erledigt und durch eine Pauschale im Rahmen seines Aufwendungsersatzanspruchs (§ 10) mit vergütet.

§ 7 Versicherung/Haftung

Der Vermieter schließt auf seine Kosten die erforderlichen Versicherungen zur Deckung von Schadensrisiken am Hausrat des Mieters sowie der zum Haushalt gehörenden Personen durch oder anlässlich der Baumaßnahme selbst sowie auch zur Deckung etwaiger Folgeschäden hieraus ab und weist dem Mieter dies nach. Für die Haftung des Vermieters gelten die gesetzlichen Vorschriften; im Übrigen bleiben die Bestimmungen des Mietvertrages zur Haftung des Vermieters unberührt.

§ 8 Renovierungsarbeiten

Soweit wegen der Baumaßnahme Renovierungen notwendig werden, übernimmt diese der Mieter gegen Erstattung der entstandenen und nachgewiesenen Kosten in angemessenen Umfang durch den Vermieter. Von Mieter nicht fach- und sachgerecht vorgenommene Renovierungsarbeiten kann der Vermieter ablehnen und hierzu eine angemessene Frist setzen. Dabei hat er den Grund der Beanstandung genau zu bezeichnen. Verstreicht die Frist folgenlos, kann der Vermieter die Durchführung der Arbeiten durch den Mieter ablehnen und auf Kosten des Mieters durch einen geeigneten Fachbetrieb vornehmen lassen.

§ 9 Mietminderung und Schadensersatz

Weil der beabsichtigte Fensteraustausch eine energetische Modernisierung iSv § 555 b Nr. 1 BGB darstellt, ist für die Dauer von drei Monaten die Mietminderung ausgeschlossen (§ 536 Abs. 1 a BGB). Das Recht des Mieters, nach den gesetzlichen Regelungen Schadensersatz beanspruchen zu können, bleibt unberührt.

§ 10 Aufwendungsersatz

Aufwendungen, die durch die vereinbarten Baumaßnahmen entstehen, ersetzt der Vermieter dem Mieter pauschal in Höhe von (...) binnen (...) Tagen nach Abschluss der Bauarbeiten. Abgegolten sind damit insbesondere alle Aufwendungen für Demontage und Montage von Möbeln einschließlich Jalousien, Gardinen und Gardinenstangen, Sicherung des Hausrats, Kosten für Abdeckmaterialien, für Reinigungsarbeiten und Reinigungsmittel. Für Renovierungsarbeiten des Mieters gilt § 8.

§ 11 Mieterhöhung

Wegen der in § 1 bezeichneten Baumaßnahme vereinbaren die Parteien eine Mieterhöhung von monatlich (...) EUR.

Diese Mieterhöhung errechnet sich auf Grundlage der als Anlage 3 der Vereinbarung beigefügten Baukostenplanung mit Kostenverteilungsschlüssel und Anrechnung gewährter Drittmittel gemäß § 559 a BGB. Hieraus ist ersichtlich, dass der Vermieter die jährliche Miete nicht um das gesetzliche Höchstmaß von 8 Prozent der für die Wohnung aufgewendeten Modernisierungskosten umlegt (vgl. § 559 Abs. 1 BGB), sondern lediglich in Höhe von 4 Prozent.

Die neue Nettomiete einschließlich dieser Mieterhöhung beträgt somit (...) EUR monatlich zuzüglich der geschuldeten Betriebskostenvorauszahlungen und ist ab dem (...) zu entrichten.

In Erwartung einer durch den Fensteraustausch bedingten Einsparung von Heizkosten iHv 10 Prozent ist der Mieter berechtigt, seine Heizkosten-Vorauszahlungen ab Fälligkeit der erhöhten Miete um diesen Prozentsatz zu kürzen. Die Parten sind sich einig, dass die besagte Einsparung lediglich erwartet wird, sie wird dem Mieter jedoch nicht zugesichert.

§ 12 Ausschluss des Sonderkündigungsrechts

Der Mieter verzichtet auf sein Sonderkündigungsrecht aus § 555 d Abs. 1 BGB anlässlich der in dieser Vereinbarung beschriebenen konkreten energetischen Baumaßnahme. Klargestellt wird, dass dem Mieter kein Sonderkündigungsrecht gemäß § 561 BGB wegen der hiermit vereinbarten Mieterhöhung zukommt.

§ 13 Wirksamkeit dieser Vereinbarung

Die etwaige Ungültigkeit einer oder mehrerer Bestimmungen dieses Vertrages berührt die Wirksamkeit der übrigen Bestimmungen nicht. Wenn und soweit eine der Bestimmungen dieses Vertrages gegen zwingende gesetzliche Vorschriften verstößt, tritt an ihre Stelle die entsprechende gesetzliche Regelung. Änderungen und Ergänzungen des Vertrages erfolgen nur schriftlich.

Anlage 1: Bauzeitenplan

Anlage 2: Produktinformation

Anlage 3: Baukostenplanung

...	...
(Ort, Datum)	(Vermieter)
...	...
(Ort, Datum)	(Mieter)

Anhang 5: Muster Vereinbarung über Mietermodernisierung

Zwischen

... (Vermieter)

und

... (Mieter)

wird die folgende Vereinbarung, die Bestandteil ihres Mietvertrages vom (...) wird, getroffen.

§ 1 Art, Umfang und Zeit der Baumaßnahmen

Der Vermieter gestattet dem Mieter, in den von ihm angemieteten und genutzten Räumen die folgenden Baumaßnahmen als Mietermodernisierungsmaßnahme durchzuführen: (...)

Art und Umfang der Maßnahmen im Einzelnen ergeben sich aus der Anlage 1 dieses Vertrages; sie ist Vertragsbestandteil.

Die Arbeiten sollen in der Zeit von (...) bis (...) abgeschlossen sein.

§ 2 Fachgerechte Ausführung/Haftung

Der Mieter garantiert eine sach- und fachgerechte Durchführung durch ihn oder durch von ihm bestellte Dritte. Gas-, Wasser- und Elektroinstallationen, Baumaßnahmen im Entsorgungsbereich sowie Gewerke, für die es einen eigenen Berufszweig gibt, hat der Mieter nur durch dazu besonders legitimierte Fachhandwerker durchführen zu lassen, es sei denn, der Mieter ist nach einschlägiger und erfolgreich abgeschlossener Berufsausbildung hierzu selbst fachlich qualifiziert. Gegebenenfalls hat er dies vor Beginn der Arbeiten dem Vermieter nachzuweisen. Der Mieter haftet für Schäden, die durch/aufgrund der Baumaßnahmen oder anlässlich ihrer Durchführung als Folgeschäden durch ihn oder durch von ihm Beauftragte bzw auf sonstige Weise mit der Durchführung der Baumaßnahmen betraute Dritte verursacht werden.

§ 3 Unterlagen

Erforderliche behördliche Genehmigungen oder statische Berechnungen besorgt der Mieter auf eigene Kosten und legt sie dem Vermieter ohne gesonderte Aufforderung vor Beginn der Baumaßnahmen zur Prüfung und Einsichtnahme vor. Dies gilt ebenso für während der Bauphase oder nach Abschluss der Bauphase beizubringende behördliche Genehmigungen. Im Übrigen wird der Mieter den Vermieter zu notwendigen behördlichen Abnahmen hinzuziehen und entsprechende Termine vorher in Abstimmung mit dem Vermieter vereinbaren.

§ 4 Mietminderung

Die Parteien sind sich darüber einig, dass der Mieter Mietausfälle, die dem Vermieter als Folge von Mietminderungen dritter Mieter im Zusammenhang mit den hier erlaubten Baumaßnahmen entstehen, ihm als Schaden ersetzt. Der Einwand, die Höhe der vorgenommenen Minderung sei unangemessen, ist ausgeschlossen; maßgeblich ist die Höhe der tatsächlichen Minderung.

§ 5 Versicherungen

Der Mieter wird vor Beginn der Baumaßnahme eine Haftpflichtversicherung zur Deckung von Schäden abschließen, die durch oder gelegentlich der Baumaßnahme als unmittelbarer Schaden oder als Folgeschaden am Gebäude, an sonstigen Sachvermögensgegenständen oder als Personenschaden entstehen. Vor Beginn der Baumaßnahme wird der Mieter dem Vermieter den Abschluss einer solchen Haftpflichtversicherung durch geeignete Unterlagen (Versicherungspolice, Versicherungsbedingungen, Bestätigungsschreiben zum Deckungs- und Haftungsumfang der abschließenden Versicherungsagentur/des Versicherers) nachweisen. Mit den Baumaßnahmen darf erst begonnen werden, nachdem dieser Nachweis erfolgt ist und der Vermieter insoweit seine Zustimmung erteilt hat.

§ 6 Kostenübernahme und Kostenumfang

Der Mieter führt die von ihm gewünschten Baumaßnahmen ausschließlich auf seine Kosten und auf eigene Rechnung durch. Die Parteien sind sich darüber einig, dass der Wert der Baumaßnahmen insgesamt mit (...) EUR inklusive Mehrwertsteuer anzusetzen ist. In dieser Summe sind neben den Materialkosten auch alle weiteren Kosten, insbesondere Löhne und Gehälter, Handwerkerkosten sowie sämtliche Folgekosten enthalten. Die Parteien sind sich darüber einig, dass eine Veränderung des Mehrwertsteuersatzes nicht zu einer Erhöhung der hier festgelegten Investitionssumme führt. Die Parteien sind sich ferner darüber einig, etwaige Mehrkosten nicht zu einer Anpassung der (nachfolgend festgelegten) Abschreibungsdauer führen.

§ 7 Abschreibung/Nutzungsdauer

Die Baumaßnahme wird im Hinblick auf ihre kalkulierbare Nutzungsdauer in (...) Jahren abgeschrieben. Die Abschreibung erfolgt in jährlich identischen Beträgen. Aus der oben festgelegten gesamten Investitionssumme sowie dem Abschreibungszeitraum ergibt sich ein jährlicher Abschreibungsbetrag in Höhe von (...) EUR (Investitionssumme dividiert durch Anzahl der Abschreibungsjahre gleich jährlicher Abschreibungsbetrag).

§ 8 Wegnahmerecht und Entschädigung

Auf das Wegnahmerecht des Mieters bei Beendigung des Mietverhältnisses sowie auf die Entschädigung des Mieters durch den Vermieter in diesem Fall finden die gesetzlichen Vorschriften des Wohnraummietrechts Anwendung (§§ 539, 552 BGB).

§ 9 Instandhaltung

Die Parteien sind sich darüber einig, dass die unter § 1 beschriebenen, vom Vermieter erlaubten und vom Mieter durchgeführten Modernisierungsmaßnahmen den in ihrem Mietvertrag definierten vertragsgemäßen Zustand der Wohnung nicht verändern. Vertragsgemäßer Zustand der Wohnung soll also der tatsächliche Ausstattungsstandard sein, den die Wohnung bei Abschluss des oben bezeichneten Mietvertrags hatte. Daher hat der Mieter für die Instandhaltung der von ihm aufgrund dieser Vereinbarung eingebauten Anlagen und Einrichtungen regelmäßig und auf seine Kosten zu sorgen.

§ 10 Mieterhöhung/Kündigung

Die baulichen Veränderungen, die den Gegenstand dieser Vereinbarung bilden, bleiben während der Dauer des Mietverhältnisses bei Mieterhöhungen nach § 558 BGB außer Betracht. Für die Dauer von (...) Jahren verzichten die Vertragsparteien jeweils auf ihr Recht zur ordentlichen Kündigung.

Anlage 1: Spezifikation von Art und Umfang der Arbeiten

...	...
(Ort, Datum)	(Vermieter)
...	...
(Ort, Datum)	(Mieter)

Anhang 6: Mietrechtliche Normen (Auszug)

A. Mietrechtliche Normen im BGB (Auszug)

Bürgerliches Gesetzbuch (BGB)

In der Fassung der Bekanntmachung vom 2. Januar 2002
(BGBl. I S. 42, ber. S. 2909 und BGBl. 2003 I S. 738)
zuletzt geändert durch Art. 7 G zur Förderung der Freizügigkeit von EU-Bürgerinnen und -Bürgern sowie zur Neuregelung verschiedener Aspekte des Internationalen Adoptionsrechts vom 31.1.2019 (BGBl. I S. 54)

§ 535 Inhalt und Hauptpflichten des Mietvertrags

(1) [1]Durch den Mietvertrag wird der Vermieter verpflichtet, dem Mieter den Gebrauch der Mietsache während der Mietzeit zu gewähren. [2]Der Vermieter hat die Mietsache dem Mieter in einem zum vertragsgemäßen Gebrauch geeigneten Zustand zu überlassen und sie während der Mietzeit in diesem Zustand zu erhalten. [3]Er hat die auf der Mietsache ruhenden Lasten zu tragen.

(2) Der Mieter ist verpflichtet, dem Vermieter die vereinbarte Miete zu entrichten.

§ 536 Mietminderung bei Sach- und Rechtsmängeln

(1) [1]Hat die Mietsache zur Zeit der Überlassung an den Mieter einen Mangel, der ihre Tauglichkeit zum vertragsgemäßen Gebrauch aufhebt, oder entsteht während der Mietzeit ein solcher Mangel, so ist der Mieter für die Zeit, in der die Tauglichkeit aufgehoben ist, von der Entrichtung der Miete befreit. [2]Für die Zeit, während der die Tauglichkeit gemindert ist, hat er nur eine angemessen herabgesetzte Miete zu entrichten. [3]Eine unerhebliche Minderung der Tauglichkeit bleibt außer Betracht.

(1 a) Für die Dauer von drei Monaten bleibt eine Minderung der Tauglichkeit außer Betracht, soweit diese auf Grund einer Maßnahme eintritt, die einer energetischen Modernisierung nach § 555 b Nummer 1 dient.

(2) Absatz 1 Satz 1 und 2 gilt auch, wenn eine zugesicherte Eigenschaft fehlt oder später wegfällt.

(3) Wird dem Mieter der vertragsgemäße Gebrauch der Mietsache durch das Recht eines Dritten ganz oder zum Teil entzogen, so gelten die Absätze 1 und 2 entsprechend.

(4) Bei einem Mietverhältnis über Wohnraum ist eine zum Nachteil des Mieters abweichende Vereinbarung unwirksam.

§ 554 a Barrierefreiheit

(1) [1]Der Mieter kann vom Vermieter die Zustimmung zu baulichen Veränderungen oder sonstigen Einrichtungen verlangen, die für eine behindertengerechte Nutzung der Mietsache oder den Zugang zu ihr erforderlich sind, wenn er ein berechtigtes Interesse daran hat. [2]Der Vermieter kann seine Zustimmung verweigern, wenn sein Interesse an der unveränderten Erhaltung der Mietsache oder des Gebäudes das Interesse des Mieters an einer behindertengerechten Nutzung der Mietsache überwiegt. [3]Dabei sind auch die berechtigten Interessen anderer Mieter in dem Gebäude zu berücksichtigen.

(2) [1]Der Vermieter kann seine Zustimmung von der Leistung einer angemessenen zusätzlichen Sicherheit für die Wiederherstellung des ursprünglichen Zustandes abhängig machen. [2]§ 551 Abs. 3 und 4 gilt entsprechend.

(3) Eine zum Nachteil des Mieters von Absatz 1 abweichende Vereinbarung ist unwirksam.

§ 555 a Erhaltungsmaßnahmen

(1) Der Mieter hat Maßnahmen zu dulden, die zur Instandhaltung oder Instandsetzung der Mietsache erforderlich sind (Erhaltungsmaßnahmen).

(2) Erhaltungsmaßnahmen sind dem Mieter rechtzeitig anzukündigen, es sei denn, sie sind nur mit einer unerheblichen Einwirkung auf die Mietsache verbunden oder ihre sofortige Durchführung ist zwingend erforderlich.

(3) [1]Aufwendungen, die der Mieter infolge einer Erhaltungsmaßnahme machen muss, hat der Vermieter in angemessenem Umfang zu ersetzen. [2]Auf Verlangen hat er Vorschuss zu leisten.

(4) Eine zum Nachteil des Mieters von Absatz 2 oder 3 abweichende Vereinbarung ist unwirksam.

§ 555 b Modernisierungsmaßnahmen

Modernisierungsmaßnahmen sind bauliche Veränderungen,

1. durch die in Bezug auf die Mietsache Endenergie nachhaltig eingespart wird (energetische Modernisierung),
2. durch die nicht erneuerbare Primärenergie nachhaltig eingespart oder das Klima nachhaltig geschützt wird, sofern nicht bereits eine energetische Modernisierung nach Nummer 1 vorliegt,
3. durch die der Wasserverbrauch nachhaltig reduziert wird,
4. durch die der Gebrauchswert der Mietsache nachhaltig erhöht wird,
5. durch die die allgemeinen Wohnverhältnisse auf Dauer verbessert werden,
6. die auf Grund von Umständen durchgeführt werden, die der Vermieter nicht zu vertreten hat, und die keine Erhaltungsmaßnahmen nach § 555 a sind, oder
7. durch die neuer Wohnraum geschaffen wird.

§ 555 c Ankündigung von Modernisierungsmaßnahmen

(1) [1]Der Vermieter hat dem Mieter eine Modernisierungsmaßnahme spätestens drei Monate vor ihrem Beginn in Textform anzukündigen (Modernisierungsankündigung). [2]Die Modernisierungsankündigung muss Angaben enthalten über:

1. die Art und den voraussichtlichen Umfang der Modernisierungsmaßnahme in wesentlichen Zügen,
2. den voraussichtlichen Beginn und die voraussichtliche Dauer der Modernisierungsmaßnahme,
3. den Betrag der zu erwartenden Mieterhöhung, sofern eine Erhöhung nach § 559 oder § 559 c verlangt werden soll, sowie die voraussichtlichen künftigen Betriebskosten.

(2) Der Vermieter soll den Mieter in der Modernisierungsankündigung auf die Form und die Frist des Härteeinwands nach § 555 d Absatz 3 Satz 1 hinweisen.

(3) In der Modernisierungsankündigung für eine Modernisierungsmaßnahme nach § 555 b Nummer 1 und 2 kann der Vermieter insbesondere hinsichtlich der energetischen Qualität von Bauteilen auf allgemein anerkannte Pauschalwerte Bezug nehmen.

(4) Die Absätze 1 bis 3 gelten nicht für Modernisierungsmaßnahmen, die nur mit einer unerheblichen Einwirkung auf die Mietsache verbunden sind und nur zu einer unerheblichen Mieterhöhung führen.

(5) Eine zum Nachteil des Mieters abweichende Vereinbarung ist unwirksam.

§ 555 d Duldung von Modernisierungsmaßnahmen, Ausschlussfrist

(1) Der Mieter hat eine Modernisierungsmaßnahme zu dulden.

(2) [1]Eine Duldungspflicht nach Absatz 1 besteht nicht, wenn die Modernisierungsmaßnahme für den Mieter, seine Familie oder einen Angehörigen seines Haushalts eine Härte bedeuten würde, die auch unter Würdigung der berechtigten Interessen sowohl des Vermieters als auch anderer Mieter in dem Gebäude sowie von Belangen der Energieeinsparung und des Klimaschutzes nicht zu rechtfertigen ist. [2]Die zu erwartende Mieterhöhung sowie die voraussichtlichen künftigen Betriebskosten bleiben bei der Abwägung im Rahmen der Duldungspflicht außer Betracht; sie sind nur nach § 559 Absatz 4 und 5 bei einer Mieterhöhung zu berücksichtigen.

(3) [1]Der Mieter hat dem Vermieter Umstände, die eine Härte im Hinblick auf die Duldung oder die Mieterhöhung begründen, bis zum Ablauf des Monats, der auf den Zugang der Modernisierungsankündigung folgt, in Textform mitzuteilen. [2]Der Lauf der Frist beginnt nur, wenn die Modernisierungsankündigung den Vorschriften des § 555 c entspricht.

(4) [1]Nach Ablauf der Frist sind Umstände, die eine Härte im Hinblick auf die Duldung oder die Mieterhöhung begründen, noch zu berücksichtigen, wenn der Mieter ohne Verschulden an der Einhaltung der Frist gehindert war und er dem Vermieter die Umstände sowie die Gründe der Verzögerung unverzüglich in Textform mitteilt. [2]Umstände, die eine Härte im Hinblick auf die Mieterhöhung begründen, sind nur zu berücksichtigen, wenn sie spätestens bis zum Beginn der Modernisierungsmaßnahme mitgeteilt werden.

(5) [1]Hat der Vermieter in der Modernisierungsankündigung nicht auf die Form und die Frist des Härteeinwands hingewiesen (§ 555 c Absatz 2), so bedarf die Mitteilung des Mieters nach Absatz 3 Satz 1 nicht der dort bestimmten Form und Frist. [2]Absatz 4 Satz 2 gilt entsprechend.

(6) § 555 a Absatz 3 gilt entsprechend.

(7) Eine zum Nachteil des Mieters abweichende Vereinbarung ist unwirksam.

§ 555 e Sonderkündigungsrecht des Mieters bei Modernisierungsmaßnahmen

(1) [1]Nach Zugang der Modernisierungsankündigung kann der Mieter das Mietverhältnis außerordentlich zum Ablauf des übernächsten Monats kündigen. [2]Die Kündigung muss bis zum Ablauf des Monats erfolgen, der auf den Zugang der Modernisierungsankündigung folgt.

(2) § 555 c Absatz 4 gilt entsprechend.

(3) Eine zum Nachteil des Mieters abweichende Vereinbarung ist unwirksam.

§ 555 f Vereinbarungen über Erhaltungs- oder Modernisierungsmaßnahmen

Die Vertragsparteien können nach Abschluss des Mietvertrags aus Anlass von Erhaltungs- oder Modernisierungsmaßnahmen Vereinbarungen treffen, insbesondere über die

1. zeitliche und technische Durchführung der Maßnahmen,
2. Gewährleistungsrechte und Aufwendungsersatzansprüche des Mieters,
3. künftige Höhe der Miete.

§ 556 c Kosten der Wärmelieferung als Betriebskosten, Verordnungsermächtigung

(1) [1]Hat der Mieter die Betriebskosten für Wärme oder Warmwasser zu tragen und stellt der Vermieter die Versorgung von der Eigenversorgung auf die eigenständig gewerbliche Lieferung durch einen Wärmelieferanten (Wärmelieferung) um, so hat der Mieter die Kosten der Wärmelieferung als Betriebskosten zu tragen, wenn

1. die Wärme mit verbesserter Effizienz entweder aus einer vom Wärmelieferanten errichteten neuen Anlage oder aus einem Wärmenetz geliefert wird und
2. die Kosten der Wärmelieferung die Betriebskosten für die bisherige Eigenversorgung mit Wärme oder Warmwasser nicht übersteigen.

[2]Beträgt der Jahresnutzungsgrad der bestehenden Anlage vor der Umstellung mindestens 80 Prozent, kann sich der Wärmelieferant anstelle der Maßnahmen nach Nummer 1 auf die Verbesserung der Betriebsführung der Anlage beschränken.

(2) Der Vermieter hat die Umstellung spätestens drei Monate zuvor in Textform anzukündigen (Umstellungsankündigung).

(3) [1]Die Bundesregierung wird ermächtigt, durch Rechtsverordnung ohne Zustimmung des Bundesrates Vorschriften für Wärmelieferverträge, die bei einer Umstellung nach Absatz 1 geschlossen werden, sowie für die Anforderungen nach den Absätzen 1 und 2 zu erlassen. [2]Hierbei sind die Belange von Vermietern, Mietern und Wärmelieferanten angemessen zu berücksichtigen.

(4) Eine zum Nachteil des Mieters abweichende Vereinbarung ist unwirksam.

§ 558 Mieterhöhung bis zur ortsüblichen Vergleichsmiete

(1) [1]Der Vermieter kann die Zustimmung zu einer Erhöhung der Miete bis zur ortsüblichen Vergleichsmiete verlangen, wenn die Miete in dem Zeitpunkt, zu dem die Erhöhung eintreten soll, seit 15 Monaten unverändert ist. [2]Das Mieterhöhungsverlangen kann frühestens ein Jahr nach der letzten Mieterhöhung geltend gemacht werden. [3]Erhöhungen nach den §§ 559 bis 560 werden nicht berücksichtigt.

(2) [1]Die ortsübliche Vergleichsmiete wird gebildet aus den üblichen Entgelten, die in der Gemeinde oder einer vergleichbaren Gemeinde für Wohnraum vergleichbarer Art, Größe, Ausstattung, Beschaffenheit und Lage einschließlich der energetischen Ausstattung und Beschaffenheit in den letzten vier Jahren vereinbart oder, von Erhöhungen nach § 560 abgesehen, geändert worden sind. [2]Ausgenommen ist Wohnraum, bei dem die Miethöhe durch Gesetz oder im Zusammenhang mit einer Förderzusage festgelegt worden ist.

(3) [1]Bei Erhöhungen nach Absatz 1 darf sich die Miete innerhalb von drei Jahren, von Erhöhungen nach den §§ 559 bis 560 abgesehen, nicht um mehr als 20 vom Hundert erhöhen (Kappungsgrenze). [2]Der Prozentsatz nach Satz 1 beträgt 15 vom Hundert, wenn die ausreichende Versorgung der

Bevölkerung mit Mietwohnungen zu angemessenen Bedingungen in einer Gemeinde oder einem Teil einer Gemeinde besonders gefährdet ist und diese Gebiete nach Satz 3 bestimmt sind. [3]Die Landesregierungen werden ermächtigt, diese Gebiete durch Rechtsverordnung für die Dauer von jeweils höchstens fünf Jahren zu bestimmen.

(4) [1]Die Kappungsgrenze gilt nicht,

1. wenn eine Verpflichtung des Mieters zur Ausgleichszahlung nach den Vorschriften über den Abbau der Fehlsubventionierung im Wohnungswesen wegen des Wegfalls der öffentlichen Bindung erloschen ist und
2. soweit die Erhöhung den Betrag der zuletzt zu entrichtenden Ausgleichszahlung nicht übersteigt.

[2]Der Vermieter kann vom Mieter frühestens vier Monate vor dem Wegfall der öffentlichen Bindung verlangen, ihm innerhalb eines Monats über die Verpflichtung zur Ausgleichszahlung und über deren Höhe Auskunft zu erteilen. [3]Satz 1 gilt entsprechend, wenn die Verpflichtung des Mieters zur Leistung einer Ausgleichszahlung nach den §§ 34 bis 37 des Wohnraumförderungsgesetzes und den hierzu ergangenen landesrechtlichen Vorschriften wegen Wegfalls der Mietbindung erloschen ist.

(5) Von dem Jahresbetrag, der sich bei einer Erhöhung auf die ortsübliche Vergleichsmiete ergäbe, sind Drittmittel im Sinne des § 559 a abzuziehen, im Falle des § 559 a Absatz 1 mit 8 Prozent des Zuschusses.

(6) Eine zum Nachteil des Mieters abweichende Vereinbarung ist unwirksam.

§ 559 Mieterhöhung nach Modernisierungsmaßnahmen

(1) Hat der Vermieter Modernisierungsmaßnahmen im Sinne des § 555 b Nummer 1, 3, 4, 5 oder 6 durchgeführt, so kann er die jährliche Miete um 8 Prozent der für die Wohnung aufgewendeten Kosten erhöhen.

(2) Kosten, die für Erhaltungsmaßnahmen erforderlich gewesen wären, gehören nicht zu den aufgewendeten Kosten nach Absatz 1; sie sind, soweit erforderlich, durch Schätzung zu ermitteln.

(3) Werden Modernisierungsmaßnahmen für mehrere Wohnungen durchgeführt, so sind die Kosten angemessen auf die einzelnen Wohnungen aufzuteilen.

(3 a) [1]Bei Erhöhungen der jährlichen Miete nach Absatz 1 darf sich die monatliche Miete innerhalb von sechs Jahren, von Erhöhungen nach § 558 oder § 560 abgesehen, nicht um mehr als 3 Euro je Quadratmeter Wohnfläche erhöhen. [2]Beträgt die monatliche Miete vor der Mieterhöhung weniger als 7 Euro pro Quadratmeter Wohnfläche, so darf sie sich abweichend von Satz 1 nicht um mehr als 2 Euro je Quadratmeter Wohnfläche erhöhen.

(4) [1]Die Mieterhöhung ist ausgeschlossen, soweit sie auch unter Berücksichtigung der voraussichtlichen künftigen Betriebskosten für den Mieter eine Härte bedeuten würde, die auch unter Würdigung der berechtigten Interessen des Vermieters nicht zu rechtfertigen ist. [2]Eine Abwägung nach Satz 1 findet nicht statt, wenn

1. die Mietsache lediglich in einen Zustand versetzt wurde, der allgemein üblich ist, oder
2. die Modernisierungsmaßnahme auf Grund von Umständen durchgeführt wurde, die der Vermieter nicht zu vertreten hatte.

(5) [1]Umstände, die eine Härte nach Absatz 4 Satz 1 begründen, sind nur zu berücksichtigen, wenn sie nach § 555 d Absatz 3 bis 5 rechtzeitig mitgeteilt worden sind. [2]Die Bestimmungen über die Ausschlussfrist nach Satz 1 sind nicht anzuwenden, wenn die tatsächliche Mieterhöhung die angekündigte um mehr als 10 Prozent übersteigt.

(6) Eine zum Nachteil des Mieters abweichende Vereinbarung ist unwirksam.

§ 559 a Anrechnung von Drittmitteln

(1) Kosten, die vom Mieter oder für diesen von einem Dritten übernommen oder die mit Zuschüssen aus öffentlichen Haushalten gedeckt werden, gehören nicht zu den aufgewendeten Kosten im Sinne des § 559.

(2) [1]Werden die Kosten für die Modernisierungsmaßnahmen ganz oder teilweise durch zinsverbilligte oder zinslose Darlehen aus öffentlichen Haushalten gedeckt, so verringert sich der Erhöhungsbetrag nach § 559 um den Jahresbetrag der Zinsermäßigung. [2]Dieser wird errechnet aus dem Unterschied zwischen dem ermäßigten Zinssatz und dem marktüblichen Zinssatz für den Ursprungsbetrag des Darlehens. [3]Maßgebend ist der marktübliche Zinssatz für erstrangige Hypotheken zum

Zeitpunkt der Beendigung der Modernisierungsmaßnahmen. [4]Werden Zuschüsse oder Darlehen zur Deckung von laufenden Aufwendungen gewährt, so verringert sich der Erhöhungsbetrag um den Jahresbetrag des Zuschusses oder Darlehens.

(3) [1]Ein Mieterdarlehen, eine Mietvorauszahlung oder eine von einem Dritten für den Mieter erbrachte Leistung für die Modernisierungsmaßnahmen stehen einem Darlehen aus öffentlichen Haushalten gleich. [2]Mittel der Finanzierungsinstitute des Bundes oder eines Landes gelten als Mittel aus öffentlichen Haushalten.

(4) Kann nicht festgestellt werden, in welcher Höhe Zuschüsse oder Darlehen für die einzelnen Wohnungen gewährt worden sind, so sind sie nach dem Verhältnis der für die einzelnen Wohnungen aufgewendeten Kosten aufzuteilen.

(5) Eine zum Nachteil des Mieters abweichende Vereinbarung ist unwirksam.

§ 559 b Geltendmachung der Erhöhung, Wirkung der Erhöhungserklärung

(1) [1]Die Mieterhöhung nach § 559 ist dem Mieter in Textform zu erklären. [2]Die Erklärung ist nur wirksam, wenn in ihr die Erhöhung auf Grund der entstandenen Kosten berechnet und entsprechend den Voraussetzungen der §§ 559 und 559 a erläutert wird. [3]§ 555 c Absatz 3 gilt entsprechend.

(2) [1]Der Mieter schuldet die erhöhte Miete mit Beginn des dritten Monats nach dem Zugang der Erklärung. [2]Die Frist verlängert sich um sechs Monate, wenn

1. der Vermieter dem Mieter die Modernisierungsmaßnahme nicht nach den Vorschriften des § 555 c Absatz 1 und 3 bis 5 angekündigt hat oder
2. die tatsächliche Mieterhöhung die angekündigte um mehr als 10 Prozent übersteigt.

(3) Eine zum Nachteil des Mieters abweichende Vereinbarung ist unwirksam.

§ 559 c Vereinfachtes Verfahren

(1) [1]Übersteigen die für die Modernisierungsmaßnahme geltend gemachten Kosten für die Wohnung vor Abzug der Pauschale nach Satz 2 10 000 Euro nicht, so kann der Vermieter die Mieterhöhung nach einem vereinfachten Verfahren berechnen. [2]Als Kosten, die für Erhaltungsmaßnahmen erforderlich gewesen wären (§ 559 Absatz 2), werden pauschal 30 Prozent der nach Satz 1 geltend gemachten Kosten abgezogen. [3]§ 559 Absatz 4 und § 559 a Absatz 2 Satz 1 bis 3 finden keine Anwendung.

(2) Hat der Vermieter die Miete in den letzten fünf Jahren bereits nach Absatz 1 oder nach § 559 erhöht, so mindern sich die Kosten, die nach Absatz 1 Satz 1 für die weitere Modernisierungsmaßnahme geltend gemacht werden können, um die Kosten, die in diesen früheren Verfahren für Modernisierungsmaßnahmen geltend gemacht wurden.

(3) [1]§ 559 b gilt für das vereinfachte Verfahren entsprechend. [2]Der Vermieter muss in der Mieterhöhungserklärung angeben, dass er die Mieterhöhung nach dem vereinfachten Verfahren berechnet hat.

(4) [1]Hat der Vermieter eine Mieterhöhung im vereinfachten Verfahren geltend gemacht, so kann er innerhalb von fünf Jahren nach Zugang der Mieterhöhungserklärung beim Mieter keine Mieterhöhungen nach § 559 geltend machen. [2]Dies gilt nicht,

1. soweit der Vermieter in diesem Zeitraum Modernisierungsmaßnahmen auf Grund einer gesetzlichen Verpflichtung durchzuführen hat und er diese Verpflichtung bei Geltendmachung der Mieterhöhung im vereinfachten Verfahren nicht kannte oder kennen musste,
2. sofern eine Modernisierungsmaßnahme auf Grund eines Beschlusses von Wohnungseigentümern durchgeführt wird, der frühestens zwei Jahre nach Zugang der Mieterhöhungserklärung beim Mieter gefasst wurde.

(5) Für die Modernisierungsankündigung, die zu einer Mieterhöhung nach dem vereinfachten Verfahren führen soll, gilt § 555 c mit den Maßgaben, dass

1. der Vermieter in der Modernisierungsankündigung angeben muss, dass er von dem vereinfachten Verfahren Gebrauch macht,
2. es der Angabe der voraussichtlichen künftigen Betriebskosten nach § 555 c Absatz 1 Satz 2 Nummer 3 nicht bedarf.

§ 559 d Pflichtverletzungen bei Ankündigung oder Durchführung einer baulichen Veränderung

[1]Es wird vermutet, dass der Vermieter seine Pflichten aus dem Schuldverhältnis verletzt hat, wenn

1. mit der baulichen Veränderung nicht innerhalb von zwölf Monaten nach deren angekündigtem Beginn oder, wenn Angaben hierzu nicht erfolgt sind, nach Zugang der Ankündigung der baulichen Veränderung begonnen wird,
2. in der Ankündigung nach § 555 c Absatz 1 ein Betrag für die zu erwartende Mieterhöhung angegeben wird, durch den die monatliche Miete mindestens verdoppelt würde,
3. die bauliche Veränderung in einer Weise durchgeführt wird, die geeignet ist, zu erheblichen, objektiv nicht notwendigen Belastungen des Mieters zu führen, oder
4. die Arbeiten nach Beginn der baulichen Veränderung mehr als zwölf Monate ruhen.

[2]Diese Vermutung gilt nicht, wenn der Vermieter darlegt, dass für das Verhalten im Einzelfall ein nachvollziehbarer objektiver Grund vorliegt.

§ 561 Sonderkündigungsrecht des Mieters nach Mieterhöhung

(1) [1]Macht der Vermieter eine Mieterhöhung nach § 558 oder § 559 geltend, so kann der Mieter bis zum Ablauf des zweiten Monats nach dem Zugang der Erklärung des Vermieters das Mietverhältnis außerordentlich zum Ablauf des übernächsten Monats kündigen. [2]Kündigt der Mieter, so tritt die Mieterhöhung nicht ein.

(2) Eine zum Nachteil des Mieters abweichende Vereinbarung ist unwirksam.

§ 578 Mietverhältnisse über Grundstücke und Räume

(1) Auf Mietverhältnisse über Grundstücke sind die Vorschriften der §§ 550, 562 bis 562 d, 566 bis 567 b sowie 570 entsprechend anzuwenden.

(2) [1]Auf Mietverhältnisse über Räume, die keine Wohnräume sind, sind die in Absatz 1 genannten Vorschriften sowie § 552 Abs. 1, § 555 a Absatz 1 bis 3, §§ 555 b, 555 c Absatz 1 bis 4, § 555 d Absatz 1 bis 6, § 555 e Absatz 1 und 2, § 555 f und § 569 Abs. 2 entsprechend anzuwenden. [2]§ 556 c Absatz 1 und 2 sowie die auf Grund des § 556 c Absatz 3 erlassene Rechtsverordnung sind entsprechend anzuwenden, abweichende Vereinbarungen sind zulässig. [3]Sind die Räume zum Aufenthalt von Menschen bestimmt, so gilt außerdem § 569 Abs. 1 entsprechend.

(3) [1]Auf Verträge über die Anmietung von Räumen durch eine juristische Person des öffentlichen Rechts oder einen anerkannten privaten Träger der Wohlfahrtspflege, die geschlossen werden, um die Räume Personen mit dringendem Wohnungsbedarf zum Wohnen zu überlassen, sind die in den Absätzen 1 und 2 genannten Vorschriften sowie die §§ 557, 557 a Absatz 1 bis 3 und 5, § 557 b Absatz 1 bis 3 und 5, die §§ 558 bis 559 d, 561, 568 Absatz 1, § 569 Absatz 3 bis 5, die §§ 573 bis 573 d, 575, 575 a Absatz 1, 3 und 4 , die §§ 577 und 577 a entsprechend anzuwenden. [2]Solche Verträge können zusätzlich zu den in § 575 Absatz 1 Satz 1 genannten Gründen auch dann auf bestimmte Zeit geschlossen werden, wenn der Vermieter die Räume nach Ablauf der Mietzeit für ihm obliegende oder ihm übertragene öffentliche Aufgaben nutzen will.

B. Mietrechtliche Normen im WiStrG (Auszug)

Gesetz zur weiteren Vereinfachung des Wirtschaftsstrafrechts (Wirtschaftsstrafgesetz 1954) (WiStrG)

In der Fassung der Bekanntmachung vom 3. Juni 1975 (BGBl. I S. 1313)
zuletzt geändert durch Artikel 3 MietrechtsanpassungsG vom 18. Dezember 2018 (BGBl. I S. 2648)

§ 6 Durchführung einer baulichen Veränderung in missbräuchlicher Weise

(1) Ordnungswidrig handelt, wer in der Absicht, einen Mieter von Wohnraum hierdurch zur Kündigung oder zur Mitwirkung an der Aufhebung des Mietverhältnisses zu veranlassen, eine bauliche Veränderung in einer Weise durchführt oder durchführen lässt, die geeignet ist, zu erheblichen, objektiv nicht notwendigen Belastungen des Mieters zu führen.

(2) Die Ordnungswidrigkeit kann mit einer Geldbuße bis zu hunderttausend Euro geahndet werden.

Stichwortverzeichnis

Fette Zahlen bezeichnen die Paragrafen, magere die Randnummern.

Kolibri 360 GmbH
Ferdinand-Jühlke-Straße 7
99095 Erfurt, Deutschland
produktsicherheit@kolibri360.de